JN440319

Therapeutic Presence

A Mindful Approach to Effective Therapeutic Relationships, 2nd ed.

치료적 현존

효과적인 치료적 관계를 위한 마음챙김 접근법

Shari M. Geller · Leslie S. Greenberg 공저
김영근 역

학지사

Therapeutic Presence:
A Mindful Approach to Effective Therapeutic Relationships, Second Edition
by Shari M. Geller and Leslie S. Greenberg

역자 서문

2026년 대한민국 정부의 주요 키워드 중 하나는 단연 인공지능(AI)이다. AI의 무서운 발전 속도와 더불어 우리에게 궁금함이 생기는 부분 중 하나가 바로 AI가 대체할 직업일 것이다. 그도 그럴 것이, 무섭게 진화하고 있는 AI 기술로 인해서 상담 및 심리치료 분야가 위협받을까 봐 한 번쯤은 걱정해 본 분들이 많을 것이다. 한국고용정보원(2024)의 『중장기 인력수급 전망 2023~2033』에 따르면, 다행히 상담 및 심리치료와 같이 인간의 정서를 섬세히 다루고 고도의 관계 기술을 요하는 분야는 AI가 대체하기 가장 어려운 직업 분야 중 하나이다. 그렇다면 무엇이 상담 및 심리치료 분야를 무서운 속도로 발전하고 있는 AI가 대체하기 어렵게 만드는 것일까? 감히 나는 그 답이 바로 관계에 있다고 대답하고 싶다.

이처럼 상담 및 심리치료 분야에서 빼놓을 수 없는 키워드가 바로 '관계'이다. 우리 학문은 관계로부터 비롯된 문제로 시작되고, 관계를 통해서 이를 풀어 나가며, 관계로 새로운 삶이 시작되는 분야라고 말하고 싶다. 이와 관련하여 우리가 생각해 보아야 할 중요한 주제가 바로 '치료적 관계'가 아닐까 싶다. 치료적 관계는 사람과 사람 사이에 맺어지는 관계의 특성 자체가 '치료적'이라는 의미를 내포하고 있다. '치료적(therapeutic)' 또는 '치유적(curative)'이라는 말은 참 멋진 말인 것 같다. 내담자를 포함한 우리 사람의 변화와 성장의 의미가 들어가 있기 때문이다.

그렇다면 상처 입은 내담자의 마음을 치유하기 위한 '치료적 관계'는 어떻게 형성될 수 있는 것인가? 인본주의적 관점의 치료 접근법 중에서도 거의 유일하다 할 수 있는 근거기반의 치료 접근법으로서의 정서중심치료가 그에 대한 방안을 제시할 수 있는 좋은 이론 중 하나라고 생각된다. 정서중심치료 학자인 Shari M. Geller 박사와 창시자인 Leslie S. Greenberg 박사가 심혈을 기울인 저서 중 하나인 이 책이 바로 '치료적 관계' 형성의 중요한 기반이 될 수 있는 '치료적 현존'에 대해서 집중적으로 다루고 있는 거의 유일한 단행본이라고 볼 수 있다.

'치료적 현존'은 일찍이 Carl Rogers가 그의 학문적 업적의 마지막 시기에 내담자의 온전한 변화를 위해 치료자가 제공할 수 있는 세 가지 조건, 즉 무조건적 긍정적 존중, 공감적 이해 및 일치성과 함께 마지막으로 강조한 용어이기도 하다. 비록 그가 이 현존에 대한 학문적 업적을 완성하지 못하고 세상을 떠났지만, 인본주의적 관점을 견지하는 주요한 이론 중 하나인 정서중심치료에서 그 명맥을 이어받아 치료적 현존에 관한 중요한 업적을 남길 수 있게 되었다.

상담 및 심리치료 분야에서 이론을 막론하고 아주 중요한 공통 요인 중 하나인 '치료적 관계'에 대해 관심이 많은 한 사람으로서 이 책을 번역할 수 있게 되어 참으로 기쁘다. 이렇게 나의 주요 연구 키워드 중 하나인 '치료적 관계'는 '정서' 및 '외상'과 함께 나의 학문적 여정에 계속해서 동행해 나가야 할 운명처럼 느껴진다. 상담 및 심리치료 분야에 종사하고 있는 우리가 평생 던져야 할 질문 중 하나는 "사람(내담자)은 어떻게 변화될 수 있는가?"라고 생각한다. 이 질문에 대한 답은 바로 '관계'에 있을 것이기에, 이 책이 '치료적 관계'를 온전히 잘 형성하기 위한 토대가 되는 '치료적 현존'을 함양하고자 하는 모든 이들에게 좋은 도움이 될 수 있으리라 확신한다.

이 번역서가 세상에 나오기 위한 마지막 작업으로 역자 서문을 작성하고 있는 지금 고마운 사람들을 떠올려 본다. 먼저 이 책의 저자들께 감사한다. Geller 박사님은 한국의 독자들을 위한 서문을 정성스레 써 주셨다. 2024년 캐나다 오타와에서 열린 Society for Psychotherapy Research(SPR) 콘퍼런스에서 Robert Elliott 박사님과 함께 처음 만나 인연을 이어갈 수 있음에 감사한다. 더불어 내가(또는 동료들과 함께) 번역한 정서중심치료 책이 나올 때마다 응원해 주시는 Greenberg 박사님께 감사드린다. 마음 다해 응원해 주시는 그 힘을 이어받아 앞으로도 열정적으로 이 일을 감당해 나갈 수 있으리라 믿는다. 그리고 어려운 출판 환경 속에서도 번역 작업에 친히 관심 가져 주시고 격려해 주신 학지사 김진환 사장님께 감사드린다. 또한 APA와의 계약의 전반을 매끄럽게 진행해 주신 이수정 대리님과 책임감을 가지고 편집 과정을 끝까지 잘 마무리해 준 편집팀에 감사한다. 아울러 교정 작업을 꼼꼼하게 함께해 준 나의 소중한 정서변화와성장 랩(애칭: 정서의 후예들) 식구들에게도 진심어린 감사를 표한다. 마지막으로 이번에는 자신들의 이름을 넣어 달라고 귀여운 요구를 한 나의 사랑하는 세 자녀 지훈, 도훈, 유진과 아내에게 고마운 마음을 전한다.

2025년을 며칠 남겨두지 않고 캐나다 라살에서,
역자 김영근

한국 독자를 위한 서문

『치료적 현존: 효과적인 치료적 관계를 위한 마음챙김 접근법』 제2판이 한국어로 출간되게 되어 진심으로 감사하고 기쁘다. 안정감, 열린 마음, 조율, 그리고 연민을 포함한 치료적 현존의 본질은 문화권을 초월하여 깊은 공명을 불러일으킨다. 따뜻함과 존중, 그리고 헌신으로 치료적 관계를 맺고 내담자를 위한 치유 과정을 제공하는 한국의 치료자들과 독자 여러분께 이 책을 전할 수 있게 되어 영광이다.

이 책의 제2판은 치료 과정에서 치료적 현존이 얼마나 중요한 역할을 하는지에 대한 우리의 이해가 더욱 깊어진 데서 비롯되었다. 우리는 현존이 긍정적인 치료적 동맹과 효과적인 치료에 기여하는 필수적인 자질이며, 훈련을 통해 향상될 수 있다고 믿는다. 이 책은 독자들이 이론적이고 신경생리학적인 관점에서 이 필수적인 공통 요인을 더 깊이 이해할 수 있도록 안내할 뿐만 아니라, 내담자와 치료자 자신, 그리고 치료자 자신의 안녕감을 위해 이 자질을 훈련하고 강화하는 데 도움이 되는 실천 방법을 제공한다.

이 책이 처음 출간된 이후로, 나는 현존의 변혁적인 힘에 대한 인식이 더욱 깊어졌다. 현존은 삶의 방식이자 실천이며, 치료자로서 우리가 내담자를 진심 어린 관심과 변함없는 연민으로 대할 수 있게 해 준다. 이를 통해 깊은 고통이나 불확실한 순간에도 안전하다는 신경생리학적 경험을 만들어 낼 수 있다. 나는 이러한 자질들이 한국 문화에 깊이 뿌리내린 연결, 마음챙김, 그리고 관계적 조화라는 가치와 아름답게 어우러진다고 믿는다.

현존은 치료 기법이나 내담자가 외상과 어려움을 극복하도록 돕는 유용한 방법들을 대체하는 것이 아니다. 오히려 치료적 관계에서 안전감을 강화하고 제공하는 더욱 근본적인 과정이며, 이러한 기법과 접근법을 더욱 효과적으로 활용할 수 있도록 도와준다. 이는 치료자가 내담자에게 적절한 순간에 적절한 개입을 할 수 있도록 돕고, 내담자가 참여하기 어려워 치료적 동맹에 기반한 더 안전하고 효과적인 과정이 필요할 때는 한 발짝 물러나 관계에 더 집중할 수 있도록 한다. 또한 치료실 안팎에서 우리 자신을 돌볼 수 있도록 하여 타자에게 더 도움이 되는 방식으로 함께할 수 있게 한다.

이 책을 출간할 수 있도록 도와주신 김영근 박사와 출판사, 그리고 한국에서 자신의 삶과 전문 공동체에서 치료적 현존을 키워 나가는 모든 분께 진심으로 감사드린다. 이 책이 현존, 연민, 그리고 내담자를 위한 치유적이고 강력한 치료적 관계와 과정을 함양하는 여러분의 여정에 동반자이자 영감이 되기를 바란다.

감사하는 마음으로,

Shari M. Geller, PhD, C. Psych

요크대학교 및 심신건강센터 토론토, 캐나다

차례

서론: 효과적인 치료적 관계의 기반

우리가 타인에게 줄 수 있는 가장 소중한 선물은 우리의 현존이다. 우리의 마음챙김이 사랑하는 이들을 감싸면, 그들은 꽃처럼 피어날 것이다.

—틱낫한(THICH NHAT HANH, 2007, p. 20)

학자들은 치료적 관계(therapeutic relationship)와 작업 동맹(working alliance)을 강화하는 핵심 요소를 발견하는 것이 중요하다는 점을 점점 더 인식하고 있다. 이는 치료적 성과의 차이를 특정 기술에 최소한으로만 귀인할 수 있기 때문이다(Norcross & Lambert, 2019). 치료적 관계와 작업 동맹이 긍정적인 치료 과정과 성과에 기여한다는 점에 대해 많은 연구가 이루어져 왔다(예: Bohart & Tallman, 1998; Flückiger et al., 2018; Greenberg, 2007; Horvath, 1994; Horvath & Greenberg, 1986; Horvath & Luborsky, 1993; Martin et al., 2000; Norcross, 2011; Norcross & Lambert, 2019; Watson & Geller, 2005). 연구자들은 여전히 치료적 관계, 작업 동맹, 성공적인 심리치료의 발달에 기여하는 구체적인 치료자 및 내담자 요인을 식별하지 못했다. 따라서 우리는 여전히 두 가지 중요한 질문에 직면해 있다. 성공적인 치료적 동맹(therapeutic alliance)과 관계는 무엇으로 이루어지는가? 그리고 치료자들은 성공적인 치료적 관계로 이어지는 특성을 어떻게 기를 수 있는가?[1]

치료자의 특성(therapist qualities) 및 치료적 관계의 중요성에 대한 실증적 증거는 매우 풍부하며, 이는 Carl Rogers가 처음 제안한 개념이다(Rogers, 1951, 1957, 1980, 1986; Norcross, 2002, 2011). Rogers는 공감(empathy), 무조건적 긍정적 존중(unconditional positive regard),

1 치료적 동맹은 Bordin(1979; Horvath & Greenberg, 1986)이 정의한 대로 세 가지 측면[목표(goals), 과업(tasks), 유대감(bond)]으로 구성되어 있지만, 치료적 관계는 동맹의 유대감 부분을 반영하며, 이는 Carl Rogers(1957)의 치료자가 제공하는 조건을 통해 가장 잘 이해될 수 있다.

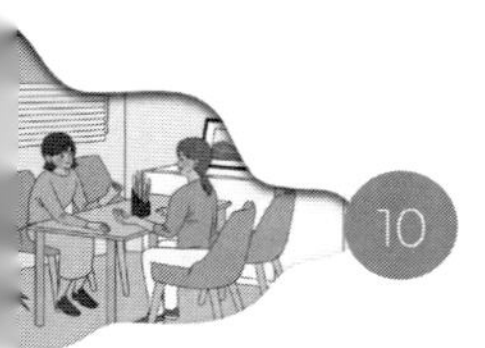

일치성(congruence) 등 '치료자가 제공하는 조건(therapist-offered conditions: TOCs)'을 내담자에게 촉진적이고 성장을 향상시키는 환경을 제공하는 데 중요한 요소로 강조했다. 후기의 저술에서 Rogers는 더 중심적인 특성인 '현존(現存; presence)'에 초점을 맞췄으며, 이는 후속 내담자 중심 치료자들에 의해 이해되어 왔다. 그는 이 특성이 그 자체로 내담자의 성장 잠재력을 열어줄 수 있다고 제안했다(Rogers, 1980, p. 129). Rogers는 또한 현존이 TOCs의 기반이라고 제안했다(Baldwin, 2000, pp. 32-33). 사후 출판물(Baldwin, 2000)에서 Rogers는 다음과 같이 언급했다.

> 나는 내 글에서 세 가지 기본 조건(일치성, 무조건적 긍정적 존중, 공감적 이해)에 너무 많은 강조를 두었다고 생각한다. 아마도 그 조건들의 주변에 있는 것이 치료의 가장 중요한 요소일 것이다. 나의 자기(self)가 매우 명확하고 분명하게 현존할 때 말이다(p. 30).

Buber는 관계 이론(theory of relationship)에서 나-너(I-Thou) 관계의 중심에 현존을 두었다. 나-너 만남(encounter)은 내담자의 고유성을 직접적으로 접촉하고 만나는 것을 반영하며, 타자를 객체화하려는 시도를 하지 않는다(Buber, 1958). 이는 타자를 있는 그대로 만나며, 판단이나 허위 없이 대하는 것이다. 현존은 나-너 만남이 내포하는 방식대로, 내담자에게 자신의 전체 자기(whole self)를 돌리고 제공하는 과정에서 반영된다(Geller, 2017; Hycner, 1993).

Rogers와 Buber의 사망 이후, 현존의 특성은 더욱 깊이 탐구되어 왔다(Bugental, 1987; Hycner & Jacobs, 1995; Schneider & May, 1995; Thorne, 1992). 또한 현존은 긍정적인 치료적 관계의 잠재적 기반 요인으로 제안되었다(Geller, 2001, 2017; Geller & Greenberg, 2002; Schmid, 1998; Thorne, 1992, 1996). 최근 연구는 치료적 현존이 긍정적인 치료적 동맹, 공감적 조율(empathic attunement), 효과적인 치료의 전제 조건 중 하나일 수 있음을 지지한다(Allison & Rossouw, 2013; Colosimo & Pos, 2015; Dunn et al., 2013; Geller et al., 2010; Geller & Porges, 2014; Hayes & Vinca, 2011, 2017; Pos et al., 2011).

치료적 현존이란 무엇인가

치료적 현존은 내담자와의 만남에 자신의 전체 자기를 투입하는 것을 의미하며, 신체적·감정적·인지적·영적·관계적 수준에서 완전히 현재의 순간에 몰입하는 것을 포함한다. 우리 연구팀의 경험적으로 검증된 모델(Geller & Greenberg, 2002, 2012)에 따르면, 치료적 현존은 세 가지 주요 특성을 갖는다. 첫째, 치료적 현존은 치료자에게 **체화된**(embodied) 특성이다. 이것은 (1) 신체에 '기반을 두고(grounded)' 통합된 자기감(sense of self)을 갖는 것, (2) 내담자와 있는 순간에 판단이나 기대 없이 완전히 '몰입하는 것(immersed)', (3) 자기를 넘어 더 넓은 공간성, 흐름, 알아차림(awareness)의 '확장(expansion)'과 연결되는 것, 그리고 (4) 내담자의 치유 과정을 위해 '내담자와 함께하고 내담자를 위해 자비롭게 행동하는 것(compassionately with and for the client)'을 포함한다. 둘째, 치료적 현존은 **회기 내 과정**(process)으로 (1) 내담자의 순간적 경험의 언어적·신체적 표현에 '수용적으로 조율되는 것(receptively attuned)', (2) 치료자 자신의 신체적 경험을 '내적으로 조율하고(inwardly attuned)' 접촉하여 내면의 지혜와 직관, 전문적 지식, 그리고 내담자의 현재 경험, 역사, 목표와의 공명에 접근하는 것, (3) 공감적이고 일치된 방식으로 내담자와 '만나고 접촉하는 것을 확장하는 것(extending to meet and make contact)'이다. 치료적 현존의 과정은 타자의 정동(affect)과 경험에 대한 정서적 감각, 자신의 직관과 기술, 그리고 그 사이의 관계에 기반을 둔 신체적 반응성을 가능하게 한다. 셋째, 치료적 현존은 (1) '치료 회기 전(before therapy sessions)'과 (2) '자신의 삶 및 관계 속에서(in one's own life and relationships)' 현존을 함양하는 것을 통해 현존이 발생할 수 있는 **기반을 마련하고**(preparing the ground), 조건을 창조하는 것을 포함한다.

자기의 활용

치료적 현존은 치료자가 치료 과정에서 자신의 경험을 모니터링하는 방법으로 간주된다. 내담자의 경험에 대한 민감성을 높임으로써, 치료자는 자신의 존재와 조율된 신체적 알아차림을 도구로 활용하여 내담자를 이해하고 반응하는 데 사용하며, 자신의 반응이 내담자의 치료 과정과 치료적 관계 형성에 어떻게 기여하는지 감지할 수 있다. 치료자의 신체적 감각을 통해 내담자의 경험은 내담자가 표현하고 느끼는 경험과 치료자 자신의 경험 및 전문적

지식이 내적으로 통합된 것을 반영한다. 치료자의 현존과 그에 따른 순간적인 신체적·정서적·인지적 알아차림은 내담자의 다층적 표현과 치료자와 내담자 사이의 관계적 특성을 반영하며, 순간마다 반응하고 개입하는 데 있어 수용체(receptor)이자 안내자(guide) 역할을 한다.

자기조절과 과정에 대한 신뢰

현재 중심의 알아차림(present-centered awareness)에 초점을 맞추는 것은 치료자의 불안감을 줄이고 조절하며, 자기조절(self-regulation)과 정서조절(emotional regulation) 능력을 강화하는 데 도움이 된다. 정신역동적 치료, 인본주의적 치료 또는 경험적 치료(psychodynamic and humanistic or experiential therapies)와 같은 탐색적 치료(exploratory therapies)에서는 과정과 현재 순간을 내담자의 경험이 펼쳐지는 지침으로 신뢰하는 것이 매우 중요하다. 때로는 무엇이 나타날지 불확실한 순간들이 있으며, 이때 현존과 불확실성 및 미지의 것을 견디는 능력이 매우 중요해진다. 매뉴얼 기반 치료[manual-based therapy; 예: 인지행동치료(Cognitive Behavioral Therapy: CBT)]에서는 치료자가 미지의 것에 대한 불안이 덜할 수 있다. 이는 치료자가 준수해야 할 구조가 더 명확히 존재하기 때문이다. 그러나 매뉴얼 기반 치료에서도 치료자의 불안 조절은 여전히 중요하다. 왜냐하면 불안은 치료자가 제공된 구조에 지나치게 의존하게 만들고, 내담자의 현재 필요와 경험에 주의를 기울이지 않거나 내담자의 순간순간의(moment-by-moment) 반응에 적응하지 못하게 할 수 있기 때문이다.

현재 중심의 주의(present-centered attention)는 개인의 삶뿐만 아니라 내담자와의 관계에서도 치료자가 자기조절을 하고 불안한 생각이나 감각에 휩쓸려 절망의 구덩이로 빠지는 것을 피하는 데 도움을 준다. 치료적 현존은 단순한 존재 방식 이상의 것이다. 이는 치료자의 반복적인 생각과 해결되지 않은 문제가 지배하지 않도록 하는 삶의 철학이자 일상적인 실천이다. 이는 치료자의 삶에 가치 있을 뿐만 아니라 내담자와의 현재 중심적 개방성과 연결성을 유지하는 데도 중요하다. 이는 치료자가 내담자와 직접적인 접촉을 유지할 수 있도록 지원하며, 치료적 관계를 강화하고 성장과 변화의 조건을 창출한다.

치료적 현존은 어떻게 변화를 일으키는가

치료적 현존 관점에서 변화의 메커니즘에서 정동의 공동조절(coregulation of affect)을 통한 안전감 증진은 내담자의 치료 참여도를 높이고 강력한 치료적 동맹을 구축하며, 관계 내에서 더 강한 내적 안전감을 형성하는 것이 포함된다(Geller, 2017, 2018). 치료자에 의해 '감각을 느끼는'(Siegel, 2010) 또는 조율되는 내담자는 정서적·생물학적 측면에서 더 안전함을 느끼고[복측 미주 신경(ventral vagal nerve)과 사회적 참여 체계(social engagement system)의 활성화를 통해], 그들의 방어 메커니즘이 약화되어 관계에서 더 큰 평온함과 연결감이 유도된다(Geller & Porges, 2014). 이 과정은 옥시토신 호르몬(hormone oxytocin)의 분비를 유발할 수 있다(Carter, 2014; Porges, 1998), 이는 내담자가 더 부드럽고 개방적이 되도록 지원한다(Geller & Porges, 2014). 감각과 안전함을 느끼는 것은 내담자가 어려운 정서를 느끼고 그 정서에 머물 수 있는 정동 인내의 창(window of affect tolerance)을 넓혀 준다(Baldini et al., 2014; Geller, 2017; Siegel, 2010). 이는 치료의 더 깊은 작업을 수행할 수 있는 문을 열어 준다.

치료자의 현존은 내담자의 정서에 대한 공동조절자(coregulator) 역할을 한다. 치료자가 차분하고 중심을 잡은 상태로 안정된 현존을 제공할 때, 내담자도 공명하여 차분해진다. 이는 정서, 신체, 뇌가 양방향으로 연결되어 있기 때문이다(Porges, 2011). 또한, 비언어적 소통(자세, 음성 표현, 표정, 몸짓)을 통한 조화된 우뇌-우뇌 간 소통은 치료자의 현존 표현의 핵심 요소이다(Geller, 2017, 2018; Geller & Porges, 2014). 이는 관계 내 조절의 경로로도 작용한다(Quillman, 2012; Schore, 2009, 2012; Siegel, 2010). 치료자의 현존을 통해 이루어지는 비언어적 조율과 소통이 내담자의 조절에 어떻게 도움을 주는지 이해하는 것은 치료적 현존 이론의 근본적인 요소이다.

변화의 메커니즘은 현존의 관점에서 볼 때 치료자와 내담자 모두에게 개인 내적 측면을 포함한다. 현존은 치료자가 자신에 대한 알아차림과 연결성을 높여 주며, 이는 현재의 상황에서 일어나고 있는 것과 더 잘 공명되는 자기의 활용과 치료 개입의 적용을 가능하게 한다. 이는 치료자가 내담자와의 순간적 경험을 해석하고, 이 경험이 내담자에 대한 일반적인 이해와 심리치료 이론과의 상호작용을 관찰하는 과정을 통해, 자기를 치료 도구(therapy tool)로 최적화하는 데 도움을 준다. 현존과 순간에 맞추는 연습을 통해 치료자의 내부 감각 능력(interoceptive capability)과 외부 감각 능력(exteroceptive capacity)이 강화된다(Farb et al.,

2013; Wiens, 2005). 이는 내담자에게 일어나고 있는 것을 감지하는 능력, 특히 그들이 안전하거나 위험한지 여부를 감지하고 적절히 대응하고 개입하는 능력을 향상시킨다.

내담자들이 회기 내에서 자신 안에 머물며 자신의 경험을 느끼는 능력은 현재 중심적 치료자(present-centered therapist)와 함께 안전하고 지지받는 느낌을 받을 때 더욱 강화된다. 경험의 깊이가 증가하는 것은 좋은 치료적 동맹과 좋은 치료 성과와 관련이 있다(Missirlian et al., 2005; Pos et al., 2003). 경험에 대한 알아차림의 증가는 신체적 감각 경험을 내적으로 집중하고 정서 활성화(emotion activation) 과정을 통해 발생한다. 이러한 과정들은 현재 시점에서 발생하며, 따라서 내담자가 자신의 즉각적인 경험과 접촉하고 이야기하는 내용에 대해 더 깊이 느끼는 것을 통해 촉진된다.

다양한 접근 방식과의 관련성

우리는 치료적 현존이 이론적 경계를 초월하는 특성을 지니고 있어, 다양한 이론적 접근법에서 치료자와 내담자의 기능을 최적화할 수 있다고 제안한다. 현존은 인본주의적 원칙에 기반을 두고 있지만, 인본주의적 치료 접근법에 한정되지 않는다. 오히려 현존은 정신역동적 치료, 정서중심치료(emtion-focused therapy), 게슈탈트 치료(gestalt therapy), 인지치료(cognitive therapy), 행동치료(behavior therapy), 집단치료(group therapy) 등 다양한 치료 접근법에 유용한 태도이다.

모든 치료적 접근법, 즉 인본주의적(humanistic), 분석적(analytic), 인지적(cognitive), 또는 행동적(behavioral) 접근법은 직접적인 인간관계를 포함한다. 인간 상호작용은 매우 복잡하고 역동적이며, 치료자는 지금 여기에서(here and now) 일어나고 있는 것에 주의를 기울여야 한다. 이는 치료자가 내담자의 현재 위치와 행동에 따라 자신의 접근 방식을 조정할 수 있도록 한다. 이는 치료자가 순간의 자신의 경험을 인식하고 해석하는 것뿐만 아니라 내담자와의 접촉과 조율을 통해, 치료자가 내담자가 필요로 하는 것에 기반한 개입을 제공할 수 있도록 한다. 이는 치료자가 자신이 생각하는 내담자의 필요에 따라 개입하는 것이 아니라, 내담자가 실제로 필요로 하는 것에 초점을 맞추는 것을 의미한다.

인본주의적 및 관계 중심적 접근법은 오랫동안 치료적 관계가 변화의 메커니즘으로서의 역할을 인정해 왔다. 예를 들어, 인간중심치료(person-centered therapy; Rogers, 1957, 1980; Schmid, 2002), 정서중심치료(EFT; Greenberg, 2007, 2015; Greenberg et al., 1993), 속성경험적 정신역동치료(accelerated experiential dynamic psychotherapy: AEDP; Fosha, 2000; Lipton, 2020; Yeung & Zhang, 2020), 실존적 치료(existential therapy; Bugental, 1987, 1989; May, 1994; May & Yalom, 2005; Schneider & Krug, 2010; Schneider & May, 1995), 게슈탈트 치료(Perls, 1970), 그리고 대화적 접근법(dialogical approaches; Hycner, 1993; Hycner & Jacobs, 1995)은 효과적인 개입의 기반을 치료적 관계에 두고 있으며, 치료자의 현존을 관계와 변화에 대한 핵심적 기여로 인정한다. 현재의 정신역동적 접근법도 치료 만남(therapy encounter)에서 관계의 중요성을 인정하기 위해 접근 방식을 확장해 왔다(Mitchell, 2003; Stern, 2004; Stolorow et al., 1987). 더 현대적인 관계 중심 접근법은 치료자-내담자 관계가 변화 과정의 중심에 있음을 강조하며(Gelso, 2011; Messer & Warren, 1995), 관계적 연결과 특별한 현재의 순간을 변화가 일어나는 중심적인 방식으로 언급한다(Mitchell, 2003; Stern, 2004).

일부 치료적 접근법은 관계 중심보다는 기술적 접근을 더 강조하는 경우가 있다. 예를 들어 인지행동치료(CBT)가 이에 해당된다. 그러나 최근 이 치료법들을 연구한 학자들은 치료적 관계나 유대감의 형성이 인지행동 기술의 활용을 촉진하는 데 도움이 되며 치료 효과를 높일 수 있다는 점을 지적했다(Friedberg et al., 2013; Gelso, 2011; Goldfried & Davila, 2005; Holtforth & Castonguay, 2005; Kanter et al., 2009; Leahy, 2003; Lejuez et al., 2005; Linehan, 1993a; Waddington, 2002). 또한, CBT의 주요 초점이 외부 세계와의 관계에서 생각과 행동을 변화시키는 데 있지만, 최근 관점은 치료적 관계에서 현재 순간을 변화의 활성 요소로 강조하기 시작했다(예: Castonguay et al., 2004; Friedberg et al., 2013; Kanter et al., 2009; Leahy, 2003; McCullough, 2000). 이 접근법의 가치를 인정함에도 불구하고, 연구 결과 임상적 만남에서 현재 순간에 초점을 맞추는 인지행동 치료자가 적다는 것이 밝혀졌다(Kanter et al., 2009). 이는 현존을 개발하고 긍정적인 치료적 관계를 키우는 데 대한 훈련 부족 때문일 수 있다.

현존과 마음챙김

마음챙김에 대해 언급한 문헌이 급증했다(Baer, 2003; Baldini et al., 2014; Bien, 2006;

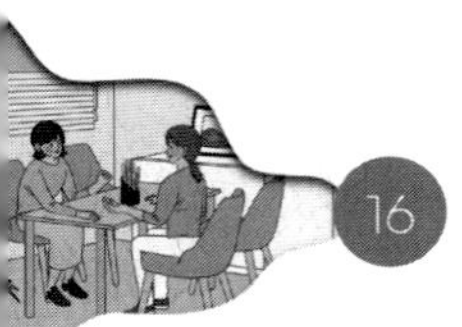

Bourgault & Dionne, 2018; Cole & Ladas-Gaskin, 2007; Germer, 2005; Germer, Siegel, & Fulton, 2005; Hick, 2008; Kabat-Zinn, 1990; Linehan, 1993a, 1993b; Mace, 2008; Mander et al., 2015; Marlatt et al., 2008; McKay et al., 2007; Moore & Malinowski, 2009; Segal et al., 2002; Shapiro & Carlson, 2009). 우리는 치료적 현존과 마음챙김이 두 가지 중요한 점에서 서로 구분된다고 본다. 첫째, '마음챙김(mindfulness)'은 불교적 전통에서 비롯된 '마음의 문제'를 다루는 방식과 내면의 집중과 주의를 높이는 것을 반영하는 실무나 명상 기술이다. 이는 관계적이며 자신과 내담자와 함께 있는 것을 포함하는 치료적 현존과 다르다. 또한 치료적 현존은 불교에 뿌리를 두지 않을 수 있다. 추가로, 마음챙김과 현존은 연속체로 볼 수 있지만, 마음챙김은 자신의 경험을 관찰하는 이중 의식 상태(dual state of consciousness)를 채택하는 것을 포함하며, 현존은 경험의 흐름 속에서 현재 순간에 완전히 자신을 존재시키는 통합된 의식 상태(unified state of conscious)를 포함한다(Ogden, 2021). 마음챙김은 완전히 현재에 존재하는 경험을 기르는 강력한 실무다. 예를 들어, Surrey(2005)는 "마음챙김 실무는 치료자에게 확장된 알아차림을 기르며, 이는 암묵적 또는 명시적으로 환자에게 확장된다"(p. 96)고 지적했다. 따라서 이 책의 제목에서 치료적 현존을 '마음챙김 접근법'으로 지칭하며, 11장을 치료적 현존을 개발하는 데 있어 마음챙김을 사용하는 것에 할애한다.

둘째, 마음챙김 기반 치료 접근법[예: 인지행동치료(CBT)나 마음챙김 기반 치료(mindfulness-based therapy)]은 주로 내담자를 돕기 위한 접근법으로 제시되며, 마음챙김 명상 같은 교육과 실무를 기반으로 한 '마음챙김 치료(mindful therapy)'로 설명된다. 반면, 치료적 현존은 내담자에게 마음챙김을 가르치는 것을 반드시 포함하지 않으며, 대신 치료자가 내담자와의 관계에서 마음챙김을 실천하는 데 초점을 맞춘다. 마음챙김을 사용하는 치료자에 대한 연구는 주로 내담자에게 미치는 마음챙김의 효과에 집중되어 왔으며, 최근에야 치료자의 경험을 강화하기 위한 마음챙김의 역할을 탐구하기 시작했다(Baldini et al., 2014; Bourgault & Dionne, 2018; Feiner-Homer, 2016; Galus, 2015; Geller & Greenberg, 2012; McCollum & Gehart, 2010; Raab, 2014; Ryan et al., 2012; Tannen et al., 2019). 이 책은 내담자를 위한 명상 기술의 사용보다는 치료자의 현존의 중요성에 초점을 맞추며, 치료자가 내담자와 완전히 함께 있는 것을 실천하는 한 가지 방법으로 명상을 제안한다(11장 참조). 이는 치료적 접근 방식이나 기술에 관계없이 적용된다.

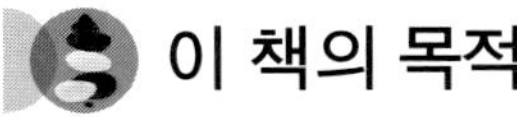

이 책의 목적

우리는 (1) 치료적 현존이 긍정적인 치료적 동맹을 형성하는 데 기여하는 필수적인 특성이자 공통 요인(common factor)이며, (2) 이는 훈련을 통해 습득 가능하다고 믿는다. 우리는 수십 년간의 연구, 저술, 교육 경험을 공유하여 치료자들이 이 필수적인 존재 방식의 미묘한 측면을 인식하고 이 기술을 개발하는 실용적인 방법을 습득하도록 지원하고자 한다. 심리치료 훈련은 종종 개입에 초점을 맞추며, 고통받는 내담자에게 '어떻게 대응해야 하는지'와 '어떤 조치를 취해야 하는지'에 집중된다. 내담자의 변화를 촉진하는 다양한 접근법이 존재하며, 이는 아동기 문제 탐구에서부터 행동 수정, 인지도식(conginitive schema) 통제, 건강하지 않은 기능에 기여하는 정서도식(emotional schema) 변화에 이르기까지 다양하다. 이 각 접근법에서 많은 것을 배웠으며, 현재의 사고와 실무는 종종 내담자의 성격, 문제, 개인적 욕구에 맞춘 통합적 접근법을 포함한다. 기법과 내담자 변화에 대해 많은 것이 알려졌지만, 이 책은 '기법 훈련'에 초점을 맞추기보다 '관계적 훈련'에 초점을 맞추어 치료 만남에서 내담자와 자신이 어떻게 함께할지에 더 집중한다는 점에서 독특하다.

점차 깊어지는 이해

이 책의 첫째 판을 기획할 때 우리의 원래 의도는 치료적 현존을 초기 연구에 기반을 두고 개념화하며, 치료적 현존을 바탕으로 한 관계 이론을 제시하고, 현존을 함양하는 데 도움이 되는 실용적이고 경험적인 접근법을 제공하는 것이었다. 이 책이 치료자들이 이처럼 말로 표현하기 어려운 특성의 중요성을 이해하고, 긍정적인 치료적 관계와 성과와의 연관성을 깨닫는 데 도움을 주기를 희망했다. 또한 현존을 함양하기 위한 마음챙김과 경험적 연습을 제공하며, 치료자들이 자신의 치료적 현존에 대한 정의, 과정, 경험을 개발하도록 초대하고자 했다.

이 책의 개정판을 통해 우리는 치료적 현존에 대한 진화하는 이론을 뒷받침하는 연구의 발전을 반영하는 것이 가치 있다고 판단했다. 치료적 현존을 심리치료 훈련에서 구체적인 경험이자 기초 모듈로 제공하려는 우리의 비전에 기여할 새로운 장을 추가한 것은 이 개정판의 강점이다. 치료자와 내담자의 정서 인식과 조율(emotional awareness and attunement)

에 대한 새로운 장도 포함되었다. 이는 치료 과정과 변화에서 정서가 차지하는 중심적인 역할 때문이다(Greenberg et al., 2019). 이 장은 현존의 특별한 이점이 치료자의 순간순간(moment-to-moment)의 정서적 경험을 조율하는 데 도움을 준다는 점을 강조한다. 이는 (1) 내담자의 정동과의 공명, (2) 역전이 인식, (3) 내담자가 안전하지 않다고 느낄 때(정동 인내의 창밖)를 인식하고 치료적 관계에서 공동조절을 통해 내담자의 안전을 촉진하는 데 효과적으로 자기를 활용하는 것을 나타낸다. 이 장에는 치료에서 정서와 현존[2]의 역할을 이해하는 데 도움을 주는 새로운 치료 사례가 포함되어 있다.

마음챙김 장은 자기연민(self-compassion)에 초점을 맞춘 내용으로 확장되었다. 자기연민은 치료적 현존의 일부일 뿐만 아니라 치료실에서 현재에 머무는 데 직면하는 도전들을 극복하는 데 핵심적인 접근 방식이다. 자기연민은 마음챙김과 치료적 현존의 함양 사이의 매개체로 제안되었다(Bourgault & Dionne, 2018). 자기연민 실천 방법은 심리치료의 친밀한 작업 과정에서 발생하는 도전 과제뿐만 아니라 치료자 자신의 의심과 반응성을 다루는 데 도움을 주기 위해 포함되었다.

코로나19 팬데믹과 원격치료(teletherapy)로의 전환을 고려해 온라인 치료에 현존에 관한 장을 추가하였다. 이 치료 방식이 팬데믹이 끝난 후에도 오랫동안 지속될 가능성이 높기 때문에, 이 주제를 이번 판에 포함시키는 것이 가치 있고 관련성이 있다고 판단하였다. 우리는 가상 환경에서 현존과 자기돌봄(self-care)을 키우는 데 도움이 되는 팁을 제공한다.

마지막으로, 이번 개정판의 변경 사항은 첫째 판에서 중단된 부분부터 시작되었다. 이 개정판에서는 심리치료 훈련 프로그램에 대한 지침을 제공하며, 현존 훈련을 위한 기본 모듈을 구축하는 방법을 설명한다. 이는 두 개의 새로운 장에 반영되어 있다. 13장은 이 프로그램을 설명하며, 14장은 초심 및 경험이 풍부한 치료자 모두에게 적용이 가능한 상세한 연습을 제공한다. 심리치료 훈련 프로그램에 대한 지침은 현존 훈련을 위한 기본 모듈을 구축하는 방법을 설명한다. 심리치료 분야에서 개인적 실무(예: 명상)와 자기성찰(self-reflection)의 중요성을 심리치료 훈련에 통합해야 한다는 인식이 점점 확산되고 있다(Bennett-Levy, 2019). 실무와 성찰에 참여하는 것은 치료자의 개인적·대인관계적 특성을 발전시키는 데 도움이 되며, 이는 긍정적인 내담자 성과와 관련이 있다. 심리치료사들을 위한 의도적인 실무

2 참고로, 이 책에 수록된 사례 연구나 기타 임상 자료에 언급된 모든 내담자에 대한 언급은 내담자의 개인정보 보호를 위해 익명화하였다.

분야(Rousmaniere, 2016)는 내적 세계와의 작업과 치료적 현존의 함양에 초점을 맞추며, 치료 테이프를 통한 직접적인 경험을 통해 현존의 장벽을 탐구하는 것을 포함한다. 우리가 제안한 치료적 현존 훈련 프로그램은 개인적 실무와 치료 테이프 및 동료와의 의도적이고 계획적인 실무를 모두 포함한다.

효과적인 치료적 관계 구축

심리치료 분야에서의 문헌은 공통 요인에 대한 관심과 효과적인 치료적 관계 구축에 대한 연구가 증가하고 있다(Norcross & Lambert, 2019). Norcross(2011; Norcross & Lambert, 2019)는 심리치료의 미래는 기법적 측면과 관계적 측면의 역할을 이해하는 데 있다고 지적했다. 그러나 심리치료 훈련에서는 치료의 기법적 측면에 초점을 맞추어 왔으며, 효과적인 치료를 촉진하기 위해 필요한 관계적 훈련과의 균형을 이루기에는 아직 멀었다.

심리치료사들을 대상으로 한 조사 결과, 치료자들이 더 배우고 싶어하는 상위 3개 항목은 치료적 관계와 변화의 메커니즘, 치료자 요인(therapist factors), 훈련 및 전문성 개발이다(Tasca et al., 2015). 치료의 동맹과 관계적 측면의 중요성에 대한 공감대가 점차 확대되고 있지만, 이러한 필수적인 공통 요인에 기여하는 요인과 이를 훈련하는 방법에 대해 여전히 많은 것이 알려지지 않았다. 치료자의 인격(the person of the therapist)은 효과적인 치료 관계(therapy relationship)에 중요한 기여 요인으로 지적되어 왔다(Wampold & Brown, 2005). 심리치료 성과의 변동성 중 최대 8%가 치료자와 관련되어 있다(Castonguay & Hill, 2017). 치료적 현존에 기반한 접근법은 강한 치료적 관계를 발전시키는 데 가장 도움이 되는 인격의 측면을 기르는 데 중점을 둔다.

이 판에서는 효과적인 치료적 관계의 발전과 개인적·관계적 현존의 성장을 핵심 주제로 다룰 것이다. 부제목이 '효과적인 치료를 위한 마음챙김 접근법'에서 '효과적인 치료적 관계를 위한 마음챙김 접근법'으로 변경된 것은 이 강조점을 반영한 것이다. 이 판은 자신과 내담자와의 관계에서 현존을 함양하는 데 필요한 이론적 기반과 함께 실용적인 사례 및 교육 지침을 제공한다. 이는 관계 기술 훈련에 필요한 중요한 보완을 제공할 것이다.

이 책의 구성

이 책은 다섯 개의 주요 부분으로 구성되어 있다. 1부는 치료적 현존의 이론적·실증적 기반을 제시한다. 1장에서는 우리 연구팀의 실증적 연구와 치료적 현존에 대한 일반적인 연구, 관련 신경생리학적 메커니즘을 바탕으로 한 관계 이론을 설명한다. 2장에서는 다양한 치료적 접근법에서 현존의 역사적 배경을 탐구한다. 3장은 치료적 현존에 대한 연구 동향을 설명하며, 우리 팀의 양적·질적 연구 결과와 치료적 현존 척도(Therapeutic Presence Inventory: TPI-T)의 모델 및 측정 도구 개발 과정을 포함한다.

2부에서는 우리 연구에서 경험적으로 검증된 치료적 현존 모델을 제시한다. 본 질적 연구에서 인터뷰된 치료자들의 발췌문과 인용문(Geller, 2001; Geller & Greenberg, 2002)이 이 장들에 포함되어 있다. 4장에서는 치료자들이 치료적 현존을 위해 '기반을 마련하는 방법'(즉, 회기 중 현존을 촉진하기 위해 회기 전과 일반적으로 수행하는 실무)을 설명한다. 5장은 '현존의 과정'(즉, 치료자가 회기 중에 수행하는 행동)을 설명한다. 6장은 치료자의 '체화된' 치료적 현존 경험을 설명한다.

3부에서는 치료적 현존에 대한 추가적인 관점을 제공한다. 7장은 치료적 현존을 수준별로 바라보는 적용 중심의 접근법을 제시한다. 8장은 다양한 대상 집단과 함께 치료적 현존을 실천할 때 치료자가 직면할 수 있는 도전 과제를 다룬다. 9장은 이 개정판에 새롭게 추가된 장으로, 치료적 현존과 정서 이론(emotion theory) 간의 관계를 탐구한다. 10장은 치료적 현존에 대한 신경생물학적 관점을 제시한다.

4부에서는 치료적 현존을 함양하기 위한 접근법을 소개한다. 11장에서는 마음챙김과 자기 연민 접근법을 소개하며, 후반부는 이번 판에 새로 추가된 내용이다. 12장에서는 경험적 접근법을 소개한다. 이 두 장은 모두 특정 이론적 기반에서 비롯되었으며, 각 장의 연습은 해당 이론에서 비롯되었다.

5부에서는 치료적 현존 훈련에 초점을 맞춘다. 13장에서는 치료적 현존을 제공하기 위한 심리치료 훈련 프로그램을 위한 훈련 모듈을 소개한다. 14장에서는 모듈의 연습에 대한 자세한 설명을 제공하며 교사, 트레이너 또는 개별 치료자를 위한 실용적이고 사용자 친화적인 재료를 제공한다. 15장에서는 코로나 바이러스 팬데믹 기간 동안 치료자가 심리치료를 온라인 환경으로 신속하게 전환해야 할 필요성을 바탕으로 화상 치료(virtual therapy)에서의

치료적 현존을 탐구한다.

이 책은 핵심 사항을 강조하고 향후 훈련 방향을 제안하는 맺는말로 마무리된다. 이 책이 효과적인 치료적 관계의 기초가 되는 치료적 현존을 더 깊이 이해하고, 우리가 공유한 다양한 연습을 통해 여러분 자신의 삶과 내담자에게 현존을 경험할 수 있는 기회를 제공하기를 바란다. 내담자와 더 자주 현존을 경험하면 치료적 실무와 성과가 향상되어 치료 회기와 삶에 새로운 활력을 불어넣을 수 있을 것이다.

치료적 현존의 이론적·경험적 기반

1장

치료적 현존: 관계 이론

> 우리가 놓치고 있는 것! 결정적인 순간에 우리는 모든 지식을 가지고도 완전한 인간 현존이라는 단순한 미덕이 부족했기 때문에 얼마나 많은 이해의 기회를 놓치고 말았는가.
>
> —칼 재스퍼(KARL JASPER; SONNEMAN, 1954, 375쪽에서 인용)

"좋은 이론만큼 실용적인 것은 없다"(p. 169)라고 Kurt Lewin(1951)은 언급했다. 이 장에서는 치료적 관계 맺기의 현존 기반 이론(presence-based theory of therapeutic relating)에 대해 간략히 설명한다. 이 이론은 치료적 현존(therapeutic presence)에 대한 경험적 연구 결과(예: Geller & Greenberg, 2002; Geller et al., 2010)에 근거하여 치료자의 현존 경험도 중요하지만, 내담자가 치료자를 현존으로 '경험할 때만' 치유가 된다는 가설을 세운다. 이어서 심리치료에서 현존의 역설적인 측면과 현존이 치료적 효과를 내는 이유에 대해 논의한다. 그런 다음 상호주관적 의식(intersubjective consciousness)과 성찰적 의식(reflective consciousness)의 틀에서 관계적 치료적 현존(relational therapeutic presence)의 차원을 확장하여 살펴본다. 다음으로 치료적 현존과 Rogers의 '치료자가 제공하는 조건(therapist-offered conditions: TOCs)', 치료적 동맹(therapeutic alliance), 정동 조율(affect attunement) 사이의 관계를 살펴본다. 하지

만 그 전에 먼저 자신의 개인적인 경험을 성찰하고 현존에 대한 연구와 통합할 수 있는 멈춤의 순간을 소개한다.

 멈춤의 순간: 자신의 현존감을 느끼기

현존에 대한 개념적 이해를 존중하는 동시에 그 순간에 온전히 현존하는 것에 대한 개인적인 이해를 불러일으키기 위해 잠시 정지하고, 멈추고, 자신을 돌아보는 시간을 가져보기 바란다. 이러한 내적 성찰을 위한 휴식 시간을 우리는 현존(現存; presence) 또는 비현존(非現存; nonpresence)의 측면에 대한 성찰 의도를 포함하는 '멈춤의 순간(pause moments)'이라고 명명한다. 이러한 휴식은 이후 장 곳곳에 배치되어 있으며, 순간순간의 신체 중심적 경험에 연결할 수 있는 기회를 제공한다. 잠시 멈추어서 독서를 중지하고 내면의 울림과 현존에 대한 경험이 내면에서 형성될 수 있는 시간을 가져 보기 바란다.

치료자, 수련 중인 상담자 또는 기타 건강 관련 전문가라면 자신의 삶과 동료, 내담자 또는 환자와의 관계에서 현존 또는 비현존이 무엇을 의미하는지에 대해 이미 알고 있을 것이다. 이 책을 읽으면서 여러분 자신의 현존에 대한 개인적인 이해와 치료적 현존에 관한 이론 및 연구를 비교해 보기 바란다.

멈춤의 순간

- 잠시 눈을 쉬고 호흡하는 신체적 경험에 다시 집중하라. 몸의 중심이나 호흡에 리듬을 맞추어 의식을 내면에 집중하라.
- 현재의 경험, 감각, 감정, 내부 사건에 대한 알아차림에 주의를 기울여라. 또한 소리, 시각, 촉각 등 외부 인식에서 일어나는 일, 즉 자신의 영역에서 일어나는 모든 일에 주의를 기울여라.
- 숨을 쉬고 그 순간에 몰입하라. 순간순간이 주는 광활함을 느껴 보라.
- 이제 여러분에게 현존이 어떤 의미인지 스스로에게 물어보라. 자신의 신체적 경험에서 어떤 측면을 통해 자신이 온전히 현존하고 있음을 알 수 있는가? 어떤 감정이나 신체적 경험이 현존을 동반하는가?

- 호흡할 때마다 의식이 신체의 현존 경험으로 더 깊이 들어가도록 하라. 다른 사람과 온전히 함께 있을 때의 느낌은 어떤가? 최근에 누군가에게 온전히 현존을 느꼈던 경험을 떠올려 보라. 아니면 누군가가 나에게 온전히 현존하고 공감해 주었던 경험이나 고군분투가 있었는가? 현존을 제공하거나 받을 때 몸에 어떤 느낌이 드는가? 그 순간 그 사람과의 관계에 어떤 영향을 미쳤는가?
- 이제 내담자와 함께 그 순간에 온전히 집중하는 것이 어떤 느낌인지 생각해 보라. 자신의 삶에서 누군가와 온전히 함께 있을 때와 얼마나 비슷하거나 다른가? 내면에 물어보라.
- 잠시 조용히 시간을 내어 자신의 경험과 현존에 대한 개인적 · 전문적 이해를 되돌아보라.

치료적 현존 이론: 존재하기와 반응하기

관계의 치료적 현존 이론(therapeutic presence theory of relationship)은 치료자가 판단이나 기대 없이 '그 순간에 완전히 몰입하여' 내담자와 함께, 그리고 내담자를 위해 현존할 수 있는 능력이 치유를 촉진한다고 말한다. 치료적 현존이란 신체적·정서적·인지적·영적으로 그 순간에 온전히 현존함으로써 내담자와의 만남에 온전히 몰입하는 것을 의미한다. 치료적 현존은 그 순간의 가슴 아픈 것(poignant)을 개방적이고 수용적으로 받아들이는 것을 포함하며, 이는 자신의 경험뿐만 아니라 타자의 경험과 그들 사이의 관계를 감지하는 것을 바탕으로 타자와 조율할 수 있게 해 준다. 이는 시선, 열린 몸의 자세, 운율이나 목소리 톤 등을 통해 비언어적으로 전달되며, 타이밍과 속도를 통해 언어적으로도 전달된다.

연구에 따르면, 치료자의 현존 경험과 내담자와의 소통도 중요하지만, 내담자가 치료자를 그 순간 온전히 그 자리에 있는 것으로 경험할 때만 치유가 된다(Geller et al., 2010). 내담자가 치료자와의 관계에 진정으로 참여하고 있다는 내담자의 경험은 치료적 관계의 깊이와 만남의 중요성을 촉진할 뿐만 아니라 내담자에게 더 큰 존재감을 부여한다. 이를 통해 내담자의 자기 경험(experience of self)이 깊어지고 내담자와 치료자 간의 관계가 깊어진다. 치료자가 느끼고 전달하는 현존, 내담자가 치료자를 함께 현존으로 받아들이고 느끼는 것, 그리고 두 사람 모두 내면과 그 사이에서 더 큰 현존을 발전시키는 상호 관계는 둘 사이의 관계

적 현존 또는 나-너(I-Thou)의 만남을 발전시킬 수 있다. 궁극적으로 치료적 변화로 이어지는 것은 이러한 상호 현존이다.

따라서 여기서 제시하는 치료적 관계 맺기 이론(theory of therapeutic relating)은 현존의 중요성에 기초하여 치료적 현존이 효과적인 치료적 관계(therapeutic relationship)의 근간이 되는 필수적인 특성이며, 이론적 방향이나 치료적 접근 유형에 관계없이 현존은 좋은 회기 과정과 성과를 촉진하고 치료적 동맹을 향상시킨다고 제안한다. 우리의 이론에 따르면, 치료자의 현존은 내담자가 자신의 가장 깊은 감정·의미·우려·욕구에 접근하도록 돕는 데 필요한 깊이와 연결의 유형을 치료적 관계에 제공하고, 이러한 것들이 가장 효과적으로 집중하고, 탐색하고, 수용하거나 필요에 따라 변화될 수 있는 유형의 환경을 제공하며, 치료자가 순간에 가장 적합한 방식으로 반응하는 능력을 촉진한다.

연구 기반 현존 모델(3장과 4~6장에서 자세히 설명)에 제시된 현존의 세 가지 주요 구성 요소는 '현존의 토대 준비(preparing the ground for presence)' '현존의 회기 내 과정(in-session process of presence)' '실제 체화된 현존 경험(actual embodied experience of presence)'이다. 연민·허용·여유·개방성·수용·인내·온화함 등 이 모델에서 설명하는 치료자 현존의 자질은 상대방의 내적 핵심(inner core)이 출현하도록 촉진한다. 내담자와 치료자가 서로를 있는 그대로 바라보는 중요한 접촉에 참여하게 되면서 사회적 역할은 사라진다. 이 만남에는 서로의 눈을 바라보고, 상대방의 얼굴을 보고, 상대방의 고통과 취약성을 만나는 것과 함께 다른 사람과의 관계에 대한 따뜻한 포용을 느끼는 것이 포함된다.

이러한 형태의 현존은 조율된 치료 반응성을 촉진하여 치료자가 그 순간에 민감하고 적합한 행동(반응 및 개입)을 할 수 있도록 도와준다. 이러한 행동은 치료자가 현재 일어나고 있는 일에 순간적으로 접근할 수 있는 능력과 기술 및 능력의 자원 기반을 기초로 한다. 따라서 순간에 자신과 타자에게 존재할 수 있는 능력은 조율된 반응성을 촉진하며 치료의 핵심이다(Watson & Wiseman, 2021). 치료자가 그 순간에 맞는 반응을 종합할 수 있게 하는 것은 순간에 대한 알아차림이다. 순간에 맞는 반응은 과거의 맥락에서 현재 순간에 어떤 일이 일어나고 있는지에 대한 암묵적인 이해에서 비롯된다.

따라서 치료자는 현재 순간에 현존할 준비가 되어 있으며, 이는 표정과 다른 형태의 비언어적 및 조화로운 언어적 반응을 통해 표현된다. 그러나 이러한 방식으로 현존하는 것이 내담자에게 압도적이라면, 치료자는 상대방에 맞추어 조정할 수 있다(예: 시선을 아래로 내

리는 것), 이는 내담자가 안전하게 열려 있고 인정받는 느낌을 가질 수 있도록 한다. 이것이 바로 치료자가 내담자가 느끼고 필요로 하는 것에 대한 현재 중심의 조율(present-centered attunement)을 유지하는 지점이다. 이러한 만남에서 발생하는 상호 현존은 다른 어떤 인간 경험에서도 느낄 수 없는 연결감, 인정받는 느낌, 그리고 보이는 느낌을 제공한다.

연구 결과에 따르면, 치료자를 완전히 몰입한 상태로 경험하는 내담자는 치료자의 치료적 방향성과 무관하게 더 강한 치료적 동맹을 형성하고 더 나은 치료적 성과를 경험한다(Geller et al., 2010; Oghene et al., 2010). 우리는 치료적 현존이 내담자의 치유 과정을 촉진하는 것 외에도 치료적 동맹을 최적화하는 중요한 요소라고 가정한다. 치료적 동맹이 좋은 치료 과정과 성과에 기여하는 비특이적 요인 중 하나라는 점은 이해하지만(Horvath & Greenberg, 1994; Norcross, 2011; Norcross & Lambert, 2019), 동맹 형성에 도움이 되는 요소가 무엇인지 명확하지 않다. 연구 결과에 따르면, 치료적 현존은 긍정적인 치료적 동맹, 공감적 조율(empathic attunement), 효과적인 치료의 중요한 선행 요인이 될 수 있다(Allison & Rossouw, 2013; Dunn et al., 2013; Geller & Greenberg, 2002, 2012; Geller et al., 2010; Geller & Porges, 2014; Hayes & Vinca, 2011, 2017; Pos et al., 2011).

치료적 현존에 기반을 둔 관계 이론은 치료적 현존이 내담자의 현존이 더욱 강화되고 관계적 현존이 깊어지는 시너지 효과를 내는 관계의 발달로 이어질 것이라고 제안한다. 치료적 현존의 경험에서 치료자들은 자신의 몸에 뿌리를 내리고, 완전히 열려 있으며, 특정 순간에 내담자의 말을 완전히 경청한다. 또한 이러한 방식으로 현존하는 것은 다음 치료적 반응의 통합을 위한 가장 중요한 지침이다. 현존의 상태에서 치료자는 치료 과정이나 치료 행위를 완전히 최적화할 수 있다. 즉, 다감각적 수준(multisensory level)에서 내담자를 받아들이고, 이를 치료자 자신의 내담자에 대한 이론적·학습적·개인적·암묵적·직관적 이해와 암묵적으로 통합하는 지점에서 치료자 내면에 자연스러운 반응 또는 방향이 나타난다. 치료자 내면의 이 자연스러운 몰입(flow) 상태(Csikszentmihalyi, 1990)는 방향감을 제공하는 것 외에도, 내담자가 자신과 치료자에게 개방적이고 안전하며 수용적 또는 현존하는 상태를 느끼도록 장려한다. 후자는 관계적 현존을 유발하며 치료자와 내담자 간의 관계가 깊어지는 데 기여한다.

치료자의 현존 과정은 수용성(내담자의 경험에 개방적이고 조화로우며 수용적인 태도), 내적 조율(자기와 경험과의 접촉), 그리고 확장(자기와 타자에 대한 조율을 바탕으로 내담자와의 접촉

과 반응성)은 현존의 표현을 통해 내담자에게 전달되며, 이는 내담자가 치료자의 현존을 경험할 가능성을 높여 내담자의 현존과 자기 경험의 심화를 이끌고 결국 공명하는 관계적 현존으로 이어진다. 이 모든 단계는 함께 있는 경험 속에서 발생한다. 현존으로 반응하는 것은 접촉의 순간에서 행동이나 개입이 자연스럽게 발생하는 것을 의미한다. 이 맥락에서 치료자는 조율에 접근하여 TOCs[공감(empathy), 무조건적 존중(unconditional regard), 진정성/일치성(authenticity/congruence)]를 전달하거나, 자신의 특정 접근 방식에 따라 순간에 맞는 방식으로 개입을 진행한다. 이는 치료자와 내담자 간의 유대감과 합의된 목표의 협력적 요소, 치료자가 내담자와 함께 진행하는 작업의 관련성을 인식하는 좋은 작업 동맹(working alliance)의 형성을 촉진한다.

현존은 항상 도움이 되는가

이 책이 치료적 현존이 강력한 동맹과 좋은 성과를 촉진하는 데 중요함을 강조하고 있지만, 모든 상황에 적용되는 단일한 방법이 존재하지 않으며, 치료 과정에서 다른 관계 방식이 중요할 때도 있다는 점을 인정하는 것이 중요하다. 인생과 관계에서 절대적인 것은 없다. 먼저, 7장에서 자세히 설명하듯이, 현존에는 정도가 있어 치료자가 더 많이 또는 덜 존재할 수 있으며, 때로는 관계적 현존보다는 실용적인 현존을 보일 수도 있다. 예를 들어, 다음 회기를 예약하는 매우 일상적인 순간에는 치료자가 더 실용적이고 덜 공감적일 수 있지만, 때로는 이러한 순간에 현존을 보이는 것이 중요할 수도 있다. 행동적 위기 상황, 예를 들어 내담자가 심장마비를 겪는 경우, 구급차를 부르는 것이나 질식된 사람을 돕는 것과 같은 실용적 행동이 우리가 현존하는 관계라고 설명하는 방식보다 더 도움이 될 수 있다. 이는 실제로 Buber(1958)가 '나-그것(I-It)' 관계라고 부른 것인데, 이는 상대방을 내면의 세계에 현존하는 것이 아니라 대상처럼 대하는 것을 의미한다. 치료 과정에서 일부 치료자들은 내담자를 돕기 위해 전략적으로 관계를 맺는 방법을 선택할 수 있다. 예를 들어, 역설적 개입과 같은 경우, 치료자가 증상이나 행동의 증가를 처방하여 이에 대한 반발을 유도하거나, 내담자에게 문제 행동을 계속하는 이유(장점)를 설명하도록 요청하는 것이다. 단점은 논의하지 않고, 내담자가 장점에 대해 반박하기 시작할 때까지 기다리는 방식이다. 이러한 상호작용에서 치료자는 이 책에서 논의하는 방식의 현존 상태에 있지 않다. 그들은 숨은 의도를 가진 전략

적 상태에 있다. 현존하기는 이러한 개입의 타이밍을 더 잘 맞추는 데 도움이 될 수 있지만, 치료자는 관계적으로 현존하기와는 다른 의도적인 상태에 있다.

치료적 현존은 신뢰, 안전감, 그리고 깊은 연결감을 창출하는 방식으로, 사람들이 자기의 가장 깊은 경험을 탐구할 수 있도록 돕는 방법이다. 치료자의 의도가 이와 다를 경우, 우리는 그 치료자를 현존하는 치료자로 묘사하지 않을 수 있지만, 그럼에도 불구하고 그들은 여전히 효과적일 수 있다. 현존은 강력한 관계 맺기의 방식이지만, 유일한 방식은 아니며, 모든 시점에서 항상 적용되는 것도 아니고, 항상 같은 정도로 작용하는 것도 아니다. 그러나 이 책의 목적상, 우리는 치료적 성장에 도움을 주는 치료적 현존의 경험을 살펴보고 있다.

현존의 역설: 의식의 이중 수준

치료적 현존은 치료자의 경험과 내담자의 경험 사이의 접촉을 신중하게 균형 잡는 것을 포함하며, 내적·외적 연결의 위치에서 반응할 수 있는 능력을 유지하는 것을 의미한다. Robbins(1998)는 현존을 '의식의 이중 수준(dual level of consciousness)'(p. 11)으로 설명했다. 마찬가지로, Hycner(1993)는 이 특성을 '분리된 현존(detached presence)'(p. 13)이라고 설명하며, Buber의 말을 인용하여 "치료자는 완전히 현존해야 하며, 동시에 그 순간에 경험적으로 일어나고 있는 것을 성찰할 수 있어야 한다"(p. 13)고 언급했다. 치료적 현존은 내적에서 외적으로, 자기에서 타자로, 개방적이고 수용적인 상태에서 반응적인 상태로 전환하는 과정을 포함한다.

명백히 현존의 경험은 이 의식의 이중 수준을 요구하며, 따라서 현존의 경험에는 많은 역설이 발생한다. 예를 들어, 의식의 이중 수준은 치료자가 주관적 측면과 객관적 측면의 극단적인 측면을 균형 있게 조화시켜야 한다. 치료적 현존은 치료자가 내담자의 경험에 깊이 몰입하고 참여해야 하지만, 동시에 내담자가 경험하는 것에 대해 중심을 잡고 흔들리지 않으며 반응적으로 대응함으로써 적절한 객관성을 유지해야 한다.

과도한 현존, 부족한 현존, 그리고 적절하게 현존을 실천하는 것 사이의 차이를 구분할 수 있다(Alcee, 2022). 과도한 현존은 치료자가 타자와의 관계에서 극도로 현존을 발휘하지만 자신에게는 그렇지 않을 때 발생하며, 이는 내담자에게 압도적일 수 있거나 치료자 자신의 고통을 자극할 수 있다. 부족한 현존은 치료자가 분석에 너무 집중하여 거리감을 느끼고 중

립적이 되며, 취약성과 치료적 친밀감의 깊이에 도달하지 못하는 경우이다. 이는 자기 보호적일 수 있지만 결국 타자와의 연결을 방해한다. 반면, '적절한' 존재감은 치료자가 내담자와 완전히 현존하고 반응적으로 소통하는 데 열려 있을 때 나타난다.

치료자들이 이러한 현존의 상태를 시도할 때, 그 모든 미묘함과 복잡성을 의식하고 있는지 여부는 의문스럽다. 치료적 현존의 복잡성과 정교함은 다음과 같은 치료적 현존의 역설적인 측면 목록에서 확인할 수 있다.

- 선입견을 놓아 버리면서도 내담자가 순간과 공명하며 나타나는 대로 내담자에게 촉진적인 반응을 제공하는 것, 내담자를 이해하는 것을 기반으로 한 반응
- 신념과 이론적 지식을 놓아 버리는 동시에 이 지식을 회기에 가져와 직관과 반응에 반영되도록 허용하는 것
- 열려 있고 수용적인 상태를 유지하면서도 일관된 집중력을 유지하는 것
- 내담자의 경험의 강도를 느끼면서도 여유롭고, 차분하며, 중심을 잃지 않는 상태를 유지하는 것
- 내담자와 친밀감과 연결감을 느끼면서도 동시에 독립된 자기감(sense of self)을 느끼는 것
- 내담자의 경험의 깊이를 느끼면서도, 이러한 감정들이 자신의 감정과 자기감과 분리되어 있음을 인식하는 것
- 회기의 방향이나 계획을 놓아 버리고, 방향이 자연스럽게 형성되도록 허용하는 것
- 내담자의 전체적인 경험을 존중하면서도, 동시에 새로운 가능성을 제시하거나 새로운 발견을 할 수 있는 환경을 제공하는 것
- 즉흥적이지만, 내담자와 직접적으로 관련되거나 내담자에게 이익이 되는 경우에만 해당되는 것
- 경계를 개방적이고 투과성 있게 유지하면서도, 자신과 분리된 존재로서 알려진 것(이론, 내담자)과 알려지지 않은 것(경험, 나타나는 것)과의 접촉을 유지하는 것
- 내담자와 회기에서 발생하는 경험에 대해 개방성, 경이로움, 그리고 호기심을 유지하면서도 훈련받고 배워서 전문성을 갖춘 전문가로서의 역할을 수행하는 것
- 내담자와 함께 자신의 개인적인 자기(personal self)를 유지하면서도 개인적인 걱정이나 문제를 놓아 버리는 것

• 자신의 정서와 상처를 접근하고 전달하는 것이 도움이 된다면 그렇게 하되, 중심을 잃지 않으며 치료자 자신의 치유를 초점으로 삼지 않는 것

현존은 치료 경험의 다양한 차원에 대한 다중 수준의 알아차림을 유지할 수 있는 개방성과 유연성을 제공한다. 이는 치료자가 내담자와 자신의 경험에 대한 수용성과 개방성에서 비롯된다. 마지막으로, 치료자가 치료 과정에서 높은 수준의 현존을 느꼈는지 여부는 내담자가 치료자에게서 이를 느끼지 못한다면 특별히 중요하지 않다.

현존을 치료적으로 만드는 것은 무엇인가

현존은 치료자가 내담자의 내면 세계에서 순간순간 느껴지는 다양한 수준의 가슴 아픈 부분(poignant)을 인식하고 알아차릴 수 있는 능력을 제공한다. 또한 내담자의 순간순간 경험을 의미로 가득 채우는 관계적 만남의 유형을 제공한다. 현존 속에서 치료자의 존재 방식은 "나는 당신과 함께 여기 있습니다" "나는 당신을 돌봅니다" "나는 당신을 받아들입니다"와 "나는 이해하고 싶습니다."라고 선언한다. 이 상태 즉, 판단·의도·선호·편견 없이 무엇이든 있는 그대로 함께할 수 있는 능력은 내담자가 자신의 경험과 본질을 드러내도록 돕고, 그들이 경험하고 말하는 것의 중요성을 느끼게 하며, 이것이 내담자의 본질과 고통에 맞는 방식으로 받아들여지고 이해되며 반응된다는 것을 느끼게 한다.

치료자의 현존은 내담자들이 자신의 경험이 인정받고, 경청되며, 돌봄을 받고, 받아들여진다는 느낌을 갖게 한다. 이는 그들의 고립감을 해소한다. 치료자의 현존은 내담자들에게 그들의 경험이 중요하며 돌봄을 받고 있다는 느낌을 심어준다. 경험의 사막에서 살아온 내담자들은 자신의 경험이 관련성이 없다고 느꼈지만, 갑자기 자신에게 귀를 기울이기 시작하고 자신의 경험을 타당하고 중요한 것을 전달하는 것으로 받아들이기 시작한다. 이는 내담자들이 치료적 관계의 신성함 속에서 지지받고 신뢰받는 느낌을 갖게 하며, 그들이 누구인지에 대한 존중을 느끼게 한다.

Buber(1958)는 나-너(I-Thou) 관계에서 치유가 두 사람 사이의 '만남'에서 이루어진다고 주장했다. 그러나 Levinas(1985)는 더 나아가 두 사람 사이의 만남에서 타자(other)와의 관계는 본질적으로 비대칭적이며, 특히 타자의 얼굴과 같은 타자의 존재는 자기(self)보다 우선

시되며 반응을 요구한다고 강조했다. 타자를 만나는 것은 타자에 대한 반응을 요구한다. 이것은 각자가 서로를 위해 봉사하도록 한다. Levinas에 따르면, 이러한 요구는 자기와 그 바람, 의도, 계획의 경험 이전에 발생한다. 그의 관점은 타자와의 만남에서 반응의 역할의 중요성을 강조한다. 현존하는 것(being present)은 치료자가 반응하도록 요구한다. 타자의 경험에 반응하려면 그 경험에 현존해야 한다. 현존에서 흘러나오는 반응성(responsiveness)은 현존이 치유를 만드는 본질이다.

치료적 현존의 경험에서 핵심적인 측면은 치유적인 만남(healing encounter)에서 내담자와 함께하고 내담자를 위해 자비롭게 현존하려는 의도이다. 치료자가 자신의 경험과 내담자와 함께 현존한다면, 자신의 진정한 경험을 공유하는 결정은 이 의도에 의해 안내되어야 한다. 치료적으로 진정성 있는 현존이 되기 위해 치료자들은 자신의 경험과 함께 현존하며, 이를 알아차려야 하며, 자신의 문제가 일시적으로 제쳐두어야 할 때인지, 아니면 나타나는 것이 내담자의 치유 과정에 도움이 될 수 있는지 평가할 수 있어야 한다.

이로부터 치료자의 현존은 치료자의 공감과 반응성의 전제 조건임을 알 수 있다. 이는 내담자의 현재 순간에 맞춘 반응을 촉진하는 특정 유형의 감각·관찰·경청을 가능하게 하기 때문이다. 이 같은 공감은 내담자가 완전히 받아들여지고 이해받았다는 독특한 연결감을 창출한다. 치료자의 비언어적 현존 경험과 이 상태에서 비롯된 언어적 소통은 치료적 관계 형성에 필수적이다.

현재의 순간에 완전히 몰입하고 타자에게 전적으로 집중하는 것은 타자에게 일어나고 있는 일에 대한 공감 능력을 키우는 데 기여한다. 타자에 대한 공감은 영아와 보호자 간의 상호작용에서 가장 명확히 관찰될 수 있다. 이는 소통과 상호작용의 비언어적 특성 때문이며, 영아와 함께 있고 영아를 위해 존재하는 강한 감각 때문이다(Stern, 1985). 영아에게 조율하는 방식으로 응답하려면, 영아와 함께 현존하며 그 순간 영아에게 일어나고 있는 것을 느끼는 것이 필요하다. 물론 영아를 무시할 수 있지만, 영아의 얼굴을 바라보는 순간, 영아의 타자성(otherness)이 반응을 요구하는 만남에 빠져들게 된다. 타자에게 현존하지 않는다면, 반응을 요구하는 경험을 할 수 없다. 따라서 조율된 반응성(attuned responsiveness)은 현존에 크게 의존한다.

나(L. S. G.)는 이러한 조율과 반응성을 보여 주기 위해 다음과 같은 사례를 제시했다.

그래서 나는 내담자와 함께 앉아 그녀가 지난 일주일 동안 단절된 느낌과 오랫동안 느껴 보지 못한 절망에 빠진 느낌에 대해 이야기하는 동안 그녀의 얼굴에서 외로움의 고통을 보았다. 그녀가 얼마나 고립되고 보이지 않는다고 느끼는지, 얼마나 고통스러운지 알 수 있다. 나는 "내가 필요한 방식으로 알려지고 사랑받지 못할 것 같은 외로움"이라고 대답한다. 이렇게 말하면서 나는 마치 내가 그녀의 세계로 들어가서 그녀가 이런 상태일 때 어떤 느낌일지 느끼면서 고통스러운 외로움에 대한 연민을 느낀다. 나는 반응할 때 내 목소리를 듣고 이 보편적인 고통에 대한 연민을 느끼며 위로와 위안을 받는다. 나는 그녀의 얼굴을 보고 슬퍼 보이는 눈빛과 입꼬리가 내려앉기 시작하며 "너무 슬프군요"라고 말한다. 그녀는 고개를 끄덕이고 나는 "눈물을 흘리세요, 혼자가 아니니까요"라고 말한다. 그녀는 부드럽게 울면서 "너무 아파요"라고 말한다. 내가 고개를 끄덕이자 그녀는 한숨을 쉬며 "슬프고 너무 피곤해요"라고 계속 말한다. 나는 "너무 슬프고 피곤하니까 그저 거기에 머물러 있어 보세요, 한숨이 나오는군요, 다시 숨 쉴 수 있을까요?"라고 대답한다 이 짧은 순간 동안 우리는 상호적이고 관계적인 현존이 된다. 그런 다음 그녀는 "나는 내 슬픔이 무서워요. 평생 동안 그랬어요. 그래서 계속 밀어내고 있어요. 지쳤어요"라고 말한다. 여기에서 흘러나오는 것은 최근 자신의 건강과 관련된 안 좋은 소식을 접한 상황에 대한 성찰과 이제 자신의 몸을 바탕으로 한 의미의 창조이다. 이는 더 이상 그녀의 몸이 보내는 메시지를 소홀히 하지 않겠다는 결심으로 이어진다.

치료자가 그 순간 내담자의 얼굴을 알아차리지 않았다면, 내담자의 고독감으로 인한 고통에 반응할 수 없었을 것이다. 바로 이러한 순간순간의 알아차림이 이 사례에서 묘사된 만남의 순간에 내담자가 들어갈 수 있도록 돕는 것이다.

따라서 현존은 조율과 반응성에 필수적이다. 치료적 반응성은 적절한 시점에 적절한 방식으로 치료적 효과를 내는 방식으로 반응하는 것을 의미한다. 치료적 현존은 최적의 반응성과 방법 및 지식의 최적 적용을 촉진한다. 치료자의 말과 행동의 타이밍은 효과적인 개입에 결정적이다(Greenberg et al., 1993). 이는 내담자가 그 순간에 느끼고 필요로 하며 말하는 것과 접촉하는 것에 달려 있다. 치료적 현존 이론은 다음과 같이 제안한다. (1) 치료자의 태도와 방식이 어떤 기법보다 더 중요하다. (2) 치료자가 기법을 사용하는 방식은 그 효과성의 중요한 요소이다. (3) 기법의 적절한 적용은 타이밍에 의존하며, 현존은 반응적 조율의 일부로 기법을 사용하는 것을 촉진한다. 기법은 도움이 될 수 있지만, 치료자가 현존하지 않는다면 장기적으로 거의 가치가 없다. 왜냐하면 기법이 적절한 시점, 적절한 방식, 적절한 태도

로 사용되지 않아 치료적 성장을 최적화하지 못하기 때문이다.

치료적 현존은 진정성, 신뢰, 그리고 반응성으로 이루어진 관계를 창출한다. 이 관계 속에서 두 사람은 가식 없이 서로를 만나며, 그 순간에 있는 그대로 완전히 받아들여진다는 느낌을 갖게 되며, 그들의 상호작용은 순간마다 유연하게 흐르게 된다. 이는 특정 방식으로 행동하거나 느끼기를 기대하는 것이 전혀 없으며, 단순히 경험하는 타자로서 그곳에 현존하는 것뿐이며, 또한 그 순간에 있는 그대로 있을 수 있도록 지지하는 것을 포함한다. 현존은 전통적인 관계 방식과 다른 방식으로 두 사람 사이의 연결을 촉진하기 때문에 도움이 된다. 치료적 현존은 치료자가 내담자를 최적의 방식으로 이해하고 반응할 수 있는 조건을 창출하며, 이는 내담자가 치료적 방식으로 이해받고 반응받는다는 느낌을 갖게 한다. 내담자가 치료자가 그 순간에 완전히 존재한다는 것을 느낄 때, 그들은 자신의 경험을 더 개방적으로 받아들이고, 그 순간에 존재하며, 자신의 경험을 수용하게 된다. 이는 내담자의 치료 과정을 깊게 하며, 경험이 진행되는 동안 더 안전하게 공유할 수 있도록 한다.

치료자가 현재에 더 집중할수록 내담자가 자신과 더 깊이 연결되고 수용하는 기회가 더 많아진다. 또한 내담자가 현재에 더 집중할수록 치료자의 현재 집중력도 더 강화된다. Schmid(2002)는 이 상호작용의 감각을 '함께 경험하기(coexperiencing)'라고 설명했다. 예를 들어, 치료자가 내담자의 고통에 함께 있지만 그에 압도되지 않을 때, 그들은 경험하기의 다양성에 대한 집중력을 점점 더 높여간다. 치료자와 내담자는 각 만남을 통해 내담자의 경험을 더 깊은 수준에서 듣고 느끼는 데 더 열려지게 된다.

치료자의 내적 상태는 내담자의 반응에 강한 영향을 미친다. 치료자가 개방적이고, 허용적이고, 수용적이며, 비판적이지 않으면서, 안정적이고, 자기와 타자와의 연결감을 느끼고 치유를 향한 의도를 가진 현존 상태에 있을 때, 내담자를 개방적·수용적·탐색적인 상태로 초대할 가능성이 높아진다. 이 상태에서 내담자는 깊은 수준에서 진심으로 들어주는 경험을 할 수 있다. 치료자가 경직성·통제·판단·분산·방어적 태도 등을 포함하는 비현존(nonpresence) 상태에 있다면, 내담자는 판단받거나 완전히 이해받지 못했다고 느끼며 방어적·보호적·닫힌 방식으로 반응할 가능성이 높다.

치료적 현존은 내담자를 다감각적 수준에서 깊이 경청하고, 내담자와 변화하는 관계에 대한 반응으로 자신의 내면을 경청하는 것을 포함한다. 이 복잡한 조율 상태는 치료자가 내담자의 과정을 촉진하기 위해 무엇을 해야 할지 또는 무엇을 말해야 할지에 대해 알려 준다. 조율된

반응성은 내담자에게 발생하는 상황에 따라 달라지는 치료적 반응을 의미한다. 이는 현재 순간에 발생하는 상황에 의해 주도되며, 그 순간에 적합하다.

다음 사례는 내(S. M. G.)가 내담자와 함께한 경험을 바탕으로 한 재구성이다. 이 사례는 치료자가 내담자의 현재 순간의 경험과 공명함으로써 내담자에게 어떻게 반응해야 할지에 대한 통찰을 얻을 수 있음을 보여 준다.

나는 내담자 L을 만나고 있을 때, 내가 느끼고 있던 압도적인 정서적 감각이 실제로 내담자의 경험에 대한 내면의 공명이었다는 것을 깨달았다. L은 심각한 자동차 사고를 겪었고, 수많은 재활 치료를 견뎌내려고 노력하고 있었다. 그녀는 상사가 언제 출근할 수 있을지 묻는 전화에 대해 이야기하기 시작했고, 그 다음에는 남편이 추가적인 재정적 부담과 집안일을 맡아야 하는 스트레스에 대해 언급했다. 그녀가 이 대화들을 상세히 설명할 때, 나는 그녀의 경험에 완전히 몰입하게 되었다. 나는 그녀의 얼굴을 볼 수 있었고, 숨을 참는 것을 느낄 수 있었으며, 그녀의 목소리가 점점 높아지는 것을 경험했다. 이 모든 것을 개념이나 상징이 아닌, 마치 그 감정이 나에게 들어오는 것처럼 경험했고, 그녀가 느끼는 것을 이해하기 시작했다. 나는 가슴으로 압도적인 감정이 느껴지는 것을 경험했다. 나는 공포감을 느끼는 것이 어떤 것인지 깨달았지만, 나 자신의 경험에서 익숙한 것으로 인식하지 못했다. 나는 그것이 내담자의 기저의 경험에 대한 내적 공명임을 깨달았으며, 그녀는 그 경험을 이야기할 때 그로부터 단절되어 있었다. 나는 그녀의 표현에서 압도감과 공포감을 느꼈다고, 약간 의문스러운 톤으로 반영했다. "그저 그렇게 압도적이고 패닉에 빠진 느낌인가요?" 그녀는 눈물을 흘리기 시작했고, 그녀는 자신이 결코 괜찮아질 수 없을 것이라는 깊은 두려움과 불안, 그리고 의존적이라는 느낌에서 오는 취약함에 대해 더 깊이 이야기하기 시작했다. 이는 그녀가 10세 때 다리를 다쳤을 때 아버지가 그녀를 지원하지 못했다는 사실에 실망했을 때의 어린 시절 절망감을 표현하기 시작한 출발점이었다.

이 순간은 치료 과정에서 결정적인 순간이었으며, 치료자의 현존 여부가 회기의 진행 방향을 두 가지 다른 방향으로 이끌 수 있었다. 만약 치료자가 완전히 현존하지 않았고, 내담자의 경험을 수용적으로 받아들이기 위해 자신을 열지 않았으며, 자신의 몸에서 완전히 뿌리내리고 감각을 느끼지 않았다면, 그녀는 이 경험을 접할 수 없었을 것이다. 또한, 치료자가 자신의 공포감을 느끼는 것이 현재 중심의 공명 경험이라는 것을 이해하지 못했다면, 그

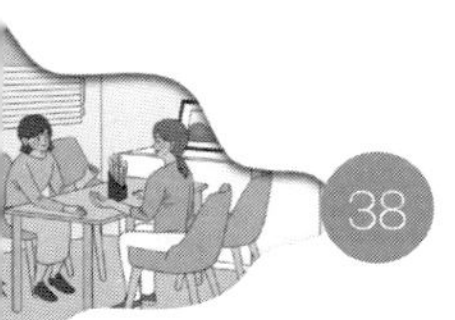

녀는 자신의 몸의 감각에 압도되거나 단절되거나, 그 감각을 무시하고 내담자에게 닫혀 버렸을 것이다. 만약 그녀가 자신의 몸을 공명체로 인식하지 못했거나, 자신의 경험을 깊이 듣는 도구를 갖추지 못했다면, 내담자가 자신의 더 깊은 내적 경험에 접근하도록 돕지 못했을 것이다. 이 사례에서 치료자는 자신의 신체적·경험적 공명을 신뢰하고 내담자의 경험을 직관적으로 공유하는 위험을 감수했다. 이는 치료자가 내담자를 수용하는 동시에 내적으로 자신의 신체적 공명에 집중하고 내담자와의 직접적인 관계적 공명 속에서 이 상태의 출현을 허용하는 치료적 현존 과정이 반영된 것이다.

이와 같이 관계적이며 자기 신뢰를 바탕으로 한 치료적 현존의 경험은 치료자가 내담자가 자신의 경험과 더 깊이 연결되도록 돕는 방식으로 반응할 수 있게 했다. 치료자로부터 이해받고 인정받는 느낌과 그에 따른 공유와 개방은 내담자의 내면에서의 현존과 치유를 깊게 할 수 있다. 또한, 치료자와 내담자는 내담자의 치유를 향한 긍정적인 움직임이라는 공통된 의도를 공유하며 더 깊은 수준에서 만나게 된다. 치료자와 내담자의 본질이 서로 직접적으로 접촉하는 더 근본적인 만남의 지점에서 치료자가 안정된 개방 상태에 있을 때, 관계적 현존이 드러나게 된다.

이 맥락에서 우리는 현존을 상호작용적인 과정으로 보며, 이는 각 개인의 현존의 질을 높이고 연결을 깊게 하여 관계적 현존을 창출한다. 이는 치료자와 내담자 사이의 치료적 관계를 더욱 깊게 하며, 내담자가 자신의 경험을 더욱 깊이 탐구하게 하여, 이전에 부인하거나 인정하지 않았던 경험의 측면을 치료자에게 드러내고 공유하게 한다.

치료적 현존과 내담자의 현존

치료적 현존의 중요한 가치는 내담자가 내면에서 더 현재적인 상태로 들어갈 수 있도록 초대하는 데 있다. 내담자의 현존은 치료자의 현존을 통해 활성화될 수 있으며, 이는 치료자가 내담자를 깊이 이해하고 공감하는 것뿐만 아니라 상호주관적 공유를 통해 이루어진다. Schneider와 Krug(2010)는 치료자의 조율된 경청과 치료자와 내담자 사이에서 현존의 순간에 발생하는 연결의 강도가 내담자의 현존을 강화한다고 제안했다. Schneider와 Krug는 치료자의 현존이 내담자에게 네 가지 수준에서 도움을 준다고 제안했다. (1) 그들의 고통과 재연결시키는 것, (2) 자율성과 책임을 촉진하는 것, (3) 고통을 변화시킬 기회를 인식하도록

조율하는 것, (4) 성장 촉진적인 안전한 치료적 관계를 발전시키는 것을 허용하는 것이다.

내담자들이 현존을 경험할 때, 그들은 자기와 자신의 경험에 대해 더 개방적이고 신뢰하며 연결된 느낌을 시작한다. 이 내적 연결은 안전하고 지지적인 치료적 관계 속에서 이루어지며, 내담자들이 건강한 상태를 경험하게 하고 치유를 위해 가장 깊은 고통과 취약성을 표현하도록 초대한다. Welwood(1992)는 치료자의 무조건적인 현존이 변화의 가장 강력한 촉진제라고 제안했다. 이는 내담자가 현존을 경험하는 능력을 촉진하고 내담자의 알아차림에 '수직적 변화(vertical shift)'를 유도하기 때문이다. 이 수직적 변화는 내담자를 더 자각적이고 자비로운 상태로 이끌며, 그들의 경험과 필요를 더 잘 인식하고 그 필요를 충족시키는 방법을 이해하도록 한다. 이는 결국 자기통합(self-integration)의 감각으로 이어질 수 있다.

관계적 치료적 현존

'관계적 치료적 현존(relational therapeutic presence)'은 두 사람(또는 그 이상)이 서로에게 완전히 현존할 때 발생하는 현존의 심화 과정을 의미한다. 관계는 현재에 완전히 몰입되어 연결되어 있으며, 서로와 순간에 대한 관계 속에서 열리는 더 큰 공간감과 연결되어 있는 상태로 강화된다. 이는 Schmid(2002)가 치료자의 현존의 목표로 제시한 함께 경험하기와 상호접촉에 대한 논의와 일치한다. Cooper(2005)는 치료자와 내담자 사이에서 발생할 수 있는 상호 현존의 상태를 '공동현존(copresence)'이라고 지칭했다.

다른 인간과 정신적으로 접촉하고 접촉받는 과정을 통해 현존에 깊이 빠져드는 것은 그 자체로 아름답고 치유적인 과정이다. 열린 마음, 여유로운 공간, 판단하지 않는 태도, 그리고 성찰적 인식으로 상대방과 얼굴을 맞대고, 마음을 나누고, 정신을 연결하며, 본질과 본질을 맞대는 것은 상대방을 만나는 사람과 상대방에게 만나지는 사람 모두를 변화시킨다. 그 깊이 공유된 현존의 순간은 각 사람을 신경학적 반영과 유사한 수준에서 조율시킨다. 이는 Jung(1959)의 집단 무의식 개념과 인간이 더 큰 무언가, 즉 에너지, 활력, 지식의 바다의 일부라는 생각과 유사하다. 아마도 이는 관계적이고 영적인 차원의 무언가, 더 큰 의식에 대한 접촉, 치료자와 관계 안에서 깊은 현존으로부터 진화하는 미묘한 영역과 접촉하는 마음과 정신의 확장일 것이다. 이는 서로 완전히 깊이 현존 속에서 만날 때 각 개인과 양쪽 모두에

게 열리는 잠재력이다.

따라서 인간관계의 안전함 속에서 심리적 깊이와 자기의 더 깊은 부분을 탐구할 수 있는 가능성이 존재한다. 치료자가 현존에 더 깊이 빠져들수록, 그 현존은 두 개인 사이에서, 그 사이를 넘어, 그리고 그 너머에서 치유적인 관계적 경험으로 깊어진다. 이 깊은 관계의 과정에서 내담자만이 변화하는 것이 아니라, 치료자도 각 현존의 순간과 각 관계적 현존의 만남에서 변화한다.

관계적 치료적 현존과 상호주관적 의식

치료적 현존 속에서 치료자가 경험의 더 깊은 측면에 접근하고 이해를 바탕으로 반응하며 내담자의 과정을 촉진할 수 있는 능력을 갖추기 위해, 관계적 현존의 순간에 현존하는 공유된 현실이나 의식의 수준을 살펴봐야 한다. Stern(2004)은 치료 과정에서 현재 순간의 경험이 의식 속에서 암묵적으로 포착되는 방식을 설명하기 위해 '상호주관적 의식(intersubjective consciousness)'의 개념을 도입했다. 상호주관적 의식은 두 사람(즉, 치료자와 내담자)이 공유된 현재 순간의 경험을 공동으로 창조할 때 발달한다. 한 사람의 의식은 다른 사람의 의식과 겹친다. 따라서 두 사람 사이의 치료에서 내담자는 자신의 경험을 가지고 있으며, 치료자의 눈·몸·얼굴·목소리 톤 등에 반영된 경험도 있다. 내담자와 치료자의 경험은 동일하지 않지만, 현재 순간에 경험이 반영됨으로써 동일한 풍경이나 상호주관적 의식을 공유할 수 있다. Stern(2004)은 치료 관계에서 한 사람이 직접적으로 느끼는 경험이 다른 사람에게도 거의 동일한 경험으로 활성화된다고 제안했다. 이는 두 사람 사이에 재진입 고리(reentry loop)를 생성하며, 공유된 현재 순간에서 상호주관적 의식을 낳는다.

성찰적 의식과 치료자가 느끼는 감정

사회적 차원에서 내적 주의 또는 의식은 신체적·정신적으로 몸 전체에 대한 집단적 경험이며 다른 사람의 마음, 문화 및 당시의 사회 세계와의 관계이다(Siegel, 2007; Stern, 2004). 대화와 관련하여 성찰적 의식은 그 경험을 목격하는 다른 사람이 있을 때만 발생한다. 이는 자기의 여러 부분에서 자신의 경험을 목격하는 것을 포함할 수 있지만, 심리치료에서는 치료

자가 그 경험을 목격하는 것을 내담자가 직접 경험하는 것이 도움이 된다.

따라서 임상 상황에서 Stern(2004)은 세 가지 유형의 의식이 작용한다고 주장했다. 첫째는 '현상학적 의식(phenomenological consciousness)'으로, 일어나고 있는 순간에만 알아차리는 경험을 반영한다. 치료에서 일어나는 사건이나 순간의 오르락내리락하는 것은 치료의 진행 중인 담화를 반영한다. 둘째는 '성찰적 의식(introspective consciousness)'으로, 의식적인 경험에 대해 성찰하고 그 경험에 단어나 상징적인 명명을 하여 미래의 성찰적 순간을 가능하게 하는 의식이다. 치료에서 이것은 '언어적 의식(verbal consciousness)'(Stern, 2004, p. 131)에 해당하며 치료 회기에서 논의되는 내용의 대부분을 반영한다. 셋째는 '상호주관적 의식(intersubjective consciousness)'으로, 치료에서 강렬한 상호작용에서만 일어나는 경험을 반영하며 특별한 현재 순간 또는 관계적 치료적 현존이라고 부르는 것을 구성한다. 이 경우의 경험은 치료자와 내담자가 함께 만들어낸다. 두 사람의 경험은 서로 섞여 있지만 분리되어 있으며, 그 순간에 경험한 것은 오래 지속되고 인상을 남기며 의미가 부여될 때 심리 내적 및 사회적 변화를 일으킨다. 또한 경험의 반영이나 일치에 실패하는 상호주관적 의식의 부정적인 형태도 존재하는데, 그 순간 의식에 갇힌 것은 분리나 연결의 부재이다.

그렇다면 치료자는 어떻게 상호주관적 의식과 현재 순간 경험의 비옥한 토양을 최적화할 수 있을까? Stern(2004)은 고대 그리스인들이 사용했던 '카이로스(kairos)'라는 용어를 설명했는데, 이는 순간 속 기회의 순간으로, 사건이 모여 다음 순간 또는 평생 등안 자신의 운명을 바꿀 수 있는 방식으로 행동하거나 반응할 수 있는 기회를 제공하는 순간을 말한다. 심리치료에서 치료자는 현재 순간의 비옥한 토양(Schmid, 2002), 내담자 경험의 가시적·비가시적 표현에 주목함으로써 내담자가 자신을 깊이 보거나 이해했다고 인식하는 방식으로 반응할 수 있는 기회를 제공한다. 이 수준의 주의를 기울이려면 치료자는 내담자의 깊은 내면세계와 접촉하고, 의제나 선입견 없이 유연하고 개방적인 태도로 그 순간을 경험하고 표현하는 것에 주의를 기울여야 한다. 이를 위해서는 치료자 내면에서 때때로 형성되지 않고 불분명하게 떠오르는 신체 감각, 이미지 또는 단어에 대한 깊은 신뢰가 필요하다. 치료자 자신과 내담자에게서 이러한 비옥한 기회의 순간을 인식하고 주의를 기울이고, 치료자 자신의 현재 중심적 주의에서 나오는 방식으로 반응함으로써 최적의 성장 가능성이 발생한다. 이러한 수준의 감각 지각과 현재 순간에 대한 세심한 주의를 통해 치료자는 카이로스의 잠재적 기회를 활용한다. 실제로 Stern과 Schmid는 현재의 모든 경험을 인식하고 깊이 있고 감각적인

주의를 기울일 때 카이로스의 순간이 된다고 제안했다.

 치료적 현존과 Rogers의 치료자가 제공하는 조건

치료적 현존은 내담자 중심치료(client-centered therapy)에서 긍정적인 치료적 관계의 근본적인 기여로 제안되어 왔다(Bugental, 1987; Schmid, 1998; Thorne, 1992, 1996). 이러한 견해는 내담자 중심 이론가들(Bozarth, 2001; Segrera, 2000; Wyatt, 2000)과 유사하며, 이들은 현존을 다른 조건의 전제 조건 또는 기초로 간주한다. Schmid(2002)는 현존을 "치료자의 존재 방식과 행동 방식으로서 상호 연결된 '핵심 조건'에 대한 적절한 용어"라고 언급했다(pp. 81-82). Rogers에 따르면, 현존한다는 것은 구체적인 치료적 조건이다(Baldwin, 2000).

이러한 현존과 공감, 무조건적 긍정적 존중, 일치성의 TOCs 사이의 연관성은 치료자의 현존에 대한 양적·질적 분석 모두에서 뒷받침되었다. 질적 연구(Geller & Greenberg, 2002)에서 치료자들은 현존이 더 큰 경험이며 공감적 이해와 반응을 위해 필요한 수용적 자세라고 강조했다. 현존과 공감 사이의 밀접한 관계는 치료적 현존 척도(Therapeutic Presence Inventory-Therapist: TPI-T)에서 평가된 치료자의 자기보고 현존과 공감의 관계 조건에 대한 치료자의 평가 사이에 통계적으로 유의미한 관계가 있다는 양적 연구(Geller et al., 2010)에서도 뒷받침되었다. 또한 치료자들은 내담자와 진정성 있고 수용적인 관계를 맺는 데 있어 현존이 중요하다고 설명했으며, 이는 TPI-T와 Barrett-Lennard 관계 척도(Relationship Inventory: RI; Barrett-Lennard, 1973)의 일치성 및 무조건적 긍정적 존중 간의 통계적으로 유의미한 관계로 뒷받침되어 현존이 긍정적인 치료적 관계의 핵심 조건임을 시사한다. 이는 치료적 현존과 관련하여 조건을 개별적으로 살펴봄으로써 예시된다.

현존은 공감이 일어나기 위한 중요한 전제 조건이며, 두 개념은 유사하지만 동일하지는 않다. 인터뷰에 참여한 치료자들은 치료적 현존을 내담자의 경험을 이해하고 경험할 수 있게 해 주는 근본적인 경험 또는 토대라고 설명했지만, 현존 자체의 경험과는 동일하지 않았다. 예를 들어, 한 치료자(Geller, 2001)는 "다른 사람과 공감하기 위해서는 현존이 필요하다. 자신이 그 느낌을 느끼고 이해하기 위해서는 어느 정도 현존해야 한다"라고 말했다. 또 다른 치료자는 "공감하기 위해서는 그 순간에 내가 현존해야 한다"고 말했다.

현존을 더 많이 경험할수록 치료자는 공감적 이해와 반응이 더 정확하다고 느낀다. 이는 한 치료자가 말한 것처럼 "환자 존재의 더 많은 차원"(Geller, 2001)에 대한 지각과 감수성이 확장되어 치료자가 내담자를 더 깊은 수준에서 이해할 수 있게 해 주는 현존으로 부분적으로 이해된다.

타자에게 공감하기 위해서는 먼저 타자와 함께 있을 수 있어야 한다는 것을 잘 알고 있다. 하지만 심리치료 훈련에서 종종 놓치는 추가 단계가 있다. 내담자와 온전히 함께 있으려면 먼저 치료자 자신의 현존감(sense of presence)을 키우는 것이 필요하다. 여기에는 자기 자신에 대한 공감과 이해의 연습이 포함된다. 내면의 공감을 연습하기 위해서는 어떤 사건과 그와 관련된 영향을 수용하고 판단하지 않고 다시 경험하는 데 관심이 있어야 하며, 또한 그렇게 할 수 있는 의지와 능력이 있어야 한다.

치료적 현존은 또한 자기 자신에 근거를 둔다는 의미이기도 하다. 특히 Buber(1958)가 보다 폭넓은 공감의 개념으로 사용한 용어인 '포함(inclusion)'은 치료자가 타자의 경험을 받아들이고 들어가면서 자기의 중심을 잡고 강함을 느낀다는 점에서 현존과 관련하여 더욱 명확하게 표현되었다. 자기 자신에 기반을 둔 경험은 내담자의 경험 전체를 받아들이기 위해 자신을 개방하고 그 과정에서 개방적이고 집중하며 명확해질 수 있는 과정을 지원한다.

공감의 과정은 타자의 경험을 받아들이고 치료자 내면의 이해의 자리에서 반응하는 현존의 측면으로 간주된다. 내담자를 이해하기 위해 수용적이고, 내면적으로 집중하고, 적극적으로 자기를 도구로 사용하는 현존의 과정은 공감적 경험의 기반이 된다. 수용적이라는 것은 타자의 경험을 받아들일 수 있는 명확하고 열린 그릇이 되는 것이다. 따라서 현존은 치료자가 공감을 경험하기 위한 필수 전제 조건이다. Barrett-Lennard(1981)는 공감 과정의 세 가지 주요 구성 요소를 제안했다. 첫째, 치료자는 수용하고, 공명하고, 소통해야 하며, 내담자는 수용해야 한다. 이는 공감적 이해를 극대화하기 위해 치료자가 먼저 현존의 핵심 요소인 내담자의 경험을 수용하고 허용해야 한다는 것을 시사한다.

무조건적 긍정적 존중은 또한 치료적 현존의 한 측면이자 자연스러운 표현으로 간주된다. 본 연구에서 치료자의 현존이 무조건성(unconditionality; r = 0.29) 및 존중의 수준(level of regard; r = 0.34; Geller et al., 2010)과 정적 상관관계가 있다는 결과가 이러한 관점을 뒷받침한다. 그러나 상관관계가 높지는 않아서 약간의 차이가 있음을 시사한다. 또한 인터뷰에 참여한 치료자들은 치료적 현존을 무조건적 긍정적 존중과 치료적 현존 경험의 모든

측면인 배려, 따뜻함, 사랑, 존중, 수용과 같은 자질을 포함하는 것으로 설명했다(Geller & Greenberg, 2002). 치료자의 본질이 내담자의 본질과 접촉할 수 있도록 허용하는 것은 치료적 현존의 일부로서 타자에 대한 깊은 따뜻함과 수용을 이끌어 낸다. 따라서 무조건적 긍정적 존중은 현존을 통해 촉진되며, 현존은 비판단적이기 때문에 내담자와 그들의 경험을 무조건적으로 수용하고 존중하는 결과를 낳게 된다.

Levinas(1985)가 말했듯이, 수용하는 것 이상으로 타자를 바라보고 이해해야 할 책임감이 있다. 경험을 위해 현존한다는 것은 또한 치료자 자신의 경험을 받아들이고 판단하지 않는 것을 포함한다.

일부 저자는 현존을 일치성과 동일한 것으로 간주한다(Bozarth, 001; Kempler, 1970; Webster, 1998). 예를 들어 Bozarth(2001)는 일치성을 "내담자 중심치료에서 치료자의 현존으로 식별할 수 있다"고 말했다(p. 185). 우리의 연구는 치료자의 현존 평가와 RI 일치성 하위 척도 간에 유의미한 상관관계(r = 0.41)가 있음을 보여 주었으며, 이는 둘 사이의 관계뿐만 아니라 차이도 있음을 시사한다(Geller et al., 2010). TPI-T와 RI에 대한 요인분석에서도 현존과 일치성은 서로 구별되는 것으로 나타났다. 이를 근거로 치료적 현존에는 치료자의 느낌과 표현에 대한 진정성이 포함되지만, 일치성은 현존의 미묘한 측면을 모두 포함하지 않기 때문에 현존과는 다르다고 생각한다. 양적·질적 분석을 검토한 결과, 치료적 현존은 일치성의 토대를 마련하고 일치성의 전제 조건으로 간주되지만 일치성 이상의 것을 포함한다.

일치성은 내적 측면과 표현적 측면, 진정성, 투명성을 모두 가지고 있다(Lietaer, 1993). 일치한다는 것은 같은 것을 느끼고, 생각하고, 표현하는 것을 의미한다. 치료적 현존의 과정에는 내면으로 집중하고 확장하는 것이 포함된다. 우리는 치료자가 먼저 내담자와 자신의 즉각적인 경험의 충만함을 수용하고 접촉하여 무엇이 경험되고 있는지, 어떻게 반응해야 하는지 이해해야 한다는 점에서 치료적 현존이 일치성에 선행한다고 제안한다. 일치성은 자신과 접촉하는 것을 강조하지만, 이를 위해 현재에 있어야 할 필요성을 명시하지는 않는다. 현재에 있을 때 받은 경험은 치료자의 몸에서 공명하며 감정, 말 또는 이미지의 형태로 신체적 감각이나 직관으로 경험된다. 이때 현재에 집중한다는 것은 현재 경험하고 있는 것에 내적으로 집중하는 순간을 포함한다. 따라서 현존은 내적 경험의 지속적인 흐름에 대해 개방적이고 알아차리는 것을 촉진하는 일치성의 핵심 측면이다(Lietaer, 1993).

따라서 치료적 현존은 치료자의 인터뷰(Geller, 2001; Geller & Greenberg, 2002)와 TPI-T와

RI 간의 통계적으로 유의미한 상관관계에 의해 뒷받침되는 것처럼 TOCs의 기초로 간주된다(Geller et al., 2010; Oghene et al., 2010). 현존이 제공하는 '순간적' 수용적 자세는 치료자가 자신의 의제를 강요하지 않고 내담자의 경험을 받아들이고, 순간에 제시되는 것에 개방적이며, 내담자에 대한 더 주의 깊고 조율된 청각 및 운동 감각이 발생할 수 있는 틀을 제공할 수 있도록 해 준다. 수용성은 치료자 자신의 내면과 내담자와 함께 경험하는 것에 대해 개방적이고 조율된 상태를 유지하는 데 필요한 요소로 간주된다. 공감, 일치성, 무조건적 존중에 더해지는 치료적 현존은 내담자와 자신의 경험의 총체를 받아들이기 위해 수용적으로 비워지고 열려 있어야 한다는 전제 조건이 필요하다.

현존은 공감, 일치성, 무조건적 존중이 표현되는 더 큰 조건으로 볼 수 있다. 아마도 TOCs는 그 순간에 온전히 존재하는 것이 내담자에게 전달되는 방식일 것이다. 예를 들어, 공감적 의사소통은 치료자가 "나는 당신의 말을 듣고 있어요" "나는 당신이 표현하고자 하는 것이 무엇이든 열려 있어요"라고 말하는 방식일 수 있다. 마찬가지로 일치성의 투명성 요소는 "나는 당신과 관련하여 내가 경험하고 있는 것에 대해 개방적이고 연결되어 있으며 그것을 공유할 만큼 당신을 존중합니다"라는 표현이 될 수 있다. 이러한 반응은 또한 "나는 지금 이 순간 당신을 위해 여기 있으며, 당신과 치유를 위한 만남을 위해 여기 있습니다"라는 메시지를 전달할 수 있다.

현존이 TOC의 전제 조건이라는 이러한 견해는 현존의 본질에 대한 Rogers의 후기 가정을 뒷받침한다. Baldwin(2000)과의 인터뷰에서 Rogers는 "아마도 치료에서 가장 중요한 요소인 나의 자기(self)가 매우 분명하고 명백하게 현존하는 것은 이러한 조건의 가장자리에 있는 어떤 것일 것이다"(p. 30)라고 생각했다. 따라서 치료자의 현존은 TOC가 출현할 수 있는 수용적 조건으로 볼 수 있다.

현존과 치료적 동맹

이 책의 서론에서 치료적 또는 작업 동맹과 치료적 변화 사이의 관계에 대한 연구 증거에 대해 논의했다(Bordin, 1976, 1979; Horvath & Greenberg, 1986; Lambert & Bergin, 1994). Horvath와 Greenberg(1986)는 Bordin(1979)의 동맹의 세 가지 측면(목표, 과업, 유대감)을 다

음과 같이 간략하게 요약했다. '목표(goals)'는 내담자와 치료자가 치료가 추구하는 바람직한 방향이나 성과에 대해 동의하고 가치를 부여하는 것을 말한다. '과업(tasks)'은 치료의 본질, 즉 내담자와 치료자가 회기에서 일어나는 적절하고 효과적이라고 인식하는 일이며, 내담자의 목표에 도달하기 위해 치료에서 수행되는 일을 반영한다. '유대감(bond)'은 내담자와 치료자 간의 긍정적인 애착 형성에 기여하고 상호 신뢰, 확신, 존중, 수용을 포함하는 치료의 관계적 측면을 포괄한다. 이러한 관계적 요소는 그 자체로 내담자를 치유하는 것으로 간주된다(Bordin, 1979; Bugental, 1987; Horvath & Greenberg, 1986; Hycner & Jacobs, 1995; Lambert & Simon, 2008; Rogers, 1957).

치료적 동맹의 발달에 기여하는 요인에 대한 지식의 빈틈은 여전히 존재한다(Horvath, 1994). 일부 연구 결과는 순종성, 고립성 또는 친근감의 정도와 같은 내담자 요인(Wallner Samstag et al., 1992)과 관계의 지금 여기를 탐색하는 내담자의 능력(Safran et al., 1990)에 초점을 맞추고 있다. 동맹의 모델은 상호작용적이지만 긍정적 동맹에 대한 치료자의 역할과 기여를 이해하는 것은 매우 중요한 관심사이다(Horvath, 1994). Safran 등(1990; Safran & Muran, 1996)에서 나온 한 모델은 긍정적 동맹에 영향을 미치는 치료자의 세 가지 주요 특징을 식별한다. 이는 치료자가 그 순간에 발생하는 관계 문제를 인식하고, 동맹의 손상을 이용하여 내담자의 부정적인 경험과 감정을 탐색하며, 치료적 관계에서 자신의 어려움에 대한 소유권을 갖고 이것이 내담자의 부정적인 경험과 감정에 어떻게 기여하는지이다.

치료적 현존은 치료자가 손상 가능성을 포함하여 치료적 동맹의 지금 여기 측면에 더 민감하게 반응할 수 있게 해 준다. 현존을 통해 치료자는 치료자와 내담자, 그리고 관계 자체에서 일어나는 일을 감지하는 센서로 신체를 사용한다. 그런 다음 치료자는 이러한 내면의 민감성과 지식을 사용하여 가능한 한 관계의 어려움을 파악하고, 이를 내담자와 함께 탐색하며, 동맹의 손상에 관한 자신의 기여에 대한 알아차림을 공유할 수 있다. 또한 현존한다는 것은 개입이 기계적으로 진행되는 것이 아니라 내담자의 현재 상태에 반응할 수 있다는 것을 의미한다.

치료적 현존이 강력한 치료적 동맹을 구축하고 유지하는 데 기여한다는 것은 치료자에 대한 내담자의 지각이 긍정적인 치료적 동맹을 예측한다는 연구 결과(Oghene et al., 2010)에 의해 뒷받침된다(Geller et al., 2010). 우리는 현존을 통해 치료자가 내담자의 경험에 더 잘 조율할 수 있고, 이를 통해 내담자는 자신의 이야기가 경청되고 이해받고 있다고 느끼며 치료

자가 치유 과정의 동맹자로서 함께 일하고 있다는 것을 신뢰하게 된다는 이론을 세웠다. 이러한 방식으로 현존은 치료적 만남에서 관계적 유대감과 안전감을 형성하는 데 도움이 된다.

Bordin(1980)은 동맹을 관계적 과정일 뿐만 아니라 상담 기법을 촉진하는 수단으로 보았다. 치료적 현존은 치료자가 내담자가 겪고 있는 가슴 아픈 부분을 듣고 이에 반응할 수 있는 기회를 제공하여 내담자의 가장 깊은 욕구와 경험에서 직접적으로 나오는 치료 과업과 목표를 개발하는 데 도움이 된다.

따라서 치료자와 내담자 사이에 유대감을 형성할 수 있기 때문에 현존은 치료적 동맹을 구축하는 데 중요하다. 치료자는 내담자의 고통스럽고 어려운 자기발견의 여정을 함께 하는 동반자이자 증인이다. 치료자가 내담자의 경험에 온전히 함께할수록 내담자는 자신의 경험에 마음을 열고 치료자가 자신의 여정에 동행할 것이라는 믿음을 가질 수 있어 더욱 안전하다고 느낄 수 있다.

현존이 수반되는 방식으로 내담자와 함께 있으면 치료자는 내담자가 경험하는 것을 깊은 수준에서 들을 수 있고, 따라서 내담자의 가장 깊은 욕구에서 직접 나오는 치료의 초점과 목표를 개발할 수 있는 기회를 제공한다.

치료적 현존은 어떻게 치료적 동맹과 효과적인 치료를 촉진하는가

우리는 치료적 현존이 치유이며 효과적인 치료를 촉진한다고 제안한다. 치료적 현존 과정의 변화 메커니즘을 이해함으로써 그것이 어떻게 일어나는지 논의하는 것이 중요하다. 이 과정에 대한 간략한 설명은 다미주 이론(polyvagal therapy; Geller & Porges, 2014; Porges, 2011)에 근거하여 다음에 논의하고 [그림 1-1]에 자세히 설명한다. 또한 10장에서는 이 과정에 반영된 신경생리학적 원리에 대해 자세히 설명한다. 요약하자면 다음과 같다.

1. 치료자가 회기 전에 현존하며, 여기에는 내적 조율이 포함된다.
2. 회기에서 치료자는 내담자, 자신, 치료적 관계와 수용적으로 조율하여 내담자와 심리적 접촉을 유지한다.
3. 내담자는 자신의 현존과 안정적인 치료자를 느끼고 신경학적·생리적·정서적/심리적으로 여러 수준에서 안전하다고 느끼기 시작한다(Allison & Rossouw, 2013; Cozolino,

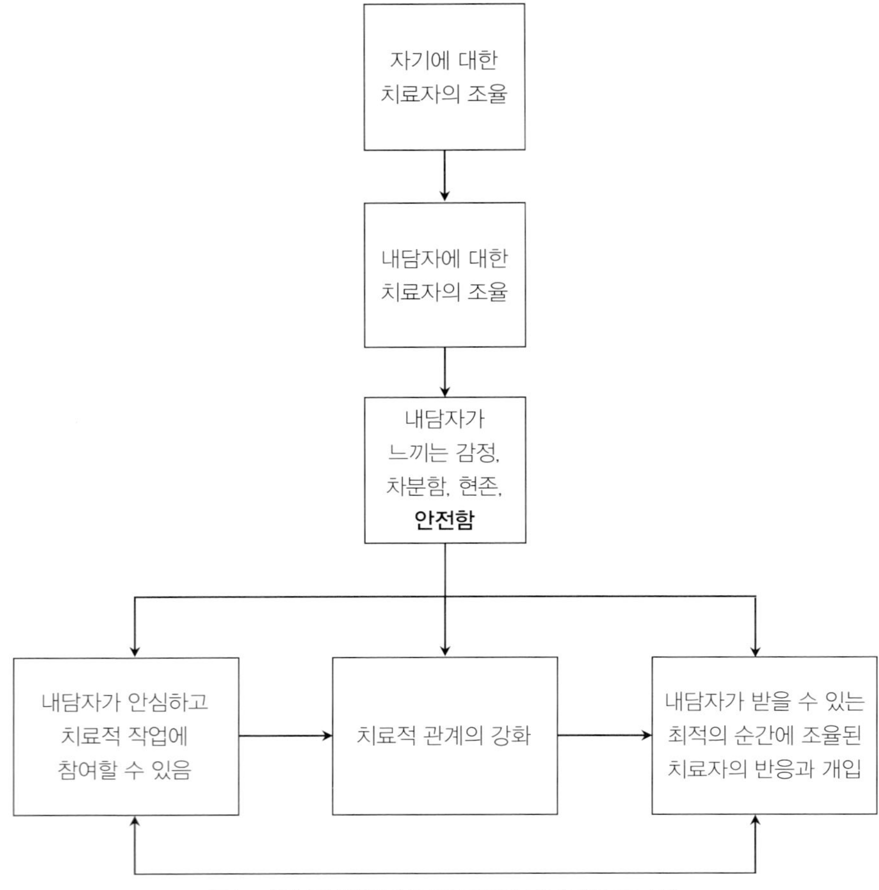

[그림 1-1] 치료적 현존은 어떻게 안전함과 치료 효과를 촉진하는가?

출처: "Therapeutic Presence and Polyvagal Theory: Principles and Practices for Cultivating Effective Therapeutic Relationships," by S. M. Geller, in S. W. Porges and D. Dana (Eds.), *Clinical Applications of The Polyvagal Theory: The Emergence of Polyvagal-Informed Therapies* (p. 111), 2018, W. W. Norton & Company에서 발췌. Copyright 2018 by W. W. Norton & Company의 허가를 받아 재인쇄됨.

2006; Geller, 2017; Geller & Porges, 2014; Porges, 2009, 2011; Schore, 2003, 2012; Siegel, 2007, 2011).

이 과정에는 네 가지 필수 성과가 있다.

1. 내담자의 방어가 줄어들고 치료 작업에 효과적으로 참여할 수 있는 최적의 문이 열린

다(Geller & Porges, 2014; Porges, 1995, 1998, 2011).

2. 내담자의 신경계는 치료자의 차분하고 안정적인 현존에 공명하며 진정되어 자신의 현존을 활성화하고 자신의 경험을 수용한다. 이를 통해 더 강력한 치료적 동맹이 형성될 수 있다(Geller, 2017, 2018; Geller & Porges, 2014; Siegel, 2007).
3. 이 현존의 장소에서 치료자의 반응과 개입은 내담자의 수용 준비 상태를 포함하여 그 순간 가장 가슴 아픈 것에 맞추어 조율된다.
4. 내담자가 안전함을 반복적으로 경험하면 다른 관계에서도 안전함을 느낄 수 있는 능력이 발달한다. 이렇게 발달된 타자와의 긍정적인 대인관계는 내담자의 안녕감, 성장, 건강 및 회복의 핵심이 된다(Cozolino, 2006; Geller, 2017; Porges, 2003; Siegel, 2007, 2010, 2011).

이 모델은 안전감을 조성하는 것이 치료적 현존의 강력한 효과이며 강력한 치료적 동맹의 토대임을 강조한다. 치료자가 내담자를 수용적으로 조율할 때 내담자는 이해받고 있다는 느낌과 안전함을 느낄 수 있다. 이러한 내적 안전감은 내담자의 생리적 상태를 이완시키고 내담자가 취약성을 드러내고 효과적인 치료적 작업에 참여할 수 있는 트대를 만들어 준다. 치료적 현존에서 비롯되는 안전감은 치료적 관계를 강화하여 치료가 보다 효율적으로 진행될 수 있도록 한다(Geller, 2017).

연구에 따르면, 안전한 치료적 환경은 내담자의 새로운 신경 경로를 개발하는 데 도움이 되며, 이는 애착 손상의 회복을 촉진하고 내담자의 건강과 성장에 필요한 긍정적인 사회적 상호작용을 제공한다(Allison & Rossouw, 2013). 또한 치료자의 현존은 내담자가 자신의 내면에 현존하고 수용하도록 유도하여 뇌와 신체가 통합된 상태를 촉진한다(Geller, 2017). 이러한 개인 내적 통합은 안녕감을 개선하고 면역 기능을 높이며 행복과 성취감을 높일 수 있는 잠재력을 가지고 있다(Siegel, 2007, 2010).

현존을 통해 조절을 촉진하는 방법은 무엇인가

내담자의 조절을 촉진하는 두 가지 중요한 방법은 내담자의 신호에 귀를 기울이고 치료자의 수용적이고 표현적인 현존을 통해 평온을 유도하는 것이다. 다미주 이론에 따르면, 안

전 또는 위험에 대한 단서는 얼굴의 윗부분, 눈맞춤, 목소리의 운율 또는 리듬, 열린 몸자세를 통해 표현된다(Geller & Porges, 2014). 치료자가 전달하는 많은 비언어적 메시지는 의식적으로 인식할 수 없지만 내담자는 생리적 또는 '직감(gut sense)'으로 이를 받아들이고 해석한다(Geller, 2017; Geller & Porges, 2014). 치료자의 따뜻함·개방성·안정감을 느끼는 내담자는 안전하고 차분한 치료자를 경험하며, 이는 치료 만남에서 마음을 열 수 있게 하여 치료 효과를 향상시킨다.

내담자의 경험에 조율한다는 것은 내담자가 안전하다고 느끼는 시점과 그렇지 않은 시점을 인식하는 것을 포함한다. 치료자는 내담자의 표정과 몸자세를 통해 (1) 안전하고 개입에 참여할 준비가 되었거나 (2) 안전하지 않다고 느끼는 경우, 개입을 일시 중지하거나 수정하거나 속도를 늦춰야 할 때를 읽을 수 있다. 여기에는 안전에 대한 신경지(neuroception; 상황이 안전한지 또는 안전하지 않은지에 대한 내부 신경 감각)가 연결된 상태가 되도록 돕는 핵심 조절 과정에 내담자를 참여시키는 것이 포함될 수 있다. 또한 치료자는 내담자와의 진정한 관계를 유지하기 위해 자신의 자기조율을 사용하여 자신의 반응성을 인식하고 조절한다(치료자의 반응성과 같은 문제를 다루는 방법에 대한 자세한 내용은 8장 참조).

현존 및 향상된 정동 조율

치료적 현존은 조율을 향상시킬 수 있는 내담자에 대한 개방적이고 감각 수용적인 경험을 포함한다. 상호주관성 이론가들(intersubjective theorists)은 치료자의 조율된 반응성을 전이의 치유적 측면의 핵심으로 본다(Stolorow et al., 1987). 이러한 관점에서는 정동 조율이 초기 치료자의 잘못된 반응에 대한 해독제이며 성장 과정의 재개를 가능하게 하는 회복 기능을 수행한다고 가정한다. 정동 조율(affect attunement)의 개념은 영아와 양육자의 상호작용에 대한 연구에서 발전했으며(Stern, 1985), 대인관계 이론가들(interpersonal theorists)과 정서중심 치료자들(emotion-focused therapists)이 정서를 다루는 중심적인 측면으로 받아들여 왔다.

정동 조율은 내담자와의 대인관계적 교감을 가능하게 하는 특별한 종류의 관계성이다. 이 관점에 따르면, 치료자가 언어적 또는 비언어적으로 환자의 지속적인 내적 감정 상태의 측면을 일치시키는 데 성공할 때 정동 조율이 이루어지며, 정동 조율은 환자에게 영향을 주

거나 변화시키거나 안내하는 것이 목적인 치료자의 반응 방식과는 대조를 이룬다. 몇 가지 치료자 요인이 정동 조율을 촉진한다. 첫째, 가장 근본적인 것은 치료자가 환자의 생각, 신념, 감정 또는 행동을 바꾸려는 의도를 포기해야 한다는 것이다. 이러한 의도는 치료자가 지금 여기에서 환자와 함께하고 환자의 경험적 세계로 들어가는 것을 방해할 수 있다. 둘째, 치료자의 주의 집중은 최적의 반응을 위한 전제 조건이다. 예를 들어, 치료자 자신의 개인적인 삶이나 환자의 현재 문제와 같은 집착은 치료자의 조율된 반응의 초점이 되어야 할 내담자 자료를 잃어버릴 정도로 치료자의 주의를 산만하게 할 수 있다. 조율된 치료자는 미묘하거나 덜 미묘한 환자의 언어적 또는 비언어적 표현을 통해 치료자가 순간순간 감지하는 환자의 지속적인 정동적 경험에 집중한다. 치료적 현존은 내담자의 경험에 대한 감각적 인식을 높여 정서적 조율을 향상시킨다.

현존의 핵심 요소인 치료자의 정서적 가용성은 정동 조율을 촉진하는 또 다른 중요한 요소로 간주된다. 치료자가 자신의 가용성을 알리는 방식은 세심한 경청, 관심 표명, 부드럽고 반응이 좋은 목소리 등을 통해 이루어진다. 내담자의 감정에 감동하는 치료자의 능력은 정동 조율의 또 다른 측면이다. 치료자가 자신의 다양한 정동과 경험에 더 많이 접근할 수 있을수록 내담자의 다양한 감정을 더 잘 인정할 수 있다. 진정성 있는 반응은 최적의 조율에 필수적인 부분이며, 치료자가 내담자와의 상호작용에 전심을 다할 때 내담자는 진정성 있는 반응을 경험하게 된다. 진정성 있는 반응 능력은 정서적·집중적 가용성과도 관련이 있다. 공감적 경청은 종종 내담자의 경험적 세계로 들어가기 위한 전제 조건으로 간주된다(Basch, 1983; Schwaber, 1981, 1983).

우리는 치료적 현존이 공감과 정동적 조율의 전제 조건이라고 주장해 왔다. 정동 조율과 공감의 개념은 언뜻 보기에는 비슷해 보이지만, 몇 가지 요인으로 인해 서로 다른 임상적 개념으로 구분된다(Stern, 1985). 첫째, 치료자의 활동 유형 또는 존재 과정의 측면에서 볼 때, 정동 조율은 주로 특정한 종류의 정서적 반응성인 반응 모드이다. Basch(1983), Fosshage(1997), Schwaber(1981), Trop과 Stolorow(1997)에 따르면, 공감의 개념은 치료자의 반응 형태가 아니라 내담자의 경험에 대한 탐색적 자세를 의미한다. 따라서 이러한 전통에서 공감은 내담자의 경험을 주요 참조 대상으로 간주하는 특정 형태의 경청을 의미한다. 둘째, 정동 조율의 주제에는 현재 또는 과거의 사건과 관련하여 내담자가 언어·얼굴·음성 또는 행동으로 표현하는 감정 상태가 포함된다. 반면 공감의 주제에는 감정 상태 외에도 동

기·의도·방어·욕구 또는 갈망과 같은 다른 현상이 포함될 수 있다. 셋째, 정동 조율과 공감은 주요 임상 목표도 다르다. 치료자는 내담자의 감정을 인식하고 재조명함으로써 정동 조율을 통해 내담자와의 대인관계적 교감을 달성하는 것을 목표로 한다. 그러나 공감의 목적은 치료자가 내담자의 세계를 알고 다양한 상황에서 내담자가 어떤 사람인지 이해하는 것이다(Bohart & Greenberg, 1997). 정동 조율은 지각과 행동에 기반한 보다 자발적이고 즉각적인 반면, 공감 과정은 성찰, 개념 분석, 유사체 찾기, 역할 수행과 같은 인지적 작업을 균형적으로 포함하기 때문에 더 복잡하다. 공감을 실천하는 과정에서 치료자는 "내담자가 느끼는 것을 지각하고, 그들의 의사소통을 이해하려고 시도하고, 상상력을 발휘하여 그들의 세계로 들어가야 하며, 그 사람이 그 사람인 것이 어떤 것인지 이해하는 복잡한 과정에 참여"해야 한다(Bohart & Greenberg, 1997, p. 444). 요약하면, 정동 조율의 과정은 치료자가 내담자의 감정 상태를 정확하게 읽은 다음, 이 감정 상태의 측면(예: 강도, 지속 시간)을 일치시키는 과정을 포함한다(Stern, 1985). 이러한 유형의 정동 조율은 치료적 현존에 의해 강화된다.

결론

이 책의 본질적인 목적은 치료적 현존을 깊이 이해하고, 이를 위한 조건을 만드는 방법을 이해하며, 이를 관계적 현존의 발전이자 좋은 심리치료의 근본적이고 필수적인 측면으로 보는 것이다. 우리는 치료자들이 자기개발과 개인적 현존 및 관계적 현존 개발에 대한 훈련을 받을 것을 제안하며, 이는 동등한 가치를 지니며 특정 치료 기술을 배우는 데 기초를 제공할 수도 있다. 또한, 노련한 치료자는 내담자와의 현존을 유지하기 위해 지속적인 자기돌봄과 자기개발을 통해 개인 생활에서 자신의 현존감을 향상시킬 수 있어야 한다.

2장

이론적 접근 방식에 따른 현존의 역사

> 우리의 진정한 고향은 과거에 있지 않다. 우리의 진정한 고향은 미래에 있지 않다. 우리의 진정한 고향은 바로 지금 여기에 있다. 삶은 오직 지금 여기에만 존재한다.
>
> —틱낫한 (THICH NHAT HANH. 2011, p. 65)

이론적으로, 현존은 좋은 치료의 기반이 된다고 여겨져 왔다(Hycner, 1993; Moustakas, 1969; Rogers, 1986). 역사적으로 다양한 접근법에서 치료적 현존의 구체적인 정의가 제시되지 않았지만, 치료자의 현존에 대한 특정 특성들은 이론적으로 설명되어 왔다. 예를 들어, 치료자의 현존은 내담자와의 관계에 온전히 자기를 쏟고, 내담자와 함께, 그리고 내담자를 위해 그 순간에 온전히 몰입하는 것으로, 자기중심적인 목적이나 목표를 거의 염두에 두지 않는 것으로 설명되어 왔다(Craig, 1986; Hycner, 1993; Hycner & Jacobs, 1995; Moustakas, 1969; Robbins, 1998; Webster, 1998). 치료자는 내담자를 이해하고 반응하는 데 자신의 본질을 도구로 사용하는 것으로 여겨진다(Clarkson, 1997; Keefe, 1975; Kempler, 1970; Lietaer, 1993; Robbins, 1998; Shepherd et al., 1972; Vanaerschot, 1993). 현존에 대한 일반적인 문헌은 치료자의 자기개발이 현존 능력의 일부로 중요함을 강조한다(Keefe, 1975; Lietaer, 1993; Shepherd et al., 1972; Webster, 1998). 자신의 개인적 성장에 대한 헌신은 현존의 능력을 더욱 높이는 것

으로도 여겨진다(Webster, 1998). 치료자는 자신의 문제를 인식하고 해결하기 위해 노력해야 하며, 이러한 문제가 치료 회기에 영향을 미치지 않도록 해야 한다(Lietaer, 1993).

일반적으로 현존은 인본주의적 관점(humanistic perspectives)에서 중심적인 요소로 여겨져 왔다. Rogers는 치료적 관계(therapeutic relating)에서 현존을 필수적인 기본 과정으로 언급했다(Baldwin, 2000; Rogers, 1980). 그러나 현존에 초점을 맞춘 주의력은 역사적으로 다양한 이론적 전통에서 제안되어 왔다. 이 장에서는 치료자들의 현존의 다양한 측면이 역사적으로 다양한 치료적 접근법에서 어떻게 제안되어 왔는지 간략히 개요를 제공한다.

Freud와 정신분석적 접근법: 현존의 기원 측면

분석가(analyst)와 내담자의 현존 측면에 대한 최초의 언급은 Freud의 초기 작업에서 찾아볼 수 있다. 예를 들어, Freud는 치료자의 '주의(attention)'의 가치를 강조했다. 또한 M. Epstein(2007)은 Freud의 '골고루 가는 주의(evenly suspended attention)' 개념에 대한 좋은 역사적 고찰을 제공했다(p. 101). Epstein은 Freud의 비판적 판단 없이 모든 의식 영역에서 발생하는 일에 공정한 주의를 기울이는 것의 가치를 강조한 관점을 인용했다. Freud는 우리가 현존, '수용성(receptivity)'이라고 부르는 측면을 설명하며, 이는 공정하고 비판적이지 않으며 균일하게 적용된 주의력에서 비롯된다고 설명했다. Freud(1912)는 의사가 "환자가 전달하는 무의식에 대해 자신의 무의식을 수용 기관(receptive organ)처럼 향해야 한다"고 지적했다. 그는 전화 수신기가 전송 마이크에 조정되는 것처럼 환자에게 자신을 조정해야 한다"고 설명했다(p. 115). 치료자가 수신자(receptor)로 여겨지지만, 이 설명에서 Freud는 치료적 관계(therapeutic relationship)에서의 현존을 강조하지 않는다. 치료자는 자신의 무의식에 수용적이어야 하지만, 개인적 현존(personal presence)을 타인에게 확장하는 것은 분석가나 의사의 객관적 위치와 상반된다.

이 골고루 가는 주의의 상태는 광범위한 거리감과 동시에 개방성을 암시한다. 이는 분석가들이 정서적으로 관여하지 않고 현재 순간에 보고 듣는 것에 집중할 수 있도록 한다. 이는 현존의 중요한 측면이지만 전체적인 그림은 아니다. 왜냐하면 이 상태는 치료자 내부와 치료자 및 내담자 사이의 정서적 연결성을 포함하는 실제 현재 중심의 인식이 결여되어 있기

때문이다. Freud의 '균형 잡힌 정신 상태(poised state of mind)'는 현재 중심의 집중력과 평온한 정신 상태를 포착하며, 전통적인 정신분석적 관점에서 언급되는 객관적이고 거리감 있는 치료자의 전형적인 모습을 보여 준다. 그러나 치료적 현존의 측면 중 치료자가 자신의 진정한 경험을 실제적이고 평등한 인간으로서 공감하며, 내담자 내면의 인간성에 의해 감동받고 감동시키는 부분은 이 접근법에는 포함되지 않는다.

Freud의 분석가의 골고루 가는 주의 개념은 Reik(1948)에 의해 확장되었으며, 이는 그의 저서 『제3의 귀로 듣기(Listening With the Third Ear)』에 반영되어 있다. Reik는 '자유롭게 떠다니는 주의(free floating attention)'를 설명하며, 골고루 가는 주의나 균형 잡힌 주의라는 개념을 버리고 대신 분석 대상자로부터 통찰의 단서를 찾기 위해 현재를 적극적으로 탐색하는 마음을 제안했다. Reik의 관점에서 분석가는 분석 대상자의 경험에 대한 투사와 자료에 대한 '시도적 동일시(trial identification)'(M. Epstein, 2007) 사이를 오가는 지적 주의를 유지해야 했다. Reik는 주의를 회전하는 탐조등으로 보았지만, Freud의 주의는 "두 극점 사이에서 균형 있게 모든 것을 포용하는 시계추"와 같았다(M. Epstein, 2007, p. 117). 이 맥락에서 분석가의 중립적인 주의력(impartial attention)은 관련 있는 모든 것에 대한 개방성과 주의력을 허용하며, 이는 시기와 내용 모두에서 정확한 해석의 용이성을 제공한다.

Freud는 정신분석가들에게 가장 중요한 방법은 특정 내용을 의식적으로 기억하려고 노력하지 않고 단순히 듣는 것뿐이라고 지시했다(M. Epstein, 2007). Freud는 분석가들이 미리 정해진 의도를 가지고 듣기를 원하지 않았다. 대신 그는 치료자들이 '제3의 귀'로 듣기를 선호했다. 이는 말해지는 내용 아래에 숨겨진 더 깊은 정서적 층위를 듣는 것을 의미하며, 이야기나 사고로 듣는 것이 아니라 직관적인 도약을 할 수 있도록 하기 위함이었다. 그렇게 함으로써 치료자는 인지적·분석적 진술보다는 직관적인 판단을 내릴 수 있었다(M. Epstein, 2007).

현존의 한 측면인 '공간감(空間感; spaciousness)'은 Freud의 『문명과 그 불만(Civilization and Its Discontents)』(Freud, 1930) 초반부에 언급된 '대양감(大洋感; oceanic feeling)' 개념에서 비롯될 수 있다. Freud는 이 용어를 Rolland로부터 차용한 것으로 보인다. Rolland는 Freud가 명상적 경험과 종교적 감정을 정신분석학적 관점에서 탐구하도록 제안했다(M. Epstein, 2007). Freud는 이 개념에 흥미를 느꼈지만, 자신이 이 감정을 경험하지 못했다고 인정했다. 사실, Freud는 대양감을 운명에 대한 무력감과 무기력감, 그리고 지침(guidance)을 위한 아

버지적 존재(신)의 필요성, 그리고 중요성에 대한 느낌으로 축소했다. Rolland는 사람들이 실제로 대양감을 가지고 있으며, 이는 그의 관점에서 종교의 기반이라고 믿었다. 그는 이를 영원성의 감정(feeling of eternity)이라고 특징지었으며, 개인이 자신보다 훨씬 큰 존재와 연결되어 있다고 느끼는 것이다. Freud는 이 개념을 인정했으며, 심지어 그것이 외부 세계와 더 큰 존재와의 무한함과 일체감을 반영한다고 지적했지만, 이해를 자아 이상(ego ideal)과 부모의 보호에 대한 갈망에서 비롯된 것으로 축소했다.

M. Epstein(2007)은 현대 정신분석 기술에 대한 논의에서 분석가의 인지처리(cognitive processing)에 더 중점을 두는 경향이 있으며, 이는 규율 있고 열린 의식 상태를 유지하는 것과는 대조적이라고 지적했다. 현재의 자료를 의식과 무의식의 수준에서 표현되는 인지처리에 대한 일부 언급이 있지만, 전통적인 정신분석적 접근법은 관찰자적 태도를 유지하며 차분하고 균형 잡힌 치료자에 초점을 맞춘다. 이 상태는 해석(interpretations)을 수행하고 역전이(countertransference) 반응을 식별하는 능력을 촉진한다. 그러나 분석가들은 Freud가 처음 제안한 이 의식 상태를 실현이 어렵거나 심지어 불가능하다고 보는 경우가 많다. 예를 들어, Reich(1951)는 "이처럼 노력 없이 듣는 것"이 얼마나 어려운지 설명했다(p. 25). 따라서 이 주의 상태를 기르거나 훈련하는 것은 정신분석 문헌에서 강조되지 않는다. M. Epstein(2007)은 "골고루 가는 주의에 대한 의존의 상실은 정신분석이 가장 강력한 도구 중 하나를 잃게 만들었다"고 지적했다(p. 118).

또 다른 분석가인 Viederman(1999)의 논문에서는 환자와 치료자 상호작용의 특정 측면에 초점을 맞춘 '현존(presence)'이라는 개념을 통해 치료자의 '현존'에 대한 환자의 경험이 어떻게 좋은 부모에 대한 초기 희망적 환상을 무의식적으로 형성하게 되는지 보여 주었다. 그의 견해에 따르면, 치료자와 환자의 관계에 영향을 미치고 변화에 중요한 역할을 하는 것은 상호작용에서 이러한 소망의 충족이다. 그는 환자의 삶에 뿌리를 둔 주요 관심사에 대한 적절한 이해가 현존의 확립으로 가는 길이라고 보았다. 그는 환자가 자신에게 매우 상처가 되는 편지를 읽을 때 외로움을 느꼈다는 것을 이해한 후, "지금 그가 하고 싶었던 것은 현명하고 지지적인 아버지의 현존에서 편지를 읽을 수 있는 것이었다"(Viederman, 1999, p. 277)는 것을 현존의 예로 제시했는데, 이는 당시에는 할 수 없었던 일이었다고 회상했다.

Viederman(1999)의 현존에 대한 관점은 해석과 관련이 있는데, 그는 이를 '소통된 이해(communicated understanding)'라고 불렀다. 그는 통찰로 이어지는 의미 있는 해석은 정서

적 확신(emotional conviction)이라는 특성을 가지고 있으며, 이는 세상 속에서 자신에 대한 인식에 변화를 일으킨다고 덧붙였다. Viederman 교수에 따르면 정서적 참여(emotional engagement)는 현존의 중요한 측면이다. 그는 또한 치료자가 환자의 어려움을 존중함으로써 가치 있다고 느끼는 공동의 노력의 경험이 현존의 경험을 풍요롭게 한다고 주장했다. 그는 현존은 기술이 아니라 관계에서 자발적으로 생성되는 치료자의 행동을 포함하며, 단순히 따뜻하고 양육적인 태도의 경험이 아니며 심지어 대립적일 수도 있다고 덧붙였다.

현존을 중요하게 여기는 또 다른 분석 치료자 집단은 상호주관적 이론가들(intersubjective theorists)로 분류된다(Allen & Fonagy, 2006; Kohut, 1977; Storolow et al., 1994). 이 이론가들은 치료의 변인으로써 치료자에게 이해받는 경험의 중요성에 초점을 맞춘다. 이들은 정신분석의 '메타 이론(meta-theory)'으로서 상호주관성(intersubjectivity)을 제시한다. 상호주관적 정신분석은 환자와 치료자를 서로 분리된 존재로 볼 수 없으며, 항상 상호작용을 통해 서로 영향을 주고받는 존재로 보아야 한다는 것을 가장 핵심적으로 제시한다. 이 과정에서 치료자는 조율된 반응을 통해 환자를 '안아주는 것(holding)'으로 간주되며, 이를 통해 환자의 고통스러운 감정을 개선한다. 이들은 상호작용하는 주관성, 호혜적인 상호 영향력, 조율에 대한 관점을 제공하며, 내적 경험에 대한 주관적 맥락의 지속적인 구성적 역할의 중요성을 강조한다(Allen & Fonagy, 2006). 모든 현대 분석적 관점(contemporary analytic perspectives)은 환자와 치료자 사이에서 일어나는 일의 상호주관성과 순간순간의 상호 영향 과정을 강조하며 분석가의 현존의 중요성을 암시적으로 또는 명시적으로 증명한다.

현대의 대인관계 정신분석적 접근법(modern interpersonal psychoanalytic approaches; Mitchell, 2003; Stern, 2004)은 덜 해석적이며 내담자와 치료자 간의 현재 대인관계 접촉에 중점을 둔다. 관계적 정신분석가는 환자를 치료할 때 기다림과 진정한 자발성의 혼합을 강조한다. 이들은 해석에 대한 전통적인 강조를 피하는 대신 환자와의 생생하고 진정한 관계 형성의 중요성을 강조한다. 전반적으로 관계 분석가들은 치료자가 통찰력을 촉진하는 데 집중하는 것 외에도 환자와의 치유 관계를 구축하는 데 집중할 때 심리치료가 가장 효과적이라고 생각한다. 이를 통해 치료자는 환자가 정신병리를 유지한다고 생각하는 반복적인 타자와의 관계 패턴에서 벗어날 수 있다고 믿는다.

Stern(2004)은 심리치료는 현재의 순간 경험이라는 렌즈를 통해 재검토되어야 한다고 강조했다. 그는 치료적 관계는 치료적 탐색의 중요한 출발점인 현재의 순간으로 구성

된다고 제안했다. 그는 정신분석과 정신역동적 접근법(psychoanalytic and psychodynamic approaches)에서 전통적으로 현재의 순간은 무시되어 왔으며, 개별 순간의 주관적인 렌즈를 통해 치료적 진전이 이루어질 수 있다고 주장했다. 이 사고방식은 치료자와 내담자가 공유하는 매 순간의 생생한 경험을 중시한다. 주관적이고 생생한 경험은 지적인 이해의 렌즈를 통해 내담자의 경험을 바라보는 것이 아니라 순간순간 일어나는 경험에 의해 치료자가 개방되고 변화하도록 초대한다.

Stern(2004)은 정신분석에서는 무언가를 깊이 경험하는 것과는 반대로 현재의 순간을 뒤로한 채 의미를 향해 달려간다고 말했다. 현재 순간은 언어적 상징과 표상이 모두 파생되는 살아온 경험(lived experience)으로 간주되며 "모래알처럼" 세계를 드러낼 수 있는 잠재력을 가지고 있다. 그는 현재의 순간을 규칙적인 현재 순간, 지금 현재 순간, 만남의 순간이라는 세 가지 그룹으로 설명했다. '규칙적인 현재 순간(regular present moment)'은 우리가 살아온 경험을 뭉쳐 현재 일어나고 있는 일을 경험하는 시간의 틀이다. 반면, '지금 현재 순간(now present moment)'은 순간 속에 갑자기 불쑥 나타나는 경험으로, 임박한 결과와 현재성, 그리고 행동의 필요성으로 가득 차 있다. 반면 '만남의 순간(moment of meeting)'은 두 사람이 상호주관적 만남을 통해 서로가 경험하고 있는 것을 인식할 때 발생한다. 아마도 우리가 말하는 현존의 의미와 가장 유사한 것이 바로 만남의 순간일 것이다. 이는 상호 현존(mutual presence)을 강조하고 이러한 경험의 절정 순간에 초점을 맞추며, 이는 치료적 관계적 현존(therapeutic relational presence)의 개념을 반영한다(3장 참조).

현대 정신역동적 접근법

현대의 여러 정신역동적 접근법도 이 관계에 초점을 맞추고 있다. 현존은 가속 경험적 역동 치료(accelerated experiential dynamic therapy: AEDP)의 기본 치료적 입장으로 설명되어 왔다(Fosha, 2000; Lipton, 2020; Yeung & Zhang, 2020). 이들은 애착 기반 치료자(attachment-based therapist)의 면전에서 내담자가 신체적으로 느끼는 정동적 경험(affective experience)에 대한 순간순간의 반응에 초점을 맞추는 입장을 제안한다. Fosha(2000, 2003)는 이러한 입장을 "관계를 맺으면서 느끼고 다루기(feeling and dealing while relating)"라고 부르며 자신

의 접근법의 핵심이라고 했다. 이와 관련하여 AEDP는 치료자가 몸과 마음에 현존하고 그들 사이의 주관적 공간에서 순간순간 일어나는 일에 개방적일 수 있는 능력에 달려 있다. Lipton(2020)은 치료자가 깊고 체화된 현존을 생성하고 연결할 수 있을 대 내담자와의 치료가 진행됨을 관찰했다. 치료 과정에는 치료자가 안전한 애착 대상(secure attachment figure)을 구현하여 내담자가 안전하다고 느끼게 하는 것이 포함된다. AEDP의 측면은 애착 이론에서 도출된 것으로, 체화된 안전감을 촉진하고, 인정(affirmation)에 특권을 부여하고, 진정성을 갖고, 순간순간 과정을 추적하고, 정동조절(affect regulation)에 집중하고, 내담자의 고독감을 깨기 위한 자기개방(self-disclosing)이 모두 치료 실천에 도움이 된다고 제안한다(Lipton, 2020). 따라서 AEDP는 치료적 현존을 치료의 기본은 아니더라도 필수적인 측면으로 분명히 채택하며, 현존은 정동을 조절하는 데 도움이 되는 우뇌와 우뇌 간의 과정(right-brain-to-right-brain processes)을 포함하는 것으로 간주한다.

현대의 또 다른 정신역동적 접근 방식인 정신화 기반 치료(mentalization-based therapy: MBT)는 자기와 타자의 마음 상태에 주의를 기울이는 데 중점을 둔다. 이러한 관점은 "마음을 마음에 담는 것(holding the mind in mind)"으로 표현되어 왔으며(Fonagy et al., 2002; Fonagy & Target, 1997), 처음에는 더 심각한 성격장애에 대한 이상적인 치료법으로 제공되었다. MBT는 환자가 다른 사람과의 상호작용 경험에 정신적 질(mental quality)을 부여하는 능력을 향상시키는 것을 포함한다. 이 관점에서 보면, 상호작용을 하는 각 사람은 자기와 타자의 정신 상태에 주의를 기울이고 자기의 마음뿐만 아니라 타자의 마음도 염두에 두어야 한다. 따라서 '정신화(mentalization)'는 생각, 의도, 특히 정서에 중점을 두고 자기와 타자의 정신적 과정을 살펴볼 수 있는 능력을 포함한다. 이는 일종의 메타인지 과정으로, 경험에서 벗어나 성찰할 수 있는 능력을 포함하는 것이다. 이는 정동조절을 촉진하는 것으로 간주된다.

또한, '정신화하기'는 대인관계에서 전달되는 정보의 진위에 대한 신뢰를 발전시키는 방법으로 간주되는데, 이를 Fonagy와 Allison(2014)은 사람들이 사회적 경험을 통해 학습할 수 있도록 열어 주고 건강한 발달에 필수적인 것으로 간주되는 '인식적 신뢰(epistemic trust)'라고 불렀다. 따라서 유아기 이후의 발달과 치료는 뚜렷한 상호작용적 반영(mirroring)을 통해 이루어지는 것으로 간주되며, 이는 정신화 능력(mentalizing ability)과 인식적 신뢰의 발달로 이어진다. 치료에서 치료자가 내담자의 정신적 과정, 즉 존재의 측면을 반영하는 것은 내담자의 정신화 능력을 향상시키며, 이는 치료의 필수 요소로 간주된다. 자기와 타자의 현재 마

음 상태를 성찰하는 과정을 촉진하는 MBT는 지금 여기에서(here-and-now) 일어나는 상호작용의 순간에 필요한 정신 상태를 반영하기 때문에 치료적 현존과 관련이 있고 양립할 수 있다. Fonagy와 Allison은 경계선 성격장애의 치료뿐만 아니라 모든 유형의 사람들을 위한 모든 치료적 개입의 보편적인 측면으로 정신화하기를 보게 되었다고 주장했다.

따라서 현존은 정신분석 및 정신역동 치료에서 치료적 관계와 변화 과정을 이해하는 중요한 방법으로 부상하고 있다. Frued의 골고루 가는 주의에서부터 Fosha의 AEDP에서 치료의 기초적 접근법으로서 중심성에 이르기까지, 현존은 정신역동적 접근법에서 치료 과정의 중요한 측면으로 인식되고 있다. 현대의 관점도 상호 현존의 중요성을 강조하는 역할을 한다.

정신역동적 집단치료

Leszcz(2018)는 근거 기반(evidence-based) 집단치료의 중요한 요소를 설명하고 치료자와 참여자의 현존이 집단치료의 효과에 필수적이라고 주장했다. 그는 집단 지도자의 주요 초점은 집단 현존(group presence)을 촉진하는 데 있어야 한다고 제안했다. 집단 지도자는 올바른 정서적 분위기를 조성해야 하며, 이를 위해 소속감과 통제 사이의 균형을 유지해야 하는데, 이를 위해서는 치료자의 현존이 필요하다. 지도자가 역전이를 인식하고 타자를 위해 자신의 정서적 현존(emotional presence)을 관리하는 것 또한 매우 중요하며, 이는 좋은 대인관계 기술을 모델링하고 집단에 안전을 조성하는 것으로 간주된다. Leszcz는 또한 집단 지도자의 주요 초점은 집단 구성원의 정서적 표현성, 표현적 개방에 대한 반응성, 그리고 그로부터 파생되는 공유된 의미를 촉진하는 데 있어야 한다고 주장했다.

치료자 공감(therapist empathy)은 집단치료에서 치료자 효과성의 중요한 요소로 여겨진다(Leszcz, 2018). 이는 내담자의 핵심 고민에 대해 창피를 주거나 비난하지 않고 깊은 이해를 전달할 수 있는 이해 모델을 이해하고 활용하는 능력, 그리고 내담자와 의미 있게 상호작용할 수 있는 능력을 포함한다. 역전이의 관리도 치료자의 자기인식(self-awareness)과 안정감을 바탕으로 한 효과적인 치료 작업의 필수적인 요소로 여겨진다. 이는 치료자가 자신을 진정시키고 자기와 타자를 구분하는 자기통합감(sense of self-integration)을 유지하는 능력, 그리고 치료 과정에서 발생하고 치료에서 비롯된 경험에 대한 성찰적 능력을 극대화하는 능력을 포함한다. 치료자의 불안 조절 능력은 매우 중요하며, 치료자가 진행 중인 상황을 개념화

하고, 특정 부적응적 상호작용 패턴에 얽매이지 않으면서도 그 패턴에서 벗어날 수 있는 능력을 갖추는 것도 중요하다. 효과적인 치료적 메타의사소통(meta-communication)은 집단치료자가 현재의 순간에 피드백을 제공하며, 집단 내에서 다른 사람들이 그 순간에 건설적으로 다루기 어려운 문제에 대해 치료자가 신중하게 자기개방(self-disclosure)을 통해 의견을 제시하는 것을 포함한다. 집단 지도자는 진정성 있고 공감적인 피드백을 모델링하여 더 큰 안전감을 조성하고 타자의 어려운 내용을 개방하는 능력을 확장하는 데 필수적인 역할을 한다. 이 관점에서 치료적 만남(therapeutic encounter)은 결국 치료자의 자기 활용(use of self), 역전이 분석, 메타의사소통에 의존한다. 이 모든 것은 치료자의 현존에 의존하며 서로 연결되어 있다.

게슈탈트 치료와 대화적 접근법: 사이에서 나타나는 현존

게슈탈트 치료는 현재 중심적 접근법(present-centered approach)으로 치료자가 감각적, 정동적, 인지적 알아차림 수준을 높이는 것을 목표로 한다(Yontef, 2005). 마음챙김과 체화된 알아차림(embodied awareness), 그리고 지금 여기에의 실험(here-and-now experiments)을 통해 치료자는 자기실현(self-realization)과 균형을 촉진할 수 있다. Perls(1970)는 "나에게 존재하는 것은 현재뿐이다. 현재=경험=알아차림=현실"이라고 썼다(p. 14). 따라서 현재 순간의 인식은 게슈탈트에서 중심적 역할을 한다. 일부 게슈탈트 치료자들은 안내되고 집중된 알아차림을 '마음챙김(mindfulness)'이라는 용어와 연관시켰다. 예를 들어, Fodor와 Hooker(2008)는 집중된 알아차림 훈련을 특징으로 하는 마음챙김 실천의 가치를 탐구했다. Stevens(1977)는 마음챙김 개념을 설명하며, 충족감의 달성은 "자신을 채우려고 노력하며 자신을 비우는 것을 멈추고 단순히 세상이 당신을 채우도록 허용할 때" 발생한다고 제안했다(p. 269). Polster와 Polster(1999)는 치료자가 좋은 접촉 상태에 있을 때 자기와 타자에 대한 명확한 감각(clear sense of oneself and of the other)을 동시에 갖는다고 설명했다. Yontef(2005)는 치료적 관계가 치유 과정을 촉진한다고 설명하며, "변화는 치료자와 환자의 접촉을 통해 발생한다. 강조점은 환자를 '만나기(meeting)'에 있으며, 목표를 세우지 않은 접촉에 있다"라고 언급했다(p. 95).

게슈탈트 치료는 Buber의 '나-너(I-Thou)' 관계를 그 기초적 원칙 중 하나로 채택했다(Perls, 1969). 게슈탈트 치료의 기본 원리와 Buber의 나-너 관계를 통합한 대화적 형태의 게슈탈트 치료는 현존(presence), 만남(meeting), 그리고 조우(encounter)라는 개념을 전면에 내세웠다(Hycner & Jacobs, 1995; Watson et al., 1998; Yontef, 1998). Buber의 나-너 관계에 대한 분석은 깊은 만남이나 관계의 깊이에서 현존의 중심성을 보여 준다(Buber, 1966; M. Friedman, 1985, 1996; Heard, 1993; Hycner, 1993; Hycner & Jacobs, 1995; Korb, 1988). 대화적 접근법은 치료자와 내담자 간의 즉각적인 대화와 만남을 치유의 기반으로서 강조한다(Heard, 1993; Hycner & Jacobs, 1995; Yontef, 1998).

대화적 접근은 '사이(between)'에서 이루어지며, Buber의 두 극단적 태도[나-너와 나-그것(I-It)]를 포함한다. 이는 인간이 타자에 대해 가질 수 있는 두 가지 주요 태도이다(Buber, 1966; Hycner & Jacobs, 1995). '사이'는 Buber가 두 사람이 서로 관계 맺고 있을 때 형성되는 공통된 기반을 지칭하는 용어이다. 사이는 각 개인이 가져오는 것보다 더 크며, 각 개인의 독립된 실존(existence)과도 다르다(Heard, 1993).

'나-너'는 한 사람이 다른 사람에게 완전히 집중할 때 자연스럽게 발생하는 연결이다. '나-그것'은 다른 사람과 거리를 두고 접근하는 것을 의미하며, 이는 다른 사람을 분리하고 대상화하는 경향이 있다. 나-너 관계는 자신의 전체 존재(whole being)를 다른 사람에게 향하는 것에서 시작된다(Hycner, 1993). 이는 강요될 수 없지만, 그 출현을 준비할 수는 있다. 나-너는 개방성, 직접성, 상호성, 그리고 현존을 포함한다(Buber, 1966).

치료자와 내담자 간의 상호작용에서 나-너와 나-그것의 만남은 모두 중요하고 기능적이다. 치료에서의 나-그것은 먼 관계에서의 나-그것과 다르다. 나-그것은 주로 치료의 시작과 끝에서 목표를 설정하거나 정보를 수집하거나 치료를 마무리하고 요약하는 데 의미 있고 필수적이다(Korb, 1988). 이는 신뢰를 구축하고 나-너를 가능하게 하는 기반이 된다.

Buber(1958)는 "모든 진정한 삶은 만남이다"(p. 11)라고 믿었으며, 치유는 두 사람이 서로에게 완전히 현존할 때 발생하는 만남에서 비롯된다고 주장했다. 이 관점에서 현존의 목적은 타자를 만나고 이해함으로써 치유를 이루려는 힘이다(M. Friedman, 1985, 1996; Hycner, 1993). 진정한 대화와 만남은 현존으로 타인에게 접근할 때만 가능하다(M. Friedman, 1996).

포용(inclusion)은 나-너 만남의 또 다른 부분이며, 현존과 밀접하게 연결되어 있다. 이는 자신과의 연결을 잃지 않으면서 다른 사람과 직접적이고 즉각적인 접촉을 유지하는 것을 의

미한다(M. Friedman, 1985, 1996; Purcell-Lee, 1999; Rotenstreich, 1967). Buber(1988)는 포용을 타인의 삶에 자신의 전체 존재를 바치는 것으로 설명했다. Rotenstreich(1967)에서 인용된 Buber의 말은 다음과 같다. "확실히 다른 사람에게 다가가기 위해서는 출발점이 있어야 하고, 그곳에 있어야 하며, 자신과 함께 있어야 한다"(p. 127).

치료자의 도전은 내담자의 경험을 완전히 깊이 이해하고(받아들이고) 어려운 또는 갈등적인 경험 속에서도 중심감(sense of centeredness)을 유지하는 것이다(Hycner, 1993). '중심성(centeredness)'은 개인의 통합을 표현하는 것으로, 몸과 마음의 일치를 의미한다. 중심성은 분리(detachment)와 참여(involvement)의 역설을 내포한다. 우리는 먼저 개방적이고 분리된 상태가 되어야 타자의 충만함(fullness)을 경험할 수 있다(Clark, 1979). 이 관점에서 치료는 전체적이고 중심을 잡은 사람으로부터 시작되어야 한다.

현존은 치료자의 대화적 태도의 일부이며, 내담자와의 나-너 관계에 들어가는 사전 단계이다(Hycner & Jacobs, 1995). 현존이란 순간마다 나타나는 모든 것과 함께 머무는 것을 의미한다. 현존은 시간의 흐름을 일시적으로 중단시키고 미래와 과거가 사라지는 것을 포함한다(Rotenstreich, 1967). 또한 현존은 모든 수준의 소통에 대한 완전한 알아차림도 포함한다(M. Friedman, 1996).

대화적 관점에서 치료자는 내담자가 어떤 주제를 제기해야 하는지 또는 치료가 어떻게 진행되어야 하는지에 대한 판단을 유보해야 한다(Hycner, 1993). 현존은 타자의 특별함을 경험하고 인정하며, 자기중심적인 목적이나 목표 없이 타자에게 완전히 집중하는 것을 의미한다(Hycner & Jacobs, 1995). 대화적 전통은 현존의 한 측면으로 수용성을 강조했다(Hycner, 1993; Robbins, 1998). 수용성(receptiveness)은 내담자의 경험을 판단 없이 완전히 받아들이고 완전히 수용하는 의지를 의미한다(Hycner, 1993; Moustakas, 1985).

현존은 자기·지식·경험의 비움을 의미하며, 내담자의 경험에 열린 자세를 취하는 것을 포함한다(Clarkson, 1997).

선불교와 마찬가지로, 내가 자신을 비울 때만이 타자의 존재론적 명료함이 진정으로 드러난다. 내가 자신을 비울 때, 타인의 경험으로 채워질 수 있는 창조적인 공백을 허용하게 된다…… [현존이란] 자신의 결핍, 취약성, 상처받은 부분을 내려놓고 타자의 상처받고 버림받은 부분을 만질 수 있는 것이다. 내가 자신으로 가득 차 있다면 타자를 위한 공간이 없으며, 치유도 없다(Hycner & Jacobs,

1995, p. 49).

대화적 전통은 현존의 한 측면인 '가용성(availability)'을 타자에게 자신을 내어 주는 방식이자 타자의 말을 듣는 방식이라고 설명한다(Hycner, 1993; Purcell-Lee, 1999). Marcel(1956, Purcell-Lee, 1999에서 인용)은 가장 주의 깊게 듣는 사람이 실제로는 전혀 현존하지 않을 수 있다고 지적했다. 왜냐하면 듣는 방식 중에는 자신을 거부하는 경청 방식이 있기 때문이다. Marcel에게 있어 '불가용성(unavailability)'은 타자의 경험을 듣지만 내면에서 큰 감정을 느끼지 않는 것을 의미한다. Hycner(1993)는 치료자의 자기의 가용성과 전체성(wholeness)이 치유 과정에 있어 치료자의 이론적 방향성보다 훨씬 더 중요하다고 지적했다.

대화적 치료자들은 내담자의 특별함에 현존하고 개방적이기 위해 치료자는 또한 선입견, 편향, 인간과 정신병리에 대한 일반적인 지식, 진단적 명명, 이론 등을 '괄호 안에 넣거나' 일시적으로 중단해야 한다고 지적한다(Hycner & Jacobs, 1995). 치료자는 각 회기에 열린 마음으로 참여해야 하며, "이 관계에서, 이 특정 시점의 이 특정 사람의 존재 속에서 나에게 요구될 것이 무엇인지 발견하기 위해"(Craig, 1986, p. 23)라는 태도로 접근해야 한다.

이 판단의 중지와 현재와 함께하는 과정에서, Buber에 따르면 우리는 "일상적인 것을 성스럽게 만드는 것"을 실천하게 되며, 이는 신비로운 차원과 영적 차원이 나타날 수 있는 공간을 열어 준다(Hycner, 1993). 영적 차원은 우리가 더 큰 전체적 존재의 일부라는 믿음을 반영하며, 치료자와 내담자가 각 개인을 넘어 더 큰 차원에서 연결될 수 있음을 의미한다. 영적인 차원 또는 영성은 또한 신성함에 대한 주관적인 경험으로 볼 수 있으며, 이는 "개인적인 것을 초개인적인 것과, 자기를 영혼과 연결하는 것처럼 보인다……. 이는 초월적인 것, 서로서로, 지구, 그리고 모든 존재와의 관계에 대한 인식을 의미한다"(Vaughan, 2002, p. 18).

Levinas와 타자의 우선성

1장에서 언급한 바와 같이, Buber는 치유가 만남 속에서 이루어진다는 나-너 관계를 주장했다. Levinas는 Buber를 넘어, 타자(other)의 얼굴을 통해 타자와의 만남이 인간성의 특성을 드러내며, 이는 타자를 비고유한 동일성으로 환원하는 것을 금지하고 동시에 자기에게 타자에 대한 책임을 부여한다고 주장했다. Levinas(1985)는 정의와 도덕성에 관심을 기울

이며, 타자의 눈을 바라보는 것이 인간적 공감과 정의의 핵심이라고 보았다. 그는 인간의 얼굴에 내재된 '해야 할 것(ought)'이 있으며, 그 최종적 요구는 "너는 나를 죽이지 마라"라고 제안했다. 타자의 얼굴을 보는 것은 따라서 타자를 돌보는 것을 요구하며, 타자의 안녕에 대한 윤리적 책임을 창출한다. Levinas의 얼굴 대 얼굴 만남에 대한 설명은 Buber의 나-너 관계 설명과 많은 유사점을 공유하지만, 주요 차이는 Levinas의 얼굴 대 얼굴 만남에 대한 비대칭적 관점이다. 이는 타자의 안녕에 대한 책임으로 기울어져 있다. Buber에게 윤리적 관계는 '대칭적 공동현존(symmetrical co-presence)'을 의미했지만, Levinas는 타자와의 관계를 본질적으로 비대칭적인 것으로 간주했다.

Levinas(1985)에 따르면, 타자의 얼굴, 즉 타자의 전체적인 존재(whole person of the Other)는 우리에게 엄청난 의무를 부과한다. 말 한마디 없이도, 현존하는 타자와 완전히 마주치는 것은 많은 것을 말해 준다. 이 관점에서 얼굴은 정보의 중심지이며, 성격과 영혼을 드러내는 정서와 표현의 장소이다. 우리는 사람들과 얼굴을 맞대고 대화하는 것이 그들의 이메일이나 편지를 읽거나 전화로 말하는 것과는 매우 다르다는 것을 알고 있다. 얼굴의 본질은 무엇인가? Levinas에 따르면, 타자의 얼굴은 이성이 개입되기 전에 도덕적 법칙을 확립한다. 얼굴은 그 자체로 의미를 지니며, 자기이익(self-interest)을 넘어서는 길을 안내한다. 타자의 얼굴은 자기와 직접적이고 깊이 있게 마주친다. 타자와 얼굴을 맞대고 마주치는 것은 타자의 연약함과 유한함을 드러낸다. 벌거벗고 빈곤한 얼굴은 명령한다. "나를 고독 속에 남겨두지 마라." 타자의 얼굴을 바라보는 것은 인간관계, 대화, 현존의 중심에 있다. Levinas(1985)는 얼굴에 대한 이 강조에 더해, 언어가 타자의 이질성을 초월하려는 우리의 노력 속에서 발생하고 이루어진다고 덧붙였다. 그는 언어가 개인들 사이의 보편적인 연결과 관계를 확립한다고 주장했다. 우리는 생각을 교환하고 공동체를 창조함으로써 말을 통해 세상을 공유하게 된다.

Levinas에게 있어 타자와의 대면은 내가 당신이 보답할지 모르는 상태에서 당신에게 책임을 지는 비대칭적인 관계이다. 따라서 Levinas에 따르면, 나는 타자에게 종속되어 있지만 그 결과가 어떻게 될지 모르는 상태에 놓여 있다. 이러한 관계에서 Levinas는 인간됨의 의미와 정의에 대한 관심을 발견했다. 이는 치료에서 현존을 통해 형성되는 관계의 유형이다. 즉, 타자가 어떻게 반응할지 모르면서도 타자를 위해 존재하는 관계이다.

 Bugental 및 실존적 치료: 참여를 위한 의도로서의 현존

실존주의 문헌에서 현존의 직접적인 선언은 중심 원칙으로 내재되어 있다(Bugental, 1987; Cooper, 2003; May, 1958; Schneider & May, 1995). 실존주의 전통의 주요 사상가인 Bugental(1978, 1983, 1986, 1987, 1989)은 현존의 세 가지 측면을 강조했다. 내담자의 경험 모든 측면에 대한 개방성과 수용성, 내담자와 함께 있는 과정에서 자신의 경험에 대한 개방성, 그리고 이 경험에서 내담자에게 응답할 수 있는 능력이다. 현존에는 생동감이나 활력이 더해지는 느낌이 있으며, 이는 내적·외적 경험의 다양한 측면에 개방적인 것의 일부 기능이다(Bugental, 1989). "현존은 상황이나 관계 속에서 깊은 수준에서 가능한 한 의식적이고 참여적일 수 있도록 의도하는 존재의 특성이다"(Bugental, 1987, p. 27).

실존주의 이론가들(existential theorists)은 치료적 접근 방식에서 현존을 주요 요인으로 강조하며, 치료자와 내담자 사이의 '실제 관계(real relationship)' 형성에 기여하는 요소로 삼는다. May(1994)는 현존을 통해 치료자가 단순히 내담자의 그림자나 반영체(reflector)가 아니라 "그 순간에 자신의 문제보다는 환자의 존재를 이해하고 경험하는 데 집중하는 살아있는 인간"이라고 지적했다(p. 156).

현존은 치료에 대해 가능한 한 많이 배우는 것만큼이나 중요하며, 내담자를 만나는 순간 모든 것을 내려놓는 것을 의미한다. May(1958)는 기법과 관련하여 현존의 본질을 예술가의 창의적 과정에 비유하여 더욱 자세히 논의했다.

> 치료자의 상황은 수년간 엄격한 훈련을 통해 기법을 습득한 예술가의 상황과 유사하다. 그러나 실제로 그림을 그리는 과정에서 기법에 대한 구체적인 생각이 그를 지배한다면, 그 순간 그는 자신의 비전을 잃게 된다는 것을 알고 있다. 주체와 대상의 분리를 초월하여 그를 완전히 흡수해야 할 창조적 과정이 일시적으로 깨져 버린 것이다. 그는 이제 대상과 자신을 대상의 조작자로서 다루고 있다(p. 85).

May(1958)에 따르면, 기법은 현존과 이해에서 자연스럽게 흘러나온다. May는 현존 없이 기법만으로는 효과가 없거나 심지어 내담자에게 해가 될 수 있다고 결론지었다.

Schneider와 May(1995)는 현존을 "경험적 해방의 필수 조건"이라고 설명했다(p. 111). 경

험적 치료자들(experiential therapists)은 현존을 치료 작업의 기반이자 목표로 보지만, 동시에 내담자와 함께 현존하는 것에서 표준화된 평가보다 더 많은 것을 얻을 수 있다고 지적한다(Schneider & May, 1995). 이 맥락에서 현존의 역할은 내담자의 경험과 치료자-내담자 상호작용의 감동적인 특징을 담아내거나 밝혀내는 침묵의 거울로 여겨진다. 치료자의 현존은 내담자의 현존도 자극할 수 있다. Schneider와 May(1995)는 현존을 치료의 필수적인 치유 조건 중 하나로 강조했다.

Bugental에게 헌정된 글에서 Hoffman(2004-2005)은 실존적 치료(existential therapy)에서 현존의 역설 중 하나를 설명했다. 현존은 내담자의 취약성과 고통을 표면으로 드러내며, 그와 함께 그 취약성과 동반되는 불안과 두려움을 불러일으킬 수 있다. 현존은 단순히 논의될 수 있는 것이 아니라 '존재의 방식(a way of being)'으로 완전히 경험되어야 하는 것이다. 따라서 실존주의 관점에서 현존은 치료자가 개념적으로 배우는 것이 아니라 실천을 통해 키워나가야 한다.

Rogers의 관계 조건: 현존이 기본 조건인가

Rogers(1951, 1957)는 평생에 걸쳐 치료자가 일관성을 유지하고, 무조건적으로 긍정적이고 수용적이며, 공감적인 태도를 보이는 능력, 즉 치료자가 제공하는 조건(therapist-offered conditions: TOCs)이 심리치료적 변화에 필요충분조건이라고 주장했다. TOCs에서 파생되는 것은 내담자의 자아실현 경향이 나타날 수 있는, 안전하고 지지적인 환경을 창출하고 내담자의 성장 잠재력을 최적화하는 것이다. 최근의 인간중심(person-centered) 관련 문헌에서는 현존을 TOCs의 넷째 조건으로 또는 치료자 조건의 기반이 되는 요소로 반영하고 있다(Geller, 2001, 2009; Geller & Greenberg, 2002; Geller et al., 2010; Schmid, 1998, 2002; Thorne, 1992; Wyatt, 2000).

현존은 때로는 일치성(congruence) 개념과 동일시되어 왔다(Corsini & Wedding, 1989; Evans, 1994; Kempler, 1970; Webster, 1998). 그러나 일치성의 특성은 현존의 모든 미묘한 측면을 포함하지는 않지만, 현존의 상태에는 치료자의 감정과 표현에서의 진정성(authenticity)이 포함된다(Greenberg & Geller, 2001). Grafanaki(2001)는 치료가 유동적으로 경험되고 치

료자(및 내담자)가 깊이 몰입된 순간에 일치성이 존재한다고 지적했다. 이는 일치성이 현존의 상태에서 비롯된다는 것을 시사한다. 앞서 논의된 바와 같이, 일치성은 현존에 선행하지 않으며 현존과 동일시될 수 없다.

현존은 수용(acceptance)의 특성을 포함하며, 이는 무조건적 긍정적 존중(unconditional positive regard)의 한 측면이다. Moustakas(1985)는 현존이 내담자를 "인간으로서, 현재의 순간에, 판단 없이, 모든 것이 나타나는 것, 말과 침묵으로 제시되는 모든 것을 완전히 지지하고 무조건적으로 소중히 여기는 것"으로 인식하는 것을 요구한다고 언급했다(p. 2). 수용성(receptivity)과 개방성(openness)은 타인을 수용하고 소중히 여기는 것보다 먼저 존재하며, 동시에 그로부터 비롯된다.

'공감(empathy)'은 한 사람의 현재와 변화하는 의식을 완전히 이해하려는 적극적인 과정이며, 상대방의 소통과 의미를 받아들이기 위해 손을 내밀고, 경험의 중요하고 의미 있는 측면을 내담자에게 되돌려 주는 것이다(Barrett-Lennard, 1981). 현존은 자기염려(self-concern)와 필요를 놓아 버리고(letting go) 내면이 비어 있고 열린 상태로, 내담자의 소통과 경험된 감정을 명확히 포착하고 받아들일 수 있는 차분하고 수용적인 각성 상태이다. 현존은 치료자가 내담자의 경험을 오염되지 않은 형태로 받아들일 수 있도록 명확하게 해 준다. 이를 통해 치료자는 내담자가 말하는 것과 경험하는 것을 듣고, 느끼고, 이해할 수 있다. 이러한 관점에서 현존은 치료자가 공감적이며 효과적인 방식으로 내담자에게 반응할 수 있는 기반을 마련한다.

현존이 공감의 전제 조건이라는 개념은 Barrett-Lennard(1981)가 최고 수준의 공감적 이해를 달성하기 위해 치료자는 내담자의 경험을 수용하고 허용하는 자세를 갖추어야 한다고 언급한 바와 같이 확인되었다. 이러한 수용적이고 허용적인 상태는 현존의 핵심적인 요소이다.

Rogers는 후반 생애에 들어서며 신비롭고 영적인 영역에 존재하는 '또 다른 특성'에 대해 쓰기 시작하면서, 현존에 대한 더 깊은 영적 또는 직관적 과정을 제안했다(Rogers, 1979, 1980, 1986). 이 '특성'(Rogers, 1980, p. 129)은 내담자 중심 작가들에 의해 현존으로 지칭되며, 일치성, 무조건적 긍정적 존중, 공감이라는 세 가지 핵심 조건과 동등한 가치를 지닌 넷째 조건으로 제안되었다. Rogers는 사망 전부터 현존을 더 큰 치유가 가능하도록 하는 영적 차원으로 언급하기 시작했다. 다음은 Rogers(1980)의 구절이다.

> 내가 가장 좋은 상태일 때, 집단 촉진자나 치료자로서 활동할 때, 또 다른 특성을 발견한다. 내가 내면의 직관적인 자기와 가장 가까워질 때, 내 안의 미지의 것과 어떻게든 연결될 때, 어쩌면 의식의 약간 변형된 상태에 있을 때, 내가 하는 모든 일이 치유로 가득 차게 된다. 그때 단순히 내 현존 자체가 상대방에게 편안함과 도움을 준다. 이 경험을 강제로 만들 수 있는 것은 아무것도 없다. 하지만 내가 긴장을 풀고 내면의 초월적인 핵심에 가까이 갈 수 있을 때, 관계 속에서 이상하고 충동적인 행동을 할 수 있다. 이 행동들은 합리적으로 설명할 수 없으며, 내 사고 과정과 무관하다. 하지만 이 이상한 행동들은 어떤 이상한 방식으로든 옳은 것으로 드러난다. 내 내면의 영혼이 상대방의 내면의 영혼을 만진 것 같다.
>
> 우리의 관계는 자신을 초월하여 더 큰 것의 일부가 된다. 깊은 성장과 치유와 에너지가 현존한다(p. 129).

사후에 발표된 논문(Baldwin, 2000)에서 Rogers는 치료의 과정 목표나 치료에 대한 충실도(adherence)로서의 현존의 가치를 제안했다.

> 치료가 진행 중일 때, 치료자의 또 다른 목표는 다음과 같은 질문을 하는 것이다.
>
> "나는 정말로 이 순간 이 사람과 함께 있는가? 그들이 조금 전까지 있었던 곳이나 앞으로 갈 곳이 아니라, 정말로 이 순간 이 내담자와 함께 있는가?" 이것이 가장 중요하다(pp. 32-33).

불행히도 Rogers는 현존에 대한 이해를 발전시킬 기회를 갖지 못했다. 이는 그의 사망 직전에야 비로소 그 개념이 서서히 드러나기 시작했기 때문이다. 또한 그는 자신의 원래 주장을 뒤엎거나 변화시킬 수 있는 강력하고 영적인 영역에 대해 언급을 아직 준비하지 못했을 수도 있다.

현존에 대한 논의에서 Rogers는 자신으로부터 내담자에게 흘러가는 많은 활기찬 에너지를 언급하며, 자신의 직관과 본질(Baldwin, 2000)을 활용하는 방식을 설명했다. Baldwin(2000)과의 인터뷰에서 Rogers는 다음과 같이 언급했다. "시간이 지나면서, 치료 과정에서 내가 나 자신(my self)을 사용한다는 사실을 더 의식하게 되었다고 생각한다. 내담자에게 집중할 때, 단순히 내 현존 자체가 치유적이라는 것을 인식하게 되었다"(p. 29). Rogers는 배려와 수용적이며 비판 없는 경청 능력을 현존 특성의 일부로 보았다. 그는 또한 자기

(self)를 완전히 과정에 맡기고, 내담자와 함께하는 순간의 미지의 영역에서 직관적으로 반응하는 것을 논의했다. 현존은 인간중심 심리치료(person-centered psychotherapy)에서 부분적으로 영적 영역을 암시하는 개념으로 시작되었다.

현재의 인간중심 관련 문헌에서 현존의 관계적 측면은 '관계적 깊이(relational depth)'라는 용어로 제시된다. Cooper(2005)는 질적 연구를 통해 치료자의 관계적 깊이를 내담자에 대한 공감과 수용의 수준이 깊고 일관되며, 내담자가 이러한 점을 일관되게 인정하는 것으로 정의했다. 치료자들이 관계적 깊이에 대한 경험을 자기보고(self-report)한 내용에는 내담자의 경험의 모든 측면에 대한 높은 수준의 공감, 더 명확한 인식, 높은 수준의 일치성, 내담자의 경험과의 공명감, 내담자에 대한 깊은 수용, 내담자와의 몰입 또는 참여, 내적 또는 외적 방해 요소로부터의 자유로움, 순간에의 몰입, 그리고 생동감 등이 포함된다. Cooper(2005)는 상호수용(mutual acceptance) 또는 공동수용(coacceptance)을 관계적 깊이 경험의 중심축으로 설명하며, 치료자가 내담자를 수용하고 내담자도 치료자의 수용을 인정하는 과정을 강조했다. 그는 치료자와 내담자 사이의 '공동현존(copresence)'이나 '공동몰입(coflow)'이라는 개념을 통해 관계적 깊이에 대한 추가 연구를 제안했다. 현재 인간중심 관점에서 관계적 측면의 현존은 Schmid(2002)에 의해 반영되기도 한다. 그는 현존이 "내담자와의 공동 경험하기(joint experiencing)"(p. 65)와 같다고 지적했다.

정서중심치료와 경험적 접근법: 신체의 현존

경험적 치료자들(experiential therapists)은 치료자와 내담자 모두에게 몸의 중심성을 강조한다. 몸은 용기(container)이자 일차 정서(primary emotions)의 표현으로 여겨지기 때문이다(Gendlin, 1978, 1986; Greenberg et al., 1994). 예를 들어, 치료자가 몸의 경험과 접촉하는 것은 그들이 자신 안의 순간적 경험, 내담자와의 경험, 그리고 관계 속의 경험에 조율되도록 돕는다. 또한 내담자가 자신의 신체에 주의를 기울이도록 유도하는 것은 내담자가 현재의 자기경험하기(self-experiencing)를 접촉하도록 돕는다. 이 신체 인식의 개념은 치료자의 현존과 관련하여 치료자에게도 확장되었다. 왜냐하면 치료자는 내담자의 신체 경험을 이해하는 데 참고점 또는 지표로 사용할 수 있기 때문이다. Lietaer(1993)는 내담자의 경험적 세계

를 이해하는 것이 치료자에게 개인적인 것이라고 설명했다. 내담자에 초점을 맞추더라도, 치료자는 내담자가 전달하는 내용을 자신의 신체적 경험으로 이해한다. Vanaerschot(1993)은 치료자가 내담자로부터 오는 것을 열고 받아들이는 과정과 그 과정에서 치료자의 자기 내면에서 내담자가 느끼는 감정과 유사한 참조점을 찾는 과정을 '적극적 수용성(active receptiveness)'(p. 49)이라는 용어로 설명했다. 표현 예술 치료자(expressive arts therapists)인 Robbins(1998)는 치료적 현존을 내담자가 겪고 있는 것에 대한 자신의 신체적 메시지를 통해 내담자를 식별하고 이해하는 과정으로 설명했다. 개인적 현존을 통해 치료자는 타인을 이해하는 데 있어 자기를 상호작용의 지표로 사용한다.

정서중심치료(emotion-focused therapy: EFT; Elliott et al., 2004; Greenberg, 2002, 2016; Greenberg & Watson, 2005)는 인본주의적, 내담자 중심, 게슈탈트 치료를 통합한 접근법으로, 신체적으로 경험되는 정서 자체를 본질적으로 적응적인 잠재력을 지닌 것으로 보고 있다. 이 잠재력은 주목받을 경우 방향을 제시하고 적응적인 행동을 안내하며, 내담자가 문제적인 정서 상태나 원하지 않는 자기경험을 변화시키는 데 도움을 줄 수 있다. EFT는 치료적 관계가 내담자의 정서적 경험에 접근하는 데 중심적 역할을 한다고 본다. EFT에서의 관계는 치료자의 현존과 정동적 조율, 그리고 공감, 수용, 무조건적 존중의 소통이라는 특징을 가진다(Greenberg, 2007).

EFT는 긍정적인 치료적 동맹을 구축하기 위해 치료자가 먼저 내담자에게 완전히 집중해야 한다는 점을 인정한다(Greenberg, 2007). 치료자의 현존은 내담자가 받아들여지고 안전하다고 느끼며 자신의 정서적 경험을 탐구할 수 있도록 돕는다(Geller, 2019). EFT의 현재 중심적 관계는 정동의 공동조절(coregulation of affect)을 통해 내담자의 고통에 대한 강력한 완충 역할을 한다(Geller, 2019). EFT 관점에서 치료자의 현존은 내담자와 진실되게 소통하고 자신의 정서적 세계에 대한 인식, 그리고 지속적인 자기개발(self-development)을 포함한다. 현존과 치료적 관계는 EFT의 기반을 형성하며, 역할극(role-plays), 빈 의자 대화(empty chair dialogue), 포커싱 기법(focusing techniques)과 같은 정서중심의 과업(emotion-focused tasks)이 추가되지만, 이는 치료자의 지속적인 현존과 조율에 의존한다(Geller, 2019).

포커싱(focusing)은 Gendlin(1978, 1996)이 처음 제안한 경험적 기법으로, 내담자가 신체적 감각 경험을 정보와 내적 인식의 원천으로 활용할 수 있도록 돕는 방법이다. 포커싱 치료자는 먼저 포커싱 기법에 익숙해지고 자신의 신체적 경험에 집중하는 데 편안함을 느껴

야 하며, 이를 통해 내담자의 과정을 지원할 수 있다. Cornell(1996; Cornell & McGavin, 2005)은 포커싱의 핵심 요소 중 하나가 '모든 것을 근본적으로 수용하는 것(radical acceptance of everything)'임을 지적하며, 우리 경험의 모든 측면이 아무리 어렵거나 불쾌하더라도 현존의 넓은 공간에서 존중받고 경청되어야 함을 보여 주었다. 치료자의 현존은 자신의 정서적 경험을 경청하는 법을 배우는 내담자들에게 중심적 역할을 한다. 포커싱의 촉진자가 자신의 느낌을 더 깊이 접촉하고 현재에 머물수록 경청은 더 넓고 공명하는 것이 된다(Jordan, 2008). Cornell은 포커싱에서 감각 느낌(felt sense)을 접근하는 데 필수적인 전제 조건으로 '알지 못함의 자세(attitude of not knowing)'를 언급했으며, 이는 호기심, 개방성, 관심과 같은 현재의 태도를 포함한다. Welwood(2000)는 포커싱과 현재의 관계에 대해 다음과 같이 설명했다.

> 포커싱이 일반적으로 실천되는 과정에서 종종 감각 느낌에서 의미를 풀어내는 것, 해결을 향해 가는 것, 느낌의 변화(felt shift)를 찾는 것에 대한 편향이 생기게 된다. 이처럼 포커싱은 경험에 대해 미묘한 나/그것의 태도를 유지하는 '행위(doing)'의 형태가 될 수 있다. 이 편향은 매우 미묘할 수 있다. 우리의 경험이 변화하기를 바라는 것은 보통 현재성, 즉 내가 '무조건적 현존(unconditional presence)'이라고 부르는 것, 즉 어떤 개념적 또는 전략적 의제를 통해 경험을 걸러내지 않고 온전히 그리고 직접적으로 마주할 수 있는 능력에 대한 미묘한 저항을 포함한다(p. 116).

Cole과 Ladas-Gaskin(2007)은 경험적 훈련에서 치료자의 의도적인 현존(intending presence)을 강조했다. "회기 내에서 치료자는 조율된 현존, 정서적 영양의 원천, 그리고 강요하지 않는 안내자가 되기를 의도한다"(p. 26). 치료자의 자비로운 현존(compassionate presence) 분위기는 내담자의 신체 중심적 탐구와 인식 과정을 촉진하는 데 도움을 준다. 이 저자들은 또한 자비로운 또는 사랑의 현존(loving presence)의 태도가 치료자에게도 영양을 공급하고 지속 가능한 힘을 준다고 설명한다.

 마음챙김과 연민기반 치료법: 현존의 함양 지원

현존은 마음챙김과 동일하거나 상호 교환 가능한 것으로 언급되어 왔지만, 이 책의 서론에서 언급된 바와 같이 우리는 이를 서로 다른 개념이지만 상호 연관된 것으로 보고 있다. 마음챙김은 종종 마음을 진정시키는 실천법(예: 마음챙김 명상)으로 언급되며, 현존의 함양에 도움을 줄 수 있다(그러나 때로는 현재 순간에 대한 알아차림 자체를 의미하기도 한다; Linehan, 1993a). 반면 치료적 현존은 내담자와 함께 존재하는 상태에 더 가깝다. 9장은 마음챙김을 현존의 상태를 함양하는 방법으로 자세히 설명한다.

마음챙김 명상은 통찰 명상의 기반이며 불교 철학에서 통찰을 위한 주요 기법이다(Geller, 2003; Germer, 2005; Killackey, 1998; Rosenberg, 1998). 마음챙김 실무는 원래 실제 기법으로 시작되었지만, 세계 속에서 존재하는 방식(Hanh, 1976; Kabat-Zinn, 1994)으로 발전했다. 우리는 이 '존재의 방식'이 마음챙김 실무를 통해 발달하는 현존의 특성이라고 주장하지만, 이러한 용어가 사용되는 방식 때문에 상호 연결되어 있음을 이해한다. 문헌에서 마음챙김과 현존이 종종 혼동되지만, 최근 연구들은 이 차이를 구분하기 시작했다. 예를 들어, Hick(2008)은 마음챙김이 "기법이자 치료적 현존을 촉진하는 방식"이라고 지적했다(p. 1).

마음챙김은 팔리어(Pali) 개념인 '사티파트타나(satipatthana)'에서 유래했으며, '사티(sati)'는 일반적으로 '주의(attention)'나 '알아차림(awareness)'을 의미하고, '파트타나(patthana)'는 '현존을 유지하는 것(keeping present)'을 의미한다(Germer, 2005; Thera, 1973). 마음챙김을 실천한다는 것은 현재 순간에 존재하는 경험의 전체 범위를 수용과 연민으로 알아차리는 것이다(Marlatt & Kristeller, 1999). 마음챙김 실무는 경험에 압도되지 않고 관찰하고 함께 머물 수 있는 능력을 키우는 데 도움을 준다. 마음챙김 실무의 이점으로는 자기의 확장, 빛나거나 넓은 공간감 등이 있다(M. Epstein, 1995; Welwood, 2000).

Santorelli(1999)는 마음챙김을 "우리 자신이 있는 그대로를 보려는 의지, 그리고 우리 자신을 가까이서 품어 주는 것"이라고 정의했다(p. 20). 마음챙김 실무는 주의력을 집중하는 것, 의식을 갖는 것, 그리고 판단 없이 있는 것(Hick, 2008)으로 설명되기도 한다. 마음챙김을 실천하는 것은 고통과 불편함에 판단 없이, 노력이나 조작, 위선 없이 가까이 다가가려는 의지를 포함한다. 마음챙김 명상은 경험과 함께 있는 데 있어 부드럽고 개방적이며 판단 없는 접근 방식을 개발하는 데 도움을 준다(Germer, 2005; Salzberg, 1999; Santorelli, 1999; Welwood,

1996). 마음챙김 명상은 또한 판단을 버리고 고통과 불편함을 회피하는 것을 놓아 버림으로써, 현존의 자리에서 타인의 경험과 함께 있을 수 있는 방법을 제공할 수 있다.

마음챙김 실무와 치료적 현존 사이의 또 다른 차이는 자기 자신과 타자와 함께 있는 이 감각에서 비롯된다. 불교와 심리치료 문헌에서 설명되는 마음챙김 명상과 실무는 일반적으로 개인의 경험에 완전히 열려 있는 방식에 초점을 맞추고 있다. 이는 수용, 연민, 판단 없는 태도를 통해 이루어진다. 그러나 타자와 함께 경험과 미지의 세계에 완전히 들어가는 것은 자신과 자신의 경험과 함께 이 공간에 머무는 편안함이 필요하다(Santorelli, 1999). 자신의 경험과 고통을 이해함으로써, 우리는 타자의 고통을 완전히 이해하고 연결될 수 있다(Salzberg, 1999). 따라서 마음챙김 실무는 자기와 내담자 내에서의 현존을 함양하는 데 유용한 기법이 될 수 있다(Bien, 2008; 이 책 9장의 '현존 함양하기'에 대한 추가 설명 참조). 치료자와 내담자 모두의 현존 발달은 치료적 관계가 깊어지고 성장하는 데도 도움을 줄 수 있다.

마음챙김 명상은 사물을 있는 그대로 받아들이는 방식, 즉 현존의 상태를 촉진하며, 이는 그 자체로 치유적이다. 그 무위(無爲; place of nondoing)의 상태에서 적절한 개입과 반응이 자연스럽게 나타날 수 있다. Santorelli(1999)는 다음과 같이 언급했다.

> 치유는 항상 우리에게 이 순간 안에 머무는 것을 방해하는 행동을 하지 말고, 이 순간 안에 들어가는 것을 요구한다. 우리가 들어서서 기다릴 때, 적절한 행동은 자연스럽게 드러나게 된다. 모든 것이 더 명확해진다. 우리 자신, 타자, 그리고 상황은 그대로의 모습으로 보인다(p. 164).

마음챙김 명상은 현존을 함양하는 데 강력한 치유 도구로 작용할 수 있다. 이는 우리가 성격의 세부 사항에서 벗어나 더 큰 존재의 상태로 이동하게 하며, 이 과정에서 내면의 자원과 지혜를 발견하게 된다(Welwood, 1996). 치료자들이 자신의 내면 자원을 활용할 때, 그들은 내담자를 훨씬 더 효과적으로 지원할 수 있으며, 궁극적으로 내담자가 자신의 현존과 내면의 지혜에 접근하도록 돕는다. 최근 연구는 자기연민(self-compassion)이 마음챙김과 현존 사이의 매개 역할을 한다는 것을 제시한다(Bourgault & Dionne, 2018).

연민 기반 접근법(compassion-based approaches; 예: 마음챙김 기반 자기연민)을 심리치료에 통합하는 것은 현존을 기반으로 한다. Germer(출판 예정)는 치료적 현존을 치료적 관계와 임상적 개입이 각각 둘째와 셋째 단계인 첫째 단계로 설명하며, 치료자가 내담자에게 마음

챙김 기반 자기연민 접근법을 제공하는 방법을 설명했다. 현존은 치료자가 내담자와 함께 순간순간의 경험을 명확하고 넓은 마음으로 직접적으로 경험하는 방식이며, 때로는 생각이나 말없이도 가능하다(Brach, 2012; Morgan et al., 2013). 이는 대인 관계적 경험이자 내적 경험이다.

자기연민은 심리적 고통을 줄임으로써 치료적 현존을 함양하는 데 도움을 주고(Bourgault & Dionne, 2018), 자기친절성(self-kindness)을 높이고(Neff & Vonk, 2009), 자기인식(self-awareness), 타인과의 조화, 타인에 대한 배려를 증가시키며(Neff & Pommier, 2013), 관계에서의 반응성을 감소시켜 관계적 연결을 강화한다(Leary et al., 2007). 치료자들은 마음챙김과 자기연민을 개인적 실천으로 삼아 심리치료에서의 현존을 강화하도록 권장된다(Germer, 출판 예정). 3장을 참고하면 마음챙김과 연민이 치료적 현존을 함양하는 데 어떻게 기여하는지에 대한 연구 결과를 확인할 수 있다.

 인지행동 기반 접근법: 마음의 현존

비록 현존이 인지행동치료(cognitive behavior therapy: CBT) 접근법이 구체적으로 채택한 치료자의 태도는 아니지만, 최근 치료적 동맹의 역할에 대한 관심과 CBT에서 관계의 가능성 있는 역할에 대한 인식은 이 접근법의 변화를 반영한다(Cameron et al., 2018; Friedberg et al., 2013; Goldfried & Davila, 2005; Holtforth & Castonguay, 2005; Okamoto et al., 2019). 현재 CBT의 일반적인 관점은 최적의 성과가 기법과 치료적 동맹의 조합에서 비롯된다는 점을 인정한다(Goldfried & Davila, 2005; Holtforth & Castonguay, 2005; Leahy, 2003; Lejuez et al., 2005; Linehan, 1993a). 그러나 CBT 치료자들은 일반적으로 치료적 동맹의 협력적 측면에 더 초점을 맞추며, 관계 자체나 유대감에 대한 관심은 상대적으로 적다(Gelso, 2011). 긍정적인 치료적 동맹에 기여하는 요인이 무엇인지 아직 명확하지 않으며, 실제로 긍정적인 치료적 관계의 기반을 이해하는 연구가 장려되고 있다(Goldfried & Davila, 2005).

여러 연구에서는 치료적 관계나 실시간 치료 과정 내에서 발생하는 문제에 대한 현재 중심적 접근을 강화하는 것이 CBT와 치료적 동맹을 개선할 수 있다고 제안했다(Kanter et al., 2009). Kanter 등(2009)은 우울증에 대한 CBT의 최근 임상 실험 회기를 평가하여 이 질문을

조사했으며, 치료자들이 치료적 관계의 현재에 거의 초점을 맞추지 않았고, 치료적 동맹을 강화하는 데 그 가치가 인정됨에도 불구하고 현재 중심적 개입에 많은 시간을 할애하지 않았다는 것을 발견했다. Friedberg 등(2013)은 치료자의 현존이 청소년 내담자가 생각, 정서, 감정의 보다 깊은 처리(processing)를 통해 다양한 CBT 모듈에 적극적으로 참여하도록 유도한다고 제안했다. 또한 Geller 등(2010)은 내담자가 CBT 치료자를 덜 현존하는 것으로 보고했으며, CBT 치료자들도 자신들을 EFT나 인간중심치료의 내담자나 치료자보다 덜 현존하는 것으로 보고했다. 이는 CBT에서 현존의 가치를 더 강조할 필요가 있음을 보여 준다. 왜냐하면 치료자의 현존과 기법의 결합은 절차의 각 단계가 내담자의 현재 상태에 맞도록 보장할 수 있기 때문이다.

인지 기반 접근법(cognitive-based perspectives) 중 일부는 마음챙김을 그들의 방법론에 통합했다. 예를 들어, 마음챙김 기반 인지치료(mindfulness-based cognitive therapy: MBCT; Segal et al., 2002)는 우울증 재발 예방에 특히 초점을 맞추고 성공을 거두었다. 그러나 이 접근법에서 언급되는 것은 마음챙김 명상 기법이다. 흥미롭게도 MBCT의 공동 창시자들은 이 접근법을 적용한 후, 접근법에 필수적이지만 이전에 결여되었던 측면이 있음을 인식했다. 바로 치료자들의 마음챙김 실무이다. 또한 수용전념치료(acceptance and commitment therapy: ACT; Hayes et al., 1999; Wilson & DuFrene, 2008)에서는 수용과 마음챙김이 변화의 핵심으로 간주된다. 치료자의 개인적 마음챙김 실무에 대한 전념과 수용 및 현재 중심적 집중의 태도는 이제 이 접근법을 촉진하는 데 필수적인 조건이 되었다.

매뉴얼 기반 치료법(manual-based therapies; 예: CBT)은 현존에 대한 강조를 두지 않지만, 치료자의 현재 순간에 대한 조율은 치료자가 부정적인 생각을 개입하거나 도전할 때 치료자의 효능감(efficacy), 기술, 시기를 최적화하는 데 도움을 줄 수 있다. ACT 치료자인 Wilson과 DuFrene(2008)은 매뉴얼 기반 치료법에서 치료자 현존의 가치를 설명했다.

현재 순간에 집중하는 능력을 향상시킴으로써 우리는 임상 기술을 더욱 날카롭게 할 수 있다. 내담자의 상호작용은 일종의 춤과 같다. 우리는 주도권을 잡을 수 있지만, 유연성을 갖추어야 하며, 특히 주도권을 넘겨줄 때를 아는 유연성이 필요하다. 우리는 개입할 시점을 판단해야 하며, 때로는 뒤로 물러나 듣고 관찰하는 것이 더 효과적일 때도 있다. 때로는 속도를 높여야 하지만, 다른 때는 상황을 요구하는 대로 속도를 늦추는 것이 필요하다. 이러한 모든 경우에, 현재 순간에 대한 연구되고

연습된 주의력은 우리에게 가장 큰 임상적 자원 중 하나이다(p. 127).

ACT는 마음챙김을 치료 기술로 도입했다. ACT 치료자들은 현존의 측면, 예를 들어 진정성 등을 강조한다. 예를 들어, Roemer와 Orsillo(2009)는 치료적으로 관련이 있을 때 치료자의 개방이 내담자의 고통의 보편성을 보여 주는 데 중요하다고 논의했다. 마음챙김 치료의 다른 변형들도 개발되었다. 예를 들어, 물질 남용을 위한 마음챙김 기반 재발 예방(mindfulness-based relapse prevention: MBRP; Marlatt et al., 2008; Witkiewitz & Marlatt, 2007; Witkiewitz, Marlatt, & Walker, 2005)은 각 접근법에서 치료자와 촉진자의 개인적 알아차림 실무의 필요성을 강조한다.

Linehan의 변증법적 행동치료(dialectical behavior therapy: DBT; Linehan, 1993a, 1993b; Linehan & Schmidt, 1995; McKay et al., 2007)는 치료자와 내담자의 주의력의 질을 인정하는 초기 사례 중 하나이다. DBT는 경계선 성격장애를 가진 사람들을 위해 마음챙김과 행동 요소를 통합한 접근법을 강조하기 때문이다.

마음챙김 기반 인지행동치료(mindfulness-based CBTs)의 기본 원칙에는 자기개발과 개인적 실천의 가치가 포함되며, 이는 치료적 현존을 키우는 과정의 일부이다. 마음챙김 접근법은 일반적으로 치료자가 마음챙김 실무를 갖추도록 요구한다. 이는 자신의 경험을 수용하며 직면하는 것의 장점과 단점을 이해하는 자기이해(self-understanding) 수준을 촉진하고, 내담자의 경험에 더 잘 대응하기 위해서이다. 일부 접근법, 예를 들어 MBRP는 치료적 동맹을 변화의 원리로 강조하며, "치료자가 집단 구성원에게 보여 주는 비판 없는 호기심과 개방성이 내담자가 자신의 경험에 대해 마음챙김, 수용적·공감적인 접근 방식을 개발하는 모델을 제공한다"고 지적한다(Marlatt et al., 2008, p. 8). 이 관점에서 치료자의 마음챙김 실무는 치료적 현존의 특성, 즉 자신의 생각과 감정에 대한 비판적이지 않은 치료적 태도와 개방성 및 호기심을 발전시키는 데 도움을 주며, 결과적으로 내담자의 생각과 감정에 대한 수용과 더 깊은 이해를 이끌어 낸다. Roemer와 Orsillo(2009)는 현재에 집중된 치료적 태도를 기르는 데 있어 마음챙김 실무 외에도, 치료자들을 위한 최적의 훈련을 안내하기 위해 연구가 명확히 필요하다고 주장했다.

 현존에 대한 문헌 요약: 펼쳐지는 이야기

치료적 태도로서 차분하고 균형 잡힌 상태, 그리고 현재에 집중된 태도는 심리치료의 역사 전반에 걸쳐 제안되어 왔다. 그러나 이 상태의 필수성과 이를 함양하는 방법, 그리고 치료자 자신의 개인적 성장에 초점을 맞춘 관점은 거의 다루어지지 않았다. 이는 치료자-환자 간에 가까우면서도 연결되어 있고 동시에 존중하는 건강한 치료적 관계를 형성하는 데 중심적 역할을 하기 때문이다. Freud와 정신분석적 접근은 분석가가 평온하고 균형 잡힌 정신 상태를 유지하는 것이 중요하다고 강조했다. 그러나 정신분석 교육과 문헌에서는 이 점이 충분히 강조되지 않았다. 이는 환자의 복잡한 정서적 어려움 앞에서 개인적인 수준의 평온함과 자기인식에 도달하는 것이 어렵기 때문일 수 있다. 또한 이는 마음 중심의 연결보다는 지적 연습에 더 기반을 둔 접근이었다.

대화적·인본주의적 치료자들은 치료자와 내담자 사이의 깊은 만남을 통해 치유가 가능하다는 점을 인식하며, 단순히 지적 수준을 넘어 내담자와 함께 있는 것의 중요성을 강조했다. 현재 정신역동 이론가들은 과거보다 이 관계적 관점을 더 높이 평가하지만, 많은 전통에서 현재 중심적이고 안정적이며 열린 마음의 주의력과 연결을 키우는 방법, 내용, 이유, 복잡성에 대한 강조가 여전히 부족하다. 현대 정신역동 접근법 중 하나인 AEDP는 순간의 정서적 연결을 기반으로 하며, 치료적 현존은 이 접근법의 기초를 이룬다. 인본주의적·현대적 치료 접근법은 현존의 가치를 강조하지만, 완전히 현존하는 '방법(how)'을 명확히 설명하지는 않았다.

최근 일부 CBT 이론가들은 치료적 동맹이 치료 성과에 미치는 가치를 인정하기 시작했으며, 심리치료 연구는 치료 기법의 효과성이 긍정적인 치료적 관계 속에서 제공될 때 향상된다는 것을 보여 주었다. 현재 순간에 집중하는 것이 치료적 관계와 작업 동맹을 강화할 수 있다는 제안이 제기되었지만, 실제로는 거의 실천되지 않고 있다. 일부 CBT 관점은 마음챙김 전통을 통합했으며, 치료자의 수용과 현존을 높이는 데 개인적 마음챙김 실무의 가치를 인정했다. 그럼에도 불구하고, 마음챙김 전통 내에서도 효과적인 치료적 태도를 구성하는 요소에 대한 이해의 격차가 존재한다는 점이 인정되고 있다. 다양한 치료 전통에서 현존의 가치가 일부 인정되고 있지만, 심리치료에서 치료적 현존에 대한 연구는 이제 막 시작 단계에 있다. 우리는 다음 장에서 이 분야의 연구 동향을 탐구한다.

3장

치료적 현존에 대한 연구

무엇이든 믿지 마라. 어디서 읽었든, 누가 말했든, 심지어 내가 말했더라도, 그것이 당신의 이성과 상식에 부합하지 않는다면.

—부처(The Buddha; 연대 미상)

1장과 2장에서 우리는 현존(presence)에 대한 흥미롭고 강력한 이론적 가설들을 살펴보았으며, 다양한 접근 방식에 걸친 현존도 검토하였다. 현존에 대한 풍부한 가설과 실증적 연구의 부족 사이에는 간극이 존재하지만, 이 책의 첫째 판 이후에 그 간극은 좁혀졌다. 우리는 현존을 이해하기 위해 개념적 지식과 경험적 지식 모두 필요하다고 믿는다. 우티 이론의 기반이 된 초기 경험적 연구(Geller, 2001; Geller & Greenberg, 2002; Geller et al., 2010)는 치료적 현존에 대한 것이었으며, 이 장에서 제시된 새로운 연구를 통해 이론을 확장해 왔다(그리고 더 많은 연구가 진행됨에 따라 계속 조정해 나갈 것이다).

이 장에서는 치료적 현존의 개발에 임상적 맥락을 제공한 초기 연구들을 검토하는 것으로 시작한다. 이어서 우리 연구팀과 후속 연구에서 수행된 치료적 현존(therapeutic presence)에 대한 실증적 연구를 보다 상세히 소개하며, 관련 연구들도 함께 다룬다. 마지막으로, 치료적 현존을 긍정적이고 효과적인 치료적 관계(therapeutic relationship)의 기반이자 치료 성

과 개선을 위한 핵심 요소로 이해하는 데 기여하는 최근 연구들을 검토한다.

현존에 대한 초기 연구

현존에 대한 초기 질적 연구는 몇 건이 있지만 대부분은 발표되지 않았다. 예를 들어, Pemberton(1977)은 강력한 현존감(sense of presence)을 가진 것으로 평가받는 5명의 저명한 치료자를 관찰하고 인터뷰했다. Pemberton은 현존하는 치료자가 다른 사람, 특히 가족 및 친밀한 관계에서 자신이 누구인지에 대해 '알아차리고(awareness)' '수용(acceptance)'하고, '감사하는(appreciation)' 마음을 가지고 있다고 결론지었다. 이 사람들은 현재에 조율하고 있었고, 이것이 그들의 현존의 상태(state of presence)에 기여했다. 그들은 현재를 향상시키는 경우를 제외하고는 과거나 미래에 집중하지 않았고, 현재에 뿌리를 둔 채 경험을 수용했다. 그들은 객관적이거나 주관적이지 않고, 다른 사람들과 투명하게 소통할 준비가 되어 있었다. Pemberton은 현존을 대인관계적이고 타인과의 관계에서 발생하는 것으로 보던 초기 개념에서, 현존을 개인적이고 개별적인 것으로, 치료적 관계보다 치료자와 더 관련이 있는 것으로 보게 되었다. Pemberton에 따르면, 현존은 그 순간에 자신의 전체를 아는 것(totality of oneself)으로 정의된다.

Pemberton(1977)의 연구에 따르면, 현존은 보장될 수 없고 항상 신비한 요소가 작용하지만, 심리치료 과정에서 특정 기능은 사람을 현존으로 이끌 수 있다. 첫째, 자신으로 존재하고 내담자와 함께 존재하기 위해 명확히 '전념(commitment)'한다. 그런 다음 치료자는 포커싱, 포용, 확장을 통해 현존을 생성하는 힘을 활성화해야 한다. '포커싱(focusing)'은 마음을 비우고, 자신의 중심과 연결하고, 일어날 수 있는 모든 일에 대비하는 방법이다. '포용(enfolding)'은 '궁극적인 수용 행위(ultimate act of receptivity)'이다(Pemberton, 1977, p. 96). 포커싱과 함께, 치료자가 내담자를 자신의 존재로 적극적으로 끌어들이는 것을 의미한다. 포용에는 공감, 무조건적 수용(unconditional acceptance), 이해 등의 기술이 포함된다. '확장(extending)'은 치료자가 자신의 경계를 상대방과 주변으로 적극적으로 확장하는 과정을 포함한다.

Pemberton(1977)은 또한 치료자에게 현존이 일어날 때 발생하는 치유 요소를 "자기와

하나됨을 경험하는 자기(self experiencing oneness with the self)"라고 묘사했다(p. 98). 현존은 통합감과 생동감을 수반하며, 진정성·중심감·명확성·목적의식·자율성을 가져온다. Pemberton의 연구는 현존과 같은 설명하기 어려운 특성을 조사한 좋은 첫걸음이지만, 정해진 질적 방법론이 부족하다는 한계가 있다. 이는 연구가 진행된 당시(1977년) 질적 방법론이 아직 발달하지 않았기 때문일 수 있다.

Fraelich(1989) 이후에 발표되지 않은 연구는 현존의 주제별 모델을 설명하기 시작했으며, 그는 이 모델을 중앙 구조와 이 중앙 클러스터에서 방사형으로 뻗어 나가는 관련 구조를 가진 허브에 비유했다. 그는 현존에 대한 현상학적 조사에서 6명의 심리치료사를 인터뷰했다. 이 연구에서 네 가지 주요 주제가 도출되었다. (1) 자발적인 발생으로서의 현존, (2) 그 순간에 몰입, (3) 존재의 개방성, (4) 활력소를 갖고 살기. 다른 관련 주제에는 자기희생(self-sacrifice), 관심, 심리치료사의 자기표현, 내담자의 세계에 몰입한 참여, 내담자와의 연결된 관계, 자기의 완전성(completeness)과 정의, 신뢰로서의 현존, 자기 및 타자에 대한 진실성과 진정성 등이 포함되었다.

Pemberton과 달리 Fraelich(1989)는 현존을 상호의존적인 경험으로 보고, 현존을 "강렬하고 풍요로운 순간"으로 정의했다. 그는 이 연구를 통해 현존이 실제로 존재하며, 실존적 심리치료(existential psychotherapy)의 결과에 중요한 영향을 미칠 수 있음을 예시했다. 그는 현존이 치료 성과의 핵심 요소일 수 있으며, 심리치료에서 현존의 중요성에 대한 결론을 내리기 위해서는 추가 연구가 필요하다고 제안했다.

Phelon(2001, 2004)은 치유의 현존(healing presence)이라는 개념을 연구하기 위해 텍스트의 해석학적 연구, 내담자의 역할을 통해 현존을 경험한 치료자의 관찰, 집단 및 개별 치료자에 대한 질적 인터뷰 등 여러 가지 방법론을 그녀가 "직관적 탐구(intuitive inquiry)"라고 부르는 것에 통합했다. 그녀는 결국 치유의 현존을 심리치료의 핵심 개념으로 보게 되었으며, 이는 치료자의 자질 목록이 아닌 치료자 내면의 과정으로 이해될 수 있는 개념이라고 생각했다.

Phelon(2001, 2004)의 최종 모델에는 치유의 현존과 관련된 네 가지 개념 집단이 포함되어 있다. 첫째 집단은 치료자의 발달과 성장(경험, 개인적 성장에 대한 전념, 통합, 일관성)과 관련이 있고, 둘째 집단은 치료자의 통합된 영적 수행과 신념을 포함하며, 셋째 집단은 치료자의 알아차림(주의력, 내적 알아차림, 현존의 운동 감각적 측면)과 관련이 있고, 넷째 집단은 치료자

와 내담자의 동맹(내담자와의 조화, 수용성)을 다룬다.

Phelon(2004)은 '내적 알아차림(inner awareness)', 즉 자신의 내적 경험에 주의를 기울이고 회기 내에서 내적 공명을 활용하는 능력이 치유의 현존에 필수적이라고 지적했다. 또한, 영적 수행이 현존을 함양하는 데 필수적인 것은 아니지만, 모범적인 치료자들은 통합된 영적 수행(현존의 발달에 해로울 수 있는 통합되지 않은 수행과 대조)의 가치를 강조했다고 지적했다. 이 치료자들은 또한 '치유의 현존'을 개발하고 유지하기 위해서는 치료자의 지속적인 자기 수련(self-work)이 중요하다고 강조했다.

요약하면, 이러한 초기 연구는 현존의 개념을 설명하고 현존과 치료적 관계의 상호작용을 강조함으로써 현존에 대한 예비적인 근거를 제시했다. 이 초기 연구를 통해 현존의 일부 측면이 드러나기 시작했지만, 그 대부분은 아직 발표되지 않았고 경험적으로 엄격하지도 않다. 이로 인해 현존의 명확한 정의와 치료적 관계 및 동맹(alliance)에 미치는 현존의 영향에 대한 정의에 공백이 생겼다. 우리는 이 공백을 메우기 위해, 현존에 대한 명확한 정의와 모델을 얻기 위한 질적 연구와, 치료적 현존의 측정 방법을 개발하고 주요 치료 과정에 대한 기여도를 평가하기 위한 양적 연구를 진행했다. 다음 절에서 이러한 연구를 설명한다.

치료적 현존의 모델

치료의 중요한 요소로 현존을 언급하거나 논의한 경험이 풍부한 치료자 및 대가 치료자(master therapists)를 대상으로 한 질적 연구에서 현존의 모델이 도출되었다(Geller & Greenberg, 2002). 현존의 개념을 저술하거나 지지한 것으로 알려진 7명의 숙련된 치료자들이 현존에 대한 자신의 경험에 대해 인터뷰에 응했다. 7명 모두 최소 10년 이상의 심리치료 경력을 가지고 있으며, 인터뷰 당시에도 활발하게 치료 활동을 하고 있었다. 4명의 치료자는 인본주의/경험적(humanistic/experiential) 이론을 배경으로 하고, 1명은 인지행동치료(cognitive behavior therapy: CBT) 관점을, 1명은 아들러/초개인적(Adlerian/tanspersonal) 관점을, 1명은 에릭슨의 이론(Eriksonian)을 배경으로 하고 있다.

치료자들에게는 문헌을 바탕으로 작성된 현존의 기본 정의를 이메일로 보냈다.

"Buber의 '나-너(I-Thou)' 관계의 한 측면인 현존은 치료자가 미래나 과거에 대한 생각을 비우고, 내담자의 문제에 대해 가지고 있는 생각이나 내담자가 변화하기를 바라는 욕망에서 벗어나 그 순간에 내담자와 온전히 함께 있는 치료자의 자질을 의미한다." Clarkson(1997, p. 66)은 이 상태를 "초개인적 관계(transpersonal relationship)"에 내재된 것으로 지칭하며, 이는 "기술, 지식, 경험, 선입견, 심지어 치유하려는 욕망까지지도 놓아 버리는 것"이라고 주장한다(S. M. Geller, 개인적 소통, 2001).

치료자들은 더 심층적인 인터뷰를 진행하기 전에 몇 주 동안 치료 회기 후 자신의 현존 경험에 대해 성찰하도록 요청받았다. 인터뷰에서는 일반적인 형식을 따랐으며, 치료자들은 신체적·정서적·인지적 요소 등 자신의 현존 경험에 대해 질문받았다. 음성 녹음된 인터뷰의 축어록은 질적 분석에 사용되었으며, 의미의 압축과 분류를 결합한 방법(Kvale, 1996)에 따라 해석되었다. 그에 따라 질적 분석에서 도출된 모든 설명적 범주를 포괄하는 세 가지 상위 범주가 생성되었다.

이 연구 결과를 바탕으로, 우리는 세 가지 포괄적인 범주를 반영한 치료적 현존의 작업 모델을 개발했다(Geller, 2001; Geller & Greenberg, 2002). 첫째는 '현존을 위한 토대 준비(preparing the ground for presence)'로, 회기 전과 치료적 현존을 위한 일반적인 삶의 준비를 의미한다. 둘째 범주는 '현존의 과정(process of presence)', 즉 치료자가 회기에 참여할 때 진행하는 과정이나 활동을 의미한다. 셋째 범주는 '현존의 체화된 경험(embodied experience of presence)'을 반영한 것이다. 이 치료적 현존의 모델은 〈표 3-1〉에 요약되어 있다. 이러한 큰 범주의 측면들은 4~6장에서 이 연구의 원본 기록에서 인용한 문장을 포함하여 자세히 설명되어 있다.

현존의 전체적인 경험을 여러 측면이나 부분으로 나누는 것은 현존의 여러 차원을 이해하고 설명하기 위한 연습이라는 점을 유의해야 한다. 소위 부분이라고 하는 것들은 서로 얽혀 있으며 의미와 경험에서 많은 부분이 겹친다. 부분과 전체에 대해 말하는 것은 '현존'의 경험에 대한 응답자의 답변에서 의미를 도출하기 위해 사용되는 변증법적 체험(dialectical heuristic)이다. 구체적으로, 한 범주에 속하는 현존의 측면은 다른 범주에도 속할 수 있다. 예를 들어, '개방성(openness)'은 현존을 위한 기반을 준비하는 과정의 일부로, 그리고 치료자가 현존을 경험할 때 참여하는 과정의 일부로 제시된다.

〈표 3-1〉 치료적 현존의 모델

현존을 위한 토대 준비
삶에서 • 현존에 대한 철학적 전념 • 삶과 관계에서 현존을 실천하기 • 명상과 영적 수행 • 개인적 성장 • 개인적 욕구와 관심사에 대한 지속적인 주의
회기에서 • 현존에 대한 의도 • 공간 정리 • 자기 자신에 대한 걱정과 문제를 놓아 버리기 • 괄호 치기(이론, 선입견, 치료 계획) • 개방성, 수용, 관심, 비판하지 않는 태도
현존의 과정
수용성 • 개방적, 수용적, 허용적 • 감각적, 신체적 수용성 • 제3의 귀로 듣기 • 포용 • 확장되거나 강화된 알아차림 • 초감각적 의사소통 수준
내면으로 조율하기 • 도구로서의 자기 • 자발성/창의성 증진 • 신뢰 • 진정성과 일치성 • 현재 순간으로 돌아오기
확장 및 접촉 • 접근성 • 만남 • 투명성과 일치성 • 직관적 반응

치료적 현존의 체화된 경험
안정화
• 중심이 잡힌, 안정된, 전체적인
• 포용
• 신뢰와 편안함
몰입
• 몰두
• 집착 없이 깊이 경험하기
• 현재 중심
• 알아차림, 경각심, 집중력
확장
• 시간의 흐름을 잊게 하는
• 활기차고 유동적인
• 넓은 공간감
• 감각과 지각의 알아차림 향상
• 사고와 정서적 경험하기의 질 향상
내담자를 자비롭게 대하고 내담자를 위해 함께하기
• 내담자의 치유를 위한 의도
• 경외심, 존경, 사랑
• 자아의 개입이나 자의식 부재

출처: "Therapeutic Presence: Therapists' Experience of Presence in the Psychotherapeutic Encounter," by S. M. Geller and L. S. Greenberg, 2002, Person-Centered and Experiential Psychotherapies, 1(1-2), p. 76 (https://doi.org/10.1080/14779757.2002.9688279)에서 발췌. ©2002, The World Association for Person-Centered and Experiential Psychotherapy and Counseling. Taylor & Francis의 허락을 받아 인용.

치료적 현존은 그 부분의 합보다 더 큰 것이다. 치료적 현존은 일치성, 진정성, 내담자를 받아들이는 것, 공감, 조율, 반응보다 더 큰 것이다. 이는 치료적 기술과 경험의 복잡한 상호작용으로, 현재에 온전히 존재하고 그 경험을 자신의 존재의 깊이로 마주하려는 근본적인 의도와 경험에 의해 인도된다. 현존은 객관적인 방식으로 분석하면 본질적인 특성을 잃게 되는 전체론적이고 주관적인 경험이지만, 이러한 설명하기 어려운 특성을 명확하게 표현하려는 우리의 시도는 좋은 심리치료에 필수적이라고 생각하는 특성을 이해하고 평가하는 데 필수적이다.

치료적 현존의 측정

모델 개발에 이어, 치료적 현존의 과정과 경험을 반영하는 측정 도구를 개발하기 위한 연구를 진행했다(Geller, 2001; Geller et al., 2010). 치료자용 치료적 현존 척도(Therapeutic Presence Inventory: TPI)의 개발에는 문항 선정, 문항 정제, 척도 구성, 척도 정제/구인 타당도 검증의 네 단계가 있었다. 각 단계는 이전 단계의 결과와 발견을 바탕으로 진행되었다. 다섯째 단계에서는 내담자가 치료자의 현존을 인식하는 정도를 측정하는 예비 측정 도구를 개발했다. 이 과정을 통해 7점 리커트 척도로 구성된 두 가지 버전의 TPI가 만들어졌다. TPI-T는 치료자가 자신의 현존에 대해 평가하는 21개 항목으로 구성된 측정 도구이며, TPI-C는 내담자가 치료자의 현존에 대해 평가하는 3개 항목으로 구성된 측정 도구이다(Geller et al., 2010). 이 측정 도구는 치료자가 회기에서 자신의 현존 여부를 평가하기 위한 자기점검(self-auditing) 목적에도 사용할 수 있다(Geller, 2017).

TPI-T 및 TPI-C의 신뢰도 및 타당도 탐구

이 측정 방법에 대한 예비 연구는 치료적 현존의 모델과 전문가의 평가 및 의견을 바탕으로 진행되었기 때문에, 안면 타당도(face validity)와 구인 타당도(construct validity) 모두 우수함을 입증했다(Geller, 2001; Geller et al., 2010). 이 측정의 신뢰도와 타당도는 우울증 치료를 위한 두 개의 대규모 무작위 대조 연구에 제출되어 추가로 탐구되었다. 하나는 요크대학교(York University; Goldman et al., 2006)에서, 다른 하나는 토론토대학교(University of Toronto)의 온타리오 교육연구소(Ontario Institute for Studies in Education: OISE)에서 진행되었다(Watson et al., 2003). 이 연구는 요크대학교에서 16주 동안 진행한 과정 경험 치료[Process Experiential Therapy: PET, 이후 정서중심치료(emotion-focused therapy: EFT)로 이름이 변경됨]와 내담자중심치료(client-centered therapy: CCT, Goldman et al., 2006)의 치료 효과와 OISE에서 진행한 PET와 CBT의 치료 효과를 비교했다(Watson et al., 2003).

치료자는 세 번째 회기(3, 6, 9, 12, 15회기)마다 TPI-T를 완료했으며, 6회기와 12회기 후에는 공감적 이해, 일치, 존중 수준, 수용을 포함한 치료적 관계의 핵심 조건과 치료적 현존 사이의 관계를 평가하기 위해 40개 항목으로 구성된 단축형 치료자용 관계 척도(Relationship

Inventory: RI, Barrett-Lennard, 1973)를 완료했다.

내담자들은 세 번째 회기마다(3, 6, 9, 12, 15회기) TPI-C와 12개 항목으로 구성된 작업 동맹 척도(Working Alliance Inventory: WAI; Horvath & Greenberg, 1989)의 단축 버전을 작성했다. 또한, 내담자들은 회기 후 성과 척도인 내담자 과업 특정 척도(Client Task Specific Measure: CTSC-R; Watson et al., 2010)를 작성하여, 지각된 현존과 회기 중 변화 사이의 관계를 평가했다.

결과는 이 측정이 신뢰도가 높고, 치료 유형에 따라 일관된 것으로 나타났다. 공존 타당도(concurrent validity)는 TPI-T에 대한 치료자의 평가와 RI에서 측정된 공감, 일치성, 존중 수준, 수용에 대한 TOC의 관계를 검토하여 결정되었다. 전체 표본을 대상으로 할 때, TPI-T는 RI의 네 가지 하위 척도(공감, 일치성, 무조건적 존중, 존중의 수준)와 유의미한 상관관계를 보였다.

예언 타당도(predictive validity)는 치료자(TPI-T)와 내담자(TPI-C)가 평가한 치료적 현존과 내담자가 평가한 치료적 동맹 및 내담자 회기 성과의 관계를 검토하여 평가했다. 다변량 분석(multivariate test) 결과, 치료자가 자기보고한 현존(TPI-T)과 내담자가 보고한 치료적 동맹(WAI) 및 회기 성과(CTSC-R) 간에는 유의한 관계가 없는 것으로 나타났다.

치료자의 현존에 대한 내담자의 인식과 관련하여, 이변량(bivariate) 관계의 평가 결과, 세 가지 치료 유형 모두에서 TPI-C와 CTSC-R 및 WAI 사이에 정적 상관관계가 나타났다. 다변량 분석 결과, 치료자의 현존에 대한 내담자의 보고(TPI-C)와 치료적 동맹에 대한 보고(WAI) 및 회기 성과(CTSC-R) 사이에 유의한 상관관계가 있는 것으로 나타났다. 따라서 치료자에 대한 내담자의 보고는 회기 성과 및 치료적 동맹에 대한 내담자의 평가와 유의미한 관계가 있는 것으로 나타났다. 즉, 내담자가 치료자가 자신과 현존하고 있다고 느낄 때, PET(즉, EFT), CCT 및 CBT 전반에 걸쳐 치료적 동맹 및 회기 성과가 더 긍정적이라는 것을 의미한다.

결과에 대한 논의

이 연구의 주요 발견은, 치료의 이론적 방향에 관계없이, 내담자들이 치료자가 자신과 함께 현존하고 있다고 느꼈을 때 치료 회기 후 긍정적인 변화를 보고했다는 것이다. 또한 내담

자들은 치료자가 자신과 함께 현존하고 있다고 더욱 느꼈을 때 치료적 관계의 유대감이 더 강하다고 평가했다.

흥미로운 발견은 CCT와 EFT에 비해 CBT 치료자들이 자신의 현존에 대해 낮은 점수를 부여했고, 내담자들도 마찬가지였다는 점이다. 한편으로, 자기평가와 내담자가 인식한 치료자의 현존의 차이는 현존이 전통적으로 CBT 접근법에서 필수적인 요소로 간주되지 않았기 때문에 이론적 접근법과 일치한다. 현재의 CBT 모델에서는 치료적 관계가 중요하게 평가되지만, CBT 치료자들은 EFT 및 CCT 치료자들에 비해 공감, 일치성, 긍정적 존중과 같은 관계 조건을 훨씬 낮게 평가한 것으로 나타났다. 그러나 치료자의 현존을 높게 평가한 CBT, EFT, CCT 내담자들은 치료자와의 치료적 동맹과 회기 성과를 현존을 낮게 평가한 내담자들에 비해 훨씬 높게 평가했다. 이는 현존이 치료적 동맹의 중요한 예측 인자임을 시사하지만, 이러한 결과는 현존이 일반적으로 실행되거나 접근법에 통합되어 있지 않더라도 CBT와 같은 보다 매뉴얼화된 치료에서 중요한 변수가 될 수 있음을 시사한다.

치료자의 자기평가에 대한 흥미로운 발견은 치료자가 자신의 현존을 인식하는 것이 내담자의 회기 성과나 치료적 동맹과 관련이 없다는 것이었다. 앞서 언급한 질적 연구의 결과는 치료자들이 인터뷰에서 자신의 현존에 대한 경험을 내담자와 더 연결되어 있다고 느끼게 하고, 반응과 기법을 더 효과적으로 사용할 수 있게 도와준다고 묘사한 것으로 나타났다. 그러나 둘째 연구 결과에서는 치료자들이 자신의 현존이 더 높다고 평가한 경우, 내담자들이 회기의 생산성이 더 높거나 치료자-내담자 관계가 더 긍정적이라고 평가하지는 않는 것으로 나타났다. 이러한 개입은 내담자들이 치료자가 자신과 함께 현존하고 있다고 느낄 때만 내담자에게 영향을 미치는 것으로 보인다.

참고로, 후자의 결과는 심리치료 연구 전반에 걸쳐 나타나는 현상이다(Duncan & Moynihan, 1994; Horvath & Luborsky, 1993; Lambert & Simon, 2008). 치료자에 대한 내담자의 경험은 치료자가 자신을 어떻게 경험하는지 지각하는 것보다 더 큰 영향을 미친다. 예를 들어, Rogers는 내담자가 치료자를 무조건적으로 수용적이고, 공감적이며, 일관적이라고 인식하는 정도가 좋은 치료 성과의 주요 요인이라고 결론지었다(Rogers & Truax, 1976). 본 연구 결과는 내담자가 치료자를 얼마나 현존한다고 인식하는지가 내담자의 회기 성과에 영향을 미친다는 이 개념을 반영한다.

치료자가 자신의 현존에 대해 평가한 것이 내담자의 회기 평가나 치료적 동맹에 대한 평

가에 영향을 미치지 않은 이유는, 치료자가 자신 안에서 현존을 경험하고 있지만, 그것을 효과적으로 전달하거나 표현하지 못하기 때문일 수 있다. 치료자가 경험한 것과 행동으로 표현한 것, 또는 상대방이 경험한 것 사이에 일대일 대응이 없을 수도 있다. 둘째 이유는 치료자가 자신의 현존 경험에 대해 보고하지만, 관계적 현존에 대해서는 보고하지 않기 때문일 수 있다. 이 맥락에서 치료자는 내담자의 정서적 상태와 그 상태의 잠재적 강도를 받아들이는 내담자의 능력을 알아차리지 못하고 있다. 관계적 현존의 질은 치료자와 내담자가 서로에게 현존할 수 있는 능력이 어느 정도 일치함을 의미한다. 내담자는 치료자의 현존을 온전히 경험하기 위해 이에 대해 열린 마음을 가지거나, 어느 정도는 자신의 내면에 현존을 느껴야 할 수도 있다.

이 연구에서 치료자의 자기평가에 의한 현존의 긍정적 효과가 포착되지 않은 또 다른 중요한 이유는 측정 방법에 있을 수 있다. 자기보고는 이러한 미묘하고 복잡한 내적 경험을 포착하는 데 한계가 있다. 이러한 경우에는 영상 관찰과 같은 행동적 표현을 통해 치료자의 현존을 포착하는 것이 도움이 될 것이다. 이렇게 하면 다른 관점에서 치료적 현존의 특성을 이해할 수 있을 것이다. 또한 치료자가 내담자에게 자신이 완전히 그들과 함께 있다고 느끼게 하기 위해 특정 '행하기(doing)'를 통해 자신을 표현하는 방식을 주목하는 것도 도움이 될 것이다.

이 연구에 참여한 치료자(대부분 대학원생)들은 현존에 대한 이해가 부족했을 뿐만 아니라, 슈퍼비전을 받기 전에 자기 자신에 대해 자의식이나 비판적인 생각을 가지고 있었을 수도 있다. 이는 현존을 완전히 이해하고 함양하기 위해서는 의지, 시간, 경험이 필요하기 때문에 현존이 심리치료 훈련 프로그램에 포함되어야 하는 자질이라는 것을 시사한다. 모델과 문헌에서 제시된 바와 같이, 현존의 경험은 훈련과 인생에서 집중적인 연습을 하고 의도적으로 자기개발을 해야만 이해하거나 민감하게 느낄 수 있는 것이다(Geller, 2001; Keefe, 1975; Lietaer, 1993; Shepherd et al., 1972; Tannen et al., 2019; Webster, 1998).

이 결과는 또한 치료자의 현존이 Rogers(1957)가 제시한 치료자가 제공하는 필요충분조건(therapist-offered conditions: TOCs; 공감, 일치성, 무조건적인 긍정적 존중)의 기초가 된다는 것을 시사한다. Geller 등(2010)은 RI의 하위 척도들 사이에 유의미한 상관관계가 있음을 발견했으며, 이는 TOCs 사이에 독립성이 없다는 것을 보여 주는 이전의 문헌을 재확인한다. TOCs 사이의 높은 상관관계는 치료자의 전반적인 자질(Gormally & Hill, 1974)의 존재를 나

타내는 것으로 보이며, 아마도 치료적 현존이 이러한 전반적인 자질을 반영하는 것일 수 있다. 현존은 TOCs의 특성을 포함하며, 그 이상으로 관계를 강화한다. 이러한 의미에서 TOCs는 치료자가 내담자와 그 순간에 완전히 소통하는 방법으로 볼 수 있다. 이 연구는 현존의 본질이 포괄적인 조건이 될 수 있다는 Rogers의(Baldwin, 2000) 가설을 입증한다.

치료적 현존에 대한 새로운 연구

치료적 현존에 대한 새로운 연구가 등장하기 시작했으며, 여기에는 TPI를 연구 도구로 사용한 연구도 포함된다. 심리치료 문헌에는 다양한 치료 접근법에서 현존의 가치를 언급한 오랜 역사가 있지만(2장 참조), 연구는 아직까지 제한적이다. 치료적 현존은 공통 요인(common factor) 및 치료적 관계 문헌에서 그 관련성이 인정받기 시작했다(Geller, 2017; Tannen & Daniels, 2010). 그러나 현존의 개념에 대한 문헌과 심리치료 및 치료적 현존에 대한 연구와 훈련 사이에는 중요성에 여전히 격차가 존재한다.

현존에 대한 이론적 관심과 임상적 관심, 그리고 현존에 대한 연구의 불일치는 치료 모델에 따라 치료적 관계의 본질과 관련성에 대한 합의가 부족하기 때문일 수 있다(Tannen & Daniels, 2010). 또한, 연구는 주로 기존 치료적 관계 문헌에 대한 객관적 및 메타 분석에 초점을 맞추고 있어, 현존이 반영하는 주관적인 순간적 경험에 대해서는 거의 다루지 않고 있다. Tannen과 Daniels(2010)는 실증주의적 탐구가 심리학 연구를 지배하고 있으며, 이는 현존과 같은 주관적이고 전체론적인 개념의 연구를 배제한다고 주장했다. 그들은 치료적 현존이 치료적 관계를 향상시키는 잠재력이 크고, 그 특성의 상당 부분이 이미 연구에서 미묘한 방식으로 언급되고 있기 때문에(예: 개방성, 공감, 연민, 사랑, 수용성) 치료적 현존을 더 면밀히 연구할 것을 연구자들에게 촉구했다.

우리 연구(Geller et al., 2010)에서는 현존과 공감이 관련이 있음에도 불구하고 별개의 개념이라는 것이 밝혀졌지만, 추가 연구에서는 이러한 특성을 구분하며 현존이 공감보다 우선한다고 제안하고 있다. 연구에 따르면, 치료적 현존은 공감과 효과적인 치료 기반이 되는 긍정적인 치료적 동맹을 형성하기 위한 필수 전제 조건일 수 있다(Colosimo & Pos, 2015; Geller et. al., 2010; Hayes & Vinca, 2011, 2017; Pos et al., 2011). 예를 들어, 치료적 현존과 공감 및 치료

적 동맹과의 관계는 현존의 지표로 TPI-T 및 TPI-C를 사용하여 연구되었다(Oghene et al., 2010; Pos et al., 2011). 연구 결과, 치료 초기 단계(3회기)에 내담자들이 치료자의 현존에 대해 평가한 점수가 12회기 후(15회기)의 치료적 작업 동맹의 수준과 강도를 예측하는 것으로 나타났다. 또한, 내담자들이 치료자의 현존을 인식한 정도는 치료자의 공감 능력을 인식한 정도와 관련이 있었다. 현존이 낮은 것은 공감 능력이 낮은 것과 관련이 있으며, 이는 현존이 공감의 전제 조건일 수 있다는 가설을 시사한다.

내담자의 현존에 대한 관점은 Vinca와 Hayes(2007)에 의해 내담자에게 사용하기 위해 TPI-T를 각색하여 조사되었다. Geller 등(2010)이 개발한 현재의 TPI-C는 3개 항목으로 구성된 측정 도구인 반면, Vinca와 Hayes는 치료자 측정 도구(TPI-T)를 직접 각색하여 18개 항목으로 구성된 설문지를 개발했다. 이 저자들은 TPI에서 치료자의 경험을 측정하는 항목을 내담자의 관점으로 번역하면서, 내담자의 관점에서 번역할 수 없는 3개 항목을 삭제해야 했다. Vinca와 Hayes의 18개 항목 측정 도구를 TPI-Client라고 부르며, 우리의 3개 항목 TPI-C와 구별할 것이다.

Vinca와 Hayes(2007)는 대학 상담 센터에서 소개한 내담자(n=88)에게 TPI-Client, 회기 평가 설문지-심층(Session Evaluation Questionnaire-Depth; Stiles & Snow, 1984) Barrett-Lennard 관계 척도-공감 하위 척도(Barrett-Lennard, 1961, 1986)를 작성하도록 요청하고, 다음 회기 전에 성과 질문지(Outcome Questionnaire: OQ-45; Lambert et al., 1996)를 작성하도록 요청했다. 치료자(*n*=42, 상담심리학 및 상담자 교육 대학원생)는 동일한 회기가 끝난 후 TPI를 작성했다. 결과는 TPI와 TPI-Client가 좋은 신뢰도(각각 0.93 및 0.87)를 나타냈다. 또한 Geller 등(2010)의 TPI-T는 OQ-45로 측정된 회기 성과와 좋은 예언 타당도를 보였다. 예비 분석에 따르면, 치료자의 현존에 대한 인식은 회기 깊이 및 치료자의 공감에 대한 내담자의 평가와 유의한 관련이 있는 것으로 나타났다. 흥미롭게도, 내담자와 상담자가 인식한 상담자의 현존은 거의 무관했다(0.10). 이는 우리의 데이터와 유사했다(Geller et al., 2010). 두 연구 모두 내담자가 긍정적인 치료적 관계를 맺고 성공적인 회기 성과를 얻기 위해서는 치료자가 현존한다고 느끼기 위해 치료자를 경험해야 한다고 제안한다(Geller et al., 2010; Vinca & Hayes, 2007).

현존의 특성이 주관적이라는 점을 고려할 때, 치료적 현존을 측정하기 위해서는 관찰적 접근이 유용할 것이다. Colosimo와 동료들(Colosimo, 2013; Colosimo & Pos, 2015)은 현존

이 언어적·비언어적으로 전달되는 관찰 가능한 방법을 탐구했다. 그들은 현존에 대한 문헌 검토와 개인적인 임상 경험을 바탕으로 합리적인 과제 분석(task analysis) 모델을 적용했다. 그들은 치료적 현존의 네 가지 차원을 제안했다. '여기(here)' 존재하기, '개방적(open)'이고 수용할 준비가 되어 있기, '지금(now)' 또는 현재에 존재하기, '내담자와 함께 내담자를 위해(with and for the client)' 존재하기. 저자들은 또한 관계적 입장에서 '여기 존재하지 않음(not here)' '지금 존재하지 않음(not now)' '폐쇄적(closed)' '분리됨(separate)' 등 비현존(nonpresence)과 관련된 차원도 제시했다. 그들은 치료적 현존의 관찰 가능한 모델 개발에 대한 향후 연구에 도움이 될 수 있는 현존과 비현존의 표식(markers)을 표로 만들었다.

눈의 시선과 움직임의 동시성(synchrony)은 치료적 현존을 측정할 수 있는 또 다른 방법일 수 있다. Marci와 동료들의 연구에 따르면, 상호적인 눈의 시선은 내담자가 현존을 느끼고 공감적으로 조율된 느낌을 받게 하는 것으로 나타났다(Marci et al., 2007; Marci & Orr, 2006). 연구 결과에 따르면, 치료자와 내담자의 생리적 각성(피부 전도도 테스트로 측정)은 치료자의 시선이 내담자와 접촉할 때 일치하는 것으로 나타났다. 내담자로부터 시선과 관심을 돌린 치료자는 내담자가 거리감을 느끼고, 덜 공감하며, 치료자와 불화하거나 조화를 이루지 못하는 느낌을 받게 했다(Marci et al., 2007; Marci & Orr, 2006). 치료자의 비언어적 신호가 내담자에게 미치는 영향은 치료적 현존에 대한 연구와 훈련을 이해하는 창구 역할을 한다. 이러한 신호는 치료자가 현존과 주의력을 유지하고 있는지, 아니면 미묘하게 잃고 있는지 판단하는 데 도움이 될 수 있다.

상호 눈맞춤을 통해 표현되는 생리적 리듬과 신체 움직임의 동시성(synchronization), 그리고 치료자가 내담자의 몸짓과 표정을 미러링(mirroring)하는 것은 신뢰를 형성하고 치료적 동맹을 강화하는 데 도움이 될 수 있다(Geller, 2017; Marci et al., 2007; Marci & Orr, 2006; Ramseyer & Tschacher, 2014). 연구 결과에 따르면, 치료자가 자신의 현존을 표현하는 방법인 심리치료 시작 시 움직임의 동시성은 각 회기가 끝날 때 내담자가 평가한 긍정적인 치료적 동맹과 증상 감소와 관련이 있는 것으로 나타났다(Ramseyer & Tschacher, 2011).

초이론으로서의 치료적 현존

치료자의 현존은 다양한 접근법과 인구 집단에서 관계를 강화하고 결과를 개선할 가능성

이 있다. 이런 방식으로, 치료적 현존은 초이론적(transtheoretical) 또는 공통 요인으로 간주된다(Geller, 2017; Geller et al., 2010, 2012; Hayes & Vinca, 2011). 인간중심 또는 EFT와 같은 관계적 접근법에서 치료적 현존은 공감, 치료적 동맹, 회기 성과 개선의 기초가 된다(Geller et al., 2010). 인지적 또는 행동적 개입과 같은 기법적 접근(technical approaches)에서도, 현존은 개입의 전달 효과를 향상시킬 수 있다(Friedberg et al., 2013; Gelso, 2011; Goldfried & Davila, 2005; Holtforth & Castonguay, 2005; Leahy, 2003).

치료자의 현존은 치료자와 내담자 모두에게 안정감을 주어 성장에 최적의 조건을 만든다 (Geller, 2017; Geller & Porges, 2014). 안전한 치료 환경은 내담자가 새로운 신경 경로를 개발하는 것을 촉진하고, 이에 따라 애착의 상처가 치유되기 시작하며, 내담자의 성장, 건강, 안녕감에 필수적인 긍정적인 사회적 참여(social engagements)가 가능해진다(Allison & Rossouw, 2013). 공통 요인인 치료적 현존은 치료 접근법 전반에 걸쳐 필요한 조건과 치유의 기반을 제공할 수 있다.

치료자의 치료적 현존에 대한 관점과 그것이 상담자로서의 역할, 자기효능감(self-efficacy), 치료 성과에 미치는 영향을 이해하기 위해 현상학적 연구가 진행되었다(Haley, 2014). 치료적 현존에 대한 경험을 가진 4명의 전문 상담자를 인터뷰하고, 그 데이터를 분석하여 새로운 주제를 도출했다. 치료자들은 현존을 집중된 주의, 이해, 그 자리에 있는 것으로 이해하고, 이는 긍정적인 치료 성과와 관련이 있다고 생각했다. 참가자들은 현존이 기술이자 존재의 방식이라고 느꼈고, 자기효능감, 치료의 효과, 내담자의 성장에 영향을 미친다고 생각했다. 그들은 학업에서 현존에 대해 배운 적이 없으며, 이에 대한 교육 후에만 배웠다고 말했다. 치료자 인터뷰와 연구 결과를 바탕으로 Haley(2014)는 상담자 교육 프로그램에 치료적 현존 훈련을 통합할 것을 권장했다.

치료적 현존은 효과적인 EFT와 정서중심 부부치료(emotionally focused therapy for couples)의 기초로 제안되고 있다(Feuerman, 2018; Furrow et al., 2012; Geller, 2019; Greenberg, 2015). 치료적 관계는 효과적인 EFT에 필수적이다. 현존이 효과적인 치료적 관계의 기초이기 때문에 이는 중요한 의미를 가진다(Geller, 2019). Feuerman(2018)은 EFT 및 정서중심 부부치료에서 치료적 현존에 관한 문헌을 검토했다. 여기에는 질적·양적·혼합 연구방법의 동료 심사(peer-reviewed) 논문이 포함되었다. 저자는 EFT에서 현존의 근본적인 특성을 강조했다. Feuerman은 성공적인 EFT가 치료적 현존으로 개인과 부부에 접근함으로써 어떻게

안정감을 만들어 내는지 논의했다. 현존은 또한 치료적 관계에 공감, 조율, 정서적·관계적 깊이, 그리고 지금 여기(here-and-now) 집중을 불어넣는 능력으로 인정받았다. 이는 EFT 기술과 기법의 역량을 넘어 내담자와 함께 현존하는 역량을 습득하는 것이 필수적이라는 주장을 뒷받침한다.

EFT 부부치료에서 치료자의 현존의 역할은 Susan Johnson 박사의 EFT 회기에서 비난을 완화하는 사건을 기록한 5개의 테이프를 분석하여 탐구되었다(Furrow et al., 2012). 비난자 완화(blamer softening)는 부부를 위한 EFT에서 중요한 변화의 지점이다. 적대감과 비판을 표현한 파트너가 부드러워지고 파트너에게 연결과 안심을 구하는 순간이다. 이 순간은 파트너도 그 부드러움을 받아들이면서 중요한 부분이 해결된 것으로 간주된다. 연구진은 치료자의 정서적 현존과 내담자 경험의 깊이를 나타내는 지표를 사용하여 치료자와 내담자 모두의 성공적인 완화 및 비난 순간에 대한 경험하기 척도와 음성의 질 척도를 사용하여 축어록을 코딩했다. 그들은 치료자의 정서적 현존(예: 반응성 및 부드러워진 음성의 질)과 내담자 경험의 깊이 증가 사이의 연관성을 발견했다. 이 결과는 치료자의 현존이 내담자가 더 깊은 정서적 경험을 할 수 있도록 돕고, 이는 EFT 과정에서의 변화에 매우 중요하다는 것을 시사한다(Furrow et al., 2012).

현존은 인간중심치료에서 공감, 일치성, 무조건적 존중의 기본 조건으로 제안되어 왔다(Geller et al., 2010; Pos et al., 2011). 이는 Brodley(2000)에 의해 확인되었는데, 그는 인간중심 전통에 따라 치료를 받은 10명의 내담자들에게 치료자(주: Brodley는 치료자였다)가 없는 상황에서 치료자의 현존의 요소를 설명해 달라고 요청한 자연주의적 질적 파일럿 연구(naturalistic qualitative pilot study)를 진행했다. 내담자들은 또한 치료자의 미묘한 표현(예: 피부색의 변화, 정서 표현)과 명백한 표현(예: 신체 자세의 변화, 정서와 관련된 표현)을 통해 치료자의 현존을 인식할 수 있으며, 그로 인해 긍정적인 영향을 받는다고 밝혔다. Brodley(2000)는 치료자의 내적 태도가 지각 가능한 신체적 사건으로 표현되고 내담자가 그 자극을 해석할 수 있을 때 현존이 인식된다고 강조했다. 이는 치료적 현존이 효과적이기 위해서는 내담자가 느끼고 치료자가 비언어적으로 전달해야 한다는 개념을 뒷받침한다(Geller, 2017; Geller et al., 2010).

현존은 또한 치료적 관계에서 지금 여기에서 일어나고 있는 것을 즉각적으로 탐구할 수 있게 해 준다(Hill, 2004). Hill과 Knox(2009)는 관계적 치료(relational therapies)에서 치료적

관계를 구축하고 치유하는 데 중요한 측면은 그들이 '관계 과정(processing the relationship)'이라고 부르는 것이라고 제안했다. 이는 그 순간에 관계에 대해 직접적으로 소통하는 것으로 정의되며, '메타커뮤니케이션(metacommunicating)'이라고도 한다. 그들은 치료자와 내담자가 현재 서로에 대해 느끼는 감정과 치료적 관계에서 자주 발생하는 문제에 대해 이야기하는 것이 유익하다고 추측했다. 이러한 유형의 관계적 메타커뮤니케이션은 감정을 표현하고 수용하며, 문제를 해결하고, 전반적인 관계를 개선하는 결과로 이어진다. 저자들은 이러한 유형의 관계적 경험에서 배운 것이 치료 외부의 관계로 옮겨질 것이라고 주장했다. 저자들은 강력한 치료적 관계를 구축하고 형성하는 훈련의 일부로 이 기술을 교육하는 것이 중요하다고 주장했다. 여기에서 관계적 과정(relational processes)을 연구한 경험적 연구자들이 현존의 요소를 지지하고 있음을 볼 수 있다.

정신분석적 접근법(psychoanalytic approach)과 관련해서, 경험이 많은 치료자는 현존의 미묘한 차이를 이해하고 내담자와의 현존을 발전시키는 능력이 더 뛰어난 경향이 있다. 이스라엘의 정신분석가 200명을 대상으로 한 연구에서, 치료자들은 한 명의 내담자와의 관계에 대해 보고하고, 동맹(WAI) 및 치료적 현존(TPI-T; Goldner, 2016)에 대한 평가표를 작성하도록 요청받았다. 특히, 연구자들은 치료자의 관계적 욕구와 이러한 욕구가 치료자의 현존 능력과 내담자와의 긍정적이고 건강한 관계 형성에 어떻게 영향을 미치는지 파악하고자 했다. 연구 결과, 치료자의 미러링 욕구(need for mirroring), 즉 자신의 업적을 인정받고 싶다는 욕구는 치료자의 치료적 동맹 및 치료적 현존에 대한 인식과 부적 상관관계가 있는 것으로 나타났다. 경력 연수는 치료적 동맹 및 치료적 현존과 정적 상관관계가 있었다. 이 결과는 치료자의 인정 욕구가 내담자와 강한 유대감을 형성하고 현존하는 능력을 저해할 수 있음을 시사한다. 치료자가 내담자의 경험보다는 자신의 존경 욕구 등에 집중할 경우, 현존과 동맹이 저해될 수 있다. 반면, 경력이 많은 치료자는 자기감(sense of self)이 더 강하고 현존에 대한 연습이 많기 때문에 현존과 관계 형성에 더 수월함을 보였다.

현존에 대한 직관적 탐구를 포함한 연구가 미발표 박사학위 논문(Stuckey, 2001)에서 진행되었다. 6명의 융 심리치료사들(Jungian therapists)을 대상으로 구조화되지 않은 대화형 비공식적 과정을 통해 그들의 치료 작업에서 현존 경험을 이해하기 위해 인터뷰가 진행되었다. 문헌 검토와 이 탐구적 인터뷰 결과는 우리 모델(Geller & Greenberg, 2002, 2012)에서 설명된 치료적 현존의 측면과 유사한 주제를 드러냈다. 현존을 설명하는 주제의 일부 예시는 다음

과 같다. 개방성, 접근성, 신체적 감각, 정서적 경험, 감각적 경험, 현존에 대한 투항, 연결감, 지지받는 느낌, 호기심과 지혜의 증진, 대인관계적 특성, 친숙함, 용기, 진정성, 진실성, 완전한 참여, 유희성, 즉시성, 영적 특성, 동시성, 선물, 역설적 특성 등이다. 연구자는 현존이 실천과 의도를 통해 나타날 수 있도록 안전한 공간과 최적의 환경을 조성하는 것이 중요하다고 설명했으며, 이는 우리의 '현존을 위한 준비'와 유사하다.

CBT 내에서 치료자 현존 강화의 중요성이 점차 인정받고 있으며, 이는 치료자가 치료적 관계에서 발생하는 문제를 해결하고 치료 성과를 개선하는 데 도움이 될 수 있다는 점이 강조되고 있다(Kanter et al., 2009). 연구들은 CBT에서 현존이 중요한 임상적 자원일 수 있다고 제안했다. 이는 치료자와 내담자 간 순간순간의 조율이 치료 기법의 타이밍과 효과를 최적화할 수 있기 때문이다(Geller et al., 2010; Kanter et al., 2009).

다양한 연령층으로 일반화하기 위해서 치료적 현존은 청소년을 대상으로 한 효과적인 CBT의 핵심 요소가 될 수 있다. Friedberg 등(2013)은 자기모니터링(self-monitoring), 인지재구조화, 행동 실험 등 CBT 모듈 전반에서 현존, 즉시성(immediacy), 투명성(transparency)이 특히 유용하다고 설명했다. 치료자의 현존은 생각, 정서, 감정을 처리하는 것을 가능하게 하며, 이는 다시 이러한 모듈 내에서의 참여와 학습을 풍부하게 한다(Friedberg et al., 2013).

아동 놀이치료(play therapy)에서 현존의 중요성을 탐구한 Crenshaw와 Kenney-Noziska(2014)는 대부분의 치료적 현존 연구가 성인 대상 치료에 초점을 맞추어 이 중요한 대상 집단을 소홀히 했다고 주장했다. 저자들은 놀이치료에서 기법에 지나치게 초점을 맞추는 것을 경계하며, 현존과 치료적 관계에 집중하는 것이 중요하다고 강조했다. 그들은 두 명의 어린이가 어머니의 죽음을 목격한 경우와 셋째 어린이가 심각한 학대를 경험한 경우를 포함한 두 개의 사례 연구를 제시했다. 이 사례들에서 치료자의 현존은 아동기 외상(trauma) 맥락에서 두 어린이의 치유를 위한 주요 치료 방법으로 작용했다. 놀이치료를 통해 생성된 안전감과 신뢰는 치료 진전의 주요 요인으로 간주되었다.

치료적 현존은 미술치료(art therapy)의 중요한 요소로, 치료자와 내담자 사이의 개인적이며 관계적인 요소로 이해되며, 그들이 표현하는 미술과도 연결되어 있다. 치료자들은 이를 준비해야 하며, 회기 중에 내담자와 조화를 이루고 그들의 순간적 경험(in-the-moment experience)에 '맞추어(in time)' 느끼고 표현해야 한다(Coles, 2014; Robbins, 1998; Schwarz et al., 2018). Coles(2014)는 현존을 미술치료에서 일어나는 현상의 공간적 기반이라고 설명하

며, 이는 정적이며 영구적인 특성을 지니지만, 내담자의 현재 경험에 따라 변화할 수 있다. 이는 치료자가 내담자에게 더 잘 맞추도록 도와주며, 이는 다시 내담자의 안전감(sense of safety)과 치료적 관계를 강화한다.

Schwarz 등(2018)은 현상학적 접근법을 활용한 질적 연구를 통해 미술치료에서 치료적 현존의 경험을 평가했다. 연구진은 14명의 미술치료자를 대상으로 치료적 현존과 관련된 주제(이론적 접근 방식, 치료 과정에서 자기의 경험, 치료 회기에서의 관계적 측면, 내담자로부터 관찰된 피드백 및 진전)에 대해 인터뷰를 진행했다. 인터뷰는 코딩, 비교, 주제 분류를 포함한 질적 분석을 거쳤다. 연구 결과, 치료적 현존의 세 가지 주요 범주가 도출되었다. (1) 치료적 현존의 구성 요소(신체, 정서, 미술에 대한 주의와 집중; 내담자와의 연결, 흐름, 미지의 것에 대한 개방성, 현존의 전체적 신체 경험), (2) 치료적 현존의 준비(내담자와 환경 준비, 정신적 준비, 슈퍼비전을 통한 준비 및 일상생활에서의 현존 연습), 및 (3) 치료적 현존의 영향(내담자의 현존, 치료적 진전, 다양한 미술 재료, 회기 전후에 느낀 정서, 환경, 시간, 내담자의 현재 관계 등 외부 요인). 현존 준비와 신체 내 현존 경험의 측면은 Geller와 Greenberg(2002)의 치료적 현존 모델과 유사하지만, 회기 내 현존 과정이 명시적으로 언급되지 않았으며 Schwarz 등(2018)의 모델에 외부 요인에 대한 강조가 추가되었다.

이전 연구들은 개인 및 부부치료에 관련이 있지만, 다른 연구자들은 현존을 집단치료(group therap)에 적용하는 방법을 제시하기도 했다(Crane-Okada, 2012; Leszcz, 2018). 예를 들어, Crane-Okada(2012)는 현존의 관점에서 집단치료에 대한 순차적 접근법(sequential approach)을 공유했다. 1단계는 집단치료의 조건을 준비하고 설정하는 것을 포함한다. 2단계는 회기에서 현존을 위한 기반을 마련하기 위해 내담자와 실제 연결을 시도하는 것을 포함한다. 3단계는 집단이 서로 익숙해지는 과정에서 '격렬해지고 규범화하는(storming and norming)' 집단 과정을 포함하며, 이는 먼저 차이를 다루고 집단 규범을 발전시키는 동시에 치료자가 집단 회기에서 나타나는 내용에 관계없이 동맹을 구축하는 데 집중하는 것을 포함한다. 4단계는 치료자와 내담자 사이의 진정성 있고 일치된 공유를 통해 더 깊이 연결되는 것을 포함한다. 5단계는 집단이 끝날 때 발생할 수 있는 슬픔과 불안의 감정에 현존하며, 집단 과정 전체에 대한 성찰을 포함한다. 앞서 언급된 모델 설명에서 Yalom과 Leszcz(2005)의 연구에 주목하며, 저자는 집단 내 현존의 단계별 과정에 내재된 주제를 강조했다.

Leszcz(2018)가 제시한 집단치료를 위한 근거 기반(evidence-based) 지침에는 개인치료에

서 연구된 치료적 현존의 요소가 포함되어 있다. Leszcz는 집단치료 분야의 과학적 문헌과 전문가들의 합의를 종합하여 효과적인 집단치료의 핵심 요소를 정리했다. 이 요소들은 치료적 현존의 측면을 반영하며, 예를 들어 집단 안전감과 응집력(cohesion) 형성(사전 준비 포함), 치료자의 조율과 공감, 현재 상황에 대한 즉각적인 반응, 치료자의 안정화 및 진정 능력(특히 역전이 문제의 인식과 대응), 효과적인 투명성과 자기개방(self-disclosure) 등이 포함된다.

치료적 현존은 개인, 부부, 집단치료를 포함한 다양한 치료적 접근법에서 매우 중요하다. 심리치료 연구 결과는 이 중요한 태도의 중요성을 다른 의료 관계(health care relationships)에 적용하기 위해 활용되고 있으며, 이는 다음 회기에서 자세히 설명된다.

의료 분야 전반에 걸친 치료적 현존

의사와 환자 관계, 간호, 정골의학(整骨醫學; osteopathy) 등 건강 분야 전반에 걸친 현존에 관한 새로운 연구는 치료적 현존의 본질적인 가치를 더욱 명확하게 보여 준다(Brugel et al., 2015; Durrer & Rohrbach, 2013; Gilje, 1993; Krogh et al., 2019; Osterman & Schwartz-Barcott, 1996; Rakel et al., 2009; Rozière, 2016). 이 필수적인 태도는 건강과 치유를 최적화할 잠재력을 지니고 있다는 점에서 의료 전반에서 중요하게 고려되어야 한다.

의사의 치료적 현존

의사와 환자 간의 관계에 대한 연구에 따르면, 의사의 현존은 환자가 더 잘 이해받고 있다고 느끼게 하고, 치료 성과도 개선하며, 면역 기능도 향상시키는 것으로 밝혀졌다(Brugel et al., 2015; Krogh et al., 2019; Rakel et al., 2009). Brugel 등(2015)은 치료적 현존의 비언어적 의사소통의 핵심 요소인 의사의 시선과 신체 방향이 환자의 공감과 의사의 일치성/진정성에 미치는 영향을 조사했다. 네 가지 조건 중 하나에 따라 비디오 장면을 시청했다. 이 조건은 의료 인턴과 환자의 성별 조합을 통제했다. (1) 환자 중심 시선, 환자 중심 신체 방향, (2) 시선 회피, 시선 회피 신체 방향, (3) 환자 중심 시선, 시선 회피 신체 방향, (4) 시선 회피, 환자 중심 신체 방향. 결과는 환자 중심 시선을 가진 의료 인턴이 시선을 피한 경우보다 일반적 공감(general perceived empathy: GPE)에서 더 높은 평가를 받았으며, 환자 중심 신체 방향이 시선을 피한 방향보다 GPE에서 더 높은 평가를 받았음을 보여 주었다. 시선은 신체 방향보

다 더 큰 영향을 미쳤는데, 이는 특히 남성 인턴의 직접적인 시선이 환자가 이해받고 있다고 느끼는 데 중요하다는 것을 시사한다. 이는 치료자의 시선과 내담자와의 상호 교류를 통해 현존감을 높이는 것에 대해 앞서 언급한 연구 결과와 유사하다(Marci et al., 2007; Marci & Orr, 2006).

의사와 환자 간의 관계 및 소통의 질은 의료 환경에서 긍정적인 성과와 관련이 있음이 밝혀졌다(Krogh et al., 2019). 의사의 현존과 공감으로 형성된 신뢰는 환자가 자신의 건강 관리에 더 적극적으로 참여하도록 할 수 있다. 한 연구에 따르면, 의사가 공감적이고 현존적이라고 인식한 환자는 의사가 냉정하다고 인식한 환자보다 감기 증상이 덜하고(증상의 심각도도 낮음) 1일 더 빨리 회복되었다(질병 기간이 더 짧음; Rakel, 2018; Rakel et al., 2009). 연구자들은 의사들이 환자들에게 현존하고 공감적인 방식으로 응답하거나 차갑고 무각각한 방식으로 응답하도록 했다. 면역 표식(사이토카인 인터루킨-8; cytokine interleukin-8)은 코 세척을 통해 측정되었으며, 결과는 현존하고 공감적인 의사를 만난 환자들이 더 강한 면역 표식을 보였다는 것을 나타냈다.

의사가 환자에게 공감하며 현존할 수 있도록 지원하고 교육하면 환자의 질병에 대한 고통을 줄이고 건강을 개선하며 의료 시스템에 대한 수요를 줄일 수 있다. 환자에 대한 효과와 함께 의사의 자기돌봄(self-care)에도 이점이 있다. 현재 중심적 주의력(present-centered attention) 훈련은 일차 진료 의사들의 스트레스, 우울증, 불안, 소진 감소와 전반적인 안녕감 및 회복력 향상과 연관 있다(Fortney et al., 2013).

Krogh 등(2019)은 의사가 Geller(2017)에 설명된 것과 같은 치료자에게 제공되는 자원과 치료적 현존 실무로부터 혜택을 받을 것이라고 제안했다. 저자들은 치료적 현존에 대해 레지던트와 의사를 교육하는 것이 의사와 환자 간의 관계와 의사소통에 모두 도움이 될 것이라고 제안했다. 예를 들어, 의사가 환자에게 나쁜 소식을 전할 때 현존을 활용하면 환자는 자신이 돌봄을 받고 있다고 느끼고, 소식을 들을 수 있을 만큼 집중력을 유지하며, 필요한 사항에 대해 의사와 협력하고, 자신의 건강 관리에 계속 참여하게 된다(Krogh et al., 2019). 치료적 현존은 환자가 안전하고 편안함을 느끼는 데 도움이 되며, 의사와의 신뢰를 쌓는 데도 도움이 된다. 또한 의사가 환자와의 관계 및 업무에 더 의미 있는 관계를 맺을 수 있게 해주어, 소진을 줄이고 안녕감을 개선하는 데도 도움이 된다. 심리치료에 대한 연구와 훈련은 의사와 의료진이 현존과 자기돌봄에 집중할 수 있도록 돕고, 이것이 의사의 안녕감과 환자

의 이익에 어떻게 귀중한 자원이 될 수 있는지 교육하는 데 도움이 될 수 있다.

간호사의 치료적 현존

치료적 현존은 간호에서 필수적인 자질로 여겨져 왔으며, 간호사가 환자에게 제공하는 가장 중요한 자질로 제안되어 왔다(Bozdogan Yesilot & Oz, 2016; Gilje, 1993; Osterman & Schwartz-Barcott, 1996). 치료적 현존은 환자를 객관화하는 것이 아니라 깊은 관계를 맺을 대상으로 접근하는 것을 포함한다(Valliot, 1966, Bozdogan Yesilot & Oz, 2016에서 인용). McKivergin과 Daubenmire(1994)는 간호에서 치료적 현존을 간호사가 신체적·정서적으로 현존해야 하는 것으로 정의했다. 저자들은 치료적 현존의 세 단계(신체적·정서적·영적)를 설명했는데, 이는 최근의 간호 현존 이론(theory of nursing presence; McMahon & Christopher, 2011)과도 일치한다.

Gilje(1993)는 이러한 세 가지 수준의 현존을 개인 내적(intrapersonal), 대인적(interpersonal), 초개인적(transpersonal) 현존으로 묘사했다. 이 연구자는 또한 간호사가 환자와의 접촉을 거의 하지 않고 환자에 대한 인식도 거의 없이 환자의 방을 관리하는 단계에서 환자와의 교류를 통해 정서적·심리적 접촉을 하는 단계로 진행됨에 따라 현존의 경험이 깊어지는 것을 묘사하는 현존의 모델을 제시했다. 연결이 깊어짐에 따라 더 큰 초개인적 현존이 드러났다. 간호사들은 초개인적 현존을 환자와의 즉각적인 연결을 넘어 모든 생명체와 함께 하는 더 큰 영성 또는 활력으로 묘사했다.

Osterman과 Schwartz-Barcott(1996)은 그 관점을 확장하여 간호사의 현존을 네 가지 수준으로 설명했다. 물리적 현존(physical presence; 예: 환자가 있는 방에서 책을 읽는 것), 부분적 현존(partial presence; 물리적 현존과 환자와 관련된 업무에 집중하는 것, 예: 환자에게 책을 읽어 주거나 정맥 주사를 바꾸는 것), 완전한 현존(full presence; 부분적 현존과 환자에게 관심을 기울이고 환자의 말에 귀를 기울이는 것), 그리고 초월적 현존[transcendent presence; 두 개인을 넘어 영적인 영역으로, 예: '일체감(oneness)'이라는 상호 경험을 하는 것]으로, 두 사람이 모두 긍정적인 변화와 변형을 경험하는 단계이다. 또한 저자들은 완전한 간호 현존은 현실에 뿌리를 두고 있지만, 초월적 현존은 경계와 제한이 없으며 현실 그 자체를 초월할 가능성이 있다고 주장했다. 이 넷째 단계에서 간호사는 자기와 환자 사이의 평화로움·평온함·일체감을 인식한다.

간호에서 치료적 현존을 탐구한 연구와 문헌은 치료적 현존이 필수적인 간호 능력이

며 간호 교육에 포함되어야 한다는 데 동의한다(Bozdogan Yesilot & Oz, 2016). 간호사는 가상 치료(virtual therapy)에서도 치료적 현존에 대한 교육을 받아야 한다고 권장되어 왔으며(Hafermalz & Riemer, 2016), 이는 일반적인 가상 심리치료(virtual psychotherapy)에도 적용된다(이 분야에 대한 관련 연구는 이 책 15장을 참고하기 바란다).

정골의사의 치료적 현존

정골의사의 치료적 현존에 대한 연구는 정골의학에서의 관계와 기법의 중요성을 시사한다(Durrer & Rohrbach, 2013; Rozière, 2016). Rozière(2016)는 치료적 관계에서의 치료적 현존을 정골의학의 치료적 현존과 비교했다. 두개천골 치료(craniosacral therapy)의 창시자 중 한 명이며 정골의사인 Hugh Milne는 긍정적 성과를 얻기 위해서는 기법보다 현존이 더 중요하다고 지적했다(Rozière, 2016에서 인용). 현존을 통해 정골의사는 환자의 신체와 상태에 대해 매우 개방적이고, 인식적이고, 안정감과 동시에 경각심을 가질 수 있다. 저자는 치료적 현존의 영향을 탐구하기 위해 양적·질적 연구를 진행했다(Rozière, 2016). Rozière는 50명의 정골의학 학생과 환자들이 TPI-T를 사용하여 자신의 치료적 현존을 자기평가하고, 내담자들이 TPI-C를 사용하여 치료자의 현존을 평가하도록 했다. 참가자들은 WAI를 사용하여 치료적 동맹을 평가했다. 결과는 정골의학 학생의 경력이 많을수록 치료자와 내담자 모두의 평가에서 현존의 질과 치료적 동맹이 높았으며, 이는 치료적 동맹도 증가시키는 것으로 나타났다.

정골의학에서는 정골치료(osteopathic treatment)에서 치료적 현존의 모델 개발을 지원하기 위해 치료적 현존에 대한 질적 연구가 진행되었다(Durrer & Rohrbach, 2013). 29명의 정골의사들을 대상으로 치료적 현존에 대한 경험을 인터뷰한 후, Mayring(2002)이 제시한 질적 내용 분석을 진행했다. 인터뷰에서는 정골치료에 사용되는 주요 기술인 손과 손가락을 사용한 촉지(觸知; palpation)에 현존을 가져오는 데 특히 초점을 두었다. 이 연구에서 저자들의 두 가지 가설이 확인되었다. (1) 치료적 현존은 치료자에게는 개인 내적 과정이며, (2) 치료적 현존은 촉지에 영향을 미치며 대인적 과정이라는 것이다.

첫째 가설에 대해, 그들은 정골의사가 주의력·민감성·평온함·집중력·경청·개방성·중립성이라는 상태를 통해 내적 균형감을 경험한다는 것을 발견했다(Durrer & Rohrbach, 2013). 정골의사들은 이러한 상태가 일상생활에서 정기적인 마음챙김과 자기돌봄 연습을

통해 유지된다고 지적했다. 둘째 가설과 관련하여, 인터뷰 분석 결과, 치료적 현존감(sense of therapeutic presence)은 주의력, 수용력, 의도 및 직관력 향상으로 촉지 기법에 영향을 미친다는 것이 밝혀졌다(Durrer & Rohrbach, 2013). 그들은 이 과정을 통해 환자와의 접촉과 연결이 더욱 깊어지고 동기화될 수 있다고 지적했다. 연구자들은 치료적 현존이 촉지와 치료적 관계에 모두 영향을 미쳐 치료 성과를 더욱 개선하는 모델로 결론을 내렸다. 저자(Rohrbach)는 시각 장애인이지만, 치료적 현존이 자신의 업무에 필요한 촉각적 접촉에 영향을 미치며, 이를 통해 환자와 정골의사 모두에게 안전한 환경을 조성한다는 사실을 발견했다. Rohrbach(Durrer & Rohrbach, 2013)는 치료적 현존이 자신의 지각적-시각적 결함을 보충하고, 물리적 치료를 넘어 환자와 함께, 그리고 환자를 위해 치유의 정서적·영적 깊이에 도달할 수 있게 해 준다고 언급했다.

마음챙김과 연민으로 치료적 현존을 함양하기

치료적 현존을 함양하는 것에 대한 대부분의 연구는 마음챙김(mindfulness)과 연민(compassion)에 관한 문헌에서 나왔다. 연구에 따르면, 공식적이고 비공식적인 마음챙김과 연민을 실천하면 치료적 현존의 여러 측면이 강화될 수 있는 것으로 나타났다(Baldini et al., 2014; Bibeau et al., 2016; Bourgault & Dionne, 2018; Feiner-Homer, 2016; Galus, 2015; Geller & Greenberg, 2002; McCollum & Gehart, 2010; Milton, 2015; Ryan et al., 2012; Tannen et al., 2019).

마음챙김과 연민을 실천하면 치료자가 공감하고 현존하는 능력이 향상된다(Block-Lerner et al., 2007; Bibeau et al., 2016; Davidson, 2012; Galus, 2015; Germer, 2012; Gilbert, 2009b; Shapiro & Izett, 2008). Bibeau 등(2016)은 다양한 유형의 명상 연습(마음챙김과 연민)을 언급한 연구를 검토한 결과, 마음챙김 명상과 연민 연습이 치료자들이 현존, 알아차림, 집중력, 공감 능력을 키우는 데 도움이 된다는 것을 발견했다. 연민 연습은 마음챙김에 비해 친절, 연민, 자기 자신에 대한 배려, 친사회적 행동, 사회적 연결성을 높이는 추가적인 이점이 있으며, 이러한 요소들은 치료적 현존의 핵심 요소이기도 하다(Corcoran, 2007; Geller, 2017; Germer, 2012; Gilbert, 2005; Leiberg et al., 2011; Neff & Vonk, 2009).

마음챙김 실천과 지속적이고 집중된 주의력의 관계는 잘 문서화되어 있다(Jha et al., 2007;

Morgan & Morgan, 2005; Pagnoni & Cekic, 2007; Valentine & Sweet, 1999). 예를 들어, 질적 연구에 따르면 대학원생들은 마음챙김 훈련을 받은 후 내담자에 대한 주의력을 더 잘 유지하고, 현재에 집중하며, 침묵을 더 편안하게 느낄 수 있게 되었다고 보고했다(Schure et al., 2008). Valentine과 Sweet(1999)은 마음챙김과 집중 명상을 모두 수행한 사람들이 더 집중력이 뛰어나고, 마음챙김을 수행한 사람들은 기대 효과에 덜 영향을 받는다는 것을 입증했다. 후자의 연구 결과는 마음챙김 연습이 치료자가 집중력을 유지할 뿐만 아니라, 내담자의 외부 자극이나 예상치 못한 경험이나 정서의 출현에 의해 주의가 산만해지는 등의 부정적인 영향을 덜 받도록 도울 수 있음을 시사한다. 집중력을 유지하고 다양한 자극(내담자의 말과 신체 표현, 치료자의 자기 경험, 신체적 공명 및 직관, 치료적 관계)으로 주의력을 이동할 수 있는 능력은 치료적 현존 과정에 필수적이다. 이 점은 Shapiro와 Carlson(2009)에 의해 확인되었으며, 그들은 "주의를 집중시키고 지속된 주의력과 집중력을 유지하거나 적어도 그 방향으로 노력하는 능력은 치료적 만남에서 진정으로 현존하는 데 필수적이다"라고 지적했다(p. 19).

마음챙김은 또한 내담자가 회기에 가져오는 모든 것에 대해 현존과 개방성을 유지하는 데 필수적인 요소인 유연성과 열린 마음을 기르는 데도 도움이 된다. Brown과 Ryan(2003)은 마음챙김의 수준이 높을수록 경험에 대한 개방성이 높다는 것을 입증했다. 매 순간 그 순간에 마음을 열 수 있는 능력은 치료자가 선입견에 얽매이지 않고, 대신에 일어나는 모든 일에 유연하게 대응할 수 있게 해 준다.

연민

마음챙김 연습은 연민을 직접적으로 발전시키는 데 도움을 줄 수 있다. '연민(compassion)'은 타자에 대한 공감과 이해를 갖는 것뿐만 아니라, 그 이해를 바탕으로 타자를 돕고 그들의 고통을 완화하기 위해 사용하려는 의지나 의도를 포함한다(Shapiro & Carlson, 2009; Vivino et al., 2009). 연민은 종종 자기 자신에 대한 연민에서 시작된다(Germer, 출판 중). 이 개념은 순간순간의 심리치료 비디오를 분석한 연구에서 뒷받침되었다. 이 연구에 따르면, 자기연민(self-compassion)이 부족한(즉, 자신에 대해 더 비판적인) 치료자들은 내담자들에 대해서도 더 비판적이고 적대적이며, 치료 성과도 더 좋지 않았다(Henry et al., 1990). Shapiro 등(2007)의 연구에 따르면, 마음챙김을 연습한 상담자는 대조군에 비해 자기연민이 더 커지

는 것으로 나타났다. 자신이나 타자에 대한 연민을 키우기 위해서는 치료자가 일정 수준의 조율(level of attunemnet; 자신이나 타자에 대한)을 갖추어야 하며, 마음 챙김을 연습하면 이러한 조율을 함양하는 데 도움이 된다(Siegel, 2007).

연구에 따르면, 자기연민은 마음챙김이 치료적 현존을 생성하는 데 매개적 영향을 미친다. Bourgault와 Dionne(2018)는 TPI−T(Geller et al., 2010)와 함께 다섯 가지 요인 마음챙김 질문지(Five Facets Mindfulness Questionnaire; Baer et al., 2006), 자기연민 척도 단축형(Self−Compassion Scale short form; Raes et al., 2011) 및 심리적 고통 지수−Santé Quebec 설문지(Psychological Distress Index−Santé Quebec Survey; Préville et al., 1992)를 함께 사용했다. 그들은 마음챙김이 자기연민을 강화하고 심리적 고통을 줄임으로써 치료적 현존을 향상시킨다는 것을 발견했다. 또한 치료자의 마음챙김 연습이 고통 수준을 낮추고 치료적 현존 수준을 높인다는 것을 발견했다. 그들은 치료적 현존과 자기연민을 연결하는 연구 결과를 논의하며, 자기연민이 자신과 타자를 친절하게 인식하고 수용하는 데 도움이 되어 자기와 타자의 조율과 관계적 유대감(relational bond)을 강화한다고 제안했다.

개인 연습

여러 연구에서 치료자들이 개인적인 마음챙김 연습을 통합함으로써 치료적 현존을 함양하는 데 어떻게 도움이 되었는지에 초점을 맞추었다(Feiner−Homer, 2016; Galus, 2015; Milton, 2015). 예를 들어, Milton(2015)은 논문에서 마음챙김 연습의 가치와 치료적 현존과의 연관성을 평가하기 위해 5개의 반구조화 인터뷰를 주제별로 분석했다. 이 분석을 통해 그들은 현존하기(참여감, 가용성, 조율, 체화, 여유로움), 부재(현존하지 않음, 판단적), 통합(치료적 현존 및 연민 증가)이라는 주제를 도출했다. 치료자의 내담자 치료에 치료적 현존이 기초가 된다는 데에 합의가 이루어졌다. 그들은 마음챙김 연습이 치료자들 자신이 현존하지 않는 때를 인식하고, 현존을 방해하는 자기판단(self−judgment)을 완화하는 데 도움이 된다는 것을 발견했다. 또한 저자는 마음챙김 연습이 주의력·자기돌봄·활력을 개선하고 소진을 완화하는 데 도움이 될 수 있다고 제안했다.

Galus(2015)는 치료자의 일상적인 마음챙김 연습이 치료적 현존의 발달에 미치는 영향을 조사했다. 연구자는 개인적으로 마음챙김을 실천하는 11명의 임상사회복지사(clinical social

workers)를 직접 만나거나 스카이프(Skype)를 통해 반구조화된 인터뷰를 진행했다. 인터뷰 분석 결과, 마음챙김 연습은 Geller와 Greenberg(2002)의 치료적 현존 모델에서 제안한 측면, 즉 현존을 위한 토대 준비, 현존의 과정, 회기 중 현존 경험 등을 배양하는 데 도움이 되는 것으로 나타났다. 이 연구에 참여한 참가자들은 치료적 현존 모델의 특정 측면(수용성, 내적 주의, 확대 및 접촉, 안정화, 몰입, 확장, 함께 존재 및 위해서 존재)에 대한 마음챙김 명상의 영향을 설명했다. 저자는 임상사회복지사를 위한 전문교육 및 대학원 교육 프로그램의 일부로 치료적 현존에 대한 폭넓은 인식을 고취하기 위해 이 분야에 대한 추가 연구가 필요하다고 제안했다.

마음챙김을 통해 치료적 현존을 키우는 데 대한 추가적인 증거가 탐색적 연구를 통해 나타났다. Vinca(2009)는 TPI-T(Geller et al., 2010)와 TPI-C의 변형 버전을 사용하여 마음챙김과 치료자의 현존 사이에 유의미한 관계가 있음을 확인했다. 따라서 치료자가 자신에게 더 마음챙김이 높을수록, 자신에게 더 높은 현존을 느끼며, 내담자들도 그들이 더 현존하는 것으로 인식했다. Vinca는 치료적 현존과 긍정적인 회기 성과 사이에 약함에서 강한 상관관계를 발견했다. 연구 결과는 또한 치료자와 내담자의 치료자 현존 평가가 치료자의 공감과 긍정적으로 관련되어 있으며, 치료자의 불안과 역으로 관련되어 있음을 보여 주었다. 따라서 치료자와 내담자의 관점에서 모두 치료자가 더 현존하는 경우, 치료자의 불안은 덜했으며 내담자는 치료자를 더 공감적이라고 경험했다.

한 연구는 일일 마음챙김 실천이 치료적 현존과 내담자와 조율하는 연결 능력에 미치는 영향을 평가했다. Feiner-Homer(2016)는 학술적 개인적 서술(scholarly personal narrative)과 단일 시스템 설계(single system design)를 사용했으며, 본인을 유일한 참여자로 삼았다. 연구자는 6주 동안 마음챙김 훈련과 상담에 참여했다. 그녀는 내담자와의 회기 후 매일 작성한 성찰문을 기반으로 근거이론(grounded theory) 분석을 수행했으며, 치료자 현존을 평가하기 위해 TPI를 사용했다. 연구 결과, 규칙적인 마음챙김 명상 실천(일일 40분 실천)이 그녀의 치료적 현존뿐만 아니라 정서조절 능력, 내담자의 공감 및 조율하는 관계 형성 능력도 향상시키는 것으로 드러났다.

McColum과 Gehart(2010)는 마음챙김 명상이 학생 치료자들의 치료적 현존을 발달시키는 데 미치는 영향을 탐구하기 위해 질적 연구를 수행했다. 임상 훈련의 임상적 구성 요소를 다루는 실습 과정에 참여한 석사 과정 학생들은 수업 요구사항의 일환으로 마음챙김 명상에

대한 지도를 받았으며, 경험에 대한 주간 일기를 작성하도록 요청받았다. 13명의 학생이 작성한 일기에 대한 주제 분석(thematic analysis)이 진행되었다. 주요 주제로는 명상 실천의 효과, 현존하는 능력, 치료 과정에서 존재하기(being)와 행동하기(doing) 모드의 균형, 자신과 내담자에 대한 수용과 공감의 발달이 포함되었다. 연구 결과, 학생들의 마음챙김 실천이 치료적 현존을 반영하는 특성, 즉 내담자와 자신의 경험에 동시에 주의를 기울이고 두 집중의 융합에서 반응하는 능력을 발달시키는 데 도움이 되었다는 것이 나타났다. 학생들은 자기와 타자에 대한 수용과 공감 능력이 향상되었다고 보고했다. 연구 결과는 임상 훈련에 마음챙김 실천을 통합하는 것이 치료적 현존 발달을 지지할 수 있음을 시사했다.

마음챙김을 실천하는 다양한 접근법의 치료자들도 자신과 내담자와의 관계를 더욱 긍정적으로 발전시키는 데 도움을 줄 수 있다. 상관관계 연구에서는 CBT 또는 단기 관계치료(brief relational therapy)를 시행한 26명의 치료자와 환자 쌍을 추적 조사했다(Ryan et al., 2012). 측정 항목에는 치료자의 마음챙김, 자기 자신에 대한 태도, 치료적 동맹, 내담자의 진단 및 치료 성과 등이 포함되었다. 결과는 마음챙김을 실천한 치료자들이 자기애(self-affiliation; 자신에 대한 친절함)도 더 높다는 것을 보여 주었다. 마음챙김 하위 척도에서, 자신을 알아차림으로 행동한다고 평가한 치료자들은 내담자들의 치료적 동맹 점수가 더 높았다. 자신을 판단하지 않고 행동한다고 평가한 치료자들은 치료적 동맹이 더 강하다고 평가하고 대인관계 기능도 더 높았다. 마음챙김을 통해 현재 중심적이고 판단하지 않는 알아차림과 같은 치료적 현존의 측면을 활용할 수 있는 치료자는 더 강한 치료적 동맹을 형성하는 경향이 있다(Ryan et al., 2012).

마음챙김을 실천하고 회기 전에 현존을 함양하려는 의도를 가진 치료자는 회기 중의 현존을 강화할 뿐 아니라 치료적 동맹과 회기의 성과를 강화할 수 있다. Dunn 등(2013)은 치료자들이 회기 전에 마음챙김 또는 중심 잡기(centering) 연습을 하도록 했다. 그 결과, 이러한 치료자들은 연습을 하지 않은 치료자 집단에 비해 회기에서 자신의 현존이 더 높다고 평가했다. 내담자들은 치료자가 회기 전에 중심 잡기(precentering) 연습을 한 경우 회기가 더 효과적이라고 인식했으며, 치료자도 자신의 현존을 더 높다고 느꼈다. 이 결과는 현존 모델의 일부인 회기 전에 현존을 위한 토대를 마련하는 것이 치료자의 현존을 높이고 회기의 성과를 개선할 수 있음을 시사한다.

Mander 등(2019)은 치료자가 회기 시작 시 내담자와 함께 5분간의 마음챙김 연습을 한 것

이 내담자의 증상 감소 또는 치료적 동맹에 영향을 미치는지 조사했다. 연구진은 TPI를 사용하여 치료자가 마음챙김 훈련을 준수하고 더 큰 연구의 일부로 현존을 느끼고 있는지 판단했다. 전반적으로, 내담자와 함께 마음챙김을 실행한 치료자와 두 가지 비교 집단 (1) 일반적인 치료(treatment as usual: TAU) 및 (2) TAU와 점진적 근육 이완을 병행한 집단 사이에 내담자의 증상이나 치료적 동맹에 큰 차이는 나타나지 않았다. 저자들은 치료자들을 위한 마음챙김 훈련의 기본 틀을 제시했지만, 치료자들을 위한 짧은 훈련과 내담자들과의 연습만으로는 내담자들의 변화를 이끌어 내기에는 충분하지 않았을 수 있다. 특히 내담자들에게 마음챙김 숙제(또는 매일 연습)를 지시하지 않았기 때문이다.

전반적으로, 점점 더 많은 연구에서 마음챙김과 자기연민 연습이 치료자의 치료적 현존 훈련에 도움이 될 수 있다고 제안하고 있다. 마음챙김은 회기에서 치료적 현존에 필수적인 요소인 집중력과 안정감, 그리고 조율을 이루는 데 도움이 될 수 있다. 자기연민은 매개적 영향을 미치며, 치료자가 자신의 자기의심(self-doubt)을 극복하고 내담자와 함께 어려운 순간을 견딜 수 있는 방법을 제공하는 데 도움이 된다. 예를 들어, Bibeau 등(2016)의 문헌 검토는 심리치료사가 자기와 타자에 대해 더 자비심을 갖고, 더 많은 공감을 불러일으키며, 치료적 현존의 필수적인 측면을 함양하여 치료적 관계를 강화할 수 있도록 심리치료사 훈련 프로그램에 자애(loving-kindness)와 연민 명상(compassion meditation)을 포함할 것을 제안했다.

치료적 현존을 위한 치료자 훈련

심리치료 훈련에 치료적 현존을 포함하는 것의 가치에 대한 학문적 관심이 증가하고 있다. Tannen 등(2019)은 효과적인 상담자를 양성하기 위해서는 치료 기법의 적용에만 집중하기보다 치료적 현존과 강력한 치료적 관계 기술을 개발하는 방법에 더 중점을 두어야 한다고 강조했다. 저자들은 소규모의 상담자 훈련생들을 대상으로 구성주의적 이론 접근법(constructivist theoretical approach)을 사용한 질적 연구를 수행했다. 상담자들은 일반적인 상황에서 그리고 내담자와 함께 있는 동안의 현존을 함양하는 데 중점을 둔 마음챙김 훈련을 받았다. 훈련을 받은 후, 치료자들은 내담자와 함께 있는 동안의 현존을 선택하고 회기에서

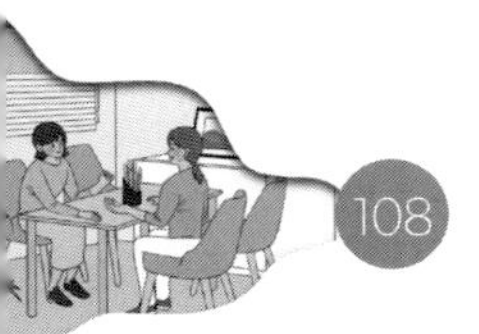

자신과 연결될 수 있는 능력이 더 커졌다고 보고했다. 이는 치료적 현존의 과정 중 일부인 자기 및 타자와의 조화를 반영한 것이다. 훈련을 받은 상담자들은 또한 현존에 들어감으로써 불안감을 관리하는 능력이 향상되었고, 회기에서 정서적 불편함을 견디고, 그 순간에 내담자에게 반응하며, 평안함을 느끼고, 더 쉽게 상담을 진행할 수 있게 되었다고 보고했다. 이를 통해 그들은 자신에 대해 더 많은 공감과 안정감을 느끼고, 내담자의 치료 과정에서 더 효과적인 도구가 될 수 있게 되었다. 이러한 결과를 바탕으로, 저자들은 기법 중심의 기술과 역량의 개발 및 적용에만 집중하기보다 상담 훈련에서 현존을 함양하는 것의 중요성을 조사하는 향후 연구의 필요성을 강조했다.

한 연구는 마음챙김을 치료 교육 프로그램에 통합하는 것을 조사했다(Grepmair et al., 2007). 연구자들은 내담자와의 회기 전에 선불교의 마음챙김 명상을 배우고 연습한 치료자 훈련생들이 회기 전에 명상을 하지 않은 치료자보다 내담자의 성과에 더 큰 영향을 미쳤다는 것을 발견했다. 이는 치료자가 현존을 준비하면 내담자의 성과가 더 좋아진다는 우리의 이론과 유사하다. 특히, 명상을 연습한 치료자 훈련생의 내담자들은 명상을 하지 않은 치료자 훈련생의 내담자보다 증상이 더 크게 감소했다.

Shapiro 등(2007)은 마음챙김 기반 스트레스 감소(mindfulness-based stress reduction: MBSR) 프로그램이 자기돌봄과 마음챙김의 자질을 함양하고 스트레스를 줄임으로써 심리치료 연수생들이 치료자로서의 까다로운 업무에 대비하는 데 도움이 될 수 있다고 제안했다. 저자들은 전향적 코호트 통제 설계(prospective, cohort-controlled design)를 사용했으며, MBSR 프로그램에 참여한 참가자들이 긍정적 정동(affect)과 자기연민이 크게 개선되고, 스트레스, 부정적 정동, 반추, 상태 및 특성 불안이 감소했다고 보고한 것을 발견했다. MBSR은 치료자가 자기돌봄을 강화하고, 훈련생이 자신의 생각과 정서를 더 잘 알아차리고 조절할 수 있도록 훈련할 수 있는 한 가지 방법으로 제안된다. 이러한 자질은 치료자가 자기와 궁극적으로는 내담자 모두에게 치료적 현존을 함양하는 데 도움이 될 것이다.

이 분야의 현재 연구에는 연민 명상, 특히 자애 명상(loving-kindness meditation: LKM)에 참여한 훈련 중인 치료자들을 대상으로 한 연구가 포함되어 있으며, 이 연구에서 치료자들은 내담자에 대해 치료적으로 현존·연민·공감 능력을 더 잘 발휘하는 것으로 나타났다(Boellinghaus et al., 2013). Boellinghaus 등(2013)은 훈련 중인 치료자들이 8주간의 LKM 과정에 참여하도록 했다. 이 과정은 자기, 친구, 중립적인 사람, 어려움이 있는 사람, 그리고

모든 존재에게 자비심을 베푸는 5단계로 구성되어 있다. 또한, 그들은 자신에게 연민과 자애를 베푸는 데 초점을 맞춘 LKM을 매일 연습했다. 훈련생들은 자신, 특히 자신의 생각, 감정, 관계 패턴, 치료에서 유발 요인(triggers)에 대한 경험을 더 잘 알아차릴 수 있게 되었다고 보고했다. 그들은 어려운 정서를 더 잘 받아들이고 돌보며 이러한 어려움에 접근할 수 있게 되었다. 훈련생들은 또한 다른 사람들을 더 잘 받아들이고, 그들과 함께 현존하며, 그들에게 더 연민을 느끼게 되었다. 이는 치료적 현존 모델의 핵심 요소인 자신에 대해 현존하고 연민을 느끼며, 내담자와 그들의 정서적 상태에 대해 현존하고 공감하는 능력에 영향을 미친다.

즉흥 연극 훈련(improvisational theater training)은 훈련 중인 치료자들의 현존을 높일 수 있는 또 다른 방법으로 제안되어 왔다(Geller, 2017; Romanelli, 2017; Romanelli et al., 2019). 연구자들은 치료적 현존을 훈련하기 위해 임상사회복지 대학원생들을 대상으로 16주간의 즉흥 연기 기술을 가르치는 과정을 진행했다. 그 결과, 수용성, 자기인식, 치료자의 정서와 신체 감각에 대한 접촉, 내담자와 접촉할 때의 공감, 자발성, 편안함, 일치성 등 치료적 현존의 핵심적인 특성이 향상된 것으로 나타났다.

별도의 질적·양적 혼합연구는 선택적 즉흥 연기 기술 향상 과정이 임상사회복지사의 치료 기술 발달에 미치는 영향을 평가했다(Romanelli & Tishby, 2019). 과정 전후 및 3개월 후 추적 조사 시, 참가자의 경험을 탐구하는 인터뷰 질문과 TPI-T가 함께 실시되었다. 결과는 사회복지사들이 3개월의 과정 후 치료적 현존과 유연성(정신적, 정서적 적응력, 내담자에 대한 개방성과 수용성)이 향상되었으며, 이러한 향상은 3개월 후에도 지속되었다는 것을 나타냈다. 질적 분석에서 일부 참가자들은 더 큰 현존과 지금 여기에서의 접근성, 그리고 그 순간에 느끼는 정서에 대한 더 많은 마음챙김을 보고했다. 이는 훈련에 시사하는 바가 있다. 즉, 즉흥 연극 훈련을 포함하면 수용성, 치료적 관계의 유연성, 자기인식, 그 순간에 경험하는 것과 접촉하는 등 임상 실습에서 치료적 현존의 자질에 대한 기술과 알아차림이 향상될 수 있기 때문이다. Romanelli 등(2019)은 즉흥 연기가 치료자의 현존을 표현하는 데 중요한 요소인 음성 리듬, 얼굴 미러링(facial mirroring), 고통 조절(distress regulation)의 균형을 맞추는 데 어떻게 도움이 되는지 언급했다. 이는 치료자가 내담자의 안전감을 강화하기 위해 현존을 표현하는 핵심적인 측면이다.

상담 학생들에게 치료적 현존을 개발하는 훈련을 돕기 위한 모델이 질적으로 수정된 델파이 방법(qualitative modified Delphi method; Austin, 2017; Austin & Austin, 2018)을 통해 탐구

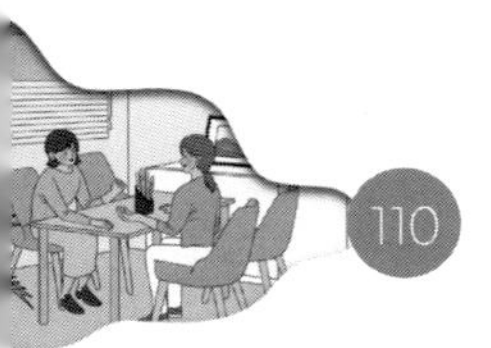

되었다. TPI를 탐구의 기초로 사용하여, 저자들은 12명의 참가자(치료적 현존에 대해 경험이 풍부한 학자, 상담 교육자, 치료자)로 이루어진 패널을 구성했다. 분석과 문헌 검토를 거친 후, 저자들은 그 결과를 세 가지 절로 정리했다. 첫째는 치료적 현존을 정의하고, 기술의 사용과 더 깊은 이해를 강조하며, 주의 산만을 줄이고, 자기, 내담자, 그리고 지금 여기에서 이루어지는 관계에 더 깊이 조율하는 것이다. 둘째는 심호흡, 미러링, 몸짓, 내담자에 대한 속도와 어조 조정, 내담자의 공유에 영향을 받지만 압도되지 않음, 공감의 적절한 사용, 경쾌함, 의도성, 눈맞춤, 내담자와의 진정한 참여 등 치료적 현존의 표현으로 인식할 수 있는 징후를 요약한 것이다. 셋째는 프로그램 제안, 수업 중 제안, 일상생활에서의 노력 등 학생들을 위한 TP 개발을 지원하는 것이다. 프로그램적 제안에는 코스 시작 시 2~4주간의 TP 모듈을 마련하고, 상담 코스 전반에 걸쳐 치료적 현존에 관한 어휘와 개념을 통합하는 것이 포함된다. 강사는 교육과정에서 현존을 이해하고 구현하여 학생들에게 TP를 모델링하고 함양을 촉진할 것을 권장했다. 또한 학생들은 성찰적 명상이나 현존 연습, 치료, 일기 쓰기, 문화 행사에 참여하여 문화적 겸손과 감수성을 넓히면서 자신의 현존을 향상시키기 위해 노력해야 한다.

초월적 현상학적 방법론(transcendental phenomenological method)을 사용한 질적 연구가 12명의 정신 건강 상담사를 대상으로 수행되었다(J. M. Miller, 2018). 이 연구는 상담자 훈련에서 치료적 현존의 발달을 이해하는 것을 목표로 했다. J. M. Miller(2018)는 상담자의 치료적 현존 발달 과정에는 여러 측면이 포함되어 있으며, 상담자 훈련 프로그램은 다음 네 가지 핵심 영역에 초점을 두어야 한다고 밝혔다.

- 상담자의 개인적 발달(즉, 명상, 중심 잡기, 안정화, 호흡, 자기 및 내담자에 대한 마음챙김을 포함한 자기식 연습)
- 개인적으로 그리고 내담자와의 만남에서 치료적 현존에 초점을 맞춘 치료적 현존과 직접적으로 관련된 교육(지속적인 교육 프로그램도 포함)
- 상담자가 개인적인 현존을 개발할 수 있도록 돕는 것을 포함하여, 치료적 현존의 일부인 개인적인 준비와 특성에 대한 교육. 또한 교수진(교육자, 임상 슈퍼바이저)이 교육 및 슈퍼비전에서 치료적 현존을 모범으로 보여 주는 것이 중요함을 강조
- 다양한 치료 방식에 적용 가능하고 적응력이 있는 유동적인 개념(사람, 상담자로서의 경험,

임상 환경, 내담자 집단 등 상황을 변화시키고 반영하는)으로서의 치료적 현존에 대한 교육

J. M. Miller는 상담자, 상담자 교육자, 임상 슈퍼바이저 및 상담 커뮤니티에 의한 훈련과 현존의 함양이 상담자 훈련에 필요한 요소라고 주장했다.

기존의 훈련은 치료자들이 실전에서 사용할 기술과 개념을 습득하는 데 도움이 되지만, 내담자와의 현존을 함양하고 전반적인 성과를 향상시키는 데 도움이 될 수 있는 또 다른 수준의 훈련, 즉 개인 연습(personal practices: PPs)이 있다. PPs의 역할은 앞서 언급한 바 있지만, Bennett-Levy와 Finlay-Jones(2018)는 PPs의 개인적·직업적 이점을 요약한 모델을 제시했다. 이 모델에서 그들은 개인치료와 마음챙김, 명상, 연민, 자애, 자기연습/자기성찰(self-practice/self-reflection: SP-SR)에 기반한 프로그램에 특히 주목했다. 이 모델은 PPs의 동기(예: 개인적인 문제, 자기돌봄, 치료자 기술 개발), 핵심 구조적 요소[예: 개인적 자기(personal self), 치료자 자기(therapist self), 그리고 이 둘의 중복 부분], PPs의 주요 과정(예: 개인적 자기성찰, 치료자 자기성찰, 그리고 이 둘을 연결하는 다리), 핵심 결과(예: 개인적 발달, 성장, 안녕감, 자기인식, 성찰적·개념적·기법적 기술, 치료자 숙련도)를 포함한다. 저자들은 PPs가 핵심 결과의 발달을 지원하면서 치료자의 더 깊은 지혜나 직관, 자신감을 끌어낼 수 있기 때문에 중요하다고 밝혔다. 이러한 실천에서 의도적으로 개인적 자기와 치료자 자기를 연결한 다음, 이러한 발달이 치료자가 내담자와 상호작용하는 데 지침이 되도록 함으로써 여러 가지 이점을 얻을 수 있다.

Bennett-Levy(2019)는 개인 연습에 대한 이러한 개념을 확장하여 PP와 기존의(非PP; non-PP) 훈련 전략이 모두 효과적인 치료자의 특성을 강화하는 효과적인 방법이지만, 각각 다른 목적을 가지고 있다고 설명했다. 기존의 전략은 일반적으로 개념적·기법적 기술을 개발하는 데 목적이 있는 반면, 개인 연습은 치료자의 성찰적·대인적 특성을 보다 미묘한 방식으로 활용한다. 그는 PPs가 유익하며, 연구자들은 어떤 PPs가 누구에게, 언제, 어떻게, 어떤 상황에서 효과가 있는지를 조사하여 그 영향을 더 깊이 이해해야 한다고 주장했다. PPs는 치료자 훈련 및 개발에 중요한 추가 요소가 될 것이며, 저자는 Bennett-Levy와 Finlay-Jones (2018)의 논문에서 제안한 가설을 조사하는 것이 중요하다고 강조했다.

이러한 연구 결과는 상담자들이 삶에서 치료적 현존을 함양하기 위한 훈련을 받고, 상담자 교육에 치료적 현존 모듈을 포함하는 것이 중요함을 강조한다. 심리치료 훈련 프로그램

은 기법 그 이상을 넘어, 현존의 주관적이고 관계적인 특성을 함양하는 데, 그리고 그것이 치료적 만남에서 어떻게 표현될 수 있는지, 그리고 왜 그것이 중요한지에 초점을 두어야 한다(Haley, 2014; J. M. Miller, 2018; Tannen & Daniels, 2010; Tannen et al., 2019). 치료적 현존을 심리치료 훈련의 일부로 더 널리 인식하기 위해서는 치료적 현존 훈련에 대한 추가 연구가 필요하다(Galus, 2015). 13장에서는 이러한 연구 결과와 치료적 현존을 개발하는 데서 얻은 임상 연구 및 경험을 바탕으로 한 훈련 모델을 소개한다.

결론

초기 연구에 따르면, 치료적 현존은 회기에서 함양하고 유지해야 할 중요한 자질이며, 내담자가 자신과 치료자가 현존하고 있다고 인식하면 다양한 치료 접근법에서 더 강력한 치료적 동맹과 성과가 나타날 수 있다(Geller & Greenberg, 2002; Geller et al., 2010; Hayes & Vinca, 2011; Oghene et al., 2010; Vinca & Hayes, 2007). 최근의 연구는 치료적 현존이 심리치료 접근법(Bourgault & Dionne, 2018; Colosimo & Pos, 2015; Crane-Okada, 2012; Crenshaw & Kenney-Noziska, 2014; Dunn et al., 2013; Feiner-Homer, 2016; Feuerman, 2018; Friedberg et al., 2013; Furrow et al., 2012; Galus, 2015; Goldfried & Davila, 2005; Kanter et al., 2009; Milton, 2015; Schwarz et al., 2018; Tannen & Daniels, 2010) 및 기타 보건 의료 분야(Bozdogan Yesilot & Oz, 2016; Brugel et al., 2015; Durrer & Rohrbach, 2013; Krogh et al., 2019; Rakel et al., 2009; Rozière, 2016) 전반에 걸쳐 효과적인 치료적 관계와 성과를 위해 필요한 자세라는 것을 더욱 뒷받침하고 있다. 또한 치료자의 치료적 현존에 대한 훈련을 지지하고, 이를 심리치료 훈련 프로그램의 모듈로 포함하는 것에 대한 지지도 있다(Austin, 2017; Austin & Austin, 2018; Boellinghaus et al., 2013; Galus, 2015; Haley, 2014; J. M. Miller, 2018; Tannen et al., 2019).

연구에 따르면, 치료적 현존은 실제로 유용한 자질이며, 훈련 중인 상담자는 치료 기법뿐만 아니라 관계 발전에 중점을 둔 치료적 현존에 대한 훈련 모듈을 제공받아야 한다(Austin, 2017; Austin & Austin, 2018; Boellinghaus 외, 2013; Galus, 2015; Haley, 2014; J. M. Miller, 2018; Tannen et al., 2019). 이론적 문헌에서는 수십 년 동안 이러한 점을 지적해 왔지만, 치료적 현존을 통해 자신과 내담자와의 관계에 주의를 기울이고 훈련을 제공하는 것의 근본적인 이점과 필요성을 뒷받침하는 연구가 이제야 등장하기 시작했다. 이 책의 초판이 출간된 이후로 더 많은 연구가 진행되었지만, 치료적 현존의 측면과 이점, 치료적 동맹 및 성과에 대한 기여도, 그리고 이 분야의 훈련 가능성을 이해하기 위해서는 더 많은 연구가 필요하다.

지금까지 발표된 연구는 훌륭한 출발점이며, 설명하기 어렵지만 잠재적으로 강력한 이 특성을 이해하는 데 임상적으로 유용할 수 있다. 다음 절에서는 치료적 현존 모델을 바탕으로 치료적 현존의 독특하면서도 상호 연결된 측면과 심리치료에서의 그 역할을 이해하는 틀을 제시한다. 4~6장에서는 경험적으로 검증된 모델의 세 가지 주요 구성 요소, 즉 치료적 현존의 준비, 과정, 체화된 경험을 자세히 설명한다.

2부

치료적 현존의 모델

4장

치료적 현존을 위한 토대 준비

초보자의 마음에는 많은 가능성이 있지만, 전문가의 마음에는 적은 가능성이 있다.

—스즈키 슌류(SHUNRYU SUZUKI, 2006, p. 1)

치료자의 현존에 대해 경험적으로 검증된 모델의 첫째 주요 범주는 '현존을 위한 토대를 준비하는 것(preparing the ground for presence)'이다(이 책 Geller & Greenberg, 2002, 3장에 소개됨). 이 장에서는 현존의 중요한 측면이 무엇을 의미하는지 자세히 설명하고, 원 연구의 축어록에서 인용한 문장을 포함한다(Geller, 2001). 이 장에서는 모델의 이론적 토대를 제공하지만, 현존을 준비하기 위한 핵심 실무와 연습은 14장과 『치료적 현존을 함양하기 위한 실용 지침(A Practical Guide to Cultivating Therapeutic Presence)』(Geller, 2017)에서 확인할 수 있다. 추가적인 실무와 연습이 여기에 포함될 것이다. 현존은 강요할 수 있는 것이 아니지만, 현존을 경험할 가능성을 최적화할 수 있는 조건을 만들 수는 있다. 이 장에서는 치료자가 삶과 치료실에서 현존감(sense of presence)을 높이기 위해 사용할 수 있는 연습과 절차를 논의한다.

현존를 위한 준비: 삶 속에서

삶과 관계에서 현존에 전념하는 것은 회기에서 현존에 접근하기 위한 핵심 요소이다. 여기에는 치료적 현존의 일부이자 이점인 자기돌봄(self-care) 및 자기개발(self-development)에 집중하는 것이 포함된다. 심리치료 분야는 소진율이 높은 분야로, 대부분의 치료자는 자신보다 다른 사람을 돌보는 데 더 능숙하다(Simionato & Simpson, 2018). 자기개발에 대한 초점은 Orlinsky와 Ronnestad(2005) 및 Bennett-Levy와 Finlay-Jones(2018)에 의해 설명되었으며, 우리의 연구 결과(Geller & Greenberg, 2002)와도 일치한다. Bennett-Levy(2019)는 명상, 연민 연습, 자기성찰(self-reflection)과 같은 개인적인 연습이 효과적인 치료자의 발전에 핵심적이라고 주장했다. 치료자가 기본 도구인 통합된 자기감(sense of self)에 적응하기 위해서는 개인적인 성장과 건강한 현재 중심적인 관계(present-centered relationships)를 위해 끊임없는 노력이 필요하다.

현존 연습은 치료자가 내담자의 고통과 경험을 받아들이면서 남게 되는 잔재를 해소할 수 있는 방법을 제공한다. 연구에 따르면, 깊은 현존의 상태를 함양하는 것을 배우는 것은 개인적·직업적 건강과 지속 가능성(sustainability)에 도움이 될 수 있다(Bien, 2006; R. M. Epstein, 2001; May & O'Donovan, 2007). 이는 치료자가 내담자의 강렬한 정서에 부담이나 압도감을 느끼기보다 이해와 수용의 자세로 불편한 정서와 상황에 대처하는 데 도움이 될 수 있다(Fulton, 2005). 현존, 자기돌봄, 자기개발에 대한 전념은 치료자가 자신의 알아차림에 따라 자신의 욕구를 충족하고 돌보기 위해 행동하는 것을 지지한다.

자기돌봄에 대한 주의

자기돌봄, 대인관계, 그리고 영적 또는 가치 기반의 실무를 개발하고 육성하는 데 대한 지속적인 관심은 대학원이나 임상 훈련 프로그램에서 자주 교육하지 않는다. 자기돌봄의 가치는 인정되고 있지만, 심리치료 훈련에서는 치료적 현존 및 치료자의 가장 큰 도구인 자기 자신, 개인적·대인관계적·영적 존재 방식(way of being)을 함양하기 위해 필요한 시간과 지속적인 노력에 대해서는 거의 강조되지 않거나, 그 중요성이 인식되지 않고 있다.

치료자의 발전에 주된 초점을 두지 않으면, 기법은 경직된 방식으로 제공될 수 있기 때문

에 효과가 떨어질 것이다. 치료적 현존의 발전에 중점을 두면 치료자의 발전에 도움이 되며, 이를 통해 진정성 있고 연결된 위치에서 기법을 제공할 수 있다. 이를 통해 치료자가 치료 대상자의 고유한 특성과 상황을 알아차림으로써 개입에 유연하게 대응할 수 있게 된다.

자기돌봄에 집중하는 것은 휴식 활동, 명상, 자연에 있는 것, 영적 수행, 웃음, 운동, 창의적인 활동, 만족스러운 관계에 참여하거나, 자신의 정서적 경험과 욕구를 듣고 인정하기 위해 잠시 멈추는 것을 포함할 수 있다. 이는 치료적 현존의 발전에 피드백 고리(feedback loop)를 제공한다. 내담자와의 현존을 심화하기 위해 치료자는 일상생활에서 현존에 전념해야 하며, 이는 내담자와의 현존을 강화한다. 이 과정은 또한 치료자가 균형 잡힌 상태를 유지하면서 의미 있고 효과적인 일을 하고, 해당 분야에서 오랫동안 활동할 수 있도록 돕는다.

현존에 대한 경험만 함양해야 하는 것이 아니라, 현존을 방해하는 장애물을 알아차리고, 이러한 장애물을 인식하고 제거하는 데 익숙해져야 한다. 인생에서 현존을 방해하는 장애물로는 스트레스, 피로, 소진, 자기돌봄의 부재, 과로, 해결되지 않은 개인적인 문제, 일상생활에서 다른 사람들과 함께 있는 데 집중하지 못함, 과도하게 바쁨 등이 있다. 회기에 들어가기 전이나 회기 중에 현존을 달성하기 어렵게 하는 장애물로는 회기를 미리 계획하는 것, 자신을 준비할 시간을 가지지 않는 것, 과도하거나 분석적인 사고, 자기인식(self-awareness)의 저하, 시끄러운 사무실 공간이나 방해, 내담자에 대한 특정 관점이나 좋은 성과에 대한 집착, 불안정함, 불안감, 우울감 등이 있다.

자기돌봄과 관계적·영적 가치를 기르기 위해서는 치료실 밖에서 시간과 관심, 그리고 전념이 필요하며, 이는 현존에 대한 장애물과 장벽을 줄이는 데 도움이 된다. 이러한 향상의 예로, 연민과 현재 순간(present-moment)에 대한 알아차림으로 잘 알려진 달라이 라마(Dalai Lama)의 끊임없는 수행을 들 수 있다. 그의 근본적인 가치관에는 자신과 모든 관계(개인적·사회적·정치적)에서 돌봄·연민·조화를 추구하는 것이 포함된다. 그의 현존을 몇 분만 느껴도 그가 자연스럽게 연민과 평정심을 발산하는 것을 느낄 수 있다. 대부분의 사람들은 그가 현명하고 조화로운 것이 단순히 그의 본성이라고 생각한다. 그러나 달라이 라마의 일상을 관찰하면 현존과 연민이라는 가치를 기르기 위해 그가 얼마나 헌신하고 노력하고 있는지 알 수 있다. 그는 명상·학습·토론에 상당한 시간(하루 최소 8시간, 오전 3시부터 시작)을 할애한다. 그가 14대 달라이 라마로 공식 인정받은 후 80년간 이 시간을 계산하면 233,000시간을 넘게 되며, 이는 그의 일상생활에서 진행된 모든 수행과 명상 시간을 포함하지 않은 수치

이다!

Gladwell(2008)은 그의 책 『아웃라이어: 성공의 비밀(Outliers: The Story of Success)』에서 어떤 활동이나 상태에서 숙달되려면 1만 시간의 연습이 필요하다고 밝혔다. 치료에 필수적인 기본 자질을 함양하기 위해 시간을 투자하지 않고서는, 내담자에게 도움이 되는 방식으로 치료에 전적으로 집중할 수 있는 능력을 어떻게 습득할 수 있을까? 달라이 라마는 233,000 시간 이상을 투자했지만, 여전히 그 능력을 기르기 위해 노력하고 있다!

멈춤의 순간

이제 잠시 멈추고, 자기와 현존을 키우기 위해 시간과 공간을 할애할 수 있는 자신의 의지를 생각해 보기 바란다.

- 잠시 멈추고, 눈을 부드럽게 내려라.
- 심호흡하고, 배로 숨을 쉬면서 알아차림을 배로 이동시켜라.
- 자기돌봄과 자기개발, 또는 개인적인 관계에서 더 주의를 기울여야 할 부분이 무엇인지 생각해 보라.
- 이번 주 동안 자신이나 관계 속에서 어떤 부분에 주의를 기울이고 싶은지 의도를 명확히 하라. 당신의 주의를 환기시키기 위해 소홀히 다뤄진 것은 무엇인가? 어떻게 하면 매일 작은 것이라도 그러한 돌봄과 생각을 당신의 경험에 적용할 수 있을까?

이제 우리는 현존을 위한 생애 준비의 일부인 측면들, 즉 현존에 대한 철학적 전념, 삶과 관계에서 현존을 실천하기, 명상과 영적 수행, 개인적 성장, 그리고 개인적 욕구와 고민에 대한 지속적인 관심 등을 자세히 살펴보겠다.

현존에 대한 철학적 전념

현존에 대한 철학적 전념은 다른 인간을 깊이 이해하는 것이 의미하는 바를 인지적으로 이해하는 것을 넘어서고자 하는 의지를 포함한다. 이 전념은 우리 자신과 타자를 판단하지 않고 열린 마음으로 직접 마주하는 것을 의미한다. 또한, 말한 내용뿐만 아니라 수용적이고

안정감 있고 열린 상태에서 우리 몸이 느끼는 감정도 듣는 것을 의미한다. 이는 내담자가 우리에게 말하거나 우리가 우리 자신에게 말한 이야기를 넘어, 우리의 욕구, 신체적 경험, 더 깊은 지혜를 포함한 우리 몸에 예리한 주의를 기울이는 것을 포함한다.

다른 사람들을 가장 잘 도울 수 있는 방법을 진심으로 이해하고자 하는 치료자 및 학자로서, 우리는 그 방법을 더 효과적으로 수행하기 위해 더 깊은 수준의 인지적 이해가 필요하다. 그러나 우리가 개념적인 렌즈를 통해 보는 것으로 세계에 대한 이해를 제한하면, 경험의 모든 차원에 대한 예민한 감수성을 놓치게 된다. 이는 내담자들도 마찬가지이다. 그들의 이야기만 듣고 그들의 현재 경험에 귀를 기울이지 않으면, 그들이 누구인지, 무엇을 느끼고, 무엇을 표현하려고 하는지 본질을 놓치게 된다. 대신, 그들의 이야기를 주의 깊게 듣고 신체적 공명을 통해 공감하면 그들을 진정으로 알 수 있게 될 것이다. 따라서 현존에 대한 이러한 헌신은 일상생활에서 안정감, 수용, 판단하지 않음, 개방성, 자신과 타자를 깊이 경청하고, 우리 몸이 느끼는 경험을 주의 깊게 관찰하는 것을 소중히 여기는 것을 포함한다.

현존의 다차원성을 더 깊이 이해하기 위해서는, 매일 또는 매주 일정을 지속적으로 확장하고 재구성하여, 우리 자신의 가장 깊은 목소리에 귀를 기울일 수 있는 시간을 확보해야 한다. 진정한 지식은 궁극적으로 우리의 즉각적인 신체적·정서적 경험과의 접촉을 포함해야 한다. 현존의 철학적 가치에 대한 전념은 치유와 실현을 위해 개방적이고, 자비롭고, 자기에 뿌리를 두고, 자각적이며, 자기와 타자가 연결되어 있다는 근본적인 가치를 유지하는 것을 포함한다. 현존에 대한 전념은 또한 현존을 건강하고 성장을 촉진하는 상태로 보는 기본적 가치를 유지하는 것을 포함한다. 우리의 질적 연구 인터뷰에 참여한 치료자들은 내담자와 접촉할 수 있는 능력이 삶의 모든 면에서 현존을 소중히 여기는 태도와 개인으로서의 성장에서 비롯된다고 이해했다(Geller, 2001). 그들은 현존의 경험을 심화하고 가능하게 하기 위해 자신의 일상에서 그 일상을 인식하고 참여해야 할 필요성을 인정했다.

삶과 관계에서 현존을 실천하기

의학 및 건강 관리의 기본 원칙 중 하나는 “의사여, 자신을 먼저 치료하라”라는 유명한 인용문에 반영되어 있다. 이 인용문은 지속적인 자기치유(self-healing)와 “자신을 아는 것”이 필요한 치료자에게 특히 해당된다. 이를 통해 치료자는 내담자의 욕구를 직접 충족시키고,

내담자가 자신을 치유하고 받아들이도록 도울 수 있다. 자신을 알고 자기 환상의 베일을 벗기 위해서는 매일 자신 안에 현존하기 위해 노력하고 실천해야 한다.

우리 자신과 완전히 현존하고 편안해질 때(at home with ourselves)까지는 다른 사람들과 완전히 조율하는 것이 불가능하다. 이러한 '편안해지기(coming home)'의 가장 중요한 측면 중 하나는 잠시 멈추고, 자기 자신을 알아차리고, 인생에서 현존을 함양하기 위해 시간을 투자하는 것이다. Tara Brach(2003)는 이를 '가수(假睡) 상태(trance)에서 깨어나는 것'이라고 불렀다. 우리는 종종 자동적인 상태에 빠지거나, 부정적인 생각이나 바쁜 생각에 휩싸이거나, 불편함을 밀어내며 편안함을 찾으려고 할 때 가수 상태에 빠진다. 이러한 가수 상태에서 깨어나는 것은 우리가 누구인지, 무엇을 느끼는지에 대한 생각에 따라 사는 것이 아니라, 잠시 멈추어 내면의 진실에 귀 기울일 때만 가능하다. 우리 자신과 함께 편안함을 느끼고 자기기만(self-deception)이나 자아(ego)의 베일 뒤에 숨어 살지 않는다면, 다른 사람이 누구인지, 그들이 무엇을 느끼는지 보거나 들을 수 없다.

현존 연구에서 인터뷰에 참여한 한 치료자(Geller, 2001)는 자신의 삶에서 현존을 실천함으로써 자신을 멈추고 자신을 알기 위해 진행 중인 작업에 대해 이야기했다. 이를 통해 그녀는 회기에서 더 쉽게 현존에 접근할 수 있게 되었다.

따라서 당신의 현존을 불러내는 것도 연습이 필요하다. 그래서 나는 연습을 한다. 명상을 하고…… 현존을 인식하는 데 도움이 되는 일을 한다. 명상, 요가, 부교감신경 작업(craniosacral work)을 할 때마다…… 이런 것들이 내게 현존을 불러내는 방법을 정기적으로 가르쳐 주는 것들이다. 그리고 치료 환경이 아닌 다른 사람들과 함께, 예를 들어, 내 파트너와 함께 현존을 연습한다.

다른 사람과 완전히 현재의 순간에 몰입하기 위해서는, 주변 사람들과 함께 있는 것에 편안해져야 한다. 친밀한 관계에서 완전히 열려 있는 상태를 유지하는 것은 때로는 도전이 될 수 있다. 우리는 친밀한 관계에 있는 사람들보다 내담자와 더 많이 함께 있고, 더 몰입하고 있다고 느낄 때가 많다. 치료실은 우리 자신을 너무 많이 드러내지 않고도 마음을 열 수 있는, 더 안전하고 통제된 환경일 수 있다. 그러나 우리 자신의 관계에 이러한 장벽을 두고 있는 경우, 내담자를 깊이 알고 받아들이는 데 한계가 있다.

친밀한 관계를 유지하는 과정에는 명시적·암묵적인 다양한 수준과 방법이 존재한다. 예

를 들어, 우리는 삶 속의 다른 사람들을 통제하는 데 많은 에너지를 소비한다. 이는 종종 다른 사람이 어떻게 되어야 한다는 의도나 목표가 있기 때문이다. 이 통제 욕구(desire for control)는 다양한 이유로 발생한다. 다른 사람에게 좋아지고 싶다는 욕구, 통제권을 갖기 위한 욕구, 또는 자신의 취약성을 숨기려는 욕구 등이 포함된다.

판단이나 비난, 또는 상처와 고통으로부터 자신을 보호하기 위해 다른 사람들과 거리를 두는 부분을 기꺼이 바라보려는 태도는 다른 사람을 온전히 이해하는 과정의 장애물을 제거하는 데 필수적이다. 우리가 느끼는 감정을 다른 사람에게 비난하면 상대방을 밀어내는 반응으로 이어지고 자기보호(self-protective) 메커니즘으로 작용할 수 있다. 우리는 불편하거나 고통을 받는 일이 발생하면 쉽게 비난과 판단으로 넘어간다. 그리고 비판을 할 때마다 다른 사람들과 거리를 두게 된다.

우리가 판단하고 비난할 때, 우리는 자신과 타자에 대해 제한된 상태에서 살고 있다. 포커싱(focusing)과 같은 한 가지 실천 방법은 판단이 생길 때마다 멈추고, 유연하게 생각하고, 몸이 느끼는 감정을 확인하는 것이다. 이를 통해 비난의 경험에서 벗어나 내면의 취약한 감정이 숨어 있을 수 있는 곳으로 이동하는 것이다.

멈춤의 순간

이제 잠시 멈추고 장벽을 넘어 관계에 현존을 가져오는 방법을 탐구해 보겠다.

- 지금 개인적인 관계에서 원망스런 부분은 어디인가? 갈등과 원망이 있는 관계를 알아차려라. 이러한 원망, 판단, 비난을 느끼게 된 경위를 되짚어 보라. 이 원망이나 침해에 대해 어떤 생각을 하고 있는지 알아차려라.
- 이제 성찰해 보라. 분노나 원망의 생각을 놓아 버려야 한다면, 어떤 감정이 들게 될까? 그 감정이 무엇일지 느껴 보라. 취약함 · 수치심 · 깊은 상처 · 슬픔 · 두려움 · 외로움 · 절망 등일까? 조용히 잠시 멈추고, 그 정서를 받아들이고, 친절하고, 판단하지 않는 마음으로 느껴 보라.
- 준비가 되면, 내면의 경험이 부드러워지는 것을 알아차리면서 호흡으로 돌아오라.

용서하는 것보다 비난을 견디고 있는 것이 종종 더 쉽다. 용서하거나 유연하게 생각하는

것은 고통스럽고 취약한 정서를 느끼고 그 과정을 겪는 것을 의미한다. 그러나 그 취약함 속에서 편안함과 안정감을 허용하는 것은 다른 사람과 깊이 만나고 그 순간에 현존할 수 있는 가능성을 허용하는 것이다.

명상과 영적 수행

질적 연구에서 인터뷰에 참여한 치료자들(Geller, 2001)은 공식적이든 비공식적이든, 잠시 멈추고 그 순간에 집중하는 연습을 하고 있다고 말했다. 일부 치료자는 매일 하는 명상 연습에서 위안을 찾았으며, 이는 치료적 현존의 발전과 유지에 도움이 된다고 말했다. 인터뷰에 참여한 한 인지행동 치료자는 "나에게 현존을 높이는 데 가장 큰 도움이 되는 것은 정기적인 명상 연습이라는 것을 잘 알고 있다"라고 말했다. 또 다른 치료자는 치료적 현존을 명상 상태와 비슷하거나, 불교의 위파사나(vipassana) 또는 마음챙김 명상의 핵심 요소인 알아차림(being aware) 또는 마음챙김(mindful)과 비슷하다고 묘사했다. 이러한 맥락에서, 회기에서 내담자와 함께 있는 현존은 '다른 사람과 함께 명상하는 것'과 같고, 현존은 현재에 집중된 관계적 접촉(present-centered relational contact)을 통해 나타난다.

명상(마음챙김, 자기연민, 집중, 선, 좌선 전통, 요가 등)이 치료자의 주의력, 공감, 집중력, 연민, 무집착, 평정심, 에너지, 알아차림의 확장을 향상시키는 데 도움이 된다는 이론이 증가하고 있다. 이러한 요소들은 모두 현존의 중요한 구성 요소이다(Baldini et al., 2014; Bibeau et al., 2016; Bourgault & Dionne, 2018; Fulton, 2005; McCollum & Gehart, 2010; Sweet & Johnson, 1990; Tannen et al., 2019; Thomson, 2000; Tremlow, 2001; Valentine & Sweet, 1999). 이러한 자질을 습득하면 치료자는 어려운 정서에 직면했을 때 쉽게 자신을 진정시킬 수 있어 회기에서 더 효과적인 치료를 할 수 있다.

치료자의 명상 연습은 또한 현존의 경험에 대한 친숙함을 높일 수 있어, 내담자에게 더 쉽게 전적으로 집중할 수 있게 해 준다. 명상은 또한 치료자가 자신이 산만하거나 자기중심적인(self-focused) 정서에 빠져 있을 때를 인식하는 방법을 개발하는 데 도움이 될 수 있다. 이러한 연습, 즉 알아차림 훈련은 치료자가 이러한 내적 산만함의 원인을 인식하고, 그 유용성[공명이나 치료적 손상(therapeutic ruptures)의 경우] 또는 해로움(역전이의 경우)을 확인하고, 더 쉽게 현재로 돌아갈 수 있도록 도와준다. 현존을 방해하는 요소인 불안과 스트레스를 더 쉽

게 진정시키는 능력은 치료적 현존을 기르는 데 있어 명상의 또 다른 이점이다.

명상은 현재에 집중하는 연습의 한 가지 형태이지만, 현존의 기본 가치를 뒷받침하는 영적 수행과 독서도 수양 과정의 일부이다. '치유적 현존(healing presence)'에 대한 별도의 연구에서, 모범적인 치료자들은 통합된 영적 수행이 치유적 현존의 발달과 유지에 도움이 되지만, 영성은 필수적인 요소가 아니며, 사실 통합되지 않은 영적 수행은 해로울 수도 있다고 지적했다(Phelon, 2004). 그러나 치유적 현존을 발달시키는 데 핵심적인 것은 강한 내적 알아차림의 능력이다. 명상, 영적 수행, 가치 기반의 독서, 자기개발 등 그 방법이 무엇이든, 심리치료사는 치료 경험에서 현존을 최적화하기 위해 지속적으로 자기개발에 노력해야 한다.

개인적 성장

치료적 현존감(sense of therapeutic presence), 특히 중심이 잡힌 상태, 안정감, 또는 전체적이고 통합된 느낌과 같은 현존 경험의 특성에 접근하려면 개인적 성장에 대한 전념이 필요하다. 불안정한 애착을 가지고 있거나, 상실, 다툼, 이혼, 학대가 있는 가정에서 자랐거나, 정서적 방임이나 부재를 경험한 사람들에게는 내면의 안정감에 접근하는 것이 어려울 수 있다. 내면의 고요함, 안정감, 개방성은 일부 치료자, 특히 훈련 중인 치료자에게는 익숙하지 않거나 자연스럽지 않은 상태이다. 사실 많은 치료자들은 어린 시절이나 성인기에 겪은 깊은 상실감이나 고통 때문에 다른 사람들을 돕고 싶어한다. 이러한 갈등이나 외상(trauma)에 대한 개인적인 이해는 이러한 문제를 해결하고 성장과 자기최적화(self-optimization)의 길을 계속 걷기 위해 노력하는 치료자에게는 큰 선물이다. 그러나 문제가 해결되지 않으면, 치료 중이든 아니든, 그 문제는 필연적으로 촉발되어 진정으로 환자를 돌보고 좋은 치료자가 되는 데 더 큰 장애물이 될 것이다. 따라서 현존을 함양하는 일은 훈련뿐만 아니라 치료자의 삶에서 지속적인 자기성장과 자기인식에 대한 전념에 기반을 두고 있다(Bennett-Levy & Finlay-Jones, 2018).

인터뷰에 참여한 전문 치료자들(expert therapists)은 현존할 수 있는 능력을 준비하고 유지하기 위한 핵심 요소로 자신의 개인적 성장에 대한 지속적인 노력을 꼽았다(Geller, 2001). 개인치료 및 슈퍼비전에 참여하는 등 치료자의 내적·대인관계적 갈등에 지속적으로 주의를 기울이는 것은 치료자가 자신의 성장에 전념하는 일의 일부이다.

지속적인 자기개발에 전념하는 것도 치료자의 전문적인 세계에서 중요하다. 치료자는 끊임없이 변화하며, 삶의 사건과 경험에 의해 다양한 방식으로 형성되고, 이는 치료에 대한 생각에 영향을 미친다. 또한, 인간 본성, 심리치료, 변화에 대한 새로운 발전과 아이디어가 끊임없이 등장한다. 발전하는 문헌을 접하거나 전문 워크숍에 참여하여 자신의 아이디어에 계속 도전하고 성장시키는 것은 치료자의 책임이다. 개인적 성장은 치료자의 핵심 가치를 재검토하고 이에 부합하며, 이러한 가치를 강화하고, 해당 분야의 아이디어를 형성하는 과정을 요구한다. 모든 연령과 경험의 치료자에게 효과적인 치료에 대한 자신의 아이디어와 접근 방식이 개인으로서 발전하고 성장함에 따라 변화할 수 있음을 인식하는 것이 도움이 될 수 있다. 치료자가 자신의 핵심 가치에 부합하고, 변화하는 아이디어, 경험, 전문적 및 개인적 지식과 지혜를 포함한 진정한 자기 자신을 치료에 반영할 수 있도록 핵심 가치를 성찰하는 데는 시간과 관심이 도움이 된다.

개인적 성장은 또한 치료자의 자신감과 자기가치(self-worth)를 높이며, 이는 치유 과정에서 내담자를 위해 전적으로 헌신하는 통합된 인격의 핵심 요소이다. 치료자의 자기돌봄이 치료의 현존을 높이고, 내담자가 인간으로서 직면하는 진정한 도전을 받아들이는 데 모범이 된다. 여기에는 자신의 상처를 직시하고 극복하여 진실되고 온전한 내면의 평온을 찾는 데 전념하는 것이 포함된다.

개인적 욕구와 고민에 대한 지속적인 관심

치료자는 자신의 정서적 세계와 연결하고, 회기 밖에서 지속적으로 개인의 욕구와 고민에 주의를 기울임으로써 회기에서 치료적 현존을 가능하게 한다. 질적 연구에서 인터뷰한 한 치료자가 흥미로운 예를 들었다. 그는 자신의 삶에서 고통이나 슬픔이 적기 때문에 내담자와의 회기에 전적으로 집중할 수 있고, 그로 인해 그 순간에 더 인간적인 모습을 보일 수 있다고 말했다(Geller, 2001). 자신의 정서적 경험하기(emotional experiencing)와 연결되어 있는 것이 내담자와 함께 있는 순간에 진실되고 완전한 자신을 드러내는 데 핵심적인 요소라고 생각했다.

나는 새로운 내담자를 만날 때마다 긴장된다. 나는 불안감 등을 항상 느끼기 때문에, 누군가를 만나기 전에 정서적으로 많은 준비를 한다. 그리고 본질적으로 나 자신이 매우 취약하다고 느낀다. ……

그리고 그게 어떻게든 중요하다고 생각한다. …… 만약 나 자신이 취약함을 느끼지 못한다면, 치료에 참여하지 않을 것이다.

자기, 자신의 욕구와 고민을 돌보는 것은 기본적인 일상적 욕구의 충족을 포함한다. 예를 들어, 특정 치료자에게 있어 현존의 출현을 위해 충분한 휴식을 취하는 것이 중요하다.

내 에너지가 정말 낮을 때는 현존하거나 유지하는 것이 어려울 것이다. 그건 분명하다. 에너지를 충전시켜 주지만, 동시에 에너지를 소모하기도 한다. …… 왜냐하면 피로하고 에너지가 부족할 때는 현존하거나 유지하는 것이 훨씬 더 어렵기 때문이다.

여기에는 좋은 수면 습관, 독서, 운동 등 자신의 정신적·육체적 건강을 돌보는 것이 포함되며, 자기돌봄의 이러한 중요한 측면을 소홀히 하지 않는 것이 중요하다.

전반적으로, 특정 조건이 치료자가 내담자와 치료적으로 현존하기 쉽게 만든다. 삶과 친밀한 관계에서 현존을 연습하고, 개인적으로 성장하며, 자신의 문제와 욕구를 돌보는 것은 회기에서 치료적 현존을 쉽게 경험하는 데 도움이 된다.

회기 전과 회기 중의 현존을 위한 준비

자기를 위한 시간을 만들고, 가만히 있는 것에 전념하고, 현존하며, 자신과 다른 사람들과 연결되기 위해 잠시 멈추는 것, 이 모든 것은 치료적 현존 모델의 첫째 단계에서 필수적인 요소들이다. 치료적 현존의 준비 또는 발전은 인생에서뿐만 아니라 회기 전에도 이루어지며, 이는 현존을 준비하는 둘째 하위 범주에 속한다.

내담자와 현존하기 위한 준비

현존을 준비한다는 것은 치료자가 내담자의 경험을 받아들일 수 있는 내면의 공간을 만들 수 있도록 개인적인 문제, 자기욕구(self-needs)와 고민, 판단, 선입견, 계획, 개념화 등을

정리하는 시간을 갖는 것을 의미한다. 치료자가 내담자와의 회기에 자유롭게 들어갈 수 있도록 자기에게서 원치 않는 방해 요소를 비우는 것이 포함된다. 이런 방식으로 회기에 들어가는 것은 치료자가 그 특정 순간에 내담자의 독특한 경험을 발견할 수 있게 해 준다. 연구에 따르면, 회기 전에 5분간의 현존 또는 집중 연습을 하면 치료자의 현존이 향상되고 치료적 동맹 및 회기 성과가 강화된다(Dunn et al., 2013). 많은 시간을 투자하지 않고도 많은 혜택을 얻을 수 있다!

멈춤의 순간

치료 회기를 앞두고 자신의 준비 상태를 잠시 되돌아볼 것을 권한다.

- 잠시 멈추고 세 번 숨을 쉬라.
- 자신과 소통해 보라. 치료 날의 시작이나 회기 사이에는 어떤 습관을 가지고 있는가? 어떤 활동을 하는가? 그 소중한 몇 분 동안 시간을 어떻게 보내는가?
- 준비를 위해 얼마나 많은 정적 상태나 의식을 실천하는가?
- 각 회기 전이나 사이에 1~5분을 추가하여 정적 상태나 수용성을 높일 수 있는 방법은 무엇일까?
- 다음 주에 하루의 시작과 회기 사이에 몇 분을 추가해 보면서 주의 깊게 관찰하라. 개인적인 조사를 진행하여 현존의 상태가 향상되었는지 확인하라. 만약 그렇다면, 현존이 당신과 내담자, 그리고 당신과 내담자 사이의 관계에 어떤 영향을 미치는지 주목하라.

현존을 위한 의도

치료자가 회기 전에 내담자의 치유 경험에 자신의 모든 것을 바치겠다는 의지 또는 의도를 갖는 것은 현존을 위한 기반을 마련하는 데 필수적인 부분이다. 우리가 잠시 멈추고 의도를 설정하면 전두엽(frontal lobe)이 활성화되어 의도하는 것에 대한 통합된 준비 상태가 만들어져 회기에서 현존에 더 쉽게 접근할 수 있게 된다. 이는 회기 전에 발을 단단히 땅에 디디고 세 번의 긴 숨을 내쉬는 것, 또는 나중에 설명할 '공간 정리 연습(clearing the space practice)'을 포함할 수 있다. 14장에서 소개한 P.R.E.S.E.N.C.E.라는 약어를 기반으로 한 연

습을 사용하거나, 인터뷰에 참여한 한 치료자(Geller, 2001)가 설명한 것처럼, 만나기 전에 가능한 한 그 사람에게 현존을 드러내겠다는 의도를 설정하는 것도 좋다.

나는 연결되려는 의도가 있다고 생각한다. 그들의 치유 과정에 참여하려는 의도가 있다. 판단하지 않으려는 의도가 있으며, 그들과 현존하려는 의도가 있다. …… 내가 알고 있는 방식으로 어떤 과정이든 촉진하려는 의도가 있다. 나는 이 과정에 의도를 가지고 참여한다고 생각한다.

의도를 설정하는 데에는 현존을 위한 조건을 만들기 위해 의식이나 간단한 몸짓으로 치료의 하루를 시작(그리고 끝)하는 것도 포함될 수 있다. 의식의 반복적인 특성은 몸과 뇌가 현존을 준비하는 데 도움이 된다. 이러한 의식은 우리가 의식과 그 의식이 불러오는 상태 사이의 연관성을 개발하는 자기조건화(self-conditioning) 역할을 한다(Bar, 2007; Sejnowski & Tesauro, 1989).

인터뷰에 참여한 또 다른 치료자는 호흡을 집중의 단서로 사용하여 자신을 그 순간으로 돌아오게 한다고 설명했다(Geller, 2001). 호흡에 집중하는 것은 그녀의 일상적인 명상 연습과 비슷했다. 그녀는 호흡에 대한 알아차림을 현존으로 들어가는 문으로 묘사했다.

음, 숨을 완전히 알아차리면서 깊게 숨을 쉬는 것이다. 숨에 집중하면 나는 안정된다. 그러면 어떤 의미에서 나로 돌아가는 것이다. 내 몸에 완전히 집중하고, 다른 곳에 있지 않는다. 내 몸에 있지만, 그 순간에는 열린 상태이다.

치료자의 경우, 내적 의도는 자기코칭(self-coaching)을 포함할 수 있다. 예를 들어, 한 치료자는 "나는 그것을 초대한다. 나는 그것을 요청한다. 내담자와 함께 앉을 때, 나는 내 현존을 불러낸다. 심호흡하고, 내 현존을 불러낸다"라고 말했다. 또 다른 치료자는 자신을 현재로 돌아오게 하기 위해 짧은 인지적 격려(cognitive encouragement) 과정을 설명했다. "정신적 준비라고 할 수 있다. 그냥 마음의 준비를 하고 '이제 나는 여기 있을 것이다'라고 말하면 비교적 잘 작동한다." 이 치료자는 치료실이 또 다른 외부 신호로 작용한다는 점을 인정했다. 치료실의 초점 신호를 활용하고, 물건을 바라보거나 의자에 앉아 자신의 몸에 주의를 집중함으로써, 자신을 그 순간으로 다시 초대할 수 있다.

내면의 주의가 산만해질 때, '지금 여기(here and now)' 또는 '호흡으로 돌아가기'와 같은 단순한 의식적인 의도가 내담자에 대한 주의력을 다시 집중시키는 데 도움이 될 수 있다. 주의가 산만해질 때, 그 주의 산만이 치료자의 연결이 끊어진 것인지를, 아니면 내담자의 연결이 끊어진 느낌과 공명한 것인지를 탐구하는 것이 중요하다. 어쨌든, 그 순간으로 돌아가기 위한 의식적인 의도는 회기 직전에뿐만 아니라 치료 과정 중에도 유익하다.

현존 연습: 물리적 공간 준비하기

치료실의 물리적 환경에 주의를 기울이는 것은 현존이 나타날 수 있는 조건과 의도를 만드는 데 도움이 된다. Silsbee(2008)의 『마음챙김 환경 만들기(Creating a Mindfulness Environment)』에서 발췌한 다음 연습을 고려해 보라.

몇 분 동안 사무실이나 치료를 진행하는 물리적 공간에 그냥 앉아 보라. 이 느낌이 어떤지 알아차리고, 평온함이나 현존을 느끼게 하는 요소가 무엇이고, 주의력을 산만하게 하는 요소가 무엇인지 주목하라. 사무실 전체 환경에서 현존을 높이기 위해 할 수 있는 일이 무엇인지 생각해 보라.

- 환경을 단순화하고 방해 요소를 제거하라. 어수선한 물건을 치우고, 책상이나 사무실 공간을 더 조화롭게 정리하라. 불필요한 종이 더미, 사용한 커피잔, 주의력을 산만하게 하는 물건을 치워라.
- 아름다운 물건을 주변에 두어라. 예술품이나 양초 등 조화와 평온을 반영하는 물건을 놓아라. 창문 앞을 정리하고, 치료자와 내담자의 의자를 이동하여 위에서 언급한 물건이나 경치가 보일 수 있도록 하라. 형광등을 최소화하고 포인트 조명(accent lighting)을 추가하라.
- 현존을 상기시키는 물건을 배치하라. 자연 요소(예: 식물, 돌, 조개)나 현존을 상기시키는 상징이나 물건을 배치하라.
- 회기 전에 현존을 높이기 위해 할 수 있는 일을 고려하라. 비밀이 유지되고 안전한 공간을 최적화하라. 방해 금지 표지판을 붙이고, 휴대폰 벨소리를 끄고, 컴퓨터 화면을 꺼라.
- 대기실에 내담자를 위한 준비 공간을 마련하라. 편안하거나 내면으로 집중할 수 있는 음악을 틀고, 차분하고 내면으로 집중할 수 있는 책이나 물건을 준비하라. 동료, 다른

내담자, 택배 기사나 우편집배원의 통행이 최소화되도록 의자를 배치하라.

- 내담자를 맞이하기 전에 현존을 준비하기 위해 촛불을 켜거나 만질 수 있는 물건을 준비하여 만져라.

이제 시간을 내어 이러한 변화 중 몇 가지를 실행해 보라. 물리적 환경에 계속 주의를 기울이고, 그것이 당신의 현존감(sense of presence)에 어떤 영향을 미치는지 실험해 보라.

공간 정리하기

현존에 도움이 되는 물리적 공간을 만드는 동시에, 자신의 욕구, 고민, 문제, 의제 등을 제쳐두고 내면의 공간을 비우는 데도 의도를 집중할 수 있다. 이 아이디어는 Gendlin(1982)의 포커싱 과정의 첫 단계와 비슷하다. 이 단계에서는 내면을 비워 내면의 경험과 접촉할 수 있는 공간을 만드는 것을 상상한다. 치료자는 회기 전에 이 과정을 사용하여, 가정이나 선입견 없이 내담자와 내담자의 경험의 깊이에 대해 열린 태도를 취할 수 있다.

한 치료자는 '긍정적인 공허감'을 느꼈다고 말했다. "마치 채워질 준비가 된 용기처럼" 그는 회기 전이나 회기 중에 적극적으로 시간을 들여 내면의 공간을 비우는 방법을 설명했다.

회기가 시작되기 5분 전에는 명상을 하며 마음을 비워두곤 한다. 여러 가지가 있지만, 내게 있는 다양함을 알아차리고, 그들을 마음속으로 상상하거나 제쳐두고, 내담자에 대해 열린 마음을 만들곤 한다.

또 다른 치료자는 치료실을 물리적으로 정리하는 것을 포함하는 공간 정리 방법을 설명했다.

내담자와 회기를 시작할 때, 나는 종종 지금까지 해 왔던 일을 의도적으로 제쳐두어야 할 것 같은 느낌을 받는다. 그리고 전화기를 뽑고, 방해하지 말라는 표지판을 붙인다. 때로는 내담자에게 "지금 하고 있는 일을 잠시 치워 둘게요. 그 다음에 당신과 함께 할게요"라고 말하기도 한다.

공간을 정리하여 내담자를 만날 준비를 하는 것은 생각이나 정서적 방해 요소를 제거하고 현재로 자신을 초대하는 데 도움이 된다. 연구 결과에 따르면, 회기에 들어가기 직전의 이 순간에 치료의 방향을 결정할 수 있다(Dunn et al., 2013). 치료자가 회기 전에 현존의 조건을 확립하는 기반이 튼튼할수록 치료적 현존이 나타나고 그와 접촉할 가능성이 커진다.

연습 준비하기: 공간 정리하기

다음 공간 정리 연습은 Gendlin(1982, 1996)의 포커싱(focusing)을 바탕으로 적용된 방법이다. 이는 의식적이고 의도적인 연습으로, 하루를 시작하기 전, 각 회기 시작 전 몇 분 동안, 또는 특히 어려운 회기 후에 도움이 될 수 있다.

- 눈을 부드럽게 하거나 감고 편안한 자세로 앉거나 누워 보라.
- 잠시 동안 호흡에 집중하여 숨을 들이마시고 내쉬는 리듬을 느껴 보라.
- "지금 이 순간, 내가 완전히 현존하고 편안함을 느끼기 위해 부족한 것은 무엇일까?"라고 자문해 보라. 어떤 문제가 떠오르는지 기다려라. 각 문제에 대해 직관적으로 한 가지 문제에 집중할 수 있을 때까지 잠시 시간을 보내라.
- 그 문제가 몸에 어떻게 반영되어 있는지 알아차려라. 그 문제와 관련된 신체적 감각을 인식하고 그 감각에 이름을 붙여라(예: 턱이 뻣뻣함, 속이 울렁거리는 느낌, 가슴이 답답함).
- 그 문제 전체에 대해 직관적으로 느끼는 감정을 스스로에게 물어보고, 그 감정을 표현할 단어를 찾아라(예: 두려움, 공포, 혼란, 좌절).
- 이제 그 문제를 상자나 선반에 넣는 것을 상상하고, 그 문제의 전체적인 느낌을 옆으로 치워두라.
- 이제 자신에게 "현재 순간에 완전히 몰입하고 평온함을 느끼는 것을 방해하는 다른 것은 무엇인가?"라고 물어보라. 어떤 문제가 떠오르는지 확인하라.
- 다시 한번, 문제가 떠오를 때마다 그 문제를 이름 붙여 불러라. 직관 또는 감각 느낌(felt sense)을 파악하고, 몸의 어느 부분에 위치하는지 주의하라. 그 문제의 전체적인 특성을 포착하는 단어나 이미지를 찾아보라.
- 이제 그 문제 전체를 상자나 선반에 넣는 것을 다시 상상해 보라(또는 다른 이미지를 사용해도 된다. 예를 들어 문제를 강물에 띄워 보내는 것 등).

- 모든 문제가 명명되고, 인식되고, 느껴지고, 일시적으로 제쳐질 때까지 이 과정을 계속 한다.
- 현존을 방해하는 장벽을 인식하고, 명명하고, 느끼고, 해방하는 이 과정을 잠시 진행한 후, 배경에 현존감이 있는지, 또는 내면이 깨끗해졌는지 확인한다. 그 느낌은 어떤가?
- 잠시 시간을 내어 그 현존감을 느끼거나 그 감각에 머물러 보라.

자기염려와 문제를 놓아 버리기

인터뷰에 참여한 치료자들은 회기 전과 회기 중에 의도적으로 자기염려(self-concerns)나 문제를 놓아 버리는 것에 대해 이야기했다. 이는 공간을 비우는 것의 연장선상이다(Geller & Greenberg, 2002). 이는 내담자의 치료 과정과 관련이 없는 개인적인 걱정, 욕구, 요구사항 또는 기타 문제를 제쳐두는 것을 의미한다. 예를 들어, 한 치료자는 내담자와의 회기에 자신의 모든 것을 가져오지만, 개인적인 '문제'나 이슈는 남겨둔다고 밝혔다. 이를 통해 내담자와 치료 과정에 전적으로 주의와 집중을 기울일 수 있게 되었다.

개인적인 욕구와 고민을 제쳐두는 것은 공간을 정리하는 과정의 일부로 발생할 수 있지만, 개인적인 성격의 방해 요소가 생기는 경우 회기에서 별개의 과정으로 발생할 수도 있다. 이는 방해되는 정서나 내적 방해 요소를 적극적으로 인식하고, 그 자리에 머물기 위해 제쳐두는 것을 의미한다. 이는 내담자를 이해하는 데 도출되는 정서를 무시하는 것을 의미하지 않는다. 반대로, 자신의 정서적 경험하기를 알아차리는 것이 현존에 핵심이다. 그러나 내담자와 관련이 없고 주로 자기 자신에 관한 것(예: 역전이 문제)을 인식하고 놓아 버리는 것은 치료자의 해결되지 않은 문제를 치료 회기에서 배제하는 적극적인 과정에 도움이 된다.

인터뷰에 참여한 한 치료자는 자신의 문제와 우려를 적극적으로 제쳐두어야 하는 이유와, 이러한 문제와 우려가 치료에 방해가 되고 있는지 판단하기 위해 자신의 알아차림을 어떻게 활용했는지 설명했다(Geller, 2001).

내 몸으로 [내담자]가 겪고 있는 것을 느끼고, 죽음이나 그 밖의 일로 인해 내 슬픔을 느끼기 시작하면. …… 그때는 그것을 정말로 탐구하기에는 적절한 때가 아니다. 하지만 그것은 "아, 이건 당신을 위한 것이구나"라고 기록해 두었다가, 그때 그 자리에 머물면서 그 순간에 일어나는 일에 집중해야

한다. 때로는 엄청난 슬픔을 느낄 수도 있고, 나도 그런 슬픔을 가지고 있지만, 나에게 어떤 영향도 미치지 않는다.

슬픔은 내담자의 경험과 공명하여 느껴질 수 있으며, 이는 현존에 장애물이 되는 것이 아니라 공감의 느낌을 더하는 요인이 될 수도 있다. 그러나 임상적 관련성과 개인적인 원인을 구별하는 기술은 필수적이다. 이 기술은 자기인식과 개인적인 삶에서 내적 안정감의 강력한 내적 기반과 개인적인 문제를 지속적으로 해결하기 위한 노력에 의해 형성된다.

제쳐두기

치료자가 적극적으로 준비를 하는 또 다른 방법은, 회기가 어떻게 진행될지에 대한 기대, 신념, 선입견, 유목화, 이론 및 계획을 제쳐두고, 회기가 어떻게 진행될지에 대해 열린 마음과 호기심을 가지고 내담자에게 접근하는 것이다. 이 개념은 문헌에서 제쳐두기(괄호치기; bracketing) 또는 중지(suspension)라고 한다(Hycner, 1993; Hycner & Jacobs, 1995; Senge, 2008). 한 치료자가 다음과 같이 언급했다(Geller, 2001).

이 이론은 당신이 그 이론에 집착하지 않는 한 도움이 된다. 어떤 면에서. 이 이론이 내게 유용한 정보가 되지만, 그 이론에 집착하면 내 현존을 잃게 될 것 같아서 집착하지 않기로 했다.

제쳐두기는 치료에서 학습, 이론 연구 또는 기법 사용이 전혀 없다는 것을 의미하지 않는다. 제쳐두기를 통해 배운 이론은 치료자의 지식 기반의 일부가 될 수 있지만, 내담자에게 진실되고 실제적인 것을 접하기 전에 이러한 이론이 회기의 방향을 좌우하지는 않는다. 한 치료자가 Geller(2001)에서 언급한 것처럼, 이론은 "세포 구조의 일부가 되지만, 특정 유형의 방식으로 행동하거나 존재하도록 유도하지는 않는다."

나는 과거 경험에서 얻은 많은 작업 가설과 모델을 머릿속에 가지고 있으며, 이것을 회기에 반영하지만, 그 사람에게 직접 연결하지는 않는다. 그 순간 내 반응에 대한 정보를 제공할 수는 있지만, 그 이상은 아니다. 그 정도가 전부이다. 나는 실제로 그 사람을 붙잡고 그 공간으로 끌어들이려고 시도

하지 않는다.

이론, 선입견, 치료 계획을 보류하는 이러한 경험은 내담자와 변화하고 발전하는 치료 과정에 대해 열린 태도를 취하는 것을 의미한다. 이는 내담자를 질병의 범주(예: 우울증이나 경계선 성격장애)로 보지 않고 한 명의 인간으로 대하고, 선입견이나 고정관념에 따라 그 사람이 특정 방식으로 행동하거나 느끼기를 기대하지 않는 것을 의미한다. 또한 치료 과정이 어떻게 진행되어야 하는지 통제하려는 욕구를 버리는 것을 의미한다(예: "오늘은 당신의 아버지에 대해 이야기합시다"). 대신, 치료자는 내담자의 경험과 자신의 내적 경험에 대해 열린 태도를 유지하고 공감하면서, 내담자의 전반적인 목표와 계속 접촉을 유지하면서 치료 과정을 진행한다. 이 과정은 이론과 현존에 의해 안내되지만, 이론, 기법 또는 개입의 측면이 가장 가슴 아픈 부분(what is most poignant)과 공명하면서 드러날 수 있게 하는 것은 바로 이 순간에 존재하는 특성(being-in-the-moment quality)이다.

개방성, 관심, 수용, 그리고 판단하지 않는 태도

현존을 위한 환경을 조성한다는 것은, 선입견이나 고정관념을 통해 내담자를 바라보지 않고, 개방적이고, 관심을 갖고, 수용하며, 판단하지 않는 태도로 내담자를 만나는 것을 의미한다. 공간을 정리하고 제쳐두어서 수용적인 자세를 취한 치료자는 호기심과 흥미를 가지고 진행될 회기에 접근할 수 있다. 한 치료자는 이러한 개방성을 내담자에 대한 부드럽고 판단적이지 않은 접근 방식이라고 설명하며, 이러한 판단적이지 않은 특성이 현존의 핵심이라고 밝혔다(Geller, 2001).

나는 일반적으로 내담자와 함께 있는 동안, 기대도, 판단도 하지 않는 자세로 임한다. 즉, 내담자가 말한 것이 바로 그 사람이 말한 것이다. 나는 내담자의 옷차림이나 외모, 그 밖의 다른 요소로 그 사람의 인간적 가치를 판단하지 않는다. 나는 나 자신으로, 그리고 그 사람의 치유 과정에 참여하겠다는 의도로 그 자리에 임한다.

또 다른 치료자에 따르면, 내담자를 다양한 경험을 가진 한 사람으로 받아들이는 것이 현

존의 핵심이다. 이러한 수용은 회기 내내 유지되며, 경험 자체의 핵심 요소이다.

어떻게 된 일인지, 나는 공감보다 수용을 현존의 한 요소로 본다. 나는 수용을 매우 중요한 요소로 생각한다. 현존은 평가하지 않고 그 자리에 존재하며, 있는 그대로를 받아들이고 이해하는 것을 의미하기 때문이다. 따라서 현존은 평가하지 않으면서 "함께 존재하는 것"을 의미한다고 생각한다.

일부 이론가들은 이러한 특성을 '빈 마음(empty mind)' '초심자의 마음(beginner's mind)' 또는 '선의 마음(Zen mind)'이라고 표현한다(Hycner, 1993; Welwood, 2000). 치료자가 특정 방향이나 대응 방식에 고정되지 않기 때문에 여러 가지 가능성이 펼쳐질 수 있다.

개방성과 수용성은 치료자가 미지의 것에 대해 어느 정도 편안함을 느끼고 있음을 의미한다. 선입견이 있더라도 계획을 하는 것이 초보자의 마음으로 낯선 세계에 들어가는 것보다 사실은 더 편안하다. 그러나 발전되고 의도적인 현존을 통해 치료자는 잠시 멈추고 접근하기 쉬운 태도를 취할 때 치유를 위한 여러 가지 방법이 나타난다는 것을 알게 된다. 초심자의 마음을 함양하고 신뢰하는 것은 불확실성 속에서 깊은 정서나 혼란이 있는 회기에서도 도움이 된다. 치료자는 숨을 쉬고, 경험하고 있는 것에 대해 수용과 호기심의 상태로 돌아갈 수 있으며, 그 순간에 진실에 귀를 기울이고 반응함으로써 긍정적인 치료 방향이 나타날 것이라고 믿을 수 있는 기회를 얻게 된다. 이 상태는 예술가가 열린 마음과 빈 마음으로 그림을 그리는 행위 자체를 통해 그림이 드러나도록 하는 것과 비슷하다. 치료자는 이러한 개방성, 수용, 호기심, 판단을 하지 않는 태도를 통해 내담자의 전체적인 모습을 볼 수 있고, 깊은 치유와 지혜가 드러날 수 있다. 이는 매뉴얼 기반 치료(manual-based therapies)에도 똑같이 적용된다.

멈춤의 순간

지금 잠시 시간을 내어 치료적 현존을 초대하라.

- 숨을 쉬고, 눈을 감고, 그 순간에 마음을 열어보라.
- 내면을 살펴보라. 준비 과정에서 당신의 삶이나 치료 자체에서 놓치고 있는 부분이 무엇

이라고 생각되는가?

- 그 순간과 더 잘 소통할 수 있도록 당신의 삶이나 치료 환경에 필요한 것을 추가하거나 제거할 의도를 정하라.

다음 연습은 수용과 판단하지 않는 경험을 키우는 데 도움을 준다.

현존 연습하기: 판단하지 않는 마음 기르기

판단하지 않은 태도를 기르는 재미있는 방법이 있다. 예를 들어, Linehan(2009)은 변증법적 행동치료(dialectical behavior therapy) 훈련에서 학생들에게 판단적인 말을 할 때마다, 또는 훈련 집단에서 다른 사람이 판단적인 말을 할 때마다 종을 울리도록 지시한 자신의 방법을 공유했다. 학생이나 치료자가 혼자 또는 집단으로 사용할 수 있는 이 방법은 다음과 같이 변형할 수도 있다.

- 판단을 인식하되, 자신이나 타인을 판단하는 것을 판단하지 않도록 주의하라(즉, 판단을 판단하지 마라!).
- 판단을 세어보라. 클릭기나 카운터를 사용할 수 있다. 판단이 언급될 때마다, 또는 자기판단(self-judge)할 때마다(머릿속으로 또는 소리 내어) 클릭하라.
- 판단을 판단하지 않는 말로 대체하라.

결론

회기 전이나 회기 시작 시 준비를 하는 것은 현존이 나타날 수 있는 최적의 환경을 마련해준다. 의도, 공간 정리, 괄호치기, 자기염려 제쳐두기, 개방성, 수용, 판단하지 않기 등 준비에 관련된 측면들은 치료 회기에서 현존을 경험하는 동안에도 유지된다. 치료자가 자신의

현존 경험에 대해 더 강한 기반을 가지고 있을수록, 내담자를 완전히 이해하기 위해 더 안정적이고, 개방적이며, 쉽게 접근할 수 있게 된다. 이는 차례로 내담자를 자신의 현존 상태로 초대하고, 더 깊은 치료적 관계와 관계적 현존이 펼쳐질 수 있게 한다. 다음으로, 치료적 현존 과정과 치료자가 회기에서 이를 실행하는 동안 하는 일을 자세히 살펴보겠다.

5장

치료적 현존의 과정

어떤 이야기에는 명확한 시작, 중간, 끝이 없다. 삶은 모르는 것, 변화해야 하는 것, 순간을 잡고 최선을 다하는 것, 다음에 무슨 일이 일어날지 모르는 채로 살아가는 것이다. 맛있는 모호함이다.

—길다 라드너(GILDA RADNER; 연대 미상)

이 장에서는 치료적 현존(therapeutic presence)의 모델에서 둘째 주요 범주인 과정에 초점을 맞출 것이다. 이 과정은 치료자가 내담자와의 접촉과 조율을 통해, 그리고 그 순간에 내담자가 경험하는 것을 통해 치료적 현존이 '어떻게(how)' 심화되는지를 반영한다(Geller & Greenberg, 2002). 현존의 과정은 치료자가 치료 회기에서 현존할 때 하는 행동이다. 이는 치료자가 반복하는 세 가지 상태, 즉 (1) '내담자에게 수용적으로 조율하기(receptively attuning to clients)', (2) '내면으로 조율하기(inwardly attuning)', (3) '확장 및 접촉하기(extending and contact)'를 반영한다. 여기에는 치료자가 내담자가 그 순간에 경험하고 표현하는 것을 듣고 느끼며, 자신의 즉각적인 공명 경험과 접촉하고, 이 둘의 관계를 파악하는 것이 포함된다. 치료자가 조율하는 정보는 전문 지식, 내담자에 대한 지식, 그리고 내담자의 언어적·비언어적 표현에서 가장 가슴 아픈 부분(what is most poignant)에 대한 내적 공명의 통합을 반영한

다. 치료자의 반응은 이러한 요소들의 시너지 효과에 의해 직접적으로 형성된다.

현존의 과정은 치료자가 이 세 가지 상태 사이에서 자신의 알아차림을 능숙하게 전환할 수 있어야 한다. 예를 들어, 한순간에 치료자는 수용적으로 조율된 상태로 내담자가 죽어가는 아버지를 보며 겪은 고통에 대해 이야기하는 것을 깊이 경청할 수 있다. 동시에 치료자는 내면에서 내담자의 슬픔과 고통에 대한 자신의 신체적 공명을 조율하면서, 그 공명이 내담자에 대한 지식과 슬픔에 대한 전문적인 지혜가 만나는 내면의 공간을 듣는다. 이러한 내면의 통합은 독창적인 반응으로 통합되어, 침묵, 공감적 반영(empathic reflection), 또는 기법으로 내담자에게 전달되며, 치료자의 자비로운 자기(compassionate self)로 표현된다.

이 장에서는 질적 분석에서 도출된 하위 범주와 현존의 과정에 대한 전문가들의 발언을 예시와 함께 소개한다(Geller, 2001; Geller & Greenberg, 2002). 자신 및 내담자와 조율하고 접촉을 맺기 위한 핵심적 실천 방법은 14장에서 공유한다. 이 장 전체에 걸쳐 추가적인 실천 방법이 포함되어 있다. 하지만 먼저, 잠시 멈추고 인식의 전환을 위해 연습해 보기 바란다.

현존 연습: 알아차림의 전환

현존 과정의 핵심인 알아차림의 전환(shifting awareness)을 경험해 보시기 바란다.

- 잠시 멈추고, 눈을 부드럽게 내려라.
- 심호흡을 하고, 배로 숨을 쉬는 것에 의식을 집중하라.
- 지금 이 순간, 호흡의 자연스러운 리듬을 느껴 보라. 빠르거나 느린가? 깊거나 얕은가? 있는 그대로를 변화시키지 말고, 그냥 느껴 보라.
- 숨을 들이마시고 내쉴 때, 배가 오르락내리락하는 자연스러운 리듬에 의식을 집중하라.
- 이제 잠시 시간을 내어 주변의 소리에 귀를 기울여라. 판단하지 않고 소리를 관찰하거나 듣는 것처럼 미묘한 소리도, 큰 소리도 모두 느껴 보라. 반응하지 말고, 그냥 알아차려라.
- 눈을 뜨고 주변을 시각적으로 느껴 보라. 주변 공간의 색깔, 모양, 질감, 선을 관찰하라.
- 호흡에 맞춰 배가 오르락내리락하는 것에 다시 한 번 의식을 집중하라.
- 호흡의 느낌, 소리를 듣는 것, 주변의 시각적 이미지를 알아차리는 것 사이에서 주의를 기울여라.

• 준비가 되면 연습을 끝내고, 그 경험을 그대로 받아들이며 조용한 시간을 보내라.

수용성

치료적 현존 과정의 핵심은 완전히 개방적이고 수용적인 태도를 취하는 능력이며, 이는 현존 과정의 첫째 하위 범주이다. 전반적으로 '수용성(receptivity)'은 운동 감각적·감각적·신체적·정서적·정신적 방식으로 회기의 경험을 완전히 느끼고 자신의 몸으로 받아들이는 것을 의미한다. 한 치료자는 수용성에 대한 자신의 경험을 다음과 같이 표현했다(Geller, 2001).

내가 밖을 내다보고 무언가를 보고 정보를 가져와서 내게 드러내고 싶은 모든 것을 받아들이는 것과는 다른 차원의 차이이다. 그래서 내가 "받아들인다(letting in it)"라고 말할 때는, 단순히 눈으로만 보는 것이 아니라 모든 지각을 통해 보는 것을 의미한다.

또 다른 치료자는 자신의 몸을 상징하는 손으로 두 팔을 활짝 벌리는 동작으로 이러한 수용적 특성을 표현했다. 또 다른 치료자는 내담자 또는 내담자와 관련하여 자신에게서 일어나는 모든 감각을 환영하고 받아들이는 경험이라고 설명했다.

수용성을 갖추려면 자기 내면과 외부의 모든 차원에 대해 열린 태도를 유지하기 위한 의식과 의지가 필요하다. 타자의 경험을 받아들이는 것은 자기 내면의 안정되고 중심 잡힌 위치에서 이루어진다. 치료자는 내담자가 표현하고 느끼는 고통과 경험의 깊이를 듣고, 보고, 느끼고, 감지하면서, 동시에 자신의 통합되고 안정된 자기(self)와 접촉을 유지한다. 이 개념은 Buber(1958)도 포용(inclusion)으로 묘사한 바 있다. 치료자는 때때로 내담자의 말하지 않은 경험을 내담자와 초감각적 의사소통을 하는 듯한 방식으로 알고 이해하는 경험을 한다. 이제 우리는 개방성, 수용성, 허용성, 감각적·신체적 수용성, 제3의 귀로 듣기, 포용, 확장되거나 강화된 알아차림, 초감각적 의사소통 수준 등 수용성의 측면을 더 자세히 살펴보겠다.

개방적, 수용적, 그리고 허용적

수용성이란 치료 회기에서 발생하는 경험을 열린 마음으로 받아들이고 허용하는 것을 의미한다. 열린 수용성은 현존을 준비하는 과정의 일부이며, 치료자가 회기에서 진행하는 과정이기도 하다. 치료자는 회기 중에 발생하는 새로운 경험을 받아들이고, 느끼고, 자신의 존재로 받아들이기 위해 계속해서 내면의 공간을 비워나간다. Geller(2001)가 인터뷰한 한 치료자는 이 경험을 다음과 같이 설명했다.

내 안에는 어떤 공간이 있고, 나는 그 공간 안에서 상대방과 온전히 함께한다. 바로 그게 핵심이다…. 그래서 다른 것들이 영향을 미칠 수도 있다. 왜냐하면 그것들도 내 일부이고, 자연스럽게 나타날 수 있으니까……. 나는 표식(markers)이나 여러 단계, 여러 과정에 대해서도 생각하지만, 그런 것들이 과정을 방해하는 게 아니라 오히려 더 풍성하게 만들어 준다. 흐름을 깨뜨리거나 방해하는 게 아니다. 마치 현재에 집중하는 것과 과정 자체가 같은 것이다……. 나는 열린 마음이나 준비된 자세를 잃지 않는다.

이 치료자는 회기 내내 유지되는 허용의 특성을 설명하며, 이는 반응과 회기에서 매 순간 펼쳐지는 경험에 더욱 영향을 미친다고 말했다. 치료자는 위협을 느끼거나 경험의 결과에 대해 걱정하거나, 정서적 또는 임상적 거리감을 가지고 내담자의 경험을 관찰하는 대신, 내면의 중심을 유지하면서 상대방의 경험이 몸으로 흐르도록 허용한다.

한 치료자는 이러한 현존의 측면을 다음과 같이 설명했다.

일어나는 모든 것을 내 안을 통해 흘러가게 허용하는 것. 그래서 나는 보고 있지만, 실제로는 보지 않는 것이다. 밖을 바라보는 것이 아니라, 더 정확히 말하면 안으로 들어오도록 허용하는 것이다. …… 그리고 이 점이 내담자와 함께 있을 때 중요해지는 이유는, 나타나는 것이 정말 유용할 수 있기 때문이다. 그래서 그 부분을 확인한다. "이것은 중요한가, 아니면 중요하지 않은가? 아닌가? 그런가?"

타자를 수용하는 기반은 자신과 자신의 경험을 수용하는 것에서 비롯된다.

현존 연습: 수용으로의 전환

자기수용(self–acceptance)을 높이는 데 도움이 되는 간단하지만 심오한 연습이 있다.

- 편안하게 앉거나 누울 수 있는 장소를 찾고, 긴장을 풀고 호흡의 리듬을 느껴 보라.
- 인생에서 겪은 어려운 경험을 떠올려 보라. 사랑하는 사람의 상실이나 죽음, 내담자와의 어려움, 파트너, 친구, 동료와의 어려운 상호작용 등이 될 수 있다.
- 만약 편안하다면, 그 어려운 경험을 가장 강하게 느끼는 가슴이나 몸의 부분에 손을 얹어보라.
- 이제 그 경험을 완전히 받아들이는 모습을 상상해 보라. 떠오르는 다양한 감각과 감정을 주의 깊게 관찰하고, 각각의 감각과 감정에 조용히 "예"라고 말하는 것을 상상해 보라.
- 그 경험을 완전히 받아들이는 것이 어떤 느낌인지 느껴 보라.

감각적 · 신체적 수용성

개방성(openness)은 종종 치료자와 내담자가 감각적·신체적 수준에서 회기 때 경험할 수 있다. 인터뷰에 참여한 모든 치료자들은 회기에서 내담자에게 일어나는 일과 자신의 신체에서 공명하는 것을 경험했다고 보고했으며, 이러한 신체적 공명은 내담자를 이해하고 대응하는 데 중요한 정보의 원천이 되었다고 말했다(Geller, 2001). 한 치료자는 다른 사람의 경험을 받아들이면서 자신의 신체에서 느낀 감정을 다음과 같이 묘사했다.

나는 그들이 말하는 내용에 대해 배에서 어떤 느낌을 자주 받는다. 어떤 걱정 같은 느낌이다. 어떤 정서라도, 나는 그 정서를 배에서 자주 느낀다. 가슴에서 그 느낌을 느낀다. …… 바로 그것이 내가 찾고 있는 것이다. 나는 그들이 경험하고 있는 정서를 느끼는 것을 몸에서 찾고 있다.

치료적 현존에서 치료자의 몸은 치료 과정의 수용체(receptor)이자 안내자(guide)이다. 경험을 온전히 받아들이기 위해 치료자는 모든 감각·인지·정서·신체로 내담자의 말에 깊이 귀를 기울인다.

제3의 귀로 듣기

현존이란 모든 감각과 지각을 동원하여 내담자의 말을 듣는 것을 의미한다. 이는 내담자가 말한 단어만 듣는 것이 아니라, 문장 사이와 말의 의미 이상으로 내담자가 표현하는 것을 받아들이고 감지하는 것을 의미한다. 이러한 현상을 '제3의 귀로 듣기(listening with third ear)'라고 하며, 이 표현은 Theodor Reik(1948)의 저서에서 차용한 것이다. 이 예리한 경청은 내담자의 모든 언어적·비언어적 경험과 표현을 받아들이고, 내담자의 경험의 깊이에 감동받을 수 있도록 하는 것을 의미한다. 한 치료자는 이 경험을 다음과 같이 설명했다.

그냥 말만 듣는 게 아니라, 목소리 톤을 듣고, 상대방의 신체적 경험이 어떤지 듣는 거라고 생각한다. 좀 이상하게 들릴 수도 있지만, 내 몸으로 상대방의 신체적 경험에 귀 기울이는 것이다. 정말 중요하다고 생각한다. 그게 없이는 근본적인 공감을 할 수 없다고 생각한다.

이 과정은 치료자와 내담자 사이의 만남에서 일어나는 일을 감지하고 경청하는 것뿐만 아니라, 내담자와 함께 있는 동안 치료자 내면에서 일어나는 일에 대한 민감성을 유지하는 것을 포함한다. 또 다른 치료자는 이러한 모든 감각을 동원하는 경청의 특성에 대해 다음과 같이 말했다.

나는 훨씬 더 집중해서 듣는다. 이는 증가한 민감성의 일부이다. 단순히 그들이 말하는 내용을 듣는 것이 아니라, 그들이 어떻게 말하는지, 그들이 느끼는 것을 듣는다. 모든 종류의 것을 듣는 것이다. 그리고 나는 내 안의 심상, 직감, 직관에 주의를 기울이며 듣는다.

이 감각적인 방식으로 듣는 것은 연습이 필요하다. 왜냐하면 이는 우리가 일반적으로 표현된 내용의 이야기 구조에 집중하는 습관과 반대되기 때문이다. 다음의 이자적(dyadic) 연습은 이 감각적인 듣기의 질을 강화하기 위해 제시된다.

현존 연습: 감각으로 듣기

파트너와 짝을 지어 조용한 장소에 앉아 서로 마주보고 몇 발자국 떨어진 곳에 앉는다. 이

연습에서 먼저 말할 사람과 듣는 사람을 결정한다. 눈을 감고 조용히 함께 앉아 보라. 이는 시야를 차단하고 다른 감각과의 연결을 강화하는 데 도움이 된다. 눈을 감은 상태에서 그 경험을 조용히 느껴 보라. 숨쉬기의 감각을 의식하며 시간을 보내고, 몸에서 느끼는 물리적인 감각을 주의 깊게 관찰한다.

준비가 되면, 말하는 사람은 듣는 사람에게 눈을 감은 경험을 이야기하기 시작할 수 있다. 듣는 사람은 파트너의 목소리에 집중하면서, 특히 목소리의 리듬과 템포, 그리고 목소리 자체로 표현되는 내용을 주의 깊게 알아차리면서, 방해하거나 피드백하지 않고 이 이야기를 들을 수 있다. 청취자를 위한 지침은 상대방이 외국어를 말하는 것처럼 듣는 것이다. 강조, 톤, 주저함, 리듬 등에 집중하라. 약 5분 동안 이 과정을 진행한 후 역할을 바꾼다.

이제 각 파트너는 자신과 파트너의 목소리에서 느낀 점을 표현할 수 있다. 목소리에서 알아차린 점을 구체적으로 말하고, 그에 대해 어떻게 느끼는지, 즉 그에 대한 반응과 그 목소리가 어떤 느낌인지 말하라.

예를 들어, "당신이 말을 정말 부드럽게 하는 것을 잘 알아차립니다" "당신의 목소리를 들으면 자장가를 듣는 듯 졸리네요" 등이다. 이 작업을 약 5분 정도 진행한다.

이제 함께 침묵으로 돌아가라, 하지만 이번에는 눈을 떠라. 침묵 속에서 잠시 동안 상대방의 눈을 바라보라. 상대방이 경험하고 있는 것을 느끼기 시작하라. 그들의 비언어적 신체 자세, 표정 등에 집중하라. 자신의 몸에서 생겨나는 익숙하지 않은 감각을 주의 깊게 관찰하라. 이는 심상·고통·긴장감 등이 될 수 있다. 이제 서로 연결된 상태에서 감각적으로 느낀 것을 서로 공유하라. 이 과정을 5분 동안 진행하라. 함께 피드백을 나눈 후, 큰 집단으로 돌아가 배운 것을 공유하라.

포용

현존이 수반하는 모든 감각적 알아차림을 느끼기 위해서는, 치료자는 그 경험에 압도되지 않도록 자기 자신에 대해 안정감을 느껴야 한다. Buber(1958, 1988)의 포용의 개념은 내담자의 경험에 수용적으로 열린 상태를 유지하면서 자신에게 집중하는 이 특성을 반영한다. 포용은 공감의 민감한 특성과 비슷하지만, 자신과의 접촉과 중심에 집중하는 특성이 추가된 것이다. 한 치료자는 완전히 수용적이면서도 내면적으로 또 전체적으로 중심을 유지

하는 과정을 다음과 같이 설명했다.

그래서 마치 내담자가 그 모든 것을 겪을 수 있도록 정말 안정된 상태에 있는 것과 같고, 그 끔찍한 고통과 그 고통의 세부 사항을 정말로 알아차리지만, 너무 안정되어서 그게 당신에게 영향을 미치지 않는 느낌이다.

포용은 치료자가 내담자의 경험에서 멀리 떨어져 있거나 부재한다는 것을 의미하지 않는다. 대신, 치료자는 자기가 안정된 상태를 유지(staying grounded)하고, 자기와 연결된 상태를 유지하면서 상대방의 경험을 온전히 받아들인다. 포용은 현존의 체화된 경험(embodied experience)의 안정화(grounding) 측면의 일부이지만, 수용성의 중요한 측면이기도 하다.

확장되거나 강화된 알아차림

치료자들은 또한 수용성의 추가적인 요소인 확장되거나 강화된 알아차림으로 주어진 순간에 현존한다고 묘사했다. 이러한 신체적·감각적 민감성은 내담자가 듣고 느끼는 것에 대해 더욱 풍부하고 깊은 경험을 하는 것을 의미한다. 이는 그 순간에 조율하면서 떠오르는 심상, 말, 신체 감각 또는 기타 감각적 경험에 대한 민감성을 포함한다. 이는 일몰이나 아름다운 음악의 세부 사항과 더 큰 감각적 경험을 알아차리는 것과 비슷하다. 일몰을 더 집중해서 바라볼수록 색이 더 풍부하게 보인다. 음악을 들을 때 더 조용하게 집중할수록 악기나 목소리가 더 뚜렷하게 들리고 소리가 더 생생하게 들린다. 내담자에게 더 개방적이고 집중할수록 내담자의 경험이 더 다채롭고 리듬감 있고 생생하게 느껴질 수 있다.

초감각적 수준의 소통

수용성에는 치료자와 내담자 사이에 일어나는 초감각적 수준의 의사소통도 포함된다. 몇몇 치료자들은 내담자의 경험과 감정을 명확하고 생생하게 느낄 수 있는 능력을 언급했지만, 그 정보를 받은 출처를 명확하게 설명할 수는 없다고 말했다. 한 치료자는 이러한 경험을 일종의 확장되거나 변화된 의식 상태라고 설명했다.

가끔은 우리의 기본 감각이 아닌, 뭔가 다른 차원의 소통이 일어나고 있는 건 아닌지 궁금해진다. 만약 내가 어떤 식으로든 더, 단어가 생각나지 않지만, 초감각적인 수준의 소통을 포착하고 있다면 말이다. 때로는 마치 서로 연결되어 있는 것 같은, 그리고 무슨 일이 일어나고 있는지 어느 정도 아는 듯한 느낌이 들기도 한다.

인터뷰에 참여한 한 치료자는 내담자가 겪고 있는 것을 알 수 있고 느낄 수 있었던 특별한 경험을 이야기했다. 그 치료자는 내담자가 겪고 있는 것을 알 수 있는 명백한 단서는 없었지만, 내담자가 겪고 있는 것을 알 수 있었고 느꼈다(Geller, 2001). 이 치료자는 자신의 경험을 내담자와의 깊은 수준의 연결에서 비롯된 것이라고 설명했다.

나는 정말로 매우 연결되어 있었고, 그녀의 표정에는 뭔가 특별한 것이 있었다. 그녀의 목소리 톤이나 뭔가 다른 것에서…… 그녀가 표현하지 않은 어떤 장소와 공감하는 공명이 있었다.

또 다른 치료자는 내담자의 말하지 않은 경험을 느끼는 것이 깊은 공간 공유의식(deep sense of sharing space)에서 비롯된 것이라고 이해했다.

그것은, 또한, 현재 이 순간에, 경계 없이, 당신이 나만큼이나 나에게 투사된 존재이며, 나도 당신에게 투사된 존재이기 때문에, 그 순간 만남은 훨씬 더 깊은, 신성한 공간에 존재한다. …… 감정은 당연히 공유된다.

다른 설명으로는 인터뷰에서 언급된 한 치료자가 자신이 "정보를 담는 그릇(vessel of information)"처럼 느껴진다고 한 것이다. 그는 "이것은 다시 한 번 전문 용어이지만, 어떤 것이 내 안을 흐르며 나와 연결되는 것 같은 느낌"이라고 말했다. 그는 자신이 "더 큰 어떤 것의 영역"과 연결되어 있다는 느낌을 인정했다.

치료자는 순수하게 수용적인 태도를 취하며, 주어진 순간에 내담자의 경험을 열린 마음으로 받아들이고 있지만, 이 정보를 알고, 이해하고, 활용하기 위해서는 치료자가 자신이 받아들이는 것을 자신의 신체적 경험과 연결해야 한다. 현존의 과정 중 이 부분을 '내적 조율(inwardly attuning)'이라고 한다.

멈춤의 순간

잠시 멈추고 수용의 심상을 만들어 보라.

- 눈을 감고 호흡에 집중하라.
- 완전히 열리고 수용적인 상태가 몸에서 어떻게 느껴지는지 알아차려라. 손이 열린 상태인가? 아마도 그것은 당신의 마음이나, 또는 당신의 몸에서 듣기 위해 열린 다른 수용적인 부분으로 들어가는 문일 것이다.
- 몸에서 완전히 수용적인 상태가 어떤 느낌일지, 자신만의 심상이나 문구를 떠올려라.
- 이 이미지나 문구와 함께 조용한 시간을 보내며, 필요할 때 다시 이 이미지로 돌아올 수 있도록 온전히 현존하는 순간을 가져 보라.

내적 조율

현존의 과정에 있는 둘째 하위 범주는 자신의 내적 경험의 흐름과 접촉하고 내면적으로 조율하는 것을 포함한다. 한 치료자는 자신의 내적 기준에 내면적으로 조율하고 이를 활용하는 자신의 경험을 다음과 같이 설명했다(Geller, 2001).

> 나는 내면에서 경험하는 모든 진실된 것들에 집중한다. 내 심상, 감정, 기억들이다. 이 모든 것이 떠오르고, 그 과정에서 나에게 어떤 메시지를 전달한다. …… 때로는 현존해, 내면에서 떠오르는 모든 것을 단순히 듣는 순간들이 있다.

내면으로 조율하는 것은 치료자가 (1) 내담자가 공유하는 내용에 대한 자신의 정서적 공명(emotional resonance), (2) 공명 경험에서 발생하는 모든 내부적 통찰·직관·반응, (3) 내담자와 완전히 함께 있는 데 방해가 될 수 있는 요소(예: 역전이 반응, 주의 분산, 지루함, 주의력 산만)를 파악하는 데 도움이 될 수 있다. 현존에 대한 이러한 장벽이나 도전은 인정하고 나중에 탐색하기 위해 보류할 수 있다(예: 역전이 반응의 경우). 또는 치료에 유용한 것으로 인식할 수도 있다(대인 공명; interpersonal resonance). 또는 주의력을 다시 그 순간으로 되돌리기

위한 주의 분산이나 전환의 순간으로 인정할 수도 있다(현존의 도전 과제에 대한 자세한 설명은 8장 참조).

내면으로 조율하기 위해서는 자기인식(self-awareness)에 대한 기술과 연습이 필요하며, 치료에 유용한 것과 내담자 및 치료 과정 전반과의 관계를 분산시키거나 방해하는 요소를 구별하는 능력이 필요하다. 내면으로 조율하기의 주요 측면은 자신을 이해와 변화를 촉진하는 도구(instrument)로 인식하는 것이다.

도구로서의 자기

현존의 과정에서 치료자는 '자기를 도구로(self as an instrument)' 사용하여 내담자를 이해하고 반응의 지침으로 삼는다. 이러한 이해는 내담자로부터 받은 경험과 치료자가 공유된 내용을 자신의 개인적·임상적·직관적 이해와 통합한 것이다. 이러한 내적 통합은 말·감정·심상 또는 신체 감각을 통해 치료자에게 전달된다.

한 치료자는 내담자와 함께 있는 동안 자신의 신체적 감각을 통해 느끼고 반응한 경험을 다음과 같이 이야기했다(Geller, 2001).

보통은, 그 현존의 순간에, Rogers가 말한 "마치 ~인 것처럼"이라는 느낌을 어느 정도는 느낄 수 있다. 내담자가 경험하고 있는 것을, 나도 어떤 식으로든 경험하고 있는 듯한 느낌이다. 나에게는 종종 신체적인 감각으로 느껴지지만, 내담자가 표현하려고 하는 것을 내가 말로 표현할 수 있는 경우도 많다. 물론 그 말이 어디서 나오는지는 전혀 모르겠다. 하지만 나는 특별한 인지처리 과정을 하고 있다는 것을 인식하지 못한다. 그저 그들과 함께한 경험에서 자연스럽게 떠오르는 것 같다.

이러한 내적 지식은 내담자의 과정에 중요한 것을 반영한 것으로 간주된다. 치료자들은 이러한 방식으로 자기를 사용하는 것이 치료 과정을 촉진하는 데 정확하고 중요한 반응을 뒷받침한다고 지적했다.

즉흥성과 창의성의 향상

치료자들은 자신의 내적 경험이 더 창의적이고 즉흥적이며, 자신의 알아차림에 사용할 수 있는 반응과 기법 또는 접근법의 수가 더 많다고 말했다. 다양한 이론적 배경을 가진 치료자들은 새로운 정보와 새로운 접근법에 더 개방적이며, 문제를 다룰 때 다양한 관점을 더 잘 인식한다고 말했다(Geller, 2001). 한 치료자는 치료적 현존의 이러한 측면을 "예기치 않고, 색다르고, 계획되지 않은 일을 하는 것"이라고 설명했다.

인터뷰에 참여한 한 치료자는 지각의 한계와 경계를 제거해야 더 많은 정보를 받을 수 있다고 말했다.

글쎄, 그것이 현존과 관련이 있는 것은 모든 것이 현존에서만 가능해지고, 모든 것이 확장되기 때문이다. 따라서 시간이 확장되고, 모든 경계가 무너지기 시작한다. 그리고 우리가 스스로에 대해 설정하는 제한 때문에 보통은 볼 수 없는 모든 것이 볼 수 있게 된다.

현존하는 상태에서는 더 많은 선택지와 창의성이 드러나지만, 이러한 새로운 반응을 듣고 공유하는 데에는 어느 정도의 신뢰와 위험이 따른다.

신뢰

현존의 과정에서 치료자들은, 비록 내담자에게 반응하는 정해진 방식에서 벗어나더라도 이러한 즉흥적인 직관을 신뢰한다고 설명한다. 한 치료자는 현존 상태에 있을 때 내담자에게 특정 방식으로 개입할 수 있게 해 주는 애착이나 통제의 부재를 설명했다(Geller, 2001). 또 다른 치료자는 현존에서 "창의성과 자유, 그냥 자신을 놓아 버릴 수 있는 자유"를 더 크게 느꼈다고 말했다. 그는 이런 방식으로 반응할 때 내담자의 치료 과정이 가속화된다는 것을 발견했다.

치료자가 직관적인 심상, 통찰력, 내적 경험을 공유할 때, 그 과정에 대한 신뢰가 긍정적인 피드백 고리를 만든다. 내담자의 치료 과정을 진전시키는 자신의 반응에 대한 경험은 치료자가 자신의 직관에 대한 신뢰를 쌓을 수 있게 한다. 이는 더욱 참신한 경험이 등장할 수

있게 한다. 반대로, 현존하지 않을 때 치료자는 자신의 통찰력과 반응에 대해 고민하고, 심상·말·반응에 대한 자신의 내적 이해에 대해 자기의심(self-doubt)을 경험할 수 있다. 한 치료자는 이 과정을 다음과 같이 요약했다.

나는 항상 직관을 느끼지만, 항상 그 직관을 믿지는 않는다. 현재의 상태에서는 심지어 그 직관을 믿는지조차 생각하지 않는다. 그냥 그렇게 행동할 뿐이니까. 그래서 아마도 믿는 것 같다. 하지만 다른 상태에서 직관을 느낄 때는 그 직관을 의심할 수도 있다.

자신의 직관적인 반응을 거부하면 치료자가 회기에 덜 집중하게 되어 내담자가 자신의 말을 듣지 않고 인정하지 않는다고 느낄 수 있다.

한 내담자가 나(S. M. G.)에게 이전 치료자와의 경험에 대해 이야기했다. 그녀는 결혼 생활에서 그녀를 깊이 괴롭히는 문제들을 계속해서 공유하려고 노력했지만, 치료자는 그녀가 공유한 내용과 어느 정도 관련이 있는 도전적인 인식에 대한 일련의 단계를 계속 안내했다. 그 후 그녀는 인지행동치료의 배경을 가지고 있지만, 더 현존하는 접근 방식을 취하는 다른 치료자를 만났다. 둘째 치료자는 프로토콜을 따르고 있었을지 모르지만, 그녀의 반응과 개입의 선택은 내담자가 그 순간에 표현한 것과 직접적으로 관련이 있는 것처럼 느껴졌으며, 내담자는 공유된 내용에 따라 프로토콜에 유연성이 있다고 느꼈다. 이 내담자는 자신이 깊이 이해받고 있다고 느꼈고, 치료자가 이러한 수준의 현존, 경청, 반응, 적응력을 보였을 때 치료 과정이 가속화된 것을 느꼈다고 말했다.

진정성과 일치성

내담자와 함께 있는 순간에 자기 자신에게 진실되고 일관된 태도를 유지하는 것은 자신의 경험의 흐름에 내면적으로 조율되는 자연스러운 표현이기도 하다. 치료자는 자신의 감정을 드러낼 수 있으며, 치료에 도움이 된다면 내담자와의 관계에서 그 감정을 기꺼이 경험할 준비가 되어 있다. 완전한 자기 자신이 된다는 것은 먼저 자신의 감정·경험·직관을 인식한 다음, 언어적·비언어적으로 자신의 진정한 자기(authentic self)를 진실하게 표현하는 것을 의미한다.

일치성(congruence)에는 두 가지 요소가 있다. (1) 자신의 내적 경험이나 '진정성(authenticity)'을 인식하는 능력, (2) 내면의 상태를 '투명(transparency)'하게 상대방에게 전달하려는 의지이다(Lietaer, 1993). 진정성은 여기에서는 치료적 현존의 내부적 알아차림의 구성 요소로 논의된다. 투명성은 현존 과정의 다음 절인 '확장 및 접촉'에서 논의된다. 진정성은 다른 사람과 함께 인간으로서 존재하는 측면을 반영한다.

치료자는 내담자가 치료자의 진정성을 받아들일 수 있는 개방성과 준비 상태에 맞추어서 치료에 임하는 것이 중요하며, 치료자는 내면에 집중하여 이것이 치료에 적합한지 평가해야 한다. 예를 들어, 자신의 문제에 분산되어 있거나 몰두하는 것이 진실된 경험에 포함되는 경우, 진실된 알아차림을 사용하여 자신의 주의를 다시 그 순간으로 되돌리는 것이 더 가치 있다.

현재의 순간으로 돌아가기

내면으로 조율하는 데 필수적인 측면은 우리가 현존하지 않을 때 그 사실을 알아차리고, 그 알아차림을 통해 현재로 돌아오는 것이다. 이러한 방황이 발생하면 내담자를 이해하고 반응할 수 있는 중요한 기회를 놓칠 수 있다. 우리 연구에 참여한 컨설팅 전문가 중 한 명(Geller, 2001)은 현재로 돌아오는 과정을 "자기의식적 현존(self-conscious presence)" 또는 "현존하기 위한 투쟁(struggle to be present)"이라고 표현했다. 그녀는 어려운 정서를 다스리는 예를 다음과 같이 설명했다.

나는 오히려 그 투쟁을 알아차렸고, 그 투쟁이 어떻게 해결되느냐에 따라 내가 그 순간에 완전히 현존할 수 있었는지 여부가 결정되었다. 만약 그 투쟁을 해결하지 못했다면, 나는 완전히 현존할 수 없었었다. 만약 그 갈등을 내 정서적 경험 중 일부, 심지어 현재의 상호작용과 관련이 있다고 생각했던 부분까지도 차단하는 쪽으로 해결했다면, 나는 훨씬 덜 현존했다. 그리고 만약 "오, 기회를 잡을 거야"라는 태도로 해결했다면, 나는 더 완전히 현존했고, 그 현존의 일부는 잠재적인 당황스러움이나 혼란에 대한 두려움이나 불안감일 수 있었다.

치료자가 경험하고 있는 것에 대해 내면으로 성찰하는 것도 역전이의 처리에 도움이 될

수 있다. 한 치료자는 내담자가 자신에게 영향을 준 일에 대해 이야기하는 동안 깊은 정서가 떠오르는 것을 경험했다고 말했다. 그녀는 잠시 시간을 내어 자신의 정동 상태(affective state)에 집중한 결과, 자신을 놀라게 한 것은 자신의 어려움이라는 것을 깨달았고, 그 회기가 진행되는 동안은 그 일을 잠시 제쳐두기로 의식적으로 결정했다. 따라서 자신의 역전이 알아차림은 그 순간으로 돌아가는 데 도움이 될 수 있으며, 나중에 슈퍼비전이나 치료자와 함께 드러난 문제를 탐색하거나 해결하기 위해 노력할 수 있게 해 준다.

자신의 경험에 능숙하게 집중할 수 있는 능력은 치료자에게 여러 가지 이점을 가져다준다. 예를 들어, 주의 산만 원인을 파악하고, 내담자의 경험에 대한 직관과 신체적 공명을 파악하며, 내담자에게 진실되고 적절하며 효과적인 반응을 할 수 있도록 치료자를 안내할 수 있다. 현존의 과정이 계속 깊어지기 위해서는 치료자의 수용력과 내적 조율이 자신을 확장하고 내담자와 깊은 접촉을 통해 자연스럽게 흐르도록 해야 한다.

3 확장 및 접촉

현존의 과정의 셋째 하위 범주는 자신을 확장하고, 매우 직접적이고 인간적인 방식으로 내담자를 만나고 접촉하는 것을 포함한다. '확장(extending)'이란 자신의 경계를 넓혀 다른 사람을 포함하고, 그 순간 내담자의 치유 과정에 직접적으로 관련된 것에 따라 자신의 내면·심상·직관·통찰력·이해 또는 개인적인 경험을 제공하는 행위이다. '접촉(contact)'은 침묵을 공유하거나 언어로 표현하는 등, 자신의 본질과 내담자의 본질을 직접 만나는 것을 의미한다. 이 과정에는 두 명의 독특한 존재가 만나서 만들어지는 관계의 영역에 대한 민감성도 포함된다.

치료적 현존에서 치료자는 내담자의 경험과 내담자와 치료자 사이의 관계를 인식하면서, 자신을 외부로 확장하고 내담자와 직접적이고 즉각적인 접촉을 유지하는 등, 그 순간의 모든 측면에 주의를 기울이는 복잡한 과정에 몰입한다. 이 절에서는 접근성, 내담자를 깊고 완전하게 만나기, 투명성과 일치성, 직관적인 반응 등, 확장 및 접촉의 모든 측면에 대해 자세히 설명한다.

접근성 확보

치료자는 전문적·개인적·경험적 측면에서 내담자에게 전적으로 자신을 바치고, 자신의 본질에서 내담자의 본질에 집중한다. 한 치료자는 인간적인 면(humanness)에서 접근하기 쉬운 치료자가 되는 것에 대해 다음과 같이 말했다.

이것이 바로 진정한 내 모습이다. 이것이 바로 내가 당신에 대해 진심으로 느끼고, 그 순간에 당신을 보는 방식이며, 우리가 두 명의 인간으로서 연결되어 있다는 느낌이다. 그래서 나는 여전히 치료자이고, 전문가이지만, 그 순간에 내가 할 수 있는 한, 가능한 한, 당신과 함께 또 다른 인간으로서 존재하고 있다.

치료적 현존에서, 치료자의 인간성은 내담자가 접근할 수 있으며, 여기에는 직접적이고 중재되지 않은 방식으로 내담자에게 전체 자기(whole self)를 바치는 것이 포함된다. 이는 냉정하고 객관적인 태도를 유지하는 것과는 완전히 대조적이며, 오히려 적절한 경계를 유지하면서도 나-너의 만남(I-Thou encounter)에서 주관적으로 연결되어 있는 것이다.

만남

치료자가 내담자와의 구별이나 분리를 제쳐두고 대신 내담자가 자신의 인간성을 느낄 수 있도록 허용할 때, 그들 사이에 진정한 만남이 일어날 가능성이 더 커진다. Buber(1965, Heard, 1993에서 인용)에 따르면, 치료자와 내담자가 진정한 '만남(meeting)'에 참여하면 그들 사이에 새로운 현실이 만들어진다. 이 새로운 현실, 즉 각 개인을 초월하는 더 큰 연결의 상태에서 진정한 치유가 일어난다. 인터뷰에 참여한 치료자들은 이 개념을 내담자와 "공간을 공유(sharing space)"하는 경험, 다른 사람과 하나가 되는 느낌, 공간적 경계의 해체로 설명했다.

만남에서 치료자들은 내담자의 내면세계에 더 쉽게 접근할 수 있고, 정서, 꿈, 기억, 성찰 등 내담자의 경험에 대해 더 민감해졌다고 말했다(Geller, 2001). 인터뷰에 참여한 한 치료자는 자신의 경험을 이렇게 설명했다.

그것은 내담자와 함께 공간에서 활동하는, 현존에 더 가깝다. 우리는 공간을 공유하는 것이다. 그 공간에는 내 의식, 내 알아차림에서 나온 것들이 들어오고, 그 공간을 통과한다. 그리고 그 공간에 들어갈 수 없는 경우도 있다.

치료자들은 또한 이 공유된 "신성한 공간"에서 내담자를 만날 때 내담자와의 "시너지(synergy)"를 느끼고 상호작용에 리듬과 템포가 있다고 밝혔다. 두 사람 사이에는 균형 잡힌 상호작용이나 연결이 존재하며, 치료자는 내담자를 압도하거나 지배하지 않으며, 내담자로부터 압도되거나 지배받는 느낌을 받지 않는다. 치료자들은 만남에서 내담자와 합쳐지는 느낌을 받았다고 말했지만, 동시에 분리감(sense of separateness)도 유지했다고 말했다. 현존 과정에서는 치료자가 내담자와 합쳐지는 느낌(feeling merged)과 자기 자신 및 자신의 경험에 대한 연결과 주의 사이를 오간다.

투명성과 일치성

치료자는 내담자에게 자신을 확장할 때, 임상적으로 관련성이 있는 경우 자신의 진정한 자기(authentic self) 또는 진정한 경험을 공유할 수 있다. 투명성은 진정성의 외부 표현이다(Lietaer, 1993). 투명성은 예측할 수 있는 것이 아니라, 치료자가 내담자와 접촉하고 자신의 경험을 접하면서 내담자를 위해 자신을 표현하는 것이 옳거나 적절하다고 느낄 때 발생하는 것이다. 이러한 공유는 그 순간에 살아있는 것과 내담자의 치유 과정을 촉진할 수 있는 것에 의해 안내된다. Geller(2001)가 인터뷰한 치료자가 설명한 바와 같다.

나 자신의 현존을 느끼고, 그 사람과 함께 있다고 느낄 수 있는 순간이 있다. 그래서 그 사람에게 내 반응을 드러낼 수도 있다. 내담자가 자신의 인생에서 겪은 깊은 정서적 고통이나 괴로움을 이야기하고 있다면, 나는 "당신이 겪은 고통은 당연한 것이 아니라고 생각합니다"라고 말할 수도 있다. 그래서 그 사람, 내담자의 삶이나 상황에 대한 내 개인적인 반응을 공유하는 것이다.

이런 방식으로 진실하게 공유하면, 내담자는 치료자의 솔직하고 진실한 감정을 듣고 강력한 치유 과정을 시작할 수 있다. 그러나 이러한 공유는 내담자의 경험에 직접적인 반응으

로 이루어져야 하며, 치료자의 의도가 반영되어서는 안 된다.

직관적 반응

듣고, 신뢰하고, 자신의 직관에 따라 행동하는 과정은 어떤 면에서 현존의 전체 과정을 축소판으로 보여 주는 거울과도 같다. 치료자는 내담자의 경험을 수용적으로 받아들이고, 그다음에 내면으로 조율하여 내담자가 받은 것을 자신의 신체로 경험한다. 치료자는 내면에서 즉각적으로 내담자와 공명하면서 거의 고민하지 않고 반응한다. 한 치료자는 내면의 경험을 통해 감지하고 반응하는 것의 가치에 대해 다음과 같이 성찰했다.

심리치료는 어떤 면에서 매우 어려운 과제였다. 왜냐하면 그것은 내 뇌의 소리를 듣는 것에서 비롯된 것처럼 보였기 때문이다. 하지만 내가 단순히 내 경험이 말하는 것을 듣기 시작했을 때, 그 과업은 더 쉬워졌다. 마치 여러 목소리가 들리는 것처럼, 이론적인 설명도 참고하면서 동시에 직관적이고 몸으로 느끼는 경험에도 귀를 기울일 수 있게 된 것이다. 또한 신체 활동을 할 때도 비슷한 경험을 했다. 새로운 기법이나 방법을 배우면, 그것이 내 직관적인 경험의 일부가 되는 것이다. 마치 다른 과정을 통해 매개되는 것처럼 말이다.

결론

치료적 현존의 과정은 전반적으로 내담자가 그 순간에 경험하는 것을 수용하고, 그 경험이 치료자의 몸에 어떻게 공명하는지 내면적으로 조율하며, 내담자를 한 사람으로서, 그리고 그 순간에 경험하는 감각에서 출발하여 그와 접촉을 확장하고 유지하는 것으로 묘사되어 왔다. 치료적 현존은 심리치료에 대한 학습 이론, 기법, 또는 기법적 접근이 전혀 없다는 것을 의미하지 않는다. 현존의 과정에서 치료자는 회기 전에 사용할 접근법이나 단계를 미리 결정하지 않고, 의식적인 지침으로서 이론과 개념화를 버리고, 내담자와 함께 그 순간에 깊이 느끼는 경험에서 반응이나 개입이 나타나도록 한다. 다음으로, 치료적 현존 모델의 셋째 포괄적인 특성, 즉 치료자가 치료적으로 현존하고 있다는 것을 몸으로 느끼는 경험을 설명한다.

6장

치료적 현존의 체화된 경험

현재성(nowness)을 경험하는 방법은 바로 이 순간, 바로 이 삶의 순간이 항상 그 기회임을 깨닫는 것이다.

—트룽파(TRUNGPA, 1984, p. 71)

현존의 신체적 경험은 치료적 현존 모델의 셋째 주요 범주이며, '완전히 현존하는(being fully present)' 상태의 특성을 포함한다. 이 경험을 이해하는 것은 치료자가 자신의 현존감(sense of presence)을 높이기 위해 개발해야 할 영역을 파악할 수 있다는 점에서 가치가 있다. 현존의 경험(Geller & Greenberg, 2002)은 네 가지 하위 범주로 나뉜다. 첫째는 치료자가 자신의 신체와 내면에 중심이 잡혀 있고, '안정감 있고(grounded)', 통합되어 있다는 느낌을 포함하는, 치료자의 안정감에 대한 감각을 반영한다. 둘째는 치료자가 내담자와 함께 그 순간의 경험에 완전히 '몰입하는 것(immersed)'이다. 셋째 하위 범주는 공간감(sense of spaciousness), 즉 내담자와의 관계, 자기(self), 그리고 그 순간에 존재하는 여러 가지 미묘한 차이에 집중하면서 알아차림과 감각이 '확장(expansion)'되는 것을 포함한다. 넷째는 '연민(compassion)', 즉 내담자의 치유 과정에 '함께 하고 그 과정을 위해' 현존하고자 하는 의도이다. 이 장에서는 현존의 경험에 포함된 이러한 다양한 측면과 그 구성 요소를 소개한다. 학

습을 위해 이러한 구성 요소를 분리했지만, 이러한 특성이 결합되어 현존의 전체적인 경험을 구성한다.

현존(presence)과 치료적 현존(therapeutic presence)을 구분하는 것이 도움이 될 수 있다. 치료적 현존은 앞의 네 가지 하위 범주를 모두 포함하는 반면, 현존은 이러한 측면 중 하나를 포함하지 않고도 인생에서 존재할 수 있다. 예를 들어, 몰입과 확장은 일몰을 바라보는 중에 경험할 수 있다. 이러한 측면은 예술, 춤, 성행위 또는 명상에서 경험할 수 있지만, 안정감은 포함될 수도 있고 포함되지 않을 수도 있다. 사실, 이러한 상황에서 현존은 자기의 경험 상실을 포함할 수도 있다. 그러나 치료적 현존을 통해 치료자는 안정감과 중심감을 경험하고, 자신과 접촉하며, 상대방에게 안전한 기반을 제공한다. 또한, 치유 과정을 돕기 위해 '내담자를 위해, 그리고 내담자와 함께 있다는' 의도를 가지고 있을 때, 현존은 치료적이게 된다. 체화된 경험을 훈련하기 위한 핵심 연습은 14장과 Geller(2017)의 『치료적 현존을 함양하기 위한 실용 지침(A Practical Guide for Cultivating Therapeutic Presence)』에서 찾을 수 있으며, 이 장에서는 몇 가지 추가적인 연습을 소개한다.

멈춤의 순간

우리는 당신이 자신의 내면적 경험과 개념적 지식이 조화를 이룰 수 있도록 자신의 현존에 대한 개인적인 이해로 숙고하기를 바란다.

- 잠시 멈추고, 숨을 쉬며 내면으로 들어가는 시간을 가져 보라.
- 완전히 현존을 느꼈던 순간을 떠올려 보라. 예를 들어, 일몰을 바라보거나 자연의 강력한 풍경을 보거나 강아지나 아기를 보는 순간 등이 될 수 있다. 그 순간 몸에서 어떤 느낌을 받았는가?
- 친구가 어려움을 겪고 있을 때, 그 친구에게 매우 현존한 상태로 다가갔고 도움이 되었다고 느꼈던 순간을 떠올려 보라. 그 경험의 특징은 무엇이었나? 평온함이나 안정감을 느꼈는가? 어려움 속에서도 평온함을 찾을 수 있었던 이유는 무엇이었나?
- 내담자와 완전히 현존했던 순간을 생각해 보라. 내담자가 경험하는 것과 직관적으로 조화를 이루었고, 반응이 자연스럽게 흘러나와 상대방에게 적합하다고 느꼈던 때를 떠올려 보라. 그 경험 중에 어떤 감정을 느꼈나? 그런 감정을 느낄 수 있게 한 것은 무엇이었나? 내담자에게 어떤 이점이 있었나?
- 각 시나리오에서 경험한 특성을 몇 가지 적어 보라.

우리는 치료적 현존의 주요 특징에 대해 추가로 설명하며, 이 특징들을 현재 순간에 완전히 몰입한 자신의 내적 경험과 비교해 보기를 권한다.

안정화

현존의 체화된 경험(embodied experience)의 첫째 주요 하위 범주는 '안정화'이다. 안정화는 심리치료 문헌에서 명확하게 정의되지 않은 개념이지만, 치료자들은 일반적으로 안정화가 무엇을 의미하는지 잘 이해하고 있다. 안정화는 자신의 중심에 서서 건강하고 통합된 자기와 접촉하는 것을 의미한다. 치료자들은 내담자의 고통과 괴로움에 완전히 몰입되어 있는 동안에도 안정되어 있다고 표현한다.

리더십 문헌에서 안정화는 "우리 자신을 무언가에 뿌리내리는 것(rooting ourselves in something)"으로 정의되어 있다(Cunningham, 1992). 여기에는 신체적 안정화(자신을 표현하는 방법), 영적 안정화(영적 또는 종교적 수행의 지침에 따라 이론을 세우거나 생활하는 것), 전문적 안정화(전문 교육 및 이론에 뿌리를 둔 원칙에 따라 행동하는 것), 위치적 안정화(한 위치에서 일관된 태도를 유지하는 것)가 포함된다. 접지(接地; earthing) 및 안정화 문헌에서는 우리 몸, 대지, 그리고 관계에서 안정된 상태를 유지하는 것으로 언급된다(Chevalier, 2015; Chevalier et al., 2012).

안정화에는 몸과 마음이 조화를 이루고, 단단하고 똑바로 서거나 앉거나 걷는 자세를 취하는 것이 포함되며, 여기에는 강하고 정렬된 자세가 포함될 수 있다. 또한, 표정과 외모에 개방성과 단단함이 드러나며(신체적), 윤리적 및 개인적 선택을 안내하는 데 도움이 되는 개인적인 영적 또는 종교적 수행이 포함된다(영적). 또한, 치료, 변화 및 인간 본성에 대한 좋은 배경지식과 실무 지식을 갖추고 있으며(전문적), 치료자와 내담자 모두가 편안하고 안전하다고 느낄 수 있는 좋고 일관된 작업 공간이 있다(위치적). 다음으로, 이 안정화 특성의 하위 구성 요소를 설명한다.

중심 잡히고, 안정적이며, 전체적인

안정화에는 다양한 어려운 정서를 경험하는 동안에도 중심 잡히고, 안정적이며, 그리고

전체적인 느낌을 포함한다. 이는 '평정심(equanimity)'을 경험하는 결과로 이어질 수 있다. 즉, 어려운 정서나 경험으로 인한 고통이나 도전 속에서도 평온함을 느낄 수 있는 것이다.

우리 연구에 참여한 한 참가자는 자신의 중심을 유지하는 경험을 다음과 같이 설명했다(Geller, 2001).

그것은 자신의 경험을 인식하고 그 경험에 사로잡히지 않는 것이다. "아, 이런 일이 일어나고 있구나"라고 인식하는 것이다. 모든 수준에서 말이다. 심지어는 육체적으로 어떤 감각을 경험할 수도 있다. 하지만 이것이 단지 표면적인 경험, 표면적인 감각이라는 것을 잘 인식하고 있는 것이다. 침묵, 안정감, 중심감, 그저 존재한다는 것에 대해 훨씬 더 크고 깊은 알아차림을 가지고 있는 것이다.

너무 멀리 떨어져서 그 순간의 경험에서 벗어나는 것과 내담자의 정서적 상태에 지나치게 관여하고 그 안에 들어가서 취약하고 흔들리며 분리된 자기를 상실하는 것 사이에는 미묘한 차이가 있다. 치료자는 내담자를 포함하도록 경계를 넓혀 자기중심(centering in self)을 잡고 자신의 감정·감각·경험을 분리한다. 중심을 잡는다는 것은 우리 주변에서 일어나는 일의 깊이를 받아들이거나 경험하면서 건강한 자기감과 몸·마음·정신의 개인적 통합을 경험할 수 있는 능력을 의미한다.

'중심 잡히고(centered)' '안정적이며(steady)' '전체적인(whole)' 상태는 주관적이고 객관적인 요소가 동시에 작용한다. Clark(1979)는 다른 사람의 충만함을 경험하기 위해서는 먼저 열린 마음과 초연함을 가져야 한다고 제안했다. 우리는 두 가지가 동시에 일어날 수 있다고 생각하지만, 안정되고 전체적이며 중심이 잡힌 자기감에서 출발하는 것이 치료자가 내담자의 경험의 깊이에 완전히 열리면서 압도되지 않도록 하는 데 도움이 된다고 생각한다.

중심성(centeredness)을 가지고 현재의 경험에 접근하면, 개인은 고통스러운 경험과 부정적인 정신 상태, 그리고 그 고통과 부정성이 그 사람의 전부가 아니라는 알아차림을 구분할 수 있게 된다(Siegel, 2007). 다른 사람의 고통스러운 경험과 깊이 연결되지만 그로부터의 분리를 식별할 수 있으려면, 먼저 자신의 내적 상태와 자신의 고통스러운 경험에 연민과 내적 평온함을 가지고 주의를 기울임으로써 내면에서 이러한 분별력을 개발해야 한다. Siegel(2007)은 '분별력(discernment)'을 마음의 활동으로부터 분리하는 일종의 목격자, 즉 고요함과 신뢰의 장소에서 고통과 어려운 정신 상태를 바라볼 수 있는 더 깊은 알아차림의 장소로 정의했다.

중심을 잡는 것과 안정화는 신체에 집중하는 것이다. 이는 우리 몸을 완전하고 온전히 받아들이고, 그것이 신체 자체, 마음(감정), 정신(인지)의 조화를 이루는 기반이 될 수 있도록 하는 것을 의미한다. 심리치료 훈련은 일반적으로 정신적 훈련을 중심으로 진행되며, 일부 학파에서는 정서 수준에서의 집중과 조율에 초점을 맞추기도 한다. 어떤 경우든, 단순한 것부터 복잡한 것까지 다양한 신체 기반 연습은 내적 균형을 돕거나, 적어도 중심 잡기의 느낌을 경험할 수 있는 기반을 제공할 수 있다. 정서의 소용돌이, 역전이 유발 요인, 또는 주의 산만함으로 인해 재조정이 필요한 상황에서 자신의 중심을 다시 찾을 수 있는 숙련된 방법은 회기에서 편안함을 제공할 수 있다. 이런 식으로, 신체적 연습이나 알아차림을 통해 중심으로 돌아가는 것은 치료자가 현존으로 돌아가는 출발점이 될 수 있다.

체화된 현존 연습: 핵심 신체 중심 잡기

이 연습은 Silsbee(2008)에서 발췌한 것으로, 그는 서 있는 자세로 시작할 것을 권장했다. 그러나 이 연습을 잘 마스터한 후에는 자세를 변경하여 혼자 또는 내담자와 함께 앉은 상태에서 중심을 잡기 시작할 수 있다. 중심을 잡는 법은 신체의 세 가지 차원, 즉 길이·폭·깊이를 통해 배울 수 있다(Silsbee, 2008). 중심 잡기(centering)는 내면의 상태이며, 이런 방식으로 신체를 통해 현존에 접근하는 것은 특정 신체 운동이나 자세 조정보다 내면을 정렬하는 데 더 가깝다는 것을 기억하라.

1. 길이: 두 발을 단단히 땅에 디디고 자세를 인식한 다음, 중력에 따라 몸을 정렬하여 쉽게 지탱할 수 있도록 한다. 발을 약간 벌리고 무릎을 굽히지 않은 상태로 골반을 약간 앞으로 기울여 척추를 곧게 펴라. 땅에 단단히 닿아 있는 발바닥을 느껴 보라. 어깨를 이완시켜 자연스럽게 내린다. 눈을 뜨고 시선을 부드럽게 유지하며 주변 시야를 열어 둔다. 턱을 이완시킨다. 정수리가 하늘과 연결되어 실에 의해 지탱되고 있는 것처럼 상상한다. 배꼽보다 5cm 아래에 있는 몸의 무게 중심으로 주의를 기울여라.
2. 폭: 체중을 오른쪽에서 왼쪽으로 부드럽게 이동한다. 몸의 폭 중앙에서 중립적인 균형 위치를 찾는다. 각 발에 체중이 균등하게 분산되어 있는지, 몸의 폭과 차지하는 공간이 균등한지 확인한다. 자신이 그 공간에 완전히 속해 있다는 것을 알고, 가슴이 확장되어

공간을 차지하고 있다는 느낌을 받으며 방을 걷고 있는 모습을 상상하면 도움이 될 것이다.

3. 깊이: 몸의 앞쪽과 뒤쪽을 인식하고, 몸을 정렬하라. 발뒤꿈치와 발끝을 부드럽게 앞뒤로 흔드는 것이 균형을 찾는 데 도움이 될 수 있다. 우리는 앞쪽에 있는 것에 집중하는 데 익숙하지만, 몸 뒤쪽의 공간도 느껴 보라. 마치 등 뒤에서 땅을 따라 거대한 꼬리가 뻗어 있는 것처럼, 몸 뒤의 무게와 질량을 느껴 보라. 몸의 앞뒤로 지지되는 느낌을 받아들이고, 배를 부드럽게 이완하고 열어라. 몸의 중심, 즉 위에서 아래로, 좌우로, 앞뒤로 정렬되는 지점이나 부위를 느껴 보라.
4. 호흡: 이제 몇 번 심호흡을 하면서 중심과 안정감에 집중하며 휴식을 취하라.
5. 연습을 끝내고, 체화된 현존으로 하루의 다음 순간으로 들어간다.

이 중심 잡기 연습은 매일 수행할 수 있으며, 각 단계에 몇 분씩 시간을 할애하면 된다. 연습을 통해 점차적으로, 하루 종일 내면의 중심 상태로 이동하고 돌아오는 능력을 키울 수 있다.

포용

포용은 중심을 잡고 안정적이며 온전한 상태를 확장한 것으로, 내담자의 세계로 들어가는 동시에 자신의 존재감(existence)을 유지하는 데 중점을 둔다. 이는 내면이 온전하고 중심이 잡혀 있는 느낌을 가질 수 있는 능력을 의미하며, 이를 통해 치료자는 자신에서 벗어나거나 단절되지 않고 내담자의 경험을 깊이 이해할 수 있다.

포용 속에서 자신과의 연결을 유지하는 것은 타자의 경험을 '마치 자신의 것처럼(as if)' 느끼는 데 초점을 맞춘 전통적인 공감(empathy)의 정의와 구분된다(Rogers, 1957). Buber(1988)는 포용을 "타인의 삶 속으로 과감하게 뛰어드는 것, 즉 자신의 존재를 가장 강렬하게 휘두르는 것"이라고 정의했다(p. 71). Buber(Rotenstreich, 1967에서 인용)는 "타인에게 나아갈 수 있으려면 출발점이 있어야 한다……. 자신과 함께 있어야 한다"고 지적했다(p. 127).

신뢰와 편안함

Geller(2001)에서 인터뷰한 치료자들은 현존할 때 자신, 내담자, 그리고 과정에 대한 기본적인 신뢰감을 느낀다고 말했다. 예를 들어, 한 치료자는 다음과 같이 설명했다.

이 모드, 좀 더 현존하는 모드에서는, 내가 말하는 것을 통제하지 않을 것이라고 생각한다. 그 모드에서는, 어떻게든 나 자신에 대해 더 많은 신뢰를 가지고 있는 것 같다. 내담자와 정말로 연결되어 있는 듯하고, 내가 말하는 모든 것이 괜찮다고 느껴진다. 의문을 가지지 않는다.

(내담자나 치료자에게) 어려운 정서가 출현하더라도, 치료의 움직임은 내담자를 위해 긍정적 또는 치유적인 방향으로 진행될 것이라는 본질적인 신뢰가 있다. 무엇이 드러날지, 어떻게 진행해야 할지 알 수 없는 모호한 순간에도, 치료자는 그 과정과 낯선 것에 대한 신뢰감을 유지한다.

치료자들은 미지의 것과 접촉하고, 일상적인 의식 상태를 초월한 신뢰감과 연결감(sense of trust and connection)을 느꼈다고 말했다. 이는 Rogers(1980)가 현존에 대한 신비적 또는 영적 차원으로 묘사한 것과 일치한다. 직관에 접근하는 경험은 미리 계획할 수 있는 것이 아니다. 오히려 안정감과 그 순간에 대한 열린 마음으로 자신을 조정하면, 치료자는 비록 그것이 이해가 되지 않더라도 자신의 본능에 귀를 기울이고 떠오르는 것을 신뢰할 수 있게 된다.

5 몰입

치료적 현존의 둘째 주요 범주인 몰입(immersion)은 내담자와 치료자의 현재 경험에 친밀하게 참여하는 것을 의미한다. 치료자는 그 순간에 친밀감을 느끼며, 모든 주의력을 이 치료적 만남에 집중한다. 그들의 신체 감각은 높은 몰입감으로 가득 차 있으며, 그 순간에는 다른 사람과의 만남 외에는 아무것도 존재하지 않는 듯한 느낌을 묘사한다. 안정화를 동반한 몰입은 치료자가 내담자의 경험에 깊이 들어갈 수 있게 해 준다. 안정화가 없다면 몰입은 치료자에게 압도적인 상태를 만들 수 있다. 몰입의 측면, 즉 몰두, 집착 없는 깊은 경험, 현재

에 집중, 인식, 경각심, 집중력 등에 대해 다음에서 설명한다.

몰두

인터뷰에 참여한 치료자들은 내담자와 치료 과정에 몰두감(sense of absorption)을 묘사했다(Geller, 2001). 몰두의 한 측면은 내담자와의 상호작용 범위 밖의 어떤 것에 의해서도 주의가 산만해지지 않는 것이다. 치료자의 알아차림은 정서적·인지적·지적·신체적으로 완전히 몰입되어 있다. 인터뷰에 참여한 한 치료자는 이것을 회기에서 다음과 같이 묘사했다.

방해하기 어려울 정도로 대화에 깊이 빠져 있는 두 사람을 볼 수 있을 것이다. 사람들의 얼굴에서 감정이 드러나는 것을 볼 수 있을 것이다. 나는 아마도 편안히 앉아 있지 않고 몸을 더 세우고 더 각성하며, 대화의 청각적 톤 역시 더 강렬했을 것이다. 청각적 리듬이 앞뒤로 바뀌면서 춤추는 듯한 느낌이 들었을 것이다.

몰두는 여러 수준에서 내담자의 경험에 강렬하게 몰입하는 것을 의미한다. 현재 공간에서 무언가에 대한 알아차림을 높이는 연습은 몰두의 질을 높일 수 있다.

몰입 현존 연습: 몰두

이 연습은 현존에서 몰두의 특성을 경험할 수 있는 기회를 제공한다. 각 부분의 지시 사항을 읽은 다음, 연습을 해 보라.

- 당신에게 깊은 감동을 주는 것 앞에 앉아 보라. 그것은 의미가 깊은 물건이나 작품일 수 있다. 창밖의 풍경, 사랑하는 사람의 사진, 조각품이나 다른 예술 작품 등.
- 눈앞에 있는 물건, 풍경, 또는 사진을 정말로 자세히 살펴보라. 그 세부적인 부분을 주의 깊게 관찰하라.
- 이제 그 그림이나 물건의 작은 세부 사항 중 눈에 띄는 것을 선택해 집중하라. 큰 관심과 호기심으로 그 부분을 관찰하라.
- 눈을 감고 그 심상을 시각화하라. 마음의 눈으로 그 심상을 유지하며, 시각적 세부 사항

뿐만 아니라 그 심상에 대한 반응으로 발생하는 신체적 감각에도 주의를 기울여라.

- 이제 천천히 눈을 뜨고, 그 물건이나 이미지를 처음 보는 것처럼 다시 바라보라. 풍경이나 물건을 새로운 눈으로 바라보면서, 당신이 알아차리는 것, 보는 것, 느끼는 것을 흥미와 호기심으로 완전히 인식하도록 하라.
- 신체 일부(예: 손)를 선택하거나 음식(예: 건포도)을 맛보면서, 보고, 느끼고, 감각을 인식할 수 있을 만큼 속도를 늦추고 자신을 인식하는 등 이 연습을 다양하게 변형할 수 있다.

집착 없이 깊이 경험하기

무집착(nonattachment)으로 깊은 경험하기(experiencing)는 경험이나 생각에 집착하고 붙잡는 우리의 경향보다는 변화하는 경험의 본질에 따라 움직이는 것을 의미한다. 무집착은 경험을 받아들이고 그 경험을 놓아 버릴 수 있는 능력을 의미한다. 치료자는 내담자의 경험에 대해 자신이 가진 생각에 집착하고 그 생각을 공유하고 싶어하기 때문에, 내담자와의 다음 순간과의 연결이 끊어지기 때문에 무집착은 특히 어려운 일이다. 현재에 관련이 있는 것이 다음 순간에는 관련이 없을 수도 있다. 이러한 통찰의 섬광을 인식한 다음 놓아 버리고, 새롭게 떠오르는 각 경험에 다시 마음을 열 수 있는 능력을 습득하는 것이 현존 기술의 일부이다.

무집착은 또한 자신이나 내담자가 경험할 것에 대해 통제력을 갖지 않는 것을 의미하며, Geller(2001)가 인터뷰한 치료자가 설명한 것처럼 다른 사람과 함께 미지의 세계로 기꺼이 들어가는 것을 의미한다.

그래서 나는 여기에서 일어날 일에 집착하지 않고, 알아차림의 상태에 앉아 있다. 마치 명상을 하는 것과 매우 비슷하다. 명상을 할 때 "아니, 그건 생각하고 싶지 않아" 또는 "분노가 일어나지 않기를 바라"라고 생각하지는 않는다. 무엇이 떠오르든, 그냥 떠오르는 대로 두는 것이다. 그리고 그것에 집착하지 않고, 그 순간에 집중하는 것이다.

무집착과 관련된 또 다른 도전 과제는 내담자의 특정 성과에 집착하지 않는 것이다. 치료자는 내담자가 원하는 결과에 도달하기 위해 선택한 리듬·속도·경로를 받아들이고 수용해야 한다. 동시에 치료자는 내담자가 변화하거나 경험해야 할 중요한 사항, 또는 변화가 일어나야 한다는 생각 자체를 버리고, 내담자의 변화가 그들에게 의미하는 바에 대해 내담자가 타고난 지혜를 신뢰해야 한다. 한 치료자는 무집착의 이러한 측면을 내담자에 대해 "전문적인 책임은 지지만 정서적인 책임은 지지 않는 것"이라고 설명했다. 또 다른 치료자는 이 과정에 대한 자신의 경험을 다음과 같이 설명했다(Geller, 2001).

그리고 나는 단순히 내가 그들의 변화에 대해 책임져야 한다는 느낌이 들었다. 내 문제 중 하나는 내가 그들의 변화를 책임져야 한다고 믿었던 것이었다. 다시 한번, 내 인지적 논리로는 이해하기 어려운 방식으로 갑자기 깨달았다. 이 내담자, 모든 내담자들을 변화시키는 책임은 나에게 있지 않았다. 나는 치료해야 하는 것에 대해서만 책임이 있었고, 그로 인해 매우 자유로워질 수 있었다. 그로 인해 내담자들에게 훨씬 더 집중할 수 있게 되었다. 왜냐하면 나는 그들이 잘될 때까지 그들에게 집착하고 있었기 때문이다. 그리고 결국 변화의 틀은…… 그들을 치유하는 과정을 돕는 것이 나의 의도라는 것이다. 이는 잘 되는 것과는 다르지만, 더 나은 것이다.

따라서 치료자는 내담자가 치유를 원할 경우, 치유를 위해 필요한 것은 내담자 자신에게서 직접 나와야 한다는 것을 이해하고 수용하면서 내담자에게 치유의 기회를 제공할 수 있다. 한 치료자는 이 점을 이해하게 된 경위를 다음과 같이 설명했다.

나는 병원에서 여러 가지 질병으로 죽어가는 사람들을 돌보고 있었는데, 어느 날 그들을 죽음에서 구할 수 없다는 것을 깨달았다. 치유는 그들이 살거나 죽는 것이 아니라, 그들 내면에서 일어나는 일이라는 것을 깨달았다. 마찬가지로, 치유가 한 사람에게 정말로 의미하는 것이 무엇인지에 대해 내가 책임질 수 있는 것이 없었다. 치유는 우리 모두가 생각했던 것과는 다른 것이며, 어느 정도는 그들 안에 있는 치유 과정에 그들이 마음을 열 수 있도록 내가 할 수 있는 일을 하는 것이 나의 임무라는 것을 깨달았다.

누군가를 '치유(curing)'하려는 집착을 버리는 것은 치료자에게 중요한 해방이며, 내담자와의 치유 관계에 더 완전히 집중할 수 있게 해 준다.

현재 중심

몰입의 필수적인 부분은 현재 일어나고 있는 일에 집중하고, 현재에 집중하는 능력이다. 한 치료자는 이에 대해 다음과 같이 말했다(Geller, 2001). "현존이란 현재를 의미한다. 물론, 항상 현재에 존재하는 것을 의미하지만, 우리는 현존의 현재성(nowness)에 대해서는 그다지 이야기하지 않았다." 현존 상태에 있는 동안, 경험의 세계에 존재하는 것은 그 순간뿐이다. 치료자가 내담자와 회기를 진행할 때 가장 중요한 것은 그 순간에 내담자와 함께 있는 것이기 때문에, 과거나 미래에 대한 생각은 전혀 없다.

현존에는 판단이 없다. 그 순간에 있는 것만 있다. 그 외에는 아무것도, 다른 곳에도 없다. 바로 그 순간이다. 그리고 다른 사람과 연결되는 것이 전부이다. 그것이 우리가 하고 있는 일이기 때문이다.

이는 과거나 미래를 무시하는 것이 아니라, 현재의 경험과 공명하며 자연스럽게 드러나게 하는 것을 의미한다.

알아차림, 경각심, 집중력

인터뷰에 참여한 치료자들은 현존 상태에 있을 때, 내담자와 치료 회기에 집중하고, 알아차리고, 경각심을 가지고 참여한다고 주장했다. 한 치료자는 다음과 같이 말했다.

정말 집중하고 있다. 산만하지 않다. 해석하거나 백일몽에 빠지지도 않는다. "피곤한가?" "지루한가?" "행복한가?" "편안한가, 불편한가?"와 같은 생각은 거의 하지 않는다. 그 순간에 일어나는 일에만 집중한다.

또 다른 치료자는 비현존(nonpresence)이 반대로 이러한 산만한 느낌을 포함하는 것이라고 다음과 같이 설명했다.

내담자와 현존하지 않을 때, 내담자의 말을 듣는 데 방해가 되는 생각들이 머릿속에 떠오르는 것을 알고 있다. 집중이 흐트러지거나 내담자의 말을 완전히 듣지 못하게 된다. 그게 무엇인지는 알고 있다. 기분이 좋지 않다. 그건 싫다.

치료자는 자신이 집중하고 있는지, 아니면 산만해졌는지를 알아차림으로써 내담자, 치료자, 또는 관계에서 일어나는 일을 나타내는 지표로 사용할 수 있다. 산만함은 이러한 영역 중 하나에서 단절이 있음을 나타낼 수 있다. 높은 수준의 알아차림과 집중은 내담자가 자신의 내적 경험과 연결되어 있음을 나타낼 수 있다. 더 큰 몰입과 신체에서 안정감을 유지하는 능력을 개발함으로써, 우리는 이 정보를 사용하여 회기에 필요한 것을 안내할 수 있다. 그러나 이러한 체화된 치료적 현존의 특성은 감정·인식·감각의 더 큰 확장감과 함께 발생한다.

확장

신체적 수준과 의식 수준 모두에서 내면의 확장감이 현존과 함께 나타난다. 인터뷰에 참여한 치료자들은 모든 경험의 배경이 되는 넓은 공간감, 심지어는 기쁨을 느꼈다고 말했다. 고통의 세부 사항에 몰입하면서 더 큰 흐름과 에너지, 평온함을 느낀다.

치료자들은 표현과 경험의 세부 사항이 평소보다 더 생생하고 예리하게 느껴지는 의식의 확장을 묘사했다. 자기와 타자의 생각과 정서가 미묘한 수준에서 느껴지며, 그 질과 경험은 명백하고 운동 감각적으로 생생하게 느껴진다. 자기와 타자의 경험하기를 알아차리는 것은 조용한 방에서 바늘이 떨어지는 소리를 듣거나 깃털이 땅에 떨어지는 것을 보는 것과 비슷하다.

동양의 틀을 통합한 이론가들은 지혜에 접근하기 위한 핵심 요소로 알아차림의 확장을 인식하고, 내담자에 접근할 수 있는 다양한 방법을 제시한다. Chung(1990)은 알아차림의 확장을 자기(self) 또는 자아(ego)를 넘어서는 것으로 묘사했다. 이는 자기의 진정한 본성과 직접 접촉함으로써 생기는 집중력과 주의력을 더 촉진한다. 자기를 넘어서는 것은 먼저 건강하고 성숙한 자기감을 얻은 후에야 가능하다(Geller, 2003). 그러면 자아의 해체는 파괴적이거나 심리적으로 해로운 상태가 아닌 긍정적인 영적 상태가 될 수 있다. 치료자가 의식의 확장에 능숙해질수록 내담자의 경험과 현실을 더 명확하게 볼 수 있게 되고, 따라서 더 큰 반

응의 가능성이 열린다. 시간의 초월성, 활기차고 유동적인 상태, 넓은 공간감, 감각, 지각, 생각, 정서 경험에 대한 알아차림의 향상 등의 측면은 모두 확장의 특성에 포함된다.

시간의 초월성

현존에서는 시간의 흐름이 존재하지 않는다는 느낌, 즉 시간의 흐름이 없는 느낌이 든다. 시간과 공간의 경계가 사라지는 듯하고, 자신과 타자, 그리고 더 큰 에너지의 장과 하나가 되는 경험을 하게 된다. 한 치료자는 이러한 현존의 특성을 '초월적 알아차림(transcended awareness)'이라고 표현했다. 즉, 그 경험은 생각보다 훨씬 더 크게 다가온다. 시간의 확장을 경험하는 것은 신체적 경험이다. 시간과 공간의 경계를 초월하여, 다른 사람과 함께 있는 느낌이 시간의 흐름이 없는 곳에 있는 느낌으로 바뀐다.

인터뷰에 참여한 치료자들은 내담자와 대화를 나누는 동안 시간의 흐름이나 주변 공간을 인식하지 못한다고 말했다(Geller, 2001). 한 치료자는 이러한 감각을 "영원성(eternality)"이라고 묘사했다. 즉, 현존의 필수적이고 축소할 수 없는 측면이라고 말했다. 그녀는 "시간의 흐름을 느끼지 못하는 것은 자의식적으로 생각할 때 가질 수 없는 특성"이라고 설명했다.

또 다른 치료자는 "시간과 공간을 잊는 것"이라고 설명했다. 시간과 공간의 경계를 인식하지 못하는 상태와 관련된 활동에 완전히 몰입하는 것은 Csikszentmihalyi(1990)가 설명한 몰입 경험(flow experience)과 비슷하다. 인터뷰에 참여한 치료자는 시간 인식의 부족이 현존의 정도에 따라 다르다고 지적했다.

그리고 당연히 시간도 또 다른 부분이다. 왜냐하면 나는 시간을 특별히 느끼지 않기 때문이다. 다른 때는 내가 현재에 있지 않고 시계를 보며 "30초가 지났고, 그게 전부야"라고 생각하는 순간도 있다. 알다시피, 나는 시계를 보고, 또 보고, 시간을 본다. 반면에 현존하고 있을 때는 15분이 지나갔는 데도 시간의 흐름을 전혀 느끼지 못한다. 시간에 대한 인식이 전혀 없다.

시간의 무한성은 현존 경험의 일부이지만, 비현존 상태, 예를 들어 자주 시간을 확인하는 자신을 발견한 경우, 잠시 멈추고 부드럽게 알아차림과 주의를 현존으로 되돌릴 수 있는 기회가 생긴다.

활력과 몰입

치료적 현존은 치료자와 치료 과정에 더 건강하고 활기찬 상태를 촉진한다. 인터뷰에 참여한 한 치료자는 현존과 함께 에너지와 몰입, 내면의 활력이 느껴지는 것을 발견했다(Geller, 2001).

생명의 활력이 있으며, 매우 강렬한 연결감을 느낀다. 따라서 높은 흥분이 있으며, 실제로 성기에서부터 시작되어 위로 퍼져간다. …… 내가 말하려는 것은 매우 풍부하게 흐르는 느낌이며, 매우 인간적인 것이다. 내가 말하려는 것은 '다른 어떤 것도 일어나지 않는다'는 특징이다. 모든 것은 그 순간에 존재하는 것뿐이다.

이 활력감은 호흡이 편안하고 숨이 잘 통하는 동안 몸에서 느껴지는 활기찬 에너지의 고조로 묘사되며, 차분한 각성 상태의 경험으로 표현된다. 또 다른 치료자는 현존 상태에 있을 때 호흡이 느리고 깊어지는 동시에 에너지가 고조되는 것을 느꼈다고 말했다.

무언가를 하려고 노력하기보다, 일종의 개방성이 있고 모든 것이 나를 통해 몰입되는, 일종의 휴식 같은 현존 상태가 있다. 그것은 일종의 자발성이라고 할 수 있겠다. 나는 매우 개방적이라는 느낌을 어느 정도는 알고 있다. 그래서 일종의 몰입(flowingness)이 있는 것 같다. 다른 사람들이 그 몰입을 느낄 수 있을지는 모르겠지만, 그런 몰입의 질은 매우 중요하다고 생각한다.

이러한 에너지와 몰입감은 현존이 에너지를 유지하고 소진을 방지하는 방법의 일부이다. 또한 치료자가 내담자의 더 깊은 고통을 감당하는 데도 도움이 된다.

현존 연습: 사랑으로 괴로움을 품기

Hanson과 Mendius(2009)에서 발췌한 다음의 연습은 어려운 감정을 더 넓게 경험할 수 있도록 고안되었다.

- 긍정적인 경험을 떠올려라. 강하고, 온전하고, 행복하거나, 더 큰 사랑과 소속감을 느꼈던 경험일 수 있다.

- 온전하고, 행복하고, 평화로운 신체적 감정에 자신을 맡겨라.
- 이제 부정적이거나 고통스러운 경험을 떠올려라.
- 사랑과 힘, 온전함, 그리고 고통(pain)과 괴로움(suffering)을 모두 알아차려라. 사랑과 고통을 모두 알아차릴 수 있는 방법을 발견하라.
- 사랑과 힘이 고통과 괴로움을 감싸고 있는 것을 느끼고, 그 감정을 느껴 보라.

현존에 수반되는 에너지와 몰입감은 치료자가 내담자의 고통과 괴로움에 완전히 몰입하면서 깊은 평온함·신뢰감·개방감을 느낄 수 있게 해 준다.

넓은 공간

확장의 한 측면은 치료자의 신체 내부뿐만 아니라 치료자의 자기 또는 신체의 경계를 넘어서는 넓은 공간에 대한 느낌이다. 자기 내부의 넓은 공간에 대한 느낌은 인터뷰에 참여한 치료자에 의해 신체의 개방감 또는 확장감으로 묘사된다.

나는 개방감, 깨끗함, 막힘이 없는 느낌을 받는다. 그것은 억압이 아닌 깨끗한 공간이다. 내담자를 위한 공간이 있다. 이 모든 것은 은유이다. 내 몸에서 어떤 감정이 느껴질까? 편안함, 놓아 버리는 느낌, 숨을 내쉬는 느낌 등이다.

현존을 준비하는 과정에서, 우리는 현존의 경험을 준비하고 초대하기 위한 적극적인 부분으로 공간을 정리하는 과정을 소개했다. 그러나 일단 현존이 드러나면, 내면의 넓은 공간이 경험 그 자체의 본질이 되고, 이는 다시 현존의 경험을 유지하고 심화시키는 데 도움이 된다.

둘째 차원의 넓은 공간은 더 큰 무언가와의 연결감(feeling of connection), 즉 영적인 영역을 반영하는 감정을 의미한다. 이 넓은 공간의 특성은 Freud가 '대양감(oceanic feeling)'으로 묘사한, 자아와 외부 세계 사이에 느끼는 무한함과 일체감(sense of boundlessness and oneness)에서 엿볼 수 있다. Buber(1958)는 이 넓은 공간감과 연결감을 더 큰 존재의 일부로 묘사했다. 그는 판단을 유보하고 현재의 순간에 머무는 것이 신비로운 영적 차원이 나타날 수 있는 공간을 열어 준다고 지적했다(Hycner, 1993).

감각과 지각에 대한 알아차림의 향상

감각과 지각의 고조도 치료적 현존의 이러한 확장적 특성에 수반되며, 감정·신체 감각·직관이 평소보다 더 깊고 뚜렷하게 경험될 때 반영된다. 인터뷰에 참여한 한 치료자는 이러한 경험이 그에게 시각적 지각의 고조를 수반한다고 말했다.

나는 시각적으로 매우 예민한 편이다. 우리 사이에 떠다니는 먼지 한 조각도 볼 수 있을 정도이다. 내 말은, 내가 그곳에 완전히 존재하고 있다는 뜻이다. 감정 상태에 있을 때는 그렇게 시각적으로 예민하지는 않다고 생각한다. 그런 시각적 예민함은 없다. 우리 사이에 무언가가 다가오는 것을 보지 못한다. 왜냐하면 나는 보통 그 사람과 그 사람의 얼굴에 매우 집중해 있기 때문이다. 하지만 그들의 눈동자나 움직임, 예를 들어 피부의 움직임 같은 건 볼 수 있다. 그래서 시각적 예민함이 함께 존재하는 것이다.

또한, 치료자의 생각과 감정, 그리고 내담자가 제시한 내용에 의해 자극된 심상은 비현존 상태보다 더 생생하고 미묘하며 선명하게 경험된다.

사고와 정서적 경험하기의 질 향상

또한 현존 상태에 있을 때 사고와 정서적 경험하기의 질이 향상되어, 생각과 정서가 매우 세심해지고 내담자에게 필요하고 도움이 되는 것을 잘 반영하게 된다. 한 치료자가 인터뷰에서 말한 것처럼 말이다(Geller, 2001).

내 감각이 더 살아났다. 인지력, 사고력, 정서, 신체에 대한 알아차림 등 모든 것이 더 예민해졌다. 내담자와의 연결이 더 민감해졌다. 공명 같은 감각이다.

치료자들은 자신의 생각이 더 명확하고 날카로워졌으며, 내담자나 가장 시급한 문제에 집중될 수 있게 되었다고 설명한다. 한 치료자는 "성찰이나 숙고가 사라졌다"고 말하며, 그로 인해 그 순간에 떠오르는 경험과 관련이 있는 것에 집중할 수 있게 되었다고 말했다.

물론 이런 일이 일어나는 동안에도 생각은 하지만, 그 생각은 대부분 현재 일어나고 있는 일에 관한 것이다. 내담자에게 무슨 일이 일어나고 있는지, 내가 이해한 바를 생각하게 된다. "두려움이다, 두려움이 보인다"라고 말하지만, 그것도 그다지 많이 하는 편은 아니다. 그런 자기성찰(메타인지)은 전혀 없다. 메타인지란 내 생각을 생각하는 것을 의미한다. 분석, 해석, 파악, 결정, 대안 비교 등이다. 치료자로서 가끔은 그렇게 하지만, 여기에서는 대부분 그렇게 하지 않는다.

현존은 안정화·몰입·확장감 등을 포함한다고 설명했지만, 치료적 현존은 또한 연민과 내담자의 치유 과정에 도움이 되고자 하는 의도에 의해 이끌린다.

연민: 내담자와 함께, 내담자를 위해

치료자는 그 순간에 현존하기 위해 존재하는 것이 아니라, 내담자의 치유 과정을 돕기 위해 '내담자와 함께, 내담자를 위해' 존재한다. 내담자와 함께, 내담자를 위해 존재한다는 것은 내담자가 경험하고 있는 고통과 단절뿐만 아니라 내담자의 깊은 곳에 숨겨진 고귀함, 지혜, 완전함을 보는 경험을 포함한다. 내담자가 고통과 괴로움의 층위를 하나씩 드러내는 동안, 그 경험을 깊이 받아들이고, 여유롭고 수용적인 태도로 내담자와 함께 있는 것이다. 내담자가 울고 슬퍼하거나, 몸을 웅크리거나, 벽을 쌓아도, 그 사람의 진정한 내면의 아름다움과 지혜를 계속 붙잡고, 안정된 태도를 유지할 수 있는 능력이다.

괴로움에 직면했을 때 자신을 보호하는 것은 당연한 일이다. 우리의 본능은 내담자를 진정으로 만나기 위해 미묘한 장벽을 세우는 것이다. 우리는 전문적인 직함이나 클립보드, 또는 자신의 자존심이나 내면의 상처 뒤에 숨을 수 있다. 치료적 현존은 치료자가 깊은 내적 작업을 하고 내면의 방어막을 내려놓고, 판단이나 비난, 거리감 없이 상대방을 진정으로 받아들이기 위해 노력할 것을 요구한다. 안정된 상태는 냉정함을 의미하는 것이 아니라, 자비롭고 배려심 있고 사랑이 넘치는 마음에서 상대방과 안정적이고 깊은 관계를 맺고 있는 상태를 의미한다.

다른 사람에게 연민을 느낄 수 있으려면 우선 자기에 대해 연민을 느낄 수 있는 능력이 있어야 한다. 자기연민(self-compassion)이란, 소중한 친구의 괴로움을 돌보듯이 자신의 괴로

움을 돌보는 것을 의미한다. Neff(2011)는 자기연민(자기자비)의 세 가지 요소를 다음과 같이 정의했다.

1. 자기판단(self-judgement)보다는 '자기 자신에게 친절하게 대하기(kindness toward ourselves)'
2. 우리의 괴로움에 '공통된 인간성(common humanity)'을 인식하고, 혼자가 아니라는 것을 깨닫기
3. 경험을 피하기보다는 괴로움과 함께 있는 것을 돕기 위한 '마음챙김(mindfulness)'

자기연민을 경험함으로써, 우리는 현존하며 다른 사람의 고통에 공감할 수 있는 더 큰 능력을 키울 수 있다.

내담자의 치유를 위한 의도

내담자의 치유를 위한 의도는 내담자와 만나기 전에 미리 정해지지만, 회기 동안 내면으로 되돌릴 수 있다. 이 의도는 다음 치료자의 인용문에서 볼 수 있다.

나는 연결되려는 의도가 있다고 생각한다. 그들의 치유 과정에 참여하려는 의도가 있다. 판단하지 않으려는 의도, 그들과 함께 있는 것, 내가 알고 있는 방식으로 어떤 과정이든 돕고자 하는 의도가 있다. 나는 이 과정에 의도를 가지고 들어간다고 생각한다. 그리고 드러나지 않을 때 더 명확해진다.

치유 과정에 참여하려는 의도는 내담자가 자신의 고통과 어려움을 표현할 수 있고, 치료자가 그 순간에 공감하고 내담자의 치유를 촉진하는 방식으로 반응할 수 있는 안전한 환경을 조성하는 것을 포함한다. 여기에는 치료자가 내담자의 과정과 목표에 집중하고, 자신의 호기심이나 내담자의 욕구나 목표에 대한 자신의 생각에 이끌리지 않는 것이 포함된다.

경외심, 경이감, 따뜻함, 연민, 그리고 사랑

내담자와 함께, 그리고 내담자를 위해 있는 동안, 치료자는 경외심(awe), 경이감(wonder), 따뜻함(warmth), 연민(compassion), 사랑(love) 등의 감정을 경험할 수 있다. 인터뷰에 참여한 치료자들은 내담자가 현존할 때 느끼는 감정을 '연민' '돌봄(caring)' '깊은 존경(profound respect)' '경외심' '감탄(admiration)' 등의 단어로 표현했다. 한 치료자는 이러한 감정을 다음과 같이 설명했다.

정말 놀랍다, 내가 말하려는 건 경이로움이다. 정말 놀랍다. 나는 그 자리에 앉아 또 다른 멋진 사람을 보여 주셔서 하나님께 감사하다고 말하고 있다. 다른 사람의 경이로움을 보고 감사함을 느끼는 경험을 자주 한다. 그리고 그게 바로 모든 것이 잘 되는 이유라고 생각한다. 말로 표현할 필요는 없지만, 다른 사람이 정말 멋지다고 진심으로 느끼면, 그 감정을 진심으로 경험하게 되고, 그 사람이 그 감정을 미묘한 수준에서 감지하고 멋진 기분을 느끼기 시작한다.

내담자의 경이로움과 아름다움을 보는 것은 내담자가 내면의 수용과 사랑의 감정을 내면화하기 시작할 수 있는 기회를 제공한다.

현존 연습: 타자의 내면의 고귀함을 보기

이 연습은 다른 사람들의 내면의 고귀함을 깨닫는 데 도움이 될 것이다.

- 먼저 멈추고 내면에 집중하며 숨에 주의를 기울여라.
- 주의력을 신체에 집중시키고 깊게 숨을 들이쉬며 몸과 마음을 하나로 모아라. 숨을 들이쉬며 횡격막을 열면 실제로 우리 몸의 중심을 여는 것이다.
- 이제 마음의 눈으로 알고 있는 다양한 사람들의 얼굴과 이미지를 떠올려라. 어떤 사람들은 이 과정을 돕기 위해 마음의 눈을 상상한다. 이것은 횡격막이나 눈 사이에 위치할 수 있다. 사람들이 지나갈 때 살짝 고개를 끄덕이며 그들 안에 있는 완전함과 고귀함을 진심으로 보라.
- 사랑하는 사람, 가족이나 친구를 먼저 상상하라. 그들의 순수한 본성과 내면의 고귀함

에 경의를 표하며 살짝 고개를 끄덕여라.

- 이제 어려운 관계를 가진 사람의 심상이 떠오르게 하라. 마음의 눈으로 또는 몸의 중앙에 있는 화면에 그 사람이 보이는 것을 상상하라. 그 사람의 순수한 지혜와 고귀함을 인정하고 느끼며 가볍게 고개를 끄덕여라. 당신이 어려움을 겪고 있거나 어느 정도 판단이나 거리감을 느끼는 내담자를 상상하고, 그 사람의 내면의 전체성과 고귀함을 인식하고 고개를 끄덕여라.
- 이제 그 화면이나 심상의 중앙에 자신이 있는 것을 상상하라. 그 안에 있는 순수한 지혜와 고귀함을 존중하며 부드럽게 고개를 끄덕여라.

잠시 시간을 내어 떠오르는 감정과, 특히 당신이 어려워하는 사람을 대할 때 그 사람의 내면의 완전함과 고귀함을 보려고 할 때 나타나는 갈등 등을 주목해 보라. 그 인식을 방해하는 장애물이 무엇인지 주목하라. 그 사람의 완전함을 진정으로 보기 위해 장애물을 극복하기 위해서는 무엇이 필요할까?

치료자에 대한 연민·존중·긍정적 인식은 치료자가 개방적이고 수용적이며 비판적이지 않은 상태에 있기 때문에 치료적 현존에서 발생한다. 예를 들어, 한 치료자는 현존에서 "내면적으로 깊은 존경심, 놀라운 연민, 그리고 어떤 일이 일어나도 기꺼이 받아들이고 열린 마음을 경험하고 있다"고 말했다. 내담자가 내면의 작업에서 안전함과 지원을 느낄 수 있게 하는 것은 부분적으로 내담자에 대한 이러한 따뜻함·존경심·경외심·존중심 때문이다.

자아의 개입이나 자의식의 부재

치료자들은 치료자, 전문가 또는 내담자와 그 순간에 전적으로 함께 있는 것을 방해할 수 있는 그 밖의 자의식적 인식(self-conscious awareness)이나 자아의 개입에 대해 논의했다 (Geller, 2001).

특정 요소가 부재하여 현존을 나타내는 것은, 좀 더 일반적으로 말해서, 우리가 자아라고 부르는 것, 즉 자의식의 부재에 따른 것이다. 심리치료를 시작하면 이 점이 매우 분명해진다. "왜 그들이 나에게 왔을까? 즉, 그 문제는 그렇게 큰 문제인데, 그 사람에게 갈 수 있었을 텐데, 그 사람은 훨씬 더

나은 사람인데"라고 생각한다.

자신의 능력, 부족함, 또는 자신이 위대하다고 생각하는 자아적 생각은 현존을 방해할 수 있다. 판단하거나 되새기면서 자아 또는 자기가 개입하고 있다는 것을 알아차리는 것은 현존하지 않는다는 표시이다. 자기를 알아차리는 것은 현존으로 돌아갈 수 있는 기회이거나, 자의식을 유발하는 역전이 반응에 대해 더 깊이 성찰할 수 있는 기회가 될 수 있다. 이를 위해서는 치료자의 높은 수준의 자기성찰(self-reflection)이 필요하다.

치료적 현존에는 고통·피로·외모와 같은 자기염려(self-concerns)가 없는 것도 포함된다. 한 치료자는 다음과 같이 말했다.

…… 그리고 정말로 자기인식의 부족이 심했다. 내 몸에 대한 인식이 부족했다. 왜냐하면 내게는, 나 자신이 현존하지 않을 때, "어깨가 아프다, 목이 아프다, 스트레칭을 하고 싶다, 불편하다, 엉덩이가 아프다"와 같은 것을 인식하기 때문이다. "무슨 일이 일어나고 있는지 모르겠다"는 생각만 들었다. "이 사람을 어떻게 도와야 할지 모르겠다" "이 사람이 왜 나를 찾아왔지?" "나는 치료자가 되어서는 안 될 것 같다" 등, 이런 종류의 산만하고 방해되는 생각이 들었다.

신체적 고통이나 자기 자신에 대한 염려를 알아차리는 것은 안정화나 신체와 접촉하는 것과는 다르다. 이는 내담자로부터 자신을 멀어지게 하는 자의식이나 자기염려와 관련이 있다. 내담자의 과정과 관련이 없는 자기염려, 의심, 또는 다른 자기중심적인(self-focused) 생각이나 감정을 알아차리는 것은 치료자가 현존하지 않는다는 표시이다. 또한 치료자 내부의 단절을 반영할 수도 있으며, 따라서 그 순간으로 돌아갈 기회가 될 수도 있다.

때로는 내담자가 말한 것이 내 안에 미완성된 것을 촉발하기 때문에 그런 일이 발생하기도 한다. 그럴 때는 자신을 재구성하고 그 문제에 대해 할 수 있는 일을 한 다음, 내담자와의 현존으로 돌아간다.

자기에 대한 염려가 부재하거나 치유 의도 등 치료적 현존의 특성은 치료 과정을 최적화하고 내담자와의 관계를 심화할 기회를 제공한다. 다음은 체화된 현존의 다양한 요소를 경

험하는 데 도움이 되는 연습이다.

체화된 현존의 연습: 그 순간으로 걸어 들어가기

이 연습은 체화된 현존·안정화·몰입·확장·연민 등의 측면을 포함한다. 치료자들이 현존의 부드러운 기술을 배우는 데 도움이 될 수 있다. 즉, 움직임을 통해 그 순간으로 돌아가는 능력, 깊이 듣기, 감각 능력을 열기, 안정화, 그리고 주변과 내면의 관계에 대한 민감성을 기르는 것이다.

20~30분 동안 산책을 하라. 조용한 환경에서 산책을 하는 것이 좋다. 예를 들어 산책로나 조용한 거리에서 산책을 하면 방해 요소를 최소화할 수 있다. 산책을 시작할 준비가 되면서 있는 자세로 잠시 멈춰라.

1. 발을 단단히 땅에 디디고 잠시 서 있는다. 다리, 무릎, 발목, 그리고 발과 땅이 닿는 부분에 의식을 집중한다.
2. 이제 호흡에 의식을 집중하고, 복부나 가슴이 오르내리는 것을 느끼거나, 윗입술을 스치는 공기의 감촉을 느껴 보라.
3. 호흡과 발걸음을 맞추면서 걷기 시작하라. 발이 지면에 닿을 때마다 그 순간이 주의력의 지표가 된다.
4. 주의를 끄는 것이 있으면 정지하고, 잠시 숨을 고르고 그 대상(예: 돌, 나무, 꽃 등)에 집중하는 느낌을 느껴 보라.
5. 보고 있는 것과 관련하여 다양한 감각을 탐색하면서 발이 지면에 닿는 느낌을 느껴 보라. 시야를 넓히고 좁히면서 몸을 가까이 또는 멀리 이동하라. 주의의 대상인 물체의 색깔, 질감, 조명, 모양, 냄새를 주목하라. 주변의 소리도 귀기울여 보라. 각 감각에 머무르면서 그 감각을 즐겨라.
6. 나무가 자라는 데 도움이 되는 흙, 공기, 물, 햇빛 등, 당신의 주의를 끄는 물건을 만드는 데 관련된 모든 요소를 자비롭게 인식하라.
7. 주의의 대상을 연결하면서, 당신의 신체 내부의 영역으로 의식을 이동하라. 주의의 대상과 연결하면서, 생리적·정서적·정신적·관계적으로 어떻게 느끼는지 인식하라. 당신과 당신이 느끼는 것 사이의 관계를 느껴 보라.

8. 다시 외부로 주의를 돌리고, 내면의 인식과 감각적 청취 능력을 유지하면서 내면세계와 호흡에 연결된 상태를 유지하라. 주변에 무엇이 있는지, 무엇을 듣고, 무엇을 느끼고, 주변과 어떻게 관계하고 있는지 주목하라.
9. 준비가 되면 주의의 대상을 놓아 버리고, 또 다른 것이 주의를 끌 때까지 천천히 걷기 시작하라. 이전 단계를 반복하며, 새로운 주의 대상의 특성과 그와의 관계를 음미하라.
10. 이 연습을 마무리할 준비가 되면, 속도를 늦추고 현존하며 각 걸음마다 감각을 음미한 내적 경험을 잠시 느껴 보라.

현존은 멈추고, 안정화하고, 인식하고, 느끼고, 열리고, 경험하고, 즐기고, 현재에 관계하는 의도적인 연습을 통해 나타날 수 있다.

결론

현존의 체화된 경험(in-body experience)은 위에서 언급한 특성의 어느 하나에 국한된 것이 아니다. 오히려, 안정감, 몰입감, 여유로움, 그리고 상대방에 대한 연민이 결합되어 내담자와 함께 그 순간에 온전히 존재하는 전체적인 경험을 구성한다. 치료적 현존의 체화된 경험에 대한 세부 사항뿐만 아니라 더 큰 범주를 이해하면 치료자가 치료적 현존에서 어떤 측면을 배양해야 할지 인식하기 시작하는 데 도움이 될 수 있다. 예를 들어, 내담자의 경험에 너무 몰입하여 불안하거나 압도된 감정을 느끼게 되는 경우, 안정화 및 중심 잡기 연습이 도움이 될 수 있다. 주의력을 그 순간으로 되돌리는 연습을 하면 치료자는 내담자와 함께 있을 때 주의가 산만해지는 것을 쉽게 인식하고, 그 원인(예: 역전이)을 이해하며, 자신의 집중력을 신속하게 되돌릴 수 있다.

다음 몇 장에서는 4~6장에서 소개한 모델을 바탕으로, 치료적 현존에 대한 추가적인 관점을 제시한다. 여기에는 수준, 도전 과제, 정서와 현존의 관계, 치료적 현존의 신경생물학적 측면에 대한 탐구도 포함된다.

치료적 현존에 대한 심층 탐구

7장

치료적 현존의 수준

고요함, 통찰력, 그리고 지혜는 오직 우리가 이 순간에 완전함 속에서 안정을 찾을 때, 아무것도 추구하거나 붙잡거나 거부하지 않을 때만 생겨난다.

—존 카밧진(JON KABAT—ZINN, 1994, p. 54)

6장에서 치료적 현존의 경험을 설명하면서, 우리는 치료자 내면의 깊은 현존의 순간에 경험하는 강렬함을 탐구했다. 최적의 현존의 깊이에 도달하기 위해, 치료자는 종종 자신과 내담자와의 관계를 심화시키는 과정을 거쳐야 한다. 일단 자신과 접촉이 이루어지면, 치료자의 현존은 내담자를 향해 바깥으로 이동하여 다양한 수준의 관계적 접촉과 공유를 통해 심화될 수 있다.

이 장에서는 회기 전에 현존하기, 그리고 내담자와의 회기에서 현존을 심화하기 위한 적용적 관점을 제시한다. 먼저, 치료자가 회기 전에 현존을 준비하는 데 도움이 되는 4단계 순서를 제시한다. 그런 다음, 회기에서 치료적 현존과 관련한 5단계 모델을 적용한다. 이 모델에는 내담자와의 접촉을 심화하고 현존 과정을 통해 관계적 현존으로 더 나아가는 것이 포함된다. 현존은 내담자와의 표면적인 접촉에서 시작될 수 있지만, 이 상태는 관계 내에서 더 큰 심리적, 그리고 아마도 영적인 접촉을 가능하게 하는 현존의 심화로 발전한다. 이 모델은

간호 및 치료에서 치료적 현존에 대한 연구(Geller & Greenberg, 2002; Gilje, 1993; Osterman & Schwartz–Barcott, 1996)와 우리의 임상 경험을 바탕으로 한다. 이 모델은 임상적으로 관련성이 높고 유용하지만, 현재까지 검증되지 않았다는 점을 유의해야 한다. 치료적 현존의 수준을 파악하기 위한 기초를 마련하기 위해, 먼저 현존을 연속체로 바라보겠다.

연속체로서의 현존

우리는 현존을 존재의 상태 및 관계적 태도로 말했지만, 현존을 치료 회기 동안에 가지고 있거나 없는 구체적인 상태로 보지는 않는다. 예를 들어, 우리의 질적 연구에 참여한 한 치료자는 다음과 같이 말했다.

그것도 정도 문제라고 생각한다. 내가 현존하는지, 현존하지 않는지가 아니라, 내가 그곳에 얼마나 존재하고 있는지의 정도이다. 현존의 정도는 강도의 연속선상이라고 말하고 싶다. 내 연결의 강도, 집중의 강도, 집중력과 공감의 강도, 그리고 자기인식 부족의 정도까지 말이다.

다양한 강도의 현존을 경험할 기회는 항상 존재하지만, 치료자로서 우리는 그 사실을 항상 스스로 알아차리고 있는 것은 아니다. 한 치료자는 다음과 같이 말했다.

현존은 항상 존재한다고 생각한다. 단지 그 사실을 깨닫거나 다양한 정도로 경험하기만 하면 되는 것이다. 기술보다 그 사람 안에 자라나는 감수성이라고 생각한다. 거기에 있는 무언가에 대한 감수성이라고 할 수 있겠다.

이러한 관점에서, 현존은 우리가 다른 사람에 대해 더 큰 감수성(sensitivity)과 관련성(relatedness)을 열면서 다양한 강도로 경험할 수 있는 상태이다.

 이전 모델에서의 치료적 현존의 수준

현존에는 다양한 깊이 또는 수준이 존재한다. 예를 들어, 문에서 인사를 하는 것은 가벼운 현존의 표현인 반면, 내담자와의 깊은 대인관계는 더 깊은 관계를 반영하는 현존의 표현이라고 할 수 있다. 우리는 간호 문헌에서 현존의 수준을 재검토한 부분으로부터 영감을 받았다(Gilje, 1993; Osterman & Schwartz-Barcott, 1996; 이러한 모델에 대한 자세한 설명은 이 책 3장 참조).

간호 분야의 현존 수준에 대한 관점을 현재의 치료적 현존 모델에 통합하면, 심리치료의 맥락에서 접촉이 이루어짐에 따라 더욱 심화된다. 이러한 맥락에서, 현존은 내담자와의 회기 전과 회기 중의 두 단계로 이루어지는 하향식 과정으로 볼 수 있다. 심리치료에서 치료적 현존의 수준을 탐구하면 치료자가 내담자와 함께 그 순간에 더 깊이 들어갈수록 드러나는 다양한 현존의 정도를 이해할 수 있다.

 회기 전 현존을 위한 4단계

치료자는 내담자가 문에 들어오기 전에 다음과 같은 방법으로 현존을 준비하고 심화할 수 있다.

1. 도착하기
2. 안정화 준비하기
3. 안정화를 위해 자기와 접촉하기
4. 내담자와의 예비 접촉(메모 등)

현재의 순간에 '도착한다는 것(arriving)'은 내 모든 존재(whole being)를 그 자리에 초대하거나 의식하는 것을 의미하며, 내담자를 맞이할 수 있도록 물리적 공간을 준비하는 것도 포함된다. 전자는 방에 들어가는 것, 신체적 필요 사항(화장실, 배고픔, 목마름, 보온을 위한 옷이나 에어컨)을 챙기는 것, 그리고 방에 물리적으로 있는 것뿐만 아니라 몸과 마음도 그 자리에

도착하는 것을 의미한다. 후자는 전화기를 끄고, 온도를 조절하며, 잡동사니를 정리하고, 컴퓨터 및 기타 주의력을 분산시키는 장치를 닫는 것을 포함한다.

'신체에서 안정화를 이루는 것(grounding in the body)'은 자신의 안정감과 접촉하는 것을 의미한다. 이는 서서 몇 분 동안 발이 지면에 닿는 느낌을 느끼거나, 6장에서 소개한 중심 잡기 기법 중 하나를 통해 할 수 있다. 또한, 몇 번의 호흡을 통해 신경계를 진정시키고 내면의 평정심을 높이는 것도 포함될 수 있다. 신체를 살피는 것도 안정화에 도움이 될 수 있다. 발가락부터 시작하여 각 신체 부위를 살피며 자신의 인식을 점검하고, 각 신체 부위를 인식함으로써 긴장을 부드럽게 풀고 완화할 수 있다. 자신과 자신의 중심에 완전히 접촉하고 있는 상태는 내담자가 가져오는 모든 것을 집착이나 압도감, 또는 폐쇄감 없이 깊이 받아들일 수 있도록 준비하는 데 도움이 될 수 있다. 몸을 안정시키는 것은 또한 자신의 자기(self) 및 감각과 접촉하는 데 도움이 되어, 내면으로 집중하고 자기 자신을 상대방이 경험하고 있는 것을 감지하는 센서로 사용하는 것이 자연스럽고 쉽게 몰입할 수 있게 해 준다.

'공간을 정리한다는 것(clearing a space)'은 치료자가 경험하고 있는 개인적인 문제나 선입견을 제쳐두는 것을 의미한다. 이는 자신의 문제나 필요를 선반에 올려놓는 것을 의식적으로 시각화하고, 다른 시간에 다시 돌아올 수 있다는 것을 인식함으로써 이루어질 수 있다. 공간을 정리하는 것은 심호흡을 하거나 몸 안과 주변에 대한 알아차림을 넓혀 몸과 마음의 긴장을 풀고, 자신 안에 더 큰 여유를 만드는 것을 의미할 수도 있다. 공간을 정리하는 것은 안정화와 함께 무반응의 상태를 유지하고, 내담자가 회기에 가져오는 모든 경험이나 정서를 받아들일 수 있는 개방적이고 수용적인 공간을 준비하는 데 도움이 될 수 있다.

'내담자와의 예비 접촉(preliminary contact with the client)'에는 이전 회기의 메모를 살펴보거나, 내담자의 신체적·정서적·에너지적 수준을 상상하거나 시각화하고, 내담자가 도착하기 전에 이 특별한 다른 사람을 만날 준비를 하는 것이 포함될 수 있다. 이는 회기에서 말할 내용을 계획하거나 준비하는 것을 의미하지 않는다. 대신, 내담자를 만나기 전에 그 사람에 대한 감각과 연결되는 것을 의미한다. 예를 들어, 의식 속에서 과거에 형성된 그 사람에 대한 개념을 떠올리고, 실제로 그 사람을 만났을 때 이를 놓아 버리는 방식일 수 있다. 사전 접촉을 통해 이 사람에 대한 이전의 경험을 알아차릴 수 있게 되고(또는 내담자가 새로운 사람이라면, 이전에 전화로 연락한 적이 있다면 그 내용을 떠올릴 수 있게 된다), 회기 중에 관련 내용이 떠오르면 그 정보를 활용할 수 있게 된다. 이러한 준비 과정을 거친 후에는, 현재에 집중

하고, 마음을 열고, 상대방과 연결하기 위해 문으로 걸어가서 이 특별한 다른 존재를 맞이할 준비가 된 것이다.

회기 전에 현존 상태가 되는 과정은 내담자를 만나기 전의 다른 순간부터 현존이 시작될 수 있게 해 치료자가 내담자를 맞이할 준비가 되어 있고 접근하기 쉬운 상태가 될 수 있게 한다. 이 과정은 길지 않아도 된다. 5분 정도면 충분하다. 하지만 다른 사람과 함께 현존할 수 있는 능력에 있어 이 과정이 가져다주는 효과는 엄청나다. 이러한 부드러운 멈춤을 통해 현존이 더 쉽게 나타날 수 있다.

회기에서 현존을 심화하는 5단계

Osterman과 Schwartz-Barcott(1996)의 현존 모델에 기반하여, 우리는 특별한 순간에 특별한 사람을 맞이하는 문이 열리는 순간부터 시작되는, 내담자를 만난 순간부터 발생하는 5단계의 현존 접촉 모델을 제시한다.

1. 물리적 현존(가벼운 현존)
   a. 타자와의 접촉 – 가벼운 현존(표면적인 대화 또는 가벼운 대화)
   b. 방/의자에 앉기
   c. 자신의 신체에 대한 알아차림(현재의 순간에 대한 인식, 의자와의 접촉)
2. 심리적 현존(부분적 현존)
   a. 이야기 듣기, 확인하기
   b. 듣기, 주의 기울이기, 조율하기, 배려하기, 개방성, 관심
3. 정서적 현존(타자와 함께, 타자를 위한 현존)
   a. 이해, 연민, 수용, 공감, 무조건적 긍정적 존중
   b. 내담자가 공유하는 것에 공감하여 반응하거나 개입 또는 공감적인 반응을 제공함
4. 초개인적 현존(영적 현존)
   a. 몸은 그릇과 같은 존재
   b. 치료자와 내담자 사이의 더 깊은 연결과의 접촉

c. 더 깊은 직관과의 접촉

d. 영성과의 접촉(활력, 감각 및 지각의 강화)

5. 관계적 치료적 현존(모든 수준)

a. 자기, 내담자, 그리고 더 깊은 영성과 직관과의 깊은 접촉의 순간에 필요한 것 사이에서 흔들림(춤을 춤)

b. 상대방과 함께, 그리고 상대방을 위해 온전히 존재하면서 에너지, 활력, 영적 초월로 가득 차 있음

내담자를 물리적 또는 가상 공간의 문(회기가 대면인지 가상인지에 따라)에서 맞이할 때, 직접적인 접촉과 인사 교환을 통해 상대방을 맞이하는 순간, 우리는 회기 내 현존의 첫 단계인 '물리적 현존(physical presence)' 또는 '가벼운 현존(light presence)'에 들어선다. 물리적 또는 가벼운 현존은 내담자와의 초기 접촉 순간을 의미한다. 이 시점은 문제에 깊이 들어가기보다는 인사말과 안부로 상태를 확인하는 시간이다. 이 단계에는 내담자를 치료 공간으로 초대하는 초기 환영의 과정이 포함되며, 날씨나 회기에 오는 길에 대한 일반적인 대화 등이 포함될 수 있다. 이는 서로에게 도착하고 현존하는 과정의 중요한 부분으로, 내담자가 당신을 만나기 기쁘다는 것, 그들의 일상생활에 관심이 있다는 것, 그리고 서로 연결된 두 인간으로서의 현존을 전달하는 인간적인 따뜻함과 접촉이 포함된다. 신체적 또는 가벼운 현존에는 편하게 앉은 자세를 취하고 함께 방에 자리 잡는 것이 포함된다. 이 물리적 또는 가벼운 현존은 치료자가 의자에 앉은 자신의 신체에 대한 인식, 그 접촉 지점을 또 다른 초대장으로 느끼는 것, 그리고 자신의 감각 도구인 신체에 대한 일반적인 알아차림을 포함할 수 있다.

다음 단계의 현존은 '심리적 현존(psychological presence)' 또는 '부분적 현존(partial presence)'으로, 내담자의 경험 내용에 귀를 기울이기 시작하는 것을 포함한다. 내담자와의 회기 초반에는 내담자가 지난주 동안 겪은 일이나 이번 회기에 대한 초점을 공유하는 초기 이야기를 듣는 것을 포함한다. 치료자가 내담자를 위해 존재하기 위해 자신을 초대할 때, 그들은 내담자의 경험 공유에 대해 배려·개방성·관심·수용의 태도로 경청하고 집중하기 시작한다. 이는 치료자 현존의 초기 단계로, 내담자가 이번 회기에 가져온 것에 대한 조율을 허용하는 과정이다.

셋째 단계는 내담자에게 '정서적으로 현존하는 것(emotionally present)', 즉 '타자와 함께,

그리고 타자를 위해 현존하는 것(present with and for the other)'이다. 정서적 수준에서 현존이 깊어지는 것은 치료자가 내담자에 대한 정서적 공명과 공감을 경험하기 시작할 때 발생한다. 치료자는 내담자의 우려에 대해 어느 정도의 이해와 수용, 연민을 쌓기 시작하고, 그 이해를 반영한 공감적인 반응을 보일 수 있다. 치료자가 내담자와 함께, 그리고 내담자를 위해 정서적 현존을 심화하면서 보인 반응은 내담자가 공유하는 내용과 직접적으로 공명하며 나타난다. 치료자는 내담자가 경험하는 내용과 비언어적 몸짓 또는 과정을 듣고 흡수하는 동시에, 내담자가 경험하고 있을지도 모르는 정보에 대해 자신의 감각 기관을 통해 정보를 찾는다. 듣기·이해·반응은 내담자와 함께, 그리고 내담자를 위해 존재하고자 하는 의도로 이루어진다.

회기가 진행되고 그 순간에 관계가 깊어짐에 따라 치료자에게 나타날 수 있는 넷째 단계는 '초개인적 현존(transpersonal presence)', 또는 '영적 현존(presence with spirit)', 또는 더 큰 무언가의 현존이다. 치료자는 연습을 통해 이러한 더 큰 현존을 느끼며 회기에 들어갈 수 있지만, 내담자와 신체적·심리적·정서적으로 접촉함으로써 이러한 더 큰 공간감과 초월성을 얻게 된다.

초개인적 현존에서 치료자는 자신의 신체를 내담자의 깊은 경험을 흡수하는 치유의 그릇으로 인식하지만, 더 큰 에너지 또는 지원의 상태와도 연결되어 있다고 인식한다. 치료자와 내담자 사이의 접촉은 치료자가 더 깊은 수준에서 느끼며, 두 사람 사이에 명백한 현존이 존재한다. 치료자는 또한 다른 사람의 깊은 경험을 받아들이고, 다른 사람과의 공명과 더 큰 에너지의 감각에서 비롯된 자신의 내면의 지혜, 전문 지식 또는 적절한 반응 기법에 접근하면서 더 큰 접촉과 자신의 직관에 대한 접근을 경험한다. 치료자와 내담자 사이의 관계가 깊어짐에 따라, 치료자는 더 큰 영성, 높은 수준의 활력, 그리고 내담자와의 직접적인 관계에서 강화된 감각 및 지각 경험을 느끼게 된다. 초개인적 현존은 특별한 현존의 순간이나 깊은 상호주관적 공유를 통해 나타날 수 있다(Stern, 2004).

치료적 현존의 다섯째이자 마지막 단계는 이러한 모든 단계가 통합되어 동시에 일어나는 것으로, '관계적 치료적 현존(relational therapeutic presence)'을 반영한다. 관계적 현존은 모든 수준을 동시에 유지하고, 그 순간에 출현하고(emerging) 가슴 아픈 것들(poignant) 사이에서 자주 바뀌는 것(vacillating)을 포함한다. 여기에는 자기와의 접촉(즉, 경험하고 있는 것을 내면으로 확인하는 것), 내담자와의 깊은 접촉(즉, 타자와 함께 있고, 타자를 위해 현존한다는 느낌,

타자의 현재 경험에 깊이 공감하는 것), 그리고 더 깊은 직관, 영성, 또는 초월적인 힘과의 접촉이 포함될 수 있다. 여기에는 타자와 완전히 함께 있는 동시에, 내담자와의 직접적인 현재중심(present-centered) 관계에서 드러나는 에너지, 활력, 영적 초월로 가득 차 있는 상태가 포함된다. 이 깊은 경험이 몰입의 출현을 가능하게 하고, 미지의 파도를 타면서도 그 깊은 연결의 장소에서 드러나는 과정과 치료자의 직관 및 반응에 대한 신뢰를 가능하게 한다. 관계적 현존 속에서, 자기, 타자, 그리고 초월적 존재 또는 영혼과의 다양한 현재 순간의 연결에서 비롯되는 깊은 치유의 가능성과, 이러한 연결들 사이의 깊은 관계 속에서 펼쳐지는 질적인 경험이 중요한 역할을 한다.

치료적 관계의 현존에서 치유가 나타나는 것은 2장에서 전체적으로 인용한 Rogers(1980)의 경험에 반영되어 있다. 그는 자신의 "내면의 직관적인 자기(inner intuitive self)"와 "초월적인 핵심(transcendental core)"에 가까워지는 순간과 "우리 관계가 그 자체를 초월하여 더 큰 무언가의 일부가 되는 깊은 성장과 치유, 그리고 에너지가 존재"하는 순간에 대해 말했다(p. 129). 이러한 순간은 내담자와 관계의 실현 경향성(actualizing tendency)과 성장이 번창할 수 있는 깊은 연결의 경험을 제공한다.

결론

우리는 치료적 현존이 여러 수준에서 발생할 수 있으며, 내담자가 어디에 있고, 어떤 접촉을 유지해야 하는지에 따라 다양한 깊이와 순간에 경험될 수 있다고 제안한다. 일부 내담자는 회기에 적응하고 더 깊은 만남을 위해 더 많은 물리적 현존이 필요하다. 다른 내담자는 자신의 경험과 관계적 만남에 더 편안함을 느끼기 때문에, 회기 초반에 더 깊은 정서적 개방을 선호하기 때문에 물리적 현존은 일시적인 사건에 불과하다. 치료자로서 치료적 현존의 여러 수준과 내담자가 어디에 있는지, 그리고 어디에 있어야 접촉을 유지할 수 있는지에 감지하는 능력을 통해 치료적 만남이 전개되는 데 궁극적인 지침이 된다.

현재의 순간을 알아차리고 내담자와의 관계적 치료적 현존을 심화시키는 과정은 건강하고 바람직하지만, 치료자와 내담자 모두에게 내담자와 함께 현존이 되고 현존을 유지하는 데는 어려움이 있다. 이러한 어려움은 치료적 관계를 심화하기 위해 반드시 인식해야 할 사항이다. Stern(2004)이 지적했듯이, 현재 경험의 모든 순간은 인식되고 주목받을 때 '카이로스(kairos)'의 순간, 즉 운명의 흐름을 바꿀 수 있는 기회로 작용한다. 이 순간에는 다음 순간이나 평생에 걸쳐 운명의 방향을 바꿀 수 있는 행동이나 반응을 할 수 있다.

8장

치료적 현존에 대한 도전 과제

만약 자신이 깨달았다고 생각한다면, 가족과 함께 일주일을 보내 보라.

—람 다스(RAM DASS, 연대 미상)

치료 관계(therapy relationship), 우리 자신, 그리고 내담자에서 '카이로스(kairos; 기회)'의 순간을 최적화하기 위해, 치료자는 관계적 치료적 현존(relational therapeutic presence)에 대한 잠재적 장벽을 인식하고 극복해야 한다. 치료자가 치료적 현존의 수준을 더 깊이 파고들기 위해서는 그 순간과 친밀함이 필요하다. 이는 두려움을 느끼게 하고 자신을 취약하게 만들 수 있다. 특히, 대본에 따라 진행되는 치료 계획이나 특정 기법에 의존하는 것보다, 그 순간 내담자에게 가장 가슴 아픈 것(what is most poignant)에 공감하는 반응을 이끌어 내거나 기법을 선택하기 위해 자신에게 의존하는 것이 더 어려울 수 있다. 심리치료의 단남에서 그 순간에 친밀하게 참여하기 위한 도전은 치료자 안에서('내부' 장벽) 또는 내담자, 관계, 기타 요구 사항('외부' 장벽)에서 발생할 수 있다. 도전을 내부적 또는 외부적으로 개념화하여 분류하는 것은 유용하지만, 외부에서 발생하는 도전(예: 내담자의 분노)도 궁극적으로는 치료자가 인식하고 극복해야 할 내부적 도전이다.

대인관계에서 어려운 상황이 발생하거나, 내담자가 다른 사람에 대한 반응이나 대처 방

식이 그들을 고통스럽게 하고, 그 상황에서 자신의 역할을 인식하지 못하거나 다른 사람을 탓하는 경우, 치료자는 반응하거나 그들을 변화시키려 하는 경향이 있다. 특정 내담자의 행동이나 경험은 치료자의 취약성을 자극하는 개인적인 방아쇠 역할을 할 수 있다. 예를 들어, 이러한 유형의 역전이 반응이 발생하면, 현존을 유지하기 위해 치료자는 그 순간에 그 일이 일어나고 있음을 인식하고, 그것을 제쳐두고 나중에 처리할 수 있어야 한다. 그러나 다른 경우에는 치료자가 느끼는 감정이 상호작용에서 비롯된 것일 수도 있고, 내담자의 대인관계 행동·태도·표현·상호작용의 위치에서 무언가를 느끼는 일종의 공감적 공명(empathic resonance)이 있을 수도 있다. 치료자는 내담자로부터 오는 어떤 방식으로 행동하거나 느끼도록 대인관계적 끌림을 받는다. 이 모든 것은 치료에 필요한 재료이며, 치료자는 자신의 몸에서 오는 정보를 인식하고, 자신이 느끼는 감정을 드러냄으로써 그 정보를 관계에 다시 반영해야 한다. 치료자의 현존이 방해받는 또 다른 경우는 치료자가 집중력을 잃거나, 주의가 산만해지거나, 해야 할 일을 생각하거나 기억하기 시작할 때이다. 이 경우 치료자는 자신의 현존이 사라진 것을 인식하고, 자신의 몸으로 돌아와 내담자와의 현재 감각적 접촉으로 다시 돌아와야 한다.

회기에서 어려움을 다루는 것은 현존을 달성하기 더 어렵게 만들 수 있지만, 어려움은 보는 사람의 눈에 따라 다르다. 한 치료자는 특정한 상호작용에 어려움을 느낄 수 있지만, 다른 치료자는 같은 어려움을 다루는 데 익숙해졌을 수도 있다. 이 장에서는 치료자들이 묘사하는 일반적인 도전 과제 중 일부를 뽑아 보겠다. 여기에는 역전이, 자기의심(self-doubt), 과정에 대한 신뢰 상실과 같은 내부적 도전 과제와 스트레스, 자기돌봄(self-care)의 부족, 에너지의 적절한 사용과 같은 개인적 장애물이 포함된다. 또한, 심각한 어려움을 가진 내담자[예: 이중 진단, 어려운 성격 유형, 절망적인 우울증, 임종 간호, 외상(trauma) 생존자 등]와 함께 일하는 것과 같은 외부적 요인과 치료적 손상(therapeutic ruptures)에 대해서도 논의한다. 그러나 먼저, 내담자와 함께 현존하기 위해 당신이 직면한 개인적인 장애물을 발견하도록 잠시 멈추고 생각해 보기 바란다.

멈춤의 순간

멈추고 현존을 방해하는 장애물을 알아차려라.

- 읽기를 잠시 멈추고, 내면으로 주의를 돌려 보라. 눈을 감고, 앞을 부드럽게 응시하거나, 몇 가지 메모를 해 보라.
- 잠시 호흡에 집중하고, 호흡을 하는 신체적 경험에 의식을 집중하라.
- 멈추고 나서 가장 먼저 인식되는 것은 무엇인가? 마음의 바쁨, 판단, 또는 중심을 잡거나 가만히 있을 수 없게 하는 신체의 불편함을 인식하라. 다음 쪽, 다음 순간, 다음 과제를 하고 싶다는 것과 같은 서두르는 감정을 인식하라. 판단하지 말고, 경험하고 있는 것에 대한 생각에 따르지 않고 호흡에 의식을 집중하면서, 각 호흡이 당신을 그 순간으로 되돌려 놓게 하라.
- 이제 내담자와 함께 있는 데 어려운 점이 무엇인지 생각해 보라. 내담자와의 회기에서 집중력이나 주의력을 방해하는 장애물은 무엇인가? 그 장애물이 무엇인지 주목하라. 그런 다음 그 장애물을 놓아 버려라.
- 내담자와 함께 있지 않을 때를 어떻게 알 수 있는가? 그 단서는 무엇인가? 회기에서 그 순간으로 다시 돌아오기 위해 어떻게 하는가? 그 자리에 집중하는 데 방해가 되는 요소를 인식하고 회기로 주의력을 되돌리기 위해 노력할 수 있는 방법은 무엇인가?

치료적 현존에 대한 내부적 도전 과제

이 절에서는 치료자가 치료적 현존이 수반하는 접촉에 마음을 열면서 직면할 수 있는 몇 가지 내부적 도전 과제를 살펴본다. 내담자와 함께 그 순간에 온전히 존재하기 위해서는 일정 수준의 자기인식(self-awareness)과 내적 건강 및 통합이 필요하다. 현존은 수동적인 상태가 아니라, 개인적·직업적 차원에서 자신을 돌보아야 하는 타자와 일정 수준의 참여를 요구하는, 자신의 전 존재(whole being)를 적극적으로 참여시키는 것이다. 그럼에도 불구하고 우리는 인간이기 때문에, 역전이, 자기의심, 불확실성에 대한 인내력, 스트레스의 역할, 에너지의 적절한 사용 등 여러 가지 어려움이 발생할 수 있다. 이러한 특정 어려움을 살펴보기 전에, 먼저 회기에서 발생하는 어려움을 다루는 일반적인 원칙에 대해 이야기해 보겠다.

도전 과제를 다루기 위한 일반 지침

12장에서 더 자세히 논의하겠지만, 체화된 자기인식은 현존의 필수적인 부분이다. 이를 통해 치료자는 자신의 내부 신호를 능숙하게 읽을 수 있게 된다. 이는 도전적인 상황에서 특히 중요하다. 왜냐하면, 무슨 일이 일어나고 있는지 식별할 수 있는 방법은 어떻게 반응할지 아는 데 필요한 단계이기 때문이다. 치료자가 자기와 단절되거나 감각에 압도되거나 내담자와의 관계가 손상되는 등 어려움이 발생하면, 치료자는 먼저 잠시 멈추고 내면을 빠르게 살펴 현재 일어나고 있는 일이 (1) 자신의 반응(역전이), (2) 내담자의 경험과 공명(내담자의 내면세계에 대한 정보 또는 대인관계적 공명), (3) 자연스러운 주의 산만, 또는 (4) 관계적 문제(치료적 손상) 중 어느 것인지를 판단해야 한다. 이 모든 상황은 서로 다르게 반응해야 한다.

도전이나 단절(disconnect)의 순간에 내면으로 조율하면서, 우리는 역전이 반응이 있다는 것을 인식하게 된다. 그러면 우리는 그 반응을 인식하고, 판단하지 않고 내면에서 인정하고, 나중에(개인적인 성찰, 치료, 또는 슈퍼비전에서) 다루기 위해 제쳐두어야 한다. 그것이 내담자의 경험과 공명하는 것이라면, 그 감정을 인식하고 유지하거나, 내담자에게 몸에서 느끼는 감정을 공감적으로 반영하여 되돌려주는 것이 도움이 된다. 단지 자연스러운 주의 산만이라면, 판단하지 않고 친절한 인식으로 내담자와의 순간으로 의식을 되돌려야 한다. 치료적 손상인 경우, 방어적이지 않은 방식으로 자신의 경험을 직접 말하고, 현존 자세(부드러운 표정, 목소리 억양, 개방성)를 취하여 발생하고 있는 손상을 직접 탐색하기 시작한다. 이 장의 뒷부분에서 치료적 손상을 다루는 것에 대해 논의할 것이다. 다음은 Geller(2017)의 간단한 연습으로, 어려운 순간에 자신이 느끼고 있는 감정을 발견하기 위해 내부적으로 사용할 수 있다.

도전적인 순간을 다루는 연습: 멈추기, 관찰하기, 돌아오기

회기에서 현존하지 못할 수 있는 여러 가지 이유에 대해 논의했다. 다음은 현존을 방해하는 요소를 파악하고 그 순간으로 알아차림을 되돌리는 데 도움이 되는 간단한 연습이다. PNR은 멈추기(Pause), 관찰하기(Notice), 돌아오기(Return)의 약자로, 그 단계는 다음과 같다. 회기 외에서 이 연습을 여러 번 반복하여, 필요할 때 회기에서 이 방법을 더 쉽게 사용할 수 있도록 하는 것이 중요하다. 자신이 현존하지 못하고 있을 때 이를 알아차리고 의식을 그 순간으로 되돌릴 수 있도록 뇌와 신체를 훈련하면, 필요할 때 이 방법이 더 자동적으로 이루

어질 것이다. 단계는 다음과 같다.

1. **멈추기**: 반응에 대한 알아차림과 다른 선택을 하는 데 도움이 된다. 멈추기는 판단하지 않는 친절한 어조로 '멈춤(pause)' '정지(stop)' '지금(now)'과 같은 간단한 단어를 사용하여 상기시키는 말로 유도할 수 있다. 멈출 때 의식적으로 숨을 쉬면 부교감 신경계를 활성화하고 일어나는 일을 인식할 수 있는 더 많은 내부 공간을 확보하는 데 도움이 된다.
2. **관찰하기**: 그 순간에 단절되는 원인이 되는 정서, 생각, 신체 감각에 대한 인식을 높이는 것을 의미한다. 여기에서는 판단하지 않는 태도가 중요하다. 자신의 경험을 '정확히 있는 그대로(exactly as it is)' 알아차리고, 이것이 역전이, 공명, 주의 산만, 치료적 손상인지 내부적으로 자문해 본다. 판단하지 않고 주의 깊게 관찰하면 앞서 설명한 것처럼 현재 일어나고 있는 일을 어떻게 처리해야 할지 알 수 있고, 자신과 내담자의 현존으로 돌아갈 수 있는 단서가 된다.
3. **돌아오기**: 의도적으로 자신의 알아차림을 그 순간으로 다시 초대하는 것을 의미한다. 이는 감각을 통해 할 수 있다. 시각적 알아차림을 내담자에게로 되돌리고, 무릎에 놓인 손을 느끼거나, 발바닥이 바닥에 닿아 있는 느낌을 느껴 본다. 내담자와의 연결도 그 순간에 그들과 연결되어 있다는 느낌에 다시 집중함으로써 도움이 될 수 있다. 내담자의 목소리 리듬이나 표정에 맞춰 자신의 주의를 집중할 수 있다.

회기에서 PNR을 사용하면, 자신이나 내담자와의 연결이 끊어진 느낌을 받거나, 내담자가 공격적이거나 소극적인 태도를 보일 때, 또는 어떻게 진행해야 할지 명확하지 않을 때와 같은 다른 임상적 문제에도 도움이 될 수 있다. 먼저 역전이 또는 치료자의 촉발 요인이나 반응에서 시작하여, 회기에서 발생할 수 있는 몇 가지 내부적 문제들을 좀 더 자세히 살펴보겠다.

역전이

'역전이(countertransference)'는 "치료자의 과거 또는 현재의 정서적 갈등과 취약성에 의해 형성된 치료자의 내적 또는 외적 반응"으로 정의된다(Gelso & Hayes, 2007, p. 25). 역전이 개

념은 정신분석 전통(psychoanalytic tradition)에서 비롯되었지만, 치료자와 내담자 사이에서 발생하는 역전이적 반응, 또는 더 정확히 말해 치료자가 내담자에 대한 감정적 반응은 어떤 치료 양식에서도 발생할 수 있다. 역전이라는 용어가 보편적으로 사용되는 점을 고려하여, 이 용어를 깊은 무의식적 과정이나 과거를 현재로 전이한다(transferring)는 의미로 해석하지 않고 사용한다.

Gelso와 Hayes(2007)의 관점에서 역전이는 다음과 같다.

역전이는 심리치료에서 보편적인 현상이다. …… 인간 본성상, 모든 심리치료사는 경험이 풍부하거나 정서적으로 건강하더라도 해결되지 않은 갈등과 취약점을 가지고 있으며, 심리치료의 관계적 친밀감과 정서적 요구는 이러한 갈등과 취약점을 활용하여 치료 과정에서 작용하게 만든다(p. 133).

치료자의 정서적 반응과 같은 역전이 반응은 치료자가 내담자와 직접적으로 정서적·신체적·인지적·영적·관계적 접촉을 하고 있으며, 이러한 영역이 치료자 내면에 존재하기 때문에 현재 중심 작업에서 발생할 가능성이 매우 높다고 생각한다. 현존 과정에서는 치료자가 자기를 센서(sensor)나 지표(indicator)로 사용한다. 치료자는 내담자의 경험을 깊이 이해하고, 그 순간을 이해하고 반응하거나 개입을 제안하기 위한 핵심 지표로 자신의 내적 경험에 접근하고 주의를 기울인다. 또한, 치료적 현존이 불러일으키는 방식으로 자신과 타자를 인식하는 것은 치료자가 역전이 반응이 나타날 때 이를 알아차리고, 내부적으로 그 반응을 놓아 버리고 행동으로 옮기지 않도록 처리하거나, 내담자가 경험하거나 타자에게 불러일으키는 것을 반영하기 위해 긍정적인 치료 방식을 활용할 것이라고 믿는다.

회기 밖에서 치료자의 문제를 해결하고 관리하려는 의도가 아무리 크더라도, 치료자는 인간이기 때문에 해결된 문제도 회기 중에 표면화될 수 있다. 그러나 자신의 내적 경험에 주의를 기울이는 등 치료적 현존을 함양하기 위해 필요한 자기통찰(self-insight), 자기인식(self-awareness), 자기성장에 대한 전념의 수준은 역전이로부터 보호하는 역할을 할 뿐 아니라 역전이 반응에 대한 해독제 역할도 한다. 또한, 현존을 함양하고 경험하는 것은 치료자가 치료에 유용할 수 있는 강렬한 정서적 반응과 강렬한 역전이 반응을 빠르게 구별하는 데 도움이 될 수 있다.

자기인식과 자신의 내면세계에 대한 지속적인 주의는 역전이 반응을 인식하고 관리하는

데 중요한 요소이다. Gelso와 Hayes(2007)는 자기통찰을 치료자의 경험과 내담자의 경험을 연결하는 데 필요한 전제 조건으로 설명했다. 자기를 감지 도구로 사용하기 위해서는 "치료자는 자신을 볼 수 있고, 자신의 변화하는 욕구와 선호도, 단점 및 갈망을 이해할 수 있어야 한다"(Gelso & Hayes, 2007, p. 108).

Van Wagoner 등(1991)은 동료들이 우수하다고 평가한 치료자와 일반 치료자를 비교했다. 그 결과, 대가(master) 치료자는 자기통찰, 공감 능력, 불안 관리, 자기통합(self-integration) 능력이 더 뛰어나다고 평가받았다. 흥미롭게도, 이러한 자질은 숙련의 일부인 동시에 자기통찰, 자기통합(안정화 및 중심 유지), 상대방에 대한 조율, 불안 관리 능력 등 치료적 현존의 측면이기도 하다. 이러한 기술은 숙련에 핵심적인 요소이다. 우수한 치료자는 역전이 반응이 문제가 되거나 치료에 나타나서 내담자의 치료 과정을 방해하기 전에 이를 더 잘 인식하고 관리할 수 있기 때문이다. 따라서 현존의 연습은 역전이 반응으로부터 보호하는 역할도 할 수 있다.

또한, 치료자의 통찰력, 자기인식, 자기돌봄, 심리적 건강, 그리고 훈련과 전문적 경험 등 현존을 기르는 모든 요소가 치료자가 자신의 수용적 개방성을 효과적으로 활용하여 내담자의 치유를 향한 치료 과정을 이해하고 촉진하는 데 도움이 될 것이다. 사실, 자신의 감정에 대한 개방성은 역전이 행동의 감소와 관련이 있는 것으로 알려져 있다(Robbins & Jolkovski, 1987). 내담자를 돕거나 그와 함께 있는 데 방해가 되는 요소를 인식하지 못하는 치료자는 종종 자신의 감정을 잃어버리거나 그 순간에 자신의 경험을 인식하지 못하는 치료자이다.

내담자의 치료를 방해하지 않으려면, 우리 자신의 해결되지 않은 문제를 먼저 해결해야 한다. 그러나 그것이 불가능하거나, 무능력감, 좌절감, 분노와 같은 감정에 놀라게 되는 경우에도, 그 감정의 원인을 인식하고, 그 순간으로 알아차림을 되돌리고, 개방적이면서도 안정된 상태로 돌아갈 수 있는 민첩성을 기르도록 노력해야 한다.

사례: 역전이 다루기

다음의 임상 사례는 치료자가 자기인식으로 자신의 분리감 및 역전이 반응을 인식하고, 내담자와의 회기에서 어려움을 겪을 때 주의력을 되찾은 과정을 보여 준다.

 제인은 8세인 아들이 병으로 세상을 떠난 것에 대해 이야기하고 있었다. 그녀는 아들의 죽음으로

인한 상처와 고통으로 가슴에 생긴 "깊은 구멍"에 대해 이야기하고 있었다. 그녀는 "매일 매일을 견디기 어려울 정도"로 일상적인 일을 처리하는 것이 너무 버겁다고 말했다. 그녀가 이야기하는 동안, 나는 그녀의 고통에 대해 그녀를 안심시키며 인지적으로 반응하고 있는 자신을 발견했다. 하지만 내 주의력은 점점 방 밖으로 빠져나가는 듯했다. 나는 거의 사용하지 않는 클립보드가 내 손에 있고, 그 위에 펜으로 몰래 뭔가를 쓰고 있는 것을 알았다. 그 순간, 클립보드가 그녀가 경험하고 있는 압도적인 고통을 막는 방패와 같은 역할을 하고 있다는 것을 깨달았다. 나는 현재의 단절된 상태에 주의를 집중했고, 제인에 대해 느꼈던 정서적 거리감 아래에 깊은 슬픔과 상실감에 대한 두려움이 있다는 것을 깨달았다. 나는 그 고통을 차단하고 있었다는 것을 깨달았다. 또한 그녀의 고통을 어떤 식으로든 없애거나 줄일 수 없다는 생각에 압도당했다. 슬픔과 무력감에 압도될까 두려워 현존에 대한 저항을 인식한 나는 그 사실을 알아차리고 주의를 다시 현존으로 돌렸다. 나는 내 안의 이러한 취약성을 알아차리고, 이 두려움을 잠시 접어두고 나중에 다시 마주하기로 마음먹었다. 그러자 숨을 쉴 수 있게 되었고, 안정된 현존감으로 주의력을 되돌릴 수 있게 되었다. 그곳에서 나는 다시 내면의 안정감을 느낄 수 있었고, 제인이 느끼는 고통의 광대함과 지지를 위한 열린 마음을 느낄 수 있었다.

[사례 성찰] 이 예에서 치료자는 격렬하게 글을 쓰는 비현존적(nonpresent) 행동과 주의 산만을 발견했다. 그녀는 자신의 분리감과 그 밑에 숨겨진 고통과 두려움에 빠르게 주의를 기울이고, 자신의 정서를 인식하고 조절하며, 이것을 나중에 주의해야 할 사항으로 기록한 후, 다시 그 순간으로 주의를 되돌릴 수 있었다. 치료자가 자기인식과 정서적 경험을 이해하는 능력이 뛰어나다면, 내면의 대화와 그 순간으로 주의를 되돌리는 과정은 짧게 진행될 수 있다.

역전이 다루기: 자기조율

현존과 자기인식(self-awareness)의 연습은 치료자가 역전이 반응의 원인을 식별하고 효과적으로 대처하는 데에도 도움이 될 수 있다. 예를 들어, 자기인식(self-recognition)에 능숙한 치료자는 회기 중에 졸음을 느끼지만, 그것이 피로 때문이 아니라 자신이나 내담자와의 단절감 때문이라고 식별하고, 그로 인해 자신의 주의를 다시 그 순간으로 되돌릴 수 있다. 또 다른 가능성으로 치료자가 내담자가 자신의 경험과 단절되어 있다고 느끼는 것에 공감하

는 것일 수 있다. 따라서, 이를 되돌려 생각할 수 있는 좋은 기회로 삼아 내담자가 자신의 경험으로 돌아갈 수 있도록 유도할 수 있다.

치료자는 또한 그 순간에 몸의 인식을 하는 현존 연습을 통해, 현존의 브족이라는 형태로 드러나는 역전이 반응이 나타내는 근본적인 욕구를 쉽게 인식할 수 있다. 예를 들어, 불안감은 휴식이 필요하거나 스트레칭이나 운동이 필요함을 반영할 수 있다. 피로는 신체적인 피로일 수도 있고, 회기에서 방향이나 연결이 부족하기 때문일 수도 있다. 지루함은 치료자가 지쳐 있거나 내담자가 표면적인 경험을 회피하면서 말하고 있음을 의미할 수 있다. 자신의 신체 감각을 더 잘 인식하고 그 감각에 귀를 기울이면, 내담자와 함께 있는 방에서 완전하고 최적으로 현존하고자 하는 의도를 극대화할 수 있다. 이러한 자기조율(self-attunement)은 자신의 알아차림을 그 순간으로 받아들이고 되돌리는 데 필요한 지도를 제공할 수도 있다.

자기의심과 수치심

가면 증후군과 수치심의 형태로 나타나는 자기의심(self-doubt)은 특히 인식되지 않을 때 현재에 집중하는 데 방해가 될 수 있다. 자기의심은 우리가 내담자를 도울 능력이 부족하거나 무능하다고 말하는 내면의 목소리로 나타날 수 있다. 또한 더 깊은 수준의 수치심에 영향을 미쳐 '가면 증후군(imposter syndrome)'이라고도 알려진 가짜라는 감정과 함께 표현될 수도 있다. 이러한 내면의 의심과 수치심은 동료나 다른 사람들이 우리의 괴로움을 알게 되면 전문적인 신뢰를 잃게 될까 두려워 조용히 품고 있을 때 더욱 악화될 수 있다.

이러한 의심이나 수치심은 내담자가 어려움을 토로할 때, 그리고 우리가 "어떻게 도와야 할지 모르겠어, 난 가짜야"라는 내면의 목소리를 내거나, 더 나아가 자신의 문제들을 가지고 있기 때문에 치료자가 되는 것 자체가 잘못되었다고 느끼는 미묘한 순간에 나타날 수 있다. 또한, 만성적인 자기비판(self-criticism)과 수치심으로 나타나기도 하며, 이는 피로하고 고립감을 야기한다. 부끄러움의 행동적 표현은 내담자와의 경계가 무너지는 결과로 이어질 수 있다(내담자가 "진실을 알게 될까 봐" 또는 자신의 전문적 신뢰성을 증명하기 위해 과로하거나 항상 연락을 받는 등). 또는 과잉 보상적이고 과대 평가된 자기감(sense of self), 모든 것에 능통하고 슈퍼비전이나 치료 기술에 대한 추가 교육이 거의 필요하지 않다고 느끼는 감정으로 표현될 수도 있다.

자기의심과 수치심은 치료자로서 정상적이고 흔한 경험이다. 한 연구에 따르면, 수치

심(shame)과 부끄러움(embarrassment)은 치료자들 사이에서 흔한 경험이다(Klinger et al., 2012). 이러한 자의식적인(self-conscious) 정서는 회기에 늦는 것, 실수, 회기 중에 잠드는 것, 말실수, 내담자의 이름을 잘못 부르는 것 등으로 표현되었다. 이로 인해 치료자들은 회기 중에 과도하게 사과하거나 회피하는 경향이 나타났다. 이러한 경험의 일반성을 인정하는 것은 도움이 되며, 이를 다루는 것은 중요하다. 이러한 경험은 우리 자신과 마주치고, 어려운 경험을 극복하는 방법을 모델링하는 기회를 제공한다.

자기의심과 수치심을 다루기 위해서는 그 경험과 그 밑에 숨겨진 원인을 모두 알아차려야 한다. 어린 시절의 성과에 대한 압박에서 비롯된 것일까? 어린 시절의 외상일까? 비판적인 부모나 상사 때문일까? 자신의 내면과 그 원인을 아는 것이 이 정상적이고 흔한 경험을 극복하기 위한 첫 단계이다.

수치심을 다루는 연습: 자기연민

자기의심과 수치심을 다루는 또 다른 유용한 방법은 자기연민(self-compassion)이다. 6장과 14장에서 설명한 자기연민 연습은 수치심의 고통과 그와 관련된 욕구(즉, 부족함을 느끼는 고통과 존중이나 수용에 대한 욕구)를 알아차리고, 친절과 연민으로 그 고통과 욕구를 받아들이도록 우리를 이끈다. 다음은 Chris Germer와 Kristen Neff의 마음챙김 자기연민(자기자비) 프로그램(Mindful Self-Compassion program; Germer & Neff, 2019; Neff & Germer, 2018)을 모델로 한 수치심을 다루는 연습이다.

- 잠시 멈추고, 숨을 쉬며, 내면으로 들어간다.
- 이 탐색을 시작할 때 자신에게 친절한 태도를 유지한다.
- 치료 실습이나 인생에서 가지고 있는 의심을 알아차리도록 해 본다. 이는 의심을 품은 내면의 목소리일 수 있다. 그 경험에 친절하게 다가가 본다.
- 이 감정에 기여한 요인이 무엇인지 자문해 보라. 이 내면의 의심에 기여한 어려운 과거의 시간이나 관계로 마음을 되돌려 보라.
- 몸에서 이 어려움을 느끼는 부분을 인식하고, 그 경험에 친절하고 자비로운 알아차림을 가져가라.
- 당신은 혼자가 아니라는 것을 스스로에게 알려주라. 치료자들도 자기의심과 부끄러움

을 느끼는 순간이 있는 것은 흔한 일이다.

- 괜찮다고 느껴진다면, 이 의심이나 예전의 어려움을 느끼는 신체 부위에 손을 대고 그 고통에 친절과 연민을 보내라.
- "나는 너를 위해 여기 있어", "너의 고통이 얼마나 큰지 알고 있어", "너를 이해하고 함께 하고 싶어"와 같이 괴로움에 대해 할 수 있는 친절한 말을 찾아보라.
- 고통에 대해 말과 행동으로 계속 연민과 사랑을 표현하라.
- 이 연습을 마무리할 때, 자기연민의 감정과 말에 집중한 채 손을 내려놓을 수 있다.

수치심과 자기의식을 다루기 위한 다른 접근 방법

자기의식, 수치심, 가면 증후군을 극복하는 다른 방법(Geller, 2017에 언급됨)은 다음과 같다.

- **불완전함을 받아들이라**(Accept imperfection). 실수나 불완전함을 받아들이라. 그것들은 인간인 이상 피할 수 없는 부분이다. 추가적인 판단(예: "이렇게 느끼는 나는 잘못됐다")을 통해 자기의식을 더욱 악화시키지 마라.
- **자신이 전문 지식을 가지고 있는 분야를 찾아보라**(Notice areas in which you do have expertise). 우리는 부정적인 면에 집중하는 경향이 있지만, 긍정적인 성과와 자질에 주의를 집중하면 의심에서 벗어나 자기가치(self-worth)를 높일 수 있다.
- **자신의 성과를 축하하라**(Celebrate your achievements). 다른 사람을 성공적으로 도왔던 방법이나 성취한 일을 되돌아보라.
- **슈퍼비전을 받는다**(Engage in supervision). 또는 어려움을 극복하고 그러한 감정을 정상화할 수 있도록 안내하고 지지해줄 수 있는 슈퍼바이저나 멘토와 이야기하라. 또한 자신의 긍정적인 자질과 성장한 점을 볼 수 있도록 도와줄 수 있는 사람과 이야기하라.
- **교육이나 방법론에 투자하라**(Invest in education or modalities). 특히 자신이 어려움을 겪고 있는 분야에서 자기의식이 드러날 때 도움이 된다.
- **상담을 받아 자신을 지지하라**(Support yourself through having your own counseling). 수치심이나 내면의 의심을 야기하는 기저의 문제를 해결하는 데 도움이 된다. 문제의 근본 원인을 이해하고 해결하는 것이 가장 중요하다. 문제의 원인인 주요 경험과 정서를 해결하지 않고는 여기에서 제안한 전략만으로는 충분하지 않기 때문이다.

불확실성에 대한 인내와 과정 신뢰

치료적 현존을 준비하는 데 중요한 측면은 이론·선입견·치료 계획을 제쳐두는 것(bracket theories)이다. 제쳐두기(괄호치기; bracketing)를 통해 그 순간의 독특함에 수용적으로 조율할 수 있게 되어 치료 과정을 안내할 수 있고, 이러한 개방성에서 올바른 기법이나 방향이 드러날 수 있다. 그러나 그 순간에 마음을 연다는 것은 미지의 것에 마음을 열고, 회기 동안 완전히 불확실하다고 느낄 수 있는 시간을 갖는 것을 의미한다.

불확실성(uncertainty)에 대한 치료자의 불편함은 내담자와 조화를 잃은 반응으로 이어질 수 있다. 관계적 치료(relational therapies)에서, 이는 내담자가 자신의 말을 듣지 않거나 받아들이지 않는다고 느끼게 하여 마음을 닫게 할 수 있다. 인지행동치료(cognitive behavior therapy)와 같은 매뉴얼 기반 치료(manual-based therapy)에서는, 내담자가 그 순간 있는 곳에 안정하지 않고 필요한 단계를 빠르게 진행하게 되어 치료 효과가 떨어질 수 있다. 치료자는 침묵에 대해서도 비슷한 어려움에 직면한다. 침묵이나 미지의 것에 대한 불편함을 참아내는 것은 좋은 치료 과정에 필수적인 요소이다. 불확실성을 통해 내담자에게 중요하고 관련성 있는 자료나 반응이 나타날 수 있기 때문이다. 침묵은 또한 내담자가 치료자의 반응이나 개입, 그리고 치료자의 불편함을 통해 제공된 것을 내부적으로 처리할 수 있게 해 주며, 침묵을 깨는 것은 실제로 내담자의 치유와 학습 과정을 방해할 수 있다. 미지의 것을 신뢰하기 위해서는 연습과 불편함을 참아내는 것이 가슴 아픈 치료적 자료(poignant therpeutic material)가 떠오를 수 있는 여지를 만들 수 있다는 것을 알아야 한다.

알 수 없는 것을 신뢰하는 것은 회기가 시작될 때, 내담자가 자신의 경험을 탐색하기 시작하지만, 자신이 느끼는 감정이나 필요한 것이 아직 명확하지 않을 때 종종 발생하는 어려움이다. 치료자가 관계적 치료 또는 매뉴얼 기반 치료의 관점에서 치료를 진행하든, 내담자가 관계에서 편안함과 안정감을 느끼고 자신의 문제를 완전히 알아차릴 수 있는 시간이 필요하다. 초기 단계에서 치료자가 느끼는 불안감으로 인해, 내담자가 신뢰를 쌓을 시간이나 관계를 발전시키기 전에 서두르며 일련의 개입을 진행할 수 있다. 특히, 초심 치료자나 학생들은 이러한 불안을 관리하기 위해 기법에 의존할 수 있으며, 그 결과 내담자와 조율하지 못한 개입으로 인해 치료 효과를 최소화할 수 있다. 매뉴얼 기반의 치료법에서도 최적의 효과를 얻기 위해서 치료자는 자신이 하는 일을 내담자가 그 순간 어디에 있는지에 맞게 관계를 조정

해야 하며, 이는 특정 순간에 내담자와 함께 있고, 공간과 미지의 것을 인내하는 것이 필요하다. 이는 빈 페이지를 응시하는 예술가에 비유할 수 있다. 빈 종이는 가장 위협적일 수 있으며, 가장 재능 있는 예술가조차 주눅들게 만들 수 있다. 그러나 예술적 과정은 예술가가 나타나는 재료에 대해 인내심을 가지고 기다리며, 미지의 것을 견디는 것을 배우는 과정이다. 이를 통해 형태를 취해야 할 것이나 실제로 사용해야 할 기법이 순간과 공명하며 나타날 수 있다.

현재 중심 심리치료(present-centered psychotherapy)에서도 마찬가지이다. 우리는 가만히 있고, 듣고, 그리고 아마도 이 괴로움에 빠진 사람을 어떻게 도와야 할지 모르기 때문에 느끼는 불안감을 참아내는 법을 배워야 한다. 그래야만 타자와 우리 자신의 가장 깊은 내면을 진정으로 들을 수 있고, 그 순간에 내담자와 공명하며 반응하거나 개입할 수 있다. 내담자의 고통에 깊이 함께 현존함으로써 치유가 일어날 수 있다는 이해와 신뢰뿐만 아니라 일정 수준의 심리적 회복력이 필요하다. 치료자가 서두르거나 다른 사람의 고통을 고치려고 하지 않기 때문에, 이 알려지지 않은 전환의 공간에서 진정한 치유가 일어날 수 있다. 오히려, 타자와 함께 현존하며 잠시 멈추는 과정에서 나오는 반응과 기법이 내담자의 치유를 가장 촉진하는 것으로 드러났다.

알 수 없는 것에 대한 불안을 관리하기 위해 치료자는 그 과정에 대한 신뢰를 쌓고, 그 순간과 알 수 없는 것에 대한 불편함에 완전히 집중함으로써 드러나는 것이 치유로 이어지는 반응이나 개입이 될 것이라고 믿어야 한다. 이는 관계적 치료적 현존(relational therapeutic presence)을 통한 경험을 통해 얻을 수 있다. 그러나 그 불편함을 관리하기 위한 몇 가지 구체적인 도구가 있다. 호흡에 집중하기, 복식 호흡하기, 현재에 머물러 있으라고 조용히 스스로에게 상기시키기, 펼쳐지는 것을 믿기, 지금 이 순간에 머물기 등이 있다. 치료자는 자기 진정(self-soothing), 신뢰를 가지거나 완전히 마음을 열라고 부드럽게 상기시키기 등, 자기 자신과 내부 대화를 나눌 수도 있다.

스트레스와 다중 역할

우리는 주의력, 시간, 정서적 에너지에 대한 요구가 폭격하듯 쏟아지는 시대에 살고 있다. 컴퓨터, 팩스, 휴대폰, 유선전화, 이메일, 트위터, 페이스북, 인스타그램 및 기타 기술 기반 커뮤니케이션과 소셜 미디어는 10년 전만 해도 예상하지 못했던 즉각적인 반응을 요구한다. 또한 현재 현실에서 많은 치료자가 일상에서 수행하는 여러 역할이 치료자의 주의를 순간순간 자신의 경험에서 멀어지게 한다. 치료자의 삶과 주의에 대한 다양한 요구는 스트레스를 유발하고, 온전히 현존하기 위한 도전을 더욱 어렵게 만들 수 있다. 전통적인 역할의 시대는 사라졌고, 이는 인간관계와 직업 선택에 있어 평등과 다양성이 확대된 것을 의미하지만, 한편으로는 여러 역할을 수행해야 하는 기대와 요구가 높아진 결과를 가져왔다.

나(S. M. G.)는 의료 종사자들을 대상으로 스트레스 감소 워크숍을 진행했는데, 이는 그들의 삶에서 발생하는 스트레스에 대한 이해를 돕고 직장에서의 현존을 높일 수 있는 방법을 모색하기 위한 것이었다. 그녀는 참가자들에게 일상생활에서 주로 맡고 있는 다양한 역할의 이름을 말해 보라고 요청했다. 의료 종사자, 부모, 노부모 간병인, 상사, 관리자, 교수, 동료, 불치병 환자의 친구, 아픈 형제의 간병인, 자녀의 운전기사, 편부모 등 각자가 맡은 역할에 대해 설명하는 모습에 그녀는 놀라움을 금치 못했다. 이것은 15명으로 구성된 이 모임에서 표현된 것의 일부에 불과하다. 잠시 멈춰서 가만히 있거나 자신을 위해 좋아하는 일을 하며 보낸 시간을 설명해 달라는 질문에 한 여성은 2년여 전, 혼자 공원을 산책하며 상쾌한 감정을 느꼈던 그날을 마지막으로 떠올렸다. 이처럼 드물고 소중한 자기계발(self-nourishing)의 시간이 금방 사라지는 것은 당연한 일이다.

현존의 과정, 즉 매 순간에 깊숙이 들어가기 위해서는 매일 그 순간에 있을 수 있도록 자신을 준비하는 시간이 필요하다. 우리는 매일 배려·연민·현존·배움·실천을 위해 노력하는 삶을 살면서 현재에 충실하고자 열망할 수 있다. 그러나 기술, 환경적 스트레스, 그리고 무엇보다도 바쁘고 스트레스가 많은 삶에서 비롯된 여러 역할과 분열된 주의력 때문에 우리는 끊임없이 집중력을 요구받는다. 우리의 주의력과 시간에 대한 미묘한(혹은 미묘하지 않은) 요구는 스트레스의 영향을 알아차림으로써, 스트레스를 관리하고 순간적인 주의력을 배양함으로써 대응할 필요가 있다.

멈춤의 순간

잠시 시간을 내어 자신이 맡고 있는 다양한 역할에 대해 알아차림을 넓혀 보라.

- 잠시 멈춰서 눈을 부드럽게 내리고 호흡에 집중하라.
- 자신이 맡고 있는 여러 역할이나 생활에서 직면하는 요구 사항을 생각해 보라. 직장이나

가정에서 자녀, 부모, 형제자매, 친구, 상사, 관리 직원, 동료, 내담자 등 얼마나 많은 사람들을 책임지고 있는가? 정기적으로 관심을 기울여야 하는 사람들의 수를 세어 보라.

- 이러한 책임을 완수하는 데 하루 또는 일주일 중 얼마나 많은 시간 또는 몇 퍼센트를 할애하는지, 그리고 일반적인 일상적인 요구(예: 이메일, 전화 받기, 집안일)를 충족하는 데 얼마나 많은 시간을 할애하는지 생각해 보라.
- 이제 하루 또는 일주일 중 자기 욕구 충족이나 자기계발에 얼마나 많은 시간 또는 몇 퍼센트를 할애하는지 기록해 보라.
- 다른 사람에게 베푸는 시간과 자신을 돌보는 시간 사이의 차이를 알아보라.
- 그 격차를 줄일 수 있는 방법, 즉 자기돌봄과 개인적 성장 또는 주변 사람들을 돌보는 데 조금 더 많은 시간을 할애할 수 있는 방법은 무엇인지 조용히 생각해 보라.

현존을 허용하기 위해서는 우리 자신과 타인과의 관계, 그리고 우리 내면의 진실에 대해 순간순간 알아차림을 위해 노력해야 한다. 내면의 안정에 접근하려면 공동체 의식이나 영성 등 더 큰 무언가의 일부가 되는 동시에 더 쉽고 확신을 가지고 우리 자신의 내면의 지형을 통과하는 데 전념해야 한다. 이는 21세기 치료자로서 우리가 맡고 있는 다양한 역할에 대한 간단한 알아차림에서 시작될 수 있다.

우리 삶의 장애물과 스트레스를 알아차림으로써 우리는 삶과 내담자와의 현존을 위해 정기적으로 공간을 비우는 데 주의를 돌릴 수 있다.

잘못 알려진 에너지

깊은 수준의 관계적 현존(relational presence)에서 발생할 수 있는 고조된 연결의 순간에 치료자는 내담자나 특정인을 향한 것이 아니라 몸 전체의 고조된 에너지 감각으로 성적 감정을 경험할 수 있다. 이 에너지는 무섭거나 위협적일 수 있으며, 이해하지 못하면 잘못 전달될 수도 있다.

나(S. M. G.)는 관계적 접촉과 현존의 순간이 연결되어 에너지의 급류를 느꼈다고 회상한다. 그녀는 이 감정이 혼란스러웠으며, 이 사람에게 신체적 끌림이 없다는 것을 알고 있었다. 그녀는 그 감정을 그대로 받아들이며, 감정과 주변의 불안감에 대해 호기심을 품고 머물

러야 했다. 당시 슈퍼바이저와의 대화에서 그녀는 그 중 일부가 개방적이고 취약한 인간과 완전히 순간에 몰입한 상태에서 흘러나온 것임을 깨달았다. 혼란스러운 부분은 이 감정을 닫아 버리면 내담자의 경험에 문이 닫힌다는 것을 알았기 때문이다. 그러나 그 감정에 완전히 열려 있는 것은 부적절하고 잘못된 것처럼 느껴졌다. 시간이 지나면서 그녀는 관계적 치료적 현존의 순간에서 많은 다른 몰입 경험을 겪었고, 그것이 단순히 정서나 감각이 아니라 에너지가 넘친다는 것을 깨달았다. 그녀는 자신 안에서 그 감정을 적절한 방식으로 받아들이는 법을 배우고, 그 감정에 두려움을 느끼지 않도록 했다.

에너지는 동양의 전통이나 요가, 기공(氣功), 태극권과 같은 신체 수련과 관련하여 더 자주 논의된다. 탄트릭 수련에서는 에너지가 척추와 몸 전체를 이동할 수 있는 생명력이라고 이해한다. 에너지가 생식기를 기반으로 다른 사람에게 향할 때 성적인 에너지라고 할 수 있다. 그러나 이러한 에너지 개념에 익숙하지 않거나 편하지 않은 치료자는 자신의 감정을 차단하여 현존을 차단하거나 내담자에게 부적절하게 감정을 지시할 수 있다.

치료자는 다양한 관점에서 에너지를 이해하고, 자신과 직업 윤리에 대한 건강한 관계를 유지하여 이러한 감정이 나타날 때 오용하거나 산만해지지 않도록 해야 한다. 또한 치료적 현존의 관계적 차원을 이해하고 그것이 타자의 치유를 위해 내담자와 함께, 그리고 내담자를 위해 존재하려는 의도에 의해 안내된다는 것을 이해하는 것이 중요하다. 치료자가 이러한 의도를 알아차림으로써 오용, 혼란 또는 폐쇄를 피할 수 있다.

우리는 이 에너지를 내담자에 대한 역전이의 매력 감정과 구별하고 있지만, 이 에너지를 잘못 이해하면 역전이의 반응으로 이어질 수 있다. 현존에 수반되는 고조된 에너지이든 역전이 끌림이든 무슨 일이 일어나고 있는지 이해하기 위한 단계를 밟지 않은 소수의 치료자들은 내담자와 개인적이고 친밀한 관계를 발전시킨다. 일부는 임상적 관점에서는 훌륭한 치료자였을지 모르지만 개인적인 경계를 넘고 직업 윤리를 위반한 다음 내담자와 성적이고 친밀한 관계를 맺은 후 너무 빨리 치료를 종료했다. 이는 완전히 잘못되고 매우 부적절하며 윤리적 위반일 뿐만 아니라, 관계적 연결에 수반되는 강력한 감정과 적절하고 명확한 의도를 갖는 방법 또는 슈퍼비전에 접근하는 방법을 알아차리지 못하면 쉽게 넘을 수 있는 선이기도 하다.

기공, 태극권 또는 기타 신체 수련과 같은 에너지 수련을 통한 개인 수련은 에너지의 적절한 사용과 경험에 대한 편안함을 얻는 데 도움이 될 수 있다. 에너지 반응이 나타나 혼란스

러워지거나 윤리적 위반의 위험을 초래할 때 슈퍼비전도 중요하다. 현존을 함양하는 데 필수적인 자기인식과 치료적 현존은 내담자의 치유를 위해 존재한다는 것을 알아차림으로써 치료자는 개방성을 유지하고 윤리적이고 적절한 방식으로 행동하는 데 도움이 될 수 있다.

치료적 현존에 대한 외부 도전 과제

특정 환자들은 성격 유형이나 진단, 또는 극심한 고통으로 인해 치료자가 그들을 받아들이고 그들과 현존하는 것이 더 어렵다고 느낄 수 있다. 예를 들면, 화를 잘 내거나 방어적인 내담자(특히 대립이나 분노를 두려워하는 것이 치료자의 핵심 문제인 경우)나, 심각한 내적 고통과 자살 충동을 겪고 있거나, 자신의 욕구를 충족하기 위해 관계를 이용하는 성격장애로 진단받은 내담자가 있다. 치료자가 자신의 내적 반응이나 그 반응에 대처하는 방법을 인식하지 못하는 경우, 특정 내담자는 다른 내담자보다 치료자를 더 쉽게 반응으로 끌어들일 수 있다. 심각한 어려움을 겪고 있는 내담자의 다른 예로는 치료자에게 매력을 표현하는 내담자나 죽음을 앞둔 내담자와 같이 극심한 고통을 겪고 있는 내담자가 있다. 치료자는 이러한 상황에서 숙련된 대응 능력이 부족하거나(매력을 느낀 경우) 내담자의 문제를 해결할 수 없고 기껏해야 내담자의 고통을 목격할 수만 있기 때문에(죽음에 직면한 경우) 압도감을 느낄 수 있다. 이러한 순간에 어려운 점은 수용적이고 개방적이며 현존을 유지하는 것뿐만 아니라, 너무 개방적으로 얽혀서 자신을 잃지 않는 것이다. 이러한 순간에 관련된 또 다른 도전 과제는, 그 거리감이나 얽힘의 원동력을 인식하지 못한 채, 내담자를 멀리하거나 닫게 만들지 않는 것이다. 이 절에서는 성격장애, 치료에서 어려운 순간, 우울증의 절망감, 죽음과 죽어감, 외상(trauma) 등 다양한 유형의 도전 과제에 대해 논의한 다음, 치료적 손상(therapeutic ruptures)에 대해 논의할 것이다.

성격장애

이중 진단(dual diagnoses)은 흔히 발생하며, 이러한 내담자는 많은 치료자에게 어려운 과제이다. 예를 들어, 우울증 치료를 받기 위해 치료를 찾은 사람이 자기애 경향을 보인다면,

현존하는 태도를 함양하고 자신과 함께 노력하는 것이 자기방어 반응의 바다에 빠진 듯한 느낌을 덜어주는 데 도움이 된다. 한편으로 자기애는 사랑의 부족에 기반한 장애이지만, 다른 한편으로는 오만함·분노·이기심으로 표현된다. 이로 인해 치료자는 나르시시스트가 만들어 내는 수치심을 느끼거나 오만한 이기심에 대해 반발적이고 회피적인 반응을 보일 수 있어 반응에 어려움을 겪을 수 있다. 이러한 뿌리 깊은 행동에 직면한 치료자는 분노, 방어적 태도, 절망감을 느낄 수 있다.

자기애는 부분적으로 아이가 자기발달(self-development)을 위해 부모의 조율에 대한 필요성을 느끼는 시기에 부모가 조율하지 못했기 때문에 발생하며, 치료자의 조율은 치유에 필수적이다. 치료자가 주의해야 할 어려운 균형은, 내담자가 자신의 위대함을 반영하기 위해 드러내는 오만함이나 요구에 대해 알아차리면서도 반응하지 않는 것과, 내담자가 극도로 보호하는 이러한 행동의 밑에 숨겨진 더 깊은 수치심이나 슬픔을 조율하는 것이다.

치료자가 자기애와 같은 성격장애에 사용하는 기법은 정서조절(emotional regulation), 대인관계 기술 향상, 자기진정(self-soothing) 연습, 공감 능력 향상, 인지행동 기법 등 매우 유용하지만, 가장 중요한 것은 치료자가 내담자와 함께 있는 방식이다. 치료자가 내담자를 따뜻하고, 수용적이며, 개방적이고, 안정된 현존으로 대하지 않으면 기법은 아무 의미가 없다. 반대로, 자기애를 가진 사람들은 치료자의 현존과 연민이 필요하지만, 이것만으로는 충분하지 않다. 예를 들어, 자기애적 거울에 도전이 가해져야만 자기애를 가진 사람들이 치유를 시작할 수 있다. 그러나 이러한 내담자들에게 언제 어떻게 도전해야 할지 아는 것은 치료자의 내적 안정감, 연민, 그리고 그 순간 내담자에 대한 공감 능력에 크게 좌우된다. 내담자는 처음에는 치료자에게 반응할 수 있기 때문이다. 따라서 치료자가 효과적인 접근을 하기 위해서는 개방적이고, 연결되어 있으며, 안정적이면서도 반응적이지 않은 태도를 유지할 필요가 더 크다.

기법을 촉진하기 위해 필요한 수용의 예는, 경계선 성격장애(borderline personality disorder) 환자를 위해 Linehan이 개발한 행동 접근법인 변증법적 행동치료(dialectical behavior therapy)에서 찾을 수 있다. 경계선 성격장애를 가진 내담자의 경우, 행동 기법이 효과를 발휘하기 위해서는 치료자의 내적 또는 정동적(affective) 세계가 기본적인 수용을 제공하는 데 매우 중요하다. Linehan(1993a)은 현재 순간을 수용하는 것의 어려움과 필요성에 대해 다음과 같은 흥미로운 설명을 하고 있다.

관계 수용(relationship acceptance)에서 치료자는 환자와 환자-치료자 관계의 질을 인정하고, 환자뿐만 아니라 치료자로서 자신도 인정하고 수용한다. 각자는 현재 그 순간 '그대로' 수용된다. 여기에는 치료 진행 단계 또는 그 부족을 명시적으로 수용하는 것도 포함된다. 다른 모든 수용 전략과 마찬가지로, 관계 수용도 특정 지점을 극복하기 위한 변화의 기법으로 접근할 수 없다. 관계 수용에는 많은 것이 필요하지만, 그 중에서도 가장 중요한 것은 고통으로 가득 찬 상황과 삶에 기꺼이 들어가는 의지, 환자와 함께 고통을 견디고, 고통을 멈추기 위해 그 순간을 조종하지 않는 것이다. 많은 치료자들은 경계선 성격장애 환자를 치료하면서 겪게 될 고통이나 전문적인 위험, 개인적인 의심, 외상적인 순간에 대비가 되어 있지 않다. "열을 견디지 못한다면 부엌에 들어가지 마라"는 옛말은 자살 위험이 있는 환자나 경계선 성격장애 환자와의 작업에서 이보다 더 닿는 말이 없다(pp. 515-516).

수용과 현존에 능숙한 치료자는 깊은 고통을 함께 견디고, 내담자가 그 순간 경험하고 있는 것에 맞는 지지를 제공할 수 있는 능력을 가지고 있다. 또한, 숙련된 현존 치료자는 자신에게 향할 수 있는 분노나 조종의 원인을 인식하고, 이를 무시하거나 반응하지 않을 수 있다.

Gabbard(2001)는 경계선 성격장애를 가진 환자를 치료할 때, 치료자는 환자의 학대적인 부모를 투사한 분노가 자신에게로 향하는 '나쁜 대상(bad object)'의 역할에 놓일 수 있다고 지적했다. 치료자에게 최적의 상태는 '중간 지점(middle ground)'에 있는 평정된 상태로, 내면에서 그 분노의 일부를 경험하면서도 공감 능력을 유지하고 타자를 도울 수 있는 상태이다. Gelso와 Hayes(2007)는 Gabbard의 견해를 지지하며, 환자의 분노에 끌려 반응하지 않는 전통적인 정신분석적 모델을 거부했다. 내담자와 객관적인 거리를 두는 것은 내담자의 분노를 더욱 자극하고 내담자의 거부감을 심화시킬 수 있기 때문이다. 마찬가지로, 치료자가 비난과 방어의 역동(dynamic)에 지나치게 관여하여 화내거나 자신을 멀리하면 치료적 관계(therapeutic relationship)가 무너지고 손상될 수 있다. Gabbard가 묘사한 이 최적의 상태는 치료적 현존의 경험을 반영한다. 즉, 그 순간에 자기와 진실하게 깊이 연결되어 있으며, 동시에 환자와 함께 그리고 환자를 위해 치유하려는 의도와 정서적 진정성을 모두 포용하는 상태이다.

성격장애를 가진 사람들을 위한 치료 과정은 종종 길고 어렵다. 현존은 더 깊은 조율, 비반응성(nonreactivity), 내적 안정감을 가능하게 하지만, 치료자가 긴 치료 과정에서 이러한

상태를 유지하기 어려운 경우가 많다. 또한, 자기애 또는 경계선 성격장애를 가진 사람과 친밀감과 대인관계적 연결을 허용하면, 치료자가 불안정하고 자기에 대한 자신감이 떨어지는 상태가 될 수 있다. 여기서 치료자의 과제는 자신감 부족과 어떻게 도와야 할지 모르겠는 경험을, 임상적으로 유용할 수 있는 내면의 대인관계적 반응과 구별하는 것이다.

치료자가 내담자의 잠재적인 거부 반응에 직면했을 때 열린 마음으로 침착함을 유지하기 위해서는 치료자 자신의 개인적인 연습이 필수적이다. 최근에 한 동료는 이전에는 부분적으로만 주의력을 기울이던 방식에서, 성격장애를 가진 환자들에게 더 집중하게 되면서 에너지가 더 소모된다고 느꼈다고 말했다. 그녀는 어떤 면에서 개방적이고 연결되어 있어야 하는 요구가 더 크고, 잔여 긴장을 해소하기 위해 자신을 건강하게 돌볼 수 있는 방법(예: 회기 사이의 시간, 위기정리, 마음챙김 걷기)을 마련하기 위해 일정과 생활 습관을 균형 있게 조정해야 한다는 것을 깨달았다. 성격장애를 치료하는 데 필수적인 이러한 내면의 개방성, 안정화, 비반응성을 유지하기 위해서는 치료자의 내적 헌신이 많이 필요하다. 현존은 성격장애를 가진 사람들을 도울 수 있는 중요한 기본 상태이지만, 이를 유지하기 위해서는 수양(cultivation)과 전념(commitment)이 필수적이다.

치료 중 어려운 순간들

치료 중, 특히 성격장애가 있는 내담자의 경우, 치료자가 위협을 느끼거나, 무기력감, 무능력감, 무력감, 지배당하고 있다고 느끼거나, 또는 전반적으로 효과가 없다고 느낄 수 있는 순간이 있다. 내담자는 다루기 어려운 특정 성격 유형을 가지고 있을 수 있다. 이러한 내담자는 "물러서요, 나는 나 자신만 의지할 거예요"라는 메시지를 보낼 수 있고, 매우 불신하고 자신의 마음을 드러내지 못하거나, 특정 상호작용에 과민하게 반응하거나, 자신의 삶과 치료자와의 상호작용을 왜곡할 수 있다. 자신들이 피해자라고 느끼거나, 치료가 어떻게 진행되어야 하는지 지시하려고 할 수도 있다. 또는, 당신이나 다른 사람들이 자신을 떠나지 않을 것이라고 끊임없이 안심을 요구하거나, 수동 공격성(passive aggressive)을 보일 수도 있고, 약하거나 영웅적, 또는 순교자처럼 행동할 수도 있다. 치료자가 이러한 어려운 상황에서 어떻게 현존을 유지할 수 있는지가 과제이다.

몇 가지 예를 살펴보겠다. 먼저, 정상화(normalizes) 및 일반화(generalizes)하는 내담자를

살펴보겠다.

내담자: 저는 다른 사람들보다 술을 많이 마시지 않아요. 저를 알코올 중독자라고 부른다면, 이 나라에 사는 6천만 명을 모두 알코올 중독자라고 불러야 할 거예요.

이 내담자의 음주에 대한 책임을 따지는 대신, 현존의 자세를 취하면 치료자는 자신의 경험을 진심으로 성찰하고 이를 공유할 수 있게 될 것이다.

치료자: 그러니까 당신에게는 별문제가 아닌 것 같지만, 어쨌든 당신은 치료를 받아야 하는 상황이고, 당신이 그렇게 말하면 저는 어떻게 해야 할지 모르는, 좀 막막한 감정을 느끼고 있어요.

다음 예에서 내담자는 문제에 집중하는 것을 피한다.

내담자: 속상해하거나 화를 내는 것은 아무 소용이 없어요. 그건 아무 소용이 없어요. 모든 사람이 저처럼 이 상황에 반응할 거예요.

따라서 치료자는 "하지만 중요한 것은 당신이 실제로 화를 냈다는 것이며, 화를 피하는 것은 도움이 되지 않아요"라고 말하기보다는, 그 순간에 집중하고 자비로운 이해의 태도를 유지하면서 다음과 같이 말해야 할 것이다.

치료자: 화를 내는 것이 비생산적이고 불필요한 것 같고, 당신에게 매우 지치고 화가 나는 일이라고 생각해요. 하지만 당신의 말을 들으면서, 해야 할 일을 하지 않아 혼나는 아이가 발을 구르며 "나를 강요할 수 없어요"라고 말하는 모습이 떠올랐어요. [치료자의 우뇌 처리(right hemispheric processing)에서 자발적으로 떠오른 심상을 주목하라.]

이러한 어려운 순간에 대응하기 위해서는 긍정적인 태도, 내담자의 경험과 인간성을 수

용하는 태도, 그리고 진심 어린 반응을 보여 주는 것이 필요하다. 이러한 태도를 취할 수 있다면 치료자는 내담자의 행동과 반응적인 정서를 그 순간에 내담자가 선택할 수 있는 최선의 해결책으로 보고, 내담자가 위험한 정서로부터 자신을 보호하고 있다는 것을 이해할 수 있다. 그들이 보호하려는 것에 고통을 느끼면 무사히 살아남지 못할 것이라는 두려움이 방어적 이차 정서(secondary defensive emotion)나 행동을 유발하는 것이다. 치료자는 "이 상황을 바꾸기 위해 뭔가를 해야 한다"는 수정적 태도를 취하기보다는, 수용과 이해의 태도와 변화하지 않는 입장을 취해야 한다. 사람은 자신이 아닌 다른 사람이 될 수 없고, 자신인 존재로만 바뀔 수 있다(Beisser, 1970). 치료자가 전달하는 메시지는 "불행히도 저는 당신의 문제를 해결할 수 없어요. 정말로 당신을 돕고 싶지만, 그러기 위해서는 당신을 더 깊이 이해하고 받아들이는 것이 필요해요"이다. 따라서 현존한다는 것은 내담자를 변화시키려고 하지 않는 것을 의미한다. 내담자가 막힌 상태에 빠지면, 치료자는 종종 뭔가를 해서 그 막힌 상태를 해결해야 한다고 느끼거나 해결하고 싶어진다. 그러나 막힌 상태에 도달하면, 치료자는 그 순간에 현존하고, 그 자리에 앉아, 그 상황을 받아들이고, 탐색하고, 머물러 있어야 하며, 해결하려고 하지 않아야 한다.

일반적으로 어려운 순간을 다룰 때는 진정성이 중요하다. 진정성을 바탕으로 효과적으로 대처하는 중요한 방법은 반응하기(reacting)보다는 자신의 감정을 솔직하게 드러내는 것이다. 예를 들어, 내담자가 거리를 두고 지적인 태도를 보여 치료자가 좌절감을 느낄 때, 좌절이나 지루함으로 반응하기보다는 내담자와의 단절감이라는 기저의 감정을 드러내는 것이 도움이 될 수 있다.

치료자: 저는 때때로 제가 원하는 만큼 당신의 진짜 핵심 감정에 가까이 다가가지 못하는 것 같아요. 당신이 말하는 것을 듣고 당신의 강렬함을 알지만, 당신의 핵심 고통과 실제로 소통하는 것을 놓치고 있다는 느낌이 들어요. 우리 관계에 대해 어떻게 느끼는지 궁금해요.

모든 것이 순조로울 때는 일치하기 쉽지만, 상황이 복잡할 때는 일치하는 것이 어렵다. 함께 있는 치료자에게서 흘러나오는 것은 반응적인 반응(reactive response)이 아니라 적대적이지 않은 배려와 이해이다. 치료자가 부당한 비난이나 공격을 받아 화가 났을 때, 화를 내기

보다는(공격/책망의 자세) 화를 냈다는 것을 드러내는 것(드러내기/노출의 자세)이 필요하다. 마찬가지로, 막막한 감정을 느낄 때 치료자는 무력하게 반응하는 것과는 달리 자신의 무력함을 드러낸다. 현존은 적대적인 반응이 아닌 관계적 개방을 통해 체화된다.

내담자가 치료자의 말에 부정적으로 반응할 때, 치료자는 내담자가 저항하거나 부정하거나 현존에서 말을 피하는 것으로 보지 않고 다음과 같이 말할 수 있다.

치료자: 당신을 이해하지 못해서 미안해요. 내가 화나게 하는 말을 한 것 같고, 비판적으로 말하는 것처럼 느껴져서 상처를 준 것 같네요. 상처를 드려서 죄송해요.

이러한 형태의 이해는 진심에서 우러나야 한다. 비난해서는 안 되고, 해석적이지 않아야 하며, 내담자의 고통에 집중하고 그 괴로움에 대한 연민을 표현하는 깊은 호소력이 있어야 한다.

다음 전이(transference) 중심 정신분석의 예에서, 내담자는 분석가가 회기 시간을 변경하는 것에 대해 다음과 같이 반응한다.

내담자: 일정을 변경하셨군요. 정말 저를 더 이상 보고 싶지 않으신 것 같아요. 저를 보고 싶지 않으시군요. 신경도 안 쓰고 저를 거부하는군요.

분석가: 제가 당신을 다시 보고 싶지 않다고 확신하시나요?

내담자: 네.

분석가: 저와 다른 사람들을 의심해서 내가 당신을 보고 싶다는 것을 정말로 믿을 수 없고, 그래서 거부감을 느끼는 것일까요?

분석가는 일정 변경에 대한 내담자의 반응을 왜곡으로 해석하고 내담자가 자신의 의심이 현실을 어떻게 왜곡하는지, 이로 인해 내담자가 신뢰할 수 없게 되는지 알 수 있도록 직면한다. 반대로 현존 관계적 틀에서 일하는 치료자는 다음과 같이 반응할 수 있다.

치료자: 내가 일정을 변경해서 당신이 거부감을 느끼고, 나에게 중요하지 않은 사람처럼 느껴지고 밀려난 것 같아서 정말 미안해요. 제가 당신에게 관심을 갖고 있고 그렇

다는 것을 어떻게 알려야 할지 모르겠어요. 어떻게 하면 당신이 중요하고 상처를 줄 의도가 없었으며, 신뢰를 회복하도록 도울 수 있을지 알아보고 싶어요.

다음은 우리가 제공해 온 모든 현존의 요소들을 활용하여 스스로 반응을 보이는 연습을 할 수 있는 몇 가지 예시이다. 첫째는 내담자가 사소한 문제로 여기는 경우이다(예: "제게 문제가 있지만, 사실 그렇게 심각한 문제는 아니에요. 사실 굳이 이야기할 필요도 없잖아요").

내담자: 엄마는 제 곁에 있어 주지 않았고, 특히 엄마 주변에서 불안한 감정을 느껴요.

치료자: 고통스럽군요. 자신이 중요하지 않고 안전하지 않다고 느끼나요?

내담자: 글쎄요, 항상 불안한 감정이 드는 건 아니고 가끔씩 그런 것 같아요. 그리고 엄마가 정말 저를 불안하게 만드는지도 잘 모르겠어요. 그렇게 심하지는 않고 약간 불안한 정도예요. 무시할 수 있어야 해요.

상반된 반응이 있을 수 있다.

치료자: 어렸을 때 엄마가 당신에게 필요한 것을 주지 않았다고 생각하는 것이 얼마나 힘든 일인지 감당하고 싶지 않은 것일까요?

아니면 덜 해석적인 반응일 수도 있다.

치료자: 하지만 실제로는 정말 안 좋은 것 같아요. 그렇다면 무엇이 당신을 불안하게 만드는 것일까요?

다음은 자살 의도를 표현하는 내담자의 또 다른 예이다.

내담자: 리디아는 여자친구를 사귈 수 있는 유일한 희망이고, 그녀는 저와 함께해야 할 의무가 있어요. 만약 그녀가 저와 함께하지 않는다면 차라리 자살하는 편이 낫겠어요.

어떻게 대응할 수 있을까?

치료자: [치료자의 반응]

우울 속의 무망감

우울 속의 무망감(hopelessness in depression)은 내담자가 스스로를 닫고 무너지기 때문에 일부 치료자가 다루기 어려울 수 있다. 내담자의 고통과 함께 있을 때 치료자에게 불안과 두려움, 무력감을 유발하여 치료자가 무능하거나 좌절감을 느끼게 할 수 있다. 치료적 관계(therapeutic relationship)에서 치료자가 현존을 유지하고 거리를 두는 데 어려움을 겪는 것이 어렵다는 것을 인정하는 것이 중요하다. 체화된 자기인식은 그 거리가 내담자의 우울에 대한 직접적인 공명인지 아니면 치료자 자신의 두려움이나 무능감에 대한 것인지 분별하는 데 중요하다. 치료자는 자신의 두려움을 인식하고, 두려움을 다루거나, 두려움을 제쳐두고 내담자의 더 깊은 수준의 경험을 감지하여 자신에게 무슨 일이 일어나고 있는지 알아차림을 얻어야 한다.

사례: 무망감 다루기

다음 사례는 무망감을 경험하기 시작한 내담자와의 관계에서 현존을 유지하는 데 어려움을 겪는 과정을 보여 준다. 치료자는 내면의 투쟁을 알아차리고 관계에서 현존으로 돌아가기 위해 노력한다.

앨리샤와의 회기를 준비하면서 나는 그녀를 만나는 것에 대한 나의 거부감을 알아차렸다. 그녀가 느끼는 우울감은 끝이 없었고 그녀는 절망적인 상태에 머물러 있었다. 회기 초반에 앨리샤는 목적을 상실했다고 느꼈고, 우울하고 가라앉는 감정이 계속 변하지 않는 것에 대해 무망감을 느꼈다고 말했다. 나는 막막하고 좌절감을 느낀 그녀에게 다시 한번 정신과 전문의에게 약물 상담을 받으라고 권유했다. 그녀는 거절했다. 나는 또한 그녀가 에너지를 향상시키기 위해 운동을 하도록 동기를 부여하고 세로토닌과 도파민을 증가시키기 위한 다른 연습에 참여하려고 노력했다. 그녀는 이런 것들을 할 수 없다고 말했다. 나는 우울증으로 인해 그녀에게 도움이 될 수 있는 활동에 참여할 의욕

이 사라졌다고 이야기했다. 나는 내심 무력감을 느꼈고, 어떻게 하면 그녀가 스스로를 돕고 우울의 원인이 되는 더 깊은 문제를 해결할 수 있도록 활성화시킬 수 있을지 막막했다. 내가 그녀를 고치려고 노력할수록 그녀는 더 많이 닫히고 무력감을 느꼈고, 우리 사이의 정서적 벽을 느끼면서 내 몸에는 긴장감이 커졌다.

나는 내 내면을 다스려야 한다는 것을 깨닫고 앞서 설명한 PNR[멈추기(Pause), 관찰하기(Notice), 돌아오기(Return); Geller, 2017]이라는 전략을 시도해 보았다. 잠시 멈추면서 내면의 긴장을 감지하고 현존으로 돌아가기 위해 간단한 호흡을 했다. 나는 그녀를 밀어붙이는 것이 그녀를 더 무력하게 만들고 우리 사이에 쐐기를 박는다는 것을 관찰했다. 나는 변화를 위한 전략을 제시하려는 나의 집요함 뒤에 무엇이 있는지 스스로에게 물었고, 내 무력감과 어둠 속으로 끌려가는 것에 대한 두려움이 그녀가 일하도록 적극적으로 동기를 부여하려고 하는 데 기여하고 있음을 인식했다. 나의 현존 부족이 눈에 띄었고, 그 순간으로 돌아와야 한다는 것을 인식했다. 이 문제의 근원을 알아차리고, 친절한 몸짓과 나중에 다시 돌아오겠다는 의도를 보였다. 몇 번의 긴 숨을 내쉬며 감정을 조절하고, 땅에 발을 딛는 느낌으로 나를 안정화시킨 다음 다시 앨리샤에게 순간적으로 내 의식을 되돌렸다.

앨리샤에게 내 현존을 드러냄으로써 나는 그녀가 고통 속에서 외로움을 느끼고 나에게 버림받았다고 느꼈던 외로움과 내면의 고통(빠른 호흡, 가슴에 손을 얹고 눈을 피함)에 조율할 수 있었다. 이 짧은 PNR은 내가 그 순간을 다시 알아차리는 데 도움이 되었지만, 자기개방은 손상을 복구하고 그녀의 감정을 타당화하는 데 중요했다. 따뜻한 목소리로 앞으로 몸을 기울여 그녀가 말할 때 가슴에 느껴지는 긴장감을 공유했고, 고통스러워하는 그녀를 보며 내가 무력감을 느끼고 있다는 것을 깨달았다. 나는 긴장을 완화하기 위해 그녀에게 변화를 촉구하게 되었다고 말했다. 나는 이런 행동이 그녀에게 도움이 되지 않았고 오히려 외로움과 압박감을 더 느끼게 만들었다고 알려 주었다. 앨리샤는 숨을 내쉬고 표정이 부드러워지면서 자신이 이해받았다는 감정을 느낀다는 것을 알렸다. 그녀는 눈물을 흘리며 자신이 치료에 실패하고 있다고 느낀 감정을 공유했다. 우리는 서로를 바라보면서 내가 그녀를 밀어붙임으로써 그녀가 그런 감정을 갖게 되었는지 이 경험을 타당화했다. 다시 숨을 쉬자 그녀의 표정이 더 부드러워졌고 그녀는 나에게 더 안전하다고 느끼는 것처럼 보였고 우리 둘 다 더 연결되었다고 느꼈다. 그 후 우리는 앨리샤의 병이 나아지는 것에 대한 두려움, 가족과 사회가 그녀에게 거는 기대와 그것을 감당할 수 없을 것이라는 두려움에 대해 이야기할 수 있었다. 나는 앨리샤가 건강해지는 데 실패할까 봐, 그리고 인간관계에서 갈망하고 필요로 하는 사랑과 보살

핌을 받지 못할까 봐 두려워하는 것을 느꼈다. 그녀는 거절과 외로움에 대한 극심한 두려움에 직면하는 것보다 우울한 상태를 유지하는 것이 더 쉬웠다고 말했다. 나는 그녀의 두려움, 고통, 괴로움을 함께 안아주면서 그녀의 두려움과 저항을 해결할 수 있는 문을 열었다.

[사례 성찰] 자신의 현존 부족과 촉발 요인을 인식하고 내담자와 함께하기 위해 그것을 제쳐두는 것이 여기서 핵심이다. PNR을 통해 치료자는 자신의 두려움과 무력감이 어떻게 손상에 기여했는지, 그리고 회복하고 재연결감을 확립하는 데 무엇이 필요한지 알아차릴 수 있었다. 여기에는 앨리샤가 느끼고 포착할 수 있는 자신의 경험을 더 솔직하게 공유하는 것도 포함되었다. 치료자가 자신의 내면에서 무슨 일이 일어나고 있는지 알아차림으로써 내적 긴장이 완화되었고, 앨리샤도 거리두기와 방어가 아닌 치료자의 비언어적(및 언어적) 현존 표현을 받아들이고 느끼기 시작하면서 그녀의 내적 긴장도 완화되었다. 치료자는 내담자의 호흡과 안면 근육이 부드러워지는 것을 느낄 수 있었다. 치료자는 내담자 내면의 작업과 앨리샤와의 개방성을 통해 치료와 삶 모두에서 실패에 대한 두려움을 탐색할 수 있었다. 결국 앨리샤는 이러한 두려움을 극복하고 개인적으로 우울 완화에 도움이 되는 활동에 자연스럽게 참여할 수 있었다.

죽어감과 죽음

죽어가는 사람이나 불치병에 걸린 사람과 함께 있는 것은 치료자에게 가장 큰 도전 중 하나이다. 왜냐하면 그 사람의 현실을 고치거나 완화할 수 있는 방법이 아무것도 없기 때문이다. 내담자가 견딜 수 없을 만큼 깊은 고통이나 슬픔에 빠진 모습을 목격하는 것은 많은 치료자들에게 어려운 일이다. 고통을 해결하고 싶은 욕구(Geller & Dias Martins, 출판 중)가 강할 수 있기 때문이며, 이는 그러한 고통을 목격한 것에 대한 자기보호적(self-protective) 반응인 경우가 많다. 치료자로서 우리는 안도감을 느끼고 싶어 한다. 누군가가 견딜 수 없는 감정과 상황을 극복하고 평화로우면서 완전한 새로운 삶을 살 수 있도록 도울 수 있다고 느끼고 싶어 한다. 그러나 죽어가는 사람을 마주할 때는 상황이 다르다. 우리는 그들에게 더 건강한 삶을 살도록 도울 수 없다. 가장 많이 할 수 있는 것은 그들이 갈기 상황을 받아들이고 삶에서 미완성된 일을 해결하거나, 삶의 현실과 죽음이라는 전환을 받아들여 마지막 날

을 보내도록 돕는 것이다.

죽음을 맞이한 사람들에게 우리가 취할 수 있는 가장 강력한 치료적 자세는 그들의 두려움·고통·괴로움에 함께 완전히 현존하는 것이다. 많은 사람들이 죽음에 대해 이야기하는 것을 두려워하여 죽어가는 사람과 대화를 피하므로, 그들의 이야기에 귀 기울이고 공감해 주어야 한다. 생명의 마지막 단계에 있는 사람들을 돌보는 데 필요한 이러한 수준의 현존은 치료자가 타자와 타자의 고통에 완전히 마음을 열고, 아마도 자신의 죽어감(dying)과 죽음(death)의 현실에 대해서도 마음을 열고, 고통스럽고 괴로운 경험과 상실을 닫지 않고, 압도되는 감정에 사로잡히지 않고 극복해야 한다(Geller & Dias Martins, 출판 중). 이를 위해서는 두려움과 마음을 열기 위한 장벽에 직면하여 내면의 회복력을 키우고, 마음을 열고 안정감을 유지하며 정서적으로 안정된 상태를 유지할 수 있는 기술이 필요하다.

자비로운 돌봄 운동(compassionate care movement)은 임종 돌봄에서 현존의 중요성과 가치에 대한 관심을 불러일으켰다(Halifax, 2009). 이는 죽음과 죽어감에 대한 모든 논의를 두려워하고 회피하는 서양인의 사고방식과는 정반대이다. 죽어가는 사람들과 함께 일할 때, 우리는 죽음에 대한 두려움을 피할 수 없다. 생명을 위협하는 질병에 직면하면, 우리는 내면의 날것 그대로의, 취약하고, 진정한 모습으로 돌아간다. 그리고 그 현실을 피하면, 우리는 삶을 피하는 것이고, 죽음을 맞이한 내담자에게 우리의 순수한 현존을 바치는 것을 피하는 것이다.

Halifax(2009)에서 논의된 바와 같이, Roshi Bernie Glassman은 죽음을 맞이한 사람을 돌볼 때 도움이 되는 세 가지 자비로운 돌봄의 원칙을 가르친다. 첫째 원칙인 '알지 못함(not knowing)'은 자신이나 타자에 대한 고정관념을 버리고 초심자 마음의 자연스러움에 마음을 여는 것을 의미한다. 둘째 원칙인 '지키는 자로서 견디기(bearing witness)'는 판단이나 결과에 집착하지 않고 세상의 고통과 기쁨을 함께 느끼며 그 자리에 함께 있는 것을 의미한다. 셋째 원칙인 '자비로운 행동(compassionate action)'은 다른 사람과 우리 자신을 괴로움에서 해방시키겠다는 약속을 반영한다.

Frank Ostaseski는 샌프란시스코의 젠 호스피스 프로젝트(Zen Hospice Project)와 캘리포니아 주 사우살리토의 메타 연구소(Metta Institute)의 창립자로, 죽어가는 이들을 위한 여정에서 동반자로서의 역할을 위한 다섯 가지 계율을 개발했다(Ostaseski, 연대 미상). 그는 이 원칙들을 끝이 없는 실천으로 설명하며, 지속적으로 탐구하고 심화시킬 수 있으며, 행동을 통

해 실천되고 전달되어야 한다고 강조했다.

- **첫째 계율**: '모든 것을 환영하라. 아무것도 밀어내지 마라(Welcome everything. Push away nothing).' 모든 것을 환영하는 과정에서 우리는 모든 것을 좋아하지 않을 수도 있지만, 승인하거나 거부하는 것이 우리의 역할이 아니라 깊이 듣는 것이 중요하다. 이는 지속적인 발견의 여정이며, 결과가 어떻게 될지 모르며, 용기와 우연성이 필요하다.
- **둘째 계율**: '전체 자기를 오롯이 경험으로 가져오라(Bring your whole self to the experience).' 다른 사람과 자신을 치유하는 과정에서, 우리는 기쁨과 두려움 모두에 마음을 열게 된다. 우리의 전문 지식이 아니라, 우리 자신의 괴로움을 탐구하는 것이 진정한 도움을 줄 수 있게 해 준다. 이 계율은 타자에게 공감하고 자비롭게 반응할 수 있게 해 주는 우리 내면의 삶을 탐구하는 것이 중요함을 나타낸다.
- **셋째 계율**: '기다리지 마라(Don't wait).' 이 계율은 죽음을 기다리는 것이 아니라 인내와 현재를 소중히 여기는 마음을 요구한다. 죽음의 순간을 기다리면, 우리는 삶의 많은 순간을 놓치게 된다. 이를 통해 인생의 불안정성을 알아차림으로써 가장 중요한 것이 무엇인지 깨닫게 되고, 그 깨달음에 따라 온전히 살게 된다.
- **넷째 계율**: '혼란의 한가운데서 쉼의 장소를 찾아라(Find a place of rest in the middle of things)'. 쉼은 종종 사람들이 하루의 끝이나 휴가를 앞두고 기대하는 것이지만, 우리는 삶의 조건을 바꾸어야만 휴식을 찾을 수 있다고 생각한다. 하지만 혼란과 어려운 정서 속에서도 휴식을 찾을 수 있다. 이 휴식은 항상 우리에게 열려 있으며, 산만함 없이 이 순간에 온전히 집중할 때 나타나는 현존의 경험을 나타낸다.
- **다섯째 계율**: '알지 못함의 마음을 함양하라(Cultivate don't–know mind)'. 이는 의제, 역할, 기대에 제한되지 않는 개방적이고 수용적인 마음을 기르는 것을 의미한다. 이러한 열린 수용력을 통해 우리는 그 순간에 상황 자체와 타자와의 관계가 우리의 행동에 영향을 미치도록 허용한다. 현존의 이러한 측면은 타자의 말을 열린 마음으로 듣는 것뿐만 아니라 우리 내면의 목소리에 귀를 기울이고, 직관을 느끼고 신뢰하는 것을 포함한다. 우리는 새로운 눈으로 보고, 느끼고, 바라보는 법을 배운다.

Glassman의 세 가지 원칙과 Ostaseski의 다섯 가지 계율은 치료적 현존의 전체적인 경험

을 반영한다. 즉, 미지의 것과 타자에 대해 수용적이고 열린 태도를 취할 필요성, 결과에 집착하지 않고 표현되거나 경험되는 것에 대해 전적으로 현존하고 판단하지 않을 필요성, 치유적인 방식으로 타자와 함께하기 위해 내담자와 함께 현존할 필요성 등이 포함된다. 이러한 현존과 연민을 제공하기 위해서 치료자는 질병과 죽음에 대한 자신의 태도와 두려움을 깊이 살펴보고, 내면화한 문화적, 가족적 태도를 인식하며, 죽음과 죽어가는 경험의 다양한 차원에 완전히 마음을 열어야 한다. 자신 안에 있는 죽음에 대한 잠재적 두려움에 직면하고 극복하며, 내면의 회복력과 안정성을 확보하거나 강화하기 위해서 치료자가 깊은 내적 작업을 해야만 한다. 그래야만 치료자는 내담자의 괴로움을 목격하고 그 곁을 지킬 수 있는 선물을 줄 수 있다.

외상

내담자가 외상(trauma)을 표현하거나 재경험할 때 불확실성의 파도를 헤쳐 나가는 것은 매우 어렵다. 특히, 내담자의 어린 시절에 겪은 강간이나 학대의 세부 사항을 알게 되거나, 아동이나 청소년이 성적 또는 신체적 폭력을 당한 후의 모습을 보고 듣는 것은 정말 가슴 아픈 일이다. 그러나 그 사람이 치료자의 사무실까지 찾아왔다는 사실은 그만큼 희망적이라고 할 수 있다. 외상을 다루는 일은 우리 자신의 마음을 돌보면서 내담자의 고통스러운 경험을 받아들이기 때문에 어려울 수 있다. 또한 내담자가 외상을 다루기 위한 인내의 창(window of tolerance)과 안전 영역에 있는지, 아니면 그 창을 벗어나 압도되거나 폐쇄된 상태에 있는지 파악하기 위해 내담자의 순간적인 경험에 민감하게 반응해야 한다. 그럴 때는 치료자가 한 걸음 물러서서 내담자가 스스로를 조절하거나 함께 조절할 수 있도록 도와야 한다. 어렵겠지만, 외상을 입은 아동, 청소년, 성인에게 자신의 모든 것을 바치고, 그들의 말을 듣고 감정을 느끼며, 침착함을 유지하고 그 고통을 함께 견디는 것보다 더 깊은 치유는 없다.

치료자의 현존은 외상 생존자(trauma survivor)가 이해받고 지원받고 있다고 느끼게 해 준다. 외상 생존자는 종종 자신의 괴로움 속에서 혼자라고 느끼고, 자신이 경험하고 있는 것을 아무도 이해할 수 없다고 믿기 때문이다. 외상 생존자는 치료자조차도 자신이 겪은 외상을 경험하지 않았기 때문에 생존자가 보호와 생존을 위해 쌓아 올린 벽 밖에 있다고 느낄 수 있다. 따라서 치료자의 현존은 외상을 공유한 경험이 없다는 사실을 인정하는 것을 포함할 수

있지만, 그 자리에 함께 있고, 경청하며, 열린 마음, 연민, 이해하는 능력을 가지고 그 경험을 받아들이겠다는 의지를 포함할 수도 있다.

생존자(또는 지역사회 외상이나 재난일 경우 여러 생존자)의 외상을 직접 경험하지 못한 치료자가 최대한 내담자와 현존하려고 노력할 때, 치료자는 복잡한 위험에 직면하게 된다. 비극적인 경험을 공감함으로써 치료자는 내담자를 더 이상의 고통에서 구출하고 보호해야 한다는 충동을 느끼거나, 생존자가 경험한 것에 대해 너무 많이 알게 되어 깊은 정서적 혼란이나 공포를 느낄 수 있다(Lanyado, 2004). 외상의 세부 사항에 노출되면, 사건의 구술적 설명을 통해 목격한 끔찍한 장면의 영향을 피하기 위해 내적 방어 메커니즘이 활성화될 수 있다. 가장 잘 현존하고 숙련된 치료자조차도 외상에 직면하면 이러한 반응에서 자유롭지 못하다. 따라서 이러한 상태를 그 자체로 인식하고[거울 반응(mirror response) 또는 방어적 반응(defensive reaction)] 내적 인식을 통해, 그리고 아마도 자신의 불안을 진정시키면서 그 상태를 극복할 수 있으려면 내담자와 완전히 현존하는 상태를 유지하거나 그 상태로 돌아갈 수 있도록 민첩해야 한다.

외상과 관련된 고통이 그대로 드러나는 것을 목격하는 것은 치료자에게 어려운 일이며, 내담자를 구하거나 고쳐야 한다는 압박감을 느끼게 할 수 있다. 또한, 사람들이 외상을 처리하거나 극복할 수 있도록 돕는 과정에서 압도감, 우울감, 방어적 태도, 소진감에 빠질 수 있는 직업적 위험이 있다(Lanyado, 2004). 그러나 치료자가 외상에 직면하여 압도감을 느끼고 희망을 잃기 시작하면, 내담자의 경험을 고치거나, 내담자와 거리를 두거나, 내담자의 경험에 과도하게 동일시하는 경향이 강해진다. 그 결과, 내담자에게 현존하고 도움을 줄 수 있는 능력이 상실되고, 내담자는 안전하지 않다고 느끼고 마음을 닫을 위험에 처하게 된다. 외상에 직면한 치료자가 감정을 너무 많이 느끼거나 너무 적게 느끼는(감정 차단) 문제는 여러 가지 원인이 있을 수 있다. 내담자와 현존하는 동안 내담자의 외상 경험을 완전히 몰입하고 수용적으로 받아들이면 과도하게 동일시하고, 회기가 끝난 후에도 그 외상을 계속 안고 갈 수 있다.

외상 생존자들과 함께 일하면서, 내담자들이 재경험하고 재현하는 끔찍한 경험을 끊임없이 목격하고 그 자리에 온전히 함께 있는 것은, 치료자들이 자신의 필요를 돌보지 않고 회기 후에 자신의 정서적 몸에 남아 있는 것을 없애지 않으면, 치료자들에게 폐쇄성 또는 대리 외상(vicarious traumatization)을 일으킬 수 있다. 여기에서는 자기보호(self-protect)의 수단으로 현존하지 않는 것이 더 위험하다. 이 때문에 동료 슈퍼비전, 자기돌봄, 회기 또는 근무일 후

의 휴식 시간이 필수적이다. 일부 치료자들은 동료와 대화하거나, 명상하거나, 음악을 듣거나, 예술적 또는 창의적인 활동에 참여하거나, 걷거나 운동하거나, 일과를 마친 후 사무실에서 집으로 걸어가거나 공원이나 다른 조용한 곳으로 가서 긴장을 푸는 것이 도움이 된다고 말한다. 외상을 다루는 치료자는 "의식적으로 과로하지 않도록 주의하고, 여가 시간을 통해 정서적 에너지를 충분히 보충할 수 있도록 해야 한다"(Lanyado, 2004, p. 13). 자기돌봄과 연습을 통해 반응적이지 않으면서도) 열린 상태를 유지하고 지속하는 것은 심각한 어려움을 겪고 있는 내담자를 치료하는 데 필수적이며, 훈련 중인 치료자와 전문 치료자 모두에게 똑같이 중요하다.

치료적 관계의 손상

치료적 관계(therapeutic relationship)에서 손상(ruptures)은 불가피하며, 손상에 민감하게 반응하고 현존을 유지하며 능숙하게 대처하면 관계를 회복할 수 있다. 주의해야 할 손상의 세 가지 주요 유형은 대립(confrontation; 내담자가 치료자에게 문제를 적극적으로 제기함), 철수(withdrawal; 내담자가 치료 활동에서 이탈함), 치료자 유발(therapist-generated; 치료자의 부정적인 반응)이다. 대립 손상(confrontation ruptures)은 내담자가 치료자에 대해 분노, 비판, 적대감을 표현할 때 발생한다. 철수 손상(withdrawal ruptures)은 내담자가 회기에서 물러나서 마음을 닫고 부정적인 감정을 간접적으로 표현할 때 발생한다. 치료적 손상(therapeutic rupture)으로 인한 불편함 속에서도 현존하기는 어려울 수 있지만, 잘 해낼 경우 치료적 동맹(therapeutic alliance)을 강화할 수 있다.

치료적 현존은 치료적 동맹의 지금 여기(here-and-now) 측면에 민감하게 반응하여 손상을 파악하고, 손상을 복구하기 위해 민감하면서도 직접적으로 의사소통할 수 있는 방법을 제공한다. 손상을 복구(rupture repair)하려면 내담자의 어려운 경험뿐만 아니라 자신의 정서적 경험에도 현존하며, 방어하지 않고 인식하고 의사소통해야 한다. 관계에서 발생할 수 있는 어려움을 표현하려면, 열린 몸짓, 따뜻한 목소리와 억양, 따뜻하고 직접적인 시선, 부드러운 표정 등 현존의 자세로 의사소통을 해야 한다(Geller & Porges, 2014; Quillman, 2012; Schore, 2003).

Safran과 동료들(2002)에 따르면, 손상 복구와 긍정적인 동맹을 촉진하는 세 가지 주요 특징은 (1) 지금 여기에서 발생하는 관계의 문제를 인식하는 것, (2) 내담자의 부정적인 감정과 경험을 탐구하는 것, (3) 치료자가 치료적 관계에서 직면하는 개인적인 어려움을 인정하고, 이것이 내담자의 어려운 감정과 경험에 어떻게 기여할 수 있는지 인식하는 것이다. 이 점들은 손상이 발생했을 때 그 손상에 적응하는 데 초점을 두고, 치료적 관계에서 현존하며, 필요한 경우 방어적인 태도를 취하지 않고 개인적인 책임을 지는 데 중점을 둔다.

치료자는 가능한 동맹의 어려움을 주의 깊게, 방어적이지 않게 경청하고, 이를 선물이나 기회로 바라보아야 한다. 이를 처리할 때, 내담자에 대한 자신의 반응을 인식해야 한다. 손상이 발생했을 때, 그 손상을 직접적이고 명료하게 직면하고, 관계에서 일어나고 있는 일을 직접 언급한다. 이를 해결할 때, 내담자의 정서 수준에 맞추어서 그 문제에 대해 좋은 연결을 만든다. 이를 공유된 문제로 만들고, 치료에 대한 내담자의 욕구와 목표를 탐구하는 것을 포함하라. 먼저, 어려움에 대한 자신의 기여를 인정한다. 그런 다음, 손상이나 갈등의 내담자 측면을 탐색한다.

또한 그 순간에 발생하는 손상에 집중하고 다루는 것도 중요하다. 2021년 심리치료 연구학회(Society for Psychotherapy Research: SPR)의 패널에서 Eubanks(Watson et al., 2021)는 이미 복구된 손상에 집착하지 않고 몰입하는 것에 대해 논의했다. 이전에 복구된 손상을 처리하는 데 집중하면 새로운 손상이 발생해도 인식하지 못할 수 있다. 또한, 손상을 복구하려고 할 때, 치료자는 내담자에게 대립적인 사람으로 인식될 수 있으며, 이는 새로운 손상을 유발할 수 있다. 손상이 발생했을 때 이를 인식하고, 복구된 후에는 잊어버리기 위해서 반응성과 현존이 필요하다. Eubanks는 치료자가 이러한 순간순간 조율에 따라 반응을 조정할 수 있는 방법에 대해 논의했다. 치료자는 미세한 변화를 민감하게 듣고, 비언어적 의사소통에 주의를 기울여 손상을 파악하고, 손상을 복구하고, 손상을 놓아 버릴 수 있어야 한다.

치료 과정에서 치료자의 반응을 유발하는 어려운 순간 다루기

대인관계에서 어려운 상황이 발생하거나, 내담자가 다른 사람에 대한 반응이나 대처 방식이 그들에게 많은 고통을 가져오고, 그 상황에서 자신의 역할을 인식하지 못하거나 다른 사람을 탓하는 경우, 치료자는 반응하거나 내담자를 변화시키려 하는 경향이 있다. 특정 내

담자의 행동이나 경험은 치료자의 취약성을 자극하는 개인적인 방아쇠 역할을 할 수 있다. 이러한 유형의 역전이 반응이 발생하면, 현존을 유지하기 위해 치료자는 그 순간에 그런 일이 일어나고 있음을 인식하고, 그것을 제쳐두고 나중에 처리할 수 있어야 한다. 다른 경우에는 치료자가 느끼는 감정이 상호작용에서 비롯된 것일 수 있으며, 치료자가 내담자의 대인관계적 행동·태도·표현 또는 상호작용의 위치에 따라 무언가를 느끼는 일종의 공감적 공명이 발생한다. 치료자는 내담자로부터 오는 어떤 방식으로 행동하거나 느끼도록 대인관계적 끌림을 느낀다.

치료자의 부정적인 반응 및 개방

치료자가 내담자에 대해 역전이 문제에서 기인하지 않은 부정적인 반응을 보이며, 그 부정적인 반응이 현존을 방해하고, 그 부정적인 반응이 시간이 지나도 지속된다면, 현존을 유지하기 위해 이 문제를 해결해야 할 때이다. 치료자는 자신이 느끼는 감정을 개방해야 한다. 치료자는 부정적인 반응을 개방하는 의도가 내담자가 치료를 생산적으로 활용하고 치료자의 현존, 공감, 긍정적 인식을 회복하기 위함임을 명확히 해야 한다. 부정적인 반응(분노, 지루함, 무력감 등)은 명확하고 명료하며 모호하지 않은 방식으로 표현해야 하지만, 내담자의 잘못이 아닌 치료자의 경험, 즉 내담자에 대한 개인적인 반응(personal response)으로써 잠정적으로 표현하고 인정해야 한다. 그 반응은 내담자의 공격이나 비판에 대한 반응이더라도, 비난하지 않고 인정하며, 허용하고 지배적이지 않은, 자비로운 대인관계적 방식으로 전달되어야 한다. 내담자가 당신을 신뢰하고, 당신이 치료적 관계와 치료적 작업(therapeutic work)을 위해 이러한 정서를 전달하고 있음을 이해할 수 있도록, 관계가 충분히 발전되어야 한다. 내담자에게 치료적으로 유익한 방식으로 정서를 표현해야 한다. 반응이 아닌 개방을 해야 한다. 목소리에 분노가 있다면, 당신은 아직 개방하려는 의도에 완전히 집중하지 못하고, 비난하거나 가르치거나 숨기려는 의도가 남아 있는 것이다.

치료자는 치료자의 개방에 대해 내담자가 보일 수 있는 복잡한 반응을 탐구할 준비를 해야 한다. 예를 들어, 분노나 슬픔을 개방한 후에는 그 문제를 논의할 수 있도록 개방하고 내담자가 가질 수 있는 우려 사항을 처리해야 한다. 방금 일어난 일에 대해 이야기하고, 내담자가 그 일에 대해 어떻게 느끼는지 물어보라. 앞으로 이 문제에 대해 소통할 수 있는 기회

를 열어두라. 관계에서 자신의 감정을 드러내고 탐색하는 것은 내담자가 자신의 관계적 감정을 다루는 방법에 대한 좋은 모델이 된다.

결론

치료적 현존을 통한 치유의 잠재력은 크지만, 그만큼 도전도 크다. 내담자에게 완전히 개방적이고 몰입하는 것은 역전이 반응, 바쁜 일과 여러 역할, 스트레스 관리와 같은 내부적 도전과 함께, 큰 고통·외상·상실을 경험하는 내담자를 만나거나 그들과 함께 있는 것과 같은 외부적 도전도 수반한다. 이는 치료자가 자신의 내면세계와 정신 건강을 돌보고, 자기인식을 함양하고 유지해야 할 필요성이 커졌음을 의미한다. 또한, 하루 중 및 회기 사이에 자신의 자기돌봄에 필요한 시간을 확보하여 정서적 잔재(emotional residue)를 해소하고 연민피로(compassion fatigue)를 최소화해야 한다.

다음 장에서는 현존에서 정서와 정서적 알아차림(emotional awareness)의 중심적인 역할을 살펴보고, 치료자와 내담자 모두 자신의 정서와 서로에 대한 정서적 반응(emotional reactions)을 알아차리는 것이 얼마나 중요한지 강조할 것이다.

9장

치료자와 내담자의 정서적 경험과 관련된 현존

작은 정서야말로 우리 삶의 위대한 선장이며, 우리는 그 사실을 깨닫지 못한 채 그 정서를 따르고 있다는 사실을 잊지 말자.

—빈센트 반 고흐(VINCENT VAN GOGH, 연대 미상)

이 장에서는 현존(presence)이 치료자와 내담자의 정서적 알아차림(emotional awareness)에 미치는 영향과, 치료자가 자신의 정서적 경험(emotional experience)을 더 잘 알아차림으로써 얻는 이점에 대해 중점적으로 다룬다. 정서적 경험이 인간의 기능과 세계에 대한 방향성을 결정하는 데 근본적인 역할을 한다는 점(Damasio, 1999; Frijda, 1986, 2016; Greenberg, 2015, 2021)을 고려할 때, 치료자와 내담자는 서로의 정서와 정서적 반응(emotional reactions)에 대해 인식하고 있는 것이 중요하다. 현존하기 위해, 치료자는 매 순간마다 자신과 내담자의 정서와 정서적 경험에 더 잘 조율될 수 있도록 노력해야 한다.

이 장에서는 문맥에 가장 적합한 용어를 사용하기 위해 '정동(affect)' '정서(emotion)' '감정(feeling)'이라는 용어를 다소 혼용하여 사용한다. 이 용어들을 구분할 경우, 정동은 흥분이나 평온과 같은 가장 기본적이고 생리적인 정서의 측면을 의미하며, 나무의 뿌리와 몸통이라고 생각할 수 있다. 분노, 슬픔, 두려움과 같은 정서는 범주적인 정서를 의미하며, 나무의

주요 가지로 볼 수 있다. 실망, 즐거움, 경계와 같은 감정은 나무의 작은 가지와 잎과 같으며, 사회정서적으로(socioemotionally) 영향을 받는 정서의 복잡한 측면을 의미한다(Damasio, 1999).

정서 이론

정서는 인간이 세상을 체화하고(embody) 경험하는 통로이다. 정서는 누군가에게 좋은 것과 나쁜 것을 평가하고, 이 정보를 신체를 통해 전달한다. 따라서 뇌는 두 가지 지적인 언어로 말한다. 하나는 신체의 감각 운동 시스템을 통한 언어이고, 다른 하나는 보다 언어적인 개념 처리 시스템을 통한 언어이다(Greenberg, 2015; LeDoux, 1996). 사람들은 지성보다 더 현명하며, 개념적 지식과 경험적 지식의 구분은 치료에서 현존의 중요성을 이해하는 데 중요하다. 현존은 사람들이 경험에 기반한 유기체적 지혜(organismic wisdom)와 접촉하는 방식이다. 치료자는 자신과 내담자의 몸이 전달하는 메시지를 이해하기 위해 존재해야 한다. 이 이해는 단순한 과정이 아니다. 신체의 지혜는 일어나는 일에 대해 복잡하고 감각 느낌을 제공하기 때문이다. 그러나 이러한 감각 느낌은 일어나는 일을 그 순간에 지속적으로 알려주며, 그 중요한 메시지를 듣고 이해하기 위해서는 현재에 집중된(present-centered) 알아차림이 필요하다.

순간순간에 현존하고 감정에 주의를 기울이는 것은 정서를 경험하고 그것을 알아차림으로 상징화하는 가장 확실한 방법이다. 인간 경험의 이 복잡한 측면을 설명하기 위해 '정서'라는 단일 개념을 사용하는 것은 단순하고 단일한 정서적 경험이 존재함을 의미한다. 그러나 정서는 복잡성과 상징적이지 않은 신체적 느낌의 특성 때문에, '화가 났거나' '슬프다'와 같은 단 하나의 단어로 표현할 수 있는 단순하고 단일한 정서의 실제 경험을 항상 제공하는 것은 아니다. 정서라는 개념 자체, 그리고 단일 정서라는 표현조차도, 별개의 경험적 지시 대상이 있는 것이 아니라, 광범위한 정동적 경험을 포괄한다. 정서는 생리적·행동적·감정적 상태와 다양하고 미묘한 경험을 포함한다. 자신에게 정서적 경험이 있다고 말하는 것은 심박수가 증가하고 땀이 나며 아드레날린이 분출되는 것을 의미할 수도 있고, 땅에 쪼그려 앉는 행위 경향성을 의미할 수도 있으며, 기분이 나쁘다는 자신의 경험을 상징하거나, 더 차별

화된 수치심, 굴욕감, 또는 일반적인 무가치함의 감각 느낌까지 의미할 수도 있다. 정서는 한 단어로 표현할 수 있는 단일하고 별개의 현상이 아니라, 종종 복잡하고 차별화된 인간 경험의 영역이다. 감정이 의미하는 바를 파악하려면 그 순간 현재의 경험에 주의를 기울여야 한다.

내담자와 함께 있는 치료자에게 내담자가 자주 표현하는 단어의 의미론적 의미는 메시지의 가장 중요한 부분이 아니다. 표정, 눈과 입술 표정, 시선의 방향, 찡그리는 표정, 목소리 톤 등이 모두 치료자의 뇌에 등록되며, 여기에 이야기 맥락이 더해져 내담자가 무엇을 의미하고 감정을 느끼는지 해석하는 데 도움이 된다. 현존은 내담자의 순간순간 경험을 수용하고 조율하는 것을 포함한다. 치료자는 현재 일어나고 있는 일에 지속적으로 주의를 기울여야 하며, 내담자의 정서적 행위 경향성(예: 의자를 뒤로 물리거나, 눈을 내리깔거나, 숨을 참거나, 주먹을 쥐는 등)이 내담자의 이야기 경험이나 치료자와의 관계와 관련된 현재 상태에 대해 무언가를 나타내는 것을 알아차림으로써 내담자의 현재 상태를 파악할 수 있어야 한다. 치료자는 이 모든 것을 명시적·암묵적으로 읽어내어 자신이 감지하고 행동하는 것에 대한 주요 지침으로 삼아야 한다. 정서적으로 조율된다는 것은 명확하게 표현되거나 논리적인 평가 과정에 의존하는 것이 아니라 타자나 자기가 느끼는 것을 감지하는 데 의존하기 때문에 정서 알아차림을 위해 현존이 필요하다. 순간순간 자신과 내담자의 감정에 주의를 기울이며 현존하는 것만이 복잡한 정서적 과정을 다룰 수 있는 유일한 방법이다.

정서는 또한 현재 상황에서 사람들의 욕구와 관련하여 사람들에게 무슨 일이 일어나고 있는지에 대한 정보를 제공하고, 관계 의도를 다른 사람들에게 전달한다(Greenberg, 2015). 치료에서 내담자의 정서 체계는 내담자가 얼마나 안전하다고 느끼는지에 따라 반응한다. 앞서 논의했듯이, 치료자는 내담자가 느끼는 감정에 주의를 기울이고 매우 간접적인 방식으로라도 안전하다고 느끼는 정도에 대해 소통해야 한다(Porges, 2009). 내담자가 치료자가 방금 한 말에 반응하여 시선을 떨어뜨리거나, 다른 곳을 보거나, 불안하게 무언가를 만지작거리는가? 이는 1장에서 설명한 것처럼 만남에서 안전하지 않다는 느낌을 나타낼 수 있다. 몸의 안정화가 이루어진 치료자는 내담자의 높아지는 감각 느낌과 천천히 진행하려는 경향에 주의를 기울이고 있는가? 이것은 내담자의 개방성 부족에 대한 치료자의 공명일 수 있으며, 치료자는 개입을 계속하기 전에 내담자가 안전감을 회복하도록 유도하기 위해 내담자와 함께 공동조절(coregulate)을 해야 한다. 현재에 발생하는 이러한 모든 단서들은 내담자와 치료

자 사이의 만남에서 무언가가 일어나고 있음을 치료자에게 큰 소리로 말하고 치료자의 다음 반응에 영향을 미쳐야 한다. 이는 치료자의 현존이 핵심 요소인 순간순간의 과정이다.

 왜 현존에서 정서에 집중해야 하는가

현존을 정서에 미치는 영향으로 꼽는 이유는 무엇인가? 왜 생각과 행동에도 똑같이 주의를 기울이지 않을까? 생각과 행동에 집중하는 것보다 정서에 집중하는 것이 더 중요할까? 대답은 '그렇다'이다. 첫째, 정서는 종종 생각과 행동에 선행하고 영향을 미치기 때문이다. 생각과 행동은 정서가 의미와 행동으로 표현된 것이다. 정서는 의식적인 인간이 되기 위한 기본 과정, 즉 필수 조건이므로 자신과 내담자의 정서를 알아차림으로써 조율된 치료자가 되는 것이 중요하다. 둘째, 정서는 대체로 비의도적인 과정이다. 정서는 원래 사람들이 정서와 관련하여 수동적이기 때문에 열정이라고 불렀다(Frijda, 1986). '열정(passion)'이라는 단어는 괴로움, 즉 수동적인(passive) 상태를 뜻하는 라틴어 어근 'passivus'에서 유래했다. 정서는 우리에게 일어나고, 예기치 못하게 오기에(즉, 우리는 그것을 괴로움으로 느낀다), 현존하기 위해서는 우리에게 무슨 일이 일어나고 있는지, 현재에 주목해야 한다고 느끼는 것이 무엇인지 알아차림이 필요하다. 셋째, 정서에 대한 두려움, 즉 정서에 대한 단순한 알아차림의 부족은 내담자 역기능의 주요 원인이다. 내담자 또는 자신의 정서에 대한 치료자의 두려움은 치료자가 현존하는 데 방해가 된다.

촉진적이고 안전한 치료적 환경을 조성하기 위해 치료자는 내담자와 정서적으로 잘 조율되어야 하며, 이를 위해서는 순간순간 정서를 읽어내는 능력이 필요하다. 특히 중요한 것은 내담자의 안전 수준과 안전감이 언제 위협적인 감정으로 바뀌는지 알아차리는 것이다. 치료자가 내담자의 이야기에 담긴 내용만으로 내담자를 이해한다면 작업할 수 있는 정보가 제한적이다. 이야기를 하는 내담자는 일반적으로 어떤 일이 일어났고 자신과 다른 사람들이 무엇을 했는지(행동), 그리고 자신이 어떻게 생각하는지(의미)를 이야기하지만, 그 일이 어떤 느낌인지에 대해서는 거의 언급하지 않는다. 그럼에도 불구하고 발생한 일에 의미를 부여하는 마지막 측면이므로 주의해야 한다.

아마도 현존과 정서가 함께 가야 하는 가장 큰 이유 중 하나는 현존과 정서 모두 내면과

외면이 조화를 이루는 비개념적인 방식을 포함하기 때문일 것이다. 둘 다 현재에서 발생하고, 순간순간 일어나며, 신체적 감각을 수반한다. 따라서 정서와 현존이라는 두 가지 과정은 공통점이 많으며 서로 긴밀하고 상호적으로 얽혀 있다. 감정은 현재에 발생한다. 감정을 느끼기 위해서는 현재에 있어야 한다. 정의에 따르면, 현존한다는 것은 경험하기 위해 어떤 정서를 알아차림을 의미한다. 자신의 정서를 알아차리지 못한다는 것은 현존하지 않다는 것이고, 현존하지 않는다는 것은 정서를 알아차릴 수 없다는 뜻이다. 정서 이상의 것에 현존할 수는 있지만, 자신의 정서를 알아차림으로써 현존하지 않을 수는 없다. 정서는 내면에서 일어나는 일에 주의를 기울이는 사람이 경험하기를 기다리며 자동으로 몸을 통해 흐르기 때문에 자신이 느끼는 감정을 알아차리기 위해서는 현존해야 한다. 정서에 집중하면 감정에 압도되지 않고 그 감정에 이름을 붙이고, 조절하고, 이해할 수 있게 된다. 정서에 현존한다는 것은 정서에 기대되 정서와 과도하게 동일시하지 않는 것, 즉 현재 일어나고 있는 일에 현존하되 그것에 의해 정의되지 않는 것을 포함하며, 이는 8장에서 설명한 대로 명명(labeling)과 조절(regulating)을 통해 도움을 받을 수 있다.

 정서의 다양한 유형

정서에 현존하는 것에 대해 이야기할 때 다양한 유형의 정서 경험, 다양한 정서 순서 및 다양한 수준의 정서를 구별하는 것이 임상적으로 중요하다(Greenberg, 2015). 현존한다는 것은 느껴지는 것이 그 사람의 첫째 정서적 반응(그 사람의 일차 정서)인지 아니면 일차 정서에 대한 이차 정서 반응인지 구별할 수 있어야 한다는 것을 포함한다. 현재 상황에 대한 그 사람의 핵심적이고 더 지속적인 정서인지 아니면 일시적인 정서적 반응인지, 적응적 정서 반응(adaptive emotional response)인지 부적응적 정서 반응(maladaptive emotional response)인지 구별할 수 있어야 한다. 이러한 모든 구분은 정서를 임상적으로 다루는 방식에 차이를 만든다. 치료자가 내담자의 정서적 상태를 차별적으로 평가할 수 있는 유일한 방법은 현존하면서 내담자와 자신의 순간순간 과정에 주의를 기울이는 것이다.

다른 곳에서 자세히 설명한 정서를 다루는 작업의 중요한 특징(Greenberg, 2015)은 치료자가 한편으로는 '일차(primary)' 및 '이차(secondary)' 정서를, 다른 한편으로는 '적응적

(adaptive)' 및 '부적응적(maladaptive)' 정서를 구분할 수 있어야 한다는 것이다. 일차 정서는 상실에 대한 슬픔이나 위협에 대한 두려움과 같이 어떤 상황에 대한 사람의 첫째, 즉각적인 본능적 반응으로 정의된다. 일차 정서는 다른 정서로 환원될 수 없다. 반면, 이차 정서는 선행하는 정서적 반응에 대한 반응으로, 종종 일차적인 정서적 반응을 가리거나 방해한다[예: 부족함에 대한 수치심을 덮는 우울한 절망감, 자기존중감(self-esteem) 상실에 대한 수치심을 덮는 분노]. 예를 들어, 위험의 가능성에 대해 두려움을 느끼는 개인은 그 두려움에 대한 반응으로 분노나 수치심이라는 이차 정서를 경험할 수 있다. 또한 이러한 정서는 더 많은 인지적 과정(예: 재앙적 사고에 대한 불안)에 이차적으로 나타날 수도 있다. 정서는 하향식 및 상향식 과정에 의해 생성된다. 사람들은 정서도식(emotion schemes), 사람들의 내적 감정 기억 구조(internal emotion memory structures; Greenberg, 2015)에 의해 상향식으로 생성되는 자동적 정서(automatic emotions)가 있고, 신념, 이상화된 자기관, 사회적으로 파생된 기대와 도덕적 기준 및 가치 등에 기반한 하향식 의도적 과정(deliberative processes)에 의해 인지적으로 파생되는 정서가 있다. 인지 및 사회적 요인에 더 많은 영향을 받는 정서는 일반적으로 파국적 사고가 불안으로 이어지는 경우와 같은 이차 정서이다. 대부분의 이차 정서는 공포증적 두려움, 고갈감, 우울증의 무망감(hopelessness)과 같은 증상적 감정(symptomatic feelings)이다. 예를 들어, 얼굴에 눈물이 흐르고 목소리에 불평이 섞인 내담자는 "더는 견딜 수 없어요. 제 우울증이 바뀌었으면 좋겠어요."라고 말한다. 그녀의 목소리와 표정에는 항의하는 듯한 어조와 함께 절망적인 기운이 느껴진다. 이것은 이차 무망감 또는 체념이다. 이러한 평가를 하려면 먼저 치료자가 현존하여 차이의 뉘앙스를 들어야 한다.

사람들은 종종 "어떤 정서가 일차 정서인지 이차 정서인지 어떻게 평가하나요?"라고 묻는다. 이에 대한 답 중 하나는 치료자가 내담자의 경험에 현존하는 것뿐만 아니라 치료자 자신의 경험에 현존하는 것이다. 치료자가 뒤로 물러나는 것을 알아차림으로써 내담자의 분노가 이차적이라는 것을 대인관계적으로 공명하거나 성찰할 수 있다. 치료자가 연민을 느끼고 더 가까이 다가가는 것을 발견하면 내담자의 일차 정서가 반영된 것일 수 있다. 치료자는 내담자의 정서를 읽고 공명하기 위해 내적 조율을 사용한다. 그런 다음 내담자의 분노와 같은 정서가 더 반응적이고 이차적인 정서라는 것을 감지한 후, 치료자는 기저의 일차적이고 취약한 정서로 감지되는 것, 즉 수치심과 무가치감 같은 감정에 반응한다.

비일차적 정서 반응의 또 다른 범주는 '도구적' 정서이며, 이는 주로 목적을 달성하기 위해

경험하거나 표현하는 정서이다. 이는 원하는 것을 얻기 위해 또는 이차적인 이득을 얻기 위해 정서를 조작적으로 사용하는 것으로 여겨져 왔다. 대표적인 예로는 통제하거나 지배하기 위해 분노를 표출하거나 동정심을 불러일으키기 위해 '악어의 눈물'을 흘리는 것이 있다. 도구적 정서는 다양한 정도의 의식적 또는 무의식적 의도를 가지고 생성될 수 있다. 치료자는 내담자로부터 거리를 두거나 보호받기를 원하는 것으로 대인관계에서 감정을 느낄 수 있다. 여기서 치료자는 사람들이 정서 표현의 목적을 알아차림으로써 이를 보다 직접적으로 전달할 수 있는 방법을 모색하도록 도와야 한다.

추가적인 평가는 일차 정서가 적응적인지 또는 부적응적인지 여부이다. 적응적 일차 정서(primary adaptive emotions)는 자극 상황에 적합하고 적절하며 적응 기능을 가진 자동적 정서이다. 이러한 정서는 개인이 적응 행동을 할 수 있도록 준비시키고 욕구를 충족할 수 있도록 도와준다. 예를 들어, 상실감에 대한 슬픔은 위로를 구하게 하고, 위협에 대한 두려움은 탈출을 준비하게 하며, 위반에 대한 분노는 개인에게 힘을 주고 경계를 다시 주장할 수 있도록 준비시킨다.

반면 부적응적 일차 정서(primary maladaptive emotions)는 현재 상황에 대한 적응적 반응이라기보다는 과거에 해결되지 않은 문제와 충족되지 못한 욕구[unmet needs; 종종 외상(trauma) 학습에 기반]를 반영하는 고통스러운 핵심 정서(core painful emotions)이다. 따라서 이러한 정서는 개인이 세상에 적응할 수 있도록 준비시키지 못한다. 모든 정서가 부적응적일 수 있지만, 혼자 살아남지 못할 것이라는 두려움(보호받지 못하는 것), 타자와 연결되지 못할 것이라는 두려움, 외로운 고립의 슬픔, 무가치하다고 느끼는 수치심이 가장 널리 퍼진 부적응적 정서인 것으로 보인다(Greenberg & Paivio, 1997; Greenberg & Watson, 2005). 부적응적 일차 감정은 원래 유용한 목적을 가지고 있었을 수 있지만, 현재에 활성화되면 현재 상황에 부적절한 반응으로 이어진다(예: 과거 학대자로부터 받은 공포가 사랑하는 상대에 대한 반응으로 활성화되거나, 또래나 부모로부터 무가치하다는 비판적 피드백을 받았을 때 부적절하다는 수치심을 느끼는 경우). 따라서 이러한 정서는 현재의 성인 행동을 안내하는 데 유용한 정보를 제공하지 않는다.

현존과 정서의 역동적 특성

정서 변화(emotional change)에는 자신이 느끼는 것을 '알아차림(aware)', 말이나 행동으로 느끼는 것을 '표현하기(expressing)', 자신을 '조절하거나(regulating)' 진정시키기, 자신의 즉각적인 경험을 이해하기 위해 '성찰하기(reflecting)', 내면 또는 다른 사람과의 새로운 생활 경험을 '교정하는 것(corrective)' 등이 포함된다(Greenberg, 2015). 이러한 정서적 과정은 모두 치료자의 현존에 의해 가장 잘 촉진되는 것으로 간주된다. 정서의 본질적인 측면은 정서가 환경에 반응하여 끊임없이 변화하는 역동적인 과정이며, 상황이 어떻게 진행되고 있는지에 대한 피드백을 제공한다는 것이다. 뇌는 유기체의 상태와 환경과의 상호작용에서 일이 제대로 진행되고 있는지, 즉 욕구가 충족되고 있는지 여부를 끊임없이 평가한다. 치료자가 현존할 때는 내담자의 순간적인 상태 변화를 읽고 있다. 내담자와 현존하지 않을 때는 현재 일어나고 있는 일에 반응하지 않는다. 내담자에게 문제가 되는 것이 무엇인지 파악하는 방법은 치료자가 내담자의 지속적인 경험과 내담자의 경험과 관계 또는 공명하는 자신의 경험을 추적하는 것이다.

치료자 자신의 정서에 대한 조율

현존이란 치료자가 내담자뿐만 아니라 자기 자신에게도 현존하는 것을 말한다. 치료적 현존이란 치료자가 자신의 순간적인 정서를 알아차림을 의미한다. 여기에는 순간순간 자신에게 일어나는 일에 대한 암묵적인 신체적 감각을 추적하는 숙련된 기술이 포함된다. 심리치료 회기의 실제 전개에서 임상적 선택 지점은 실천 이론뿐만 아니라 치료자의 현존에 의해 영향을 받으며, 치료적 개입은 현재 일어나고 있는 일에 대한 지각에 의해 안내된다. 치료자의 공감(empathy)과 반응(responsiveness)은 치료자가 현재 일어나고 있는 일을 인식하는 것(예: 내담자의 생생한 정서 또는 내담자가 특정 개입에 참여할 준비가 되어 있고 안전하다고 느끼는지 여부)에 따라 달라진다. 다시 말하자면, 치료자가 현재 자기 자신을 알아차리려면 12장에서 논의한 체화된 자기인식(embodied self-awareness)과 상호수용 과정(interoceptive processes)을 포함하여 순간순간 자신의 정서적 경험에 대한 인식이 필요하다.

6장에서 설명한 체화된 치료자 현존의 경험은 '몰입감(immersion)', 순간의 경험에 몰두하

는 느낌과 '확장감(expansion)'을 포함하며, 시간의 초월감, 에너지와 몰입, 공간감, 감각과 지각의 알아차림 향상, 사고의 질과 정서적 경험하기의 향상을 포괄한다. 또 다른 측면은 내담자의 경험에 몰입하는 동시에 자신과 자신의 개인적인 존재에 중심을 두고 '안정화되는 것(grounded)'이다. 마지막으로 현존은 내담자가 치유에 대한 의지와 경외감, 경이로움, 따뜻함, 연민, 사랑의 감정을 경험할 수 있도록 내담자와 '함께 하고 내담자를 위하는 것'을 포함한다.

따라서 이 경험은 단순히 현재 '안에(in)' 있는 것이 아니라 한계가 없고 끝이 없는 현존으로서 자신을 제공하는 것, 즉 연민으로 연결된 감정과 동의어일 수 있다. '현존한다(present)'는 말은 라틴어 'prae−esse'에서 따온 것으로, '온전히 거기에 있다(to be fully there)'는 뜻이다. 현존 상태에서는 단순히 의식적인 생각이 아니라 자신의 전체 유기체가 관계를 주도하고 민감하게 반응하는 관계의 즉시성(immediacy) 속으로 들어가게 된다. 치료자는 의식적으로 계획적이거나 분석적인 방식으로 반응하는 것이 아니라 단순히 상대방과 비성찰적인(unreflective) 방식으로 연결되어 있다. 현존의 과정에서 설명한 것처럼, 치료자의 반응은 이 독특한 타자와 치료적 관계(therapeutic relationship)에 대한 암묵적이고 무의식적인 유기체적 민감성을 기반으로 한다.

현존은 현재 존재하지만 무시되는 것에 집중하는 것이다. 이는 단순히 수용과 격려의 경험과 표현이 아니라 진심을 다하는 것이다. 온전히 거기에 있다는 것은 자신의 진정한 경험을 바탕으로 말하는 것을 의미한다. 예를 들어, 내담자가 어린아이 같은 태도와 행동을 보이고 치료자를 마치 부모를 대하는 아이처럼 반응할 때, 치료자는 현재 일어나고 있는 일에 대해 내면의 질병 감각(internal sense of disease)을 가지고 이러한 감각을 신뢰하며, "지금 목소리가 너무 부드럽고 작아요" 또는 "제 조언을 구하는 것 같네요"와 같이 현재 순간에 드러나는 내담자의 상호주관적 경험의 측면들을 신중하고 존중하는 태도로 조명할 것이다. 치료자는 현재 순간에 암묵적으로나 명시적으로 일어나는 일에 주의를 기울이고 조명하지만, 이 과정에서 치료자의 내적 경험과 외적 행동은 도전적인 방식이 아니라 탐색적이고 반영적인 현존 의사소통 스타일(예: 운율적인 목소리, 열린 몸자세, 앞으로 기울이기)을 취한다.

앞서 말했듯이 치료자는 자신의 감정에 대한 현존이 내담자의 일차 정서와 이차 정서를 구별하는 데 도움이 된다. 내담자가 말하는 방식에 대해 치료자가 내부적으로 느끼는 감정이 이러한 감별에 도움이 된다. 내담자가 일차 감정(primary feeling)을 표현할 때 치료자는

"그래요, 맞아요"라는 감각을 경험하며 직관적인 수준에서 이해가 되고, 몸이 이완되고 주의가 집중되며 내담자와 연결되어 있다는 느낌을 갖게 된다. 내담자의 정서가 이차적일 때, 치료자는 연결감이 떨어지고, 신체적 긴장감이나 철수, 또는 내담자가 느끼는 것에 더 가까이 다가가기 위해 더 많은 것을 필요로 하는 느낌을 받는다. 이차 정서는 치료자에게 "맞지 않는다"는 느낌을 불러일으키지만, 두 경우 모두 내담자의 정서가 일차 정서인지 이차 정서인지에 대한 주관적인 확신이 있다.

확실하다고 느낄 때 치료자를 신뢰할 수 있다는 감정이 있지만, 이 확실성은 겸손과 친절로 유지된다. 확실성은 편안한 감정으로 느껴지며, 우리가 아는 것을 감각이나 생각처럼 느껴질 수도 있지만 이성과는 독립적으로 기능하는 비자발적 뇌 메커니즘(involuntary brain mechanisms)과 관련된 뇌의 부분에서 발생한다(Burton, 2009). 확실성이라는 감정은 의식적인 선택이나 사고 과정이 아니라 사랑이나 분노처럼 이성적 사고와 독립적으로 기능하는 명백한 감각이다. 반면에 불확실성은 불편하고 긴장을 유발하며 불안으로 이어져 더 많은 것을 탐구하도록 동기를 부여한다. 현존은 궁극적으로 치료자가 자신의 정서적·신체적 상태를 알아차림으로써 그 의미를 이해하고 그에 따라 반응하여 내담자의 과정을 더욱 촉진하는 것이다.

그러나 앞서 언급했듯이 임상적 겸손도 중요하다. 이는 일반적으로 현존에서 중요하지만 특히 확실성의 감정과 관련하여 중요하다. 치료자는 감지된 것을 추측하고 개방하는 동안에도 항상 '알지 못함'의 자세를 취해야 한다. 따라서 현존은 순간순간 자신의 겸손함을 알아차림을 포함하며, 이는 치료자의 접근 방식에서 중요한 요소이다.

한 박사학위논문 연구에서 치료자들은 '치료적 현존(therapeutic presence)'이라는 용어가 떠오르는 것에 대해 인터뷰를 진행했다(Vinca, 2009). 그들은 새로운 '깊이(depths)' 또는 내담자의 '개방(opening up)'에 대한 경험을 보고했다. 다른 설명으로는 '깊이 파고드는(drilling down)' '감정 속으로 가라앉음(a sinking into feeling)' '신체적 충격(a physical jolt)' '엄청난 변화(seismic shift)' 등이 있었다. '강력한(powerful)' '특별한(special)' '열광하는(electric)'이라고 묘사된 순간도 있었다. '가슴이 쿵쾅거리는 느낌(a thump in the heart)' '팔이 저리는 느낌(arms tingling)'과 같이 현존의 경험에는 분명한 신체적 느낌이 있었다. 이 모든 것은 현존에 많은 정서적 경험이 있다는 사실을 가리킨다.

Vinca(2009) 연구에 참여한 치료자들은 "회기 중에 내담자에게 현존하는 데 방해가 되는

일이 있었는가?"라는 질문에 자기의심(self-doubt), 회기 관리의 어려움, 현존을 방해하는 자신의 특정 반응에 대해 이야기했으며 내담자에 대한 기대나 판단이 현존을 방해할 수 있다는 우려에 대해서도 이야기했다. 자기의심은 치료자가 자기 자신을 모르거나 신뢰하지 못한다는 감정을 의미했다. 치료자들은 인터뷰에서 "너무 강렬했던 건가?"와 같은 말을 했다. "어디로 가야 할지 막막했다" "일관된 이론을 개발하고 만들려고 노력했다" "내담자의 문제를 해결하려고 노력했다" "어떻게 도와야 할지 몰랐다" "정서를 드러내면서도 이야기하고 싶지 않다고 할 때 어떻게 해야 할지 몰랐다" 등이었다. 스스로에게 끊임없이 의문을 품고 자신이 하는 일을 믿지 못하는 것은 치료자의 현존하는 능력을 떨어뜨렸다. 따라서 치료자가 알아차림이 필요한 정서 중 하나는 자신을 의심하게 만드는 불안과 그 순간에 자기의심을 다루는 방법을 갖는 것이다(자기의심을 다루는 방법에 대한 자세한 논의는 8장 참조).

시간 및 구조와 같은 치료의 변수에 주의를 기울이고 관리해야 하는 것도 회기 속도와 종료 시간에 대한 우려와 마찬가지로 집중하는 데 방해가 될 수 있다. 내담자에 대한 반응과 감정은 너무 많은 공간을 차지하여 회기 동안 집중하는 데 방해가 될 수 있다. 치료자가 내담자에 대해 비판적이거나 판단적인 감정(예: 내담자가 작업할 자료를 주지 않는다거나 내담자가 더 많은 이야기를 해야 한다는 느낌)을 느끼는 것도 집중하는 데 방해가 될 수 있다. 짜증과 거슬림은 현존을 방해할 수 있는 또 다른 중요한 정서이며, 치료자가 이를 알아차리지 못하면 상호작용에 영향을 미칠 수 있다. 문제는 치료자가 내담자에 대한 개인적인 반응이나 역전이 반응인 자신의 정서가 떠오를 때 내담자와 함께 그리고 내담자를 위해 거기에 있는 것을 방해하기 때문에 치료자는 이를 알아차릴 필요가 있다는 것이다.

그렇다면 자신이 느끼는 감정이 내담자와 함께 하는 가치 있고 진정한 대인관계 경험인지, 아니면 현존을 방해하는 산만한 정서적 반응인지 어떻게 알 수 있을까? 그 답은 역설적이게도 순간순간 발생하는 자신의 현존에 대한 정서적 차단(emotional blocks)에 현존하고, 또한 유발될 수 있는 자신의 일반적인 취약성과 민감성의 지점을 알아차림에 있다. 이러한 취약점이 활성화되면 그 원인을 인식해야 한다. 이러한 감정이 지속된다면 개인치료나 슈퍼비전을 받아야 한다. 반응이 있을 때 대처하는 방법은 이 장의 뒷부분에서 자세히 설명한다.

치료자들이 자신의 정서에 대한 현존을 키우는 방법

이 책에서 제공하는 현존 연습은 치료자가 자신의 정서를 알아차리는 과정에 참여할 수 있는 기회를 제공한다. 아마도 자신의 정서를 알아차리기 위한 가장 좋은 훈련은 정서중심의 자기탐색 과정(emotion-focused self-exploration process)이나 개인치료에 참여하는 것이다. 자신의 정서를 다루어야만 다른 사람을 도울 수 있기 때문에 자신의 정서를 다루어야 한다. 자신의 정서를 허용하고(allowing) 수용해야만(accepting) 정서가 정보를 제공하고 조직화한다는 것을 알 수 있다(Bracket, 2019; Greenberg, 2015). 자신의 적응적 정서와 부적응적 정서를 구별하는 법을 배우고 자신의 불쾌한 정서를 견디는 법을 배워야만 정서가 오고 가는 것을 경험할 수 있다. 고통을 겪고 살아남고 부활하는 것을 발견함으로써 우리는 이것이 내담자에게도 가능하다는 것을 진정으로 알게 된다. 따라서 이것은 "의사여, 스스로를 치유하라"는 말을 "치료자여, 자신의 정서를 다루어라"로 바꾼 경우이다. 치료자는 자신의 정서에 집중하고, 정서를 파악하고, 머무르는 방법을 훈련하거나 훈련을 받아야 한다. 그들은 스스로 자신의 감정을 경험하고, 자신의 감정을 말로 상징화하고, 부적응적인 정서를 식별하고, 변화시키며 진정시키기 위해 적응적인 정서 자원에 접근하는 방법을 배워야 한다.

심리치료사는 스스로 심리치료를 받고 자신의 해결되지 않은 감정과 심리적 욕구가 내담자에게 투사(projection)되어 치료자가 내담자에게 진정으로 도움을 주는 데 방해가 될 수 있는 것은 없는지 살펴봐야 한다. 내담자와의 작업으로 인해 개인적으로 화가 나거나 방어적으로 불안해하거나 당황하거나 피로감을 느끼는 치료자는 그러한 접촉이 자신의 정체감에 대한 의심, 판단적인 자기평가(self-evaluations), 불쾌한 기억, 고통스러운 감정 및 내담자 자신의 심리적 문제를 이해하고 치유하는 데 반드시 관련이 없을 수 있는 기타 불편한 경험 상태와 같은 역전이 반응을 유발할 수 있음을 탐색해야 한다.

치료자가 이러한 종류의 자기유발적(self-induced) 심리적 문제를 개방적으로 탐색하고 해결하면, 치료자는 보다 현실적이고 연민과 공감으로 내담자를 바라볼 수 있게 되어 보다 적절하고 진정한 치료적 방식으로 내담자에게 반응할 수 있게 된다. 또한 치료자가 내담자와의 회기 중에 이러한 정서적 유발 요인이 언제 나타나는지 인식하고 나중에 자기치료적(self-therapeutic) 작업을 위해 따로 제쳐둘 수 있도록 도와준다. 치료자의 정서적 반응도 효과적인 심리치료에 방해가 될 수 있지만, 내담자에 대해 차갑고 냉담하며 무관심

한 '전문가적(professional)' 태도를 취하는 것도 심리치료의 효과를 크게 떨어뜨릴 수 있다. 이러한 차갑고 분리된 태도를 취하는 내담자는 자신의 강렬한 감정, 욕구, 경험적 역동성(experiential dynamics)을 드러내는 데 불편함을 느낄 수 있으며, 치료자의 정서적 이용불가능성(emotional unavailability)에 동일하게 응답하거나 반사적으로 반응할 수 있다. 내담자와 치료자 사이의 배려와 공감적 교감(emotional communion)이 부족하면 내담자는 차갑고 무관심한 것으로 인식되는 치료자와 편안하게 공유하지 못하는 막힌 감정을 알아차리는 데 방해받을 수 있다. 그러나 내담자가 치료자를 진정으로 따뜻한 마음과 배려심, 연민을 가지고 '잘 들어주는' 존재로 경험하면 따뜻한 배려가 녹아들어 내담자가 안전하다고 느끼고 '얼어붙은' 막힌 감정이 더 유동적이고 자유롭게 몰입할 수 있도록 도울 수 있다.

내담자의 정서에 현존하기

정서는 진행 중인 역동적인 과정이라는 점을 고려할 때, 정서는 내담자에게 자신의 삶이 어떤지, 치료자에게 어떻게 반응하고 있는지에 대한 지속적인 피드백을 제공하는 것이다. 정서는 내담자가 이야기하는 내용과 내담자 자신과 치료자와의 관계에서 일어나는 일에 의미를 부여하는 음악이다. 지금 여기에서(here and now) 주관적으로 살아있는 것에 주의를 기울이고 있는 치료자는 음악을 듣게 된다. 살아 있는 것은 내담자의 정서적 어조(emotional tone)에서 비롯된다. 음악을 듣는다는 것은 내담자와 '함께' 있는 것, 템포를 늦추는 것, 내담자의 경험을 경험하기 위한 것, 말을 거의 하지 않고 내담자와 함께하며 그 순간에 반응하는 것을 포함한다. 치료자는 생각할 필요도 적고, 더 자유롭고 미묘하며, 현재 일어나는 일의 합리성에 대한 확신이나 증거가 필요하지 않다. 마치 내담자가 자신에게 일어난 일에 대해 이야기할 때, 치료자가 볼 수 있도록 사건과 행동에 대한 설명이 담긴 영화를 재생하는 것과 같다. 치료자는 행동을 보는 것과 동시에 내담자의 내적 경험에 대한 영화 사운드트랙을 동시에 실행하고 있으며, 이는 시각보다 운동 감각과 청각에 더 가깝다. 치료자는 일어난 일에서 내담자가 어떤 감정을 느꼈는지 추출해야 한다. 영화에서는 배우가 모퉁이 너머를 들여다보는 모습이 나오지만, 그 행위의 정서적 의미를 전달하는 것은 느리고 무거운 음악이나 가볍고 즐거운 음악이다. 반응하고 언어로 표현해야 하는 것은 내용이 아니라 음악이다. 치료자는 이야기의 내용이 아니라 이야기에 수반되는 음악을 듣는 데 집중하여 내담자의 내적

경험을 영화로 만든다. 내용과 행동에 수반되는 의미를 전달하는 것은 내담자의 정서, 목소리, 비언어적 표현 방식이다.

내담자의 정서에 현존하는 것은 내담자 내면에 있는 정서를 심화시키는 데 도움이 되며, 여기서는 내담자의 개인 내적(intrapersonal) 경험에 초점을 맞춘다. 치료자의 현존은 내담자의 감정에 수용적으로 조율되어 이차 정서를 넘어 기저의(underlying) 일차 정서에 접근하도록 돕는 것을 포함한다. 나중에 관계적 현존(relational presence)이 어떻게 대인관계적(interpersonal) 또는 상호주관적(intersubjective) 현존에 더 초점을 맞추는지에 대해 살펴볼 것이다. 예를 들어, 치료자 현존의 심리 내적(intrapsychic) 효과에 초점을 맞추어 내담자가 다음과 같이 말한다고 가정해 보겠다.

 남편은 제 곁에 있어 주지 않아요. 저녁 식사 시간에 제 말에 전혀 관심을 기울이지 않고 휴대폰만 계속 들여다보고 저를 거의 쳐다보지도 않으니 그냥 와인 한 잔 더 마시는 것으로 이 문제를 해결해요.

치료자는 내담자의 내적 궤적(internal track), 즉 음악의 내용이 아닌 음악에 반응하며 "이 음악 때문에 당신은 너무 중요하지 않고, 외롭고, 몹시 상처받고, 화도 났겠군요"라고 말한다. 그러면 내담자는 자신의 내면에 집중하게 되고, "그래요, 상처받고 화가 났어요. 저는 기본적으로 절망적인 감정을 느끼고 있어요"라고 대답할 수도 있다. 이제 내러티브는 행동이나 의미의 풍경이 아닌 감정의 풍경에서 펼쳐진다. 핵심 기술은 내담자의 신체적 경험에 초점을 맞추어 내담자의 내적 궤적에 부드럽고 끈질기게 집중하는 것이다. 주관적 탐색의 기술, 즉 내적 경험에 접근하고 표현하는 능력은 내적 알아차림을 방해하는 내적 차단을 해소하는 주요 수단이다. 치료자 및 내담자의 호기심은 정서에 현존하는 과정의 중요한 부분이다. 정서의 복잡성과 암묵적인 특성을 고려할 때 치료자는 내담자의 정서에 대해 호기심을 갖고, 현재 일어나고 있는 일에 대해 질문하고, 타당화하고, 추측해야 한다.

정서 사이에 현존하기

내담자가 자신의 정서적 경험을 인식하도록 돕고 치료자가 자신의 내적 경험을 알아차림

으로써 심리 내적으로 집중하는 것 못지않게, 대인관계적 또는 상호주관적 현존을 알아차림으로써 '관계적 현존(relational presence)'이 중요하다. 즉, 치료자는 내담자와 치료자 사이에서 관계적으로 일어나는 일에 세심하게 주의를 기울이고, 비언어적 행동을 관계의 본질과 두 사람이 상호작용에서 어떻게 하고 있는지에 대해 말하는 것으로 인식하는 것이다. 내담자와 치료자가 하는 행동이 관계에 영향을 미치는 것으로 간주한다. 예를 들어, 내담자가 매우 외적인 방식으로 일어난 일에 대한 이야기를 전달하고 있다면 치료자는 그것이 관계에 영향을 미치는 것으로 경험하기 때문에 치료자는 "당신의 이야기를 듣는 것이 즐겁지만, 당신이 이야기할수록 우리 사이의 거리가 점점 멀어지는 것을 느껴요. 당신과 더 가까워지고 싶어요"라고 말할 수 있다. 치료자는 이러한 방식으로 관계 문제를 해결하는 데 기술과 주의가 필요하지만 여기서 초점은 내면이 아닌 대인관계에 있다는 것이 분명하다. 그러나 관계적 현존의 또 다른 측면은 치료자의 현존이 내담자의 내적 현존과 알아차림의 흐름에 미치는 영향을 인식하는 것과 관련이 있다. 치료자의 현존 또는 비현존(nonpresence)은 내담자가 안전하다고 느끼고 현존을 느끼는 능력에 영향을 미치며, 내담자가 느끼는 감정에 영향을 미친다.

사람들이 느끼는 감정은 부분적으로는 항상 함께 있는 사람과 그 사람이 어떻게 관계를 맺고 있는지에 따라 달라진다는 점을 인식하는 것이 중요하다. 상호작용에서 느껴지는 것은 다른 사람이 하는 행동의 내용에 대한 사람들의 직접적인 반응뿐만 아니라 상대방이 자신이 느끼는 감정을 얼마나 안전하게 느끼고 표현할 수 있게 해 주는지에 대한 반응이기도 하다. 치료에서 자신의 감정을 표현하는 것 또한 건설적이고 관계적인 과정이다. 치료자와 상대방, 그리고 그 중간에 있는 두 사람의 정서를 함께 탐색하는 과정을 통해 내담자가 자신의 감정을 알아차림으로써 이를 인식하는 데 기여한다. 따라서 내담자의 감정은 순간에 현존할 수 있는 두 사람의 상호작용에서 발생하는 순간적인 경험이다.

정서는 단순히 내담자가 자신의 감정을 분명한 목소리로 말하는 것만으로 떠오르는 것이 아니다. 오히려 내담자는 떠오르는 정서와 치료자의 모든 반응에 즉각적으로 상호작용하기 시작한다. 내담자가 정서를 표현할 때쯤이면, 그 정서는 내담자 내면에서 발견되는 것이라기보다는 이러한 상호작용을 통해 형성되는 것이다. 내담자가 느끼는 감정은 항상 치료자와의 상호작용에서 자신의 경험을 스스로에게 설명하는 방식과 관련이 있다. 예를 들어, 분명하고 의식적으로 느껴지는 분노나 슬픔은 신체적 동요로 시작된다. 이 동요에는 내면의

감정, 표정 또는 호흡 속도의 변화가 포함될 수 있다. 내담자의 얼굴과 목소리의 변화를 암묵적으로 감지한 치료자는 내담자에게서 일어나는 내적 동요, 즉 무언가가 일어나고 있음을 알아차림으로써 이야기를 나누는 동안 내담자의 표정과 목소리의 변화를 감지할 수 있다. 그런 다음 치료자는 "그냥 떠오르는 것에 집중하세요"와 같은 말을 하면서 내담자를 현재의 순간으로 끌어들이고 내담자의 신체 감각 느낌에 주의를 기울이도록 유도한다. 치료자와 내담자 모두 현존하며 순간을 늦추고 확장함으로써 내담자가 떠오르는 경험의 시작 요소에 주의를 기울일수록, 이 모든 단서들이 감정에 대한 의식적인 경험으로 통합된다. 내담자 안팎의 무수한 단서들은 경험의 잠재력을 지니고 있으며, 이를 상징화하면 의식적인 감정이 된다. 사람의 뇌는 의식적으로 모든 요소를 조합하여 복잡한 개인적 의미를 지닌 감정을 형성한다. 정서를 의식적으로 경험하기 위해서는 뇌가 일련의 글자를 단어로 합성하는 것과 유사한 자동적 과정이 필요하다. 사람들은 그 자체로 기본 요소의 종합인 감각 느낌을 단어로 만들어 최종적인 정서적 경험을 만들어낸다. 내담자의 경험과 자신의 경험에 현존하며 그 사이의 순간을 인지하는 치료자가 없다면, 이러한 의식 속 경험의 창조는 불가능할 것이다. 치료자의 현존은 내담자가 느끼는 감정의 출현에 중요한 측면이며 이 과정에서 인식해야 할 명확하고 확실한 영향력이다.

Martin Buber(2008)는 말하든 침묵하든 대화에 참여하는 각 참가자는 항상 상대방을 현존하고 구체적인 존재 방식으로 염두에 두고 상호 관계를 맺으려는 의도를 가지고 상대방을 지향한다고 주장했다. 모든 것은 관계적이며, 나-너(I-Thou) 대화에 참여하기 위해서는 상대방이 현존해야 한다. 내담자와 치료자 사이의 이러한 나-너 대화에서 치료자는 내담자가 독특하고 온전한 인격체라는 것을 알아차림으로써 내담자의 실체를 상상하고, 동시에 가식적이지 않고 해야 할 말을 참지 않고 진정으로 현존하려고 노력한다. 또한 이 과정에서 치료자는 자신의 견해를 내담자에게 강요하지 않고 내담자의 감정과 새로운 가능성이 펼쳐질 수 있도록 돕는다. 이러한 순간이 바로 치료적 관계에서 상대방의 감정을 진정으로 느낄 수 있는 효과적인 순간이다. 양쪽에서 일어나고 있는 일을 같은 방식으로 경험하기 위한 진정한 만남이 이루어진다. 대화의 상대는 이제 공유된 상황에 대한 서로의 정의를 이해할 뿐만 아니라 상호적으로 정의하며, 두 사람은 같은 세계에 살고 있을 뿐만 아니라 서로의 존재에 참여한다. 이 순간은 치료자가 내담자와 이해가 아닌 감정을 공유함으로써 바로 그 감정의 중요성에 대한 새로운 설명, 즉 공통의 기반을 구축하는 순간이다.

여기서 중요한 점은 내담자의 정서는 내담자에게 현존하여 공동현존(co-presence)을 돕는 치료자와 자신의 감정에 현존할 수 있게 된 내담자 사이에 존재하는 대인관계의 장에서 출현한다는 것이다. 정서가 출현하고 느껴질 수 있도록 돕는 것은 치료자의 현존이다. 첫째, 안전하고 촉진적인 환경은 내담자가 신체 감각 느낌에 내면적으로 집중하는 수준에 영향을 미친다. 둘째, 치료자의 정동(affect)에 대한 공감적 조율(empathic attunement)은 내담자가 내적 경험에 주의를 기울이는 데 도움이 된다. 내담자가 느끼는 무언가가 거기에 있다. 내담자에게는 자신의 발전에 도움이 되지 않는 어떤 것으로 변형되지 않도록 하는 대상이 있지만 아직 명확하게 형성되지 않은 것이 있다. 치료자의 현존과 내담자가 느끼는 것에 대한 조율은 슬픔을 행복으로 바꾸는 것과 같이 정서를 완전히 다른 것으로 변화시킬 수는 없다. 그러나 치료자의 현존과 반응은 무망감, 슬픔 또는 절망으로 표현되는 데 도움이 된다. 치료자가 현존하지 않거나, 어떤 의제를 위해 일하고 있거나, 내담자에게서 떠오르는 것과 함께하기보다는 내담자에게 무언가를 하는 데 몰두하거나, 내담자가 실제로 느끼는 감정에 대해 더 아는 입장을 취한다면 내담자의 경험은 간과되고, 무시되고, 결코 드러나지 않을 수 있다. 치료자의 차별화된 언어 사용은 종종 내담자가 자신의 감정을 정확히 포착하는 데 도움이 되며, 명명하는 방식마다 조금씩 다른 의미를 갖는다. 감정은 다양한 형태로 표현될 수 있지만, 특정 묘사만이 사람의 감정을 포착하는 데 도움이 된다. 치료자는 내담자가 자신이 느끼는 모든 감정을 드러내고 이름을 붙일 수 있도록 도와야 하며, 치료자와 내담자 사이의 상호주관적인 공간에서 이러한 감정이 발생할 수 있다.

 현존 및 투명성

현존한다는 것은 진정성 있고 투명한(transparent) 의사소통을 의미한다. 투명한 의사소통을 하려면 치료자는 스스로에게 현존해야 한다. 자신의 내적 경험을 알아차림으로써 내면에서 일어나는 일을 타자에게 투명하고 기꺼이 전달할 수 있어야 한다. 치료자의 정서적 알아차림(emotional awareness)과 정서적 정직성(emotional honesty)은 내담자의 정서적 알아차림과 정서적 정직성을 촉진한다.

그러나 투명성이 치료적이라는 주장에는 치료적이라고 느끼는 감정을 일관되게 표현하

는 데 필요한 일련의 전제 조건, 의도 및 태도가 명시되어 있어야 한다(Greenberg & Geller, 2001). 단순히 어린 치료자나 초심 치료자에게 일관되게 투명해야 한다고 가르치는 것이 항상 도움이 되는 것은 아니다. 투명하다는 것은 일정 수준의 개인적 발전과 특정한 지적·가치적 전념을 전제로 하기 때문이다. 따라서 일치성(congruence)은 치료적 요소로서 단독으로 존재하지 않는다. 치료적 일치성은 알아차림과 투명성을 포함할 뿐만 아니라 내담자에게 해를 끼치지 않고 그들의 발달을 촉진하는 것과 관련된 태도·신념·의도에서 비롯된 치료자의 내적 경험을 필요로 한다. 이는 심리치료의 히포크라테스 선서(Hippocratic Oath)에 해당하는 것이다.

자신의 내적 경험의 몰입을 알아차림으로써 자신의 감정의 본질과 연결되는 것은 일치성의 핵심 요소 중 하나이다(Rogers, 1957). 치료자가 자신의 감정과 반응을 알아차리는 것은 항상 도움이 되는데, 그 이유는 이러한 알아차림이 치료자에게 있어 방향을 잡아 주고 대인관계에서 명확하고 신뢰할 수 있도록 도와주기 때문이다. 이러한 내면의 알아차림과 접촉은 시시각각 변화하는 자신의 경험에 대해 수용적으로 개방적이고 민감하게 반응하며 그 순간에 완전히 몰입하는 것을 포함한다. 이러한 순간의 현존과 정서적 알아차림을 통해 언어적 행동과 비언어적 행동 사이의 불일치 가능성이 줄어들고, 내담자는 보이는 것이 곧 얻는 것임을 알게 된다. 내담자는 숨겨진 의제가 없다는 것을 알게 된다. 이는 내담자가 안전하다고 느끼고 대인관계 불안을 줄이는 데 도움이 된다. 대인관계 불안이 감소하면 내담자는 더 많은 대인관계 불안을 견딜 수 있게 되어 더 깊이 탐색할 수 있게 된다. 치료자가 내담자와의 상호작용에서 자신의 감정을 알아차리지 못하면, 관계에서 생성되는 중요한 정보에 접근할 수 없기 때문에 효과적인 조력자가 될 수 없다. 이는 마치 어둠 속에서 수술을 하는 것과 같다. 우리는 자신의 내적 경험, 특히 내담자와의 순간순간 상호작용에서 생성되는 경험을 명확하게 알아차림으로써 다른 사람을 돕는 데 가장 효과적이라는 것을 알고 있다.

투명성(transparency) 또는 일치성의 의사소통 구성 요소의 경우는 자기인식 구성 요소보다 훨씬 더 복잡하다. 원활하게 투명해지는 것은 대인관계 기술과 관련이 있는 것 같다. 이 구성 요소에는 자신이 진정으로 느끼는 감정을 표현하는 능력뿐만 아니라 그것을 촉진하는 방식으로 표현하는 능력도 포함된다. 따라서 투명성은 일련의 치료적 태도에 내재된 복잡한 대인관계 기술을 포괄하는 개념이다. 이 기술은 치료자의 태도, 다음에 설명할 특정 과정, 치료자의 대인관계 태도라는 세 가지 요소에 따라 달라지는 것으로 보인다.

첫째, 아마도 가장 중요한 것은 일관된 반응을 편견 없이 전달해야 한다는 것이다. 살다 보면 분명히 누군가를 파괴적으로 만들 수 있다. 치료에서 '일치성(congruence)'이라는 용어가 암묵적으로 다른 여러 신념과 견해에 의해 규정되기 때문에 우리 모두는 이것이 의미하는 바가 달라진다는 것을 알고 있다. 따라서 일치성이라는 단어를 명확히 하기 위해 '촉진(facilitative)'이라는 단어를 사용하는 것이 도움이 된다. 치료자의 표현은 내담자의 이익을 위한 것이어야 한다.

둘째, 치료자는 자신을 진정성 있게 표현할 때 절제된 방식으로 표현해야 한다. 순간적으로 느끼는 감정을 충동적으로 털어놓는 것이 아니라 중요한 핵심 감정(core feelings)을 전달해야 한다. 이를 위해서는 먼저 자신의 가장 깊은 수준의 경험을 알아차리는 것이 필요하며, 이를 위해서는 시간과 성찰이 필요할 수 있다. 다음으로, 내담자는 자신의 경험을 공유하는 의도가 자신을 위한 것이 아니라 내담자 또는 치료적 관계를 의한 것이라는 점을 명확히 해야 한다. 또한 치료자는 내담자가 자신이 제공하는 정보에 대해 개방적인지, 아니면 너무 취약해서 받아들이기 어려운지를 감지하여 개방 타이밍에 민감하게 반응하는 것이 중요하다. 따라서 훈련은 단순히 치료자가 느끼는 감정을 말하는 것이 아니라 치료자가 표현하는 것이 이차 감정이 아니라 핵심 또는 일차 감정인지 확인하는 것을 포함한다. 일치성의 투명성 측면을 명확히 하는 데 도움이 되는 또 다른 개념은 포괄성(comprehensiveness)인데, 일치성이란 "모든 것을 말하기"를 의미해야 한다는 것이다. 치료자는 느껴지는 중심적 또는 초점적 측면뿐만 아니라 메타경험(meta-experience), 즉 느껴지고 전달되는 것에 대해 느껴지는 것을 표현한다. 따라서 치료자가 짜증이 나거나 지루하다고 말하는 것은 모든 것을 말하는 것이 아니다. 또한 치료자는 내담자에게 상처를 줄 수 있다는 우려를 전달하고, 관계를 파괴하려는 것이 아니라 관계를 명확히 하고 개선하려는 마음에서 전달하고 있다는 것을 표현해야 한다. 이것이 바로 "모든 것을 말하기"의 의미이다.

일치성은 치료자가 당시 자신의 몸에서 느끼는 감정을 말하는 것을 포함할 수 있다. 시간이 지남에 따라 지속되어 왔지만 실제로는 현재 본능적으로 느껴지지 않는 감정에 대해 말하는 것이 포함될 수 있다. 또는 일치성은 치료자가 그 순간의 느낌을 자연스럽게 포착하는 것을 말하는 것을 포함할 수 있다. 또한 현재 또는 일반적인 감정은 연민에서 분노, 위협에서 기쁨에 이르기까지 다양하며, 어떤 감정이 느껴지느냐에 따라 나름의 표현 의도를 가지고 매우 구체적인 방식으로 표현될 수 있다. 예를 들어, 분노는 경계를 설정하고 부당함을

느낀 감정을 해소하기 위해 표현될 수 있으며, 연민은 감정을 공유하고 위로하기 위해 표현될 수 있다. 두려움은 타자에게 자신의 반응을 알리기 위해 표현하는 경우가 많다.

원만한 관계에서 중요한 것은 개방하는 내용이 아니라 개방하는 대인관계의 태도이다. 암묵적이든 명시적이든, 개방에는 상대방이 개방하는 내용에 대해 기꺼이 탐색하려는 의지 또는 관심이 포함된다. 예를 들어, 공격당하거나 분노를 느낄 때 치료자는 공격하지 않고 오히려 자신이 분노하고 있다는 사실을 개방한다. 치료자는 '너'를 비난하는 언어를 사용하지 않고 대신 자신의 감정에 책임을 지고 '나' 언어를 사용하여 자신의 감정을 드러내는 데 도움을 준다.

치료자가 내담자의 경험에 대해 비우호적이고 거부적인 감정이나 흥미 상실을 경험하기 때문에 문제가 되는 경우, 상호작용 기술에는 (1) 이러한 감정의 근원을 알아차림(공명하는 대인관계에서 역전이 식별하기 8장 참조)과 (2) 치료자가 이러한 감정을 느끼고 싶지 않으며, 이에 기여할 수 있는 상황을 더 이해하고 싶다는 것을 일관되게 전달하는 맥락에서 이를 개방(임상적으로 관련이 있다면)하는 것이 포함된다. 다른 시나리오에서 치료자는 이러한 감정이 현존을 방해하는 문제이며 치료자가 내담자를 더 이해하고 더 가깝게 느낄 수 있도록 거리를 회복하려고 노력하고 있음을 밝힐 수 있다. 부정적인 감정으로 인식될 수 있는 것을 조화롭게 촉진하는 방식으로 전달하는 데 있어 핵심은 일반적으로 비지배적이고 친화적인 개방이라는 상호작용적 위치를 차지하는 것이다. 따라서 분노를 느끼는 상황에서 치료자의 촉진적이고 일치하는 과정은 먼저 분노가 개인적인 문제에서 비롯된 것인지 확인하고, 만약 그렇다면 치료 회기 밖에서 스스로 다룰 필요가 있다. 그런 다음 치료자는 이것이 일차 핵심 감정(core primary feeling)인지 확인하고, 만약 그렇다면[그리고 이차 반응(secondary reaction)이 아니라면] 이를 비언어적인 자세로 비난하지 않고 비언어적으로 현존의 자세로 드러내야 한다. 치료자가 분노보다는 상처받거나 위축되거나 위협받는 감정을 더 많이 느끼는 경우, 일치성에는 이를 알아차림과 함께 민감하고 효과적인 방식으로 이를 개방하는 것이 포함된다.

치료자는 이러한 정서 알아차림과 촉진적 투명성의 기술을 갖추고 직업에 들어올까, 아니면 훈련을 통해 습득할까, 아니면 일하면서 연마할까? 각각의 요소가 조금씩 작용했을 수도 있지만, 확실히 대부분의 심리치료 훈련은 개인의 현존이나 정서 알아차림에 초점을 맞추지 않는다. 실제로 치료자들은 종종 자신의 개인적인 생각과 감정에 대한 자기개방을 제한하고 역전이, 즉 내담자에 대한 정서적 반응을 관리하도록 훈련받는다. 동시에, 그들은 우

리가 제안하는 것처럼 진정성 있고 진실하며 따뜻하고 신뢰할 수 있는 사람이 되도록 훈련받는다. 이는 까다로울 수 있으며 치료자마다 다른 방식으로 연습하는 방법을 선택한다. 가장 좋은 방법은 진정으로 현존을 드러내고 공감하는 방식으로 내담자에게 집중하는 것이다. 내담자가 말하는 내용에 대해 감정을 표현하는 것은 진솔하고 도움이 되는 반응이 될 수 있다. 동시에 치료자는 내담자가 자신의 분노를 느끼도록 돕는 대신 내담자에게 학대를 가한 사람에게 화를 내는 등 반응적인 이차 정서(reactive secondary emotions)를 표현하는 것을 피하는 방법을 배워야 한다. 치료자는 현재와 앞으로 내면의 인식을 강화하기 위해 노력하면 이러한 구분되는 정서를 알아차리고 언제, 어떻게, 효과적으로 표현할 수 있는지 알 수 있다.

 정서에 현존하기 위한 조언

자기인식(self-awareness)을 더 잘하고 정서의 현존을 촉진하기 위해 다음과 같이 제안한다.

1. **자신의 정서가 어디에서 오는지 생각해 보라.** 때때로 여러분의 정서는 내담자와는 무관한 개인적인 문제와 관련이 있을 수 있다. 그렇다면 동료와 상의하거나 슈퍼비전을 받거나 스스로 치료를 받는 등 시간을 내어 감정을 다스리는 시간을 가져라. 이러한 감정을 유발하는 원인을 파악하고 내담자와의 치료 회기 밖에서 처리하라.
2. **의도적으로 연습하라.** 일상생활에서 일반적인 대화를 할 때 자신의 정서 알아차림을 연습하라. 이렇게 하면 내면의 정서와 반응을 인식하고 이를 일차 또는 이차 정서로 분류하는 데 도움이 된다.
3. **내담자의 안녕을 고려하라.** 치료 문제의 대인관계 과정에서 정서가 나오는 경우, 그 감정을 표현하는 것이 내담자에게 어떤 영향을 미칠 수 있는지 판단해야 한다. 내담자가 상담자를 신뢰하고 상담자가 치료적 관계와 치료의 이익을 위해 이러한 정서를 전달하는 것을 이해할 수 있을 정도로 관계가 충분히 발전되어야 한다. 신뢰 관계가 형성되지 않은 경우, 감정을 표현하는 것이 득보다 실이 많을 수 있으며, 내담자는 상처를 받고 치료자의 개방에 대해 이야기하기를 꺼려할 수 있다.

4. **단어를 신중하게 선택하라.** 내담자에게 치료적으로 도움이 되는 방식으로 정서를 표현해야 한다. 앞서 말했듯이 반응하지 말고 드러내라. 목소리에서 분노가 느껴진다면 아직 온전하지 못한 상태이다. 특정 내담자에 대해 자주 분노를 느낀다면, 내담자에 대한 자신의 반응을 점검하고 상담이나 슈퍼비전을 구하고, 필요하다면 다른 치료자에게 내담자를 소개한다.
5. **내담자와의 정서적 반응을 살펴보라.** 상담자가 느끼는 분노나 슬픔을 드러낸 후에는 내담자가 가질 수 있는 우려에 대해 논의하고 이러한 정서에 대한 의사소통의 기회를 열어 두어야 한다. 자신의 정서를 개방하고 탐색하는 것은 내담자에게 자신의 정서를 다루는 방법에 대한 좋은 모델이 된다. 절제된 방식으로 눈물을 흘린 다음 어떤 식으로든 방금 일어난 일에 대해 이야기하고 내담자의 감정을 물어보는 것은 부적절하지 않다.

결론

이 장에서는 치료자가 자신과 내담자의 정서에 순간순간 더 잘 조율하는 능력을 키우는 것의 중요성에 초점을 맞추었다. 정서는 우리가 경험을 처리하는 주요한 방법이며, 일이 우리의 목표대로 진행되고 있는지에 대한 정보를 제공하고 세상에서 우리의 목표를 달성하기 위한 방향을 제시한다는 점을 고려할 때, 순간에 우리가 무엇을 느끼고 있는지 알아차림이 필수적이다. 또한 치료자가 자신의 일차 정서와 이차 정서를 구별하여 치료에서 건설적인 방식으로 자신의 정서를 정보로 표현하고 사용하는 것이 중요하다. 이를 위한 이상적인 방법은 내담자가 자신의 신체 감각 느낌에 집중하고 일차적 경험을 일관되게 표현할 수 있을 때까지 내담자가 느끼는 감정과 함께 있을 수 있도록 하는 것이다.

다음으로, 현존의 신경생물학적 상관관계와 자신의 생물학적 측면을 평온함과 개방성의 방향으로 전환하는 것이 현존을 키우고 현존에 수반되는 어려움을 극복하는 데 어떻게 도움이 될 수 있는지 살펴본다.

10장

치료적 현존의 신경생물학

현재 이 순간에 당신은 제한적인 신념을 바꾸고 자신이 선택한 미래를 위해 의식적으로 씨앗을 심을 수 있는 힘을 가지고 있다. 마음을 바꾸면 경험이 바뀐다.

—서지 카힐리 킹(SERGE KAHILI KING, 연대 미상)

이 책의 초점은 지금까지 치료적 현존(therapeutic presence)의 경험적 측면에 집중해 왔지만, 이 장에서는 현존을 바라볼 수 있는 또 다른 관점을 제시한다. 신경생리학적 관점에서 현존이 무엇을 의미하는지 이해함으로써, 현존을 더 잘 경험할 수 있는 연습을 구체적으로 지정할 수 있다. 또한 특정 연습을 통해 현존을 장기적으로 함양하고, 현존이 일시적인 경험이 아닌 특성이나 기질로 자리 잡을 수 있도록 신경 구조(neural structure)를 변화시킬 수도 있다.

신경과학(neuroscience)과 심리학(psychology)이 교차하는 흥미로운 연구 분야가 있다. 이 분야는 우리가 특정 상태를 경험할 때 발생하는 현상을 신경생물학적 관점에서 이해하는 데 기여한다. 초기 연구들은 대사 변화와 뇌파(electroencephalogram: EEG) 패턴을 분석하여 생리적 변화와 뇌 활동의 변화를 식별했다. 예를 들어, 생리학적 연구는 호흡에 집중하는 것이 신체적 흥분 감소(심박수, 호흡 속도, 피부 전도율)를 통해 이완 반응을 유발한다는 것을 제안

했다(Delmonte, 1984; Wallace et al., 1971). EEG를 사용함으로써 과학자들은 명상이나 휴식과 같은 연습 중에 발생할 수 있는 다양한 동적 패턴과 뇌 활동의 유형을 관찰할 수 있게 되었다(Lazar, 2005). 예를 들어, Benson 등(1974)은 초월 명상(Transcendental Meditation) 연습이나 다른 자율 훈련(예: 요가, 최면)에 의해 유도된 이완 반응이 유사하며 느린 알파파(alpah wave) 활동과 세타파(theta wave)의 감소를 포함한다는 것을 보여 주었다.

뇌와 생리적 활동을 측정하는 이러한 초기 메커니즘에 이어, 최근에는 기능적 자기공명영상(functional magnetic resonance imaging: fMRI)과 양전자 방출 단층 촬영(positron emission tomography: PET)이라는 두 가지 신경 영상 기법이 개발되어, 과학자들이 작업 및 감정 상태와 관련하여 뇌 내부 및 특정 영역에서 일어나는 활동을 연구하고 식별할 수 있게 되었다(Lazar, 2005; Lutz et al., 2007). 예를 들어, 명상은 뇌파 활동에서 휴식이나 이완과 유사한 패턴을 보일 수 있지만, EEG와 fMRI 및 PET 스캔을 결합한 연구에 따르면 명상 상태는 휴식, 이완 또는 수면과 다른 상태임을 분명히 보여 준다(Lazar et al., 2000). 많은 사람들이 뇌의 복잡성을 이해하는 데는 아직 초기 단계라고 생각하지만, 현존과 전반적인 건강(wellness)을 향상시키는 활동과 관련된 특정 뇌 메커니즘 및 신경학적 과정을 이해하는 데는 잠재력이 매우 크다.

과학자들은 마음(mind), 경험(experience), 그리고 뇌(brain)가 서로를 지속적으로 변화시킨다는 사실을 발견하고 있다. 신경 기능의 특정 부분을 강화하기 위한 연습은 치료적 현존과 같은 특정 자질을 기르는 데 도움이 될 수 있다. 예를 들어, 호흡에 대한 알아차림이나 명상을 연습하면 수십억 개의 시냅스 연결이 추가되어 주의력과 감각 인식과 관련된 뇌 조직이 눈에 띄게 두꺼워져서 측정될 수 있다는 연구 결과가 있다(Lazar et al., 2005). 우리가 마음챙김 명상(mindfulness meditation), 체험적 연습(experiential exercise), 또는 단순히 자기 자신과 관계 속에서 '그곳에 존재(being there)'하는 것을 연습할 때, 뇌는 더 통합적인 섬유(fibers)를 성장시키고 관련 영역에 새로운 경로를 만든다(Farb et al., 2013; Fox et al., 2014; Hölzel et al., 2011; Lazar et al., 2005; Yang et al., 2016). 또한, 수용과 평온함을 느끼게 하는 연습은 기분과 수면을 조절하는 신경전달물질(neurotransmitter)인 세로토닌(serotonin)을 증가시킬 수 있다(Hanson & Mendius, 2009). 감사의 실천과 같은 긍정적인 기분을 유발하는 실천은 도파민 보상 회로(dopamine reward circuits)를 자극하고 노르에피네프린(norepinephrine)의 급증을 촉진할 수 있다(노르에피네프린은 마음을 깨우고 밝게 함; Hanson & Mendius, 2009). 따라서

치료적 현존의 경험으로 강화되는 잠재적인 신경학적 및 생물학적 시스템을 이해하면 주의력, 평온함, 경각심, 여유로움, 안정감 및 중심감 등 치료적 현존의 측면을 촉진하는 실천에 참여하는 것이 유효함을 입증할 수 있다.

신경과학이 제공하는 또 다른 중요한 관점은 치료적 현존이 치료적 만남(therapeutic encounter)에서 어떻게 변화를 활성화하는지 이해하는 데 도움이 된다는 것이다. 다미주 이론(polyvagal theory; Porges, 2011)을 통해, 우리는 치료자의 현존과 조율이 현재 중심적인(present-centered) 만남에서 일어나는 양방향 조율(bidirectional attunement)을 통해(치료자와 내담자 모두에게) 안정감을 유발한다는 것을 알고 있다(Geller, 2017, 2018; Geller & Porges, 2014). 치료자의 차분하고 안정된 현존은 내담자의 신경계를 이완시키고, 관계를 통해 발생하는 공동조절(coregulation)은 내담자가 안전함을 느끼고 치료에 더 완전히 몰입할 수 있게 한다.

이 장에서는, 현재 연구에서 알려진 내용을 치료적 현존에 대한 우리의 이해와 관련지어 현존의 생리학적 및 신경학적 상관관계를 소개한다. 먼저 신경가소성에 대해 설명한 다음, 전전두엽 피질과 관련된 현존을 탐구한 후, 현존의 측면과 생리학적 및 신경학적 토대를 살펴본다. 마지막으로, 다미주신경 이론의 관점에서 치료적 현존이 치료적 관계를 강화하고 변화를 가져오는 방법에 대해 논의하며 결론을 맺는다.

연습이 현존을 만든다: 신경가소성

심리학자 Hebb(1949)의 말을 빌리자면, 동시에 발화하는 신경세포는 서로 연결된다. 즉, 두 개의 신경세포나 신경세포 집단이 반복적으로 동시에 활성화되면, 시간이 지나면서 서로 시냅스 연결을 형성하게 되어 한쪽의 활성화가 다른 쪽의 활성화를 촉진하게 된다. 경험에 따라 뇌가 변화하고 적응하는 능력은 '신경가소성(neuroplasticity)'이라고 알려져 있다. Doidge(2007)는 이 단어의 의미를 설명하기 위해 이 단어의 구성 요소를 다음과 같이 설명했다. '뉴런'은 신경계의 세포를 의미하고, '가소성(plastic)'은 "변하기 쉽고, 유연하며, 수정 가능한"을 의미한다(p. xix). 신경가소성의 의미는 순간적인 현존 상태가 정기적으로 함양되고 연습되면 지속적인 특성이 될 수 있다는 것이다. 즉, 경험의 반복은 뇌 구조의 변화를 초

래할 수 있다. 연구 결과, 부정적인 경험은 즉시 저장되고 빠르게 회상 가능하지만, 긍정적인 경험은 표준 기억 시스템(standard memory systems)에 등록되며, 의식 속에서 10~20초 동안 유지되어야 흡수될 수 있다(Hanson & Mendius, 2009). 평온함, 중심감, 수용, 몰입, 평정심 등의 경험을 통해 자신을 쉬게 할 때, 이러한 경험이 '신경학적 각인(neurological imprints)'이 되어, 예를 들어 내담자와의 회기에서 쉽게 떠올릴 수 있게 될 가능성이 높아진다.

신경가소성의 개념은 신경과학의 획기적인 발견으로, 우리의 경험이 뇌와 신경 구조에 직접적이고 지속적인 영향을 미친다는 것을 알려 준다. 연구 결과에 따르면, 이 개념은 치료적 현존의 자질 개발로까지 확장될 수 있다. 예를 들어, 현재에 집중하는 마음을 기르는 데 도움이 되는 마음챙김 명상을 한 사람들은 양쪽의 중앙 전두엽과 정서 및 공감과 관련이 있다고 알려진 대뇌 반구의 섬엽이 두꺼워진 것으로 나타났다(Mutschler et al., 2013). 특히 뇌의 오른쪽에서 두드러지게 나타났다(Lazar et al., 2005). 다른 연구자들은 연민(compassion)을 연습할 때, 특히 뇌의 전두엽 부위의 양쪽에서 신경 발화(neural firing)의 조화가 증가한다는 것을 발견했다(Lutz et al., 2004). 이 분야는 아직 연구가 진행 중이지만, 뇌 기능을 대상으로 한 예비 연구에 따르면, 열린 마음과 수용의 자세로 현재에 주의를 기울이면 뇌의 구조가 변화한다는 것이 밝혀지고 있다(Cahn & Polich, 2006; Farb et al., 2013).

여러 연구자들은 마음이 의도적으로 사용되어 뇌를 변화시킬 수 있으며, 이는 전체적인 존재(whole being)와 상호작용하는 모든 사람에게 이로울 수 있다고 제안했다(Begley, 2007; Doidge, 2007; Hanson & Mendius, 2009). 이는 경험을 통해 관련 신경 구조가 변화되고 강화될 수 있음을 시사한다. 따라서 우리가 개인적 또는 직업적 생활에서 현존을 경험할 때마다, 그 경험과 관련된 신경학적 각인과 세포 활동의 증가가 발생한다. 현존과 관련된 뇌의 부분이 신경학적으로 강화되면 그 경험으로 더 쉽게 접근 가능하고 친숙해진다. 이는 연습을 통해 현존이 더 쉽게 접근 가능해짐을 보여 주는 경험적 관찰을 뒷받침한다.

전전두엽 피질

전반적으로, 치료적 현존의 측면은 전전두엽 피질의 활동에 집중되어 있는 것으로 보인다. Siegel(2007)은 전전두엽 피질의 중간 영역의 활동과 관련된 아홉 가지 기능을 설명했으며, 이 모든 기능은 현존 경험의 측면을 반영한다.

- **신체 조절**(body regulation): 신체의 항상성(homeostasis)을 유지하기 위해 필요한 자율 신경계의 활성화 및 억제를 포함한다.
- **조화로운 의사소통**(attuned communication): 다른 사람의 마음과 경험에서 들어오는 정보를 자신의 정신적·경험적 과정과 조율하는 것으로, 전전두엽 영역과의 공명 과정을 포함한다.
- **정서적 균형**(emotional balance): 중간 전전두엽 영역(middle prefrontal regions)이 높은 수준의 양방향 몰입으로 변연의 발화를 모니터링하고 억제할 때 발생하며, 정서적 삶을 향상시키지만 혼란으로 이어지지는 않는다.
- **반응 유연성**(response flexibility): 반응이나 행동 전에 일시적으로 멈추는 능력이다. 중간 전전두엽 영역은 측두엽 영역과 협력하여 이러한 반응 유연성을 가능하게 한다.
- **공감**(empathy): 타인의 경험을 인식할 때 시작되는 변연계(limbic)와 신체적 변화가 포함된다. 다음으로, 중간 전전두엽 영역은 내수용성(interoception; 내면 감각)을 통해 이러한 신체적 및 피질하 상태를 섬엽을 통해 전전두엽 영역으로 통합한다. 신체적·정신적 상태는 타자가 겪고 있을지도 모르는 것의 반영으로 해석된다.
- **통찰력 또는 자기인식**(insight or self-knowing awareness): 과거의 정서적 경험과 그것이 현재 경험과 어떻게 관련되어 있는지 등 여러 영역에 입력 및 출력 섬유를 가지고 있는 중간 전전두엽 피질과 관련이 있다.
- **공포 조절**(fear modulation): 공포를 매개하는 하변연계 영역에 감마 아미노부티르산이 방출됨으로써 일어날 수 있다. 공포는 변연계를 통해 학습될 수 있지만, 공포를 조절하는 중간 전전두엽 섬유의 성장을 통해 공포를 잊을 수도 있다.
- **직관**(intuition): 몸의 지혜로, 내장 주변을 둘러싼 병렬 분배 처리 시스템을 통해 깊은 지식을 처리하는 신경 메커니즘이다. 이 입력은 중간 전전두엽 피질에 기록되며, 이후 추론과 반응에 영향을 미친다.
- **도덕성**(morality): 연구 결과 중간 전전두엽 피질의 활동이 도덕성 조절에 관여한다는 것이 밝혀졌다. 이는 전체 상황을 파악하고 전체를 위해 최선인 것을 상상하는 것을 포함한다. 중간 전전두엽 피질이 손상되면 도덕적 사고가 손상된다.

신체적·정서적 상태의 균형을 유지하고, 자신과 타자에게 적응하며, 그 순간에 나타나는 상황에 따라 유연하게 반응하고, 공감하고, 통찰력과 직관을 발휘하며, 두려움을 관리하거나 조절하고, 자기이익(self-interest)에 의해 움직이지 않고 내담자를 위해(도덕적으로) 반응하는 능력은 치료적 현존을 반영하며, 치료적 현존의 경험에 중간 전전두엽 피질이 관여하고 있음을 시사한다.

전전두엽 피질과 현존의 관계는 가상 현실 연구에서 '현존(presence)'을 측정하는 방법에도 반영되어 있다. 가상 현존(virtual presence), 즉 가상 경험에서 주관적으로 실제 경험으로 경험되는 '그곳에 존재하는 느낌'은 현존 경험이 배외측(背外側; dorsolateral) 전전두엽 피질에 의해 조절된다는 것을 나타낸다(Beeli et al., 2008).

현존을 실천하면 지속적인 현존이 이루어진다

현존의 경험을 키우고 그 경험이 나타나도록 하는 활동이나 노력에 참여하면, 관련 뇌 구조(즉, 중간 전전두엽 영역)가 강화되어 결국에는 노력 없이도 이러한 알아차림의 현존 상태에 도달할 수 있게 된다. 처음에는 이러한 의도적인 현존 연습이 작업 기억(working memory)과 관련된 전전두엽 부위의 측면을 활성화한다. 그러나 지속적인 노력과 연습을 통해 신경가소성 변화가 유도되면 현존이 개인적 특성이 되어, 전두엽 부위의 활동을 포함하지 않고도 노력 없이 현존의 상태에 도달할 수 있게 된다(Siegel, 2007).

앞서 언급한 바와 같이, '신경가소성'이라는 용어는 경험에 반응하여 신경 연결이 변화하고 성장할 때 사용된다(Siegel, 2007, 2011). 예를 들어, Davidson(2004)은 정서적으로 부담이 큰 경험을 피하는 것과는 달리, 수용적이고 그 순간에 집중하는 태도로 정서적 경험에 접근하면 좌측 전두엽이 활성화되어 정서를 조절하는 능력이 향상된다는 것을 발견했다. Davidson과 Lutz(2008)는 장기적인 명상 경험이 있는 사람들이 초보자보다 뇌의 모니터링과 관련된 영역(배외측 전전두엽 피질)과 주의력 집중과 관련된 영역(시각피질; visual cortex)에서 더 높은 활성화 수준을 보였다고 보고했다.

또한 구조적 변화는 역 U자형 곡선을 보여 주었으며, 이는 장기 명상자(19,000시간의 연습)가 초보자보다 해당 영역에서 활동이 증가했음을 의미한다. 장기 명상자 중 전문가로 분류

된 집단(44,000시간의 연습)은 초보자(19,000시간)보다 해당 영역의 활성화가 덜 나타났으며, 이는 기술 습득에 대한 일반적인 연구 결과와 일치했다. 특히, 저자들은 후자의 연구 결과가 명상을 오랫동안 연습한 후에는 주의력을 유지하기 위해 최소한의 노력만 필요하다는 생각을 뒷받침한다고 제안했다(Davidson & Lutz, 2008). 이는 현존 연습이 회기에서 현존 경험의 측면에 더 쉽게 접근하고 이를 유지할 수 있는 잠재력이 있음을 시사한다.

침착함, 중심성, 기민함: 자율 신경계 균형 맞추기

우리가 완전히 현존할 때 신경계의 중추 회로(central circuits)와 자율 신경계(autonomic nervous system: ANS)의 구성 요소인 부교감 신경계(parasympathetic nervous system: PNS)가 활성화된다(Hanson & Mendius, 2009). PNS는 호흡, 심장 박동, 소화, 휴식, 수면 등 신체 기능의 근본적인 유지를 담당한다. PNS의 활성화는 뇌와 신체의 정상적이고 안정된 휴식 상태이며 심신의 안정과 평온함을 포함하며 교감 신경계(sympathetic nervous system: SNS)의 투쟁-도피 반응(fight-flight response)을 보완한다. SNS의 활성화는 위협이나 기회에 대응하기 위해 PNS의 평형 기준선이 변화하는 것을 말한다(Hanson & Mendius, 2009).

PNS와 SNS는 함께 작용하여 치료적 현존의 핵심 경험인 평온한 각성 상태를 유지한다. 연습을 통해 진정 PNS의 회로가 더욱 민감해져 스트레스 반응성이 감소하고 균형과 평정심이 높아질 수 있다(Hanson & Mendius, 2009). SNS의 가벼운 활성화는 자각(awakening) 및 각성(alertness) 상태를 반영한다. 따라서 PNS의 활성화와 SNS의 가벼운 각성은 현존을 느끼기 위한 최적의 상태를 만들어낸다.

횡격막 호흡, 이완 연습, 요가, 휴식, 안정화 또는 중심 잡기 운동과 같이 스트레스와 생리적 각성을 줄일 수 있는 모든 연습은 신체 각성 측정(피부 전도도, 심박수 및 호흡수; Lazar, 2005)의 감소를 나타내는 이완 반응을 이끌어 낼 수 있다. 이러한 변화가 일어나는 정확한 신경학적 메커니즘은 활동에 따라 다르지만, 이러한 유형의 스트레스 감소는 PNS를 활성화할 수 있으며 반복적인 연습을 통해 평온하고 중심을 잡는 데 도움이 될 수 있다. 경보 상태(state of alarm)가 아닌 각성(alertness) 상태를 높이는 연습을 하면 SNS가 활성화될 수 있다. PNS를 자극하여 ANS가 이완될 때마다 몸과 마음이 더 큰 평온과 안녕감을 향해 기울어진다.

정기적으로 ANS의 균형을 맞추면 치료자가 안정화(grounding), 중심성(centeredness),

평정심(equanimity)과 같은 현존의 자질을 개발하는 데 도움이 될 수 있다. 이러한 자질은 고통스럽거나 어려운 사건을 덜 반응적으로 경험하는 능력을 향상시킬 수 있다(Lazar, 2005). 또한, 지속적인 연습을 통해 치료자는 내담자의 경험의 깊이와 심지어 치료자의 공명하는 고통을 느끼고 고통스러운 감정을 놓아주는 더 큰 능력을 습득할 수 있다. 예를 들어, Goleman과 Schwartz(1976)는 명상 수련을 한 사람들이 대조군보다 피부 전도도(skin conductance) 반응이 약간 더 증가했지만 지속적인 수련을 하지 않은 사람들보다 더 빨리 기준선으로 돌아간다는 사실을 발견했다. 이는 PNS를 진정시키고 SNS의 주의 집중력을 향상시키는 반복적인 연습을 통해 치료자가 내담자의 고통스러운 경험에 참여하고 공감하는 데 필요한 역량을 개발하면서도 빠르게 평온하고 안정된 상태로 돌아갈 수 있다는 가능성을 시사한다.

현존 연습: 차분한 각성을 향한 격려

Hanson과 Mendius(2009)의 『부처 뇌의 실용적 신경과학: 행복, 사랑, 지혜(Buddha's Brain: Happiness, Love, and Wisdom)』에는 PNS를 높이고 SNS를 가볍게 깨울 수 있는 간단한 수행법이 소개되어 있다.

평소보다 조금 더 깊게 숨을 들이쉬고 내쉬면서 다섯 번의 호흡을 하라. 이 호흡은 활력을 주고 긴장을 풀어 주며 교감 신경계(SNS)를 먼저 활성화한 다음 부교감 신경계(PNS)를 부드러운 리듬으로 앞뒤로 활성화한다. 이러한 생동감과 집중력의 조합은 운동선수, 사업가, 예술가, 연인, 명상가들이 인정하는 최고의 수행 영역의 본질이다. 이것이 바로 SNS와 PNS가 함께 조화를 이루는 본질이다. 행복, 사랑, 지혜는 SNS를 차단한다고 해서 증진되는 것이 아니라 자율 신경계(ANS) 전체가 최적의 균형 상태를 유지함으로써 증진된다.

- 편안함과 평온함을 위한 부교감 신경계의 각성 유지
- 활력, 주의력, 각성을 위한 가벼운 교감신경계 활성화(pp. 59–60)

Hanson과 Mendius의 수련법은 현존, 특히 몇 번의 심호흡을 통해 고조되는 살아 있고 평온하며 중심을 잡을 수 있는 현존을 함양하는 데 도움이 된다. ANS는 다른 모든 시스템을

조절하는 데 도움이 되며, 우리의 의식적인 행동과 경험은 다른 신체 시스템보다 ANS에 가장 큰 직접적인 영향을 미친다(Hanson & Mendius, 2009). 따라서 ANS의 부교감 신경을 자극하고 SNS의 약간의 활성화로 균형을 맞추면 현존 경험을 활성화하고 침착하고 편안한 상태를 유지하면서 주의력과 각성을 높이는 데 도움이 될 수 있다.

전체 인식하기: 우반구 자극

현존에 대한 폭넓은 알아차림은 우반구 자극(right hemispheric stimulation), 즉 상황 전체를 경험하는 능력과 관련이 있다. 의식(consciousness)은 그 자체로 정보를 분별하고 통합하는 능력으로 정의되어 왔다. 높은 수준에서 의식은 상황 전체를 알아차림과 동시에 새로운 정보가 제시될 때 이에 적응하는 것을 요구한다. 이는 경험을 통해 감각과 인지적 알아차림이 순간순간 이동하고 정보와 경험이 제시되는 대로 통합할 수 있는 현존 능력과 관련이 있다. 경험을 받아들이고, 통합하고, 의식적인 능력으로 놓아 버리는 것은 현존의 과정을 반영한다.

개방적이고 수용적인 상태에 있으면, 우리는 내담자가 그 순간 표현하고 경험하는 모든 것을 받아들일 수 있는 최적의 위치에 있게 되고, 이는 우리의 의식에 통합된다. 이 정보(치료, 삶, 내담자에 대한 우리의 사전 학습과 경험)는 치료자의 의식적 경험의 일부가 되어 궁극적으로 자료와 내담자가 순간에 제시하거나 표현하는 것의 통합을 기반으로 반응하는 데 지침이 된다. 마찬가지로 중요한 것은 경험하기 위해 세부적인 내용을 붙잡고 있는 것이 아니라 자신의 경험과 내담자와 접촉하면서 받아들이고 통합의 느낌을 허용한 다음 놓아 버리는 것이다.

우리가 몸에 집중할 때, 안정화 연습이나 순간에 들어오는 신체 중심 연습에서와 같이, 언어와 개념적 사실(좌반구 기능)에서 우반구의 비언어적 이미지와 신체 감각으로의 기능적 전환을 초대한다(Siegel, 2007). 바디 스캔(body scan), 기공(氣功), 태극권, 요가 등 신체 중심의 수련을 통해 우리는 의도적으로 좌뇌의 개념적 우위에서 우뇌 기능에 수반되는 공간감과 전체론적 관점으로의 전환을 지원할 수 있다.

신경 통합

신경과학 연구에 따르면, 깨어 있고 침착하며 확장된 현존 상태에 있을 때 신경 통합(neuronal integration)이 일어나고 이러한 경험을 반영한다고 한다. 이는 현존에 대한 의도에서 시작되며 침착하고 수용적이며 조율되고 비반응적인 방식으로 자신과 타자를 알아차림과 관련이 있다(Geller, 2017). 뇌의 측면을 반영하고 따라서 신경 통합을 반영하는 현존의 특정 특성은 다음에 설명되며, 여기에는 현존 의도[전두엽(frontal lobe), 방향성(orienting), 준비성(priming)], 수용성 및 신경 통합(neural integratioin), 내적 조율(inward attuning) 및 정서조절(emotional regulation)이 포함된다.

현존에 대한 의도: 전두엽, 방향성 및 준비성

현존에 대한 의도를 갖는 것은 회기 중에 현존을 경험하는 데 도움이 된다. 신경학적 관점에서 볼 때, 의도는 전두엽을 활성화하고 통합적인 준비성 상태를 만들어 내는데, 이는 우리가 의도하는 모드(예: 현존하기 위해, Hanson & Mendius, 2009; Siegel, 2007, 2011)로 신경 체계(neural system)를 준비시키는 것이다. 이러한 현존에 대한 신경적 준비성(neural priming)은 치료자가 치료적으로 현존하는 방식으로 수용하고, 감지하고, 집중하고, 행동할 수 있도록 준비시키는 데 도움이 된다. 우리가 현존하고자 하는 의도를 설정할 때, 우리는 주의와 신체를 현존 상태 자체로 향하게 하여 현존의 신경학적 상관관계가 활성화될 수 있도록 한다.

Siegel(2007, 2011)은 개방적인 의도가 개방성(openness), 내부 수용 감각(interoception), 수용성(receptivity)을 반영하는 뇌 영역을 활성화할 가능성이 높다고 제안했다. Siegel(2007)은 "의도적인 상태는 그 순간의 전체 신경 상태를 통합한다"(p. 178)고 언급했다. 의도가 실현될 때, 의도가 통합된 목표로 통합되는 내적 경험(예: 의도 또는 현존이 실제 현존의 경험으로 바뀌는 것)은 신경적 응집성(neural coherence)을 반영한다(Hanson & Mendius, 2009). 의도와 현존의 경험이 반복적으로 활성화되면 뇌가 신경 통합을 향한 구조적 변화를 일으킬 수 있다.

회기 직전에 잠시 시간을 내어 의도를 설정하고 현존을 키우면 신체와 뇌의 전체 신경생리학적 과정(neurophysiological process)을 자극할 수 있다(Geller, 2017). 내담자를 만나기 전 이 짧은 순간에 의도를 설정하면 현존 경험 자체의 신경학적 토대(neurological

underpinnings)가 작동할 가능성이 높다. ANS의 부교감 신경은 잠시 멈추고 가만히 있을 때 자극을 받아 더 큰 평온함을 느끼게 된다. 현존에 대한 의도에 주의를 집중함으로써 교감 신경의 가벼운 활성화가 시작될 수 있다. 근육이 약간 이완되고 얼굴 근육이 브드러워지면서 몸에서 현존의 경험을 반영하고 강화하기 시작할 수 있다. 정서의 얼굴 근육을 만들면 그 정서를 강화할 수 있듯이(Niedenthal, 2007), 더 부드럽고 열린 얼굴 근육을 재현하면 현존의 경험을 강화할 수 있다. 현존과 관련된 좋은 감정에 집중할 수 있다면 변연계(limbic system)가 활성화되어 앞으로 이러한 상태에 점점 더 끌릴 수 있다. 또한, 호흡과 함께 말을 건네면("바쁜 일상을 내려놓고, 현재에 집중해") 피질 언어(cortical language)의 힘을 더할 수 있다(Hanson & Mendius, 2009). 특히 자신의 의도와 관련하여 자신이 더 현존을 느끼기 시작하면 신경 통합 감각이 일어나기 시작할 수 있다. 따라서 의도를 설정하고 현존에 도달하는 순간은 생리적·신경학적으로 현존을 경험하는 데 도움이 될 수 있다.

수용성 및 신경 통합

치료적 현존의 핵심 측면인 수용성(receptivity)은 치료적 만남(therapeutic encounter)에서 발생하는 모든 것에 개방적인 내면의 공간을 만드는 것을 의미한다. 수용성과 관련된 특정 뇌 상태는 알려져 있지 않지만, Siegel(2007)은 신체, 뇌간(brain stem), 변연계, 피질을 연결하는 신경 통합의 전반적인 뇌 상태를 제안하여 이러한 수용적 상태에서 일어날 수 있는 일을 반영한다. 이러한 방식으로 개방하고 허용한다는 것은 우리가 일어나야 한다고 생각하거나 일어날 수 있다고 생각하는 것을 내려놓고 예민하게 반응하는 상태에서 개방적이고 수용적인 상태로 전환하는 것을 의미한다.

수용성에는 자기관찰(self-observation) 및 자기조절(self-regulation)의 구성 요소가 포함되어야 하며, 이는 중간 전전두엽 영역, 즉 내측 전두엽(medial prefrontal) 및 전대상 피질(anterior cingulated cortex: ACC; Beitman et al., 2006; Decety & Chaminade, 2003)의 활성화와 직접적으로 관련이 있다. Siegel (2007)은 자기조율(self-attunement)이 통합의 신경 상태를 만들어 이러한 수용적 인식의 기초를 형성한다고 제안했다. 자기 자신과 자신의 정서를 알아차림으로써, 주의를 끄는 것을 제쳐두는 자기조절 능력을 갖추고, 내면에 개방적이고 수용적인 상태를 만드는 것은 신경 통합을 반영할 수 있다. 내부 수용 상태는 주로 ACC에 반

영된다(Hanson & Mendius, 2009). 따라서 이러한 신경 통합을 촉진하는 데 주의를 기울이는 것은 수용적 상태가 더 쉽게 나타날 수 있도록 하는 데 필수적이다.

내적 조율 및 정서조절

치료자가 현존하려면 신경 통합을 촉진하는 자기 자신과 조율되어야 한다(Hanson & Mendius, 2009; Siegel, 2007, 2011). 그렇다면 신경 통합의 이점은 무엇일까? 신경 통합은 뇌 기능의 조정과 균형을 지원한다는 개념이다(Siegel, 2007). 이를 통해 평온한 각성 상태의 현존을 지원하는 ANS와 같은 시스템에서 더 큰 균형을 유지할 수 있다. 따라서 긍정적인 뇌 기능, 내적 조율, 타자와의 조율 또는 연결의 통합은 전반적인 현존 상태와 내담자와의 관계 심화를 지원한다.

내적 조율을 통해 정서를 조절하는 능력도 향상된다. 변연계의 일부인 ACC는 정서조절의 핵심 역할을 하는 것으로 밝혀졌다. 정서조절과 일반적인 자기조절(즉, 신체 조절)은 현재에 집중하는 타자성(otherness)을 기르는 데 도움이 될 뿐만 아니라 치료자가 자신의 삶이나 치료 상황에서 어려운 정서에 의해 유발될 수 있을 때 이러한 현존 상태를 유지하는 데도 도움이 된다.

연구에 따르면 뇌 회로 강화에 대한 집중력 증가는 정서조절 능력 향상과 관련이 있으며, 정서적 각성을 조절하는 능력이 향상되고 각성되며 어려운 정서 상태에서 회복하는 데 필요한 시간이 줄어든다(Rueda et al., 2005). 전반적으로 조절과 관련된 특정 영역은 중간 전전두엽 영역의 일부이며, 이러한 영역의 발달은 정서 및 주의 집중과 순간의 기능에 중요한 것으로 보인다(Siegel, 2007).

Davidson(2000)은 현재-순간(present-moment) 또는 마음챙김 수행이 정서조절에 미치는 영향을 입증하고 이 관계를 정동적 스타일로 설명했다. '정동적 스타일(affective style)'은 "정서적 반응성과 조절에 있어 일관된 개인차를 의미한다"(Davidson, 2000, p. 1196). 회복탄력성 있는 개인의 정동적 스타일은 부정적인 정서를 조절하는 능력과 부정적인 정동이 발생했을 때 지속되는 시간의 감소를 모두 의미한다. 비반응성(nonreactivity)은 회복탄력성(resilience)의 핵심이며, Davidson에 따르면, 전전두엽 피질과 편도체(amygdala) 사이의 관계에 집중되어 있다. 정동적 스타일은 일반적으로 생각했던 것처럼 고정되어 있는 것이 아

니라 경험을 통해 배울 수 있고 가르칠 수 있는 기술로 볼 수 있다.

심리학 및 신경과학 연구에 따르면, 단어를 사용하여 자신의 내부 상태(정서 및 지각 포함)를 설명하는 사람들은 더 유연하고 적응적인 방식으로 정서를 조절할 수 있다(Ochsner et al., 2002). 연구자들은 뇌 스캔을 통해 그림을 보고 발생한 강렬한 정서에 이름을 붙이는 것이 강렬한 정서적 경험을 관찰하지만 이름을 붙이지 않는 것보다 변연계 발화(limbic firing)를 더 균형 있게 유지한다는 사실을 발견했다(Hariri et al., 2000). 또한 정서를 말로 표현하는 능력은 좌반구(언어)와 우반구(변연계 편도체 각성의 균형)의 활동이 통합된 상태를 나타낸다(Siegel, 2007). 이는 경험을 함께하고 이름을 붙이거나(naming) 명명하는 것(labeling)이 신경생물학적 과정을 활성화하여 경험의 강도를 진정시키거나 조절하는 데 도움이 된다는 개념을 뒷받침한다. 따라서 회기 중이든 일상에서든 치료자의 강렬한 정서적 각성과 함께 있고, 이를 감지하고, 이름을 붙이는 것은 정서조절을 강화하는 데 도움이 될 수 있으며, 따라서 압도되지 않고 경험하기 위해 현존하고 개방할 수 있는 능력을 지지할 수 있다.

 공감의 기초가 되는 현존 : 거울 뉴런, 적응 진동자 및 섬엽

자신의 내적 상태에 조율하는 능력이 타자를 조율하고 이해하는 데 기초가 된다는 증거가 있다(Siegel, 2007). 타자에 조율하는 것은 우리 자신의 거울 과정(mirror process)을 촉진하고, 이러한 내면의 타자에 대한 감각 느낌(felt sense)에 조율하면 내담자의 경험에 대한 신체적 이해가 활성화된다. 치료적 현존 과정을 통해 내담자의 경험에 대한 내면의 공명을 읽어내고 이를 다시 내담자에게 반영하는 것이 공감의 기초가 된다.

자기(self)에 기반한 타자에 대한 조율과 깊은 이해는 거울 뉴런(mirror neurons), 적응 진동자(adaptive oscillator) 및 신경과학이 아직 밝혀내지 못한 기타 유사한 과정의 활동으로 부분적으로 이해할 수 있다. 거울 뉴런의 발견은 다른 사람의 정서와 마음 상태를 읽고, 다른 사람과 공명하고, 다른 사람이 경험하는 것을 경험하기, 기본적으로 다른 사람과 공감하고 주체 간 접촉을 구축하는 데 관련된 신경생물학적 메커니즘을 이해하는 데 중요했다(Stern, 2004). 거울 뉴런은 운동 뉴런(motor neurons) 옆에 위치하며 다른 사람의 행동이나 감정을 지켜보는 것 외에는 아무것도 하지 않는 사람에게서 발화한다. 이것이 치료자가 '마치 타자

의 경험 속에 있는 것처럼' 내담자를 경험하고, 마치 타자처럼 신경학적으로 행동하고 감정을 느끼는 방식이다. 치료자는 타자가 어떤 일을 겪고 있는지 내면으로부터 감각을 얻는다. 따라서 현존의 핵심 요소인 치료자 자신의 감각적 경험에 내적으로 조율하는 것은 다른 사람을 이해하고 조율하는 토대를 제공할 수 있다.

치료자가 내담자와 현존하고, 수용적이며, 그 순간에 깊이 관여할 때, 치료자는 감각적 수준뿐만 아니라 신경생물학적 수준에서도 경험을 받아들이고 있으며, 이는 내담자가 경험하기 위해 개인적이고 신체 중심적으로 감각할 수 있게 해 준다(Geller, 2017). 이러한 상호주관적 신경세포 간 공유(intersubjective neuronal sharing)는 타자의 경험에 대한 깊은 연결, 앎, 직관적 감각으로 경험하기 때문이다. 치료자와 내담자가 현존의 순간을 공유할 때 느끼는 정서적 공명(emotional resonance)은 조율의 기능적 결과라고 할 수 있다(Siegel, 2007). 치료자는 감각적 알아차림을 통해 내담자의 경험을 받아들이고, 거울 뉴런은 변연계(정서) 및 신체 상태뿐만 아니라 섬엽(insula)을 통해 이러한 감각을 내담자가 경험하기 위한 수준에 맞게 인지한다. 치료자는 치료자의 타자 경험에 대한 내적 지각인 내부 수용 과정을 통해 이러한 신체 및 변연계의 변화를 이끌어 낸다. 이러한 방식으로 치료자는 현존 과정의 일부로 내담자의 정서적·육체적 신체에서 일어나는 일을 자신의 몸에서 감지한다. 따라서 조율과 공감이 일어나기 위해서는 치료자가 먼저 타자에게 열려 있어야 하고, 타자의 감각 경험을 감지하기 위해 자신의 내적 상태에 현존해야 한다.

또 다른 신경세포의 상관관계인 적응 진동자(adaptive oscillator)는 타자와의 직접적인 교류를 통해 타자를 아는 경험을 설명할 수 있다. 다른 사람의 말을 받아들이고 공명하려면 그 사람과 동기화되어야 한다. 시간적 조화를 이루며 움직이는 파트너 간의 춤처럼, 타자의 경험에 참여하는 것이다(Stern, 2004). 적응 진동자는 신체의 시계처럼 작용하여, 발화(firing) 속도가 유입되는 자극의 발화 속도에 맞추어 조정되도록 반복적으로 재설정할 수 있다. 임상적 측면에서 치료자가 개방적이고 내담자와 동기화되면 치료자의 신경 발화(neural firing)의 적응에 반영되는 공유된 현실(또는 주관적 의식)이 있으므로 내담자의 신경 발화와 동기화되어 동기화 감각이 더욱 깊어지고 타자에 대한 깊은 앎이 깊어진다. 두 사람이 동시성을 가질 때, 그들은 서로의 경험의 한 측면에 참여하고 서로의 내면세계에서 부분적으로 살아가고 있다(Stern, 2004).

 치료자의 현존은 어떻게 변화를 불러일으킬까: 안전과 치료적 관계

우리는 치료자의 수용적 현존(receptive presence)이 내담자에게 안전한 환경에서 감정을 느끼고 이해받고 있다는 메시지를 보내며, 수용적 현존은 신경학적 상관관계가 있다고 제안했다. 이 과정이 어떻게 일어나는지에 대한 우리의 이해는 Stephen Porges(2011)의 다미주 이론을 통해 알 수 있다. 예를 들어, 내담자가 치료자로부터 감정을 느낄 때 치료자와의 일체감(sense of alignment)을 경험할 뿐만 아니라 뇌는 안전에 대한 '신경지(neuroception)'를 확립할 가능성이 높다(Porges, 1998, 2009). Porges(2011)는 신경계(nervous system)가 안전이 감지되면 열린 수용성을, 위협이 감지되면 닫힌 상태를 강화하기 위해 뇌간의 미주 및 ANS 반응을 활성화한다고 제안했다. 내담자가 위협을 감지하면 신경계는 SNS가 활성화되어 투쟁-도피 상태가 되거나 PNS와 함께 얼어붙어 붕괴 상태가 된다. 개방적이고 수용적인 현존 상태로 접근하면 치료자와 내담자 사이에 조율이 가능하고 안전감이 형성되며, 안면 근육의 연화, 목소리 톤의 이완, 치료자에 대한 지각적 개방성 등의 생물학적 반응이 뒤따른다(Geller, 2017, 2018; Siegel, 2007). Porges(1998)는 또한 옥시토신 호르몬(hormone oxytocin)의 방출 가능성에 주목했는데, 이는 내담자가 더 부드럽고 개방적이 되는 데 도움이 된다고 제안한다. 이러한 옥시토신의 방출은 치료자와 내담자 사이에 안전하고 사랑스러운 관계를 형성하는 데 기여한다. 다미주 이론에 대한 입문은 현존이 치료적 관계에서 공동조절(coregulation)과 안전을 통해 치료 참여와 효과성을 위한 조건을 어떻게 조성하는지 더 깊이 이해하는 데 도움이 될 것이다.

다미주 이론에 대한 입문서

다미주 이론에 따르면, 포유류의 신경계는 PNS에 두 개의 날개[다발성(poly)]를 포함하도록 진화하여 배측(背側; dorsal)과 복측(腹側; ventral) 미주 신경계(vagus system)가 있다. 미주 신경의 배측 날개(dorsal wing)는 신체가 교감 각성 또는 생존 모드(투쟁 또는 도피)에 들어갈 때 발생하는 전통적인 폐쇄(shutdown) 상태를 담당한다. 이는 내담자가 외상에 대한 반응으로 자주 표현하는 해리성(dissociative) 특성에서 볼 수 있으며 치료실에서 분명하게 나타난다. 미주 신경의 복측 날개(ventral wing)는 더 진화되고 관계적인 시스템이며 사회적 참여

시스템(social engagement system)을 포함한다(Porges, 1995, 1998, 2003, 2011). 복측 미주 신경은 수초(myelin)가 있어 신호를 빠르게 전달하고 수초가 없는 배측 미주 신경의 활성화에 반응하여 발생하는 폐쇄를 무시할 수 있다.

복측 미주[또는 '똑똑한 미주(smart vagus)']는 정서조절을 지원하며, 치료자가 안정화되고 중심을 잡고 조율하며 내담자와 연민을 갖는 현재 중심적인 관계에서 활성화될 수 있다. 이는 종종 면대면 의사소통에서 표현된다. 목소리의 운율, 부드러운 표정, 상호 시선, 얼굴과 몸에 표현되는 따뜻함 등 치료자의 현존 표현은 자발적인 사회적 참여를 지원하고 치료자가 침착하고 중심을 잡고 있다는 것을 내담자에게 나타낸다. 이는 내담자에게 안전감과 연결감을 유발하여 치료적 관계를 심화시키고 치료 작업에 필요한 참여를 가능하게 할 수 있다(Geller & Porges, 2014; Porges, 2011).

서로 관계를 맺고 있는 사람들의 신경계 사이에서 본능적으로 발생하는 양방향 의사소통은 안전에 대한 신경지를 통해 이러한 공동조절 감각에 영향을 미친다(Cozolino, 2006; Geller, 2017; Porges, 2011; Schore, 2012; Siegel, 2007, 2010). 이것은 명백하게 느껴지지는 않지만 생리적 과정을 매개로 안전과 불안전이 상호작용에서 어떻게 느껴지는지 내담자(및 치료자)에게 알려주는 '직감(gut)'(본능적)의 감각이다.

외상, 조율 부족 및 정서조절 장애

외상(trauma)과 초기 조율 부족(early lack of attunement)은 주 양육자(primary caregiver)와의 안전한 애착 부족으로 인해 지속적인 정서조절 장애(emotional dysregulation)를 유발할 수 있다(Schore, 2003; Van der Kolk, 2014). 이로 인해 아동은 만성적으로 위험에 처해 있다고 느끼는 과민성 ANS가 성인기까지 지속되어 위험이 없는 경우에도 방어적 폐쇄 반응으로 이어질 수 있다(Geller, 2017; Siegel, 2010). 예를 들어, 내담자가 불안함을 예민하게 느끼는 경우, 치료자가 생각에 잠겨 내담자를 외면하는 행동은 거부의 신호로 인식될 수 있다. 내담자의 신경계와 외상 병력을 아는 것은 치료실에서 이러한 뉘앙스에 민감하게 반응하는 방법을 아는 데 필수적이며, 이를 통해 내담자가 위축되거나 압도당할 때 알아차리고, 접촉감과 안전감을 유지하며, 공동조절을 돕기 위해 자신의 현존을 제공할 수 있다.

공동조절

개인의 신경계는 끊임없이 소통하고 있다. 따라서 현재 중심적인 관계를 통해 우리의 몸과 두뇌, 그리고 궁극적으로 우리의 기능을 변화시킬 수 있다. 안정화되고 중심을 잡은 치료자와 불안한 내담자 사이의 공동조절은 내담자의 평온과 연결을 촉진하여 도전적인 정서에 대한 완충제 역할을 한다. '공동조절(coregulation)'은 두 사람 사이의 진동하는 정서를 양방향으로 연결하여 두 사람 모두 정서적 안정감(sense of emotional stability)을 느끼는 데 기여하는 것으로 정의된다(Butler & Randall, 2013; Geller, 2017). 다미주 관점(ployvagal perspective)에서 볼 때, 양방향 연결은 현존하고 안정화된 치료자가 내담자의 신경계에 생리적으로 영향을 주어 안전과 잠재적으로 더 큰 평온을 향해 나아가는 반면, 안정화되지 않거나 현존하지 않는 치료자는 내담자의 정서적 압도감에 반응하여 조절 장애를 일으킬 수 있음을 설명한다(Geller, 2017, 2018; Geller & Porges, 2014).

이러한 관점에서 볼 때, 정서와 생리는 관계 속에서 조절된다(Cozolino, 2006; Geller, 2017, 2018; Geller & Porges, 2014; Porges, 2011; Schore, 2009, 2012). 앞서 외상이나 잘못 조율된(misattuned) 관계가 뇌와 신경계에 미치는 영향에 대해 설명했지만, 이는 긍정적이고 안전한 관계에서도 마찬가지이다. 현존이 넘치는 치료적 관계는 미주 기능에 영향을 미쳐 스트레스 관련 반응에 대응하고 성장과 회복을 지원할 수 있다.

우뇌-우뇌 간 의사소통

관계를 조절하는 한 가지 방법은 우뇌-우뇌 간의 조율된 의사소통(attuned right-brain-to-right-brain communication)이다(Quillman, 2012; Schore, 2009, 2012; Siegel, 2010). 이러한 관점에서 치료자는 내담자가 몸으로 비언어적으로 표현하는 것(내담자의 우뇌 의사소통)을 몸과 감각(치료자의 우뇌 조율)으로 경청한다. 현존의 본질은 비언어적으로 소통하고 경청하는 것, 즉 내담자가 안전할 때와 안전하지 않을 때를 항상 감지하고 비언어적 안전감으로 우리의 말과 개입을 표현하는 것이다. 여기에는 특히 내담자가 안전하지 않다고 느낄 때 몸의 자세, 발성 운율, 표정, 몸짓을 통해 비언어적으로 현존을 전달하는 것이 포함된다(Geller, 2017; Ogden, 2018). 예를 들어, 내담자가 폐쇄적인 경향(예: 얼굴이나 몸의 얼어붙는 반응, 얼굴

의 긴장, 호흡 제한)을 보이는 경우 치료자는 함께 호흡하거나 부드러운 얼굴과 배려하는 표정으로 앞으로 몸을 기울여 안전을 활성화할 수 있다(Geller, 2017).

결론

경험은 지속적이고 오래가는 효과로 뇌에 각인된다. 따라서 현재 순간의 경험은 누적되고, 경험 자체와 그 경험이 남기는 지속적인 잔여물 모두에 중요하며, 이는 신경생리학에 녹아들어 신경학적으로나 심리적으로 현존에 접근하는 능력을 향상시킬 수 있다. 우리가 현존의 경험을 생성할 때, 우리는 우리 자신과 내담자에게 현존이 나타날 수 있도록 하는 신경기질(neural substrates)을 강화하는 것이다.

치료자가 기술을 익히고 현존을 활성화한 후, 치료자는 내담자에게 자신의 현존을 전달하여 신경생리학적 안전감을 불러일으킬 수 있다. 치료적 현존은 신경계의 양방향 소통을 통해 내담자와 치료자 모두를 조절하고, 치료자의 조율을 강화하며, 치료적 관계와 내담자의 치료적 작업(therapeutic work)의 참여를 강화하는 역할을 한다.

신경생물학에 새로운 영역이 열리고 있지만, 너무 단순화하거나 환원주의에 빠지지 않고 균형을 잡아야 한다. 우리는 치료적 현존의 경험이 우리의 신경계가 반영하는 것보다 훨씬 더 다면적이며 경험적·인지적·영적·신체적 요소를 포함한다는 것을 알고 있다. 그러나 신경과학이 우리에게 제공하는 것은 현존을 함양하면 신경세포의 변화(neuronal changes)가 일어나 현존의 경험에 더 지속적으로 친숙해지고 접근할 수 있다는 증거가 점점 더 많아지고 있다는 것이다.

치료적 현존 함양을 위한 접근법

11장

마음챙김과 자기연민: 치료적 현존을 강화하는 방법

오직 연민으로 현존할 때만 우리는 우리의 전체성을 손상시키지 않고 상처를 드러낼 수 있다. 달라이 라마는 "연민은 평등한 사람들 사이에서만 발생한다"고 말했다. 연민을 가진 사람들에게 상처는 판단의 대상이 아니라 진실한 만남의 장소이다.

—R. N. 레멘(REMEN, 2001)

마음챙김(mindfulness)과 자기연민(self-compassion)은 현재의 순간에 주의력을 집중하고 친절한 알아차림을 기르는 심오한 방법이다. 두 가지 기술 모두 치료적 현존(therapeutic presence)에 대한 장벽을 강화하고 극복하는 데 도움이 된다. 불교와 마음챙김의 관점은 우리 존재의 핵심에는 지혜와 완전함에 대한 깊은 잠재력이 포함되어 있음을 인식한다. 자기(self)를 인생의 경험을 통해 발전하거나 실현되는 과정으로 보는 인본주의적 접근법(humanistic approaches)과 달리, 불교의 접근법(인간중심적 관점과 유사)은 우리의 핵심이 이미 실현되어 있다고 본다. 정체성, 욕구, 관심에 대한 갈망, 욕망, 탐욕을 버림으로써 타고난 지혜가 빛을 발한다. 마음챙김 수행은 마음을 평온하게 하고, 욕구와 갈망에 대한 핵심적인 집착을 직시하고 해결하는 데 중점을 둔다. 자기연민은 정서와 어려운 경험을 따뜻함과 친절로 대하는 데 중점을 둔다. 마음의 바다와 마찬가지로, 갈망·집착·혐오의 파도가 가라앉

으면, 존재의 깊은 곳에 있는 현존과 타고난 지혜가 드러날 수 있다.

마음챙김과 연민은 "현존하기 위해 필요한 양날개"로 볼 수 있다(Germer, 출판 중, p. 13). 마음챙김은 주의력을 조절하여 정서의 알아차림과 조절을 높이고 집중력을 향상시키는 데 도움이 된다(Bennett-Levy & Finlay-Jones, 2018; Bibeau et al., 2016; Bishop et al., 2004; Davidson, 2000, 2004; Jordan, 2008; Ryan et al., 2012; Shapiro et al., 2007) 반면, 자기연민은 정서·고통·괴로움에 접근하기 위한 의도적인 배려와 따뜻한 알아차림을 제공한다. 이는 치료자가 자신과 내담자가 그 순간에 경험하는 것과 직접적인 접촉을 유지하면서 정서에 개방적이고 이를 조절할 수 있도록 도와준다.

이 장에서는 치료적 현존을 촉진하는 방법으로 마음챙김과 자기연민을 탐구한다. 불교의 사성제(四聖諦; four noble truths), 즉 삶은 괴로움[고제(苦諦); life is suffering], 괴로움의 원인[집제(集諦); causes of suffering], 괴로움의 소멸[멸제(滅諦); cessation of suffering], 괴로움의 소멸로 가는 길[도제(道諦); the path to the cessation of suffering]을 통해 마음챙김으로 현존을 함양하는 방법을 살펴본다. 대인관계 마음챙김을 비롯한 마음챙김이 현존을 기르는 데 미치는 이점을 탐구하고, 구체적인 연습 방법도 소개한다. 그런 다음, 치료적 현존의 요소이자 치료적 현존을 강화하고 현존에 대한 장벽을 극복하는 과정인 자기연민에 대해 논의한다. 치료자를 위한 자기연민 연습을 소개한 다음, 마음챙김과 자기연민이 회기에서 어떻게 도움이 될 수 있는지 임상 사례를 통해 설명한다.

마음챙김이란 무엇인가

마음챙김은 원래 불교 철학에 기반을 두고 있으며, 치료의 보조 수단 및 현재 순간에 대한 알아차림의 발달을 돕기 위해 서양에서 채택되었다. 문헌에는 마음챙김에 대한 언급이 많지만, 이 용어는 광범위한 의미를 지녀 일반적인 사용에서는 그 의미를 잃을 수도 있다. 마음챙김의 일반적인 정의는 의도적으로, 판단하지 않고 현재 순간에 주의를 기울이는 방법이다(Kabat-Zinn, 1990, 2005). 마음챙김에 대한 유사한 기본 설명이나 정의에는 수용(acceptance)과 함께 현재의 경험을 알아차리는 것이 포함된다(Germer, 2005).

마음챙김은 "명확하게 보면서도 연민을 잃지 않는 것"(Salzberg, 1999, p. 7)을 의미하며,

판단·노력·조작 또는 위선 없이 우리의 고통과 불편함에 기꺼이 다가가는 것을 의미한다(Salzberg, 1999; Santorelli, 1999; Welwood, 1996). 우리 자신과 우리의 경험에 대한 마음챙김은 내담자의 경험을 받아들이고 함께 하는 인본주의적 접근법과 유사하지만, 주로 타자가 아닌 자기에 초점을 둔다. 이는 공감, 무조건적인 긍정적 존중, 수용을 통해 우리 자신의 경험을 진심으로 받아들이는 방법이다. 치료자가 개인적으로 마음챙김을 실천하면, 자신과 내담자에 대해 수용, 공감, 연민, 판단하지 않는 알아차림과 같은 치료적 현존의 자질을 기를 수 있다.

마음챙김은 팔리어(Pali) 개념인 '사티파트타나(satipatthana)'에 기반을 두고 있으며, '사티(sati)'는 일반적으로 '주의(attention)' 또는 '알아차림(awareness)'을 의미하고, '파트타나(patthana)'는 '현존하기(keeping present)'를 의미한다(Germer, 2005; Thera, 1973). 사티파트타나의 가르침은 불교의 가장 오래된 가르침 중 하나로, 현재에 대한 알아차림 또는 마음챙김을 기르기 위한 구체적인 명상 기법을 설명한다(Deatherage, 1975). 완전히 마음챙김을 하는 것은 현재에 존재하는 모든 경험을 알아차리는 것이다(Marlatt & Kristeller, 1999).

마음챙김은 연구 목적을 위해 다섯 가지 측면으로 정의되었다. (1) 내적 경험에 대한 비반응성(nonreactivity), (b) 감각/지각/생각/감정을 관찰/인지/주의, (c) 알아차림/(비)자동 조종/집중/주의 산만하지 않은 행동, (d) 말로 묘사/표현, 그리고 (e) 경험에 대한 판단하지 않기(Baer, 2006). 이 차원들은 마음챙김의 서로 다른 측면을 나타내며, 일부 중복되는 부분이 있다.

마음챙김 연습은 현재 순간의 경험과 열린 마음으로 받아들이는 관계를 발전시키는 데 도움을 준다. 마음챙김은 자신의 고통과 괴로움 등 그 순간에 일어나는 일에 덜 반응하도록 돕는 기술이다(Germer, 2005). 마음챙김의 주요 개념은 우리의 경험에 대한 반응이 적을수록, 그 경험이 긍정적이든 부정적이든 중립적이든, 우리의 괴로움이 줄어들게 된다는 것이다. 마음챙김이 치료적 현존과 어떤 관련이 있는지 이해하기 위해, 불교의 가르침에 제시된 마음챙김의 기본 개념을 소개하고자 한다.

사성제: 마음챙김과 치료적 현존의 함양

불교 철학의 기본 가르침에는 괴로움의 근원을 이해하고 괴로움을 없애는 방법이 포함되어 있다. 이 가르침을 '사성제(四聖諦; four noble truths)'라고 하며, 다음에서 치료와 관련지어 설명하겠다. 현존에 대한 장벽을 제거하고 현재에 대한 알아차림을 열어 괴로움을 줄이는 사성제를 이해하면, 마음챙김이 치료적 현존을 함양하는 데 어떻게 도움이 되는지 더 잘 알 수 있다.

첫째 고귀한 진리: 인생은 괴로움이다

부처는 고통은 피할 수 없는 것이라고 가르쳤다. 아버지의 왕국을 떠난 고타마 싯다르타(Siddhartha Gautama; 부처)는 노화·질병·죽음의 현실에 충격을 받았다고 한다. 부처는 사람들이 인생의 대부분을 고통과 스트레스, 혼란 속에서 보낸다는 것을 깨달았다. 요컨대, 첫째 고귀한 진리는 인생은 고통이라는 사실을 받아들이는 데 기반을 두고 있다.

많은 치료자들은 상처와 어려움으로 가득 찬 어린 시절이나 삶을 살다가 심리치료의 길에 들어선다. 다른 사람들을 돕는 것을 통해 이러한 고통에서 벗어나고자 하는 노력은, 자신을 도우미(helper)나 치유자(healer)로 과도하게 동일시함으로써 자신의 어려움을 더욱 심화시킬 수 있다. 우리 자신이 해결하지 못하고 치유하지 못한 상처는 다른 사람들이 내적·대인관계적 자유를 찾도록 효과적으로 돕는데 가장 큰 장애물이 된다. 인간의 삶에 내재된 자연스러운 괴로움을 인식하는 것은 사성제를 이해하는 데 필요한 단계이다.

우리 자신의 일상과 우리 주변의 삶을 빠르게 평가해 보면 이 사실을 명확하게 알 수 있다. 우리는 큰 스트레스를 보고 경험한다. 치료자, 슈퍼바이저, 교육자, 연구자, 부모, 자녀, 친구, 교사 등 우리가 맡고 있는 여러 역할은 우리가 감당하는 스트레스의 시작에 불과하다. 작은 스트레스는 교통 체증이나 컴퓨터 고장 같은 것들이며, 일상에서 직면하는 훨씬 더 큰 스트레스는 사랑하는 사람의 죽음, 질병, 재정적 부담, 관계의 파탄 등이 있다. 광고는 우리가 놓치고 있는 것을 상기시키기 위해 만들어지고, 옷, 집, 신제품, 음악, 술 등을 쇼핑하는 것은 우리의 고통과 불행에서 주의를 돌리는 데 도움이 된다. 사실, 모든 의사를 찾는 60%에서 90%는 스트레스 관련 장애로 인한 것이다(Nerurkar et al., 2013).

인간의 고통은 새로운 것이 아니지만, 우리가 발전시키고 복잡하게 만든 정서적 세계(emotional worlds)에서 또 다른 차원의 고통이 발생하며, 이는 대인관계의 고통으로 반영된다(Kramer, 2007). 암으로 인한 질병과 죽음, 높은 이혼율, 때로는 통제하기 어려운 격동적인 정서적 세계는 대인관계 고통의 몇 가지 예에 불과하다. 우리가 자주 보는 고통의 한 가지 형태는 깊은 외로움이다. 우리는 가족과 지역사회가 붕괴된 시대에 살고 있기 때문에, 친밀한 사람이나 소속감을 잃는 것은 일부 사람들에게 큰 고통을 야기한다. 더 큰 지원 공동체에서 분리된 개별 사무실에서 치료자로서 일하는 우리도 이러한 외로움을 느낄 수 있다. 종종 이러한 고립감의 뿌리에는 죽음과 공허함에 대한 깊은 두려움이 있다(Yalom 2008).

지구 자원의 고갈과 지구 기후 변화로 인한 쓰나미, 지진, 홍수 등 전체 공동체를 파괴하는 재해의 발생을 목격하면서, 사회적·환경적 괴로움도 큰 문제가 되고 있다. 현실은, 우리가 인간이라는 사실만으로도 개인적인 삶과 사회에 신체적·대인적·사회적 등 여러 차원의 괴로움이 공존하고 있다는 것이다(Kramer, 2007).

불교의 첫째 고귀한 진리는 우리가 개인적 차원과 사회적 차원 모두에서 경험하는 고통을 직접 바라보도록 촉구한다. 우리는 바쁜 일로 주의를 분산하거나 너무 비관적이라고 두려워하여 이러한 직접적인 목격을 피하는 경향이 있다. 그러나 우리의 고통과 그 고통에 우리가 어떻게 기여하고 있는지 사실을 무시하는 것은 도움이 되지 않으며, 오히려 우리의 고통을 계속 지속시키는 원인이 된다. 부처는 이러한 현실을 회피하고 무지한 것이 더 큰 고통을 초래한다고 가르쳤다. 또 다른 관점은 속도를 늦추고 고통을 관찰하는 능력을 높이는 것이다. 그리고 우리의 정서적 반응(emotional reactivity)과 바쁘게 지내고 주의를 돌리는 것이 고통의 원인이 되고 친밀감을 방해하는 요인이 되는 것을 관찰하는 것이다. 직접 목격함으로써, 우리는 현존을 방해하고 전체적이고 만족스러운 삶을 사는 데 방해가 되는 일부 반응과 바쁘게 지내는 습관을 바꾸기 위해 다른 선택을 할 수 있는 더 많은 기회를 갖게 된다.

둘째 고귀한 진리: 괴로움의 원인

둘째 고귀한 진리는 깊은 괴로움을 야기하는 원인을 이해하는 데 기반을 두고 있으며, 불교의 관점에서 볼 때, 이는 특정 상태나 감정(feeling), 정체감(sense cf identity), 갈망(longing), 탐욕(greed) 또는 욕망(desire)에 대한 집착의 결과이다. 괴로움은 또한 경험·생

각·감각을 고정적이고 정적인 것으로 보는 데서도 발생한다. 불교의 관점에서 볼 때, 괴로움은 욕망에 기반을 두고 있다. 그 순간에 자연적으로 경험하는 것과 자신이 원하는 것 사이에 차이가 있을 때마다 괴로움은 불가피하다.

둘째 고귀한 진리인 괴로움의 원인은 치료자로서 내담자, 우리 삶의 다른 사람들, 그리고 우리 자신과의 관계에서 집착과 혐오로 해석될 수 있다. 내담자의 목표와 부합하지 않는 특정 결과에 대한 치료자의 집착은 치료적 관계(therapeutic relationship)에서 더 큰 괴로움을 야기할 수 있다. 치료자가 자신의 도움의 필요성을 강요하고, 도움이 의미하는 바를 해석하는 것은 내담자가 자신의 경험 속에서 자신의 고통이 무엇이고, 더 풍요롭고 편안한 삶을 살기 위해 무엇이 필요하고 도움이 되는지 발견하는 것을 방해할 수 있다. 치료자로서 우리는 종종 내담자뿐만 아니라 친구, 가족, 사랑하는 사람들 등 다른 사람들이 무엇을 필요로 하는지 알고 있다고 생각하지만, 이는 타자와 자기 사이의 마음을 닫게 할 수 있다. 또한, 내담자가 겪고 있는 깊은 고통에 대해 우리가 느끼는 불편함은 더 깊은 괴로움을 야기할 수 있다. 왜냐하면 우리는 내담자의 현재 상태를 받아들이고 그와 함께 하는 법을 배우기보다 문제를 해결하려고 하는 경향이 있기 때문이다.

셋째 고귀한 진리: 괴로움의 소멸

셋째 고귀한 진리는 괴로움을 없애기 위해 필요한 것을 반영한다. 불교 철학에 따르면, 진정한 자유는 경험의 일시적인 본질을 바라보고, 고통과 괴로움, 기쁨과 행복을 무집착(nonattachment), 연민(compassion), 자애(loving kindness), 수용(acceptance)의 태도로 대할 때 얻을 수 있다. 여기서 중요한 관점은, 삶과 경험을 있는 그대로 받아들이고, 달라지기를 바라지 않으면 고통을 끝낼 수 있다는 것이다. 고통이 인간 경험의 일부가 아니라는 말이 아니라, 고통(또는 즐거움)에 혐오(또는 집착)로 반응함으로써 발생하는 괴로움은 수행을 통해 제거될 수 있다는 의미이다.

부처는 고통의 원인을 단번에 제거하는 것이 아니라 점차적으로 근절하는 것이라 말했다(Kramer, 2007). 이 점에서, 치료자로서 내담자에 대한 집착을 점차적으로 버리는 것은, 치료자로서의 자기정체성(self-identity)을 버리는 것과 직접적인 관련이 있다. 이러한 집착이 사라지는 것은 다른 사람을 돕는 것을 통해 기분 좋고 가치 있다고 느끼고 싶은 자신의 욕구

를 버리는 것을 의미한다. 이를 위해서는 자신이 가치 없는 존재라고 생각하거나, 다른 사람의 인정을 받아야만 기분이 좋고 자신이 가치 있다고 느낄 수 있다는 자신의 핵심 신념(core beliefs)을 깊이 파고들어야 한다.

대인관계적 불교는 쾌락(pleasure), 존재(being), 비존재(nonbeing)에 대한 세 가지 욕망을 포기하는 것을 우리의 타고난 현존을 해방할 수 있는 기회로 인식한다(Kramer, 2007). 이 세 가지 욕망에는 각각 두려움이 따른다. 쾌락에 대한 욕망에는 고통에 대한 두려움이 따른다. 우리가 내담자의 고통과 괴로움에 함께 앉아 있을 때, 고통에 대한 우리의 공명이 나타나고, 이 고통을 느끼는 것에 대한 두려움 때문에 내담자와 함께 있는 능력을 차단할 수 있다. 존재에 대한 갈망에는 보이지 않는 것에 대한 두려움이 수반된다. 치료자 자신이 강력하고 도움이 되는 사람으로 보이며 인정받기를 원하는 욕구는 자신을 제쳐두고 내담자를 위해 온전히 전적으로 그 자리에 있는 능력을 방해하는 장애물이 될 수 있다. 이는 또한 치료자의 더 미묘한 욕구, 즉 자신의 능력을 보여 주고 변화를 일으키고 있다고 느끼고 싶은 욕구가 반영되어 내담자의 현재 경험에서 나오지 않는 개입이나 기법을 제안하는 형태로 나타날 수도 있다. 마지막으로, 존재하지 않기를 갈망하거나 도피를 갈망하는 것은 친밀감과 참여에 대한 두려움에 가려져 있다. 치료적 현존이 요구하는 친밀함은 치료자에게는 두려운 일이 될 수 있다. 특히 내적 안정감(inner stability)과 안정화(grounding)가 부족한 치료자에게는 더욱 그렇다. 우리 자신이 사라질지도 모른다는 공포는 우리가 내담자에게 순수한 수용의 자세로 마음을 열지 못하게 할 수 있다. Kramer(2007)는 자기 자신을 잃는 것에 대한 이러한 모든 두려움의 근원을 "공허함에 대한 공포, 개인적 또는 사회적 자기가 차가운 무(無)에서 죽게 될 것이라는 우려"라고 설명했다(p. 57).

쾌락·존재·비존재에 대한 집착이 사라짐으로써 수용적인 현존(receptive presence)으로 자연스럽게 열릴 수 있게 된다. 치료자가 내담자의 치유자라는 역할에 대한 집착을 해결하고, 그 역할에 대해 인정받으며, 무에 대한 두려움을 부드럽게 해결할 때, 현존에 기반한 새로운 관계의 방식이 나타날 수 있다. 보이지 않는 것에 대한 두려움이 사라지는 것의 핵심에는 공허함에 대한 두려움이 사라지는 것이 있다. 타자의 인정을 통해 드러나고 자아(egos)가 강화되기를 바라는 갈망을 버릴 때, 우리는 이러한 핵심적인 두려움에서 더 자유로워질 수 있다. 쾌락과 인정에 대한 갈망을 놓아 버리고, 다른 사람과의 관계를 피하지 않을 때, 현존·지혜·연민이 자연스럽게 나타날 수 있다.

넷째 고귀한 진리: 괴로움의 소멸로 가는 길

넷째 고귀한 진리는 괴로움을 근절하는 방법에 초점을 맞춘다. 2,500년 동안 불교 수행을 통해 괴로움을 근절할 수 있는 다양한 방법이 등장했다. 우리는 갈증(hunger), 집착(grasping), 혐오(aversion)를 완화하고 자연스러운 현존의 상태를 드러내는 것에 대해 논의했다. 고통을 없애기 위한 전통적인 길은 불교에서 '팔정도(八正道; eightfold path)'라고 부른다. 팔정도는 윤리적이거나 적절한 원칙에 따라 그 순간을 사는 데 필요한 지침을 포함한다. 이 지침들은 순서대로 따를 필요가 없으며, 각 단계는 서로를 지원하고 강화하기 위해 동시에 실행할 수 있다. Germer 등(2005)에서 발췌한 팔정도는 다음과 같다.

- **바른 견해**[정견(正見); right view]: 판단이나 허위 없이 사물을 있는 그대로 깨닫거나 보는 것을 포함한다.
- **바른 의도**[정사유(正思惟); right intention]: 자신의 행동·말·태도에 있어 자신과 타자의 존중과 복지를 위해 가장 좋거나 높은 이익을 추구하는 의도를 갖는 것을 포함한다.
- **바른 말**[정어(正語); right speech]: 말과 어조가 진실되고, 자비롭고, 친절하고, 이타적이고, 존중하고, 해를 끼치지 않으며 치유에 도움이 되도록 말에 주의하는 것을 포함한다.
- **바른 행동**[정업(正業); right action]: 전통적으로 수도원 생활에서 살인, 도둑질, 거짓말, 성적인 부도덕 행위, 술과 마약의 남용을 하지 않는 등 윤리적 계율을 따르는 삶을 반영하기 위해 사용되었다.
- **바른 생계**[정명(正命); right livelihood]: 살인, 도둑질, 타자에게 해를 끼치지 않는 등의 윤리적 계율에 부합하는 직업과 생계를 선택하는 전통적인 개념이었다.
- **바른 노력**[정정진(正精進); right effort]: 마음챙김 상태를 의도적으로 함양하고 해롭거나 무의미한 상태를 의도적으로 제거하는 등 내면과 정신적 삶의 질을 건전하게 발전시키려는 노력을 반영한다.
- **바른 마음챙김**[정념(正念); right mindfulness]: 마음챙김 수행의 기초(몸, 감정, 마음, 정신적 대상에 대한 마음챙김)를 따라 현상이 발생할 때 지속적으로 주의 깊고 골고루 주의를 기울이는 것이 포함된다.
- **바른 집중**[정정(正定); right concentration]: 일상 활동이나 알아차림을 벗어나 수시로 의도

적으로 수행하여 정신 발달과 현존의 자질을 함양하는 것이 포함된다. 여기에는 마음챙김 명상과 같은 의도적인 마음챙김 연습이 포함된다.

팔정도의 정점에 있는 네 가지 고귀한 진리는 서양에서 마음챙김의 형태로 대중화되어 임상 치료법 또는 내담자의 치료 변화를 위한 보조 도구가 되었다.

마음챙김이 의료 시스템에 통합된 최초의 대중적인 시도 중 하나는 매사추세츠대학교 의과대학의 Jon Kabat-Zinn에 의해 촉진되었다. 만성 고통, 우울증, 불안, 스트레스, 섭식 장애 또는 중독을 앓고 있는 사람들을 위한 치료 접근법으로 마음챙김 기반 스트레스 감소(mindfulness-based stress reduction: MBSR)가 계속 제공되고 있다. 마음챙김에 대한 관심은 선불교뿐만 아니라 마음챙김 프로그램을 기반으로 한 연구를 시작으로 정신분석적 접근법(psychoanalytic approaches; M. Epstein, 1995; Safran & Reading, 2008), 마음챙김 기반 인지치료(mindfulness-based cognitive therapy: MBCT; Segal et al, 2002), 변증법적 행동 치료(dialectical behavior therapy: DBT; Linehan, 1993a, 1993b), 수용전념치료(acceptance and commitment therapy: ACT; Hayes et al., 1999), 인본주의 및 경험적 치료 접근법(humanistic and experiential therapy approaches; Gayner, 2019; Geller, 2003) 등이 있다. 역사적으로, 지금까지의 방대한 연구를 포함하여 마음챙김을 통합하는 대부분의 접근법은 부정적인 생각이나 정동(affect)을 변화시키고 수용 또는 자기연민을 개발하기 위해 내담자가 마음챙김 기술을 사용하는 데 중점을 두었다. 최근에는 치료자가 치료적 현존을 함양하는 데 도움이 되는 마음챙김에 대한 관심이 높아졌다(Baldini et al., 2014; Bibeau et al., 2016; Bourgault & Dionne, 2018; Feiner-Homer, 2016; Galus, 2015; Geller & Greenberg, 2002; McCollum & Gehart, 2010; Milton, 2015; Tannen & Daniels, 2010; Tannen et al., 2019).

마음챙김 및 치료적 현존

용어는 종종 같은 의미로 사용되기 때문에 중요한 개념 간에 오해가 생길 수 있다. 치료적 맥락에서 용어를 명확히 하기 위해 각 개념이 어떻게 구별되고, 서로 관련되며, 서로를 지원할 수 있는지에 대한 관점을 제공한다.

중복되고 구별되는 개념들

마음챙김과 치료적 현존 사이에는 구별되는 부분이 있으며 중복되는 부분이 있다는 것이 우리의 견해이다. 마음챙김은 개인이 지금 여기에서(here and now) 집중된 주의를 연습하는 방식인 반면, 현존은 체화된 개인적인 경험과 자비롭고 치유적인 치료적 관계에 있으려는 의도를 모두 포함한다. 마음챙김 수행은 치료자에게 주의력, 자기조절(self-regulation), 현존을 강화하는 데 도움이 되도록 가르칠 수 있으며, 내담자에게는 자기조절을 돕기 위해 가르칠 수 있다. 그러나 치료적 현존은 치료 회기에서 존재하고 관계하는 방식(way of being and relating)에서 치료자에게 특정한 자질이며, 내담자, 자기, 그리고 그들 사이의 관계에 대한 마음챙김의 한 유형이다.

마음챙김이 치료적 현존을 키우는 데 어떻게 도움이 될까

마음챙김 연습은 네 가지 중요한 방식으로 치료자의 현존을 키우는 데 도움이 될 수 있다. 첫째, 내담자와 회기 중에 있을 때 필요한 주의집중과 지속성을 높일 수 있다. 둘째, 마음챙김 수행은 치료자의 자기연민을 향상시켜 내담자와 더 큰 공감과 연민을 이끌어 낼 수 있다. 마음챙김 수행에서 발달된 연민과 수용은 궁극적으로 타자에 대한 연민과 수용의 기초로서 가치 있는 것으로 간주된다(Dalai Lama, 2001). 셋째, 마음챙김은 스트레스를 줄이고 치료자의 안녕감과 보살핌을 향상시키는 방법을 제공하여 소진을 예방하고 내담자와의 현존을 유지하고 연결되는 능력을 향상시킬 수 있다. 넷째, 마음챙김은 개방성과 수용성을 높이고 자신을 안정화하여 치료자가 압도당하지 않고 내담자와의 관계적 현존(relational presence)의 깊이를 경험할 수 있도록 돕는다. 마음챙김을 통해 강화된 치료적 현존의 특성은 궁극적으로 더 큰 치료적 관계를 발전시킬 수 있으며, 이는 긍정적인 치료 성과에 기여하는 것으로 알려져 있다(Lambert & Simon, 2008).

이 관계를 더 깊이 이해하는 데 도움이 되는 마음챙김의 현존 수련에 대한 추가적인 이점은 다음과 같다. 마음챙김 수행은 현재 자신의 경험에 대해 개방적이고 수용적인 관계를 형성하는 데 도움이 된다. 마음챙김 수행을 통해 안정화(grounding), 중심 잡기(centering), 평정심(equanimity)을 기르면 고통스럽거나 어려운 사건을 덜 반응적으로 경험할 수 있는 능

력이 향상될 수 있다(Germer, 출판 중; Lazar, 2005). 규칙적인 명상 수행은 스트레스 경험이나 정서적 반응성으로 인해 균형이 깨졌을 때 평형 상태로 돌아갈 수 있는 숙련도를 강화할 수 있다(Collard, 2007, p. 173). 이것은 자율 신경계를 진정시키는 반복적인 연습을 통해 치료자가 내담자의 고통스러운 경험에 참여하고 공감할 수 있는 능력을 포함하여 회복탄력성(resiliency)을 개발하면서도 신속하게 평온과 평형 상태로 돌아갈 수 있는 가능성을 보여 준다.

마음챙김 연습은 부분적으로 정동조절(affect regulation)의 발달을 통해 스트레스, 긴장, 불안을 줄이고 자기돌봄(self-care)을 향상시키는 데 도움이 된다(Schure et al., 2008; Shapiro et al., 2007). 내담자와 함께 앉아 있는 동안 우리 안에서 일어나는 다양한 정서를 그대로 받아들이고 현존을 유지하는 것은 중요하고 도전적인 일이다. 마음챙김 연습, 특히 관찰(observing), 이름 붙이기(naming), 설명하기(describing)의 중심적인 측면은 우리가 느끼는 감정과 비반응적인 관계를 맺는 데 도움이 된다. '우리가 누구인지에 대한' 해설이 아니라 '정서를 있는 그대로' 볼 수 있다면(이름 붙이기), 우리는 내담자와 함께하고, 듣거나 느끼는 것을 개인적으로 받아들이지 않으며, 순간에 떠오르는 파도를 탈 수 있는 더 많은 능력을 갖게 된다.

마음챙김 수행은 또한 현재의 순간에 직접 참여하는 데 중점을 둔다. 미래와 과거, 욕망과 두려움에 대한 집착을 내려놓음으로써 우리의 자연스러운 지혜가 활성화된다. 불교적 관점은 현재 순간의 경험을 직접적으로 향상시켜 미래와 과거, 갈망과 혐오의 긴장을 풀어 주는 마음챙김 수행에 기반을 두고 있다. 지속적인 수행을 통해 몸과 마음은 이러한 긴장에서 해방되는 직접적인 경험을 축적하고, 따라서 현존과 지혜가 더 자연스럽게 드러난다. 마음챙김 수행이 지원하는 욕망·혐오·탐욕·무지를 부드럽게 풀어 주고 현재 순간의 주의력을 높임으로써 치료적 현존의 자연스러운 측면과 특성이 나타날 수 있다.

요약하면, 치료적 현존을 함양하는 데 있어 마음챙김 수행의 이점은 다음과 같다.

- 집중력과 주의력 향상
- 자기와 타자에 대한 연민과 수용력 향상
- 스트레스, 불안, 내적 긴장 감소 및 자기돌봄 능력 향상
- 영향에 대한 내성 및 정서조절 능력 향상
- 어떤 상황에서든 유연성과 개방성 향상

- 어떤 경험을 하든 더 큰 평온함
- 자기정체성, 욕구, 관심에 대한 갈망, 탐욕, 욕망의 해소

대인관계 마음챙김

마음챙김은 전통적으로 자신의 내적 경험을 알아차림과 수용에 초점을 맞춘 개인 내적 수행법이다. 치료와 관련하여 지배적인 관점은 자신의 내면에서 더 많은 알아차림·수용·평정심을 얻음으로써 내담자의 경험에 대해 더 현존하고 수용적일 수 있다는 것이다. 연민과 깊은 이해로 현재에 집중할 수 있는 내적 능력을 향상시키는 것은 괴로움을 없애고 평온한 현존 상태에 있는 능력을 향상시키는 것으로 알려져 있지만, 대인관계 영역에는 항상 도달하지 못한다(Kramer, 2007). 대인관계에 초점을 맞춘 최근의 마음챙김 관점에서는 우리 삶의 많은 부분이 관계에 기반하고 있다는 점을 고려할 때 다른 사람들과 함께 마음챙김을 실천하는 것이 중요하다는 점을 인정한다(Kramer, 2007). 이는 특히 치료자에게 해당되며, 관계적 치료적 현존(relational therapeutic presence)을 향상시키는 데 초점을 맞춘 교육 프로그램에서 큰 가치를 더할 수 있다.

따라서 괴로움을 줄이고 자기 자신과 타자와의 관계에서 현재의 순간에 대한 알아차림을 강화함으로써 현존의 수련이 이루어져야 한다. 타자와 함께 있을 때, 삶을 혼란스럽게 하는 일상적인 방해와 망상 뒤에 숨는 것은 더욱 어렵다. 따라서 대인관계 마음챙김의 순간이나 연습은 치료자의 개인적인 삶과 내담자와의 치료적 관계 모두에서 발생할 수 있는 공유된 현존(shared presence)을 향상시킬 수 있다.

Siegel(2010)은 자신과 타자의 내면세계를 보고 건강한 방향으로 형성할 수 있는 개인 내적 및 대인관계 능력을 체화한 '마인드사이트(mindsight)'라는 용어를 만들었다. Siegel에 따르면, 마인드사이트는 내면을 알아차림(통찰력)과 타자에 대한 인식(공감) 그 이상이다. 이 두 가지를 모두 알아차림으로써 전반적인 정신적·정서적 건강과 신경 통합(neuronal integration) 상태를 향해 나아갈 수 있다.

치료자를 위한 마음챙김

마음챙김의 이점에 대한 개인적인 이해, 특히 현재의 순간을 알아차림은 불교적 접근법의 핵심이다. 부처 자신도 명상과 수행에 대한 제자들의 질문에 직접적인 경험을 통해 의견을 형성하거나 명료함에 도달하도록 격려하는 방식으로 답하곤 했다. 이러한 개인적인 경험과 자기수용의 개념은 내담자와의 접근에서 치료자의 공감·연민·배려·현존의 자질을 함양하는 것의 가치가 오랫동안 인정되어 온 경험적이고 인본주의적인 접근법과 유사하다. 예를 들어, Carl Rogers(1951, 1957)는 치료자의 진정한 공감과 무조건적인 수용을 통해 안전한 환경을 조성하는 것이 치료적 관계의 발전과 내담자의 성장에 필수적이라는 개념에 기초하여 인간중심 접근법(person-centered approach)을 창안했다. 내담자의 자연스러운 성장 성향은 존중·안전·수용의 조건에서 발현될 수 있다.

경험적 모델은 치료자가 내담자의 표식(markers)을 알아차림으로써 내담자가 어려운 문제를 해결하도록 돕기 위한 과정 지침을 만들어야 한다는 개념을 지지한다. 치료자는 내담자의 비언어적·언어적 반응에 주의를 기울여 내담자의 전체 경험을 파악하고 정서적 변화를 촉진하기 위해 함께 작업할 수 있도록 지원받는다. 마음챙김은 치료자의 순간적인 경청과 감각 기술을 심화시키는 데 도움이 된다는 점에서 치료자의 조율을 용이하게 한다.

다른 접근법에서는 치료자의 현재 순간 알아차림과 자비로운 주의를 기르는 능력을 좋은 상호 치료적 관계의 기초로 인정했다. 예를 들어, DBT와 MBCT 치료는 개인의 마음챙김 연습을 강조하고(Linehan, 1993a, 1993b; Segal et al., 2002) 치료자의 수용적 태도의 가치를 인정한다.

정신분석 치료자(psychoanalytic therapists; M. Epstein, 1995; Rubin, 1996; Safran, 2003; Safran & Reading, 2008)들도 그들의 임상 모델에서 불교적 관점과 마음챙김 접근법의 가치를 인정했다. Safran과 Reading(2008)은 치료적 메타의사소통이 정신분석 치료자에게 '마음챙김의 실제'의 한 형태라고 언급했다. 최근 정신분석 치료자들은 치료자를 중립적 관찰자에서 치료적 관계와 과정의 공동창조자 또는 참여자로 관점을 바꾸어 왔다. 이러한 대인관계적 접근은 치료자와 내담자의 상호 정서적 환경과 치료적 실연(therapeutic enactments) 또는 어려운 순간에 정서를 조절하는 치료자의 능력에 초점을 맞추고 있다. 이러한 관점에서 치료자는 마음챙김 접근법을 정서를 조절하는 도구로 사용할 수 있으며, 따라서 대리 정동조절

(surrogacy affect regulation)을 통해 내담자를 모델링하고 지원할 수 있다(Safran & Reading, 2008). 다음은 치료자가 참여할 수 있는 몇 가지 구체적인 마음챙김 연습이다.

 치료적 현존을 함양하기 위한 마음챙김 수행법

14장에서 현존을 높이기 위한 실용적인 연습을 제공한다. 그러나 여기에서는 치료자의 개인적인 삶과 회기 모두에 유익할 수 있는, 현재 순간에 대한 주의력, 수용력, 전반적인 안녕감 및 치료적 현존의 다른 특성을 높이기 위해 사용할 수 있는 다양한 마음챙김 기반의 접근법을 설명한다. 자기 내면과 타자와의 치료적 현존을 강화하는 데 도움이 될 수 있는 개인적/개별적 및 대인관계적 마음챙김 연습을 모두 제공한다. 공식적·비공식적 마음챙김 연습에는 마음챙김 명상, 연민 명상, 마음챙김 호흡, 마음챙김 운동, 일상생활에서의 마음챙김, 타인과의 관계에서 마음챙김이 포함된다.

마음챙김 명상

마음챙김을 실천하는 가장 인기 있는 방법은 마음챙김 명상이다. 마음챙김 명상의 핵심 원칙은 Kabat-Zinn(1990)에 의해 다음과 같이 정리되었다. 판단하지 않기(nonjudgment), 인내심(patience), 초보자의 마음가짐(having a beginner's mind), 자신에 대한 신뢰(trusting oneself), 애쓰지 않기(being nonstriving), 놓아 버리기(letting go), 그리고 수용(acceptance). 이 요소들은 서로 연결되어 있으며 마음챙김의 확장된 개념이다(Killackey, 1998). 불교의 이론은 이러한 긍정적인 자질을 기르면 분노·욕심·혐오·집착·게으름과 같은 부정적인 태도의 힘이 약해지고, 자기와 타자에 대해 더 자비롭고 사랑이 많은 마음의 기반이 형성된다는 것이다.

마음챙김 명상은 마음챙김의 공식적인 수행이며, 궁극적으로는 현존의 공식적인 수행이다. 마음챙김 명상에서는 판단이나 해석 없이 호흡이나 신체에서 그 순간 경험하는 것에 주의를 집중한다. 호흡은 마음이 방황할 때 주의를 되돌리기 위한 닻의 역할을 하지만, 마음챙김 명상 중에는 주의를 제한하기 위해 어떤 노력도 하지 않는다. 대신, 주의력을 확장하여,

정직하고 중립적인 자세로, 설명·검열·해석·집착·결론을 내리지 않고, 발생하는 정신적·정서적·신체적 경험을 가능한 한 많이 포함하도록 한다(Engler, 1986; Kabat-Zinn, 1990; J. J. Miller, 1993).

마음챙김 명상은 호흡에 주의를 집중하여 이완 반응을 유도한 다음, 열린 마음으로 모든 것을 받아들이는 집중력을 통해 신체 부위와 신체 감각(신체 스캔 기법) 및 모든 지각·생각·정서·내적 경험을 관찰하는 것이다. 마음챙김 명상의 궁극적인 목표는 경험을 받아들이고 괴로움을 해방하는 것이다. 신체적 고통과 일반적인 감각 및 정서를 포함한 경험을 거부하거나, 판단하거나, 집착하거나, 평가하지 않음으로써 괴로움을 줄일 수 있다.

매일 명상을 연습하면 스트레스를 해소하고 마음을 정리하며, 현재에 대한 알아차림을 높이고 안정감을 느낄 수 있다. 이를 통해 평온함과 여유를 유지하면서 깊은 경험을 할 수 있는 능력이 발달되어, 압도되거나 거리감을 느끼지 않고 명확하고 변함없는 시각과 감정을 가질 수 있게 된다. Kramer 등(2008)은 "치료자와 치료자 수련생에게 이러한 형태의 명상을 가르치는 것은 그들이 자기 자신을 더 잘 인식하고, 더 수용적이고 성찰적이며, 내담자에게 현재에 더 집중할 수 있게 하고, 자신의 반응을 더 능숙하게 선택할 수 있게 하는 데 거의 확실한 도움이 된다"고 지적했다(p. 196).

자비 명상 또는 통렌 수행

치료자에게 또 다른 귀중한 마음챙김 연습은 티베트 불교에 기반을 둔 자비 명상(compassion meditation), 즉 통렌 수행(Tonglen practice)이다(Brach, 2003; Sogyal Rinpoche, 2012). 이 수행은 심각한 고통을 경험하고 있는 다른 사람이나 공동체의 고통을 상상하고, 숨을 들이마실 때 그들의 고통을 자세히 받아들이고, 숨을 내쉴 때 자비와 사랑을 내보내는 일련의 단계를 거치는 것이다. 통렌 수행은 치료자가 깊은 연민과 현존, 배려를 제공하면서 다른 사람의 고통을 온전히 받아들이는 것을 연습하는 데 도움이 되는 방법이다. 또한 치료자가 내담자의 고통을 '고치려' 하거나 최소화하려고 해 압도되거나 무감각해지지 않고 강렬하고 어려운 정서를 받아들이는 능력을 기르는 데도 도움이 된다. 이러한 알아차림의 특성은 집착 없이 깊이 경험하는 현존의 측면과 유사하다.

마음챙김 호흡

마음챙김 호흡(mindful breathing)은 연습을 통해 공식적으로 할 수도 있고, 하루 동안 수시로 숨을 멈추고 호흡을 집중의 단서로 사용하여 그 순간으로 의식을 되돌리는 비공식적인 방법으로 할 수도 있다. 공식적 또는 비공식적 연습을 하는 동안, 호흡의 신체적 감각이 현재 순간에 대한 의식을 고정시키는 닻의 역할을 한다. 치료 회기에서 의식을 가지고 호흡을 하는 것은 자신의 주의를 현존으로 초대하거나, 주의를 다른 데로 떠난 경우 다시 되돌리는 데 도움이 될 수 있다.

마음챙김 움직임

마음챙김 움직임(mindful movement)은 호흡과 조화를 이루며 의도적이고 느린 방식으로 몸을 움직이는 수련을 포함하며, 자신의 의식을 순간의 몸의 깊이(depth)와 기반(ground) 속으로 끌어들이는 것을 목표로 한다. 치료자는 내담자와 함께 앉아 있거나 전화나 컴퓨터로 보내는 시간이 많기 때문에, 특히 현존을 함양하는 데 매우 유용할 수 있다. 치료적 현존에서 신체는, 치료자가 내담자가 경험하고 있는 것을 감지하고, 내담자와 함께 있는 그 순간에 직접적으로 반응하면서 치료자 자신의 직관과 지혜에 접근할 수 있는 관문이다. 따라서 현재 중심 움직임(present-centered movement)으로 연습을 하면 자신의 신체와 안정감에 대한 깊고 직접적인 관계를 발전시키는 데 도움이 될 수 있다.

마음챙김 운동과 걷기 명상은 베트남 불교 승려 틱낫한(Thich Nhat Hanh, 2008)의 전통에서 비롯되었다. 틱낫한은 극심한 갈등과 폭력이 만연한 국가에서 자랐으며, 각자가 내면에서 평화를 찾는 것이 중요함을 깨달았다. 마음챙김 움직임은 신체의 단순하고 반복적인 움직임에 의식을 집중하는 것이다. [『마음챙김 움직임: 안녕감을 위한 10가지 연습(Mindful Movements: Ten Exercises for Well-Being)』(Thich Nhat Hanh, 2008)에서 예시 참조]

걷기 명상에서는, 현재의 순간에 대한 알아차림과 연민을 기르기 위해 걷는 데 집중한다. "마음챙김을 하는 걷기는 단순히 각 발걸음과 호흡을 의식하면서 걷는 것을 의미한다"(Nhat Hanh, 2008, p. 9). 느린 속도로 걷는 동안, 우리는 각 발걸음의 미묘한 차이를 인식하게 되고, 따라서 몸과 발걸음이 주의력의 닻이 된다. 명상과 마찬가지로, 마음이 방황할 때, 우리

는 발이 땅에 닿고 떨어지는 각 부분을 인식하여 주의력을 다시 그 순간으로 되돌린다.

도교의 태극권 연습도 의도적으로 느리게 움직이는 것을 포함한다. 태극권은 일련의 발걸음이나 신체 움직임을 포함하며, 현재 일어나고 있는 움직임에 집중해야 한다(Siegel, 2007). 한 연구에서는 태극권 연습과 면역 기능의 향상 사이의 관계가 발견되었다(Oh et al., 2020). 움직이는 순간에 그 경험을 알아차림으로 움직이는 것은 치료자가 신체에 집중된 알아차림의 수준을 높이는 데 도움이 될 수 있다.

마음챙김 움직임 기법은 기공 연습에서도 찾을 수 있다. 중국 전통 의학의 원리에 따르면, 기공은 다양한 만성 질환을 치료하고 건강을 증진하기 위해 몸과 마음을 함께 단련하는 '심신(mind-body)' 운동의 한 형태이다(Tsang et al., 2002; Weil, 2003). '기공(氣功)'은 호흡 기술, 부드러운 움직임, 명상을 조화롭게 결합하여 '기(氣; 생명 에너지)'를 정화하고 강화하며 순환시키는 예술과 과학으로 알려져 있다. 기공을 연습하면 건강과 활력이 향상되고 마음의 평온을 얻을 수 있다(Tsang et al., 2002). 기공은 의료 전문가들이 치료자의 소진을 예방하고 긍정적인 현존을 유지하기 위해 사용되어 왔다(Valente & Marotta, 2005).

일상생활 속의 마음챙김

치료적 현존은 일상생활의 여러 측면을 판단하지 않고 알아차리는 등, 비공식적인 마음챙김 연습을 통해서도 기를 수 있다. 일상생활에서의 마음챙김에는 매일 하는 알아차림 연습과 같은 훈련이 포함된다. 이는 매일 하는 활동 중 하나를 선택하고, 그 활동을 하는 동안 그 경험의 모든 측면에 대해 마음챙김을 하고 알아차리는 연습을 하는 것이다. 예를 들어, 집의 계단을 오르는 것은 멈추고, 알아차리고, 각 계단을 밟는 느낌, 발이 땅에 닿거나 들릴 때의 느낌, 발이 다음 계단에 닿을 때의 느낌을 알아차리는 연습을 할 수 있는 지표가 될 수 있다.

매일 하는 마음챙김은 교통 체증이나 줄을 서서 기다리는 것과 같은 답답한 상황에도 적용할 수 있다. 예를 들어, 정지 신호등을 표식(marker)으로 삼아 숨을 쉬고 그 순간에 집중하도록 유도할 수 있다. 연습 기회는 일상생활에서 많이 발생하며, 특정 활동에 의도적으로 집중할 수 있는 기회로 작용한다. 예를 들어, 느린 줄에서 기다리는 것은 매우 답답할 수 있지만, 기다리는 것이 어떤 감정인지 연습할 수 있는 기회가 될 수도 있다. 발이 땅에 닿아 있는

것을 느끼거나 호흡을 의식하며, 반응하지 않고 기다림으로 인한 불편함을 알아차림으로 인식하는 것이다. 의도적으로 현존을 연습할 수 있는 이러한 기회는 다음 순간에 대한 조급함이나 기다림으로 인한 답답함에서 벗어나, 지금 이 순간으로 계속해서 돌아올 수 있게 해 준다.

마음챙김 기법은 치료자가 내담자와 깊이 현존하는 능력을 높일 수 있다. 이 기법은 자기의 존재를 분리된 상태로 유지하면서 내담자의 경험을 온전히 받아들이는 등 현존의 자질을 기르는 데 도움이 될 수 있다. 마음챙김 연습은 또한 치료자가 회기에 집중하지 못하고 있을 때를 알아차리는 능력을 기르는 데도 도움이 될 수 있다. 이를 통해 치료자는 회기 밖에서 연습을 통해 쉽게 그 순간으로 돌아갈 수 있는 기술을 개발하고, 반응하지 않고 완전한 알아차림으로 다양한 잠재적 불편함과 긴장을 유지할 수 있게 된다. 요약하면, 마음챙김 연습의 순간은 멈추고, 숨을 쉬고, 자신의 경험을 내면으로 확인하고, 긴장을 풀고, 마음을 넓히는 자연스러운 능력을 개발하는 데에도 도움이 되며, 이는 현존을 기르는 기반이나 연습이 된다.

일상생활에서 마음챙김을 실천하는 예는 다음과 같다.

나(S. M. G.)는 1990년대 초에 태국에서 처음으로 10일간의 침묵 명상 수련회를 경험했다. 참가자들은 수련기간 동안 한 가지 일을 선택해 책임져야 했다. 선택한 일을 매일 20분 동안 침묵 속에서 수행하는 연습 시간을 가졌다. 화장실을 닦거나, 나뭇잎을 쓸거나, 나무를 자르는 등 어떤 일이든 이 일일 과제는 마음챙김 연습의 기회였다. 나는 설거지를 선택했다. 매일 침묵 속에서 그릇을 하나씩 씻어 나갔다. 손등에 튀는 물의 감촉, 피부에 느껴지는 따뜻함, 비누의 감촉을 느끼며 연습했다. 접시의 감촉과 (결국에는) 그 소리와 촉감에 집중하면서 느꼈던 기쁨을 기억한다. 음식 찌꺼기를 긁어내는 소리, 접시를 물에 담그는 소리, 접시를 내려놓는 소리 등 미묘한 소리도 들을 수 있었다. 접시의 건조함, 젖음, 긁는 소리, 쥐는 소리, 만지는 소리, 튀는 소리, 헹구는 소리, 말리는 소리 등 접시의 모든 세부적인 느낌을 느끼기 위해 연습했다. 지금도 나는 설거지를 즐기며, 설거지를 하는 시간을 자연스럽게 그 순간에 몰입할 수 있는 기회로 활용하고 있다.

마음챙김 연습은 단순히 자신의 주의를 그 순간으로 집중하는 인지적 행위 그 이상이다. 이는 자기, 타자, 그리고 자신의 직관과 지혜와 더 깊은 연결감을 형성하는 데 도움이 되는 연습이자 훈련이다. 신경가소성의 연구 결과에 따르면, 지속적인 연습을 통해 의도적으로 기르는 현존의 특성은 신경 구조의 일부가 되어, 내담자와의 치료 만남과 같이 필요할 때 더

쉽게 접근할 수 있게 된다(Hanson & Mendius, 2009, 2010).

타자와의 관계에서의 마음챙김

다른 사람들과의 관계에서 현존과 마음챙김을 연습하는 것은 치료자에게 매우 중요하다. 왜냐하면 현존의 관계적 측면이 치료자의 개인적인 삶과 내담자 및 때로는 극복하기 어려운 그들의 고통과 직접적인 관계에서 가장 어려운 부분이기 때문이다. 또한, 치료 성과에 대한 치료적 동맹의 잘 알려진 영향은 대인관계적 또는 관계적 치료적 현존의 개발이 심오하고 필요함을 시사한다. 관계에서 마음챙김을 실천하여 관계적 현존을 강화하는 두 가지 접근법은 주로 죽어가는 사람들에게 사용되어 온 공동명상과 대인관계적 마음챙김을 반영하는 통찰 대화이다.

공동명상 또는 동조 호흡

공동명상(comeditation)은 '교차호흡(cross-breathing)'이라고도 불리며, 티베트 전통의 임종 실천법인 '포와(Phowa)'에서 비롯되었다(Boerstler & Kornfield, 1995; Hunter, 2007). 공동명상은 주로 죽어가는 사람들에게 사용되어 왔지만(Fasko et al., 1992), 우리는 관계적 현존을 기르기 위한 치료 훈련에 동조 호흡(entrainment breathing; Geller, 2017)이라는 이 접근법의 변형을 사용할 것을 제안한다. 치료 훈련 상황에서 이 방법을 사용하면, 각 파트너는 차례로 호흡을 하고, 파트너는 호흡 리듬에 맞춰 호흡을 거울처럼 따라 한다. 동조 호흡에서 호흡이 조화를 이루면, 내부적으로 그리고 다른 사람과의 관계에서 시너지 효과가 발생하고 연결이 깊어지므로, 현재의 친밀감이 향상될 수 있다. 공동명상에서는 한 사람의 집중된 현존이 다른 사람의 편안한 현존과 만난다(Hunter, 2007). "공동명상은 '현존하는 것(presenting)'(다른 사람의 괴로움을 완전히 알아차리고 그 사람에게 전적으로 집중하는 것)이 가치 있고 중요하다고 느끼는 모든 사람에게 유용한 연습이 될 수 있다"(Hunter, 2007, p. 3).

동조 호흡은 두 사람 사이의 연결을 촉진하며, 뇌와 신체에서 리듬의 신경생리학적 동기화(neurophysiological synchronization)를 생성한다(Cozolino, 2006; Geller & Porges, 2014; Porges, 2011; Siegel, 2010). 동조(entrainment)는 상호작용하는 독립적인 리듬(또는 진동하는 물체)이 서로 동기화되기 위해 합쳐지기 시작할 때(하나는 속도가 빨라지고 다른 하나는 느

려짐) 발생하는 공명의 물리적 현상이다. 치료자가 내담자와 호흡을 동기화하면, 신경계(nervous system)의 양방향 특성으로 인해 내담자의 신경계가 활성화되어 관계적 연결이 진정되고 깊어질 수 있다(Geller, 2018; Geller & Porges, 2014). 또한 치료자가 내담자의 경험을 더 정확하게 감지하는 데 도움이 될 수 있으며, 이러한 동조를 통해 상대방에 대한 감각적 느낌을 생성할 수 있다(Geller, 2017). 심리치료는 매우 친밀한 과정이기 때문에, 치료자는 수신자(receivers) 및 전달자(givers) 모두로서 친밀함에 대해 깊은 편안함을 느끼고, 공유된 대인관계의 현존에 대해 경험과 편안함을 얻는 것이 중요하다.

통찰 대화

마음챙김의 전형적인 개인 연습이 다른 사람들과 관계에서 마주할 수 있는 다양한 반응에 항상 적용될 수는 없다(Kramer, 2007; Kramer et al., 2008). 혼자 명상할 때는 내면의 평화와 알아차림을 일으킬 수 있으며, 이를 통해 관계의 문제에 간접적으로 접근할 수 있다. 그러나 다른 사람과 함께 명상하거나, 통찰 대화(insight dialogue)와 같은 집단의 역동적인 연습을 할 때는 관계에서 겪는 괴로움을 직접 마주하고 적절하게 대처할 수 있다(Kramer, 2007; Kramer et al., 2008).

통찰 대화는 대화형 명상의 한 형태로, 침묵의 명상 시간을 가진 후, 사람들이 2인 1조로 짝을 이루거나 집단으로 모여 변화·의심·죽음과 같은 주제에 대해 성찰하는 것이다(Kramer, 2007; Kramer et al., 2008). 참가자들은 주기적으로 멈추고, 이러한 주제와 관련하여 습관적인 이야기나 자동적인 반응, 그리고 친밀한 관계에 대해 알아차림을 얻기 위해 노력한 다음, 대인관계의 현재로 다시 돌아오도록 초대받는다. 통찰 대화의 기본 전제 또는 지침은 여섯 가지 측면으로 구성된다. 멈추기(pause), 긴장 풀기(relax), 열기(open), 신뢰의 출현(trust emergence), 깊이 듣기(listen deeply), 진실을 말하기(speak the truth; Kramer, 2007; Kramer et al., 2008). 각 지침은 서로 다른 그러나 보완적인 특성을 불러일으키도록 설계되었다. 예를 들어, 다음과 같다. 마음챙김(멈추기), 평온함과 수용(긴장 풀기), 관계적 개방성과 넓은 공간(열기), 유연성과 놓아버리기(신뢰의 출현), 수용성과 조율(깊이 듣기), 정직과 배려(진실을 말하기; Kramer, 2007).

통찰 대화 연습의 일부인 연습과 지침은 심리치료 훈련을 훌륭하게 보완하는 것으로 보인다. 훈련생들이 다른 사람과 관계에서 자신의 자기(self)와 관계의 촉발 요인을 인식하고,

수용과 연민으로 직접 그들과 함께 작업할 수 있도록 도와줄 수 있다. 통찰 대화와 같은 대인관계 명상은 관계적 현존의 훈련에 훌륭한 보충재가 될 수 있으며, 완전한 현존을 방해할 수 있는 역전이 반응을 관리하는 데도 도움이 될 수 있다.

3장에서 논의한 바와 같이, 연구 결과에 따르면 마음챙김은 치료적 현존을 기르는 데 도움이 되는 것으로 보인다. 그러나 이 장에서 앞서 언급한 바와 같이, 자기연민은 마음챙김이 치료적 현존을 기르는 데 미치는 긍정적인 영향의 매개체이다. 따라서 치료자에게 자기연민 연습이 미치는 강력한 영향을 고려할 때, 자기연민에 대해 더 깊이 고려할 필요가 있다.

자기연민이란 무엇인가

자기연민은 우리가 진정으로 사랑하는 사람을 돌보는 방식으로 우리의 괴로움을 돌보는 방법이다. Kristen Neff(2011)는 자기연민(자기자비; self-compassion)의 세 가지 구성 요소를 다음과 같이 설명했다. (1) 자기판단(self-judgement)이 아닌 '자기 자신에게 친절하게 대하는 것', (2) 우리의 괴로움에 '공통된 인간성(common humanity)'을 인식하고, 우리가 혼자가 아니라는 것을 인식하는 것, (3) 내담자와 공감하면서 괴로움을 피하거나 도망치지 않고, 그 괴로움을 받아들이는 것을 지원하기 위해 '마음챙김(mindfulness)'을 실천하는 것.

자기연민은 100년 이상 심리치료의 일부로, 약간 다른 이름인 자기수용(self-acceptance) 또는 자기진정(self-soothing)이라는 이름으로 사용되어 왔다. Germer(출판 중)는 William James, Sigmund Freud, B. F. Skinner, Carl Rogers 등 많은 주요 이론가들이 자기수용에 중점을 둔 점을 설명했다. 1990년대에 마음챙김과 수용 기반 전략(acceptance-based strategies; DBT, ACT, MBCT)이 등장하면서, 이는 순간순간(moment-to-moment)의 경험을 알아차리는 것으로 바뀌었다(Germer, 출판 중). Germer는 최근에는 순간순간의 경험과 그 경험을 하는 사람을 모두 수용하는 데 초점이 맞추어지고 있으며, 여기에는 자기연민의 개념을 반영하는 자신의 내적 정서 세계(internal emotional world)에 대한 친절한 수용도 포함된다고 설명했다. 연민 기반 접근법(compassion-based approaches)은 현재 Paul Gilbert(2009a)의 연민중심치료(compassion focused therapy), Leslie Greenberg(2015)와 동료들(1993)의 정서중심치료(emotion-focused therapy), Richard Schwartz(1995)의 내면가족체계(internal family systems),

그리고 Kristen Neff와 Chris Germer(2019)의 마음챙김 자기연민(mindful self-compassion: MSC)이 심리치료에 적용되도록 확장된 작업(Germer, 출판 중)에서 반영되고 있다.

 자기연민 및 치료적 현존

자기연민은 (1) 치료적 현존의 핵심 요소이며 (2) 치료적 현존을 강화하는 데 도움이 된다. 체화된 현존(embodied presence)에는 안정화, 몰입, 여유, 타자에 대한 연민, 그리고 타자를 위한 연민의 조합이 포함된다. 그러나 연민과 현존을 온전히 체화하려면 치료자는 자신의 순간순간 경험에 대한 수용과 연민의 수준을 가져야 한다.

자기연민은 치료적 현존을 강화하는 데 어떻게 도움이 되는가

자기연민은 8장에서 설명한 것처럼 치료자 자신의 장벽을 다루는 데 도움이 되는 방법이다. 자기의심(self-doubt), 수치심, 자기비판(self-criticism)과 같은 내적 장벽은 자기연민의 자세로 무마할 수 있다. 괴로움을 겪고 있는 내담자에게 어떻게 접근해야 할지 불확실하거나 적절한 반응이 명확하지 않은 순간이 있을 때, 자기연민은 활성화될 수 있는 비판적 목소리를 부드럽게 하고 치료자가 미지의 순간에 머무르지 않도록 주의를 분산시키는 데 도움이 될 수 있다. 이는 회기 중에 자기의심의 공격을 받을 때 현존으로 돌아가는 데 도움이 될 수 있다.

자기연민은 또한 치료자가 자기의심의 원인이 된 더 깊은 경험을 통해 작업하고 연민으로 접근하여 원래의 정서를 처리하는 데 도움이 된다. 이는 치료자가 자신의 인간성과 취약성에 함께할 수 있도록 도와주며, 치료적 현존이 불러올 수 있는 인간 대 인간의 연결을 강화하는 데 도움이 된다. 자기연민의 작업은 자기의심의 기저에 있는 고통을 느끼고 우리 자신에게 더 친절하고 부드러운 접근을 제공하는 것이다. 스스로에게 연민을 베풀 때 우리는 다른 사람에게 연민을 베풀 수 있는 능력을 강화하고 관계적 유대감을 강화할 수 있다.

자기연민은 치료자의 긍정적인 자기돌봄(self-care)에 기여하며, 이는 치료적 현존 모델의 핵심 측면이다. 치료자 사이에서 흔히 볼 수 있는 자기돌봄의 부족은 내담자에게 제공되는 광범위한 치료와 결합되어 연민 피로(compassion fatigue)를 유발할 수 있다(Figley, 2002). 이

런 식으로 자기연민은 치료의 정서적 작업에 대한 해독제를 제공한다. 자기연민은 자기에게 베풀고 수용과 친절로 어려운 정서에 접근하여 해결되도록 돕는 방법이다.

자기연민이 의료 전문가의 소진과 피로를 감소시킨다는 연구 결과는 이러한 개념을 뒷받침한다(Gustin & Wagner, 2013; Raab, 2014). 예비 양적 조사 연구에서는 학생 상담자와 심리치료사의 자기연민, 연민 피로, 안녕감, 소진에 대한 검증된 척도 점수 간의 관계를 평가했다(Beaumont et al., 2016). 연구자들은 자기연민 수준이 높을수록 연민 피로와 소진이 낮고 안녕감이 높다는 것을 발견했다. 심리학자 표본에서 Finlay-Jones 등(2015)은 자기연민이 정서조절의 어려움을 줄임으로써 스트레스를 감소시킨다는 것을 발견했다.

자기연민은 또한 사회적 연결성, 낙관주의, 호기심, 유능함, 행복, 안녕감을 포함한 긍정적인 정서를 향상시킬 수 있다(Neff et al., 2007). 자기연민은 돌봄 시스템을 촉발하여 옥시토신(oxytocin)과 오피오이드(opioids; 긍정적 감정) 호르몬을 방출하는 것으로 나타났으며, 부교감 신경 활동 증가(더 큰 평온함)와 관련이 있다(Gilbert, 2009a; Stellar et al., 2015). 자기연민 수련을 통해 얻을 수 있는 활력과 몰입은 치료자가 침착하고 활력을 유지하면서 내담자와 그들의 괴로움에 대해 열린 자세를 유지하는 데 도움이 될 수 있다.

자기연민을 정기적으로 연습하면 치료자가 회기 중에 이 경험에 접근하는 데 도움이 될 수 있다. 자기연민에 대한 기술을 습득한다는 것은 회기 중에 자기의심이 생기거나 현존을 가로막는 다른 장애물이 있을 때 현존으로 돌아가는 통로로서 자기연민을 제공할 수 있는 능력으로 더 쉽게 접근 가능하다는 것을 의미한다. 이를 통해 치료자는 치료적 현존의 핵심 요소인 자기와 타자에 대한 개방성과 따뜻한 수용을 개발할 수 있다.

치료자는 어떻게 자기연민을 함양할 수 있는가

치료자가 내담자에게 자기연민을 제공하기 위한 전제 조건으로 자기연민을 기르는 데 도움이 되는 몇 가지 실천 방법이 있다. 마음챙김 자기연민 프로그램의 핵심 실천 방법으로는 애정 어린 호흡, 연민을 들이쉬고 내쉬는 호흡, 자애(loving kindness) 등이 있다(Neff & Germer, 2018). 자기연민 휴식이나 발바닥 수련(feet practice)과 같은 다양한 비공식적인 방법도 있으며, 다음 절에서 더 자세히 설명한다.

Patsiopoulos와 Buchanan(2011)은 치료 회기에서 자기연민을 촉진하는 여섯 가지 자세를

제안했다. 저자들은 이러한 입장을 개발하는 데 기여한 내러티브 탐구(narrative research)를 통해 15명의 경험 많은 상담자의 관점을 얻었다. 여기에는 자신의 한계를 받아들이고, 모르는 것을 받아들이고, 내면의 대화에 집중하고, 마음챙김을 하고, 자신과 업무를 위해 시간을 내며, 실수에 대해 진정성을 갖고 이를 학습 경험으로 보는 것 등이 포함되었다(Patsiopoulos & Buchanan, 2011). 치료자가 이러한 자질을 함양할 수 있는 연습은 치료적 현존 훈련에 도움이 되는 보조적인 요소이다.

치료적 현존을 함양하기 위한 자기연민 연습

여기서는 치료적 현존을 함양하는 데 가장 적합하다고 생각되는 몇 가지 연습에 초점을 맞춘다. 자기의심과 수치심을 줄이기 위한 다른 연습과 회기 중 현존을 지원하는 핵심 메커니즘은 책 전체에서 자세히 확인할 수 있다. 이러한 연습의 대부분은 Neff와 Germer(2018)의 마음챙김 자기연민 프로그램에서 채택한 것이며, 더 자세한 설명은 그 프로그램이나 이 책 전체에서 찾을 수 있다.

진정시키는 손길

자기연민 수행의 기반은 진정시키는 손길(soothing touch)에 있다. 여기에는 정서적 또는 신체적 고통을 느끼는 신체 부위에 손을 대거나 손을 얹는 것이 포함된다(Neff & Germer, 2018). 아기가 고통스러워할 때 아기를 진정시키는 것처럼 손길은 보살핌 체계(care-giving system)와 부교감 신경계를 활성화한다. 다양한 손길의 측면을 살펴보라(예: 가슴에 손 얹기, 팔 쓰다듬기, 손에 손 얹기, 팔짱을 끼고 부드럽게 안아주기, 복부에 손 얹기). 이러한 다양한 유형의 손길을 탐색하면서 자신에게 가장 좋은 느낌이 무엇인지 알아보라. 진정시키는 손길은 회기 중 내담자의 고통에 대한 공명과 같은 어려운 정서를 경험하는 데 도움이 된다. 자기를 달래고 현존에 머무르는 데 도움이 될 수 있으며, 심장에 손을 얹는 몸짓을 통해 내담자와 함께 감정을 느끼고 있음을 나타내며, 내담자에게도 비언어적으로 초대하여 자신의 고통에 집중하도록 초대하는 거울이 될 수 있다.

자기연민 휴식

자기연민 휴식(self-compassion break)을 취하는 것은 앞서 언급한 세 가지 요소, 즉 마음챙김 알아차림, 공통의 인간성, 자기친절(self-kindness)로 어려운 정서에 접근하는 것을 포함한다. 속도를 늦추고 어려운 감정을 알아차림으로써 판단 없이 마음챙김 알아차림(즉, 가슴이 아프다), 이 고통을 느끼는 인간성을 인정(즉, 모든 사람은 고통과 괴로움을 경험한다, 나는 혼자가 아니다), 그리고 그 고통에 대한 친절(즉, 나는 너를 위해 여기 있다, 나는 너와 함께한다)을 통해 세 가지 요소를 스스로에게 제공할 수 있다. 이는 우리가 흔히 겪는 이차 반응, 즉 고통을 억누르거나 밀어내거나 고통과 투쟁을 겪고 있는 자신을 판단하는 것을 우회한다. 이 방법에 대한 자세한 설명은 8장과 14장을 참조하라.

부드럽게 하기, 진정시키기, 허용하기

부드럽게 하고, 진정시키고, 허용하기는 수치심이나 슬픔과 같은 어려운 정서에 접근하는 데 도움이 될 수 있는 수행법이다. 여기에는 몸에서 일어나는 정서를 알아차림으로써 판단하지 않고 명명하고(마음챙김), 부드럽게 다가가고, 친절과 접촉으로 달래고, 그 정서를 그대로 허용함으로써 그 정서와 함께 하는 것이 포함된다. 이를 통해 치료자는 회기 안팎에서 발생하는 어려운 정서와 현존할 수 있다.

연민을 주고받기

이 연습은 앞서 언급한 통렌 연습의 변형으로, 자기와 타자에 대한 연민을 포함하도록 조정된 것이다. 특히 회기 중 내담자와의 단절, 내담자 자신으로부터의 고통과 같은 현존에 대한 어려움을 다루는 데 유용하다. 호흡과 의도를 사용하여 자기와 타자에게 연민을 제공하는 것을 포함한다. 이 수련에서는 숨을 들이마실 때 자신에게 연민과 사랑의 친절을 베풀고, 숨을 내쉴 때 내담자에게 연민과 사랑의 친절을 베푼다. 이 연습은 공식적인 연습으로 참여할 수 있지만, 익숙해지면 회기 중에 내담자와 단절된 순간에 다시 연결하기 위해 내적으로 사용할 수 있다. 이 연습에 대한 자세한 설명은 14장을 참조하라.

메타: 자애

'메타(metta)'는 자애(loving kindness)을 뜻하는 팔리어 단어(Pali word)이다. 일부 불교 전통에서는 메타 수행을 모든 마음챙김 수행의 기본적인 기본 태도로 간주한다(Bögels & Restifo, 2014). 메타 수행은 자신과 타자에게 자애의 문구를 제공함으로써 언어를 명상의 수단으로 사용하는 것을 포함한다. 여기에는 "행복하길, 안전하길, 건강하길, 평안하길"과 같은 문구를 멘토나 괴로움을 겪고 있는 주변 사람들과 같은 심상 속 타자에게 천천히 반복한 다음, 마지막으로 자애를 베풀기 가장 어려운 대상인 자기 자신에게 보내는 것이 포함된다.

발바닥 수행

발바닥 수행(soles of the feet)은 안정화 수련의 한 유형이며 6장(체화된 현존)에서 제공하는 핵심 신체 중심 잡기(core body centering) 수련의 변형이다. 마음챙김 자기연민 프로그램에서 현재 순간에 알아차림을 고정하는 방법으로 제공되며, 불안하거나 화가 나거나 기분이 나쁠 때 사용할 수 있다(Neff & Germer, 2018). 이 프로그램은 서서 발바닥을 땅에 대고 감정을 느끼는 것으로 시작한다. 그런 다음 발을 앞뒤, 좌우로 흔들고 무릎으로 원을 그리며 발이 땅에 닿는 다양한 측면을 느끼는 것으로 발전한다. 발바닥은 주의를 집중하는 닻과 같아서 마음이나 정서가 바쁘거나 압도될 때, 지면에 닿는 발바닥의 촉감으로 알아차림을 되돌릴 수 있다. 발바닥의 감각 변화를 알아차리면서 천천히 걷는 것으로 마무리한다. 이 연습에는 발이 몸을 지면에 고정하기 위해 하는 일에 대해 감사하는 마음이 포함된다. 회기 중에는 방황하는 주의를 고정하는 방법으로 발이 땅에 닿는 것을 느끼는 것만으로도 충분할 수 있다.

관계적 자기연민: 공감적 경청

두 명 이상이 참여하는 관계형 연습이다. 이는 가슴 아픈 경험에 대한 다른 사람의 이야기를 조용히 경청하는 데 중점을 둔다. 여기에는 듣는 사람이 온몸을 사용하여 경청하고 화자 또는 내담자와 공명하는 '쨍하는 소리(pings)'에 주의를 기울이는 것이 포함된다. '쨍'은 청자가 화자 또는 내담자와 공명할 때 자신의 몸에서 느끼는 작은 내적 두드림 또는 예민함의 순간을 말한다(Neff & Germer, 2018). 쨍 소리를 듣는 법을 배우면 치료자는 치료적 현존의 핵심 요소인 신체를 사용하여 내담자가 자신의 어려움을 표현할 때 경청하고 공명하는 데 도움이 된다. 그런 다음 이러한 쨍 소리를 사용하여 두드러진 부분을 알아차리고 내담자와 공유하여 그들의 경험을 타당화하고 공감하며 의미 있는 접촉을 유지할 수 있다.

임상 사례

다음 임상 사례는 혐오감을 다루고 호흡 알아차림, 발바닥 수행, 정서조절과 같은 마음챙김과 자기연민 수행을 사용하는 것과 같은 특정 불교 원칙이 치료자가 자신이 없을 때 알아차리고, 산만함을 다루고, 순간에 다시 주의를 기울이는 데 어떻게 도움이 될 수 있는지 보여 준다.

아버지를 잃은 J씨의 슬픔은 특히 아버지가 돌아가신 지 몇 달이 지나도 변하지 않았기 때문에 치료자는 이를 감당하기 힘들어졌다. 치료자는 피로와 내담자에게 벗어나 휴식이 필요하다는 내면의 목소리를 알아차리고 다가오는 상담 예약을 주저하고 싫어하는 자신을 발견했다. 치료자는 자신의 혐오감을 주목하고 내면에 더 큰 무언가가 작용하고 있음을, 특히 J의 슬픔과 완전한 동기 상실에 영향을 미치지 못하는 데서 느끼는 어려움과 역량 부족을 깨달았다. 그녀는 이번 주에 동료 슈퍼바이저에게 이 문제를 조용히 제기하기로 약속했다. 하지만 그날 오후에도 J를 만나야 했고, 이 회기를 어떻게 관리해야 할지에 대한 두려움으로 가득 차 있었다.

혐오의 형태로 비현존하는(nonpresent) 자신의 상태에 대한 치료자의 알아차림은 회기 전부터 두려움으로 예상했기 때문에 발생했다. 이러한 수준의 알아차림은 이 무능력(incompetence) 문제를 의식적으로 선반 위에 올려놓는(제쳐 두기; bracketing) 긍정적인 초대가 되었지만, 나중에 다시 돌아갈 의도를 가지고 있었다. 이러한 알아차림은 회기 전과 회기 중에 자신의 내적 상태를 보다 현재 중심적인 곳으로 끌어들이는 초대로도 작용할 수 있다.

치료자가 회기에 접근하는 데 주저하는 것을 경험하기 때문에, 그녀는 회기 시작 5분 전에 자신을 더 개방적이고 중심적인 곳으로 데려 오기로 결정했다. 그녀는 가벼운 스트레칭

과 마음챙김 호흡 운동을 통해 두 발을 땅에 딛고 호흡이 몸의 중심을 통과하는 것을 상상하면서 호흡을 중심 감각에 맞출 수 있게 했다. 그리고 잠시 후 만나게 될 내담자와의 연결을 돕기 위해 고요한 순간과 마음을 달래는 손길로 마무리했다. 곧 만나게 될 내담자와의 교감을 위해, 그녀는 문으로 다가가 J를 맞이했다. 단 몇 분이라도 숨을 쉬고, 발이 바닥에 닿는 것을 느끼고, 호흡에 맞춰진 덕분에 치료자는 내담자를 만날 때 더욱 열린 마음과 공감, 그리고 현재에 집중할 수 있었다.

회기가 시작되자 J는 평소와 같이 자신의 의욕 부족, 깊은 슬픔, 무기력함에 대해 이야기했다. 치료자는 자신이 느꼈던 개방과 연민과 중심이 사라지기 시작하는 것을 경험하기 시작했고, 머릿속에서 그를 도울 수 없다고 조롱하는 목소리가 들려왔다. 치료자는 다시 친절하게 그 목소리와 그 목소리로 인해 자신이 느낀 낙담감을 지적하고 나중에 다시 돌아와서 그 문제를 해결하기로 결심했다. 그녀는 재빨리 자신의 몸에 집중하고 땅에 닿는 발의 감각('발바닥' 수련과 유사)과 중심 감각에 대해 알아차림을 가져왔다.

친절한 내면의 목소리로 주의를 다시 그 순간으로 끌어들이자 치료자는 이전에는 보지 못했던 방식으로 J를 보았다. 그녀는 40세의 이 임원이 작고 온화한 어린아이의 자세로 고개를 살짝 숙인 채 의자에 웅크리고 있는 모습을 발견했다. 치료자가 그의 눈을 바라보며 손을 꼭 쥐고 있는 모습도 보였다. J가 자신의 슬픔과 상실에 대해 더 이야기하는 동안 치료자는 자신의 몸에서 '쨍'하는 소리를 느꼈다. 그녀는 그의 절망의 깊이를 가슴의 불편함으로 느꼈고 그의 가슴에 손을 얹었다. 그녀의 마음속에는 '무능한'이라는 단어가 스쳐 지나갔다. 그녀는 따뜻한 목소리와 부드러운 눈맞춤으로 그의 눈에서 본 깊은 절망을 그에게 비추며 상실감에 대한 그의 무능력한 감정을 물었다. 그의 눈에서 눈물이 고이기 시작했고, 그는 전에는 볼 수 없었던 깊은 슬픔과 안도감으로 그녀를 바라보았다. 그는 잠시 침묵을 지키다가 아버지뿐만 아니라 자신을 진정으로 믿어 준 유일한 사람을 잃은 것에 대해 이야기했다. J는 어린 시절 누나들과 심지어 어머니까지 자신을 놀림거리로 삼았던 일화와, 아버지가 항상 조용히 자신을 지지해 주고 얼마나 훌륭한지 칭찬해 주셨던 일에 대해 이야기했다. 그는 현재 자신이 성공적인 광고대행사의 임원으로 일할 수 있는 것도 면접 전 아버지가 코칭을 해 주고 자신감을 가질 수 있도록 도와준 덕분이라고 말했다. 아버지의 현존이 없었다면 성공할 수 없었을 것이라는 두려움을 털어놓으며 그는 눈물을 흘렸다.

이 압도적이고 거리감 있는 반응에 대한 치료자의 알아차림은 그녀가 잠시 멈추고, 감정을 조절하고, 중심을 찾고, 친절로 자신의 정서에 연결하여 순간에 주의를 들릴 수 있는 접근 지점으로 사용할 수 있게 해 주었다. 이는 사전 마음챙김과 자기연민 연습을 통해 자신의 감정을 빠르게 인식하고, 친절하게 대하며, 몸과 주의를 재정렬할 수 있었기 때문에 가능했다. 회기 전 이러한 알아차림과 사전 연습, 준비를 통해 그녀는 다시 중심과 현존할 수 있었고, 치료자는 내담자가 표현하고자 하는 것을 더 깊이 보고 감정을 느낄 수 있었다. 치료자는 쨍 소리에 귀를 기울이고 내담자에게서 알아차린 절망의 통렬함과 무능력한 느낌에 대한 직관적인 감각 또는 안내를 신뢰하면서 현존하고 내담자와 접촉하면서 이러한 알아차림을 다시 반영했다. 이를 통해 J는 더 깊은 마음을 열고 이해받고 있다는 감정을 표현할 수 있었다. 중요한 점은 내담자의 기분이 나아졌다고 해서 치료자가 더 유능해졌다고 느끼는 것이 아니라는 것이다. 이러한 성찰은 오히려 더 깊은 슬픔을 불러일으켰기 때문이다. 오히려 내담자가 이해받고 있다고 느끼고 그가 경험하기 시작한 슬픔의 층위를 표현할 수 있도록 압도당하거나 외면하지 않고 절망에 머물거나 현존과 연민으로 돌아갈 수 있는 능력, 즉 절망과 함께할 수 있었던 것이 치료자의 능력이었다는 것을 기억해야 한다.

회기가 끝난 후 J는 슬픔이 덜한 것은 아니지만 "더 부드러워지고" 이해받는다는 느낌을 받았다고 말했다. 그는 자신의 상실의 깊이를 이해하기 시작했고 아버지를 잃고 큰 슬픔에도 불구하고 계속 일하고 성공할 수 있다는 희망을 품기 시작했다. 마음청김과 자기연민을 통해 안정화와 중심감으로 돌아가는 이 치료자의 연습을 통해 그녀는 주의력과 집중력을 온전히 그 순간에 되찾을 수 있었다.

결론

마음챙김과 자기연민은 치료적 현존을 함양하는 데 도움이 되는 일련의 기술과 실천이다. 마음챙김에 대한 연구는 연습을 통해 현재에 집중하고 스트레스와 반응성을 줄일 수 있다는 개념을 뒷받침한다. 최근의 대인관계 접근법은 전통적인 형태의 마음챙김이 관계적 특성을 포함하도록 확장되어야 한다는 점을 인식하고 있다. 이러한 대인관계 마음챙김 접근법(interpersonal mindfulness approaches)은 치료자가 자신의 관계 문제와 친밀감의 장벽을

극복하고 내담자와 관계적으로 현존할 수 있는 역량을 개발하는 데 도움이 될 수 있다. 자기연민 실천은 치료자가 현존의 장벽을 극복하는 데 도움이 될 뿐만 아니라 친절과 따뜻함으로 자신과 내담자의 고통과 괴로움에 공감하여 현존의 능력을 강화하는 추가적인 이점이 있다.

12장

현존에 대한 경험적 접근법

보고, 듣고, 느끼고, 맛보고, 만지고, 냄새를 맡을 수 있다면, 그 순간에 존재하고 있는 것이다. 그것은 현재의 순간이며, 그 순간에 존재할 수 있는 기회를 가져다준다.

—제이콥슨(JACOBSON, 2007, p. 25)

마음챙김(mindfulness)은 현재의 순간을 인식하기 위해 마음의 진입점에 초점을 맞추는 반면, 경험적 접근법은 신체, 마음, 창의력, 그리고 관계를 통해 치료적 현존(therapeutic presence)을 기르는 다양한 방법을 제시한다. 경험적·인본주의적 관점(experiential and humanistic perspectives)은 내면의 지혜를 일깨우는 경험적 자기(self)가 존재한다는 이해에 기반을 두고 있다. 우리가 경험하기(experiencing)의 몰입(flow)과 접촉할 때, 그 내적 일치성(congruence)에서 자연스럽게 건강한 자기통합감(healthy sense of self-integration)이 나타날 수 있다. 경험적 관점의 주요 원칙은 말이나 행동을 자신의 감각적 경험으로 확인하고, 말이나 행동이 내면의 경험과 지혜와 직접 접촉하여 나타날 수 있도록 하는 것이다. 경험하기는 정보가 풍부하고, 매우 상세하며, 강렬하고, 유동적이며, 의미를 구별하는 능력이 있는 것으로 간주된다(Watson et al., 1998). 경험하기는 내적 기압계와 같은 역할을 하여, 경험의 상징화를 그 사람의 실제 현재 경험과 비교하여 정확성을 확인하는 역할을 한다.

현존을 기르는 경험적 방법은 치료자에게 두 가지 면에서 중요하다. 첫째, 경험을 접하는 것은 건강한 정서적·정신적 삶과 내적 통합감을 뒷받침하며, 이는 치료적 현존을 기르는 데 기초가 된다. 둘째, 치료자의 순간순간의(moment-to-moment) 경험하기를 접하는 것은 치료자의 직관력을 개발하고 직관력에 익숙해질 수 있게 하며, 자기경험(self-experience) 내에서 내적 접촉 지점을 형성하여 그 순간 내담자의 경험을 알 수 있게 해 준다.

경험적 관점에서, 네 가지 진입점은 우리의 알아차림과 의도를 현존으로 열게 한다. 신체적으로(신체를 통해), 정서적으로(마음을 통해), 창의적으로(영혼을 통해), 관계적으로(타인과의 접촉을 통해). 이 장에서는 치료적 현존 경험의 네 가지 측면[안정화(grounding), 몰입(immersion), 확장(expansion), 내담자와 함께 그리고 내담자를 위해(with and for the client)]과 관련하여 이 네 가지 진입점을 탐구한다. 또한 치료적 현존을 기르는 데 도움이 될 수 있는 리듬과 알아차림에 기반한 통합적인 프로그램도 소개한다.

 치료적 현존을 함양하기 위한 신체 접근법(신체)

몸과 접촉하고, 그 순간에 느끼고 감지하는 것을 아는 것은 현존에 필수적이다. 이는 특히 치료적 현존의 첫째 특성인 '안정화(grounding)'를 생성하는 데 도움이 될 수 있다. 신체에 귀를 기울이고 신체의 감각을 느끼는 것은 현존하는 경청의 본질이다. 치료자들은 신체의 감각과 경청의 가치를 인식하고 있을지 모르지만, 대부분은 깊이 경청하는 방법을 배우지 못했거나, 방법을 알고는 있지만 결국 타자의 깊은 정서를 받아들이게 되어 압도되거나 거리감을 느끼게 된다. 우리는 가장 깊은 형태의 경청은 모든 감각을 동원하는 것이라고 제안한다. 여기에는 안정되고 몰입하며 여유로운 상태에서 타자가 경험하고 있는 것을 감지하고 받아들이는 것이 포함된다. 이를 통해 우리는 우리 몸으로 감지하여 타자가 경험하고 있는 모든 것을 들을 수 있게 되며, 이는 우리 자신을 안정적이고 균형 잡힌 상태로 유지하면서 타자에 대한 더 큰 공감과 이해로 이어진다.

이러한 깊은 감각적·신체지향적 듣기의 중요성에도 불구하고, 심리치료사의 학문적·임상적 세계에서는 신체가 종종 소홀히 다루어진다. 우리는 우리의 경험과 임상 이론에 대해 토론에 몰두한다. 이 책이 현존과 같은 경험적 주제를 다루고 있음에도 불구하고, 우리는 이

책을 읽으면서 인지적 이해에 몰두하고 있다. 또한, 우리는 대부분 앉아서 일하고, 여가 시간에도 앉아서 이메일을 확인하거나 영화를 보는 등 앉은 자세를 유지한다. 우리 사회는 또한 앉아서 하는 작업을 장려하며, 우리 조상들의 생존에 필수적이었던 신체적 움직임은 자동차·전화·배달음식·리모컨·컴퓨터 등으로 인해 사라졌다.

우리가 경험하는 긴장, 스트레스, 불편함, 정서 등 신체를 무시하는 대가는 "질병과 기능장애의 악화"이다(Fogel, 2009, p. 8). 임상적 차원에서, 우리 몸과 단절된 상태의 대가는 내담자의 경험이나 우리 자신의 직관을 나타내는 지표로 우리 몸의 감각 상태를 사용할 수 없게 되는 것이다. 개인적인 차원에서, 신체적 감각 경험에 익숙해지는 것은 건강과 안녕감은 물론 신경 통합(neural integration)과도 직접적인 관련이 있다. 심리면역학(psychoimmunology)은 스트레스가 신체에 영향을 미치고 면역 기능을 저하시키며, 긴장과 불편함으로 신체에 남아 있을 수 있다고 가르친다(O'Leary, 1990). 또한, 많은 초심 치료자들은 대학원 생활의 속도를 쉬지 않고 계속 유지하며, 과잉 각성(즉, 교감 신경계의 과민 반응)과 높은 아드레날린에 의해 유지되는 매우 까다로운 일정을 유지하는 경향이 있다. 만성 스트레스는 정서적 건강에 영향을 미치고 근육이나 위장 문제, 수면 장애, 불균형한 식습관, 질병에 대한 면역력 저하, 불안, 주의력 결핍, 대인관계의 어려움, 업무 능력 저하로 이어질 수 있다(Baker, 2002). 신체적 알아차림이 부족하면 신체의 스트레스를 무시하게 되어 결국 건강에 해를 끼치게 될 수 있다. 치료자 및 전문가로서 우리는 스트레스의 영향을 잘 알고 있지만, 신체와 접촉이 끊길 수 있으며, 건강 상태가 나빠지거나 원치 않는 고통이나 체중이 증가하면 그 원인이 무엇인지 의아해한다.

우리의 신체 경험에 대한 이러한 감각은 방치나 사회적·기술적 요인에 의해 상실될 수 있지만, 요가·드럼연주·운동·마사지 등 신체적 인식에 초점을 맞춘 운동을 통해 함양될 수도 있다. 신체와 자기인식(self-awareness)이 깊어지면 치료자는 자신에게 최적의 건강 스트레스와 자극의 수준을 인식할 수 있게 되어, 균형을 유지하기 위해 자신의 삶을 조절할 수 있게 된다(Valente & Marotta, 2005).

체화된 자기인식이란 무엇인가

체화된 자기인식[embodied self-awareness; 신체 알아차림(somatic awareness)이라고도 함]

은 현재 이 순간에 우리의 경험, 신체 감각, 움직임, 내면의 감각 세계를 포함한 우리 자신에 주의를 기울이는 능력이다(Fogel, 2009). 이는 우리가 인식하고 있는 것에 대해 생각하거나 "분류·계획·추론·판단·평가의 사고 과정에 참여"하는 '개념적 자기인식(conceptual self-awareness)'과 대조된다(Fogel, 2009, p. 11). 개념적 자기 인식은 메타인식(meta-awareness)과 비슷하다. 이 장을 읽는 지금 우리가 하고 있는 일이다. 즉, 우리가 체화된 인식의 본질과 가치를 명확하게 표현하고 이해하려고 노력하는 지금이다. 체화된 자기인식은 이 순간, 정서적·신체적·감각적 신체에서 진실이라고 느껴지는 것을 내면에서 느끼는 감각이다.

체화된 자기인식이나 신체 알아차림과 유사한 개념으로 전신 현존이 있다. Scurlock-Durana(2010)는 '전신 현존(full body presence)'을 "건강한 에너지가 몸속을 잘 흐르면서 신체의 모든 부분을 느낄 수 있는 능력"으로 정의했다. 또한 건강을 위한 내적·외적 자원에 대한 연결과 개인적인 경계에 대한 좋은 감각도 포함된다(p. xii). 전신 현존은 신체에 안정화와 알아차림을 가능하게 한다는 점에서 치료적 현존의 전조(precursor)로 제안된다.

심리학의 현재 관점은, 이 견해의 핵심인 체화(embodiment)라는 개념을 인식하기 시작하고 있다. 즉, 신체는 마음과 심리적 과정에 큰 영향을 미친다는 개념이다(Glenberg, 2010; Siegel, 2010, 2011; Tschacher & Bergomi, 2011). 인본주의적 경험적 관점(humanistic-experiential perspective)에서, 우리는 먼저 우리 몸에서 경험하는 정서와 지속적인 흐름(flow)에 접촉해야 한다(Gendlin, 1978; Greenberg, 2007, 2010; Greenberg et al., 1993; Perls, 1970; Rogers, 1980). 이는 마음과 정서가 체화된다는 관점에 기반을 두고 있다. 정서는 우리의 생각과 행동에 강한 영향을 미치는 신체의 변화도 포함한다(Damasio, 1999, 2005; Greenberg, 2010; Niedenthal, 2007).

체화된 자기인식은 내부 수용 감각·신체·호흡·고통·피로·휴식·정서 및 경험을 감지하는 것을 포함한다. '내부 수용 감각(interoception)'은 생리적 피드백과 그 피드백에 대한 인식을 통한 신체의 내부 감각 능력을 의미한다(Wiens, 2005). 생리적·정서적 경험을 느끼는 것은 일반적으로 전측 섬엽(anterior insula)과 전대상회(anterior cingulate)에 반영된다(Hanson & Mendius, 2009; Wiens, 2005).

Gendlin(1978)은 체화된 경험의 이 수준을 언어 이전과 그 너머에 존재하는 것으로 묘사했다. 체화된 자기인식의 경험은 우리의 감정 상태에 존재하기 때문에 언어로는 이 알아차림의 상태를 완전히 포착할 수 없다. 이 경험을 묘사하는 데 사용되는 언어는 일반적으로

시, 상징, 몸짓, 예술, 개인적인 표현에서 사용되는 것과 같이 본질적으로 연상적인 성격을 띤다. 우리 내면의 지형을 느끼고 이해하는 직접적인 원천은 경험 그 자체에서 나온다.

Stern(1985)은 인식의 범위를 확장할 수 있는 능력을 가지고 있으며, 우리의 심리생리학적 존재의 핵심에 있는 기본적인 자기감(basic sense of self)을 설명했다. 이 체화된 자기인식은 임신 단계에서 시작되며, 자신의 신체가 어디에서 끝나고 다른 사람의 신체가 시작되는지 느끼는 신체도식(body schema) 자기인식과 직접적인 관련이 있다. 통일성과 분리성이라는 두 가지 의미에서 타자와 자기를 완전히 인식할 수 있는 치료자의 능력은 자신의 신체적 감각 경험과 내면의 존재와 접촉한 경험에 달려 있다.

멈춤의 순간

잠시 멈추고 자기인식의 순간을 경험해 보라.

- 잠시 눈을 감아라.
- 몇 번의 호흡을 통해 현재의 순간에 의식을 집중하라. 이제 자신의 신체 나부의 지형을 느껴 보라.
- 발, 다리, 손, 팔, 가슴을 느낄 때 무엇이 느껴지는가?
- 각 신체 부위에 대한 인식을 잠시 동안 부드럽게 하고, 판단하지 말고 그냥 느끼기만 하면서 그 부위에 익숙해져라. 이제 그 순간에 감정을 지배하고 있는 정서를 인식하라.
- 그 정서가 어떤 느낌인지, 그 질과 강도, 신체에서 어디에 있는지, 그리고 그와 함께 느끼는 감각을 인식하라.
- 판단이나 해석을 하지 말고, 자신의 내면에서 느껴지는 감정을 탐색하라.

신체 알아차림은 현존과 어떤 관련이 있을까

신체는 말 그대로 그리고 비유적으로 우리를 매 순간마다 이동시킬 수 있는 우리 자신의 한 측면이다. 한 수준에서는, 우리의 현존을 드러내는 데에는 생물학적 과정이 관련되어 있다. 예를 들어, 우리의 뇌의 메시지와 시냅스 발화에 의해 지시되고 안내되는, 우리가 현존을 만나는 장소에 물리적으로 존재하는 것이 그 예이다. 또 다른 수준에서는, 내담자가 표현

하고 경험하는 것에 대한 감각 정보의 수용체 및 원천으로서 신체를 들여다보는 신체적 감각 과정도 현존에 관련되어 있다. Silsbee(2008)는 현존의 선행 조건으로서 신체 알아차림과 신체 감각 능력(somatic literacy)의 중요성을 강조했다. 신체 알아차림과 신체 감각 능력을 통해 우리는 신체와 관련된 풍부한 정보에 접근할 수 있기 때문이다. 따라서 신체 알아차림은 현존을 배양하고 현존으로 돌아가는 데뿐만 아니라 다른 사람들과 현재 중심의 만남(present-centered encounters)에 참여하기 위해서도 핵심적인 요소이다.

우리가 내담자와 함께 수용적이고 열린 자세로 앉아 있으면, 우리 몸은 여러 수준에서 내담자로부터 정보를 받아들인다. 치료자는 때때로 내담자의 긴장을 자신의 위장(아마도 더 약한 형태로)에서 느낄 수 있다. 또는 치료자의 가슴에 느껴지는 긴장이나 불안의 파도가 내담자의 공포와 심리적 공명을 일으키는 경우도 있다. 치료자가 내담자의 경험에 대해 자신의 신체 및 감각 정보에 대해 알아차리고 접근할 수 있는지는, 우선 자신의 내적 경험을 인식할 수 있는 능력에 달려 있다.

우리 자신의 감각을 인식하고, 우리 몸에서 발생하는 감각과 타인의 경험에서 발생하는 감각을 구별하는 능력은 현존에 필수적이다. 깊이 연결되어 있고 우리 자신을 감지기(sensor)로 사용하는 특성은 이러한 인식과 구별 능력에 달려 있다. 나(S. M. G.)는 임상 사례를 다음과 같이 설명한다.

내담자가 남편을 잃은 것을 이야기할 때, 가슴이 두근거리는 감정을 느끼면, 그 순간에 신속하게 알아차리고 민첩하게 대응하는 것이 중요하다. 먼저, 반응하지 않고 두근거리는 감각에 의식을 집중한 다음, 그 감정이 내 고통이 촉발된 것(역전이)인지, 아니면 내 신체 감각이거나 내담자의 경험을 반영한 것(감지기로서의 자기 또는 신체적 공감)인지 판단할 수 있다. 열린 마음으로 접촉을 유지할 수 있다면, 그 감각을 기록해 두었다가(역전이인 경우) 내담자에 대한 성찰과 이해의 원천으로 사용할 수 있다(감지기로서의 자기 또는 신체적 공감).

우리의 신체적 감각 경험에 대한 인식(예: 신체 알아차림 연습)은 현존의 필수적인 측면이며, 치료자의 건강 및 신경 통합과도 직접적인 관련이 있다. 감각과 정서 등 우리로 하여금 신체를 내부적으로 느낄 수 있게 하는 신경 경로(neural pathways)는, 신체적·정서적 균형과 건강을 유지하는 데 도움이 되는 신체 과정을 조절하는 신경 경로와 직접적인 관련이 있

다(Fogel, 2009). 정서적·신체적 건강은 신체 상태를 인식하고 모니터링하는 능력에 달려 있다. 이는 신경생물학적 반응(자율, 면역, 내분비 반응)의 활성화, 체화된 자기인식(증상 모니터링, 스트레스 감소), 건강한 행동(자기돌봄, 휴식, 영양 섭취)으로 이어지고, 가장 중요한 것은 정서적으로 현재에 완전히 살아갈 수 있는 능력으로 이어지기 때문이다(Fogel, 2009, p. 22).

자기인식은 치료자의 전문적 발전과 자기돌봄에 필수적인 측면은 아니지만 중요한 측면으로 지적되어 왔다(Baker, 2002; Orlinsky & Ronnestad, 2005; Valente & Marotta, 2005). 신체 알아차림이라는 필수적인 요소를 포함하는 자기인식의 증진은 개인적 통합을 지원하며, 따라서 내담자와 함께 현존하고 다양한 선택지, 통찰력, 창의적인 관점에서 대응할 수 있는 능력을 지원한다(Aponte & Winter, 2000; Valente & Marotta, 2005). 따라서 신체적 자기인식(bodily self-awareness)은 현존을 기르고 건강한 삶을 사는 데 필수적이다.

임상 사례

치료자가 자신의 신체적 경험을 받아들이고, 내담자와 완전히 현존하는 상태에서 영감을 받은 심상에 주의를 기울이는 예는 다음과 같다.

나는 내담자가 자신의 인생과 부모의 부재에 대해 이야기하는 것을 듣고 있다. 그녀는 먼저 술을 많이 마시고 잔소리만 하는 아버지에 대해 이야기하지만, 잠시 후 그녀의 목소리는 더 내면으로 집중된 목소리로 바뀌고, 가슴이 저려오는 듯한 말투로 말하기 시작하며, 말의 속도가 느려지고 눈이 슬퍼 보인다. 나는 가슴이 답답해지는 슬픔을 느끼고, 그녀의 아버지가 문밖으로 나가는 모습이 떠올라 이 관계의 슬픔을 느낀다. 나는 그녀의 슬픔을 내 경험으로 반영하여 그녀에게 말했다. "당신의 아버지는 당신을 위해 아무것도 해 준 적이 없었군요." 그녀는 아버지가 곁에 없었던 고통을 떠올리며 울었다. 결국, 그녀는 말의 속도를 높이며 자매와 친구들이 자신의 지원군이라는 것을 다시 인식하기 시작했다. 그녀의 아버지와 그녀의 슬픔에 공감하고 그 심상을 신뢰하며, 이것을 그녀와 공유한 결과, 그녀의 눈에는 눈물이 고이고, 현재의 외로움이 드러나기 시작했다.

치료자가 내담자와의 공감과 자신의 신체 감각을 통해 얻은 신체 기반의 알아차림을 공유함으로써 회기가 진행될 수 있었고, 내담자의 경험에 또 다른 층이 드러날 수 있었다. 신체 알아차림에 익숙한 치료자는 자신의 슬픔을 신체로 느끼고, 내담자의 경험과 관련된 심

상을 인식할 수 있었다.

신체 알아차림을 통한 현존의 함양

부드러운 신체 움직임, 스트레칭, 안정화 운동은 우리의 내면의 감각적 알아차림을 일깨워 직접적인 신체 경험과 접촉하게 해 준다. 뇌가 우리 몸이 어떻게 반응할지 지시할 수는 있지만, 매 순간 신체를 집중의 단서로 삼아 그 순간에 도달하려는 의도는 뇌가 현존의 경험을 생성하는 데 도움이 된다. 현존을 의도하며 몸과 연결하기 위해 반복적으로 멈추는 것은 신경 활동(neural activity)과 현존에 대한 신체적 기억을 활성화하는 데 도움이 된다. 안정화 및 중심 잡기 등 내부 수용 감각을 지원하는 연습과 요가 및 춤과 같은 신체 중심 연습을 통해 신체 알아차림을 쌓으면 신체 알아차림을 생성하고 현존 경험을 지속하는 데 도움이 될 수 있다.

안정화 및 중심 잡기

안정화 및 중심 잡기 기법은 신체에 기반을 두고 있다. 두 기법은 신체적 현존을 활성화하는 수단이며, 현존 자체의 주요 측면을 설명하는 수단이기도 하다. 안정되지 않은 상태는 단절감을 느끼고, 주의력이 산만하며, 걱정이나 불안감을 느끼기 쉬운 상태를 의미한다. 중심이 잡히지 않은 상태는 균형이 무너지고, 정서적·신체적으로 쉽게 흔들리는 상태를 의미한다.

안정화에는 자기 자신과 자신의 신념에 대한 확고한 뿌리를 내리는 것이 포함되지만, 여기서는 신체에 안정화하는 데 초점을 맞출 것이다. '안정화(grounding)'란 내면의 통합감과 자기 내면의 안정감을 가지고 그 순간, 그 신체에 현존하는 것을 의미한다. 여기에는 직감적인 방식으로 감각을 통해 땅 또는 다른 건강한 에너지원과 연결하는 기술이 포함된다(Scurlock-Durana, 2010). 안정화는 정서적 강렬함이나 혼란 속에서도 평온함과 평정심을 유지할 수 있게 해 준다. 안정화를 통해 우리는 자기와 존재 안에 흔들리지 않는 안정감과 평온함을 인식하게 된다.

'중심 잡기(centering)'란 신체 알아차림을 신체의 중심부로 가져오는 것을 의미한다. 중심 잡기는 신체의 여러 부분과 인식을 신체의 한 중심부로 가져와 균형감과 내적 통합에 접

근하거나 그 상태로 되돌리는 방법이다. Silsbee(2008)는 현존 기반 코칭(presence-based coaching)에 관한 저서에서 다음과 같이 설명한다.

중심 잡기는 우리 몸에 주의를 집중하고, 자신과 연결하며, 알아차림과 현존하는 내적 과정이다. 이는 우리를 자동적으로 자극받거나 반응하는 상태에서 스스로 생성하고, 자원을 활용하며, 창의적인 상태로 변화시키는 살아있는 재조직 과정이다. 중심이 잡힌 상태에서는 경각심이 생기고, 연결되어 있으며, 현존하고, 다음에 일어날 일에 대비할 수 있다(p. 155).

안정화와 중심 잡기는 치료자가 내면의 통합과 안정된 상태에 도달할 수 있게 해, 내면의 안정감을 잃지 않고 내담자의 경험을 온전히 받아들일 수 있게 해 준다. 이를 통해 내담자는 치료자의 내면의 안정감에 의지할 수 있게 되고, 치료적 관계와 치료 만남에 대한 안정감과 신뢰를 쌓을 수 있게 된다. 안정화와 중심 잡기는 내담자가 방에 들어오기 직전에, 단순히 멈추고 발을 땅에 디디고 숨을 쉬는 것만으로도 가능하다. 간단한 안정화 연습은 발바닥에서 뿌리가 땅으로 자라나는 것을 상상하는 것이다. 요가 자세(예: 산 자세)도 중심 잡기와 안정화 감각을 가지는 데 도움이 될 수 있다.

신체 중심 연습: 요가와 춤

신체 중심 연습(body-centered practices)에는 그 순간에 자신의 의식을 신체의 깊이와 안정감으로 가져가기 위해 부드러운 요가 자세나 신체를 자유롭게 움직이는 것이 포함된다. 이는 치료자들이 현존을 기르고, 실무, 전화, 보고서 작성 등으로 인해 과도하게 앉아 있는 시간을 줄이는 데 특히 유용할 수 있다. 치료적 현존에서, 신체는 치료자가 내담자가 경험하고 있는 것을 감지하고, 내담자와 함께 있는 그 순간에 직접적으로 반응하는 치료자 자신의 직관과 지혜에 접근할 수 있는 관문이다. 따라서 신체 중심 운동으로 연습을 하면 자신의 신체와 깊고 직접적인 관계를 발전시키는 데 도움이 될 수 있다. 신체 중심 연습의 예로는 요가와 파이브 리듬 댄스(Five Rhythms dance)가 있다(Roth, 1989, 1997, 2004).

요가는 인도 철학에서 비롯되었으며, 자세와 호흡을 통해 마음과 몸을 지원하기 위해 사용된다. 요가는 수련자들이 매 순간 호흡과 몸에 대한 알아차림을 높일 수 있도록 하는 일련의 자세로 구성되어 있다. 요가는 신체 건강에 긍정적인 영향을 미치는 것 외에도, 평온함과

안녕감과 같은 심리적 이점도 가져다줄 수 있다(Schell et al., 1994; Siegel, 2007; Wood, 1993).

Valente와 Marotta(2005)는 요가를 연습하는 6명의 심리치료사를 대상으로 심리치료사의 자기인식, 개인적 성장, 전문적 발전에 대한 요가의 이점을 탐구하는 질적 연구를 진행했다. 내용 분석(content analyses)을 통해 네 가지 주요 주제가 드러났다. 내적/자기인식, 균형, 자기 및 타자에 대한 수용, 삶의 방식으로서의 요가. 첫째 주제는 요가가 자신의 신체가 느끼는 감정을 더 잘 알아차리게 하고, 반복적인 생각을 버리고, 더 현존하고 집중할 수 있게 도와준다는 치료자들의 보고를 포함했다. 둘째 주제는 자극과 요구를 조절하여 균형과 조화를 이루고 소진을 방지하는 능력을 반영했다. 여기에는 중추 신경계를 진정시키고, 불안, 스트레스, 피로를 줄이며, 휴식을 증진하고, 중심 잡기와 안정감을 높이는 요가의 가치가 포함되었다. 셋째 주제는 결과에 대한 판단이나 집착 없이 자기와 타자를 수용하는 것을 포함했다. 이를 통해 치료자들은 그 순간에 더 집중하고 치료 과정에 더 몰입할 수 있게 되었다. 넷째 주제는 치료자들의 요가 연습에서 개인적 자기(personal self), 전문적 자기(professional self), 영성(sense of spirituality), 그리고 이 세 가지가 서로 어떻게 영향을 미치는지에 대한 통합감을 반영했다. 전반적으로, 이 연구에서 요가를 연습한 치료자들은 이러한 이점이 치료의 효과를 높이고 "'지금 여기'에 집중하고 내담자와 진정으로 현존하는 능력"을 향상시켰다고 말했다(Valente & Marotta, 2005, p. 77).

움직임(movement)을 통해 신체 알아차림을 개발하는 또 다른 방법은 Gabrielle Roth(1989, 1997, 2004)의 파이브 리듬에 기반을 두고 있으며, 이 방법은 샤머니즘, 황홀경, 신비주의, 동양 철학, 게슈탈트(Gestalt) 및 초개인적 심리학(transpersonal psychology; Juhan, 2003)의 교리(tenets)를 사용하여 여러 토착 및 세계의 전통을 차용하고 있다. 파이브 리듬은 음악에 맞추어 일련의 자기주도적인(self-directed) 리드미컬한 운동을 통해 어려운 정서를 해방할 뿐 아니라 현존과 기쁨의 상태에 도달하기 위한 것이다. 파이브 리듬 연습은 어려운 정서를 해방하고 정신을 평온하게 하는 데 도움이 될 수 있다. Roth의 연구(1989)에서도 그녀는 마음을 평온하게 하는 가장 빠른 방법은 몸을 움직이는 것이라고 강조했다.

현존을 함양하는 정서중심 접근법(마음)

현존을 함양하는 또 다른 진입점은 마음(heart), 즉 정서적 신체(emotional body)이다. 마음

을 열면 치료적 현존의 둘째 측면인 '몰입(immersion)'이 생기기 쉬워지며, 이를 통해 결과에 집착하지 않는 몰입적이고 정서적으로 연결된 상태가 나타난다. 치료자는 내담자의 경험을 전체적으로 받아들이고 연결하기 위해 자신의 경험 전체를 열기 때문에, 자신의 경험에 정서적으로 연결하는 것은 현존에서 중요하다. 그 순간에 자신의 정서적 경험을 연결하고 해결되지 않은 정서적 문제를 해결하기 위한 다양한 접근법이 있지만, 우리의 목적에 맞게, 우리는 이것을 예시하기 위해 포커싱과 정서중심적 관점(emotion-focused perspectives)을 탐구할 것이다.

포커싱 및 치료적 현존

포커싱(focusing)을 처음으로 설명한 Eugene Gendlin(1978, 1996)은 사람에게는 특정 경험의 의미를 발견하기 위해 참고할 수 있는 경험의 흐름이 있다는 것을 알았다. Gendlin(1978)은 심리치료의 효과를 연구하면서, 즉 자신이 느낀 경험과 연결되고 상징화하는 능력에 대한 연구를 통해 집중을 발견했다. 포커싱은 경험이 어떻게 내면의 기압계 역할을 하여, 경험의 상징화가 그 사람의 실제 경험과 비교되어 정확성을 판단할 수 있는지를 가르친다.

Gendlin의 용어로, 포커싱은 내면의 공간을 비우고, 감각 느낌을 찾아내고, 그 감각에 맞는 단어, 문구, 몸짓, 소리 등 '손잡이(handle)'를 찾고, 경험 자체와 그 수단을 공명하거나 확인하여 경험의 전체적인 특성을 드러내고, 감각 느낌과 현재 중심의 접촉을 통해 변화가 나타나도록 허용하며, 자신의 감각 느낌과 경험에 대해 판단하지 않고 받아들이는 대화를 하는 단계로 구성된다(Jordan, 2008). 포커싱은 종종 다른 사람과 함께 진행되지만, 혼자서도 할 수 있다. 혼자서 포커싱을 진행하면 상황에 대한 자신의 감각 느낌에 익숙해지고, 그 감각 느낌이 기저의 정서적 또는 신체적 경험을 드러내도록 빠르게 허용하는 방법을 배울 수 있다.

포커싱의 기본 전제는, 그것을 상징화하려는 우리의 시도와는 별개로, 경험적 감각 느낌이 존재한다는 것이다(Gendlin, 1978, 1996; Greenberg et al., 1993). '감각 느낌(felt sense)'은 우리가 처한 삶의 상황에 대한 전반적인 감정이며, 상황의 여러 가지 측면을 포함하고 있다(Welwood, 2000). 처음에는 모호하거나 흐릿하게 경험되지만, 감각 느낌에 주의를 기울이고 대화를 통해 그 의미가 드러날 수 있다. 먼저 공간을 정리하고 감각 느낌을 파악한 후, 이 감

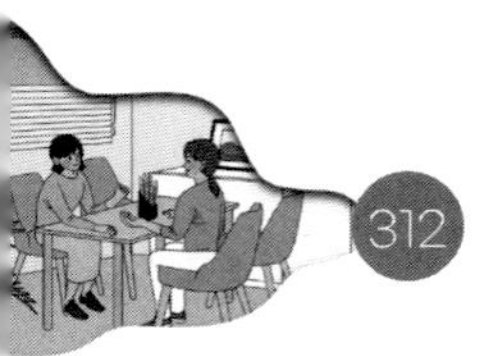

정을 언어적으로 상징화하고, 언어 표현이 신체적 경험과 일치하는지 확인할 수 있다.

포커싱은 주로 내담자가 기저의 감정, 경험, 욕구와 신체적 감각을 연결하도록 돕기 위해 사용되는 경험적 기법이지만, 치료자가 자신의 그 순간에 느끼는 정서와 그 정서의 층을 알아차리는 데에도 사용할 수 있다. 사실, 포커싱을 촉진하는 치료자는 포커싱의 언어와 기술을 잘 알고 있어야 한다. 포커싱의 핵심은 자신의 정서적 경험을 현재에 집중하여 듣는 방법이기 때문이다.

Gendlin은 처음에는 '현존(presence)'이라는 용어를 사용하지 않았지만, 포커싱이 함양하는 알아차림·감지·경청은 현존 경험과 공명한다. 예를 들어, Leijssen(1990)은 포커싱이 기술이나 능력이 아니라, 준비와 지원적인 환경에서 자발적으로 나타나는 보다 일반적인 태도라고 제안했다. Leijssen에 따르면, 치료자와 내담자는 내담자 내부의 공간을 비워 "아직 말하지 못한 것을 받아들이고, 아직 형성되지 않은 것을 수용할 수 있는" 상태로 조용히 "현존"할 수 있게 한다(p. 228). Jordan(2008)은 포커싱이 내담자의 경험을 더 큰 현존의 공간에서 유지하는 능력을 크게 향상시켰다고 설명했다.

치료자나 훈련 중인 치료자가 포커싱을 연습하면 몇 가지 다른 방법으로 치료적 현존을 기를 수 있다. 첫째, 포커싱 과정의 시작인 내면의 공간을 비우는 것은 치료자가 현존을 기르기 위해 할 수 있는 준비의 일부이기도 하다. 따라서 공간을 비워 자신의 욕구·걱정·문제·의제를 제쳐두는 여러 가지 방법에 익숙해지면 치료적 현존을 위한 기반을 마련하는 데 도움이 될 수 있다.

둘째, 포커싱의 언어는 판단을 배제하고 연민을 가지고 현존하는 것을 받아들이는 것에 기반을 두고 있다. Jordan(2008)은 내담자와 함께 현존하는 이 능력은 감각 느낌을 더 쉽게 받아들이는 법을 배우고 현존 언어를 사용함으로써 부분적으로 나타난다. 수용 또는 현존 기반 언어에 익숙해지면 치료자는 자신의 경험을 수용하는 능력을 기를 수 있으며, 이를 통해 회기에서 자신의 경험과 내담자의 감각적 경험을 쉽게 접근할 수 있게 된다. "나는 내 안에서 감지하고 있다" "나는 지금 이 순간을 자각하고 있다" "나는 내 몸에서 알아차린다"와 같은 언어는 현존하고 수용하는 자세를 뒷받침한다.

셋째, 포커싱이 지원하는 그 순간에 느끼는 신체적·정서적 알아차림은 치료자가 자신의 내면세계에 익숙해질 수 있도록 도와주어, 내담자와의 회기에서 어떤 경험이 떠오를 때, 그것이 단지 개인적으로 관련이 있어 제쳐두어야 할 것인지, 아니면 내담자의 경험과 관련이

있고 정서적으로 공명하는 것인지 판단할 수 있는 능력을 기를 수 있다. 치료자가 자신의 감각 느낌에 더 깊이 연결하고 현존을 함양할수록, 내담자에 대한 현존과 깊은 경청 능력이 더 발전할 것이다.

포커싱은 치료자에게 자신의 신체적·정서적 경험을 인식하고, 자신의 정서적 문제를 해결하고 해소할 수 있는 방법·언어·기법을 제공한다. Jordan(2008)은 포커싱(또는 포커싱 태도)이 자신의 걱정으로 인해 내담자와 함께 현존하기 어려울 때 도움이 되었다고 밝혔다. 포커싱을 통해 자신의 걱정을 연민으로 인정하고, 내담자에게 전적인 현존과 몰입된 알아차림을 되돌릴 수 있었기 때문이다.

내가(S. M. G.) 경험한 임상 사례는 자신의 반응을 알아차리고 현존으로 돌아가는 내담자의 정서적 알아차림의 가치를 잘 보여 준다.

오빠를 잃은 슬픔을 토로하는 한 내담자와 함께 있었는데, 속이 메스꺼워지는 듯한 느낌이 들었다. 이 강렬한 긴장감은 점점 커져서 신체적으로 불편함을 느끼게 하고 집중을 방해하기 시작했다.

잠시 내 경험을 살펴보았더니, 가까운 가족을 잃은 나의 경험이 촉발된 것이었다. 나는 내 고통과 슬픔을 자비롭게 인정하고, 내담자에게 온전히 현존과 알아차림을 되돌릴 수 있었다.

이 예에서, 포커싱 태도를 통해 생성된 내적 알아차림은 현존하는 능력에 방해가 되던 치료자의 슬픔의 촉발 요인을 식별하는 데 도움이 되었고, 그로 인해 촉발 요인을 일시적으로 보류하고 현존으로 돌아갈 수 있게 했다.

마지막으로, 앞서 언급한 바와 같이, 치료자의 경험과 내담자의 문제에서 느끼는 감각적 또는 공명적인 경험을 구별하는 능력은 치료적 현존의 필수적인 부분이다. 포커싱을 연습하면 내면의 정서적 세계와 그 내면의 경험의 층들과 연결하고 대화할 수 있는 더 큰 기술과 언어를 습득할 수 있다. 이러한 확인과 구별을 통해 우리의 내면의 고통·불편함·감각이 내담자의 경험이나 해결해야 할 우리 자신의 문제를 반영하고 있음을 드러낼 수도 있다.

정서중심치료 및 현존

포커싱과 비슷하게, 정서중심치료(emotion-focused therapy: EFT)는 치료자가 자신의 어

려운 정서를 인식하고 관리하며, 더 큰 자기인식과 정서적 인식, 자기수용(self-acceptance), 자기공감(self-empathy) 능력을 키울 수 있는 방법을 제공한다. EFT의 관점은 고통·슬픔·기쁨·분노 등 어떤 감정이 떠오르든 그 감정을 받아들이는 것을 배운다. 이는 치료자로서 내담자의 감정을 더 쉽게 받아들이는 데 도움이 된다. 정서와 접촉하는 것은 매우 치료적일 수 있다. 치료자가 내담자가 표현하는 모든 정서를 수용하고, 견디고, 관용하는 것은 내담자가 받아들이기 어려운 자기의 일부를 드러내는 데 도움이 된다. 사람은 자신이 있는 곳을 완전히 받아들이기 전에 변화할 수 없다. 현존은 또한 치료자가 내담자에게 최상의 효과를 가져올 수 있는 최적의 타이밍에 개입하고 반응하는 데 도움이 된다(Geller, 2019).

또한 EFT는 타자에 대한 공감과 연민은 자기공감과 자기연민의 자연스러운 연장선이라고 제안한다. 현존은 괴로움을 거부하려는 욕구를 포기함으로써 괴로움과의 관계를 변화시키는 방법을 제공한다. 이는 자기 자신에 대한 친절의 행동이다. 우리 자신이 진정으로 친절할 수 있을 때, 타자에 대한 연민이 자연스럽게 생긴다. 우리 자신이 편안하고 평화로울 때, 타자의 단점을 찾기가 어려워진다. 따라서 진정한 수용의 안정감은 내담자에게 자연스럽게 전달된다.

EFT는 훈련의 필수적인 측면으로 자기경험(self-experience)을 권장한다. 현존은 치료자(및 내담자)의 정서조절을 촉진하고 그들의 성장과 안녕감을 지원하는 자기와의 연결을 촉진한다(Geller, 2019). 치료자의 전체성(wholeness)은 또한 내담자를 분열되거나 분할된 존재로 보지 않고 전체적인 사람으로 받아들이는 데 도움이 된다. 따라서 자신의 자기비판(self-criticism)과 미해결 과제를 해결하는 것은 훈련의 일부이며, 현존에 대한 장벽을 인식하고 제거하는 데 도움이 되어, 내담자와 함께 그 순간에 완전히 현존하고 몰입할 수 있는 능력을 촉진한다.

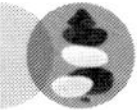 현존(영혼)을 함양하는 표현 예술, 창의성, 자연

창의성(creativity)은 현존으로 가는 문이다. 창의성은 영혼의 언어이며, 더 깊은 몰입감에 연결되는 방법이다. 창의적인 영역과 더 깊은 몰입에 마음을 열면, 치료적 현존의 셋째 측면인 '확장성(expansion)'과 연결될 수 있다. 이 확장성에서 우리의 영혼이나 정신은 창의적인

과정과 자연과의 연결을 통해 흘러나오는 더 큰 현실과 넓은 공간감에 연결된다. 창의적 표현은 특정한 것을 창조하거나 결과물에 대한 집착이 아니다. 그것은 말로 표현할 수 없는 내면 깊숙이 간직된 것을 순수하게 표현하는 과정이다. 우리가 표현한 것의 옳고 그름을 평가하고 우리 안에 내재된 창의성을 억누른 중학교 2학년 미술이나 음악 선생님의 잘못된 평가를 넘어설 때, 우리의 가장 깊은 본질에 접근하고 해방할 수 있는 기회가 찾아온다.

예술과 치료적 현존

회화, 드로잉, 조각 등 다양한 형태의 예술은 현존하는 세계를 보고 경험할 수 있는 기회를 제공한다. 초심자의 마음과 열린 마음을 경험하고 그 과정을 신뢰할 수 있을 때 창의성이 발휘될 수 있다. 반대로, 결과나 특정 제품에 집착하지 않고 창작 과정어 몰입할 때 몰입감과 현존이 생길 수 있다.

창의적인 몰입의 예술적 상태는 심리치료사의 치료적 현존의 상태와 비슷하다. M. Epstein(2007)은 "초점화된 집중력과 개방적이고 차별 없는 알아차림의 조합이 많은 예술가들이 창의적인 과정에 필수적이라고 생각하는 요소"라고 설명했다(p. 184). 심리치료사가 치료에서 행하는 것처럼, 창의적인 몰입은 그 과정을 성찰할 때 기술이나 전략의 연구가 없는 것이 아니라, 그 과정의 흐름에 몰입할 때 새로운 아이디어가 떠오르고, 결과에 대한 집착이나 습관적인 반응에서 해방되는 경험을 하는 것이다. 따라서 예술의 창의적인 몰입에 참여하는 법을 배우는 것은 내담자와 함께 일할 때, 과정과 출현을 신뢰하고, 현재에 깊이 중심을 잡는 열린 방식으로 일할 수 있는 기반을 마련해 줄 수 있다. 이런 식으로 예술은 현존의 공간으로 들어가는 창이 될 수 있다.

유명한 분석가 D. W. Winnicott은 이 형태 없는 주의 상태와 그것이 예술과 정신분석에 어떻게 관련되는지 설명했다. Winnicott는 "사이, 과도기적 공간, 형태가 없는 경험, 중간 영역, 그리고 내면의 삶과 다른 사람들과의 관계 사이의 세계를 다루는 대가였다"(M. Epstein, 2007, p. 187). 새로운 아이디어와 접근 방식이 등장할 수 있는 곳은 바로 자기와 타자의 중간에 있는 이 공간이다. 예술가의 경우, 선입견과 집착을 버리고 자기와 대상 또는 캔버스와의 연결 사이의 공간에서 새로운 심상이 등장할 수 있다. 이는 심리치료와 매우 유사하다. 심리치료에서는 자기 자신과 내담자 사이의 공간, 그리고 알려진 것(내담자와 기법에 대해 알려진

것)과 알려지지 않은 것 사이의 공간에서 현재 중심적인 연결을 통해 새로운 또는 관련성 있는 반응과 접근법이 등장할 수 있다.

예술적 과정에 참여하고, 판단이나 결과에 집착하지 않고 놓아 버리고 드러나도록 하는 방법을 찾는 것은 치료자가 개방적이고 넓은 현존의 상태를 기르는 데 도움이 될 수 있다. 예술적 과정은 치료자가 미지에 대한 편안함을 느끼고, 그 과정에 대한 신뢰를 쌓고, 기대나 노력 없이, 생각이나 판단이 없는, 그 중간에 있는 현재 중심적인 상태에서 새로운 것과 창의적인 것이 어떻게 드러날 수 있는지 이해하는 데 도움이 될 수 있다.

사진 및 순간에 존재하기

치료적 현존을 함양하기 위해 사진을 사용하는 본질은 렌즈를 통해 그 순간에 현존하는 것을 다양한 관점과 각도에서 볼 수 있다는 전제에 기반을 두고 있다. 이런 식으로 보는 것은 판단하지 않고 그 순간에 대상의 다양한 측면을 받아들이는 것을 의미한다. 즉, 무언가의 한 측면을 보고 느끼며, 해석하지 않고 열린 마음으로 이미지의 변화·질감·느낌·각도·빛·그림자·미학을 받아들이는 것이다.

카메라 렌즈를 통해 현존을 인식하는 데는 기술적 능력이 필요하지 않으며, 사진작가로서의 훈련이나 전문 지식도 필요하지 않다. 이런 방식으로 이미지를 보는 것은 환상적인 사진이나 특정 결과를 만들기 위한 것이 아니라, 다양한 각도에서 우리 앞에 있는 것을 보고, 느끼고, 함께 있는 능력을 연마하는 과정이다. 현존의 발달에 도움이 된다고 우리가 제안하는 대부분의 예술적 표현과 마찬가지로, 이것은 특정 사진이나 결과를 얻기 위한 기술 기반의 접근 방식이 아니라, 과정의 도구이다.

현존하기 위해 사진을 찍는 것은 현재에 대한 우리의 알아차림을 높이고, 자의식(self-conscious)을 가라앉게 한다. 이 연습에서는 좋은 사진을 찍기 위한 기술, 목표, 기대를 버리고, 대신 카메라를 통해 느끼고 보는 경험에 몰입한다. 이는 우리가 일반적으로 사진에 대해 생각하는 방식과 같이 객관적인 관찰자가 되는 것이 아니라, 경험을 우리에게 다가오게 하는 방법이다. 목적 없이 방황하고, 무언가가 우리의 관심을 끌면 속도를 늦추고, 여러 각도에서 이미지를 보고, 느끼고, 경험할 수 있도록 한다.

자연 및 현존

현존감(sense of presence)을 높이는 데는 자연보다 더 좋은 곳은 없다. 수천 년 동안 인간과 자연은 뗄 수 없는 관계였으며, 자연은 시간과 문화를 초월하여 예술과 영감의 원천이 되어 왔다. 안정화·중심 잡기·고요함·변화·몰입과 같은 자질에 대해 자연은 우리에게 가장 훌륭한 스승이다. 나무는 안정화와 중심 잡기에 큰 도움이 될 수 있다. 산은 폭풍과 변화하는 날씨 속에서 고요함을 찾는 법을 가르쳐 준다. 바다와 하늘은 확장감(sense of expansion)에 연결되는 데 도움이 된다. 강은 바위, 나뭇가지, 우리 자신의 오물 등 장애물을 피하고 그 주위를 흐르고 움직이는 방법을 보여 준다. 길을 따라 한 걸음 한 걸음 걸으며, 목적지만이 아닌 걷는 것을 즐기는 것을 상기하게 된다. 꽃은 우리에게 내면의 아름다움을 보여 준다. 땅은 우리 발 아래에 있는 것을 상기시켜 준다. 어둠은 우리의 두려움을 품고, 햇빛은 우리의 기쁨을 비춘다. Coleman(2006)은 우리의 정서를 조절하고, 더 넓은 관점을 얻고, 현재로 돌아오는 데 자연이 가진 가치를 다음과 같이 설명했다.

우리가 고통을 겪고 있을 때, 밖으로 나가 신선한 공기를 마시거나 공원에서 산책을 하거나 숲 속으로 깊이 들어가면 주의력이 높아져 즉시 현재로 돌아올 수 있다. 야외에 있으면 정신적 여유와 명확성이 생겨 몸이 이완되고 마음이 편안해진다. 넓은 평원에서 걷거나, 맑은 산 공기를 마시며 하이킹을 하거나, 한적한 해변을 거닐 때처럼, 우리 자신의 드라마, 어려움, 고통보다 더 큰 무언가의 한가운데에 자신을 두면, 공간과 개방감을 느끼고, 좁은 자기 자신에서 벗어날 수 있다. 마찬가지로, 광활한 밤하늘을 바라보면, 우리의 문제와 걱정을 더 큰 맥락과 관점에서 볼 수 있게 된다. 자연 세계는 깊은 메시지를 전달한다. 모든 것은 그대로 괜찮다. 당신은 그대로 괜찮다. 단순하게 이완하고 현존하라(p. xvi).

산업화, 컴퓨터, 바쁜 일상으로 가득 찬 우리 세계에서는 자연의 본질에 접근하고, 자연을 받아들이고, 자연을 느끼고, 자연을 감지하는 능력을 잃어 버렸다. 학교와 일반적인 교육은 우리가 넓고 조용한 공간에 편안함을 느끼도록 돕는 자연의 이점을 강조하지 않는다. 포스트모던 세계의 자극 속에서 산만해지지 않고 그 순간에서 벗어나지 않고 마음과 몸을 충분히 가만히 유지하는 것은 어렵다. 그러나 자연과 조화를 이루는 상태로 돌아가는 것을 상

기하면, 지금 이 순간, 깊은 내면의 고요함, 그리고 우리 자신을 인식하는 데 큰 도움이 될 수 있다. 자연 속에서 현존을 연습하면 산만함이 최소화되고 현존을 뒷받침하는 요소에 쉽게 접근할 수 있기 때문에 그 순간에 더 쉽게 들어갈 수 있다.

심리학의 창시자 중 한 명인 Carl Jung은 자연의 이점에 대해 광범위하게 저술했으며, 심지어 자연을 집단 무의식(collective unconscious)과 동일시하기도 했다. 그가 말한 "기우사(The Rainmaker)"라는 이야기는 속도를 늦추고 새로운 것을 받아들임으로써 자기 자신을 돌보는 것이 얼마나 중요한지 보여 준다.

중국에 큰 가뭄이 닥쳤고 상황은 참혹해졌다.

가톨릭 신자들은 행렬을 벌였고, 개신교 신자들은 기도를 드렸으며, 중국인들은 향을 피웠지만 모두 소용이 없었다. 결국 중국인들은 "기우사를 불러오라"고 말했고, 다른 지방에서 한 노인이 나타났다. 그가 요구한 것은 조용한 작은 집뿐이었다. 넷째 날 구름이 모여들었고, 큰 폭풍이 일어났다.

마을은 경이로움으로 가득 찼다. 그 작은 남자에게 어떻게 했는지 물었다.

그는 말했다. "나는 책임이 없습니다. 나는 모든 것이 질서정연한 나라에서 왔습니다. 3일을 기다려야 '질서가 잡혔고', 그제서야 비가 내렸습니다"(Sabini, 2002, p. 211에서 인용).

Jung이 "기우사"에서 전달한 메시지는 치료자가 자신을 '질서가 잡히도록' 만들어야 하며, 그것이 전부라는 것이었다. 이는 다시 한 번 유명한 격언 '의사여, 너 자신을 치료하라'를 떠올리게 한다. 이 아이디어는 다른 사람들을 돕기 위해서는 우리 자신이 균형을 잡고 중심을 잡으며, 다른 사람들과 관계를 맺는 데 방해가 되는 자신의 장벽을 제거해야 한다는 것이다. Jung은 자연을 자기돌봄의 배경이 되고 더 큰 지식의 맥락으로 열릴 수 있는 요소 또는 환경으로 보았다.

 치료적 현존을 함양하기 위한 관계적 접근법(타인과의 접촉)

자연과의 연결은 더 큰 확장성을 기르는 데 도움이 되는 반면, 일상생활에서 다른 사람들과 건강하고 현재에 집중된 관계를 맺는 것은 현존을 기르는 기반이 될 수 있다. 특히, 치

료적 현존의 경험의 넷째 측면인 '내담자와 함께, 그리고 내담자를 위해 존재하는 것(being with and for the client)'은 우리의 개인적·일상적 관계에 대한 관심과 배려에 의해 뒷받침된다.

일부 치료자는 치료 시간에는 내담자와 적절하게 공감할 수 있지만, 자신의 개인적인 관계에서는 파괴적이거나 소극적인 태도를 보인다. 치료적 현존에 대한 고통과 장벽의 상당 부분은 대인관계의 괴로움에서 비롯된다. 따라서 대인관계의 괴로움을 치유하고 개인적인 관계에서 관계적 자질을 기르는 것이 필수적이다.

관계에서 현존을 키우는 데는 두 가지 접근 방법이 있다. 첫째는 해결되지 않은 분노·상처·슬픔·친밀감에 대한 두려움 등 관계의 연결을 방해하는 장벽에 직면하고 이를 극복하는 것이다. 여기에는 미해결 과제를 느끼고 치유하는 데 기반한 용서 작업이 포함될 수 있다. 둘째 접근 방식은 개인적·동료적·일상적인 관계에서 긍정적인 관계적 자질을 기르는 것이다. 이러한 자질에는 존중, 사랑, 감사, 연민, 깊은 경청, 자아(ego)를 내려놓는 것, 자기와 타자의 평등을 느끼고 그 평등 속에 존재하는 것이 포함된다.

관계적 친밀감의 장애물

우리 괴로움의 중요한 측면은 타자와의 관계에서 발생한다. 현존에 대한 관계적 장벽에 직면하고 이를 제거하는 것을 강조하는 것은 균형을 찾고 관계적 치료적 현존(relational therapeutic presence)의 능력을 향상시키는 데 필수적이다. 예를 들어, 고독감은 깊은 괴로움이며 진정한 관계적 현존에 장벽이 될 수 있다. 치료자로서 우리는 종종 고립된 상태에서 일하고, 고립감을 느끼며, 개인주의적인 서양 사회는 이러한 분리성을 중요하게 생각한다. 일과에 지나치게 많은 시간과 에너지를 쏟고 가족과 친구들에게 할애할 수 있는 에너지가 거의 남지 않는 등 균형이 잡히지 않은 상태도 또 다른 일반적인 장벽이다. 그 밖의 장벽으로는 부모나 중요한 다른 사람들과 해결되지 않았거나 미해결된 과제, 과도한 자존심, 사회적 불안감, 타자를 해석하거나 타자로부터 거리를 두는 태도 등이 있다.

긍정적인 관계적 특성 함양하기

일상적인 관계에서 긍정적인 자질을 기르는 것은 관계적 현존에 마음을 열기 위해 도움

이 된다. 여기에는 가족과 사랑하는 사람들뿐만 아니라, 식료품점 계산대 직원이나 주유소 직원 등 일상에서 만나는 사람들에게도 현존하고 세심한 주의를 기울이는 것이 포함된다. 사실, 개인적으로(S. M. G.) 가장 좋아하는 방법은 무모하게 운전하는 사람들에 대한 불만을 극복하고, 그들이 단순히 이기적인 행동으로 나를 가로막은 것이 아니라 긴급한 상황이 있어서 그랬을 수도 있다는 가능성을 받아들이는 것이다. 관계적 현존을 기르는 길은 하루에도 여러 번 우리 앞에 나타난다. 대인관계에서 현존을 기르거나 갈등에서 현존을 기르는 등, 우리는 관계적 현존에 대해 열린 마음을 갖고 헌신해야 한다. 관계적 현존을 기르기 위해서는 사랑·감사·연결 등 여러 가지 자질이 필요하지만, 목적에 맞게, 핵심적인 관계적 자질인 연민에 초점을 맞추고, Arrien(1993)의 네 가지 길에 기반한 관계의 모델을 확장한다.

연민

연민(compassion)이라는 단어는 티베트어로 '체와(tsewa)'(Dalai Lama in Davidson & Harrington, 2002, p. 98)로, 다른 사람의 고통을 이해하고 줄이고자 하는 욕구와 행동을 의미한다. 이러한 관점에서 연민은 다른 사람의 고통을 덜어 주고 그 고통을 줄이기 위한 행동을 의미한다. 연민에는 세 가지 측면이 있다. 다른 사람과 그 사람의 고통을 이해하고 배려하는 것, 그 고통을 줄이고자 하는 욕구, 그리고 다른 사람의 고통을 줄이기 위해 취하는 행동이다. 연민은 치료적 현존의 자연스러운 부산물이며, 현존의 경험에서 자연스럽게 발생하는 것으로 생각된다(Geller & Greenberg, 2002; Vivino et al., 2009). 그러나 연민을 기르는 것은 현존을 일으키는 데에도 도움이 될 수 있다.

연민과 사랑은 비슷하지만, 사랑은 감정이고 연민은 행동이다. 연민은 상태일 뿐 아니라 행동이기도 하다. 즉, 다른 사람과 자신에 대해 부드러움, 온화함, 힘, 깊은 사랑과 배려로 반응하는 것이다. Sogyal Rinpoche(2012)는 연민을 동정(pity)과는 구별하여 "훨씬 고귀한 것"으로 구분했다(p. 200). Sogyal Rinpoche는 Stephen Levine의 말을 인용하여 "당신의 두려움이 다른 사람의 고통에 닿으면 동정이 되고, 당신의 사랑이 다른 사람의 고통에 닿으면 연민이 된다"고 말했다(p. 204).

Goleman(2003)은 Dalai Lama와의 대담에서 고통을 동반한 연민과 고통을 동반하지 않은 연민을 구분했다. '고통을 동반한 연민(afflictive compassion)'은 자신이 애착을 느끼는 대

상에 대한 연민을 의미한다. '고통을 동반하지 않은 연민(nonafflictive compassion)'은 자신이 애착을 느끼지 않는 대상에 대한 연민을 의미하며, 예를 들어 적에 대한 연민이 이에 해당된다. 이런 식으로 연민을 기르는 것은 우리가 감정적으로 연결되어 있다고 느끼는 사람들을 넘어, 우리와 아무런 관계가 없거나 싫어하는 사람들로까지 확장된다.

Vivino 등(2009)은 연민에 대한 가치에 대해 14명의 치료자를 대상으로 질적 인터뷰를 진행했다. 그 결과, 연민은 공감보다 더 광범위하고 깊은 개념으로, 공감과 비슷하지만 더 깊은 참여가 가능한 상태(현존 포함)이며, 고통과 관련이 있고, 행동이 수반되는 상태(단순히 다른 사람과 함께 앉아 있는 것이 아니라, 그들의 고통을 줄이기 위해 행동을 취하는 것)이며, 연민을 느낄 수 있는 능력에 달려 있는 상태(연민을 느끼기 어려울 때는 연민을 느끼기 위해 노력해야 함)라는 정의가 도출되었다. 저자들은 또한 참가자들에게 연민이 어떻게 발전했는지 물었고, 대부분이 연민은 타고난 것이라고 믿는다는 것을 발견했다. 그러나 그들은 또한 개인적인 노력, 가족의 영향, 중요한 다른 사람(예: 교사, 치료자)으로부터 연민을 받은 경험, 내담자와의 작업, 영적 신념, 상담자 훈련을 통해 연민이 발전할 수 있다는 점도 논의했다.

자기연민을 기르고, 자신의 관계적 고통과 괴로움을 이해하고 치유하는 것은 타자에 대한 연민을 기르는 데 필수적이다(Leary et al., 2007). 이러한 측면에서 친밀감과 연민은 우리 자신에 대한 조율에서 시작되는 타자에 대한 일종의 조율이라고 할 수 있다. 자신과 타자에 대한 연민을 키우는 것은 치료자가 내담자에 대한 연민을 키우는 데 도움이 된다.

자기연민과 함께, 타자에 대한 공감과 친밀감을 키우는 것도 연민을 키우는 데 있어 예비 단계이다. 이를 위해서는 치료자가 개인적인 삶에서 타자의 고통과 그 고통의 강도에 대한 이해에 집중하고, 그 괴로움을 덜어 주고자 하는 의지를 가져야 한다. 한 가지 측면에서는 간단하게 들리지만, 많은 치료자들은 육체적으로, 정서적으로 지친 상태로 집에 돌아와 가족, 친구, 다른 사람들의 필요에 대응할 시간과 에너지가 거의 남아 있지 않다. 따라서 공감 능력을 먼저 기르고 그 다음에 연민을 키우는 데 대한 관심은 치료 시간을 넘어 확장되어야 한다.

연민을 키우는 것은 모든 사람을 자신과 동일하게 보는 것을 포함한다. 이는 자신의 개인적인 관심사를 타자의 관심사보다 덜 중요하게 여기는 것을 의미한다(Dalai Lama, 2001). 진정한 연민은 단순히 우리보다 덜 운 좋은 사람들을 돕고자 하는 욕구에서만 비롯되는 것이 아니라, 모든 존재와의 연대감을 깨닫는 데서 비롯된다. 이 맥락에서 봉사 활동은 타자의 인간성을 더 깊은 수준에서 이해하기 시작하면서 연민을 기르는 데 도움을 줄 수 있다. 취약하

거나 어려운 환경에 처한 지역 사회와 함께 자원봉사를 지속하는 것은 보상이나 치료를 넘어 연민감(sense of compassion)을 깊이 키우는 데 기여할 수 있다.

네 가지 길(관계 속에서 존재하는 방식)

문화인류학자 Angeles Arrien(1993, 2010)은 문화 간 연구를 바탕으로 네 가지 원형(전사, 치유자, 비전가, 교사)과 네 가지 원칙(방법)을 기반으로 한 네 가지 길 프로그램을 개발했다. 이 프로그램은 자연과 타자에 대한 존중을 높이고, 팀에서 협력적이고 창의적으로 일하는 능력을 향상시키기 위해 설계되었다. 네 가지 길은 문화 간 원칙과 샤머니즘과 현대적 관점을 종합한 것으로, 관계와 팀에서 건강한 존재 방식을 반영한다. 각 원형은 네 가지 길 중 하나와 관련이 있으며, 이는 자기와 관계에서 편안함과 평온함을 촉진한다. 네 가지 길은 다음과 같이 표현된다.

1. **나타나기:** 전사의 길(The Way of the Warrior)은 나타나거나, 그 자리에 있기로 선택하는 것이다. 적절한 행동, 적절한 타이밍, 명확한 의사소통을 통해 관계에 자기를 온전히 드러내는 것이다.
2. **마음과 의미가 있는 것에 주의를 기울이기:** 치유자의 길(The Way of the Healer)은 가장 가슴 아픈 것에 알아차림을 주고, 정서적으로 중요한 것에 주의를 기울이는 것이다.
3. **판단이나 비난 없이 진실을 말하기:** 비전가의 길(The Way of the Visionary)은 비난이나 판단 없이 진실하고, 진정성 있으며, 직접적이며, 의도적이어야 한다. 이는 우리의 비전과 직관을 발전시키는 데 도움이 된다.
4. **결과에 집착하지 않고 결과에 대해 열린 마음을 가지기:** 교사의 길(The Way of the Teacher)은 나타나고, 진실하며, 진실됨으로 인해 발생하는 모든 것에 대해 열린 마음과 무집착을 유지하는 것이다. 이는 지혜와 객관성의 자원을 회복하는 데 도움이 된다.

네 가지의 길을 관계에 대한 경험적 실천으로 해석하는 것은 치료자들이 자신의 상호작용에서 개방적이고 수용적이고 통합적이며 관계적 현존을 기르는 데 도움이 될 수 있다. 우리의 관계에 나타나고, 마음에서 가장 가슴 아픈 것과 연결되고, 판단이나 비난 없이 정직하

고 성실하게 소통하며, 결과에 개방적이고 무집착적인 태도를 유지하기 위한 이러한 의식적인 노력은 우리의 친밀한 관계에서 배려와 현존을 뒷받침한다. 여기에는 가족·동료·상점 직원·커피 바리스타·낯선 사람·이웃과의 상호작용이 포함된다. 치료적 현존은 일상적인 관계에서 연민·배려·관계적 현존을 위해 노력함으로써 크게 향상되며, 개인적인 관계를 소홀히 하거나 반응적이거나 무관심하게 행동하면 현존이 손상된다.

현존에 대한 신체적 · 정서적 · 창의적 · 관계적 접근의 통합: 치료적 리듬과 마음챙김 프로그램

나(S. M. G.)는 건강, 안녕감, 현재에 대한 알아차림, 그리고 자기 자신, 직관, 타자와의 연결을 심화하면서 진정한 표현을 촉진하기 위해 집단 드럼연주와 타악기 연주, 휴식 운동, 마음챙김 기법, 시각화 등을 포함하는 '치료적 리듬 및 마음챙김(Therapeutic Rhythm and Mindfulness: TRM)'이라는 프로그램을 개발하고 진행한다. TRM은 두 가지 과학적으로 검증된 기술인 HealthRHYTHMS와 마음챙김 기반 스트레스 감소(mindfulness-based stress reduction) 기법의 요소를 결합하며, 셋째 요소로 긍정적이고 지지적인 집단 환경을 추가한다(Geller, 2009, 2010). 음악을 만들고 리듬을 만드는 것은 깊은 경청 능력을 개발하고, 직관에 접근하며, 스트레스를 해소하는 강력한 비언어적 방법이다. 드럼연주와 리듬 만들기는 원주민 문화에서 질병을 줄이고 자기, 공동체, 자연과의 조화를 높이기 위해 사용되어 왔다(Clottey, 2004; Diamond, 1999). 원형 드럼연주는 여러 문화에 걸쳐 가장 오래된 치유 의식의 일부로 존재한다(Bittman et al., 2001, p. 38). 일반적으로 음악은 서양 문화에서 공연 기반의 활동으로 선형적으로 정의되어 왔지만, TRM은 공연 기반이 아닌 자기표현(self-expression)과 비언어적 의사소통의 한 형태이다.

TRM은 Remo의 HealthRHYTHMS의 변형으로, '역량강화 드럼연주'라고도 불리며, 이는 건강을 증진하는 포괄적이고 전인적인 근거기반 치료적 접근법으로 정의된다(Bittman & Bruhn, 2008). TRM은 드럼과 타악기를 사용하여 신체적 경험과 스트레스를 비언어적으로 표현하고, 내적·외적 연결감을 강화하며 영적 감각을 높이는 것을 포함한다. 다음에서는 치료적 리듬과 관련 연구에 대해 설명한다. 현존을 기르는 데 있어 마음챙김 연습의 이점은 이

전 장에서 설명했으므로 여기에서는 반복하지 않겠다.

치료적 리듬에 대한 연구

고대 드럼연주에 대한 지혜가 최근 연구로 재해석되었다. 예를 들어, Bittman과 동료들이 진행한 몇 가지 연구에 따르면, 6주간의 복합 드럼연주 집단을 포함하는 HealthRHYTHMS 프로그램이 스트레스 감소, 소진 및 피로 감소, 기분, 불안 및 우울증 개선, 면역 기능 향상, 자연 세포 활동 증가를 가져왔다(Bittman et al., 2001, 2003, 2004, 2005).

치료자들에게 특히 흥미로운 것은 장기 요양 간호사에 대한 레크리에이션 음악 활동의 영향에 관한 두 가지 연구이다. Bittman 등(2003, 2004)은 6주간의 심신 건강 레크리에이션 음악 활동 프로그램이 장기 요양 간호사와 1년 차 간호 학생의 기분 장애를 개선하고 소진을 감소시킨다는 것을 입증했다.

마찬가지로 Maschi와 Bradley(2010)는 사회복지학 학생들을 대상으로 한 레크리에이션 음악 활동(드럼/타악기 사용)이 안녕감·평온함·자립심·유대감의 향상을 가져왔음을 입증했다. 저자들은 이러한 긍정적인 표현 방식이 사회복지사의 안녕감을 향상시키고, 그 결과 내담자에 대한 임상적 효과도 향상시킬 수 있다고 제안했다. 전반적으로, 집단 드럼연주는 기분을 안정시키고 스트레스를 해소하며 면역 기능을 향상시키는 것으로 입증되었다. 스트레스, 소진, 어려운 정서 등 현존을 방해하는 요소를 제거하고 자기표현, 사회적 연결성, 건강, 활력 및 안녕감을 향상시키는 것은 현존과 접촉할 수 있게 하고, 그로 인해 더 효과적인 치료자가 될 수 있게 하는 중요한 요소들이다.

리듬을 만드는 표현적인 측면은 자발성을 발달시켜 치료자가 순간마다 일어나는 일에 더 편안하게 대응할 수 있게 해 준다. 개방성과 유연성은 현존의 중요한 자질이다. 치료자가 치료 과정에 자신의 의도나 미지에 대한 두려움을 강요하지 않고, 일어나는 일에 집중할 수 있게 해 주기 때문이다. 재즈 음악가의 즉흥 연주에 대한 연구는 공동체에서 드럼연주의 즉흥 연주에서 나타날 수 있는 이러한 자발성의 특성이 발달하는 것을 반영한다. 특히, 기능적 자기공명영상(functional magnetic resonance imaging: fMRI)을 사용한 연구에 따르면, 재즈 음악가가 즉흥 연주를 할 때 "자신에 대한 검열과 억제와 관련된 뇌 영역이 꺼지고, 자기표현이 몰입할 수 있게 하는 뇌 영역이 켜진다"(Melville, 2008). 이러한 자발성, 몰입, 자기표

현의 특성은 내측 전두엽 피질의 활성화와 계획된 행동 및 자기검열(self-censoring)과 관련이 있는 뇌의 부분인 배외측 전두엽 피질의 활동이 둔화되는 것을 반영한다(Melville, 2008). Melville(2008)의 연구에서 도출한 결론은 치료적 드럼연주에도 적용될 수 있다. 리듬을 기반으로 한 드럼연주는 이러한 자발적인 몰입과 자유로운 자기표현을 반영하기 때문에, 그 순간에 완전히 현존함으로써 나타나는 리듬에 대한 개방성을 반영하기 때문이다.

TRM 및 치료적 현존의 함양

TRM은 드럼연주와 리듬 만들기의 경험적 이점(예: 기쁨, 사회적 연결성, 움직임, 스트레스 해소, 자기 및 타자와의 조화)과 마음챙김 도구(현재의 순간에 대한 알아차림, 정서조절)의 가치, 그리고 정서적 성찰과 처리에서 내재된 의미 만들기를 결합한 것이다. TRM은 암·우울증·불안·자존감 문제·외로움을 겪고 있는 사람들에게 제공되어 왔으며, 특히 우리의 목적에 맞게 자기돌봄과 치료적 현존을 강화하기 위해 의료 전문가들에게도 제공되어 왔다. 참가자들은 스트레스 해소, 더 깊은 휴식, 자기양육, 직관력 향상, 더 깊은 경청, 자기 및 타자와의 연결감, 기쁨과 활력 증가, 현존에 대한 접근성 향상 등을 경험했다고 보고했다.

TRM은 스트레스와 긴장 등 현존을 방해하는 장애물을 제거하는 데 도움이 된다. 스트레스는 치료자가 내면의 공간을 비우고 수용적인 내면 상태에 도달하는 능력을 저해할 수 있다. 치료적 드럼연주는 고전적인 스트레스 반응의 역전과 소진의 감소를 지원한다(Bittman et al., 2003, 2005). TRM은 또한 치료자로서 겪게 되는 대리 외상화(vicarious traumatization)와 연민 피로(compassion fatigue) 등 어려운 정서의 표현을 가능하게 한다. 스트레스를 줄이고 자기돌봄과 정서 표현 및 통합을 증진하는 것은 현존의 출현에 도움이 된다.

TRM은 또한 치료자들이 다른 치료자들과 관계를 구축하고 지역 사회에 소속감을 느낄 수 있는 기회를 제공한다. 이러한 관계적 연결감은 전반적인 건강과 자기돌봄을 향상시키고, 고립감을 줄이며, 내면의 활력과 사회적 연결감을 높인다.

TRM은 치료자가 자신의 직관과 이미지화 능력을 향상시키는 데 도움을 준다. TRM은 프로그램의 필수적인 부분인 시각화 능력 개발을 지원할 수 있으며, 이는 판단이나 선입견을 버리고 내담자를 열린 마음으로 맞이할 준비를 하는 데 도움이 될 수 있다. 또한 TRM은 치료자의 초감각적 지각 능력을 향상시켜 내담자에 대한 현재에 집중한 알아차림(present-

based awareness)을 가능하게 함으로써 치료자의 경청 및 감지 능력을 향상시키는 데 도움을 줄 수 있다.

집단 드럼연주와 심상화(imagery)는 운동, 자기 및 타자와의 연결, 기쁨과 활력의 증진을 통해 치료자의 전반적인 자기돌봄, 건강, 현존을 지원한다. Levitin(2008)은 기쁨이 음악과 어떻게 관련되어 있는지 설명했다. 기쁨을 경험할 때 "자연스러운 반응은 노래·점프·춤·소리 지르기 등 모든 사회에서 표준적인 음악과 춤의 일부인 행동들"이기 때문이다(p. 83). 신경과학자들은 또한 음악을 연주하는 것이 뇌의 "기분 좋은" 호르몬인 도파민 수치에 영향을 미칠 수 있으며, 이러한 기분 좋은 화학 물질의 분비는 음악과 기분에 관여한다는 것을 발견했다(Levitin, 2008, p. 86).

집단 드럼연주는 치료자가 자신의 리듬과 다른 사람들의 리듬에 더 잘 동조하는 데 도움이 될 수 있다. 자기와 타자의 미묘한 조화, 그리고 회기에서(자기, 타자, 그리고 관계에서) 다양한 순간적 경험들 사이에서 알아차림을 유연하게 전환하는 능력은 치료적 현존의 핵심이다. 치료자는 그 순간에 일어나는 상황에 따라 자기에서 타자, 그리고 관계로 알아차림을 전환할 수 있어야 한다.

요약하면, TRM은 스트레스를 해소하고, 내면과 공동체와의 연결을 회복하며, 현존의 출현을 지원하는 새롭고 감동적인 방법이다. TRM과 리듬 만들기는 일반적으로 치료자들이 자신의 안녕감을 향상시키고, 그 순간에 자신의 신체적 경험을 느끼고, 자기와 타자의 리듬에 조율하며, 치료자로서 받는 스트레스를 해소하고, 내면의 잠재력에 접근하는 데 도움이 되며, 이 모든 것이 완전히 현존하기 위한 장애물을 제거하는 데 도움이 된다. TRM은 치료자들이 일과 생활에서 받는 스트레스 요인을 신체적으로 표현하고 해소하는 데 도움이 될 수 있다. 또한 자기계발(self-nourishment)과 공동체와의 연결을 가능하게 하고, 현재의 순간을 알아차리고 정서를 조절하는 도구를 제공한다. 이 모든 것은 관계적 현존의 기반을 구축하고, 건강과 안녕감을 유지하기 위해 내면의 균형과 항상성(homeostasis)을 재구축하는 데 도움이 될 수 있다.

결론

이 장에서는, 현재의 순간에 대한 알아차림을 높이고 치료적 현존에 대한 장벽을 해방하기 위해, 경험적 관점에서 현존을 기르는 네 가지 진입점을 탐구했다. 각 진입점(신체적·정서적·창의적·관계적)에 현존함으로써 치료적 현존의 전체적인 경험을 기를 수 있다. 특히, 각 경험적 진입점은 치료적 현존 경험의 특정 차원을 반영할 수도 있다. 첫째 신체에 현존하는 것과 신체 알아차림은 안정화와 중심 잡기를 돕는다. 둘째, 마음에 현존하는 것과 정서적 알아차림은 집중하고, 수용하며, 판단하지 않는 방식으로 내담자의 가슴을 아프게 하는 것, 또는 내담자의 마음의 중심에 있는 것에 마음을 열게 하는 등 몰입감을 발전시킬 수 있다. 셋째, 창의성과 자연과의 접촉을 통해 영혼에 존재하는 것은 확장감과 미지의 것에 대한 더 깊은 신뢰를 생성할 수 있다. 넷째, 관계에 존재하고 사랑하는 이들과의 일상적인 만남에서 현존을 보여 주는 것은 타자와 함께하고 타자를 위해 존재하는 자비로운 태도를 기르는 데 도움을 줄 수 있다.

경험적 실천은 자기를 돌보고, 자신 및 타자와 접촉을 유지하며, 창의적인 표현에 개방적이고 건강한 관계를 유지함으로써 직관·지혜·인간성을 드러내게 한다. 우리 자신의 경험과 욕구, 그리고 관계적·창조적 잠재력에 대한 인식의 향상을 통해 자신을 돌보는 것은 우리가 다른 사람들을 돌보는 데에 있어 제공할 수 있는 최고의 서비스이다. 이러한 수준의 자기돌봄과 현존 연습은 치료자가 치료의 만남(therapy encounter)을 초월하는 건강하고 생동감 있는 상태를 유지하는 데에도 도움이 된다.

치료적 현존 훈련

13장

심리치료 훈련: 치료적 현존 함양

우리 기관, 공동체, 사회에 절실히 필요한 변화에 기여하기 위해서는, 우선 모든 상황에 현존할 수 있는 능력을 기르고, 항상 중심을 유지하며, 통합된 자기를 유지하는 기술을 습득해야 한다.

—로라 판 더누트 립스키 & 버트(LAURA VAN DERNOOT LIPSKY & BURK, 2009)

우리는 치료적 현존(therapeutic presence)을 함양하는 훈련이 심리치료 훈련 프로그램에 통합되어야 한다고 제안한다. 치료적 동맹(therapeutic alliance)은 여러 치료 접근법에서 중요하게 여겨지고 있으며, 전 세계 대부분의 대학원 프로그램에서 가르치고 있지만, 강력한 동맹을 기르는 방법이나 동맹의 선행 조건을 구축하는 방법은 일반적으로 치료 기술 훈련의 초점이 되지 않는다. 동맹을 발전시키고 손상(ruptures)을 복구하는 데 있어 의도적인 연습에 대한 관심이 다소 증가했다(Leszcz et al., 2015; S. D. Miller et al., 202C; Rousmaniere, 2016; Safran et al., 2011; Samstag & Muran, 2019). 그러나 심리치료 훈련 프로그램은 일반적으로 치료자의 대인관계 기술을 기르는 방법에 대해서는 고려하지 않고, 개입 및 기술(특히 매뉴얼화된 치료법)에 대해 학생들을 가르친다.

개인적 및 관계적 현존(personal and relational presence)에 대한 훈련은 치료적 동맹의 세

가지 요소[목표(goals), 과업(tasks), 유대감(bond)]를 모두 강화하는 수단을 제공한다. 현존은 유대감을 강화하는 안전에 대한 신경지(neuroception)를 만들어 내는 반면, 현존하는 것은 내담자의 순간적인 상태에 적합한 개입에 대한 반응성을 높이고 내담자의 목표를 향해 나아갈 수 있게 한다.

학생들은 기법과 방법(doing)의 훈련뿐만 아니라, 관계적 존재(being)의 방식을 개발하기 위한 훈련과 격려가 필요하다. 개입에 대한 훈련은 중요하며, 우리는 그 필요성을 결코 과소평가하지 않는다. 대신에 자신, 내담자, 그리고 치료적 관계(therapeutic relationship)의 현존에 대한 기본적 접근법을 훈련에 포함함으로써, 현존에 대한 도전들을 어떻게 다루는지를 포함하는, 보다 균형 잡힌 접근을 요구하고 있다.

현존에 대한 훈련은 현재 순간에 대한 알아차림(present-moment awareness)의 함양과 현존을 방해하는 장애물을 인식하고 극복하는 것을 최적으로 포함한다. 이러한 장애물에는 관계에서 해결되지 않은 문제에 대한 인식의 부족과 치료자의 체화된 자기(embodied self), 정서, 욕구 등 자기 자신과의 접촉의 부족이 포함된다. 일상생활에서 자신의 내적 지형을 인식하고 마스터하는 것, 그리고 대인관계 기술과 자비로운 관계를 갖는 것은 관계적 치료적 현존(relational therapeutic presence)을 함양하는 데 핵심적이다. 현존을 지속적으로 연습하면 치료자의 정서적 건강·관계·안녕감이 향상되어 직업에서 지속성을 유지하는 데 도움이 된다. 훈련에는 또한 치료자가 현존으로 다른 사람을 만나기 위한 장벽을 극복하고 제거할 수 있도록 돕는 관계적 연습이 포함되어야 하며, 현존으로 관계하는 데 기초가 되는 자신의 경험과 접촉하면서 내담자에게 완전히 마음을 열 수 있는 능력을 심화할 수 있도록 해야 한다.

이 장에서는 심리치료 훈련 모듈과 각 현존 기술에 포함된 핵심 연습을 설명한다. 먼저 치료적 현존의 훈련 가능성에 대해 논의한 다음, 치료적 현존 훈련에 대한 연구에 관해 설명한다. 그 다음, 치료적 현존의 전반적인 훈련에 대한 개요를 제시하며, 여기에는 치료적 현존에 대한 슈퍼바이저 훈련도 포함된다. 현존을 함양하기 위한 구체적인 모듈이 제안되며, 집중할 아홉 가지 주요 영역이 제시된다. 그 다음, 치료적 현존의 각 구성 요소에 대한 핵심 연습이 소개된다.

 현존은 훈련될 수 있다

현존은 가르칠 수 있는 것이다. (1) 치료자들이 치료적 현존의 측면을 강화하기 위해 공식적이고 비공식적인 마음챙김(mindfulness), 자기연민(self-compassion), 현존 연습을 훈련받은 연구 결과, 내담자와의 회기에서 현존에 접근하는 능력이 향상된 것으로 나타났다(Baldini et al., 2014; Bibeau et al., 2016; Bourgault & Dionne, 2018; Feiner-Homer, 2016; Galus, 2015; Geller & Greenberg, 2002; McCollum & Gehart, 2010; Milton, 2015; Ryan et al., 2012; Tannen et al., 2019). (2) 사람들이 관계 안에 현존할 때 뇌 자체가 어떻게 더 건강해지고 통합되는지를 시사하는 연구(Schore, 2009, 2012; Siegel, 2011) 그리고 (3) 내(S. M. G.)가 진행한 여러 워크숍은 치료자의 현존에 대한 발전을 엿볼 수 있는 기회를 제공했다.

이 장에서 소개하는 치료적 현존 훈련 프로그램에는 사람들을 현재로 돌아오게 하고, 자율 신경계의 균형을 맞추며, 내담자의 고통을 깊이 받아들이면서 중심을 잡을 수 있는 능력을 지원하기 위한 알아차림과 마음챙김 훈련에 기반한 연습들이 포함되어 있다. 자신과 조율하는 데 초점을 둔 연습들은 수용적 인식과 타자와의 조화를 이루는 기반이 되는 신경 통합 상태를 지원한다(Siegel, 2010). 이러한 연습은 내부 감각 수용(interoception) 능력을 강화하는데, 이는 내면에서 내담자의 경험과 공명하는 능력을 반영한다(Geller, 2017). 내담자의 비언어적 의사소통을 감지하고 조율하는 연습은 '외수용(外受容; exteroception)', 즉 내담자의 경험을 외부에서 감지하는 능력을 키우는 데 도움이 된다. 의도와 연습을 통해 치료자는 깊은 치유 효과를 가져오는 방식으로 자신의 현존과 치료적 관계를 강화할 수 있다.

 치료적 현존 훈련에 대한 연구

전반적으로, 점점 더 많은 연구에서 마음챙김과 자기연민 연습이 치료자의 치료적 현존 훈련에 도움이 될 수 있다고 제안하고 있다(Baldini et al., 2014; Bibeau et al., 2016; Bourgault & Dionne, 2018; Feiner-Homer, 2016; Galus, 2015; Geller & Greenberg, 2002; McCollum & Gehart, 2010; Milton, 2015; Ryan et al., 2012; Tannen et al., 2019). 마음챙김과 연민을 실천하면 치료자가 현존하고 공감하는 능력이 향상되는 것으로 나타났다(Bibeau et al., 2016; Block-Lerner et

al., 2007; Galus, 2015; Germer, 2012; Gilbert, 2009a, 2009b; Shapiro & Izett, 2008).

마음챙김은 의도적이고 판단하지 않는 태도로 현재에 주의를 집중하는 연습으로, 회기 중에 집중력과 주의력을 키우고 방해 요소를 줄이는 데 도움이 된다(Kabat-Zinn, 2015). 또한 자신의 경험에서 유용한 거리를 두게 해 치료자가 내면의 세계에 압도되지 않고 그 세계와 함께 일할 수 있게 해 준다.

마음챙김은 치료자와 내담자가 더 긍정적인 관계를 발전시키는 데 도움이 되는 것으로 밝혀졌다(Ryan et al., 2012). 매일 마음챙김을 연습하는 것은 치료자의 현존 향상과 정서조절 능력 및 내담자와의 공감 능력 향상과도 관련이 있는 것으로 나타났다(Feiner-Homer, 2016). 중심 잡기(centering) 또는 마음챙김 연습을 통해 회기 전에 현존에 대한 의도를 높이면 치료자의 현존이 증가하고 치료적 동맹과 회기 결과가 개선되었다(Dunn et al., 2013).

일반적인 상황에서 그리고 내담자와 함께 있는 상황에서 현존하는 능력을 개발하는 데 중점을 둔 마음챙김 훈련을 받은 상담자들은 내담자와의 회기에서 내담자와 자신에게 더 잘 집중하는 능력을 보였다(Tannen et al., 2019). 이를 통해 상담자들은 내담자와 더 잘 공감하고, 자신에 대해 더 안정감을 느끼며, 내담자의 치료 과정에서 더 효과적인 도구가 될 수 있었다.

비슷한 연구 결과가 연민에 대한 연구에서도 나왔는데, 자애 명상(loving-kindness meditation)을 배운 치료자들은 내담자들에 대해 치료적으로 더 잘 현존하고, 연민을 느끼며, 공감하는 능력이 더 뛰어나다는 것이 밝혀졌다(Boellinghaus et al., 2013). 연구에 따르면, 연민은 치료적 현존의 함양에 대한 마음챙김의 긍정적인 영향에서 매개체 역할을 한다(Bourgault & Dionne, 2018). 따라서 연민은 치료적 현존의 일부이며, 현존을 함양하는 데에도 도움이 된다(Geller, 2017). 연민을 실천하는 것은 또한 의료 전문가들의 소진과 연민 피로(compassion fatigue)를 줄이는 데도 도움이 되고(Gustin & Wagner, 2013; Raab, 2014), 치료자들이 회기 동안 현존을 유지할 수 있게 해 준다.

즉흥 예술은 또한 훈련 중인 치료자들이 치료적 현존을 배울 수 있는 유용한 방법이라고 제안되어 왔다(Romanelli et al., 2017, 2019). 치료적 현존의 핵심 측면은 치료에 초점을 맞춘 즉흥 연기를 통해 개발되었으며, 이러한 측면에는 유연성, 수용성, 자기인식(self-awareness), 치료자의 내적 정서 및 그 순간에(in-the-moment) 느끼는 신체 경험과의 접촉, 자연스러움, 편안함, 공감, 내담자와의 일치성(congruence) 등이 포함된다.

Alcee(2022)는 경직된 기대를 버리고, 내담자와의 즉흥적인 상호작용을 바탕으로 창의적

인 공간을 만들어 회기를 유연하게 진행하는 것이 중요하다고 설명했다. 그는 이것이 치료적 현존과 치료적 권위에 부분적으로 이끌리는 치료적 목소리(therapeutic voice)를 포함하는 것을 음과 양, 또는 우뇌와 좌뇌의 균형으로 묘사한다. 치료적 현존은 열린 마음, 유연성, 알지 못함을 요구하는 반면, 치료적 권위는 치료자가 이론과 기법을 활용하여 내담자가 변화할 수 있는 힘을 실어 줄 수 있도록 한다. 때로는 치료자가 자연스럽게 한쪽에 더 치우칠 수 있지만, 훈련의 일환으로 치료자 자신에게 더 우세한 쪽을 활용하는 동시에 덜 우세한 쪽을 의도적으로 개발하는 것이 중요하다.

델파이 접근법(Delphi approach)을 사용한 연구 결과, 치료자의 치료적 현존에 대한 훈련 프로그램이 제안되었다. 이 프로그램은 심리치료 훈련을 시작할 때 2~4주간의 치료적 현존 모듈을 통해 핵심 개념을 가르치고, 치료적 현존의 비언어적 표현을 개발하고 인식하는 방법을 학생들에게 훈련하는 것으로 구성되어 있다(Austin, 2017; Austin & Austin, 2018). 저자들은 강사들이 치료적 현존을 이해하고 교육에 체화하여 학생들에게 치료적 현존을 모델링하고 함양할 수 있도록 촉진할 것을 권장했다. 또한 학생들은 성찰적 명상이나 현존 연습, 치료, 일기 쓰기, 문화 행사에 참여하여 문화적 겸손과 감수성을 넓히고, 권력 불균형을 인식하고, 다양한 내담자를 존중과 평등, 현존으로 대할 수 있도록 현존의 개인적 개발에 참여하도록 장려되어야 한다.

이 연구 결과는 치료적 현존을 함양하기 위해 상담자를 교육하고 상담자 교육에 치료적 현존 모듈을 포함하는 것이 중요함을 강조한다. 심리치료 훈련 프로그램은 기법의 적용에 초점을 두기보다, 현존의 주관적이고 관계적인 특성을 기르고, 그것이 치료적 만남에서 어떻게 표현될 수 있는지, 그리고 강력한 관계 기술을 생성하는 데 초점을 두어야 한다(Haley, 2014; J. M. Miller, 2018; Tannen & Daniels, 2010; Tannen et al., 2019).

마음챙김과 연민이 치료적 현존을 어떻게 높이는가

다양한 관점은 마음챙김과 자기연민을 실천하는 것이 어떻게 치료적 현존을 만들어 내는지 그 메커니즘을 이해하는 데 도움이 된다. 마음챙김과 연민을 실천하여 현존의 경험을 반복하면 회기에서 현존에 접근할 수 있는 능력이 향상된다. 치료자가 마음챙김과 같은 현존의 형태를 연습하면, 뇌는 통합적인 신경 섬유를 더 많이 성장시키고 관련 영역에 새로운 경

로를 만들어 현존에 더 쉽게 접근할 수 있게 한다(Farb et al., 2013; Fox et al., 2014; Hölzel et al., 2011; Lazar et al., 2005; Yang et al., 2016).

마음챙김은 심리적 고통을 줄이고 자기연민을 높이는 데 도움이 되며, 이는 치료자의 현존을 강화한다(Bourgault & Dionne, 2018). 마음챙김은 또한 치료자가 개인적·대인관계적 경험의 맥락에서 자신의 마음의 내부 작용을 인식하는 데 도움이 된다(Geller, 2017; Siegel, 2010). 내담자와의 관계에서 자신을 직접 관찰함으로써 치료자는 반응적으로 대응하지 않고, 내담자의 경험을 더 잘 이해하고 감각적으로 느낄 수 있게 된다. 공명 과정을 통해 내담자는 치료자의 현존을 느끼고 치료자가 자신을 알아차리고 있다는 것을 느낄 수 있게 되어, 자신과 치료자 모두의 현존이 강화된다(Geller, 2017). 그러면 내담자는 자신이 이해받고, 안전하며, 자신의 내면을 알 수 있다고 느끼게 되어, 결국 성장과 변화로 이어진다.

치료적 현존 훈련 프로그램 개요

여기에서는 치료적 현존에 대한 훈련을 위한 체계를 소개한다. 개요에는 Geller(2017)의 모델을 기반으로 한 세 가지 접근법이 포함되어 있다. (1) 임상 역할극 및 실습을 포함한 치료적 현존의 이론과 구성 요소에 초점을 맞춘 2일 간의 모듈, (2) 치료자들이 회기에서 치료적 현존을 개발할 수 있도록 지원하는 8주 간의 동료 상담 집단 회기, (3) 개인적인 일일 프로젝트를 포함한 실제 생활에서의 연습. 마음챙김, 자기연민, 명상, 관계적 마음챙김, 치료적 리듬 또는 즉흥 연습을 통해 현존의 경험을 함양하고 심화하기 위한 (최소) 2일 간의 긴 수련회는 현존의 경험을 더욱 발전시키고자 하는 사람들에게 도움이 될 것이다.

치료적 현존 모듈

이 모듈에는 치료적 현존의 아홉 가지 구성 요소가 포함되어 있으며, 이 장의 다음 절에서 자세히 설명한다. 아홉 가지 구성 요소를 자세히 설명하기 전에, 효과적인 학습을 위해 이러한 구성 요소를 제시하는 세 가지 주요 교육 방식을 간략하게 설명하는 것이 중요하다.

치료적 현존을 위한 교수법 모듈

치료적 현존 모듈의 일부로 다음 세 가지 방식이 제공된다.

1. 교훈적: 치료적 현존의 이론에는 모델과 연구에 대한 교육, 그리고 치료적 상호작용에서 내담자에게 안정감을 제공하는 데 관련된 신경생리학적 및 경험적 과정에 대한 설명이 포함될 것이다. 이 부분에서는 치료자가 현존하는 회기와 현존하지 않는 회기의 영상 자료를 활용하면 도움이 될 것이다. 미국심리학회(American Psychological Association)의 비디오 「심리치료에서의 현존(Presence in Psychotherapy)」(Geller, 2015)는 회기 클립을 통해 치료적 현존을 직접 목격하고, 내담자와 치료자의 현존 지표를 탐구하는 디브리핑(debriefing)에 참여할 수 있는 교육 도구로 사용할 수 있다(Geller, 2017의 부록 B 및 C에 있는 표식 참조). 임상 사례는 치료 회기에서 현존의 중요성과 발생할 수 있는 어려움에 대한 대화를 유도할 수 있다.
2. 핵심 연습: 치료자의 '현존을 위한 준비'(삶과 회기 전), '현존의 과정'(내적 조율, 내담자와의 조율 및 접촉/표현), 그리고 '현존의 신체적 경험'(안정화, 몰입, 확장, 연민/타자와 함께, 타자를 위해 존재하기)의 다양한 구성 요소를 예시하는 핵심 연습. 각 모듈(관련된 경우)에는 치료적 현존의 함양을 지원하기 위한 (1) 개인, (2) 관계[이자적(dyad)], (3) 보조적 수업 연습이 포함된다. 회기 전에 현존을 준비하는 연습을 할 수 있는 기회(예: 의도, 시각화, 회기 전 중심 잡기)를 통해, 수련생들은 미리 준비하는 것이 그 순간에 현존이 더 쉽게 드러나도록 하는 방법에 대해 감각적으로 느낄 수 있다. 이러한 연습은 치료적 현존의 핵심 요소인 치료자의 자기인식과 자기돌봄(self-care)을 강조한다.
3. 임상 역할극과 이자적(dyadic) 만남은 치료자가 회기에서 현존의 구성 요소를 연습하고 역할극을 할 수 있는 기회를 제공한다. 여기에는 현재 순간에(내담자와 자기와) 조율하는 다양한 방법에 주의를 기울이는 것이 포함될 수 있다. 이자적 역할극은 또한 이러한 조율하는 상태에서 내담자에게 반응하는 것을 연습하고, 현존에 대한 장벽을 극복하면서 반응을 안내하기 위해 경험의 다양한 측면(예: 정서, 심상, 호흡 패턴)에 귀를 기울이는 것을 연습할 수 있는 기회를 제공한다. 동조 호흡(entrainment breathing)과 같은 신경생리학적 연습과 대인관계/관계적 마음챙김을 통해 접촉과 관계적 현존을 강화하는 것은 이러한 이자적 회기의 일부이며, 관찰자와 학생 '내담자'가 제공하는 피드백을 통

한 실제 역할극 회기도 포함된다.

치료적 현존 모듈을 위한 구성 요소 및 핵심 연습

치료적 현존 모듈은 아홉 가지 구성 요소로 이루어져 있다. 이 구성 요소들은 프로그램에서 순서대로 가르친다. 각 구성 요소의 이름과 간략한 설명은 다음과 같다. 모듈의 9단계에 해당하는 핵심 연습은 각 절 아래에 나열되어 있으며, (1) 개인 연습과 (2) 쌍 연습에 중점을 두고 있다. 각 핵심 연습에 대한 자세한 설명은 14장에서 확인할 수 있으며, 일부 추가 연습은 6장과 8장에서 확인할 수 있다.

1. **치료적 현존에 대한 개념적 훈련:** 이 구성 요소에는 경험적으로 검증된 모델로서의 치료적 현존에 대한 이론을 가르치는 것이 포함된다(Geller & Greenberg, 2002). 치료적 현존에 대한 연구가 전반적으로 소개되고, 현존이 강력한 치료적 동맹의 형성 및 효과적인 결과와 어떻게 관련되어 있는지 설명한다.

2. **안전의 창출, 치료적 현존의 신경생리학적 메커니즘:** 이 구성 요소에서는 치료적 현존이 내담자에게 안전을 창출하는 신경생리학적 메커니즘을 소개한다. 여기에서는 신경과학 이론과 연구에 기반한 치료적 현존의 안정화가 핵심이다. 이 메커니즘과 치료적 현존 관계에서 일어나는 양방향 조율을 이해하기 위해, 다미주 신경 이론(polyvagal theory; Geller & Porges, 2014; Porges, 2011)에 특히 중점을 둘 것이다. 안전을 불러일으키는 현존의 비언어적 의사소통을 강조하고 연습하는 것이 이 절의 일부가 될 것이다.

   [핵심 연습]

   가. 중심 잡기(14장 참조)

   나. 긴 숨 내쉬기(14장 참조)

   다. 현존의 전달(14장 참조)

3. **체화된/경험하기 현존:** 이 구성 요소는 경험적으로 검증된 치료적 현존 모델의 네 가지 주요 측면을 설명한다. (1) 안정화, (2) 몰입, (3) 확장, (4) 연민(타자에 대한, 그리고 타자와 함께). 이러한 각 측면에 대한 핵심 연습을 통해 치료자에게 필수적인 자질을 경험적

으로 학습할 수 있다.

[핵심 연습]

–안정화

가. 나무 시각화(14장 참조)

나. 핵심 신체 중심 잡기(6장 참조)

–몰입

다. 순간을 주의 깊게 감지하기(14장 참조)

라. 관계적 알아차림/주의 깊은 관찰(14장 참조)

–확장

마. 전신 알아차림으로 확장(14장 참조)

바. 확대 및 축소(14장 참조)

–연민: 타자에 대한 연민

사. 자기연민(14장 참조)

아. 연민을 주고받기(14장 참조)

4. **의도/치료적 현존을 위한 기반 마련:** 이 구성 요소는 현존을 위한 기반을 마련하는 두 가지 측면에 초점을 맞출 것이다. 첫째는 일상적인 현존 연습을 통해 삶의 기반을 마련하는 것의 중요성과 그 방법을 강조하고, 치료자의 자기돌봄에 초점을 맞출 것이다. 둘째는 내담자와 방에 들어가기 전에 치료자가 할 수 있는 연습을 통해 회기 전에 현존을 준비하는 것을 강조할 것이다. 이 준비의 중요성은 치료자의 현존과 관련이 있는 회기 전 5분간의 중심 잡기 연습이 치료자의 현존을 더 강하게 하고, 치료적 동맹을 더 높게 평가하며, 회기의 성과를 더 긍정적으로 평가한다는 연구에 의해 뒷받침된다(Dunn et al., 2013).

[핵심 연습]

준비: 생활에서:

가. 속도 늦추기(14장 참조)

나. 호흡으로 시작하기(14장 참조)

준비: 회기 전 또는 회기 중:

다. 현존에 대한 의도(14장 참조)

라. P.R.E.S.E.N.C.E. 약어(14장 참조)

마. 3~5분간의 회기 전 연습 만들기(14장 참조)

5. **내담자와의 조율(현존의 과정 1)**: 이 구성 요소는 치료자가 내담자의 언어적·비언어적 순간순간의 정서와 경험을 더 잘 이해하기 위한 훈련에 중점을 둔다. 여기에는 표정, 눈, 호흡 패턴, 몸짓, 자세, 어조, 말의 리듬을 통해 내담자의 정서를 읽는 것이 포함된다. 비디오 테이프와 역할극을 통해 실제 상황을 재현한 학습을 보충한다.

[핵심 연습]

가. 의도적 연습–외수용 강화(14장 참조)

나. 몸짓 미러링 연습(14장 참조)

6. **관계에서 자기와의 조율(현존의 과정 2)**: 치료자는 내적 세계에 조율하는 연습을 통해 내부 감각 수용의 민감성(interoceptive sensitivity)과 체화된 자기인식(embodied self-awareness) 능력을 강화한다. 이 구성 요소에는 그 순간에 자신의 정서와 경험에 대한 조율 강화와, 내담자의 경험이 치료자의 신체에서 어떻게 느껴지고 경험되는지에 대한 조율이 모두 포함된다. 치료자는 내담자와 조율하면서 자신의 정서, 호흡 패턴, 심상, 통찰력, 충동에 조율하는 데 초점을 둔다. 치료자는 회기에서 자신의 경험을 빠르게 식별하고 이를 사용하여 내담자에게 효과적으로 반응하는 능력을 강화할 것이다.

[핵심 연습]

가. 마음챙김 명상(14장 참조)

나. 의도적 연습–내부 감각 수용 강화(14장 참조)

7. **접촉/표현 및 확장(현존의 과정 3)**: 이 단계에서 치료자는 언어적·비언어적 현존을 전달하는 능력을 강화하는 데 중점을 둔다. 훈련생들은 내담자의 조율과 자기조율(self-attunement; 5단계와 6단계)에서 얻은 단서를 사용하여 내담자의 순간순간의 경험에 반응하고 접촉하며, 치료 과정을 진행하기 위해 필요한 것을 촉진하는 방법을 연습한다. 여기에는 내담자가 안전 영역을 벗어난 상태(예: 압도감 또는 폐쇄감)를 인식하고, 내담

자의 정서조절과 안전을 최우선으로 유도하기 위해 반응하는 것이 포함된다. 또한 치료자 자신의 내적 경험(예: 피로감, 지루함, 활력, 정서적 공명)을 인식하고 이에 반응하며, 치료자의 진정성(authenticity), 일치성(congruence), 공감적 조율(empathic attunement), 신체적 몸짓, 시선, 목소리 톤을 통해 내담자와의 접촉을 촉진하는 것이 포함된다.

[핵심 연습]

가. 알아차림의 전환(14장 참조)

나. 접촉/철수 연습(14장 참조)

다. 의도적 연습: 현존에서 공감적 반응(14장 참조)

8. **현존에 대한 도전 과제:** 이 단계에서는 현존에 대한 장벽을 극복하는 데 초점을 둘 것이다. 이 구성 요소에서는 내부 장벽(자기의심, 주의 산만, 불확실성에 대한 인내력, 역전이)과 외부 장벽(내담자의 불안정, 조절 장애, 절망, 죽음 및 죽어감, 자살 위협)을 인식하고 극복하는 방법과 치료의 손상을 다루게 된다. 치료자는 자신의 내적 경험을 (1) 내담자의 경험과 공명, (2) 역전이 또는 개인적 촉발 요인, (3) 자연스러운 주의 산만으로 구별하는 방법을 배운다.

   자기연민 및 기타 연민 연습과 정서조절 기법 등 장벽을 극복하기 위한 연습이 진행되며, 내담자와 어려움을 소통하는 동안 현존을 유지하는 방법도 배운다. 장벽을 인식하기 위한 자기평가(self-auditing) 도구로 치료적 현존 척도(Therapeutic Presence Inventory)를 사용하는 방법도 포함된다. 치료적 관계에서 손상을 인식하고 현존을 유지하면서 극복하는 것이 이 절의 핵심 요소이다. 개별 연습, 치료 테이프, 역할극이 포함된다.

[핵심 연습]

가. 멈추기, 관찰하기, 돌아오기(8장 참조)

나. 자기연민/연민을 주고받기(14장 참조)

다. 의도적 연습: 현존에 대한 장벽을 극복하기(14장 참조)

9. **관계적 치료적 현존과 통합:** 더 깊은 관계적 현존과 나-너의 만남(I-Thou encounter)을 촉진하는 것이 이 마지막 구성 요소의 일부가 될 것이다. 여기에서는 이러한 현상이

발생할 수 있는 조건을 조성하여, 상호주관적 의식(intersubjective consciousness; Stern, 1985)과 뇌간 동시성(interbrain synchrony; Behrends et al., 2012; Llobera et al., 2016)을 촉진하는 데 초점을 둘 것이다. 여기에는 회기에서 치료자와 내담자 사이의 깊은 연결과 공동조절(coregulatioln)을 육성하는 능력을 향상시키기 위한 동조 호흡, 신체 움직임의 동시성, 미러링(morroring) 및 직관 강화와 같은 연습이 포함된다. 5단계(7장 참조)를 통해 관계적 현존을 심화하는 모델이 소개되고 연습될 것이다. 모든 치료적 현존의 가르침을 통합하고 이를 임상 실습에 적용할 준비를 하는 데 초점을 둔 모듈이 마무리된다.

[핵심 연습]

가. 동조 호흡(14장 참조)

나. 전신 듣기: 머리, 마음, 몸으로 듣기(관계적 현존, 14장 참조)

협의 집단 및 슈퍼비전

치료적 현존 모듈(Therapeutic Presence Module)을 완료한 후, 수련생들은 치료적 현존 훈련을 받은 교사, 슈퍼바이저 또는 컨설턴트(consultant)가 진행하는 8회기의 코호트 기반(cohort-based) 주간 협의 집단(consultation group)에 등록한다. 이 회기의 목적은 수련생들이 치료적 현존을 활용하여 회기에서 작업한 사례를 공유하고, 실제 임상 업무에서 직면한 어려움, 관찰한 사항 및 기타 관련 정보를 토론하는 것이다. 이를 통해 수련생들은 치료적 현존 기술, 특히 내담자와 자신에 대한 조율, 접촉 및 치료적 관계의 강화에 대한 숙련도를 입증할 수 있게 된다. 참가자들은 8주간의 회기 동안 코호트 집단과 집단 지도자에게 두 번의 공식적인 사례 발표를 해야 하며, 이상적으로는 비디오 녹화(내담자의 허락이 있는 경우)를 해야 한다. 컨설턴트는 치료적 현존 모듈을 이수하고, 아직 결정되지 않은 역할에 대한 일정한 훈련을 받은 면허를 소지한 정신 건강 전문가이다.

생활 속 연습

일상생활에서 현존을 연습하는 것은 치료자들이 자기 자신과 관계에서 현존을 함양하고, 회기에서 현존할 수 있도록 준비하는 데 도움이 된다. 이러한 연습은 훈련 프로그램 전반에

걸쳐 지속적으로 통합될 수 있으며, 매일 핵심 가치(현존) 프로젝트를 포함할 수 있다. 이 프로젝트에서 수련생들은 개인적 발전의 일환으로 강화하면 도움이 될 치료적 현존의 자질을 선택한다(예: 안정화, 자기돌봄, 평정심, 연민). 그런 다음, 이 특성을 기르기 위해 매일 15~20분 동안 할 수 있는 연습을 생각해 보라. 예를 들어, 안정감을 기르기 위해서는 매일 마음챙김 연습이나 안정감 명상을 할 수 있다. 또 다른 예로, 매일 조부모나 어려운 형제자매와 함께 앉아 판단하지 않고 그들의 말을 듣는 것으로 수용적인 경청이나 연민을 기를 수 있다. 수련생들은 또한 자신의 경험과 도전 과제에 대해 매일 성찰 일기를 쓰면서 학습과 개인적 발전 상황을 기록해야 한다. 이 프로젝트는 참가자들이 현존을 기르는 학습 과정과 그것이 치료자로서의 발전과 어떤 관련이 있는지 짧은 성찰문을 쓰는 것으로 마무리된다. 일상의 연습을 일상생활에 접목한 경험을 통해, 훈련 중인 치료자들은 의도적인 연습을 통해 발생할 수 있는 도전과 긍정적인 신경가소성 변화(neuroplastic change)의 단면을 엿볼 수 있는 기회를 얻게 된다.

전반적으로, 기초 훈련은 상담자 훈련의 초기 단계에서 제공될 수 있는 세 가지 접근법을 포함한다. 이는 강력한 치료적 관계 및 동맹의 기반이 되는 치료적 현존을 개발하고, 공감 능력을 키우며, 특정 심리치료 기법[예: 인지행동치료(cognitive behavior therapy), 정서중심치료(emotion-focused therapy), 수용전념치료(acceptance and commitment therapy), 정신역동 접근법(psychodynamic approaches), 변증법적 행동치료(dialectical behavioral therapy)]을 제공하는 능력을 지원한다. 워크숍과 수련회를 통해 현존 경험을 더욱 심화할 수 있다.

치료적 현존의 심화: 수련회 및 워크숍

현존하고 그 순간에 열린 마음을 유지하는 능력을 강화하고 심화하기 위해, 참가자들은 마음챙김과 자기연민을 주제로 한 수련회와 워크숍에 참여할 수 있다. 수련회에 참여하는 것은 모듈 전, 훈련 중 또는 완료 후에 이루어질 수 있으며, 신경가소성과 반복적인 연습을 통해 치료자의 현존을 강화할 수 있다. 워크숍과 수련회에는 다음 중 하나를 포함할 수 있다(수련회 시간은 최소 2일 이상이어야 함). 관계적 현존을 함양하는 데 초점을 맞춘 마음챙김 수련회, 자기연민 수련회, 치료적 리듬 및 마음챙김(Therapeutic Rhythm and Mindfulness: TRM) 프로그램(12장에서 자세히 설명)을 이용한 현존과 자기연민 수련. 이 프로그램은 수련생들이 자

기 및 타자와 리듬을 맞추고, 안전한 집단 환경에서 더 큰 관계적 현존을 이루도록 가르친다.

현존을 함양하기 위한 대안적 연습: 예술, 즉흥, 음악

예술은 치료자가 현존을 활성화하기 위해 사용할 수 있는 보충적인 연습이다. 예술적 과정은 우리가 미지의 것에 대해 편안함을 느끼고, 그 과정을 신뢰하며, 불확실성을 용인하는 데 도움이 된다(McNiff, 1998). 캔버스가 비어 있을 때, 표현되지 않은 것이 형태를 취할 수 있고, 기대에서 자유로운 새로운 반응이 나타날 수 있다. 예술은 캔버스에 그림 그리기, 스케치북에 그림 그리기, 조각하기 등 다양한 형태를 포함할 수 있다. 치료적 현존의 특성과 마찬가지로, 예술은 선입견 없이 열린 마음으로 초보자의 눈으로 세상을 보고 경험할 수 있는 기회를 제공한다. 반대로, 특정 결과물에 집착하지 않고 예술적 과정에 몰두하면 몰입과 현존이 나타날 수 있다.

즉흥 연극(improvisational theater)은 그 순간을 함께 창조하는 데 초점을 맞추기 때문에 치료적 현존을 훈련하는 데 유망한 보조 수단이다. 즉흥 연극 훈련에서 요구하는 것처럼 다른 사람들과의 관계 내 지금 여기(here and now)에서 조율하는 것은 그 순간에 대한 유연성과 적응력, 반응력을 위한 경험과 신경 구조를 구축할 수 있다. Romanelli 등(2015)은 치료적 현존을 함양하기 위해 사회복지사들에게 즉흥 연기를 가르치는 16주 과정을 진행했다. 그 결과, 사회복지사들은 수용성, 자기인식, 치료자의 정서와 신체 감각에 대한 접촉, 그리고 내담자와의 접촉을 확대하고 접촉할 때의 공감·자연스러움·편안함·일치성 등 치료적 현존의 핵심 자질을 개발한 것으로 나타났다.

음악(듣기 및 연주)은 뇌의 거의 모든 부위를 사용하기 때문에 신경 구조를 강화하고 현존을 키우는 데도 독특하게 효과적이다(Thompson & Schlaug, 2015). 음악은 다양한 정서 상태를 유도하고, 움직임, 사회 참여, 활력, 긍정적인 뇌 기능, 리듬의 동기화를 촉진할 수 있다. 다른 사람들과 함께 즉흥 음악을 만들면 함께 연주하는 사람들의 뇌와 신체가 동기화될 수 있다(Lindenberger et al., 2009; Sänger et al., 2012). 예를 들어, 연구에 따르면 즉흥 음악을 함께 연주하는 음악가들은 내부 신체와 뇌의 리듬이 서로 동기화되고 더 연결되어 있다고 느끼면서 공유된 경험을 생성하기 시작한다(Lindenberger et al., 2009; Sänger et al., 2012). 음악

을 통해 다른 사람들과 리드미컬한 동기화를 경험하는 것은 관계적 현존에 핵심적인 다른 유형의 리듬에도 적응하는 능력을 기르는 데 도움이 된다.

리듬과 집단 드럼연주를 통해 치료적 현존을 함양하는 데 특별히 초점을 맞춘 프로그램이 TRM(Geller, 2006, 2009, 2017)으로, 12장에서 설명한다. TRM은 (1) 자신과 리듬을 맞추기(안정화 및 중심 잡기, 자기와의 조율), (2) 다른 사람들과 동기화하기(다른 사람들과의 조율을 통해 우뇌와 우뇌의 소통 촉진), (3) 공동체에서 집단 드럼연주를 통해 더 큰 연결감을 활성화하여 둘 사이의 관계를 맞추기 등, 리듬에 더 쉽게 적응할 수 있도록 도와준다. 마음챙김과 자기연민 연습이 프로그램에 포함되어 집중력과 현재에 대한 알아차림, 그리고 자기와 타자에 대한 연민을 유도한다. 음악, 연극, 예술은 경험적·신경생물학적으로 치료적 현존을 촉진하는 재미있고 매력적이며 효과적인 방법을 제공한다(Geller, 2017).

 기타 고려 사항: 교사 요구 사항 및 슈퍼바이저 현존

1파트 치료적 현존 모듈 및 2파트 협의 집단에 대한 교사, 슈퍼바이저 및 컨설턴트의 요구 사항은 이 절에 설명되어 있다. 슈퍼바이저의 요구 사항은 (1) 등록된 정신 건강 상담자이며 (2) 치료적 현존 모듈 및 훈련 또는 이에 상응하는 교육을 이수한 사람이어야 한다. 교사, 슈퍼바이저 또는 컨설턴트는 치료적 현존을 모델로 보여 주고 학습을 극대화할 수 있는 안전한 교육 환경을 조성하기 위해 자신의 역할에 현존을 체화해야 한다. 또한, 연습은 처리해야 할 중요한 취약한 정서를 불러일으킬 수 있으므로, 수련생에게 안전한 방식으로 이자적(dyad) 연습을 보고하는 데 능숙해야 한다. 치료자의 정서를 인식·명명·처리하는 기술은 매우 중요하며, 치료자가 자기조절(self-regulate)을 하는 데 도움이 될 수 있다. 모듈 및 협의 그룹에서의 토론은 경험에서 의미를 도출하는 데 도움이 될 수 있으며, 이는 통합 학습을 위해 좌뇌의 이해와 우뇌의 감각을 통합하고 경험의 임상적 관련성을 설명한다. 마음챙김 기반 인지치료에서 제공되는 질문 방법인 마음챙김 질문(mindfulness-based cognitive therapy; Segal et al., 2012)은 이를 안내하는 데 도움이 될 수 있는 방법 중 하나이다. 이 방법은 체화된 경험에 대해 호기심, 비판적 태도, 관심을 가지고 떠오르는 것에 몰입하는 것을 포함한다.

슈퍼바이저의 현존

심리치료 수련생이 현존의 결실을 진정으로 경험하기 위해서는, 슈퍼바이저와 슈퍼바이지 사이의 관계에도 현존이 스며들어 있어야 한다. 슈퍼바이저가 자신의 삶에서 현존의 가치를 소중히 여기고, 수련생들과 함께 현존에 전적으로 집중하는 연습을 하면, 깊은 배움과 지혜가 생길 수 있다. 이를 위해서는 슈퍼바이저가 슈퍼비전 관계에서 나타나는 모든 것에 대해 수용하고, 판단하지 않으며, 현재의 순간에 집중할 수 있는 열린 마음을 가져야 한다.

슈퍼비전은 슈퍼바이저와 수련생 사이의 현재 상호작용에서 발생하는 것으로 인식된다(Smythe et al., 2009). 이러한 입장은 치료적 현존과 관계적 현존이 나타날 수 있는 환경을 조성하고, 수련생이 해결해야 할 문제를 솔직하고 안전하게 표현할 수 있게 한다. Nichols(2007)는 소크라테스식 슈퍼비전이지만 현존에 기반한 것으로 묘사하며, 슈퍼바이저는 수련생이 이미 자신 안에 가지고 있는 답을 찾도록 돕는 역할을 한다고 설명한다. 이는 슈퍼바이저가 지지와 도전을 모두 허용하는 안전한 환경을 조성함으로써 가능해진다(Gazzola & Theriault, 2007).

슈퍼바이저는 또한 실행 및 슈퍼비전에 대한 구조나 이론을 가지고 있으며, 수련생과 함께 있는 동안에는 그 구조나 이론을 놓아 버리고 새로운 상황에 개방적일 수 있다는 이점도 있다. Smythe 등(2009)은 다음과 같이 썼다.

> 근거 기반의 실무에 대한 의존도가 높아짐에 따라, 우리가 추구하는 일에 확실성이 있을 수 있다고 확신하게 되었다. 하지만 진정한 우수성은 슈퍼비전 관계에서 펼쳐지는 각기 독특한 순간에 자신을 맡길 때만 얻을 수 있다. 자신과 상대방, 그리고 그 과정에 대한 깊고 경건한 신뢰를 통해 양쪽 모두 감동과 변화를 경험할 수 있다(p. 19).

치료적 현존을 통해 슈퍼바이저는 미리 정해 놓은 계획과 지시를 제쳐두고, 대신 수련생의 경험을 깊이 경청하며 그 순간에 집중하고, 미지의 상황에 편안하게 적응하며, 그 과정을 신뢰할 수 있는 열린 마음을 유지한다.

평등의 겸손함을 인정하는 것은 슈퍼비전 관계에서도 중요하다. 훈련에서 인간과 인간이 만나는 본질과, 슈퍼바이저가 모델이 되어 수련생과 함께 현재에 집중하는 태도는 수련생의

치료적 현존을 키우는 데 도움이 된다. 슈퍼바이저의 현존, 전체적인 모습으로 그 자리에 함께 있겠다는 의지, 수련생을 위해 그리고 수련생과 함께 깊이 경청하는 태도를 통해 지혜와 방향이 드러날 수 있다.

결론

이 장에서 설명한 치료적 현존에 관한 훈련 프로그램은 치료 개입에 앞서 심리치료 훈련 프로그램에 제공될 수 있다. 이 프로그램은 치료적 현존과 그 순간에 대한 조율에 대한 경험을 심화하여 내담자에 대한 치료적 관계, 과정 및 성과를 강화하고자 하는 숙련된 치료자들도 이용할 수 있다. 14장에서 설명된 실천 방법은 이 프로그램을 제공하는 교육자나 강사에게 보조 자료로 활용될 수 있으며, 특정 구성 요소는 대학 또는 대학원 상담 수업의 일부로 포함될 수 있다.

이 프로그램은 치료 접근법 전반에 걸쳐 사용할 수 있는 범이론적(transtheoretical) 모듈이다. 치료적 현존에 대한 훈련 프로그램을 추천한다고 해서 개입의 가치를 경시하는 것은 아니다. 우리는 치료자의 치료적 현존을 함양하고, 치료자와 내담자의 개인적·관계적 성장을 촉진하는 것이 심리치료 훈련에서 동등한 부가적인 요소로 포함되어야 하며, 치료 기법의 효과를 높일 수 있다고 강력하게 주장한다. 내담자의 치유에 최대의 효과를 얻기 위해서는 치료의 '행하는(doing) 방식'과 '존재하는(being) 방식'의 균형을 맞추는 것이 필수적이다.

14장

치료적 현존 연습 및 실천

> 치료자는 도움이 되기 위해 온전히 현존하는 연습을 하고 연민의 에너지를 키우려 노력해야 한다.
>
> —틱낫한(THICH NHAT HANH, 2000, p. 152)

현존(presence)은 우리 안에 있으며, 접근이 가능하고, 느낄 수 있고, 실재한다. 그러나 현존의 경험을 함양하고 더 큰 지속 가능성을 확보하기 위해서는 지속적인 연습과 우리 내면의 영적·관계적 자기의 지속적인 성장과 발전에 대한 헌신이 필요하다. 연습을 한 번도 해 본 적이 없는 골프나 테니스 프로선수는 거의 없다. 음악가들은 자신의 능력을 기르고 음악을 다듬기 위해 수많은 시간을 보낸다. 달라이 라마(Dalai Lama)는 현존과 내면의 행복을 기르기 위해 수만 시간을 보낸다. 그러나 일부 사람들은 연습을 하지 않고, 다른 사람들과 함께 시간을 보내지 않고, 다른 사람들과 지속적으로 이런 식으로 지내지 않으면서도 현존을 유지하고 내면의 수용력과 다른 사람들과 자신과의 연결을 유지할 수 있을 것이라고 기대한다. 이러한 환상적인 믿음은 부분적으로 우리가 살고 있는 오늘날의 즉각적인 해결책, 인스턴트 메시징, 스트레스가 많은 사회에 기인한 결과이다. 또한, 안정되고 평온한 상태에서 내담자에게 완전히 마음을 열고 자신을 드러내기 위해 장애물과 개인적·대인관계적 문제를

해결하기 위해 시간을 투자하지 않으려는 우리 자신의 의지 부족도 부분적인 원인이 될 수 있다.

현존을 함양하는 것은 그 순간을 경험함으로써 얻게 되는 활력과 기쁨을 생성하고 유지하는 데 도움이 된다. 연구에 따르면, 현존에 기반한 활동, 특히 몰입과 즉각적인 경험에 참여하는 특성이 있는 활동은 즐거움을 높이고 경험적인 활력을 가져다 준다고 한다(Csikszentmihalyi, 1990; Deci & Ryan, 1985; Krug, 2009). 현존을 함양하는 연습을 통해 치료자는 치료 만남(therapy encounter)을 넘어서는 높은 활력을 경험할 수 있다.

심리치료 훈련은 우리의 내면을 알고 발전시키는 데 필요한 기술을 개발하고, 우리 자신과 우리 관계 속에서 현존하기 위해 필요한 기술을 개발하는 데 초점을 두지 않는 경향이 있다. 판단하지 않고 완전한 알아차림으로 몸과 자신, 그리고 다른 사람들에게 마음을 여는 것은 현존이 드러나기 위해 필수적이다. 이러한 수용성(receptivity)에는 현존을 방해하는 장벽에 대한 인식이 부분적으로 포함되며, 바쁜 일상, 미해결된 정서적 문제, 외상(traumas), 주의 산만, 단절 등의 장벽을 해방하기 위해 필요하다. 또한, 치료적 현존(therapeutic presence)은 다른 사람과 함께, 그리고 다른 사람을 위해 함께하기 위해 개방적이고 안정적이며 몰입된 방식으로 다른 사람과 직접적인 관계를 맺는 것이다. 따라서 좋은 관계 기술은 심리치료사에게 필수적이고 유용하다. 그러나 많은 치료자들은 내담자와 적절한 관계를 유지하고 있지만, 그들의 삶은 격동적인 개인적 관계로 가득 차 있다. 따라서 이러한 장벽을 제거하고 건강한 방식으로 순간에 완전히 열려 있는 내적·관계적 작업을 가르치지 않고 포함하지 않는 것은 의사에게 청진기 사용법을 가르치지 않거나 목수에게 드릴 사용법을 가르치지 않는 것과 같다.

현존을 연습하는 데는 행동 요소가 수반되지만, 현존을 드러내는 데 도움이 되는 것은 연습을 하는 행동이 아니다. 잠시 멈춤, 속도 늦추기, 마음 열기, 그리고 마음과 몸의 공간을 정리하는 데 시간을 할애하는 것이 더 깊은 고요함을 드러내는 데 도움이 된다. Brown(2005)은 연습의 움직임 측면을 잘 설명했다. 이는 외부 방해 요소에서 내면의 고요함으로 지각이 전환되는 것으로, 다음을 포함한다.

행하는 것에서 존재로

쳐다보는 것(looking)에서 바라봄(seeing)으로

- 듣는 것(hearing)에서 경청하는 것(listening)으로
- 가짜에서 현존으로
- 불균형에서 균형으로
- 분리에서 하나됨으로
- 반응(reacting)에서 응답(responding)으로
- 진실되지 않은 것에서 진정성으로
- 분열에서 통합으로
- 행복을 추구하는 것에서 기쁨을 허용하는 것으로
- 복수와 비난에서 용서로
- 잘못된 인식에서 올바른 인식으로
- 불평과 경쟁에서 연민으로
- 무의식적인 행동에서 의식적인 행동으로
- '시간 속에서 사는 것'에서 현재의 순간을 알아차리는 경험하기로 (p. 52)

이 장에서는 현존을 심화할 수 있는 방법을 쉽게 배울 수 있는 현존 연습을 소개한다. 현존의 가치를 내면적으로 경험하기 위해서는, 성찰을 통해 현존 훈련을 시작하는 것이 도움이 된다.

 성찰 연습: 현존의 경험에 접촉하기

이 연습은 학생들이 현존의 특성을 느끼기 시작할 수 있는 조용한 성찰로 진행할 수 있다. 학생들에게 누군가가 자신의 말을 진심으로 듣고, 자신의 괴로움을 진심으로 이해하고 있다고 느꼈던 순간을 떠올려 보라고 요청하라. 학생들에게 그 경험의 세부 사항을 떠올려 보고, 그 사람이 진심으로 그들을 위해 현존하고 있었다고 느꼈을 때의 감정을 떠올려 보도록 요청하여 그 경험을 상기시킨다. 그 후 다음 질문을 하고 학생들에게 몇 가지 메모를 쓰게 하거나 짝과 토론하게 한다.

- 그 사람이 당신을 위해 현존하고 있다고 어떻게 알 수 있었는가?
- 그 사람이 진심으로 현존하고 있다고 느꼈을 때 어떤 감정이 들었는가?
- 그 사람의 어떤 말이나 표현이 그 사람의 현존을 느끼게 했는가?
- 현존에 도움이 된 그 사람의 몸짓은 어땠는가?
- 그 사람은 몸짓이나 표정으로 자신의 현존을 표현했는가? 눈 맞춤을 했는가? 그 밖의 다른 점은 무엇이었는가?

이 활동을 확장하려면 학생들에게 도움이 필요할 때 누군가가 현존하지 않거나 그들의 말을 듣지 않았던 경험을 되새겨 보도록 요청하라. 그 경험을 떠올리게 한 후, 다음 질문에 대해 성찰하거나 글을 써 보도록 안내하라.

- 그 사람이 당신을 위해 현존하지 '않음'을 어떻게 알 수 있었는가?
- 그 사람이 함께 하지 않았거나 당신을 위해 현존하지 않았던 것이 당신에게는 어떻게 느껴졌는가?
- 그 사람이 함께 하지 않음을 알 수 있게 해 준 그 사람의 말이나 표현은 무엇이었는가?
- 함께 하지 않았던 그 사람의 몸짓은 어땠는가?
- 그 사람은 몸짓이나 표정으로 함께 하지 않음을 표현했는가? 눈 맞춤을 피했는가? 그 밖의 다른 점은 무엇이었는가?

이 연습은 도움의 관계에서 현존의 개념을 탐구하고, 학생들이 현존의 가치에 대한 자신의 경험을 이해하는 데 좋은 기초가 될 수 있다. 개별적인 성찰 후, 학생들은 2인 1조로 토론을 진행할 수 있다. 그런 다음, 학생들은 다시 모여 집단 토론을 진행하여 현존과 비현존(nonpresence)의 특성에 대한 전체 목록을 작성할 수 있다.

치료적 현존 훈련 프로그램의 연습

여기에서는 13장에서 소개한 훈련 모듈에 소개된 연습의 세부 사항을 간략하게 설명한

다. 첫째 구성 요소는 이론적 성격이 강하기 때문에 이 절에는 연습이 포함되지 않았으며, 나머지 9개 구성 요소 중 8개(2~9)를 반영하여 이 절을 구성했다. 각 구성 요소의 핵심 연습으로 개인·관계적 연습이 모두 제공된다. 마지막 절에는 현존을 함양하기 위한 추가 연습이 포함되어 있다. 치료적 현존을 함양하기 위한 보다 공식적이고 비공식적인 연습은 Geller(2017)를 참고하기 바란다.

1. 치료적 현존에 대한 개념적 훈련

이 절은 매우 개념적이기 때문에 여기에는 실습 내용이 포함되어 있지 않는다. 이 절과 다음 훈련 모듈의 구성 요소에 대한 설명은 13장에서 확인할 수 있다.

2. 안전감의 창출: 치료적 현존의 신경생리학적 메커니즘

이 책의 주요 전제는 치료적 현존이 치료적 관계를 강화하고 치료자와 내담자의 안전감을 높임으로써 효과적인 치료에 기여한다는 것이다(Geller, 2017, 2018; Geller & Porges, 2014). 이 절에서는 안전감을 키우기 위한 핵심 연습을 소개한다. (1) 중심 잡기, (2) 긴 숨 내쉬기, (3) 현존을 전달하기.

가. 중심 잡기

호흡과 중심 잡기(breathing and centering): 다음 연습은 호흡을 알아차림의 출발점으로 사용하여 신체적 중심감(sense of centering)을 느끼기 시작한다.

- 호흡을 인식하라. 호흡이 몸 어디에서 느껴지는지, 그리고 숨을 들이마시고 내쉬는 리듬을 인식하라.
- 호흡을 느끼는 신체 부위에 집중하여 몇 분 동안 자연스러운 호흡의 흐름과 리듬에 주의를 기울여라.
- 신체의 하반신, 즉 발, 다리, 성기, 엉덩이, 하체에 주의를 기울여라. 신체의 하반신에서 느껴지는 것을 인식하라.

- 몸의 상반신, 즉 머리, 목, 어깨, 등 위쪽, 가슴을 인식하라. 상반신의 감각을 느껴 보라.
- 이제 상반신과 하반신이 만나는 지점에 의식을 집중하라. 몸의 중심, 아마도 배나 복부 부근에 있는 그 지점을 의식하라.
- 의식을 자신이 상상하는 중심에 두라.
- 내면의 일부인 안정감, 힘, 흔들리지 않는 감정을 느끼거나 상상하라.
- 중심과 공명하는 상징, 심상, 단어가 떠오르도록 하라. 균형을 되찾아야 할 때 돌아갈 수 있는 무언가이다.
- 중심이 잡힌 그 자리에 앉아라. 심호흡을 하고, 더 큰 에너지와 확장감으로 숨을 내쉬라.

나. 긴 숨 내쉬기

우리는 긴 숨 내쉬기를 통해 몸의 안전감·안정감·개방감을 높일 수 있다(Geller, 2017; Geller & Porges, 2014). 반면, 더 긴 들이쉬기와 짧은 내쉬기를 결합하면 긴장감을 증가시키며, 더 큰 각성 상태와 에너지가 필요할 때 신체 내 경계 상태를 높일 수 있다. 긴 들이쉬기와 긴 내쉬기의 차이를 이해하기 위해 짝과 함께 다음 연습을 시도해 보라. 짝이 없는 경우 거울을 보며 이 연습을 시도해 볼 수도 있다.

- 짝에게 10~20회 길고 짧은 숨을 내쉬게 하고, 그 과정에서 그들의 표정을 관찰하라.
- 짝을 바꿔서 호흡과 관찰의 경험을 해 보라.
- 이제 길게 내쉬고 짧게 들이쉬는 호흡으로 같은 과정을 반복하라.
- 각 단계에서 그들의 몸, 표정, 기분에서 관찰한 점을 기록하거나 논의하라.

긴 숨을 내쉬는 것은 현존을 준비할 때와 정서를 조절해야 할 때 회기 중에 모두 사용할 수 있다. 긴 숨을 내쉬는 것은 치료자(및 내담자)의 교감 신경계와 방어의 미주 신경 경로를 차단하고, 대신 복측 미주 신경계를 활성화하여 평온함·개방성·신뢰를 가져다준다(Geller, 2018; Geller & Porges, 2014; Porges, 2011). 긴 숨을 내쉬면 몸이 경각심과 동시에 편안한 자세로 바뀌어 내담자가 치료자의 차분한 현존에 비언어적으로 적응할 수 있게 된다. 이를 통해 내담자의 방어 기제가 부드러워져 안전함을 느끼고, 현존하며, 치료에 몰입할 수 있게 된다.

다. 현존을 전달하기

이 연습은 억양, 부드러운 표정, 신체 언어, 자세 등 비언어적 표현이 현존에 미치는 영향을 강조하는 데 도움이 된다. 각 단계에 3~4분 정도 시간을 할애하라.

A는 화자/치료자 역할을, B는 청자/내담자 역할을 한다.

1. A: 상대방에게 비교적 중립적인 소식을 전한다. 예를 들어, 다음 달에 기관에 변화가 있어 상담실이 새로운 건물로 이전하거나, 이사로 인해 일주일 동안 상담실이 문을 닫게 될 것이라고 말한다. 이 소식을 비현존적 의사소통으로 표현한다. 예를 들어, 억양 없는 목소리(또는 끊어지는 목소리), 산만함, 긴장감, 얼굴을 굳게 닫고, 시선을 피하거나 서류나 휴대폰을 내려다보는 등이다.
   B: 상대방이 이 정보나 소식을 전할 때 자신의 감정을 관찰한다.
2. 잠시 멈추고, 숨을 세 번 길게 내쉬며, 발이 땅에 닿아 있는 것을 느끼고, 눈을 뜨고 상대방과 눈을 마주친다.
3. A: 상대방에게 목소리의 억양, 부드러운 눈빛, 부드러운 표정 등 현존을 표현하는 의사소통을 통해 같은 소식을 전한다.
   B: 상대방이 이 소식을 전하는 동안 자신의 감정을 관찰하라.
4. 현존하거나 현존하지 않고 의사소통을 한 두 역할에서 느낀 감정을 토고하라. 치료 예약과 같은 비임상적 문제뿐 아니라 임상적 만남과 관련하여 내담자와의 치료 및 소통에 미치는 영향을 논의해 보라.

3. 체화된/치료적 현존 경험하기

체화된 현존(embodied presence)의 네 가지 하위 구성 요소는 안정화, 몰입, 확장, 그리고 연민(타자와 함께, 타자를 위한)이다. 이러한 요소들은 전체적인 체화된 경험을 만들기 위해 공존하지만, 주어진 순간에 접근하기 어려운 부분을 강화하기 위해서는 각 구성 요소에 개별적으로 집중하는 것이 도움이 된다. [참고] 이 절에 소개된 연습의 대부분은 「현존 함양하기(Cultivating Presence) CD」(http://www.sharigeller.ca/cd.php 또는 Spotify 또는 iTunes)에 수록된 안내 음악 명상을 통해 경험할 수도 있다.

체화된 현존 1: 안정화

가. 나무 시각화: 다음의 나무 시각화(Tree Visualization)는 안정감(steadiness), 안정화(grounding), 상호연결(interconnection)이라는 안정화의 본질적인 요소를 떠올리는 데 도움이 될 수 있다(Geller, 2017).

–잠시 멈추고, 눈을 부드럽게 하고, 호흡에 집중하라.

–숨을 들이쉴 때, 깨끗하고 신선한 공기가 몸 전체를 채우는 것을 상상하라. 숨을 내쉴 때, 스트레스와 긴장이 발바닥을 통해 빠져나가는 것을 상상하라.

–이제 발바닥, 특히 발바닥이 지면에 닿는 부분에 의식을 집중하라.

–발바닥 아래에서 뿌리가 자라는 것을 상상하라(앉아 있는 경우, 척추 기저부에서 뿌리가 자라는 것을 상상하라). 뿌리가 흙과 암반을 뚫고 땅속 깊숙이 파고 들어가는 모습을 상상하라.

–땅속 깊은 곳에 있는 지하수를 상상하고, 뿌리가 물에 도달하는 모습을 상상하면서, 땅에서 시원하고 신선한 물과 영양분을 흡수하는 모습을 상상하라.

–숨을 내쉬면서 스트레스와 독소를 배출하고 영양분을 흡입하는 모습을 계속 상상하라.

이 명상의 확장된 내용은 다음과 같다.

–발바닥이나 척추 기저부에서 뿌리가 자라는 심상을 유지하면서 이 시각화를 계속한다.

–뿌리는 옆으로도 자란다. 뿌리가 뻗어나가서 당신을 지지하고 사랑하며 안정감을 느끼게 해 주는 사람들의 뿌리와 연결되는 것을 상상하라.

–다리와 몸을 나무의 줄기로 상상하면서 몸에 의식을 집중하라.

–이제 다리와 몸이 나무의 줄기라고 상상하면서 나머지 몸으로 의식을 이동하라. 어려운 정서가 오고 가는 것처럼 바람에 흔들리는 나뭇가지를 느껴 보라. 나뭇가지가 흔들리는 동안에도 땅과 연결된 발은 안정감을 유지한다.

–안정감에 대해 더 자세히 설명하는 동안 그 안정감에 몸을 맡기고 휴식을 취하라.

–연습이 끝날 무렵, 천천히 눈을 뜨고 안정감과 호흡에 집중하면서 연습에서 빠져나오라.

–하루 동안, 그리고 일상과 일에서 안정감을 느끼게 하는 다른 방법들을 생각해 보라.

이 시각화는 불안을 줄이고 몸과 뇌에 안정감과 평정심을 주는 데 도움이 될 수 있다. 나

무의 깊은 뿌리와 강인함을 체화된 것으로 상상하면, 어려운 정서에 직면했을 때도 침착함을 유지하고, 내담자의 괴로움을 공감하며 자비롭고 안정된 태도로 대할 수 있게 된다.

이 시각화에서 다른 뿌리들과 서로 연결된 뿌리의 심상은 안정화의 관계적 측면을 연상시키는 데 도움이 된다. 우리는 관계 속에서 자신을 조절하기 때문에, 지지적인 관계에서 정서와 신체적 각성 상태를 조절할 수 있다(Cozolino, 2006; Geller & Porges, 2014; Porges, 2011; Siegel, 2010).

나. 핵심 신체 중심 잡기: 이 연습에 대한 설명은 6장에서 확인하라. 관계에서 안정화를 기르기 위해, 체화된 현존으로 다른 사람들과 함께 방을 돌아다니는 마지막 단계를 추가하고, 다른 사람들과 연결되고 분리될 때 현존을 유지하거나 잃는 순간을 주목하라. 이 연습은 신체적 수준에서 안정화와 중심 잡기를 체화하고, 다른 사람들과의 관계에서 현존을 잃는 순간을 인식하는 데 도움이 될 수 있다.

체화된 현존 2: 몰입

가. 그 순간을 마음챙김으로 느끼기: 감각을 열면 몰입 경험에 필요한 몰두와 집중력을 강화하는 데 도움이 된다. 이미지, 사진, 예술 작품, 창밖의 풍경, 자신에게 의미 있는 물건 등 집중할 수 있는 대상을 찾아라.

–집중할 대상을 볼 수 있는 편안한 자리에 앉아라.

–눈을 감고 호흡의 리듬에 맞추어 숨을 들이마시고 내쉬는 느낌에 몰입하라.

–호흡에 집중한 상태에서 눈을 뜨고, 색상, 모양, 질감, 조명 등 눈앞 이미지의 복잡한 세부 사항을 관찰하라.

–감각을 하나씩 열어 보라. 보고, 듣고, 맛보고, 느끼는 것을 관찰하라.

–이제 그 이미지에서 작은 세부 사항을 하나씩 받아들여라. 눈에 띄는 것을 발견하면, 큰 관심과 호기심을 가지고 관찰하라.

–이제 눈을 감고 그 이미지를 시각화하라. 마음의 눈으로 그 이미지를 유지하고, 세부 사항에 주의를 기울여라.

–천천히 눈을 뜨고, 그 물건이나 이미지를 처음 보는 것처럼 다시 보라.

–새로운 눈으로 이 이미지를 바라보면서, 관심과 호기심을 가지고, 당신이 알아차린

것, 본 것, 느낀 것을 완전히 알아차려라.

세부 사항에 주의를 집중하고, 관계에 있는 무언가 또는 누군가의 차원을 느끼면, 회기 중의 감각적 경험을 높일 수 있다. 이는 몰입감을 증폭시키고, 내담자의 미묘한 움직임과 신체 표현에 주의를 집중하여, 내담자(그리고 자신)의 순간순간의 경험을 추적하는 데 도움이 될 수 있다.

나. **관계적 알아차림/마음챙김 관찰**: Stevens(1971)에서 발췌한 다음의 게슈탈트 연습은 현재 순간에 대한 알아차림의 다양한 차원을 파악하고, 현재 순간에 대한 알아차림과 그로부터 우리를 벗어나게 하는 해석이나 환상(중간 영역)을 구별하는 데 도움이 되며, 타자와의 관계에서 몰입적인 경험을 뒷받침하는 데 도움이 된다.

1. 참가자들이 2인 1조로 짝을 지어 마주 앉게 한 다음, 잠시 함께 침묵을 유지한다.
2. 참가자들에게 다음과 같은 지시를 내린다. "지금 이 순간에 집중하고, 알아차리는 대로 현재의 인식을 보고해 주세요. '지금 나는 ~을 인식하고 있습니다'라는 문장을 사용하고, 인식한 것을 그 뒤에 추가해 주세요."
3. 몇 분 후, 참가자들에게 "당신의 인식이 어디로 향하고 있는지 주의 깊게 살펴보세요. 외부로 향하고 있나요? 당신이 보고, 만지고, 듣는 것으로 향하고 있나요? 아니면 내부로 향하고 있나요? 당신의 피부, 신체, 감각, 감정, 또는 그 밖의 것으로 향하고 있나요? 아니면 내부도 외부도 아닌 중간 영역으로 향하고 있나요? 당신이 해석하고, 상상하고, 생각하는 환상의 세계로 향하고 있나요? 구성, 환상, 또는 일부 전통에서 말하는 '환영(幻影; maya)'의 세계로 가는 것인가요?"
4. 몇 분 동안 자신의 경험을 알아차린 후, 참가자들에게 차례로(각 1분씩) 다음을 듣고 공유하도록 요청한다.
   a. 외부 인식만 보고한다.
   b. 그런 다음 내부 인식만 보고한다.
   c. 다음으로 중간 영역의 인식을 보고한다. 원하는 만큼 창의력을 발휘하라.
   d. 이제 "지금 나는 ……을 인식하고 있습니다" (내부 또는 외부)와 "나는 ……이라고 상상합니다(생각합니다)"와 같은 문장으로 현실과 환상을 연결한다.

5. 참가자들이 함께 보고한 후, 각자 현재 순간에 얼마나 많은 시간을 보내는지, 해석적 인식에 얼마나 많은 시간을 보내는지, 그리고 현재 순간 인식과 해석적 인식의 차이에 대해 배운 점을 전체 집단에서 공유한다.

관계에서 이러한 몰입적인 알아차림은 신체적으로 느끼는 경험을 인식하고 표현하며 편안함을 쌓는 데 도움이 된다.

체화된 현존 3: 확장

가. **전신 알아차림에서 확장으로:** 첫째 연습은 치료적 현존의 일부인 개방성과 확장감, 감각 인식을 개발하는 데 도움이 된다. 이 짧은 연습은 신체와 전체를 감지하는 데 관여하는 우뇌의 활동을 강화하기 위한 연습으로도 사용할 수 있다. 또한 언어 활동을 줄이고, 신체를 이완하며, 인식을 확장하는 데도 도움이 된다. 궁극적으로, 내담자의 경험이나 치료적 관계에서 일어나는 일 등 상황 전체를 감지하는 데 도움이 된다.

- 눈을 감고 잠시 멈추고, 호흡에 집중하라.
- 자연스럽게 호흡하면서, 숨을 들이쉴 때 횡격막이 확장되고, 숨을 내쉴 때 횡격막이 이완되는 것을 느껴 보라.
- 눈을 살짝 뜨고, 신체에 집중하라.
- 눈에 보이는 신체 부위(예: 손, 손가락, 발목)를 선택하고, 그 부위에 의식을 집중하라. 그 신체 부위의 세부 사항을 주의 깊게 살펴보라.
- 이제 주의력을 전신으로 이동하라. 전신의 상호 연결성에 주의력을 집중하라. 주의력이 산만해지거나 집중이 흐트러지면, 그 순간으로 주의력을 되돌리고, 호흡이나 전신에 다시 주의력을 집중하라.
- 의식을 약간 이동하여 몸 주변에 있는 것을 알아차려라. 60cm 반경 내에 있는 물건의 다양한 색상과 모양을 볼 수도 있다. 호흡이 몸 주변의 공간으로 확장되도록 하라.
- 이제 주의력을 확장하여, 지금 있는 방이나 그 주변과 같은 더 큰 이미지를 인식하라. 그 공간에 무엇이 있는지 인식하라. 자신의 감정과 주변의 모든 것의 모습과 세부 사항을 인식하면서 호흡을 조율하라.
- 당신의 알아차림을 더욱 확장하여 건물 주변의 공간을 포함하도록 하라. 당신이 살

고 있는 마을이나 도시의 다른 부분들을 포함하여, 국가, 그리고 세계로 알아차림을 계속 확장하라. 확장된 알아차림에 당신이 속한 대륙의 수역(예: 호수, 바다)과 산에 대한 감각을 포함하라.

- 의식을 계속 바깥쪽으로 확장하여, 지구 대기를 넘어 하늘, 별자리, 태양, 달까지 도달하라.
- 마치 광대한 의식의 바다에 있는 것처럼 주변의 공간에 대한 의식과 함께 호흡을 확장하라.
- 의식을 지구 중심부, 중력 중심까지 아래로 확장한다고 상상하라. 더 미묘한 차원의 우주적 지혜 또는 집단 무의식과 연결되어 있다고 상상하라.
- 자신의 몸과 주변 공간, 위와 아래의 공간 사이에서 알아차림을 오가며, 동물과 세계 곳곳의 사람들을 포함한 다른 생명체들과의 접촉 지점을 인식하라.
- 그 깊은 확장감과 연결감 속에서 휴식을 취하라.
- 준비가 되면, 천천히 몸으로, 호흡으로 알아차림을 되돌려라.
- 그 경험을 통합하면서 발이 땅에 닿아 있는 것을 느끼고, 호흡으로 돌아간다.
- 이 연습을 마무리하기 위해, 천천히 자신이 있는 방으로 돌아와, 호흡과 몸 전체의 감각에 집중하면서 잠시 휴식을 취한다.
- 몇 분 동안 그 경험을 통합하고, 당신에게 확장성이 의미하는 것이 무엇인지 생각해 보라. 인생에서 이러한 특성을 경험한 적이 있는가? 치료자로서 이러한 상태에 도달하는 것이 당신에게 어떤 도움이 될까?

나. **마음챙김 사진으로 줌 인과 줌 아웃 연습:** 이 방법은 정신과 의사이자 마음챙김 사진작가인 M. Lee Freedman 박사에 의해 개발되었다(Geller, 2017). 이 연습에는 줌 렌즈가 장착된 카메라를 사용하는 것이 이상적이지만, 줌 기능이 있는 스마트폰 카메라도 사용할 수 있다. 먼저 카메라의 기능을 숙지하고, 특히 렌즈를 사용하여 줌 인과 줌 아웃하는 방법을 익힌다. 눈과 몸의 움직임을 사용하여 확대 및 축소하는 연습도 할 수 있다. 사진을 찍고 싶다면, 현존하고 주의의 대상과 연결되어 있다고 느끼면 셔터 버튼을 누른다. 셔터 버튼을 누르는 것은 그 대상과 현존하고 있음을 인정하는 것이며, 그 대상과의 관계를 반영하는 것이다. 이미지를 만드는 것이 아니라, 그 순간에 다양한

관점과 감정으로 그 대상과 관계를 맺는 것이다.

- 잠시 멈추고 세 번의 심호흡을 하며 발이 땅에 닿아 있는 느낌을 느껴 보라.
- 산책을 하거나 주변을 둘러보며 세 가지 물건이나 이미지를 찾아라. 하나는 끌리는 물건, 하나는 싫어하는 물건, 하나는 중립적인 물건이다.
- 가장 먼저 시선을 끄는 물체를 카메라의 뷰파인더로 바라보며, 그 물체가 어떻게 보이는지 살펴보라. 이 물체에 대해 호기심을 가져 보라. 이 이미지의 여러 측면(빛, 그림자, 선, 패턴 등)을 시각적으로 느껴 보라.
- 이제 특정 측면에 포커싱을 맞추고, 줌을 사용하거나 몸을 물체에 더 가까이 이동하라. 줌을 사용하면서 이미지에서 눈에 띄는 부분과 그 이미지에 대한 느낌에 주의를 기울여라.
- 다음으로, 렌즈를 줌 아웃(렌즈를 넓게)하거나, 이 이미지에서 10~20 걸음 뒤로 물러나라. 이제 호기심을 가지고 이 이미지와 자신의 관계를 보고 느껴 보라.
- 20 걸음 뒤로 물러나거나, 카메라가 허용하는 경우 렌즈를 더 넓게 열고, 잠시 멈추고 뷰파인더를 통해 또는 눈으로 이 이미지를 바라보라.
- 이제 몸이나 카메라의 뷰파인더(또는 둘 다)를 사용하여 이미지에 더 가까이 이동하라. 이 이미지는 어떻게 다르게 보이는가, 아니면 똑같게 보이는가? 카메라를 사용하거나 몸을 움직여 다른 위치에서 이 물체를 바라보면서 몸에서 어떤 느낌이 드는가?
- 싫어하는 물건과 중립적인 물건의 이미지를 가지고 이 연습을 반복하라. 다른 관점에서 눈앞에 있는 물건을 바라보면서, 그 물건에 대한 관점, 감정, 관계가 어떻게 변하는지를 주목하라.

이 연습은 몰입(경험의 세부 사항에 주목)과 경험에 대한 더 큰 관점 또는 시각을 갖는 것 사이에서 당신의 알아차림을 전환하는 데 도움이 될 수 있다. 이러한 더 큰 시각 또는 관점은 우뇌의 활동을 강화하여 현존감과 확장감(sense of presence and expansion)을 불러일으킨다. 세부 사항과 더 큰 그림 사이에서 인식을 전환하는 것은 실행 기능(집중력과 주의력)을 강화하는 데도 도움이 된다. 매력적이거나, 혐오스럽거나, 중립적인 이미지를 인식하면, 반응이 덜한 상태에서 어려운 경험을 견딜 수 있는 능력이 커진다. 우리는 경험을 판단하는 태도(좋아하거나 싫어하거나)에서 수용하고, 호기심을 갖고, 초보자의 눈으로 새롭게 바라보는 태도

로 접근하는 방식으로 전환할 수 있으며, 이는 현존의 핵심이다.

이 연습이 임상 경험에 도움이 되는 이유는 열린 관점을 생성하여 내담자의 문제와 목표를 더 큰 그림으로 볼 수 있게 해 주기 때문이다(Geller, 2017). 치료자는 선입견(내담자에게서 드러나는 감정이 마음에 들거나 싫다) 없이 내담자와 그들의 경험에 접근할 수 있게 되고, 대신 어려운 정서와 경험을 받아들이는 태도를 기를 수 있다. 이 연습은 비판적 호기심을 생성하는 능력을 강화하여, 특정 아이디어나 반응 방식에 집착하지 않고 다양한 관점을 드러낼 수 있게 해 준다. 이는 그 순간에 떠오르는 것에 함께하고 반응하는 능력을 지원한다. 또한 더 큰 관점에서 경험을 유지하고, 내담자가 표현할 수 있는 어려운 정서나 세부 사항에 압도되지 않고 내담자의 경험에 머물 수 있는 능력을 키우는 데도 도움이 된다.

체화된 현존 4: 연민: 타자와 함께, 타자를 위해

가. 자기연민: 타인에 대한 연민을 키우기 위해서는 자기연민을 키울 필요가 있다. 자기연민은 자신을 받아들이고 친절하게 대하는 것을 포함하며, 이는 우리가 타인에게 연민을 느끼고 그들과 함께 있는 데 도움이 된다. 다음의 연습은 자기연민을 키우기 위한 것이다.

- 잠시 멈추고, 숨을 쉬며, 내면으로 들어간다.
- 분노·원망·비난을 품고 있는 상황이나 관계를 알아차려라. 현재의 상황이나 과거에 해결되지 않은 문제일 수 있다.
- 그 분노 아래에 숨겨진 정서를 알아차려라. 취약함·상처·수치심 등 보다 일차적인 정서를 탐색하라. 그 정서의 차원을 정서와 신체로 느껴 보라.
- 고통을 느끼는 신체 부위에 사랑이 담긴 손을 얹어라.
- 고통을 받아들이고 깊은 사랑을 담은 말이나 몸짓으로 손으로 자기에게 연민을 표현하라. "나는 너와 함께 있어" 또는 "너를 이해하고 싶어"와 같은 말을 해 보라.
- 고통을 받아들이기 어려우면 그 어려움에 연민·배려·사랑을 표현하라.
- 고통과 투쟁에 친절한 손길이나 사랑을 보낸 것이 어떤 느낌인지 느끼기 위해 조용한 시간을 보내며 이 연습을 마무리하라.

자기연민은 치료의 정서적 작업에 대한 해독제가 될 수 있다. 이를 통해 우리는 자신에

게 보답하고, 어려운 정서를 수용하며, 정서가 해결될 수 있도록 도울 수 있게 된다. 자기연민은 의료 전문가들의 소진과 연민 피로(compassion fatigue)를 줄여 준다(Gustin & Wagner, 2013; Raab, 2014), 이로 인해 자기연민이 해독제 역할을 한다는 개념을 뒷받침한다. 또한 활력과 몰입감을 부여하여, 에너지를 유지하면서 내담자를 열린 마음으로 만나고 그들의 괴로움을 함께 느낄 수 있게 해 준다(Geller, 2017).

나. **연민을 주고받기**: 자기연민 연구자인 Chris Germer(2012)가 고안한 연습은 연민을 주고받는 것이다. 이 연습은 연민을 기르고 현존에 대한 장벽을 극복하는 데 도움이 되며, 연민 연습에 매우 유용하다. 이 연습은 티베트 불교에 기반을 둔 전통적인 통렌(Tonglen) 수련을 각색한 것이다(Sogyal Rinpoche, 2012). Chris Germer(2021)의 웹사이트(https://chrisgermer.com/meditations/)에서 이 연민을 주고받는 수련을 명상 형태로 찾을 수 있다.

- 편안하고 이완되면서도 똑바로 앉은 자세를 취하라.
- 그 순간에 집중하면서 몇 번의 편안한 호흡을 하라.
- 이제 숨을 들이쉴 때의 감각에 잠시 집중하고, 숨을 내쉴 때는 배경으로 두면서 숨을 들이쉴 때의 감정을 느껴 보라.
- 현재 경험하고 있는 스트레스나 어려움(자신 또는 관계에서)을 인식하라. 그 스트레스를 몸의 어디에서 느끼는지 주목하라.
- 숨을 들이쉴 때, 내면의 스트레스와 어려운 정서에 연민을 보내라
- 그 정서를 놓아 버리고, 이제 숨을 내쉬는 느낌에 집중하라. 숨을 내쉬는 느낌을 느끼면서 숨을 들이쉬는 것은 배경으로 두라.
- 괴로움을 겪고 있거나 연민이 필요한 사람의 모습을 떠올려라.
- 숨을 내쉴 때, 그 사람과 그 사람이 겪고 있는 어려움에 연민을 보내라.
- 이제 숨을 들이마시고 내쉬는 전체 리듬을 인식하고, 숨을 들이마실 때 자신에게 연민을, 숨을 내쉴 때 그 사람에게 연민을 보내라.
- 자연스럽고 편안한 호흡 리듬으로 연민의 숨을 들이쉬고 내쉬라. 몸 전체를 스캔하며 불편한 부분을 찾아보라. 동시에 자신에게 연민의 숨을 들이쉬고, 연민의 숨을 내쉬며 도움이 필요한 다른 사람(들)에게 보내라.

–도움이 된다면, 호흡의 리듬에 맞추어 내적으로 말을 할 수 있다. 예를 들어, 들이쉬며 '나를 위해', 내쉬며 '당신을 위해'라고 말할 수 있다.

–이 연습이 끝났다고 느껴지면, 천천히 눈을 뜨고 의식을 다시 돌아오게 하라.

연민을 주고받는 연습은 내담자에 대한 공감과 연결감을 느낄 수 있게 해 준다. 또한, 내담자의 정서에 압도되거나, 막힌 느낌을 받거나, 내담자와의 소통이 끊긴 경우, 현존에 대한 장벽을 극복하는 데도 유용하다. 내담자와의 연결에 이러한 막힘이 느껴진다면, 고통에 연민을 보내며 심호흡을 한 다음, 숨을 내쉬면서 내담자에게 연민을 보내라(Germer, 2012). 내담자와 다시 연결되었다고 느낄 때까지, 자신을 위해 숨을 들이마시고 내담자를 위해 숨을 내쉬는 이 자연스러운 리듬을 계속 유지하라.

4. 의도/치료적 현존을 위한 토대 준비

현존을 준비하는 것은 일상생활과 회기 모두에서 이루어질 수 있지만, 여기에서 소개하는 일부 휴식 및 연습은 두 가지 상황에서 중복되는 경향이 있다. 따라서 자신에게 가장 적합한 방법을 찾아서 적절하게 적용할 수 있다. 현존을 준비하는 모든 측면에서 가장 중요한 주제는 잠시 멈추고 속도를 늦추고 더 깊은 관계적 현존이 나타날 수 있는 공간을 마련하는 것이다. 다음에서는 두 하위 구성 요소(일상생활 및 회기 전 또는 회기 중)에 대한 연습을 설명한다.

준비 1: 일상생활에서

가. 속도 늦추기: 몇 가지 기본적인 생활 습관은 현존을 키우는 데 도움이 될 수 있다. 그중 하나는 속도를 늦추는 것이다. 하루 중 어떤 활동이나 순간을 선택하여 속도를 늦추면, 예를 들어 걷는 속도를 절반으로 줄이거나, 여러 순간에 잠시 멈추기(예: 문손잡이를 만질 때마다)를 통해 그 순간에 주변에 있는 것들에 더 주의를 기울이게 될 것이다. 예를 들어, 거의 매일 상담실까지 걷는 길에서 의도적으로 걸음 속도를 늦추고, 매일 지나치지만 지금까지 눈치채지 못했던 작은 것들을 주목해 보라. 이러한 현재에 대한 알아차림은 여러분이 눈앞에 있는 것을 생생하고 예리하게 인식할 수 있게 하고,

머릿속에서 계속되는 대화의 볼륨을 낮추며, 상담실에 도착하기 전에 현존이 드러날 수 있는 내면의 공간을 만들어 준다.

나. 호흡에서 시작하기: 호흡과 친밀해지는 것은 현존을 이해하기 위한 소우주 역할을 할 뿐 아니라, 네 가지 중요한 방식으로 우리 내면의 현존을 만지는 수단이 될 수 있다. 첫째, 호흡에 주의를 기울이면 삶의 끊임없는 변화를 경험할 수 있다. 내담자나 우리 자신의 예측 가능한 경험에 집착하는 것은 현존을 방해하는 장애물이다. 왜냐하면, 미지의 것에 마음을 열고 새로운 것이 나타나도록 허용해야만 그 순간이 드러내는 깊이를 진정으로 만질 수 있기 때문이다. 둘째, 콧구멍이나 윗입술 등 호흡을 느끼는 신체 부위에 주의를 집중하면 외부 세계와 내부 세계가 만나는 지점을 경험할 수 있다. 이를 통해 우리는 다른 사람이나 외부 세계와 분리되어 있지 않다는 것을 더 깊이 경험할 수 있다. 대신, 우리는 내부와 외부, 즉 자기와 타자의 흐름의 일부이다. 셋째, 호흡은 현재에 집중되어 있다. 호흡에 집중하면, 우리는 미래나 과거에 집중하지 않고, 지금 여기, 이 순간에 집중하게 된다. 넷째, 10장에서 설명한 것처럼, 연구 결과에 따르면 호흡에 집중하면 호흡 속도가 더 깊고 느린 리듬으로 바뀌어 신경계가 진정되고 더 큰 평온함과 집중력이 생기는 것으로 나타났다.

그 순간에 깊게 숨을 쉬기: 마음을 진정시키고 그 순간에 집중하기 위해 호흡을 사용하는 또 다른 방법은 숨을 더 깊게 쉬는 것이다. 더 길고 느린 호흡을 하면 심박수 변동성이 증가하여 몸에 더 건강한 환경이 조성되어 현존이 드러날 수 있다. 이 탐구를 시작하는 방법은 자신의 경험을 바탕으로 호흡의 리듬을 조화시키고 느리게 하는 것이 현재 순간에 더 차분하고 경계가 깨어 있으며 조화로운 상태를 불러일으킬 수 있는지 탐구하는 것이다.

- 잠시 멈추고 편안하면서도 바른 자세를 취한 후, 현재 몸과 마음에 무엇이 진실인지 느껴 보라.
- 몸을 이완시키고 눈을 부드럽게 감은 채, 손을 무릎 위에 올려놓아라.
- 주의력을 호흡으로 옮겨라.
- 숨을 들이쉬며 3까지 세고, 숨을 내쉬며 4까지 세라.
- 이제 각 호흡의 시간을 길게 늘려라. 예를 들어, 5초 동안 숨을 들이쉬고 잠시 멈춘 후,

내쉬는 시간을 들이쉬는 시간보다 약간 더 길게(예: 8초) 하라.

- 호흡이 더 깊고, 느리고, 편안해지는 것을 상상하라. 5분 동안 계속하라.
- 눈을 뜨고, 지금 이 순간에 느끼는 것을 알아차려라.
- 잠시 멈추고, 눈을 뜨고 현재에 집중하면서 숨을 쉬고, 방에 있는 주변을 인식하라. 주의의 대상을 현재로 돌아오는 닻으로 사용하라.

준비 2: 회기 전 또는 회기 중

내담자와의 회기를 시작하기 전에 5분간의 짧은 휴식을 취하여 숨을 고르고 중심을 잡으면, 현존하는 것을 최적화하고 회기를 치유의 방향으로 진행하는 데 도움이 될 수 있다. 회기 동안 주의와 신체 감각을 현존으로 되돌리라는 알림을 계속 반복하면, 지속적인 연습을 통해 뇌와 신체를 현존의 과정에 빠르게 몰입시키는 데도 똑같이 효과적일 수 있다. 다음은 치료자가 현존을 심화하기 위해 할 수 있는 추가적인 알아차림 연습이다.

의도적 전환: 9장에서 언급된 바와 같이, 의도를 설정할 때(예: 현존하기), 전두엽이 활성화되며 통합된 준비 상태가 형성된다. 이는 신경계가 우리가 의도하는 상태(즉, 현존하는 상태)로 전환되기 위한 준비 과정이다(Hanson & Mendius, 2009; Siegel, 2007). 현존에 대한 의도를 설정하는 몇 분 동안, 현존 경험 자체의 신경학적 기반이 활성화될 가능성이 높다. 이는 또한 자율 신경계의 부교감 신경의 자극을 돕고, 이는 더 큰 평온함을 가져오고 교감 신경의 약한 활성화로 이어져 주의력을 높인다.

가. 현존에 대한 의도는 다음의 연습에서 언급된 것처럼 회기 사이에 몇 분의 시간을 할애하여 수행할 수 있다.

- "지금 이 순간으로 들어오라"고 스스로에게 말하며, 이 순간에 더 온전히 집중하도록 자신을 초대하라.
- 심호흡을 하며, 이 순간 호흡의 감각을 알아차려라.
- 발이 닿은 바닥에서 시작하여 다리, 복부, 몸통, 상반신, 어깨, 목, 머리까지 올라가며 몸에 대한 알아차림을 집중하라.
- 얼굴 근육을 의식하고, 눈과 표정을 부드럽게 하라.
- 각 신체 부위를 의식하면서 심호흡을 하라.

–4~5회 심호흡을 하며, 숨을 들이쉴 때마다 "나는 지금 이 순간에 도착했다"라고, 숨을 내쉴 때마다 "바쁜 마음을 놓아 버린다"라고 조용히 반복하라. ([참고] 숨을 들이쉴 때 "도착하다" 숨을 내쉴 때 "놓아 버리다"와 같이 의도를 반영하는 짧은 단어를 사용해 보라.)

–현재로 더 깊이 들어가는 동안 지금 몸에서 느끼는 것을 알아차려라. 현존하는 느낌에 집중하고 그 느낌을 오래 유지하라.

회기 전에 시도해 볼 수 있는 또 다른 연습은 다음과 같다.

–다음 내담자를 만나기 전에 잠시 가만히 서서 조용히 지내라. 앉거나 서 있든, 발이 땅에 단단히 딛고 있는지 느껴 보라.

–호흡에 주의를 기울이기 시작하라. 손을 복부에 대고, 숨을 들이쉴 때 배가 확장되고, 숨을 내쉴 때 배가 수축되는 것을 느껴 보라. 배의 호흡이 올라가고 내려가는 것에 주의를 기울여라.

–다음 내담자를 상상하기 시작하라. 이 사람의 에너지에 마음을 열고, 그 사람의 인간성에 연결하라.

–눈을 뜨고, 땅과 호흡, 그리고 현존에 대한 의도에 집중하면서 이 사람을 맞이하기 위해 문으로 걸어가라.

나. P.R.E.S.E.N.C.E. 약어: 현존을 함양하기 위한 연습은 무수히 많지만, 잠시 멈추고 그 순간에 자기와 타자를 알아차리는 것이 기본이다. 현존을 함양하는 과정을 돕기 위해, 우리는 내담자와 함께, 그리고 내담자를 위해 현존을 함양하는 8단계 과정을 반영한 P.R.E.S.E.N.C.E.라는 약어를 만들었다.

–**P**ause: 잠시 멈춰라.

–**R**elax: 이 순간에 편안하게 휴식을 취하라.

–**E**nhance: 호흡에 대한 알아차림을 높인다.

–**S**ense: 내면의 몸을 느껴 보라. 신체적·정서적 몸에 의식을 집중하라.

–**E**xpand: 감각을 외부로 확장하라(주변을 보고, 듣고, 만지고, 느껴라).

–**N**otice: 이 순간에 당신과 주변에 존재하는 진실을 인식하라. 내면과 외부의 관계를 인식하라.

–Center: 중심을 잡고 안정화하라(자신과 몸에서).

–Extend: 확장하고 접촉하라(내담자 또는 다른 사람과).

다. 3~5분간의 회기 전 연습을 준비하기: 회기를 준비하는 데는 시간이 거의 걸리지 않지만, 그 효과는 매우 크다. 앞서 언급한 바와 같이, 단 5분간의 집중 또는 현존 연습만으로도 회기의 방향을 정하고, 더 큰 연대감과 긍정적인 결과를 이끌어 낼 수 있다(Dunn et al., 2013; Geller, 2017). 자신에게 맞는 현존을 활성화하는 방법을 찾는 것이 도움이 된다. 예를 들어, 몸과 마음을 진정시키고 그 순간에 집중하는 데 도움이 되는 노래나 음악을 듣는 것은 회기 전 연습으로 적합할 수 있다.

이 연습은 회기 전에 할 수 있는 3~5분짜리 실천을 해 보도록 안내한다. 이 연습은 혼자서도 할 수 있지만, 회기 전에 현존을 함양하기 위해 2인 1조로 또는 강의실 전체에서 함께 하는 것이 이상적이다.

- 현존에 도움이 되는 것이 무엇인지 생각해 보라.
- 회기 전에 할 수 있는 연습(예: 움직임, 음악, 명상, 의도 설정)을 만들어 보라.
- 이 연습을 다른 사람이나 짝에게 안내하는 것처럼 안내해 주라.
- 최소 1주일 동안 회기 전에 이 연습을 해 보기로 약속하라.
- 회기마다 쉽게 경험할 수 있도록 연습을 조정하라(필요한 경우).

5. 내담자와의 조율 (현존의 과정 1)

내담자와 조율하기 위한 핵심 연습에는 다음에 설명하는 외수용(外受容; exteroception; 외부 감각)의 강화와 몸짓을 따라하기(mirroring)가 포함된다.

가. 의도적 연습: 외수용 강화

내담자의 비언어적 경험에 공감하는 것은 치료자가 내담자의 그 순간 표현을 읽어서 (1) 내담자가 그 순간에 안전하고/또는 현존을 느끼고 있는지(또는 안전하지 않고/또는 비현존을 느끼고 있는지), 그리고 참여하고 있는지, (2) 그 순간의 정서적 경험이 내담자의 언어적 표현과 일치하는지 또는 대조적인지, 그리고 (3) 그 순간에 공명할 수 있는 도움이 되는 방식으로

반응할 수 있도록 도와준다. 다음 연습은 내담자와의 조율을 강화하는 데 드움이 될 것이다. 이 연습과 향후의 의도적 연습을 위해, 의도적 연습 연구소(Deliberate Practice Institute: DP Institute, 2020; https://sentio.org/dpprompts)의 비디오 또는 자신의 치료 실습에서 녹음한 테이프를 사용할 수 있다.

내담자와 소리 없이 비언어적으로 조율하는 1부 연습을 위해 아래 지침을 따르라.

- 소리를 끄고 2~3분 분량의 내담자 비디오 프롬프트를 시청하라.
- 비디오를 시청하면서, 다음을 포함하여 그 순간에 내담자의 경험에 대해 알아차린 것을 주목하고 말로 표현하라.
  - 내담자의 비언어적 신체 표현(몸짓, 움직임)
  - 호흡 패턴
  - 표정
  - 시선
  - 핵심 정서
  - 일치 또는 불일치(말과 신체 언어 사이)
- 이 연습을 10~15분 동안 반복한다.

  사운드와 함께 진행하는 2부, '비언어적으로 내담자와 조율하기'에 대한 지침을 따르라.
- 사운드를 켜고 2~3분 길이의 내담자 비디오 프롬프트를 시청하라. 1부에서 사용한 비디오를 사용하거나 새로운 비디오를 사용할 수 있다.
- 비디오를 시청하면서, 다음을 포함하여 그 순간에 내담자의 경험에 대해 알아차린 것을(매 순간마다) 주목하고 말하라.
  - 내담자의 비언어적 신체 표현(몸짓, 움직임)
  - 호흡 패턴
  - 표정
  - 시선
  - 핵심 정서
  - 일치 또는 불일치(말과 신체 언어 사이)
- 이 연습을 10~15분 동안 반복하라. 비디오의 소리를 켜고 끄고 내담자의 경험에 대한

공감이 비슷하거나 다른지 주목하라. 이 연습이 내담자와의 회기에서 어떻게 도움이 될지 생각해 보라.

나. 몸짓을 따라 하기

두 사람이 함께 하는 연습은 치료적 현존의 핵심인 비언어적 조율을 강화하는 데 도움이 될 수 있다(Geller, 2017).

- A: 지금 이 순간에 느끼는 감정을 알아차려라. 그 감정이 몸에서 어떻게 경험되고 있는지 몸으로 느껴 보라.
- 그런 다음, 그 감정을 반영하는 다양한 움직임, 표정, 몸짓을 만들어 보라.
- B는 A의 몸짓, 말투, 움직임을 따라 해 보라. B는 A의 경험을 따라 하면서 자신이 느끼는 감정을 표현하여 두 사람의 감정이 비슷한지 확인해 볼 수 있다.
- 잠시 멈추고 보고한다. B: A를 따라 한 경험과 느낀 점을 공유하라. A: B가 당신의 움직임을 따라 한 경험이 당신의 내면 경험과 공명했는지, 그렇지 않았는지 성찰하라.
- 역할을 바꾸고, 이번에는 다른 동작, 표정, 몸짓으로 위의 단계를 반복한다.
- 잠시 멈추고 보고한다. A: B를 거울처럼 따라 한 경험과 발견한 점을 공유한다. B: A가 자신의 동작을 어떻게 느꼈는지, 자신의 내면과 공명했는지 여부를 성찰한다.
- 거울처럼 따라 하는 것이 내담자와 공명하고 조율하는 데 어떻게 도움이 되는지 함께 토론한다.

6. 관계에서 자기와의 조율(현존의 과정 2)

다음의 연습은 마음챙김과 내부 감각 수용의 알아차림(interoceptive awareness)을 통해 관계에서 자기에 대한 조율을 강화하기 위한 것이다.

가. 마음챙김 명상

마음챙김 명상은 내면의 인식과 자기에 대한 조율을 강화하는 데 도움이 되는 연습이다. 명상 훈련을 통해 신체 감각·정서·인지에 대한 의식을 높일 수 있으며, 그 순간으로 주의

를 되돌리는 데 도움이 되는 신경 근육을 강화할 수 있다(Baldini et al., 2014; Sze et al., 2010). 다음은 내면의 인식에 초점을 맞춘 기본적인 마음챙김 명상 연습을 반영한 것이다(Geller, 2017).

- 똑바로 앉되 편안한 자세를 취하라. 방해 요소가 없는 편안하고 안정된 공간을 찾아 연습하라.
- 몸·배·가슴 등 호흡을 느낄 수 있는 부위를 찾아 호흡에 의식을 집중하라.
- 숨을 들이마실 때와 내쉴 때의 배나 가슴의 움직임을 리듬에 맞춰 느껴 보라.
- 이제 내면의 경험에 주의를 기울여라. 신체에서 무엇을 느끼는가? 정서적 몸은 어떤가? 판단하지 말고, 친절한 마음으로 그 순간을 경험하라.
- 마음이 방황하기 시작하면(분명히 그럴 것이다), 그 방황을 나타내는 단어 하나를 말하고 (생각, 걱정, 기억 등), 호흡이나 내면의 경험으로 부드럽게 주의를 되돌려라.
- 강아지가 계속해서 뛰어다니는 것처럼, 마음이 방황할 때마다 이 방법을 자연스럽게 불러와 배나 가슴의 오르내림과 호흡의 리듬으로 돌아오게 한다.
- 처음에는 10분부터 시작해 서서히 20분, 30분으로 늘려간다.
- 주의가 산만해질 때, 자신을 부드럽게 대하라. 주의가 산만해지면 주의력을 호흡으로 되돌릴 때마다 집중력과 주의력을 위한 신경 근육이 단련되고 있다는 것을 기억하라.

우리가 현재의 경험에 집중할 때, 주의력 제어, 정서조절(emotion regulation), 자기인식과 관련된 영역에서 신경가소성(neuroplastic; 뇌)의 변화가 일어난다(Geller, 2017). 이 연습은 여러 뇌 영역(대뇌 피질, 피질 하 회백질, 뇌간, 소뇌)에 유익한 영향을 미치며, 이는 마음챙김 명상을 통해 뇌의 넓은 영역이 영향을 받는다는 것을 의미한다(Lazar et al., 2005; Tang et al., 2015). 마음챙김을 더 많이 경험하고 연습할수록 주의력 조절, 현재에 집중하는 능력, 내적 알아차림이 더 향상된다.

나. 의도적 연습: 내부 감각 수용을 강화하기

자신의 정서와 경험에 귀를 기울이면 다음을 인식하는 데 도움이 된다. (1) 자신이 현존하는지 여부 (2) 그 순간 내담자의 경험에 대한 자신의 공명 및 이해 정도 (3) 치료 과정을 안내

하기 위해 그 순간에 반영된 유용한 반응, 그리고 (4) 자신의 비현존(비존재) 및 발생할 수 있는 관련 역전이 또는 치료적 손상(therapeutic ruptures). 다음 연습은 내담자와의 자기조율(self-attunement) 능력을 강화하는 데 도움이 될 것이다.

- 소리를 끄고 2~3분 분량의 내담자 비디오를 시청하라.
- 비디오를 시청하면서 내면의 경험을 추적하라. 경험을 생각하거나 적는 것이 아니라, 소리 내어 말해야 한다. 다음을 포함하여 매 순간 느끼는 내면의 감정과 감각을 판단하지 않고 연민을 가지고 인식하고 이름 붙여라.
  - 내담자의 경험을 몸의 어느 부분에서 느끼는지
  - 그 순간에 느끼는 핵심 정서(core emotion)
  - 호흡 패턴
  - 떠오르는 충동(행동, 태도, 반응)
  - 일치 또는 불일치(표현과 감정 사이)
  - 생각(내용 및 과정)
- 이 연습을 10~15분 동안 반복한다. 연습을 반복하면서 자신에게 다른 정서가 생기는지 주목하라. 또한, 자신이 그 자리에 현존하고 있는지, 내면의 공명이 내담자의 경험에 도움이 되어 그들을 이해하거나 회기에서 어떻게 반응하거나 개입할지 결정하는 데 도움이 되는지 주목하라.
- 비디오의 소리를 켜고 같은 단계를 반복하라. 비디오의 소리를 켜고 내담자와 조율하는 것과 소리를 끄고 조율하는 것의 유사점이나 차이점을 주목하라.
- 자신과 조율하는 것이 회기에서 내담자와 함께 있을 때 어떻게 도움이 될 수 있는지 생각해 보라.

7. 접촉/표현 및 확장(현존의 과정 3)

다음의 연습은 치료자가 효과적으로 표현하고 전달하는 방식으로 내담자와 접촉하기 위해 자신을 확장할 수 있도록 지원함으로써 치료적 만남(therapeutic encounters)을 풍요롭게 하기 위한 것이다.

가. 알아차림의 전환

이 연습은 듣기·보기·느끼기를 통해 다양한 감각 수준에서 인식을 전환하는 데 도움이 되도록 고안되었다(Geller, 2017). 현존과 내담자와의 접촉을 유지하는 과정의 일부는 자기와 타자 사이의 의식을 전환하는 것을 포함한다. 이 연습은 초점을 전환하는 능력을 강화하는 데 도움이 될 수 있다.

- 잠시 멈추고 눈을 부드럽게 내려라.
- 심호흡을 하고 호흡에 알아차림을 집중하여, 몸에서 경험하는 들숨과 날숨의 자연스러운 리듬을 느껴 보라.
- 호흡 패턴에서 자신의 내면이 진실된 모습을 발견하라. 빠르거나 느린가? 깊거나 얕은가? 판단하지 말고 호기심 어린 시선으로 주의 깊게 관찰하라.
- 이 순간에 당신의 정서적 몸에서 진실된 것을 수용하며 관찰하라. 판단하거나 감정을 바꾸지 말고, 당신이 느끼는 감정을 마음속으로 말하라.
- 당신의 몸에서 느껴지는 진실한 감각에 주의를 기울이고, 그것을 바꾸거나 판단하지 말고 그대로 느껴 보라.
- 이제 주의력을 외부로 돌려라. 주변의 소리를 들어보라. 미묘한 소리도 큰 소리도 모두 감지하고, 그 음색에 대해 호기심을 가져 보라. 반응하지 말고, 그냥 듣기만 하라.
- 눈을 뜨고 주변의 풍경을 시각적으로 인식하라. 호기심을 가져라.
- 호흡에 맞춰 배가 오르락내리락하는 것에 다시 한번 의식을 집중하라.
- 호흡 리듬이나 정서적/신체적 감각과 같은 내면의 상태와 거리 소음, 선풍기 소리, 주변 사람들의 목소리 등 주변에서 느끼거나 듣는 것들 사이에서 의도적으로 의식을 오가라.
- 내면의 세계와 주변 세계의 관계를 인식하라.
- 몇 번의 호흡을 하고, 손가락과 발가락을 움직이며, 눈을 더 크게 뜨면서 이 연습을 부드럽게 마무리하라.
- 호흡에 집중하고 자신과 접촉을 유지하면서 다음 회기 또는 하루의 다음 부분으로 넘어가라.

나. 접촉과 철수

내담자와 의미 있고 직접적인 접촉을 할 수 있는 것은 현존 과정의 한 부분이다. 이는 내담자가 안전하다고 느낄 수 있도록 필요에 따라 자기와 조율하고 내담자의 감정을 완화하기 위해 순간적으로 접촉과 철수를 할 수 있는 능력에 달려 있다. 다음의 게슈탈트(gestalt) 연습은 접촉과 철수를 의도적으로 전환함으로써 현재 순간과의 접촉을 강화하기 위해 고안되었다. 이 연습은 Stevens(1971)에서 발췌한 것이다.

- 몸에서 느껴지는 호흡이나 땅에 닿은 발을 느끼며 그 순간으로 들어간다.
- 주위를 둘러보며 시각·청각·후각을 통해 현재 공간에 현존하는 것을 알아차림으로 주변을 인식한다.
- 이제 눈을 감고, 해변이나 조용한 자연 산책로 등, 가고 싶은 아름다운 장소나 오아시스를 상상해 보라. 이곳은 당신이 가본 적이 있는 곳이나 가본 적이 없는 곳 모두 괜찮다. 이곳으로 이동하여, 고요한 주변의 소리·이미지·냄새를 느껴 보라.
- 눈을 다시 뜨고, 현재 있는 공간으로 다시 연결하라. 주변의 질감, 색상, 조명, 그리고 소리, 촉각, 냄새와 같은 다른 감각적 인식에 주의를 기울여라.
- 다시 눈을 감고, 앞서 상상했던 조용하고 아름다운 장소로 돌아가, 그 특별한 오아시스에 현존하는 것을 시각화하고 감각으로 느끼면서 그곳에 정말로 있는 것처럼 상상하라.
- 현재 있는 공간과 주변을 오가며, 주변에 있는 것과 자신의 감정, 그리고 이 환상적인 장소에 있는 것과 그곳에서 느끼는 감정에 집중하라.
- 10분 동안 이 연습을 한 후, 호흡에 집중하고 발을 바닥에 디디고 눈을 부드럽게 뜨면서 연습을 마무리한다.
- 조용한 시간을 보내며 이 연습을 마친 후의 감정을 느껴 보라.
- 이 접촉과 철수 경험이 내담자와 함께 있는 데 어떻게 도움이 될지 생각해 보라.

회기 외에는 접촉과 철회 사이 건강한 균형을 유지하는 것이 유용하다. 이렇게 하면 회기에서 접촉하는 데 더 많은 경험과 능력을 쌓을 수 있다. 너무 많은 철수는 내담자와의 고립감과 분리감을 야기할 수 있다. 너무 많은 접촉은 내담자의 경험에 몰입하게 되어 때때로 부

담이 될 수 있다. 회기에서는 내담자와 직접적이고 의미 있는 접촉을 한 다음, 내담자가 너무 강렬하다고 느끼거나 내담자와의 직접적인 접촉과 내담자의 경험에 압도되어 잠시 자신의 경험으로 돌아갈 필요가 있다고 느낄 때 철수하는 것이 유용하다.

다. 의도적 연습: 현존에서 공감적 반응하기

접촉하고 현존으로 반응하면, 당신의 반응이 내담자의 그 순간 경험을 정확하게 반영하게 되어, 내담자는 당신에 의해 안전하고, 이해받고, 당신이 잘 듣고 있다고 느끼게 된다. 다음 연습은 현존 과정의 셋째 부분인 접촉과 반응, 그리고 내담자에 대한 공감적 반응(empathic responding)을 강화하는 데 도움이 될 것이다.

- 2~3분 길이의 내담자 비디오 프롬프트를 시청한다(이전 연습에서 사용한 비디오와 동일하거나 다른 비디오를 사용할 수 있다).
- 비디오를 시청하면서 내담자의 경험이 자신의 몸에 어떻게 공명하는지, 그들의 경험을 감각적으로 느끼면서 주목한다. 비언어적 표현(시선, 표정, 몸짓)을 통해 내담자와의 접촉과 현존을 표현한다.
- 프롬프트가 끝나면, 내담자의 그 순간 경험을 이해한 것을 반영한 공감적 반응이나 비언어적 몸짓을 즉석에서 만들어 보라. 응답을 생각하거나 적지 말고, 소리 내어 말해 보라.
- 이 연습을 10~15분 동안 반복하라.

구성 요소 6부터 8까지를 신중히 연습하기 바란다. 내담자와 자기조율, 그리고 다양한 응답(response)과 반응(reaction)을 실험하여 현존에서 자신만의 독특한 응답을 찾기 바란다.

8. 현존에 대한 도전 과제

8장에서 논의한 바와 같이, 치료적 현존에 불가피하게 따르는 어려움에 대해 알아차림이 필수적이다. 다음의 연습은 이러한 장애물을 극복하는 데 도움이 된다. 첫째와 둘째 연습에 대한 자세한 내용은 8장에서 확인할 수 있다.

가. PNR(멈추기 · 관찰하기 · 돌아오기, 8장 참조)

PNR(Pause, Notice, and Return)은 순간을 놓쳤을 때 알아차리도록 안내하는 유용한 약어이다. 이 연습에 대한 자세한 설명은 8장을 참조하라.

나. 연민을 주고받기(8장 참조)

연민은 현존에 대한 도전 과제를 해결하는 데 도움이 된다. 연민은 치료적 현존을 함양하고 현존에 대한 장벽을 극복하는 데 도움이 된다. 8장에서는 자기의심(self-doubt)을 다루는 자기연민 연습을 소개하는데, 이 연습은 이러한 특정 문제를 해결하는 데 도움이 된다. '연민을 주고받기(giving and receiving compassion)' 연습은 이 장의 앞부분에서 연민 연습으로 소개되었지만, 내담자와의 접촉이 끊긴 경우에도 사용할 수 있는 강력한 연습이다. 이 연습을 한 번 해 보면, 회기 중에 조용히 스스로에게 행하여 그 순간으로 돌아와 내담자와 자신과 다시 접촉할 수 있다.

다. 의도적 연습: 현존에 대한 장벽을 극복하기

이전 절에서 배운 의도적 연습(내담자와 자신에 대한 조율, 접촉하기)을 특히 어려운 내담자의 비디오를 통해 연습하여 확장해 보라. 의도적 연습 연구소(DP Institute, 2020)의 '경계 설정' 또는 '동맹 손상(alliance ruptures) 회복' 비디오를 시도해 보라.

- 2~3분 길이의 내담자 비디오 프롬프트를 시청하라.
- 비디오를 시청하고 내담자의 말을 들으면서 자신의 내적 경험(생각, 감정, 신체 감각, 충동)을 추적하라. 자신이 그 순간에서 벗어나고 있음을 느끼면(압도감, 무감각, 산만함) 앞서 언급한 '연민을 주고받기' 연습을 시도하여 다시 연결된 느낌을 받을 때까지 계속하라. 현존하지 못할 때 그 순간으로 돌아갈 수 있도록 도와주는 다른 연습(예: PNR)도 시도해 볼 수 있다.
- 이 연습을 10~15분 동안 반복한다.
- 회기 중에 차단되거나, 압도되거나, 멀어진 느낌을 받을 때 이 연습이 어떻게 도움이 될 수 있는지 생각해 보라.

9. 관계적 치료적 현존과 통합

치료적 현존의 주요 측면은 치료자와 내담자가 함께 구축한 공유된 현존(shared presence)이다. 회기에서 관계적 현존을 최적으로 경험하기 위해, 다음의 연습을 쌍을 이루어 시도해 보라.

가. 동조 호흡

이 연습은 관계 중심의 실천 방법으로, 두 사람 사이에서(dyads) 진행하는 것이 가장 효과적이다. 이 방법은 Geller(2017)에서 비롯되었다. 동조 호흡은 사람 사이의 신체 리듬에 신경생리학적 동기화를 활성화함으로써 연결감을 촉진하는 데 도움을 줄 수 있다(Cozolino, 2006; Geller, 2017; Geller & Porges, 2014; Porges, 2011; Siegel, 2010). 호흡 리듬의 동기화를 통해 조율, 공감, 관계적 현존이 강화될 수 있으며, 치료자는 내담자의 경험을 보다 정교하고 정확하게 감지할 수 있게 된다.

- 짝을 지어 팀을 구성하고, 누가 먼저 숨을 쉬거나 받는지(A)와 누가 먼저 동기화하고 조율하는지(B)를 결정한다. 각 짝은 숨쉬기/받기와 동기화하는 경험을 모두 할 수 있다.
- A는 자연스럽게 숨을 쉬며, 숨을 내쉴 때 리듬에 맞춰 음성을 내어 자신의 숨을 표시한다(이것은 B가 숨에 동기화하는 데 도움이 된다).
- B는 짝의 호흡 리듬과 음성에 집중한 후, 자신의 호흡 리듬을 짝의 호흡 리듬과 일치시키기 위해 자신의 호흡 리듬을 반영하기 시작한다.
- 5~10분 동안 연습한 후, 함께 침묵 속에서 멈춰서 그 연습의 경험을 느껴 본다.
- 각자의 경험을 간단히 논의하거나, 바로 역할을 바꾸어 진행한다.
- 이제 B가 호흡자/수신자가 되어 자연스러운 호흡 리듬으로 호흡하며, 숨을 내쉴 때 음성 소리를 외부화하여 표시한다. A는 B의 호흡 리듬과 음성 소리에 집중한다. 그 다음 의도적으로 자신의 호흡 리듬을 짝의 호흡 리듬과 일치시키기 위해 반영한다.
- 이 연습을 5~10분 동안 진행한다. 연습이 끝나면 잠시 멈추고 서로의 경험을 공유한다.
- 각 역할에 대한 경험을 서로 공유한다.
- 이 연습이 내담자와 더 깊은 연결과 조율하는 데 어떻게 도움이 될 수 있는지 토론한다.

나. 전신 듣기: 머리, 마음, 몸으로 듣기

치료자가 현존에 깊이 들어갈수록, 내담자가 경험하고 있는 정서적·인지적 내용에 조율하게 된다. 모든 수준에서 듣지만, 정서에 조율하기 위해서는 신체 감각 수준이 가장 중요하다. 이 연습은 다양한 유형의 듣기를 식별하고, 깊은 감각적 듣기가 있을 때 발생할 수 있는 관계와 표현의 심화를 파악하는 데 도움이 될 수 있다(Ostaseski & Stephens, 2010).

- A와 B 두 사람으로 나눈다.
- 지금 당장 대처하고 있는 경험(학교, 직장, 내담자 등)을 생각해 보라. 너무 사적이지 않지만, 자신에게 현실적이고 친근한 경험을 생각해 보라. 각 연습을 3~5분 정도에 완료하라.
- 인지적 듣기:
  - A는 인지적 관점에서 이 문제에 대해 이야기한다(이야기, 세부 사항). 반면 B는 인지적 관점에서 경청(내용, 세부 사항, 가정)하며, 필요시 질문을 통해 상호작용한다(예: 다음에 무슨 일이 일어났나요? 상사에게 뭐라고 말했나요?).
  - 이제 역할을 바꾼다. B는 자신의 문제를 인지적 관점에서 이야기한다(이야기, 세부 사항). 반면 A는 인지적 관점에서 듣고(질문을 할 수도 있음) 상호작용한다.
- 정서적 듣기:
  - A는 정서적 관점(상황에 대한 감정)에서 같은 문제에 대해 이야기하고, B는 정서적 몸(감정, 기분)으로 듣고, 아마도 이 정서적 중심에서 상호작용(감정, 상대방이 느꼈을 감정)을 할 것이다.
  - 이제 역할을 바꾼다. B는 자신의 문제에 대해 정서적 입장에서 이야기하고, A는 정서적 입장에서 듣고, 아마도 상호작용[질문, 공감적 반영(empathic reflections)]을 할 것이다.
- 신체 감각적 듣기:
  - 이제 A는 신체 중심적인 위치에서(이 경험과 관련된 신체 감각을 통해) 같은 문제에 대해 이야기하고, B는 자신의 감각 기관을 통해(다른 사람이 표현하는 것을 자신의 신체로 듣기) 듣고, 아마도 짝이 그 순간에 표현하는 것에 대해 상호작용(직관적으로 반응, 신체적 공감을 반영)할 것이다.

–이제 역할을 바꾼다. B는 현재 중심적인 신체적 연결에서 자신의 문제에 대해 이야기하고, A는 신체 감각을 통한 듣기를 연습한다.

–쌍은 이러한 듣기 유형의 차이점, 그리고 신체 감각을 통한 듣기에서 경험한 점과 어려웠던 점에 대해 시간을 들여 보고할 수 있다.

- 통합적 현존 듣기:

–이제 2인 1조로 돌아가서, 이번에는 머리로 듣기(내용에 집중), 마음으로 듣기(정서에 집중), 감각적 몸으로 듣기(상대방의 신체 표현에 집중)를 번갈아 가며 말하고 듣는다.

- 2인 1조로, 그리고 전체 집단으로 소감 나누기.

추가 연습

이 절과 책 전체에 걸쳐 현존을 촉진할 수 있는 몇 가지 추가 연습이 소개되어 있다. 우리는 치료적 현존에 대한 가치를 고려하여 리듬 연습뿐만 아니라 현존에 대한 도전 과제를 강조하고 싶었다. 이러한 연습은 단지 제안일 뿐이며 특정 방법론에 얽매이지 않으므로 개인적으로 또는 훈련 목적에 따라 자신에게 적합한 변형을 찾아 창의적으로 활용하기를 권장한다. 사람들은 다양한 기질과 주의 집중 능력을 가지고 있기 때문에 이 연습은 다용도로 활용할 수 있으며, 개인·치료자·학생 또는 교육자로서 자신의 위치와 상황에 맞게 조정할 수 있다. 또한, 다른 사람에게 제공하기 전에 먼저 자신이 자연스럽게 끌리는 연습을 먼저 경험해 보는 것이 좋다.

현존에 대한 도전 과제

현존에 대한 문제를 알아차림과 해결이 현존에 접근하기 위한 핵심이라는 점을 감안하여 아래에 몇 가지 추가 사례를 제시한다.

가. 소리를 통해 매력과 혐오에 직면하기

이것은 무언가가 우리의 주의를 끄는 순간에 그쪽으로 향하거나 멀어지는 우리의 경향을

직접 관찰하는 강력한 연습이다. 조용한 환경을 만들기보다는 그 반대의 환경을 만들어 보라. 분주한 환경에 놓이거나 휴대폰과 연락을 시도하는 누군가에게 주의를 환기시키는 전자 기기를 가까이 두라. 아니면 두 가지를 모두 하라. 휴대폰과 전자기기를 계속 켜 놓고 분주한 환경에 자신을 놓아라. 그러나 아래에 설명된 잠시 멈춤 중에는 전화나 메시지가 오더라도 받지 않거나 응답하지 마라. 이는 여러 사람이 휴대폰을 켜고 있는 집단에서 실시할 때 가장 두드러진다. 이를 통해 순간적으로 끌려가는 경험뿐만 아니라 다른 사람의 전화와 응답을 경험하기 때문에 올 수 있는 반응(혐오감)을 직접 목격할 수 있다. 결국 이러한 밀고 당김을 반응하지 않고 직접 관찰하고 경험하는 것이 목적이다.

- 눈을 감고 호흡에 주의를 기울여라.
- 숨을 들이쉴 때 배의 팽창과 숨을 내쉴 때 배의 수축을 느끼면서 복식 호흡에 주의를 기울여라.
- 방에서 소리가 들리거나 휴대폰 벨소리가 들리거나 큰 목소리나 소리가 들리면 잠시 멈추고 무엇이 떠오르는지 주의를 기울여라.
- 누군가의 휴대폰에서 특정 벨소리가 울리거나 시끄럽고 방해가 되는 외부 소음이 들리면 강한 부정적 반응을 보일 수 있다. 혐오감에 주의를 기울인 다음 다시 호흡과 새로운 순간에 주의를 기울여라.
- 전화벨이 울리면 전화를 받거나 최소한 통화 표시창에 표시된 번호를 확인하고 싶은 끌림이 느껴질 수 있다. 끌림의 느낌을 알아차려라. 그런 다음 다시 그 순간, 호흡으로 주의를 돌려보라.

이는 집중력과 주의력을 키우고 혐오나 끌림을 피하거나 거기에 얽매이지 않는 능력을 개발하는 데 좋은 훈련이 될 수 있다. 이를 통해 우리는 누군가를 있는 그대로 볼 수 있다.

경험으로 접촉의 장벽을 탐색하기

다음 연습은 우리 안에 있는 현존의 장벽을 드러내고, 우리 자신의 취약성과 경험을 만지고 쉬는 데 초점을 맞추고 있다. 이는 내담자가 회기 중에 이러한 개방성과 취약성을 경험할 수 있도록 하는 중요한 출발점이다.

가. 질문 연습

이 연습은 화자가 안정화되고 열린 수용성의 자리에 있도록 하고, 판단하지 않는 자세로 질문하고 경청하는 의도로 이자 간(dyads) 진행된다. 화자가 자신의 발견을 최대한 개방하고 노출할 수 있도록 비판적 경청의 가치에 대해 논의함으로써 분위기를 설정하는 것이 중요하다.

- 짝을 선택한 후, 두 사람은 서로 마주 보고 앉아 눈을 마주칠 수 있는 자리를 찾아야 한다. 현재 중심 질문자(A)가 화자(B)에게 한 번에 하나씩 세 가지 질문을 던진다. 그런 다음 역할을 바꾼다. 질문당 5분씩, 각 질문 사이에 잠시 쉴 시간을 두라.
  - 질문 1: 경험과 단절하는 방법을 알려 주세요.
  - 질문 2: 경험과 단절하는 것이 옳은 이유는 무엇인가요?
  - 질문 3: 지금 이 순간 경험과 연결된다는 것은 어떤 느낌인가요?
- A는 B에게 첫째 질문을 하고 판단 없이 B의 대답을 지켜본다. 첫째 답변이 끝나면 A는 감사의 인사를 건넨 다음 같은 질문을 다시 한다. 이 과정은 벨이 울릴 때까지 계속된다.
  - 잠시 멈춰서 현존하는 사람과 연결한 다음, 질문 1에 대해 역할을 바꾼다. 질문 2와 3에 대해서도 이 과정을 반복한다. 전체 집단으로 돌아가서 이 연습에서 배운 내용과 노출된 내용에 대해 회고한다.

나. 용서 연습

용서는 현존의 장벽을 제거하는 데 핵심적인 역할을 한다. 하지만 우리는 종종 다른 사람뿐만 아니라 우리 자신에 대한 상처를 인식하지 못하기도 한다. Frances Vaughan(1978, 2010)이 소개한 이 연습은 우리 자신에 대한 죄책감, 분노 또는 상처를 품고 있는 곳을 파악하고, 여전히 내면에 남아 다른 사람을 받아들이는 데 장벽으로 작용하는 것을 표면으로 끌어올리는 데 도움이 될 수 있다. 이 연습은 두 사람이 진행할 수 있으며, 방법은 다음과 같다.

- 짝과 마주 앉아라. 상대방의 눈을 잠시 바라보며 그 사람을 느껴 보라. 눈을 감고, 상대

방을 방해하지 않고 판단하지 않고 깊이 듣기 위해 그 자리에 함께 있겠다는 의도를 밝혀라. 이제, 자신에게 용서하지 못한 것을 알아차려라. 그 경험을 잠시 되짚어 보고, 그와 관련된 반응을 느껴 보라. 이제 눈을 뜨고, 두 사람 사이에서 누가 먼저 듣는 사람이 될지, 누가 말하는 사람이 될지 조용히 결정하라.

- 듣는 사람: 그냥 현존하며 듣기만 하라. 말하는 사람이 공유할 경험을 목격하되, 해석이나 방해, 피드백 없이 듣기만 하라. 2~3분 동안, 말하는 사람은 자신이 용서하지 못한 경험에 대해 몸으로 느끼는 지점을 공유하고, 듣는 사람은 그 말을 듣고 관찰한다.
- 공유 후, 두 사람은 눈을 감고 현재 순간의 경험을 연결한다. 그런 다음 두 사람은 눈을 뜬다. 듣는 사람은 말하는 사람을 바라보며 "당신은 용서받았습니다"라고 말하는 것을, 말하는 사람이 이 용서를 받기 시작할 때까지 반복한다. 눈을 감고 잠시 멈춘다. 그런 다음 역할을 바꾸고 이 과정을 반복한다. 두 사람이 모두 공유, 경청, 성찰과 감정을 위한 조용한 휴식을 마친 후, 몇 분 동안 소감을 공유한다. 다시 모여서 두 사람의 경험과 용서하지 못한 것이 현존하는 데 어떤 장애물이 되었는지 전체 집단에서 공유하고 토론한다.

리듬 연습

마지막으로, 치료적 현존에 필수적인 요소인 자신 및 타자와 리듬을 맞추기 위해 개인 또는 집단으로 도움이 될 수 있는 드럼연주 방법을 소개한다. 드럼연주는 개인적인 표현과 공동체의 유대감을 촉진하기 때문에 집단으로 연습하는 것이 이상적이다. 이는 치료자가 현존을 함양하고, 건강과 안녕감을 증진하며, 현존을 방해하는 스트레스를 해소하는 데 유용하다. 집단 드럼연주는 팀빌딩(team-building), 개인 및 직업적 성장, 다양한 건강 관련 질환을 가진 사람들을 위한 보완적 치료에도 활용되어 왔다(Friedman, 2000). 또한 집단에서 드럼을 연주할 때, 함께 연주하거나 대화 패턴(한 사람이나 집단이 연주하고 다른 사람이나 집단이 응답하는 방식)으로 진행될 때, 비언어적 표현을 촉진하고 내부적으로 타자와의 연결감을 강화한다.

드럼연주와 리듬 연습도 개인적으로 할 수 있도록 조정할 수 있다. 예를 들어, 음악에 맞추어 드럼을 연주하면 리듬에 대한 알아차림을 통해 정서나 경험, 인식을 동기화할 수 있을

뿐만 아니라, 좌뇌와 우뇌의 동기화를 강화하여 더 명확한 주의력, 집중력, 내면의 조화를 이끌어 낼 수 있다. 11장에서 언급한 바와 같이, 이러한 방식으로 듣기와 연주를 하는 것은 자기와 타자 사이의 흔들리는 주의력과 접촉을 필요로 하는 현존적 듣기(presence listening)의 자질을 기르는 데 도움이 된다.

다음의 드럼 연습은 개별적으로도 할 수 있지만, 집단으로 할 때 동조(entrainment)의 경험이 나타나기 때문에 특히 효과가 크다. 이 경험을 통해 자신, 타자, 그리고 더 큰 집단의 지혜와 접촉하고 현존하는 과정을 반영하는 강력한 경험과 교훈을 얻을 수 있다.

가. 신체의 리듬에 맞춘 드럼연주

이 연습은 치료자가 먼저 그 순간의 신체 리듬에 조율한 다음, 움직임과 소리를 통해 그 리듬을 외부로 표현함으로써 자신의 내적 신체 지형과 연결될 수 있도록 도와준다. 집단 환경에서, 먼저 자신의 리듬과 연결된 다음 다른 사람들과 공명하는 경험을 통해 치료자는 현존 과정의 일부인 자기와 타자에 대한 이중적 알아차림(dual awareness)을 개발할 수 있다. 또한 리듬을 느리게 하면 기저의 정서가 더 잘 드러나기 때문에, 신체뿐만 아니라 정서적 신체에서 진실된 것을 인식하는 데 도움이 된다. 외부 리듬을 느리게 하면 신체도 연주에 맞춰 느려지므로, 다른 감정이 무엇이든 상관없이 내면이 더 차분하고 안정된 상태가 된다. 한 소리를 한동안 연주하면 의식의 상태가 더 넓은 곳으로 이동하여 기쁨과 평온함을 경험할 수 있다. 또한, 양손과 심장 및 호흡의 신체 리듬에 맞추어 연주를 반복하면 좌우뇌의 활동을 조화롭게 만들어 더 큰 균형과 정신적 예민함을 만들 수 있다.

이 연습은 손 드럼(예: 젬베 또는 아시코)이나 책상 위나 무릎 위에서도 할 수 있다. 큰 빈 병을 뒤집어 놓은 것도 유용한 리듬 도구로 사용할 수 있다.

- 자주 사용하지 않는 손을 심장·목·손목에 대고 심장 박동이나 맥박을 느껴 보라. 지금의 심장 박동이나 맥박의 리듬에 집중해 보라. 그 느낌이 어떤지 주목해 보라.
- 빠르거나, 느리거나, 깊거나, 좁은 느낌인가? 심장 박동의 리듬을 느끼고 경험해 보라.
- 자주 사용하는 손으로 드럼·책상·테이블을 가볍게 두드려 심장 박동의 리듬을 연주해 보라.
- 편안하고 자연스럽다고 느껴지면 호흡의 리듬에 맞추어 보라. 호흡의 리듬을 느끼고

경험해 보라.

- 자주 사용하지 않는 손으로 숨을 들이쉴 때와 내쉴 때의 시작 부분에 두드려 호흡의 리듬을 연주하라. 심장 박동이나 맥박과 호흡의 리듬을 구별하기 시작하고, 이 리듬들이 서로 어떻게 관련되어 있는지 느껴 보라.
- 혼자나 집단으로 있을 때, 심장 박동과 호흡의 리듬을 10~15분 동안 계속 연주하라. 때로는 속도를 늦추고 같은 리듬을 더 느린 속도로 계속해 보라. 외부 리듬이 느려질 때의 경험을 주의 깊게 관찰하라.
- 마무리할 준비가 되면 손으로 드럼(테이블, 무릎)에 손을 얹고 잠시 침묵 속에서 앉아 보라. 이 순간에 몸의 리듬과 경험 속에서 진실된 것을 느껴 보라.

나. 스트레스를 드럼으로 발산하기

드럼을 의도적으로 사용하여 하루 동안 경험한 개인적 또는 직업적 어려움을 표현하고, 그로 인한 스트레스를 해소하여 더 현존하는 사람이 될 수도 있다. 다음은 현존에 대한 장벽을 파악하고, 의도적으로 표현하고 해소하는 데 도움이 되는 연습을 간략하게 설명한 것이다.

- 호흡에 집중하며 시작하라.
- 삶이나 치료 과정에서 해결되지 않은 스트레스나 문제들을 알아차려라.
- 연주에 집중하기보다 표현에 집중하면서 악기로 이 감정을 두드리기 시작하라.
- 이 표현이 최고조에 달할 때까지 두드린 다음, 부드럽게 두드리는 것으로 돌아가 숨을 쉬라.

이 연습을 집단 환경에서 사용할 때, 개인들은 차례로 스트레스를 표현하고 해소할 수 있으며, 다른 참가자들은 함께 공명하며 소리를 통해 개인의 경험을 반영하고 공감할 수 있다. 이는 공감과 조율을 키우고 안전감과 공동체 연결감을 조성하는 데 도움을 줄 수 있다.

다. 심장 박동 리듬

간단하지만 강력한 치료적 드럼 연습은 심장 박동(드럼의 중앙을 두 번 두드린 다음 반복)이나 다른 간단한 리듬을 만드는 것이다. 호흡을 의식하면서 이 간단하지만 반복적인 리

듣에 10분 동안 집중하면 집중력을 높이고 듣기 능력을 심화하며 자기와 그 순간과의 접촉을 높일 수 있다. 이 간단한 연습은 또한 현재에 기반한 정서와 연결되고 정신(mind)과 마음(heart)이 동기화될 수 있는 기회를 제공한다. 이 연습을 집단으로 진행하면 동조가 발생하여, 다른 집단 사람들(예: 치료자와 내담자)과 공명하면서 알아차림과 신체 감각이 어떻게 변화할 수 있는지 직접 경험할 수 있다. 또한 현존의 과정에서 요구되는 자기와 타자에 대한 치료자의 동시적 알아차림(simultaneous awareness)을 강화하는 데도 도움이 될 수 있다.

결론

치료적 현존을 함양하기 위한 여러 가지 방법이 있으며, 대부분은 잠시 멈추고, 현존을 방해하는 장애물을 직면하고 제거하며, 현존의 다양한 특성을 기르는 것을 전제로 한다. 이 장에서는 치료적 현존의 다양한 측면에 접근하기 위한 여러 가지 연습을 소개했다. 이 책 전체에 걸쳐 다양한 연습을 찾을 수 있다. 일상생활과 심리치료 훈련에서 현존에 전념하면, 이 필수적인 치료적 태도를 기를 수 있게 된다. 심리치료에서 현존의 가치에 대해 이야기하는 것만으로는 도움이 되지 않는다. 치료적 현존이 드러날 수 있도록 실천에 전념하는 것이 더 중요하다. 이러한 연습은 심리치료 훈련뿐만 아니라 건강, 안녕감, 그리고 현재에 대한 알아차림을 기르고자 하는 다양한 직업과 상황에서 사용할 수 있다.

15장

온라인 치료적 현존 함양

세상에서 가장 훌륭하고 아름다운 것들은 눈으로 보거나 만질 수 없다. 마음으로 느껴야만 한다.

—헬렌 켈러(HELEN KELLER, 연대 미상)

나(S. M. G.)는 과거에 온라인 치료에서 치료적 현존(therapeutic presence)에 대해 글을 쓰도록 요청을 받은 적이 있다. 그러나 현존과 온라인이라는 상반된 개념을 어떻게 조화시킬지 확신이 서지 않아 거부감을 느꼈다. 2020년 봄, 코로나바이러스(COVID-19)가 전 세계로 확산되면서 이 모순을 조화시킬 필요가 시급해졌다. 단 며칠 만에 전 세계의 심리치료사들은 전염병이 급속히 확산됨에 따라 대면 심리치료를 중단해야만 했다. 물리적 거리두기 규제로 인해 치료자들은 온라인에서 치료적 관계(therapeutic relationships)를 형성한 경험이 부족함에도 불구하고 가상 심리치료(virtual psychotherapy)로 전환해야만 했다. 물리적 안전이 강력한 치료적 현존과 관계가 만들어 낼 수 있는 대면적인 정서적 안전보다 우선시되었고, 심리치료는 물리적 거리를 둔 상태에서 함께 있는 것으로 바뀌게 되었다.

대유행(pandemic)이 발생하기 전에는 치료자의 현존에 대한 기초적인 훈련이 심리치료 훈련 프로그램에서 막 인정받기 시작했다. 그 신호 중 하나는 치료자(및 교사)를 위한 치료

적 현존에 관한 교육 모듈을 제공해 달라는 요청이 여러 건 들어온 것이었다. 이 교육은 다양한 치료 접근법의 치료자들을 대상으로, 내담자와 '함께 있는' 방법, 치료자의 자기 자신을 효과적으로 활용하는 방법, 치료자가 회기에서 '행하는' 개입에 초점을 맞추었다. 현존에 관한 교육은 내담자의 치유에 전념할 뿐 아니라 자신의 자기성장(self-growth)과 관계 기술의 지속적인 개선에도 전념해야 한다.

대유행으로 인한 원격치료(teletherapy)에 빠르게 적응할 수 있는 기회를 통해, 온라인에서도 현존이 가능하며, 이는 몇 가지 독특한 기회와 과제를 수반한다는 것을 배웠다. 이는 내담자와 물리적 공간을 공유하거나, 치료자가 치료에 접근하는 방식과 관계를 단순히 화면으로 옮기는 것과는 다르다.

온라인 치료에 대한 우리의 개인적인 경험은 놀라웠다. 기술적인 세부 사항이 해결되자 내담자와 더 적극적으로 소통할 수 있게 된 것이다. 온라인 작업의 일부인 직접적인 대면 접촉으로 치료자는 화면을 통해 자신의 현존을 표현하고 내담자의 정서적 표현에 쉽게 공감할 수 있었다. 사실, 신체적 거리가 멀어 현존 과정에 더 신뢰를 가질 수 있었기 때문에, 내담자들과 마찬가지로 정서적으로 더 큰 위험을 감수하고 현존할 수 있는 능력을 발견했다. 그러나 온라인 치료에 수반되는 여러 가지 어려움을 먼저 극복하는 것이 중요했고, 훈련과 경험을 통해 이를 달성할 수 있었다.

이 장에서는 온라인 치료에서 현존을 키우기 위해 치료자들이 직면하는 몇 가지 독특한 어려움과 그로 인한 잠재적 이점에 대해 설명한다. 이 팁 중 일부는 Geller(2020)에서 발췌한 것이다. 온라인에서 현존을 키우기 위한 몇 가지 고려 사항과 구체적인 제안이 제시될 것이다.

온라인 현존에 대한 도전 과제

온라인에서 치료적 현존을 함양하고 유지하는 데는 기술적 문제부터 온라인 환경에서 내담자와 안전하고 유용한 관계를 구축하는 데 이르기까지 많은 어려움이 있다. 코로나바이러스 대유행과 관련하여 특별한 어려움이 발생했다. 많은 치료자들은 가족이나 자신이 바이러스에 감염될까 두려워했고, 많은 사람들이 사회적으로 고립되어 사랑하는 사람들과 거리를 두게 되었다. 사전 훈련 없이 온라인 플랫폼을 탐색하고 관계를 맺는 방법을 배우는 과

정에서 내담자들이 겪고 있는 것과 똑같은 어려움을 겪게 된 것은, 특별한 주의와 배려가 필요한 역전이 반응을 더욱 심화시켰다. 온라인 치료에 참여하면서 치료자, 내담자, 그리고 그 관계에 나타나는 치료적 현존에 대한 몇 가지 어려움을 살펴본다.

치료자의 도전 과제

첫째, 온라인 치료는 치료자와 내담자 사이에 물리적 거리를 두게 되어, 비언어적 의사소통의 이해와 표현을 제한할 수 있다(Geller, 2020; Oshni Alvandi, 2019; Sjöström & Alfonsson, 2012). 치료적 현존의 핵심은 물리적으로 함께 있는 것과 비언어적 단서를 사용하여 내담자의 경험을 이해하고 자신의 현존을 전달하는 것이다. 예를 들어, 치료 과정에서는 치료자가 내담자의 순간순간의 정서적 세계로 들어가는 입구로 표정을 읽고 몸짓과 자세에 적응해야 한다. 또한, 온라인 치료를 사용하는 치료자는 전신으로 자신의 현존을 표현하는 능력이 떨어지기 때문에(열린 몸자세, 몸짓, 직접적인 눈 맞춤, 내담자의 움직임을 실시간으로 반영) 현존을 통해 안전감을 조정하고 활성화하며 신뢰를 쌓는 능력이 떨어진다. 또한, 혼합 의사소통 환경에서 사회적 딜레마 시나리오를 조사한 연구에서 나타난 바와 같이, 전화 및 화상 만남에서는 신뢰가 종종 지연되고 더 취약해진다(Bos et al., 2002).

둘째, 치료자는 대면 치료의 편안함이 부족하고 재택근무로 인해 주의가 산만해지기 쉬우므로, 온라인에서 자기의심(self-doubt), 대리 외상(vicarious traumatization) 또는 기타 역전이 반응이 더 많이 나타날 수 있다(Geller, 2020). 예를 들어, 팬데믹 기간 동안 많은 치료자들은 내담자들을 지원하면서 자신의 불안·슬픔·외상도 함께 극복해야 했다. 한 연구에 따르면, 팬데믹으로 인한 경험의 공유된 외상(shared trauma)은 치료자들이 지적한 가장 중요한 도전 과제 중 하나였으며, 갑작스럽고 예상치 못한 재택근무로의 전환도 함께 언급되었다(Shklarski et al., 2021). 연구자들은 젊은 치료자와 임상 경험이 적은 치료자가 유사한 외상에 노출된 내담자를 치료하면서 높은 수준의 대리 외상에 특히 취약하다는 것을 발견했다(Aafjes-van Doorn et al., 2020).

셋째, 많은 치료자들은 온라인으로 일하고 줌 피로(Zoom fatigue)를 관리하는 것이 더 힘들다고 느낀다. 서로의 부재(absence)를 합리적으로 부정할 수 있기 때문에 더 외롭고 단절된 느낌을 받기 때문이다(Aafjes-van Doorn et al., 2020; Petriglieri, 2020; Shklarski et al., 2021).

치료자들이 기술에 익숙하지 않고 훈련이 부족하기 때문에 많은 사람들이 낯선 방식으로 일하면서 더 피곤함을 느끼고 자기의심을 경험하며 자신감을 잃는 등 다양한 기술적 어려움이 발생했다(Aafjes-van Doorn et al., 2020). 과도한 화면 시청 시간은 사회적 연결 및 화면 밖의 활동과 균형을 이루지 못하면 단절과 피로로 이어질 수 있다(Dodgen-Magee, 2018). 치료자들은 대면 치료(in-person practice)와 마찬가지로 온라인 치료도 진행할 수 있지만, 회기 사이와 회기 후에 재충전하고 안녕감을 회복하기 위해 더 많은 시간을 할애해야 할 수도 있다.

넷째, 온라인 치료에 참여할 때 발생할 수 있는 기술적 문제와 이러한 매체를 사용하는 데 필요한 기술 교육의 부족은 치료자에게 좌절감과 정서적 단절을 야기하여 치료적 현존과 치료적 동맹에 부정적인 영향을 미칠 수 있다(Brahnam, 2014; Downing et al., 2021; Geller, 2020; Markowitz et al., 2021; Oshni Alvandi, 2019). 특히 치료자가 온라인 플랫폼을 처음 사용하거나 치료자나 내담자가 와이파이(Wi-Fi) 연결에 장애를 겪는 경우, 몰입이 중단될 수 있다. 내담자들은 지연이나 기술적 장애를 실제 기술적 문제 대신 치료자의 개인적 특성이나 몰입 부족으로 돌리는 경향이 있다(Schoenenberg et al., 2014). 기술적 결함은 피할 수 없는 것이지만, 온라인 플랫폼 사용에 익숙하지 않고 온라인 치료에 대한 충분한 훈련을 받지 못한 치료자의 경우 이러한 결함이 더 자주 발생할 수 있다(Hafermalz & Riemer, 2016; Schoenenberg et al., 2014). 치료 플랫폼 사용에 대한 교육 및 지원은 치료자가 이러한 기술을 사용하고 효과적인 치료적 관계를 형성하고 강화하는 데 성공 가능성을 높일 수 있다(Geller, 2020; Pierce et al., 2020). 현재 온라인 현존(online presence) 및 효과적인 치료적 관계의 개발에 대한 교육은 최소한으로 제공되고 있다. 온라인 환경의 미묘한 차이를 이해하는 것이 중요하며, 원격 치료에서 현존을 이해하기 위해서는 더 많은 문헌, 연구 및 교육이 필요하다.

내담자의 도전 과제

치료자의 물리적 현존이 없으면, 내담자는 온라인에서 어려운 정서와 취약함을 표현할 때 불안감을 느끼고 더 위축될 수 있다. 치료자가 온라인 치료에 불편함을 느끼면 현존과 안전한 환경에 대한 감각이 부족해져 내담자의 정서적 억제가 증가할 수 있다. 치료자가 현존을 느끼고 표현하더라도, 내담자는 전신 몸짓과 현존을 표현하는 몸짓이 없으면 치료자의 현존과 공감을 느끼기 어려울 수 있다.

내담자들은 종종 복잡하고 어려운 관계를 가지고 있으며, 그들을 더 억압적이고 불안정하게 만드는 사람들과 함께 집이나 환경에 있을 수 있다. 그들은 회기가 끝난 후 방을 나와서, 잠시 쉬어갈 여유도 없이 가족이나 관계의 역동(dynamics)으로 바로 들어갈 수도 있다. 내담자들이 정서적 경험을 안전하게 표현할 수 있도록 사생활의 필요성을 표현하는 것을 포함하여, 가정 내에 안전한 장소를 만들도록 내담자들과 함께 노력하는 것이 도움이 된다.

치료적 관계에 대한 도전 과제

공동조절(coregulation)은 치료자와 내담자의 신경계가 양방향으로 연결되어 활성화된다. 치료자가 차분하고 안정된 현존을 전달하면 내담자의 평온함과 안정감을 활성화하여, 궁극적으로 정서적 안정과 연결에 기반한 치료적 관계를 촉진할 수 있다(Butler & Randall, 2013; Geller, 2017). 내담자와 치료자 사이의 신뢰는 상호 시선과 치료자가 내담자의 몸짓과 표정을 미러링(mirroring)하는 것을 통해 부분적으로 전달되는, 동기화된(synchronized) 생리적 리듬과 신체 움직임을 포함하는 유사한 과정을 통해 형성된다(Geller, 2017; Marci & Orr, 2006; Marci et al., 2007; Ramseyer & Tschacher, 2014). 예를 들어, 심리치료 시작 시의 움직임의 동기화는 각 회기 말에 내담자들이 치료적 동맹(therapeutic alliance)에 대해 긍정적으로 평가하고 증상이 감소할 것을 예측했다(Ramseyer & Tschacher, 2011).

5 온라인 치료에서 치료적 현존 및 동맹

이 장에서 앞서 언급한 바와 같이, 치료적 현존은 온라인에서도 가능하며, 사실 가상 대면 만남을 통해 더 적극적으로 치료에 임할 수 있는 기회가 더 많다. Weinberg와 Rolnick(2019)은 집중력을 유지하고 방해 요소를 제거하기 위해서는 더 많은 시간, 투자, 에너지 및 노력이 필요하다는 점을 인정하면서 이러한 가능성을 재차 강조했다. 가상 치료는 물리적인 접촉은 없지만 직접 얼굴을 마주하며 만날 수 있기 때문에 치료자는 내담자와 직접적인 접촉을 유지하고 내담자의 내면 세계를 효과적으로 드러내는 얼굴 특징에 집중할 수 있다. 온라인 치료의 효과와 치료적 동맹 및 현존을 함양하는 것에 대한 새로운 연구는 우리의 경험을

뒷받침한다.

연구에 따르면, 원격 치료는 다양한 장애로 어려움을 겪는 내담자에게 효과적인 선택지가 될 수 있다(Varker et al., 2019). 여러 연구에 따르면, 내담자는 온라인 치료의 혜택을 받고 긍정적인 치료적 관계를 형성할 수 있는 것으로 나타났다(Cook & Doyle, 2002; Reynolds et al., 2006). 그럼에도 불구하고 치료자들은 원격치료에 대해 부정적인 견해를 가지고 있는 경향이 있다(Jerome & Zaylor, 2000; Wray & Rees, 2003). 이는 원격치료에 대한 편견으로 인해 긍정적인 치료적 동맹을 형성할 가능성이 줄어들기 때문에 온라인 치료에서 동맹에 대한 평가에 영향을 미칠 수 있다(Rees & Stone, 2005). 치료자의 부정적인 편견은 이 접근법을 뒷받침하는 제한된 자원(예: 문헌, 훈련, 경험)과 가상 환경에서 내담자와 조율하지 못할 것이라는 두려움에 의해 영향을 받을 수 있다(Hafermalz & Riemer, 2016; Sjöström & Alfonsson, 2012).

일부 연구자들은 내담자들이 온라인 치료보다 대면 치료를 선호한다고 주장한다(Berle et al., 2015). 그러나 문헌 검토에 따르면, 내담자들은 일반적으로 어느 한쪽을 더 선호하지 않으며, 온라인 치료적 관계의 발전에 방해가 되지 않는다고 보고하고 있다(Simpson & Reid, 2014). 대유행 이후, 치료자와 내담자는 온라인 치료를 선호하거나 두 가지를 혼합한 치료 방식을 선호할 수 있다. Shklarski 등(2021)은 대유행 기간 동안 온라인으로 일한 치료자들의 경험, 즉 다양한 도전(예: 준비 없이 적응, 사생활 보호의 부족, 새로운 환경, 아동 또는 새로운 내담자와의 작업)에 직면하고 이를 극복한 경험이 이 치료 방식에 더 익숙해지게 만들었다는 것을 발견했다. 대유행(pandemic)은 또한 치료자의 원격 근무의 유연성, 농촌 지역 및 수감자나 해외에서 일하는 내담자들이 치료에 더 쉽게 접근할 수 있는 등 이 접근법의 긍정적인 잠재력을 드러냈다(Geller, 2020; Simpson et al., 2021; Varker et al., 2019). 연구자들은 온라인 치료가 다양한 내담자와 창의적인 치료적 관계를 형성할 수 있는 새로운 기회를 제공하고, 대면 치료보다 더 강한 치료적 친밀감(therapeutic intimacy)을 형성할 가능성이 있다고 강조한다(Chen et al., 2020; Kocsis & Yellowlees, 2018; Varker et al., 2019; Weinberg & Rolnick, 2019).

온라인 치료에 대한 초기 연구에 따르면, 치료적 현존을 생성하는 것이 가능하다(Rathenau et al., 2021). 간호학 문헌은 전화 치료(telephone therapy)의 간호사와 환자 간의 관계에서 간호사가 현존을 어떻게 느낄 수 있는지 밝히고 있으며, 이는 현존이 온라인에서도 적용될 수 있음을 시사한다(Hafermalz & Riemer, 2016; Tuxbury, 2013). 예를 들어, Tuxbury(2013)는 6명의 간호사를 대상으로 반구조화된 인터뷰(semistructured interviews)를

실시하여 원격의료(telehealth) 회기에서 치료적 현존에 대한 그들의 경험을 이해했다. 간호사들은 비화상 전화(nonvideo telephone) 및 컴퓨터 통화(computer calls)를 통해 환자와의 현존을 형성할 수 있다고 밝혔다. 그들은 환자와 함께, 그리고 환자를 위해 그 자리에 있는 것에 대해 더 수용적이고 개방적이 될 수 있는 방법을 설명했다. 현존을 형성하고 긍정적인 치료적 관계를 구축하는 능력은 코로나19 대유행으로 인해 우리가 더 많이 배워야 할 중요한 주제이다.

Hafermalz와 Riemer(2016)는 간호사가 기술과 기능 및 특징에 대해 훈련을 받고 익숙해지면 온라인 치료에서 현존을 체화하고 표현할 수 있다고 조언했다. 기술에 대한 이러한 편안함 덕분에 그들은 치료적 관계에 집중하고 현존의 측면, 즉 배려를 표현하고, 현존하며, 환자의 몸짓과 경험을 반영하면서 환자의 어려움을 시각화할 수 있게 되었다. 저자들은 정보 시스템 문헌에서 사용되는 용어인 '공동현존(copresence)'을 "원격 또는 먼 곳에 있는 타자와 동일한 먼 장소에 존재하는 것처럼 느끼는 것, 즉 타자와 함께 있는 것"이라고 정의했다(Schultze, 2010, p. 438). 공동현존은 간호사가 현존을 체화하고, 물리적 근접성의 부족에 적응하며, 시간과 공간을 초월한 마음과 신체의 인식을 경험하여 간호사와 환자가 마치 실제로 함께 있는 것처럼 느낄 수 있게 하는 틀을 제공한다.

또 다른 유사한 개념으로 '원격현존(telepresence)'이 있다. 치료적 현존과 비교할 때, 원격현존의 개념은 다양한 분야(예: 고객 서비스, 교육)에 적용될 수 있다. 원격현존은 온라인 치료의 주요 측면일 뿐 아니라, 물리적 공간이 다르더라도 마치 함께 있는 듯한 느낌을 포함한다(Fink, 1999). 원격현존은 특히 치료자와 내담자가 그 순간에 몰두하고 물리적 거리를 잊게 될 때 치료적 유대감(therapeutic bonding) 형성에 도움이 된다(Bouchard et al., 2000, 2007). 치료자와 내담자 사이의 교류의 질과 내담자가 회기에서 기여하는 정도도 이러한 관계적 유대감(relational bond)을 더욱 촉진한다(Haddouk, 2015b). 치료적 현존과 원격현존은 상호 보완적이지만, 치료적 현존은 치료의 맥락에서 뚜렷하게 적용되며, 단순히 함께 있다는 느낌 그 이상이다. 치료적 현존은 치료자가 자기, 내담자, 치료적 관계, 그리고 각자의 순간순간의 경험에 조율함으로써 치료에서 안정감을 구축하기 위한 것이다.

원격현존의 개념은 공황 장애(panic disorder)와 광장 공포증(agoraphobia)을 치료하기 위한 인지행동치료(cognitive behavior therapy)에 대한 심리치료 연구에 반영되어 있다. Bouchard 등(2007)은 공감·따뜻함·이해·기술과 함께 치료자의 현존이 내담자에게 거리감

을 극복하고 치료자와 물리적으로 멀리 떨어져 있다는 사실을 잊게 하는 방식으로 느껴질 수 있음을 입증했다. 이러한 연구 결과는 치료자와 내담자가 실제로 같은 방에 있지 않아도 같은 방에 있는 것처럼 느낄 수 있는 방식으로 원격치료를 사용할 수 있음을 시사한다.

추가 연구에 따르면, 심리적 현존(psychological presence)은 온라인 환경에서 치료적 동맹의 기초가 된다(Haddouk, 2015a). 대유행이 시작될 무렵, 연구자들은 445명의 심리학자(psychologists), 심리치료사, 수련생에게 치료자의 심리치료 역량, 치료적 현존, e−치료(e−therapy)와 관련된 태도에 대한 자기인식 설문지를 작성해 달라고 요청했다(Rathenau et al., 2021). 치료적 현존과 관련하여, 그들은 온라인 치료에 대한 능력이 부족하다고 느끼는 치료자에서 현존이 감소하는 경향을 발견했다. 현존에 대한 기초 연구가 치료적 관계에서 현존의 중요한 역할을 강조하고 있는 것을 감안할 때, 온라인 치료와 온라인 현존을 강화할 수 있는 방법을 연구할 필요가 있다.

또한 연구자들은 치료자들이 대면 환경에서 익숙한 감각적·정동적(affective)·체화된 경험을 최적화하기 위해 세심하게 온라인 공간을 조정하고 만들었다는 사실을 발견하고 있다(Downing et al., 2021). Rathenau 등(2021)은 치료자가 치료적 현존을 강화하고, 그 결과로 진정한 치료적 변화를 위한 용기(container)를 만듦으로써 온라인 심리 지원 서비스를 개선할 수 있는 방법을 설명했다. 치료적 현존은 치료자가 손상(ruptures)을 극복하고 회복할 수 있도록 지원하고, 치료 과정에서 성장과 연결을 촉진함으로써 물리적 부재를 보충한다(Dolev−Amit et al., 2020). Frank(2020)는 '여기(over here)'에서 자신의 신체적 경험에 적응함으로써 '저기(over there)'에 있는 내담자의 경험에 대한 개인적인 불안을 조절하는 것이 중요하다고 강조했다.

Oshni Alvandi(2019)는 온라인 참여의 효과를 최적화하기 위해 치료적 현존을 표현하고 수용하는 것에 대한 개념적 이해를 제공했다. 온라인 상담 현존의 인지적·상담적·정서적 세 가지 모듈이 설명되었다. '인지적 현존(cognitive presence)'은 내담자의 경험의 의미에 공감하는 치료자의 능력을 반영한다. '상담적 현존(counseling presence)'은 내담자가 자신의 말을 듣고 이해받고 있다고 느끼도록 최적화하기 위한 경청·신뢰·연민과 같은 현존의 특성을 포함한다. '정서적 현존(emotional presence)'은 내담자와 함께 정서를 느끼고, 내담자가 정서를 관리하고 표현할 수 있도록 돕는 것이다. 온라인에서 비언어적 단서를 놓치면 치료자의 표현된 현존에 부정적인 영향을 미칠 수 있다는 것이 인정되지만, 표정·몸짓·억양 등을 통

해 현존을 표현하는 방법은 온라인에서도 가능하다. 이를 통해 내담자는 치료자의 현존을 느끼고 온라인 치료적 만남에서 안정감을 느낄 수 있다.

속성경험적 역동 심리치료(accelerated experiential dynamic psychotherapy: AEDP) 치료자들(Prenn & Halliday, 2020)은 코로나19 대유행이 시작되고 온라인 치료로 전환된 이후 비공식적인 연구를 진행했다. 저자들은 대유행 기간 동안 AEDP 동료들 간의 대화를 녹화하고 유튜브에 게시했다. 이 영상에는 AEDP 치료자들이 원격으로 내담자를 효과적으로 치료할 수 있는 방법에 대한 간단한 강의도 포함되어 있다. 대화를 되짚어 보면서 저자들은 AEDP가 온라인 치료에 쉽게 적용될 수 있는 이유는 AEDP 치료자들이 내담자의 치유를 위해 유연하고, 적응력 있고, 의욕적이며, 세심하고, 친절하고, 현존하며, 자기 자신을 잘 인식하는 태도를 중요하게 생각하기 때문이라고 밝혔다. 저자들은 온라인 치료가 어떻게 친밀하고 깊은 변화를 촉진할 수 있는지 논의했다. 그들은 암묵적인 것을 명시적으로 표현하는 등 AEDP의 입장을 반영하는 도구가 온라인에서 더 치료적인 현존을 만드는 데 도움이 될 수 있다고 제안했다. 그들은 치료자들이 비언어적 표현(부드러운 눈빛과 얼굴, 직접적인 눈 맞춤, 몸을 기울이는 자세, 편안한 자세)으로 현존을 표현한 다음, "우리가 함께 있다고 상상해 보세요" 또는 "당신이 스스로를 극복한 이야기를 들으니 저도 미소가 지어지고 감정이 복받칩니다"와 같은 명시적인 현존 표현을 추가할 것을 권장했다(Prenn & Halliday, 2020)

전반적으로, 이전에 원격치료에 편견을 가지고 있던 치료자들은 현재 중심적인 마음가짐(present-centered state of mind)으로 원격치료에 접근하는 것이 도움이 될 것이다. 여기에는 온라인에서 현존과 긍정적인 치료적 관계를 발전시키는 방법을 발견하는 과정에서 개방성, 유연성, 호기심, 비판하지 않는 태도 등이 포함된다. 추가 연구는 (1) 온라인 환경에서 현존이 나타나고 효과적으로 전달되고 느껴질 수 있는지, (2) 치료적 현존이 더 긍정적인 치료적 관계의 발전을 지원할 수 있는지 여부에 대한 우리의 이해를 뒷받침할 것이다.

5 온라인에서 치료적 현존을 함양하기 위한 지침

온라인 심리치료의 맥락에서 치료적 현존에 대한 연구는 제한적이기 때문에, 다음의 제안은 일반적인 치료적 현존에 대한 증거와 온라인에서 현존을 함양하는 것에 대한 임상적·

일화적 이해를 바탕으로 한다. 여기에서 소개하는 지침의 대부분은 Geller(2020)에서 발췌 및 재편집한 것이다. 또한, 다음의 제안은 치료적 현존을 통한 치료 최적화 모델(model for optimizing therapy; Geller, 2017; Geller & Greenberg, 2012)을 참고하여 작성되었다.

치료 전/치료 당일

- 건강 보험 양도 및 책임에 관한 법률(Health Insurance Portability and Accountability Act: HIPAA), 캐나다의 개인 건강 정보 보호법(Personal Health Information Protection Act: PHIPA) 및 비즈니스 제휴 계약(business associate agreement; 일반적으로 BAA로 알려져 있으며, 건강 정보를 취급하는 제3자 기관과의 계약)을 준수하는, 암호화되고 비밀이 보장되며 안전한 원격의료 시스템을 통해 내담자와 소통할 수 있도록 하라.
- 치료실에서와 마찬가지로 전문적인 복장을 착용하라. 의복에 대한 인지 연구에서 설명한 것처럼, 도움 관련 직업과 연관된 옷을 입고 그 옷에 의미를 부여하면 공감과 친사회적 반응을 유도할 수 있다(López-Pérez et al., 2016).
- 집이나 사무실에서 내담자와 지속적으로 연락할 수 있는 적절한 장소를 정하라. 가능하면 치료실과 비슷한 분위기와 따뜻한 조명이 있는 곳이 이상적이다.
- 조명을 여러 가지로 시도해 보고 가장 적합한 조명을 찾아라. 뒤쪽에 밝은 창문이 있으면 이미지가 반사되어 보이기 때문에 피하는 것이 좋다. 카메라 뒤쪽에 조명을 두면 내담자에게 최적의 조명을 제공할 수 있다.
- 가족이나 함께 사는 사람들에게 다른 방으로 이동하여 헤드폰을 착용해 달라고 요청하여 프라이버시를 확보하라. 함께 사는 사람들의 소음이 들리지 않도록 문밖에 소음 방지 장치를 사용하는 것도 고려해 보라.
- 내담자가 온라인 치료에 참여하기 위한 최적의 환경을 만들 수 있도록 팁 자료(tip sheet)를 제공하라. 티슈 상자를 가까이에 두는 것, 정서조절 도구(예: 센서 공, 얼음, 무거운 담요) 및 치료용 소도구(예: 의자, 생각 기록, 일기 카드)를 준비하는 것 등의 제안을 포함하라.
- 5~10분 정도 시간을 내어 체화된 현존을 활성화하라. 마음챙김 호흡, 산책, 부드러운 움직임과 요가 자세를 통해 안정화를 연습하며 회기를 준비하라. 치료자가 '가상 치료

실(virtual therapy office)'에 도착하기 전에 자신을 안정시키면 내담자의 임상 성과가 개선될 가능성이 높다(Simpson & Reid, 2014).

회기 중: 치료자의 현존을 최적화하기

최적의 거리

- 내담자와 협력하여 자신과 화면 사이의 적절한 거리를 찾아라. 내담자에게 어떤 거리에서 안전감·편안함·연결감을 느끼는지 물어보라. Simpson 등(2021)은 화면에서 자기와 타자의 위치 및 크기, 눈 맞춤의 정도, 카메라에 더 가까이 또는 더 멀리 앉는 등 위치와 관련이 있는 관점과 안전감 및 친밀감의 차이를 탐구하는 것이 어떻게 더 깊은 치료적 관계와 권력 공유를 촉진할 수 있는지 논의했다.
- 내담자의 비디오와 회기 노트(필요한 경우)를 카메라에 가까이 두어, 카메라를 직접 응시하지 않고 부드럽게 내담자를 바라보는 느낌을 줄 수 있도록 하라. 카메라를 내려다보며(예: iPad) 내담자를 바라보면, 내담자는 위압감을 느낄 수 있다.

현존을 전달하고 동기화를 강화하기

- 카메라를 직접 응시하지 말고 내담자와 눈을 마주치며 대화를 진행하라. 이렇게 하면 동기화와 연결이 최적화될 수 있다(Marci et al., 2007).
- 표정, 목소리의 억양(리듬, 음색, 음량, 속도), 시선, 비언어적 신호, 몸짓을 통해 체화된 현존과 조율을 보여줌으로써 심리적 안정감을 구축하라. 예를 들어, 손으로 심장을 감싸는 동작은 내담자의 괴로움에 대해 자신이 느끼는 감정을 표현하는 것이다.
- 내담자의 표정, 시선, 음성 억양, 호흡을 거울처럼 반영하고 일치시켜라. 이렇게 하면 공동조절, 대인 동기화(interpersonal synchrony), 안정감, 연결감이 향상된다(Geller, 2017; Imel et al., 2014; Marci & Orr, 2006; Ramseyer & Tschacher, 2014).
- "저는 여기 있어요", "당신의 말을 듣고 있어요"와 같은 문장과 "음"이나 "어허"와 같은 준언어(paraverbal)를 사용하여 자신의 현존을 명확하게 표현하라. 연구에 따르면, 온라인 치료에서는 암묵적인 것을 명시적으로 표현하고, 더 명백하고 의도적인 언어적 반응을 사용하며, 내담자의 비언어적 몸짓과 신호에 호기심을 보일 것을 제안한다(Prenn

& Halliday, 2020; Simpson & Reid, 2014).

내담자와의 조율

- 내담자의 미세한 표정, 특히 표정을 통해 주로 전달되는 정서에 주의를 기울여라(Ekman, 2004). 온라인 치료는 표정을 더 쉽게 볼 수 있기 때문에, 치료자는 눈·입·목소리를 통해 내담자의 정서를 더 잘 읽을 수 있다.
- 내담자를 현존과 공감으로 대하기 위해 필요에 따라 자세나 목소리 톤을 조정하고, 공동조절감(sense of coregulation)을 강화하라.
- 내담자에게 당신의 현존을 느끼는지, 거리가 어떻게 느껴지는지, 그리고 무엇을 경험하고 있는지 물어보라.

자신과 조율하기

- 자신의 정서적 경험과 현존에 대한 언어적/비언어적 신호를 의식적으로 알아차려라(Geller, 2017; Ogden & Goldstein, 2019). 이를 통해 내담자의 경험에 대한 공감을 높일 수 있다(내담자가 느끼는 정서를 자신의 몸으로 느끼기).
- 역전이 또는 자신의 촉발 요인이 나타날 때 이를 인식하여 회기에서는 이를 제쳐두고 자기돌봄을 실천하고 회기 밖에서(예: 슈퍼비전, 치료) 더 자세히 조사할 수 있도록 하라.
- 내담자의 요구와 목표에 부합하는지 자신의 반응을 성찰하면서, 동시에 회기의 특정 전개에 대한 집착을 놓아 버려라. 이렇게 하면 온라인 현존에 필요한 개방성과 수용성이 향상될 것이다(Tuxbury, 2013).
- 기술적 어려움과 고통스러운 공명에 대한 자기의심과 불안의 경험을(자신에게 또는 내담자에게) 말하라. 자기연민 연습이나 긴 숨을 내쉬기, 안정화, PNR[멈추기(Pause), 관찰하기(Notice), 돌아오기(Return)는 8장 참조; 더 많은 연습은 Geller, 2017 참조]와 같은 자기진정(self-soothing) 연습을 해 보라.
- 인터넷 연결이 끊기고 이 문제가 계속되면, 비디오를 켜 놓은 채로 컴퓨터의 오디오를 끄고 전화로 내담자와 대화하라. 이렇게 하면 '문제 해결'에 매달리지 않고 회기의 연속성을 유지하면서 시각적 연결을 유지할 수 있다.
- 무엇보다, 온라인 치료 환경에서 어려움에 직면할 때, 우리 모두의 공통된 인간성을 존

중하고 자신에게 친절하게 대하라. 멀리 떨어져 있더라도 그 자리에 있는 당신의 진실과 용기는 당신과 내담자에게 매우 소중한 자산이 될 것이다.

회기 중: 내담자의 현존 최적화

- 온라인 치료의 시작이나 전환에 대한 모든 우려 사항에 대해 대화할 수 있는 공간을 마련하라. 내담자가 느끼는 안전감, 화면 너머로 느껴지는 치료자의 거리감이나 시선, 회기에서 일상으로의 전환을 원활하게 하기 위해 필요한 사항 등을 지속적으로 확인하라.
- 내담자가 함께 있는 사람들에게 자신의 사생활 보호에 대한 요구를 말하도록 권장하고, 알림 등 주의가 산만해질 수 있는 요소를 최소화하도록 한다.
- 내담자에게 카메라를 켜도록 권장하고, 내담자와 협력하여 위치와 조명을 결정하여 내담자의 표정과 시선을 더 명확하게 볼 수 있도록 한다.

회기 후/치료 당일

- 회기와 온라인 치료의 하루를 의도적으로 전환하라(Markowitz et al., 2021). 잠시 시간을 내어 메모를 마무리하고, 긴장을 풀고, 화면을 닫고, 책상을 정리하고, 가벼운 운동을 하고, 자신이 선택한 의식을 행하라. 가장 중요한 것은 일과 삶의 경계를 우선시하는 것이다.
- 정서적·신체적·심리적 건강을 돌보라. 자기돌봄은 치료적 현존의 모델에 필수적인 요소이며, 기기 사용이 증가하면 대면 회의에 비해 더 피로감을 느낄 수 있는 온라인 치료와도 밀접한 관련이 있다.

5 결론

팬데믹은 치료적 현존이 유지될 수 있으며, 온라인에서 깊고 의미 있는 치료적 관계를 맺는 것이 가능하다는 것을 우리에게 가르쳐 주었다. 화면으로 이루어지는 대면 접촉(face-to-face contact)은 예상보다 내담자의 정서에 더 많이 접촉하고 공감할 수 있게 해 준다. 물

리적 거리는 치료실보다 치료자(및 내담자)가 정서적으로 더 많이 참여하기 쉬운 환경을 제공하기 때문에, 현존을 더 높일 수 있는 잠재력이 있다. 내담자와의 회기 전과 회기 중에 현존을 높일 수 있는 의도적이고 적극적인 방법도 있다. 그러나 온라인에서 현존에 참여하거나 훈련을 받은 적이 없는 치료자는 온라인에서 현존이 더 어려울 것이라고 예상할 수 있으며, 이는 온라인에서 현존을 하는 데 장애물이 될 수 있다.

치료자는 치료적 현존을 함양하고 온라인에서 효과적인 치료적 관계를 맺는 방법을 이해하는 것이 도움이 될 것이다. 코로나19 대유행으로 온라인 치료에 대한 경험이 쌓이면서, 온라인 치료는 치료자와 내담자 모두에게 점점 더 매력적인 치료법이 되고 있다(Geller, 2020; Shklarski et al., 2021; Simpson et al., 2021; Weinberg, 2020). 온라인 치료의 사용에 대한 연구는 점점 늘어나고 있지만, 온라인에서 현존과 치료적 관계를 발전시키는 방법에 대한 연구는 아직 많지 않다. 이 분야의 연구는 치료자들이 온라인 치료 현존을 함양하고 효과적으로 전달할 수 있도록 교육 프로그램을 개발하고, 응집력(cohesion)에 뿌리를 둔 치료적 관계를 강화하는 데 도움이 될 것이다(Weinberg, 2020). 이는 단순히 대면 치료를 온라인 환경으로 전환하는 것이 아니라, 치료 실무를 조정하고 가상 환경에서 자신과 내담자에게 적응하는 방법을 발견해야 한다.

실행계획(logistics), 기술 장비 및 프로그램, 치료 방식에 대한 교육과 치료적 현존 및 효과적인 치료적 관계의 함양은 치료자들이 온라인 치료를 사용할 가능성을 높일 수 있다(Geller, 2020). 이는 또한 훨씬 더 광범위한 커뮤니티의 치료 접근성을 높일 것이다. 예를 들어, 농촌 지역의 내담자, 신체적·인지적·정서적 제약으로 인해 치료자의 사무실에 올 수 없는 내담자, 또는 지리적으로 멀리 떨어져 있는 특정 치료자를 이용하고 싶은 내담자가 있다.

온라인 치료적 현존을 함양하기 위한 훈련은, 온라인에서 현존을 계속 제공하고 개선할 수 있도록, 회기 전과 회기 중의 의도적 행동과 지속적인 자기돌봄을 통해 현존을 준비하는 데 초점을 두어야 한다. 치료자가 진정 신경계를 활성화하기 위한 안정화와 중심 잡기 역시 현존을 체화하기 위한 훈련의 초점이 될 것이다. 치료자가 온라인에서 내담자와 자신의 경험에 조율함으로써 현존과 관계적 참여의 과정에 접근하고 이를 강화할 수 있도록 지원하는 것이 중요하다. 이는 또한 역전이, 치료적 손상, 대인관계적 반응 등을 인식하고, 이러한 현상이 나타날 때 이에 대응할 수 있는 도구로도 작용할 것이다. 이러한 훈련은 치료자가 자신의 경험에 조율하는 동시에 몸짓이나 기타 관련 수단을 통해 내담자와 조율하는 데 도움이 될 것이다.

온라인에서 현존을 표현하고 전달하는 것도 훈련의 한 측면이다. 비언어적 단서는 온라인에서 놓치기 쉬워 현존을 약화시킬 수 있지만, 표정·몸짓·억양 등은 온라인 치료 매체를 통해 전달될 수 있다(Geller, 2020; Oshni Alvandi, 2019). 기술 관련 문제[예: 기술적 결함, 화면 정지, 내담자의 인식에 영향을 미치는 화면 실물 동화(實物動畵; pixilation)]가 치료적 관계에 어떤 영향을 미칠 수 있는지 이해하는 것은 오해를 방지하거나 해결하는 데 중요하다. 온라인 치료에서 치료자는 자신의 표현적인 몸짓을 인식하는 것이 매우 중요하다. 특히, 이러한 몸짓이 표현된 현존(expressed presence; 치료자가 기술에 대한 불만을 표정으로 드러내는 경우)과 지각된 현존(perceived presence; 내담자가 치료자가 자신에게 화가 난 것이 아닌지 의아해 하는 경우)에 부정적인 영향을 미칠 수 있기 때문이다. 치료자가 이러한 상황을 인식하고 표현을 부드럽게 할 수 있다면, 내담자와 함께 잠재적인 손상을 직접 해결할 수 있다. 기술 사용, 특히 온라인 치료에 내재된 손상을 해결하고 오해를 회복하는 것은 온라인 현존에 대한 훈련에 중요하다. 훈련과 사용자 친화적인 기술을 통해 치료자는 내담자가 자신의 감정을 듣고 이해받고 있다고 느끼도록 현존을 표현하는 방법을 배울 수 있다. 그러면 내담자들은 물리적 거리가 있어도 치료자에 대해 정서적·심리적 안정감을 느낄 수 있게 될 것이다.

맺는말

우리 인생에서 가장 소중한 사람이 누구인지 솔직하게 자문해 보면, 많은 조언이나 해결책, 치료법을 제시하는 사람이 아니라, 우리와 고통을 함께 나누고 부드럽고 다정한 손길로 상처를 어루만져 주는 사람이라는 것을 종종 깨닫게 된다.

—헨리 나우웬(HENRI J. M. NOUWEN, 2004)

이 책에서는 경험에 기반한 치료적 현존(therapeutic presence)의 모델과 관계를 치료적으로 만드는 요인에 대한 이론을 제시했다. 우리는 현존이 Rogers의 치료자가 제공하는 조건[therapist–offered conditions; 공감적 의사소통(communicating empathy), 무조건적 긍정적 존중(unconditional positive regard), 일치성(congruence)]의 전제 조건이며, 현존이 조율된 반응성과 동맹의 형성을 이끌어 내고, 이 두 가지가 긍정적인 치료 성과에 기여한다고 주장했다. 이것이 일어나는 메커니즘은 치료적 현존이 유도하는 안전에 대한 신경생리학적 활성화이다. 안정되고 중심 잡힌 치료자와 치료자의 현존을 느끼고 자신의 경험에 더 개방적이게 되어 신경계가 안정되는 내담자 사이의 양방향 조율(bidirectional attunement)과 공동조절(coregulation)을 통해 이루어진다. 이러한 안전감은 내담자가 치료자에게 개방적이고 신뢰를 가지며 치료에 참여하도록 유도한다. 또한, 다양한 수준의 현존의 역할, 치료적 현존에 대한 도전 과제, 현존의 신경생물학, 그리고 마음챙김(mindfulness), 경험적 접근, 창의적 접근을 포함한 현존을 함양하는 실용적인 접근법도 논의했다. 이번 개정판에서는 치료적 현존에 대한 연구가 활발하게 진행되고 있어서, 치료적 현존의 이점과 이를 기르는 방법을 인식하여 관련 연구를 개정했다. 또한 정서와 현존에 관한 장과 가상 치료(virtual therapy)에서 현존을 활용하는 방법에 관한 장도 추가했다. 마지막으로, 가장 중요한 것은 학업 훈련에서

현존의 중요성에 관한 두 개의 장을 추가하고 이러한 프로그램을 개발하는 데 도움이 되는 체계적인 프로그램과 연습 문제를 제공한 것이다.

이 책은 치료자들이 내담자와 함께 그 순간에 들어갈 것을 권유하고, 치유의 기회를 실현할 것을 권장하며, 또한 치료 관련 전문직의 대학원 프로그램에서 치료적 현존에 대한 교육을 강화할 것을 권장한다. 치료자에게 현존이란, 관계적 치료적 현존(relational therapeutic presence)에 대한 잠재적 장벽을 극복하는 것을 의미한다. 목표는 치료 관계(therapy relationship)에서 '지금 이 순간(kairos)'을 최적화할 수 있도록, 자기와 타자(self and others), 그리고 자기와 타자 사이에 일어나는 일을 그 순간에 알아차리는 것이다. 치료적 현존과 그로 인해 발생하는 만남의 유형은 치료자가 취약함을 느낄 수 있는 수준의 개방성과 친밀함을 요구하며, 이는 두려움을 야기할 수 있다. 정확한 계획이나 기법에 덜 의존하고, 자신과 자신의 가장 깊은 인간성을 활용하여, 현재의 풍요로운 토양에서 다른 사람의 현재의 기쁨이나 괴로움에 손을 내밀고 반응하는 것은 어려운 일이다. 그러나 이러한 능력이 가장 도움이 되고, 그 순간에 적합한 반응, 개입 또는 기법을 이끌어 내어 다음 순간을 매우 치료적인 방식으로 변화시킬 수 있다. 따라서 치료는 치유의 방향으로 진행된다. 왜냐하면 관계적으로 연결되어 있는 경험 속에서 내담자들은 자신의 현재 상태에 맞는 방식으로 안내를 받기 때문이다.

훈련 프로그램의 경우, 현존하는 학생들을 훈련하는 데 극복해야 할 장애물이 있다. 여기에는 학생들의 지성과 기법의 개발에 주로 중점을 두는 것에 대한 반대와 체험적 작업이 포함된다. 우리는 치료자의 훈련에는 지성만으로는 충분하지 않고, 인간은 지성보다 더 현명하며, '행동(doing)' 방식뿐만 아니라 '존재(being)' 방식을 향상시키는 대인관계 및 대인관계 훈련이 필요하다는 점을 인식하고, 인간 전체를 훈련해야 한다고 주장한다.

범이론적 개념으로서의 현존

우리는 순수하게 기법 중심적인 치료도 포함해 모든 치료적 만남(therapeutic encounter)의 배경으로 현존과 관계가 필요하다고 제안해 왔다. 인본주의적 전통(humanistic traditions)은 항상 진정한 상호작용을 중요하게 여겨 왔으며, 현존은 이러한 접근법에서 제안하는 것

의 본질을 포착하기 위한 시도이다. 현존은 정신역동 및 정신분석적 접근법(psychodynamic and psychoanalytic approaches)에서도 매우 관련성이 높다. 이는 치료자가 자신의 대인관계적 반응과 그 반응이 자신의 문제에서 비롯된 것인지, 아니면 대인관계의 역동에서 비롯된 것인지 그 순간에 빠르게 구별할 수 있는 능력을 갖게 하는 요소이다. 치료적 현존과 관계적 현존(relational presence)의 심화는 개념적으로 인본주의적 및 정신역동적인 관계적 치료(relational treatments)의 핵심적인 측면이지만, 치료의 결과와 기법을 최적화하는 것이 치료적 관계와 기법의 조합인 매뉴얼 기반 치료(manual-based therapies)에서도 중요하다.

정신역동적 대인관계 치료(psychodynamic interpersonal treatments)에서, 현존은 자신의 정서적 반응성(emotional reactivity)을 분리하고, 제쳐두고, 자기와 타자 사이에서 일어나는 일을 인식하는 능력을 촉진한다. 관계적 치료에서 역전이 개념은 치료자가 자신의 해결되지 않은 문제에 기반하여 내담자에 대해 과잉 반응하는 것이 아니라, 그 자체로 이해되어야 하는 관계의 한 측면으로 더 많이 인식되었다. 따라서 현존과 자기인식(self-awareness)의 연습은 치료자가 내담자에 대한 자신의 반응의 원인을 식별하고 이러한 반응을 효과적으로 다루는 데 도움이 된다. 현존을 함양하는 치료자는 반응(reaction)이 개인적인 정서조절(emotion regulation)의 어려움인지, 아니면 임상적으로 탐구할 가치가 있는 대인관계 정보인지 신속하게 구별하는 능력이 향상된다. 반응이 자신의 위협감으로 식별되면, 그 반응이 발생하자마자 이를 인식하고, 숨을 쉬며, 나중에 처리하기 위해 그 반응을 제쳐둘 수 있다. 그 반응이 그 순간에 개인적인 과잉 반응보다 관계에 더 관련이 있다고 느껴진다면, 그 안에서 그리고 그 사이에서 떠오르는 것을 대인관계에 유용한 것으로 볼 수 있다.

매뉴얼을 따르는 것이 인지행동치료(cognitive behavior therapy)와 같은 접근법에서는 필수적인 것으로 간주되지만, 역량 또한 중요하며, 치료자는 내담자가 현재 처한 상황에 맞추어 반응(responses), 과업(tasks), 과제(homework)를 내담자의 필요에 맞게 조정할 수 있어야 한다. 치료자가 내담자에게 순수하게 기법적인 개입을 하고, 내담자의 그 순간 경험에 맞지 않거나, 반응하지 않거나, 또는 대인관계에서 분리된 개입을 하는 경우, 그 효과는 제한적일 것이다. 치료자가 개입하는 방식은 치료자가 하는 일만큼이나 중요하다. 그 순간, 자신, 그리고 내담자의 준비 상태에 조율된 치료적 현존을 바탕으로 개입을 제공하면 개입의 효과가 최적화되고 치료자와 내담자 모두에게 공명감을 제공하여 관계의 유대감을 강화한다. 필요한 것은 절차의 각 단계가 내담자의 현재 상태에 적합하도록 반응적인 조율을 이끌어내는,

완전한 현존을 갖춘 기법의 사용이다.

현존은 또한 치료자의 안녕감을 지원한다. 왜냐하면 현존은 내면의 조율과 개방, 그리고 치료자 자신의 장벽, 필요, 에너지 수준에 대한 지속적인 알아차림을 포함해서 주고받는 것 사이에 균형이 이루어지기 때문이다. 이는 치료자가 자신의 에너지를 유지하고 소진을 완화하는 데 도움이 된다. 현존을 소중히 여기고 실천하는 다양한 전통을 가진 치료자들은 자신의 안녕감을 위해 더 많은 에너지를 가지고 있다. 그 결과, 그들은 내담자에게 차분하고 치유적이며 효과적인 접근법과 관계적 환경을 제공할 수 있으며, 이는 그 자체로 치유가 된다(Scurlock-Durana, 2007, 2010). 또한, 현존을 함양하기 위해 요구되는 자기인식은 치료자의 반응적 상태(reactive states)를 줄이는 데 도움이 될 수 있다. 자신의 감정에 대해 열린 태도를 취하는 것은 역전이 행동이 덜 나타나는 것과 관련이 있기 때문이다(Robbins & Jolkovski, 1987).

 관계적 구조로서의 치료적 현존

우리가 현존을 치료의 핵심 자세로 인식하기 시작했을 때, 우리는 그것을 주로 자기 내부의 변수, 치료자 내부의 안정되고 열린 공간으로 보았다. 수년간의 연구와 탐구, 그리고 우리 자신과 다른 사람들의 현존 경험을 통해, 우리는 이제 현존이 관계적 요소를 가지고 있다고 생각한다. 즉, 치료자와 내담자, 그리고 더 큰 지혜와의 관계이다.

따라서 관계적 치료적 현존은 자기(self), 타자(other), 그리고 더 큰 확장성 또는 영성(larger sense of expansion or spirituality)이라는 세 가지 관계의 삼중주로 볼 수 있다. 회기는 자기 및 타자에 대한 알아차림과 조율의 춤에 의해 진행되며, 알려진 것과 알려지지 않은 것 사이에서 잠시 멈추고, 자기와 타자 사이에 존재하는 고요한 곳에서 깊이 귀를 기울인다. 이를 통해 새로운 것이 나타나고 치유를 촉진하는 관계적 공동현존(relational copresence)의 감각이 발달한다.

우리 모델에 반영된 현존의 네 가지 측면은 더 깊은 공유된 관계적 치료적 현존으로 이어지는 네 가지 경험의 문으로 볼 수 있다. '안정화(grounding)'는 '신체(body)'와 신체 알아차림(somatic awareness), 안정되고 중심 잡힌, 땅에 단단히 뿌리내린 상태를 통해 강화된다. '몰

입(immersion)'은 '마음(heart)'에 집중되어, 다른 사람과 함께 그 순간에 열리고 흡수된다. '확장(expansion)'은 영성과 영혼과의 관계에서 표현되며, '창의성과 자연(creativity and nature)'에서 경험된다. '내담자와 함께, 그리고 내담자를 위해 존재하는 것(being with and for the client)'은 '관계적(relationally)'으로 경험되며, 신체, 마음, 그리고 넓은 인식과 연결된 상태를 유지하면서 연민을 제공한다. 관계적 치료적 현존은 인지적·신체적/감각적·정서적·초월적·관계적 등 여러 수준에서 치료자와 내담자 사이의 접촉을 포함한다.

현존은 치료자의 자기 자신에서 시작되지만[자기돌봄(self-care), 균형, 관계에서의 현존을 지속적으로 기르기 위한 노력], 치료자가 내담자에게 현존을 제공하고 두 사람 사이에 깊은 만남이 이루어짐으로써 변화가 나타난다. 치료자가 내담자를 수용적이고 비판하지 않는 태도로 조율함에 따라, 내담자는 치료자가 현존한다고 경험한다. 그 결과, 내담자는 자신과 치료자 안에 현존하게 되고, 관계적 현존이 나타난다. 이러한 공유된 관계적 현존(shared relational presence)은 치료자와 내담자 사이에 더 높은 수준의 연결성을 만들어 내며, 치료적 만남에서 몰입(flow)으로 표현되는 반향적 조율(reverberatory attunement)로 나타난다.

 향후 연구 및 치료자 훈련을 위한 지침

우리는 이론적 접근 방식에 관계없이 현존의 함양을 심리치료 훈련 프로그램에 통합할 것을 제안한다. 현재 프로그램은 학생들에게 그들의 존재 상태에 대한 관심 없이 개입 및 기법을 훈련하는 경우가 많다. 우리는 여기에서 치료적 현존에 대한 훈련 모듈의 기초를 마련했으며, 향후 연구자들이 이 프로그램의 효능을 연구할 것을 권장한다.

기법의 촉진을 위한 도구로 자신의 자연적 자원을 활용하고 신처를 알아차리는 것을 포함하는 치료적 현존은, 매뉴얼화된 치료법에서는 거의 가르치지 않는다. 그러나 훈련 중에 현존이 강화될 때 나타나는 뇌의 변화에서 알 수 있듯이, 현존은 가르칠 수 있는 것이다. 현존을 연습하면 신경 통합(neuronal integration)이 강화되어, 회기에서 현존 경험을 더 많이 할 수 있게 된다.

예를 들어, 자기조율(self-attunement)에 대한 훈련은 수용적 인식과 타자에 대한 조율의 기초를 형성하는 신경적 통합 상태(neural state of integration)를 만들어낸다. 또한, 자기조율

(즉, 마음챙김과 자기연민)을 연습함으로써 내면에서 타자의 경험을 인식하는 내부 감각 수용(interoception)이 가능해진다. 그러나 훈련에는 치료자가 현존으로 다른 사람을 만나는 데에 장애가 되는 요소를 제거하고, 자신의 경험과 접촉하면서 다른 사람에게 완전히 마음을 열 수 있는 능력을 심화하기 위한 관계적 연습(예: 집단 드럼연주, 관계적 마음챙김)도 포함되어야 한다.

개입의 가치를 최소화하기보다는, 치료 기법의 효과를 높이기 위해 심리치료 훈련에서 치료자의 현존과 개인적·대인관계적 성장을 동등하게 중시해야 한다고 강력히 제안한다. 내담자의 치유를 위해 치료의 '행하는(doing) 방식'과 '존재하는(being) 방식'의 균형을 맞추는 것이 매우 중요하다. 이는 슈퍼바이저가 수련생의 현존을 높이기 위해 지원할 때도 마찬가지로 중요하다.

초판 이후 연구가 증가했지만, 우리의 치료적 현존에 대한 이론과 훈련 제안은 몇몇 연구와 수년간의 임상 경험에 기반을 두고 있다는 점을 인정한다. 이 책에서 제시한 연구 결과를 입증하기 위해서는 이 분야에 대한 추가 연구가 필요하다. 과학적 연구의 기본 원칙은 재현이며, 메타분석(meta-analysis)은 여러 연구의 결과를 종합하여 전체적인 그림을 파악하는 방법으로, 우연의 결과일 수도 있는 단일 연구의 결과에 의존하지 않도록 하는 방법이다. 따라서 메타분석이 가능해질 수 있도록, 현존의 다양한 측면에 대한 연구, 현존 훈련 및 그 치료 효과에 대한 연구가 더 필요하다.

마지막 생각

심리치료의 맥락에서 현존은 중요하지만, 치료의 범위를 넘어 현존을 개인적·직업적 관계 전반에 있어 최적의 관계를 위한 기본 요소로 인식할 필요가 있다. 다른 학문 분야에서도 현존을 업무를 효과적으로 진행하기 위한 핵심 요소로 인식하고 있다. 현존은 교육 분야(Farber, 2008; Hart, 2004; Kessler, 1991; Meijer et al., 2009; J. P. Miller, 2005; Rodgers & Raider-Roth, 2006; Tremmel, 1993), 의학(R. M. Epstein, 1999, 2001, 2003a, 2003b; Zoppi & Epstein, 2002), 간호학(Gilje, 1993; Hines, 1992; Liehr, 1989; McDonough-Means et al., 2004; McKivergin & Daubenmire, 1994; Osterman & Schwartz-Barcott, 1996), 정신과 치료(La Torre, 2002), 두개

골 경락 요법(craniosacral therapy; Blackburn & Price, 2007; Scurlock-Durana, 2007, 2010), 코칭 및 리더십(Halpern & Lubar, 2003; Silsbee, 2004, 2008), 공개 연설, 기업 및 조직(Kahn, 1992; Scharmer, 2006, 2009; Senge, 2008; Senge et al., 2004; Tolbert & Hanafin, 2006)에서 중요한 요소로 소개되어 왔다.

여러 학문 분야에서 이러한 본질적인 존재 방식(way of being)을 인식하기 위한 교훈은, 행하는 것을 강조하는 패러다임에서 존재의 중요성을 인식하는 패러다임으로의 전환을 의미한다(그리고 현존에서 드러나는 것을 기반으로 다시 행하는 것으로 돌아가는 것). 우리는 그 순간에 존재하는 것에서 오는 두려움, 바쁨, 산만함을 적극적으로 인식해야만, 다른 사람들과 우리 자신에 대해 수용적인 인식력을 발휘하여, 개인적·직업적 만남에서 효율성과 충만함을 위한 최상의 조건을 만들 수 있다. 우리 자신의 수용적인 인식, 판단하지 않음(nonjudgment), 반응하지 않음(nonreaction), 안정화의 내적 영역에서 다른 사람의 치유를 위해 다른 사람과 교류할 때, 평화로워지고 더 깊은 지혜의 자리에서 서로 함께 성장하기 위한 관계적·집단적 운동으로 효과적으로 발전할 가능성이 나타난다. 현존은 단순한 치료의 원칙이 아니라, 우리 자신과 타자, 그리고 충만한 삶에 대한 헌신과 그 과정을 신뢰하는 삶의 방식이다. 이는 개인으로서, 그리고 관계적 존재로서 함께 현존을 통해 더 충만한 삶을 향해 변화할 수 있는 가능성을 제공하며, 이는 지속 가능하고 성공적이며 상호 만족스러운 전문적인 관계를 촉진하는 더 깊은 지혜와 조화를 이루게 한다.

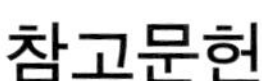

참고문헌

Aafjes-van Doorn, K., Békés, V., & Prout, T. A. (2020). Grappling with our therapeutic relationship and professional self-doubt during COVID-19: Will we use video therapy again? *Counselling Psychology Quarterly*. Advance online publication. https://doi.org/10.1080/09515070.2020.1773404

Aafjes-van Doorn, K., Békés, V., Prout, T. A., & Hoffman, L. (2020). Psychotherapists' vicarious traumatization during the COVID-19 pandemic. *Psychological Trauma: Theory, Research, Practice, and Policy, 12*(Suppl. 1), S148-S150. https://doi.org/10.1037/tra0000868

Alcee, M. (2022). *Therapeutic improvisation: Stop winging it and start owning it as a new therapist*. W. W. Norton & Company.

Allen, J. G., & Fonagy, P. (Eds.). (2006). *The handbook of mentalization-based treatment*. John Wiley & Sons. https://doi.org/10.1002/9780470712986

Allison, K. L., & Rossouw, P. J. (2013). The therapeutic alliance: Exploring the concept of "safety" from a neuropsychotherapeutic perspective. *International Journal of Neuropsychotherapy, 1*(1), 21-29. https://doi.org/10.12744/ijnpt.2013.0021-0029

Aponte, H., & Winter, J. E. (2000). The person and practice of the therapist: Treatment and training. In M. Baldwin (Ed.), *The use of self in therapy* (pp. 127-165). Haworth Press.

Arrien, A. (1993). *The four-fold way: Walking the paths of the warrior, teacher, healer, and visionary*. HarperCollins.

Arrien, A. (2010, August). *The four-fold way* [Symposium]. Metta Institute Conference, San Rafael, CA, United States.

Austin, J. T. (2017). *Helping counseling students develop therapeutic presence: A modified Delphi study* (Accession Order No. 10113693) [Doctoral dissertation]. ProQuest Dissertations and Theses.

Austin, J. T., & Austin, J. A. (2018). Initial exploration of therapeutic presence pedagogy in counselor education. *International Journal for the Advancement of Counseling, 40*(4), 481-500. https://doi.org/10.1007/s10447-018-9339-x

Baer, R. A. (2003). Mindfulness training as a clinical intervention: A conceptual and empirical review. *Clinical Psychology: Science and Practice, 10*(2), 125-143 https://doi.org/10.1093/

clipsy.bpg015

Baer, R. A. (Ed.). (2006). *Mindfulness-based treatment approaches*. Academic Press.

Baer, R. A., Smith, G. T., Hopkins, J., Krietemeyer, J., & Toney, L. (2006). Using selfreport assessment methods to explore facets of mindfulness. *Assessment, 13*(1), 27-45. https://doi.org/10.1177/1073191105283504

Baker, E. K. (2002). *Caring for ourselves: A therapist's guide to personal and professional well-being*. American Psychological Association.

Baldini, L. L., Parker, S. C., Nelson, B. W., & Siegel, D. J. (2014). The clinician as neuroarchitect: The importance of mindfulness and presence in clinical practice. *Clinical Social Work Journal, 42*, 218-227. https://doi.org/10.1007/s10615-014-0476-3

Baldwin, M. (2000). Interview with Carl Rogers on the use of the self in therapy. In M. Baldwin (Ed.), *The use of self in therapy* (2nd ed., pp. 29-38). The Haworth Press.

Bar, M. (2007). The proactive brain: Using analogies and associations to generate predictions. *Trends in Cognitive Sciences, 11*(7), 280-289. https://doi.org/10.1016/j.tics.2007.05.005

Barrett-Lennard, G. T. (1961, August). *Dimensions of a therapeutic relationship* [Paper presentation]. British Psychological Society, University of Sydney, Sydney, Australia.

Barrett-Lennard, G. T. (1973). *Relationship inventory* [Unpublished manuscript]. University of Waterloo, Ontario, Canada.

Barrett-Lennard, G. T. (1981). The empathy cycle: Refinement of a nuclear concept. *Journal of Counseling Psychology, 28*(2), 91-100. https://doi.org/10.1037/0022-0167.28.2.91

Barrett-Lennard, G. T. (1986). The relationship inventory now: Issues and advances in theory, method, and use. In L. S. Greenberg & W. M. Pinsof (Eds.), *The psychotherapeutic process: A research handbook* (pp. 439-476). Guilford Press.

Basch, M. F. (1983). Empathic understanding: A review of the concept and some theoretical considerations. *Journal of the American Psychoanalytic Association, 31*(1), 101-126. https://doi.org/10.1177/000306518303100104

Beaumont, E., Durkin, M., Hollins Martin, C. J., & Carson, J. (2016). Measuring relationships between self-compassion, compassion fatigue, burnout and wellbeing in student counsellors and student cognitive behavioural psychotherapists: A quantitative survey. *Counselling and Psychotherapy Research, 16*(1), 15-23. https://self-compassion.org/wp-content/uploads/2016/06/Beaumont_2015.pdf

Beeli, G., Casutt, G., Baumgartner, T., & Jäncke, L. (2008). Modulating presence and impulsiveness by external stimulation of the brain. *Behavioral and Brain Functions, 4*(33).

Advance online publication. https://doi.org/10.1186/1744-9081-4-33

Begley, S. (2007). *Train your mind, change your brain: How a new science reveals our extraordinary potential to transform ourselves*. Ballantine Books.

Behrends, A., Müller, S., & Dziobek, I. (2012). Moving in and out of synchrony: A concept for a new intervention fostering empathy through interactional movement and dance. *The Arts in Psychotherapy, 39*(2), 107-116. https://doi.org/10.1016/j.aip.2012.02.003

Beisser, A. (1970). The paradoxical theory of change. In J. Fagan & I. L. Shepherd (Eds.), *Gestalt therapy now* (pp. 77-80). Harper & Row.

Beitman, B. D., Viamontes, G. I., Soth, A. M., & Nitler, J. (2006). Toward a neural circuitry of engagement, self-awareness and pattern search. *Psychiatric Annals, 36*, 272-280.

Bennett-Levy, J. (2019). Why therapists should walk the talk: The theoretical and empirical case for personal practice in therapist training and professional development. *Journal of Behavior Therapy and Experimental Psychiatry, 62*, 133-145. https //doi.org/10.1016/j.jbtep.2018.08.004

Bennett-Levy, J., & Finlay-Jones, A. (2018). The role of personal practice in therapist skill development: A model to guide therapists, educators, supervisors and researchers. *Cognitive Behaviour Therapy, 47*(3), 185-205. https://doi.org/10.1080/16506073.2018.1434678

Benson, H., Beary, J. F., & Carol, M. P. (1974). The relaxation response. *Psychiatry, 37*(1), 37-46. https://doi.org/10.1080/00332747.1974.11023785

Berle, D., Starcevic, V., Milicevic, D., Hannan, A., Dale, E., Brakoulias, V., & Viswasam, K. (2015). Do patients prefer face-to-face or internet-based therapy? *Psychotherapy and Psychosomatics, 84*(1), 61-62. https://doi.org/10.1159/000367944

Bibeau, M., Dionne, F., & Leblanc, J. (2016). Can compassion meditation contribute to the development of psychotherapists' empathy? A review. *Mindfulness, 7*(1), 255-263. https://doi.org/10.1007/s12671-015-0439-y

Bien, T. (2006). *Mindful therapy: A guide for therapists and helping professionals*. Wisdom.

Bien, T. (2008). The four immeasurable minds: Preparing to be present in psychotherapy. In S. F. Hick & T. Bien (Eds.), *Mindfulness and the therapeutic relationship* (pp. 37-54). Guilford Press.

Bishop, S. R., Lau, M., Shapiro, S., Carlson, L., Anderson, N. D., Carmody, J., Segal, Z. V., Abbey, S., Speca, M., Velting, D., & Devins, G. (2004). Mindfulness: A proposed operational definition. *Clinical Psychology: Science and Practice, 11*(3), 230-241. https://doi.org/10.1093/clipsy.bph077

Bittman, B., Berk, L., Shannon, M., Sharaf, M., Westengard, J., Guegler, K. J., & Ruff, D. W.

(2005). Recreational music-making modulates the human stress response: A preliminary individualized gene expression strategy. *Medical Science Monitor, 11*(2), BR31-BR40.

Bittman, B., & Bruhn, K. (2008). Recreational music making defined. https://www.remo.com/experience/post/healthrhythms-faq/Bittman, B., Bruhn, K. T., Stevens, C., Westengard, J., & Umbach, P. O. (2003). Recreational music-making: A cost-effective group interdisciplinary strategy for reducing burnout and improving mood states in long-term care workers. *Advances in Mind-Body Medicine, 19*(3-4), 4-15.

Bittman, B. B., Berk, L. S., Felten, D. L., Westengard, J., Simonton, O. C., Pappas, J., & Ninehouser, M. (2001). Composite effects of group drumming music therapy on modulation of neuroendocrine-immune parameters in normal subjects. *Alternative Therapies in Health and Medicine, 7*(1), 38-47.

Bittman, B. B., Snyder, C., Bruhn, K. T., Liebfreid, F., Stevens, C. K., Westengard, J., & Umbach, P. O. (2004). Recreational music-making: An integrative group intervention for reducing burnout and improving mood states in first year associate degree nursing students: Insights and economic impact. *International Journal of Nursing Education Scholarship, 1*(1), e12. https://doi.org/10.2202/1548-923X.1044

Blackburn, J., & Price, C. (2007). Implications of presence in manual therapy. *Journal of Bodywork and Movement Therapies, 11*(1), 68-77. https://doi.org/10.1016/j.jbmt.2006.05.002

Block-Lerner, J., Adair, C., Plumb, J. C., Rhatigan, D. L., & Orsillo, S. M. (2007). The case for mindfulness-based approaches in the cultivation of empathy: Does nonjudgmental, present-moment awareness increase capacity for perspectivetaking and empathic concern? *Journal of Marital and Family Therapy, 33*(4), 501-516. https://doi.org/10.1111/j.1752-0606.2007.00034.x

Boellinghaus, I., Jones, F. W., & Hutton, J. (2013). Cultivating self-care and compassion in psychological therapists in training: The experience of practicing lovingkindness meditation. *Training and Education in Professional Psychology, 7*(4), 267-277. https://doi.org/10.1037/a0033092

Boerstler, R. W., & Kornfield, H. S. (1995). *Life to death, harmonizing the transition: A holistic and meditative approach for caregivers and the dying*. Healing Arts Press.

Bögels, S., & Restifo, K. (2014). *Mindful parenting: A guide for mental health practitioners*. W.W. Norton & Company. https://doi.org/10.1007/978-1-4614-7406-7

Bohart, A., & Greenberg, L. S. (Eds.). (1997). *Empathy reconsidered: New directions in psychotherapy*. American Psychological Association. https://doi.org/10.1037/10226-000

Bohart, A. C., & Tallman, K. (1998). The person as active agent in experiential therapy. In L. S.

Greenberg, J. C. Watson, & G. Lietaer (Eds.), *Handbook of experiential psychotherapy* (pp. 178–200). Guilford Press.

Bordin, E. S. (1976, September). *The working alliance: Basis for a general theory of psychotherapy* [Paper presentation]. Annual meeting of the American Psychological Association, Washington, DC, United States.

Bordin, E. S. (1979). The generalizability of the psychoanalytic concept of the working alliance. *Psychotherapy: Theory, Research, & Practice, 16*(3), 252–260. https://doi.org/10.1037/h0085885

Bordin, E. S. (1980, June). *Of human bonds that bind or free* [Presidential address]. 11th International Annual Meeting of the Society for Psychotherapy Research, Pacific Grove, CA, United States.

Bos, N., Olson, J., Gergle, D., Olson, G., & Wright, Z. (2002). *Effects of four computermediated communications channels on trust development*. Proceedings from CHI '02: The SIGCHI Conference on Human Factors in Computing Systems. ACM Digital Library. https://dl.acm.org/doi/10.1145/503376.503401

Bouchard, S., Payeur, R., Rivard, V., Allard, M., Paquin, B., Renaud, P., & Goyer, L. (2000). Cognitive behavior therapy for panic disorder with agoraphobia in videoconference: Preliminary results. *Cyberpsychology & Behavior, 3*(6), 999–1007. https://doi.org/10.1089/109493100452264

Bouchard, S., Robillard, G., Marchand, A., & Riva, P. R. (2007). *Presence and the bond between patients and their psychotherapists in the cognitive–behavior therapy of panic disorder with agoraphobia delivered in videoconference*. https://www.semanticscholar. org/paper/Presence–and–the–Bond–Between–Patients–and–their–in–Bouchard–Robillard/be0307abefb028e0fa337ddc4c0be9b5ef1819bb

Bourgault, M., & Dionne, F. (2018). Therapeutic presence and mindfulness: Mediating role of self–compassion and psychological distress among psychologists. *Mindfulness, 10*(1). Advance online publication. https://doi.org/10.1007/s12671–018–1015–z

Bozarth, J. D. (2001). Congruence: A special way of being. In G. Wyatt (Ed.), Rogers' therapeutic conditions: Evolution, theory and practice: Vol. 1. *Congruence* (pp. 184–199). PCCS Books.

Bozdogan Yesilot, S., & Oz, F. (2016). Validity and reliability of the Presence of Nursing Scale in patients with cancer in the Turkish language. *International Journal of Caring Sciences, 9*(2), 443–451.

Brach, T. (2003). *Radical acceptance: Embracing your life with the heart of a Buddha*. Bantam.

Brach, T. (2012). Mindful presence: A foundation for compassion and wisdom. In C. K. Germer & R. D. Siegel (Eds.), *Wisdom and compassion in psychotherapy: Deepening mindfulness in clinical practice* (pp. 35–47). Guilford Press.

Bracket, M. (2019). *Permission to feel: Unlocking the power of emotions to help our kids, ourselves, and our society thrive*. Celadon Books.

Brahnam, S. (2014). Therapeutic presence in mediated psychotherapy: The uncanny stranger in the room. In G. Riva, J. Waterworth, & D. M. De Gruyter (Eds.), *Interacting with presence: HCI and the sense of presence in computer-mediated environments* (pp. 123–138). De Gruyter.

Brodley, B. T. (2000). Personal presence in client–centered therapy. *The Person-Centered Journal, 7*(2), 139–149.

Brown, K. W., & Ryan, R. M. (2003). The benefits of being present: Mindfulness and its role in psychological well–being. *Journal of Personality and Social Psychology, 84*(4), 822–848. https://doi.org/10.1037/0022–3514.84.4.822

Brown, M. (2005). *The presence process: A healing journey into present moment awareness*. Namaste.

Brugel, S., Postma–Nilsenová, M., & Tates, K. (2015). The link between perception of clinical empathy and nonverbal behavior: The effect of a doctor's gaze and body orientation. *Patient Education and Counseling, 98*(10), 1260–1265. https://doi.org/10.1016/j.pec.2015.08.007

Buber, M. (1958). *I and Thou* (2nd ed.). Scribner.

Buber, M. (1966). The way of response. In N. N. Glatzer (Ed.), *Selections from his writings*. Schocken Books.

Buber, M. (1988). *Eclipse of God*. Humanities Press.

Buber, M. (2008). *I and Thou*. Howard Books.

Buddha. (n.d.). *Gautama Buddha quotes. Goodreads*. https://www.goodreads.com/quotes/13132–believe–nothing–no–matter–where–you–read–it–or–who

Bugental, J. F. T. (1978). *Psychotherapy and process*. Addison–Wesley.

Bugental, J. F. T. (1983). *The one absolute necessity in psychotherapy*. The Script, 13, 1–2.

Bugental, J. F. T. (1986). Existential–humanistic psychotherapy. In I. L. Kutash & A. Wolf (Eds.), *Psychotherapist's casebook: Theory and technique in the practice of modern therapies* (pp. 222–236). Jossey–Bass.

Bugental, J. F. T. (1987). *The art of the psychotherapist*. W. W. Norton & Company.

Bugental, J. F. T. (1989). *The search for existential identity*. Jossey–Bass.

Burton, R. (2009). *On being certain: Believing you are right even when you're not*. St. Martin's

Press.

Butler, E. A., & Randall, A. K. (2013). Emotional coregulation in close relationships. Emotion Review, 5(2), 202–210. https://doi.org/10.1177/1754073912451630 Cahn, B. R., & Polich, J. (2006). Meditation states and traits: EEG, ERP, and neuroimaging studies. *Psychological Bulletin, 132*(2), 180–211. https://doi.org/10.1037/0033-2909.132.2.180

Cameron, S. K., Rodgers, J., & Dagnan, D. (2018). The relationship between the therapeutic alliance and clinical outcomes in cognitive behaviour therapy for adults with depression: A meta-analytic review. *Clinical Psychology & Psychotherapy, 25*(3), 446–456. https://doi.org/10.1002/cpp.2180

Carter, C. S. (2014). Oxytocin pathways and the evolution of human behavior. *Annual Review of Psychology, 65*, 17–39. https://doi.org/10.1146/annurev-psych-010213-115110

Castonguay, L. G., & Hill, C. E. (2017). Therapist effects: Integration and conclusion. In L. Castonguay & C. Hill (Eds.), How and why are some therapists better than others?: *Understanding therapist effects* (pp. 325–341). American Psychological Association.

Castonguay, L. G., Schut, A. J., Aikins, D., Constantino, M. J., Laurenceau, J., Bologh, L., & Burns, D. (2004). Integrative cognitive therapy for depression: A preliminary investigation. *Journal of Psychotherapy Integration, 14*(1), 4–20. https://doi.org/10.1037/1053-0479.14.1.4

Chen, C. K., Nehrig, N., Wash, L., Schneider, J. A., Ashkenazi, S., Cairo, E., Guyton, A. F., & Palfrey, A. (2020). When distance brings us closer: Leveraging telepsychotherapy to build deeper connection. *Counselling Psychology Quarterly*. Advance online publication. https://doi.org/10.1080/09515070.2020.1779031

Chevalier, G. (2015). The effect of grounding the human body on mood. *Psychological Reports, 116*(2), 534–542. https://doi.org/10.2466/06.PR0.116k21w5

Chevalier, G., Sinatra, S. T., Oschman, J. L., Sokal, K., & Sokal, P. (2012). Earthing: Health implications of reconnecting the human body to the earth's surface electrons. *Journal of Environmental and Public Health, 2012*(291541), 291541. https://doi.org/10.1155/2012/291541

Chung, C. Y. (1990). Psychotherapist and expansion of awareness. *Psychotherapy and Psychosomatics, 53*(1-4), 28–32. https://doi.org/10.1159/000288336

Clark, A. (1979). On being centered. *The Gestalt Journal, 2*, 35–49.

Clarkson, P. (1997). Variations on I and Thou. *Gestalt Review, 1*, 56–70.

Clottey, K. (2004). *Mindful drumming: Ancient wisdom for unleashing the human spirit and building community*. Sankofa.

Cole, J. D., & Ladas-Gaskin, C. (2007). *Mindfulness centered therapies: An integrative approach*.

Silver Birch Press.

Coleman, M. (2006). *Awake in the wild: Mindfulness in nature as a path of self-discovery*. Inner Ocean Publishing.

Coles, A. (2014). "Being time": An exploration of personal experiences of time and implications for art psychotherapy practice. *International Journal of Art Therapy, 19*(2), 71–81. https://doi.org/10.1080/17454832.2013.844184

Collard, P. (2007). Skillful means at the intersection of neuropsychology and the contemplative disciplines: Patrizia Collard interviews Rick Hanson and Richard Mendius. *Counselling Psychology Quarterly, 20*(2), 169–175. https://doi.org/10.1080/09515070701405930

Colosimo, K. A. (2013). *What does therapist presence look like in the therapeutic encounter? A rational-empirical study of the verbal and non-verbal behavioural markers of presence* [Unpublished master's thesis]. York University.

Colosimo, K. A., & Pos, A. W. (2015). A rational model of expressed therapeutic presence. *Journal of Psychotherapy Integration, 25*(2), 100–114. https://doi.org/10.1037/a0038879

Cook, J. E., & Doyle, C. (2002). Working alliance in online therapy as compared to face-to-face therapy: Preliminary results. *CyberPsychology & Behavior, 5*(2), 95–105. https://doi.org/10.1089/109493102753770480

Cooper, M. (2003). *Existential therapies*. Sage Publications.

Cooper, M. (2005). Therapists' experiences of relational depth: A qualitative interview study. *Counselling & Psychotherapy Research, 5*(2), 87–95. https://doi.org/10.1080/17441690500211130

Corcoran, C. C. (2007). *A grounded theory exploration of lovingkindness meditation: Practitioner experience, reports of effects, and clinical relevance* (Order No. AAI3268621) [Doctoral dissertation, Wright Institute]. ProQuest Information & Learning.

Cornell, A. W. (1996). *The power of focusing: A practical guide to emotional self-healing*. New Harbinger.

Cornell, A. W., & McGavin, B. (2005). *The radical acceptance of everything: Living a focusing life*. Calluna Press.

Corsini, R. J., & Wedding, D. (Eds.). (1989). *Current psychotherapies* (4th ed.). Peacock.

Cozolino, L. J. (2006). *The neuroscience of relationships: Attachment and the developing social brain*. W. W. Norton & Company.

Craig, P. E. (1986). Sanctuary and presence: An existential view of the therapist's contribution. The *Humanistic Psychologist, 14*(1), 22–28. https://doi.org/10.1080/08873267.1986.9976749

Crane-Okada, R. (2012). The concept of presence in group psychotherapy: An operational definition. *Perspectives in Psychiatric Care, 48*(3), 156-164. https://doi.org/10.1111/j.1744-6163.2011.00320.x

Crenshaw, D. A., & Kenney-Noziska, S. (2014). Therapeutic presence in play therapy. *International Journal of Play Therapy, 23*(1), 31-43. https://doi.org/10.1037/a0035480

Csikszentmihalyi, M. (1990). *Flow: The psychology of optimal experience*. HarperCollins.

Cunningham, I. (1992). The impact of leaders: Who they are and what they do. *Leadership and Organization Development Journal, 13*(2), 7-10. https://doi.org/10.1108/01437739210009554

Dalai Lama. (2001). *An open heart: Practicing compassion in everyday life*. Little, Brown & Company.

Damasio, A. (2005). *Descartes' error: Emotion, reason, and the human brain*. Penguin Books.

Damasio, A. R. (1999). *The feeling of what happens: Body and emotion in the making of consciousness*. Harcourt Brace.

Dass, R. (n.d.). *Ram Dass quotes*. AZ Quotes. https://www.azquotes.com/quote/457361

Davidson, R. J. (2000). Affective style, psychopathology, and resilience: Brain mechanisms and plasticity. *American Psychologist, 55*(11), 1196-1214. https://doi.org/10.1037/0003-066X.55.11.1196

Davidson, R. J. (2004). Well-being and affective style: Neural substrates and biobehavioural correlates. Philosophical Transactions of the Royal Society of London: Series B. *Biological Sciences, 359*(1449), 1395-1411. https://doi.org/10.1098/rstb.2004.1510

Davidson, R. J. (2012). The neurobiology of compassion. In C. K. Germer & R. D. Siegel (Eds.), *Wisdom and compassion in psychotherapy: Deepening mindfulness in clinical practice* (pp. 111-118). Guilford Press.

Davidson, R. J., & Harrington, A. (Eds.). (2002). *Visions of compassion: Western scientists and Tibetan Buddhists examine human nature*. Oxford University Press. https://doi.org/10.1093/acprof:oso/9780195130430.001.0001

Davidson, R. J., & Lutz, A. (2008). Buddha's brain: Neuroplasticity and meditation. *IEEE Signal Processing Magazine, 25*(1), 176-174. https://doi.org/10.1109/MSP.2008.4431873

Deatherage, G. (1975). The clinical use of "mindfulness" meditation techniques in short-term psychotherapy. *Journal of Transpersonal Psychology, 7*(2), 133-143.

Decety, J., & Chaminade, T. (2003). When the self represents the other: A new cognitive neuroscience view on psychological identification. *Consciousness and Cognition, 12*(4), 577-596. https://doi.org/10.1016/S1053-8100(03)00076-X

Deci, E. L., & Ryan, R. M. (1985). *Intrinsic motivation and self-determination in human behavior*. Plenum Press. https://doi.org/10.1007/978-1-4899-2271-7

Delmonte, M. M. (1984). Physiological responses during meditation and rest. *Biofeedback and Self-Regulation, 9*(2), 181-200. https://doi.org/10.1007/BF00998833

Diamond, J. (1999). *The way of the pulse: Drumming with spirit*. Enhancement Books.

Dodgen-Magee, D. (2018). *Deviced! Balancing life and technology in a digital world*. Rowman & Littlefield Publishers.

Doidge, N. (2007). *The brain that changes itself*. Penguin Books.

Dolev-Amit, T., Leibovich, L., & Zilcha-Mano, S. (2020). Repairing alliance ruptures using supportive techniques in telepsychotherapy during the COVID-19 pandemic. *Counselling Psychology Quarterly*. Advance online publication. https://doi.org/10.1080/09515070.2020.1777089

Downing, L., Marriott, H., & Lupton, D. (2021). "'Ninja' levels of focus": Therapeutic holding environments and the affective atmospheres of telepsychology during the COVID-19 pandemic. *Emotion, Space and Society, 40*, 100824. https://doi.org/10.13140/RG.2.2.28120.52484

DP Institute. (2020). *Deliberate practice video exercises*. DP for Therapists. https://sentio. org/dpprompts

Duncan, B. L., & Moynihan, D. W. (1994). Applying outcome research: Intentional utilization of the client's frame of reference. *Psychotherapy: Theory, Research, & Practice, 31*(2), 294-301. https://doi.org/10.1037/h0090215

Dunn, R., Callahan, J. L., Swift, J. K., & Ivanovic, M. (2013). Effects of pre-session centering for therapists on session presence and effectiveness. *Psychotherapy Research, 23*(1), 78-85. https://doi.org/10.1080/10503307.2012.731713

Durrer, M., & Rohrbach, U. (2013). *Therapeutic presence: Therapeutic presence in osteopathy: A qualitative research to prepare the base for an evaluation model of therapeutic presence in osteopathic treatments* [Unpublished doctoral dissertation]. Swiss International College of Osteopathy.

Ekman, P. (2004). *Emotions revealed: Recognizing faces and feelings to improve communication and emotional life*. Henry Holt and Company. https://doi.org/10.1136/sbmj.0405184

Elliott, R., Watson, J., Goldman, R. N., & Greenberg, L. S. (2004). *Learning emotionfocused therapy: The process-experiential approach to change*. American Psychological Association. https://doi.org/10.1037/10725-000

Engler, J. (1986). Therapeutic aims in psychotherapy and meditation. In K. Wilber, J. Engler, & D.

Brown (Eds.), *Transformations of consciousness* (pp. 17–51). Shambhala Publications.

Epstein, M. (1995). *Thoughts without a thinker: Psychotherapy from a Buddhist perspective*. Basic Books.

Epstein, M. (2007). Psychotherapy without the self: A Buddhist perspective. Yale University Press.

Epstein, R. M. (1999). Mindful practice. *Journal of the American Medical Association, 282*(9), 833–839. https://doi.org/10.1001/jama.282.9.833

Epstein, R. M. (2001). Just being. *The Western Journal of Medicine, 174*(1), 63–65. https://www.ncbi.nlm.nih.gov/pmc/articles/PMC1071240/

Epstein, R. M. (2003a). Mindful practice in action 1: Technical competence evidencebased medicine and relationship–centered care. *Families, Systems & Health, 21*(1), 1–9. https://doi.org/10.1037/h0089494

Epstein, R. M. (2003b). Mindful practice in action 2: Cultivating habits of mind. Families, *Systems & Health, 21*(1), 11–17. https://doi.org/10.1037/h0089495

Evans, K. R. (1994). Healing shame: A gestalt perspective. *Transactional Analysis Journal, 24*(2), 103–108. https://doi.org/10.1177/036215379402400205

Farb, N. A. S., Segal, Z. V., & Anderson, A. K. (2013). *Mindfulness meditation training alters cortical representations of interoceptive attention*. Social Cognitive and Affective Neuroscience, 8(1), 15–26. https://doi.org/10.1093/scan/nss066

Farber, J. (2008). *Teaching and presence. Pedagogy, 8*(2), 215–225. https://doi.org/10.1215/15314200-2007-038

Fasko, D., Jr., Osborne, M. R., Hall, G., Boerstler, R. W., & Kornfeld, H. (1992). Comeditation: An exploratory study of pulse and respiration rates and anxiety. *Perceptual and Motor Skills, 74*(3, Pt. 1), 895–904. https://doi.org/10.2466/pms.1992.74.3.895

Feiner–Homer, K. (2016). *Generating therapeutic attunement through mindfulness practice*. Master of Social Work Clinical Research Papers. https://sophia.stkate.edu/msw_papers/579/

Feuerman, M. L. (2018). Therapeutic presence in emotionally focused couples therapy. *Journal of Experiential Psychotherapy, 21*(3), 22–32.

Figley, C. R. (2002). Compassion fatigue: Psychotherapists' chronic lack of self care. *Journal of Clinical Psychology, 58*(11), 1433–1441.

Fink, J. (1999). *How to use computers and cyberspace in the clinical practice of psychotherapy*. Aronson.

Finlay–Jones, A. L., Rees, C. S., & Kane, R. T. (2015). Self–compassion, emotion regulation and stress among Australian psychologists: Testing an emotion regulation model of self–

compassion using structural equation modeling. *PLOS ONE, 10*(7), e0133481. https://doi.org/10.1371/journal.pone.0133481

Flückiger, C., Del Re, A. C., Wampold, B. E., & Horvath, A. O. (2018). The alliance in adult psychotherapy: A meta-analytic synthesis. *Psychotherapy: Theory, Research, & Practice, 55*(4), 316-340. https://doi.org/10.1037/pst0000172

Fodor, I., & Hooker, K. E. (2008). Teaching mindfulness to children. *Gestalt Review, 12*(1), 75-91. https://doi.org/10.5325/gestaltreview.12.1.0075

Fogel, A. (2009). *The psychophysiology of self-awareness: Rediscovering the lost art of body sense*. W. W. Norton & Company.

Fonagy, P., & Allison, E. (2014). The role of mentalizing and epistemic trust in the therapeutic relationship. *Psychotherapy: Theory, Research, & Practice, 51*(3), 372-380. https://doi.org/10.1037/a0036505

Fonagy, P., Gergely, G., Jurist, E. L., & Target, M. (2002). *Affect regulation, mentalization, and the development of the self*. Routledge.

Fonagy, P., & Target, M. (1997). Attachment and reflective function: Their role in self-organization. *Development and Psychopathology, 9*(4), 679-700. https://doi.org/10.1017/S0954579497001399

Fortney, L., Luchterhand, C., Zakletskaia, L., Zgierska, A., & Rakel, D. (2013). Abbreviated mindfulness intervention for job satisfaction, quality of life, and compassion in primary care clinicians: A pilot study. *Annals of Family Medicine, 11*(5), 412-420. https://doi.org/10.1370/afm.1511

Fosha, D. (2000). The transforming power of affect: A model for accelerated change. Basic Books.

Fosha, D. (2003). Dyadic regulation and experiential work with emotion and relatedness in trauma and disordered attachment. In M. F. Solomon & D. J. Siegel (Eds.), *Healing trauma: Attachment, mind, body, and brain* (pp. 221-281). W. W. Norton & Company.

Fosshage, J. L. (1997). Listening/experiencing perspectives and the quest for a facilitating responsiveness. *Progress in Self Psychology, 13*, 33-55.

Fox, K. C. R., Nijeboer, S., Dixon, M. L., Floman, J. L., Ellamil, M., Rumak, S. P., Sedlmeier, P., & Christoff, K. (2014). Is meditation associated with altered brain structure? A systematic review and meta-analysis of morphometric neuroimaging in meditation practitioners. *Neuroscience and Biobehavioral Reviews, 43*, 48-73. https://doi.org/10.1016/j.neubiorev.2014.03.016

Fraelich, C. B. (1989). A phenomenological investigation of the psychotherapist's experience of presence. *Dissertation Abstracts International, 50*(4), 1643B.

Frank, R. (2020). Developing presence online. *The Humanistic Psychologist, 48*(4), 369–372. https://doi.org/10.1037/hum0000208

Freud, S. (1912). *Recommendations to physicians practicing psychoanalysis* (Standard ed., Vol. 12). Hogarth Press.

Freud, S. (1930). *Civilization and its discontents* (J. Strachey, Trans.). W. W. Norton & Company.

Friedberg, R. D., Tabbarah, S., & Poggesi, R. M. (2013). Therapeutic presence, immediacy, and transparency in CBT with youth: Carpe the moment! *The Cognitive Behaviour Therapist, 6*(E12). Advance online publication. https://doi.org/10.1017/S1754470X13000159

Friedman, M. (1985). *The healing dialogue in psychotherapy*. Jason Aronson.

Friedman, M. (1996). Becoming aware: A dialogical approach to consciousness. *The Humanistic Psychologist, 24*(2), 203–220. https://doi.org/10.1080/08873267.1996.9986851

Friedman, R. L. (2000). *The healing power of the drum: A psychotherapist explores the healing power of rhythm*. White Cliffs Media.

Frijda, N. H. (1986). *The emotions*. Cambridge University Press; Editions de la Maison des Sciences de l'Homme.

Frijda, N. H. (2016). The evolutionary emergence of what we call "emotions." *Cognition and Emotion, 30*(4), 609–620. https://doi.org/10.1080/02699931.2016.1145106

Fulton, P. R. (2005). Mindfulness as clinical training. In C. K. Germer, R. D. Siegel, & P. R. Fulton (Eds.), *Mindfulness and psychotherapy* (pp. 55–72). Guilford Press.

Furrow, J. L., Edwards, S. A., Choi, Y., & Bradley, B. (2012). Therapist presence in emotionally focused couple therapy blamer softening events: Promoting change through emotional experience. *Journal of Marital and Family Therapy, 38*(1, Suppl. 1), 39–49. https://doi.org/10.1111/j.1752-0606.2012.00293.x

Gabbard, G. O. (2001). A contemporary psychoanalytic model of countertransference. *Journal of Clinical Psychology, 57*(8), 983–991. https://doi.org/10.1002/jclp.1065

Galus, M. (2015). *Cultivating presence: Effects of therapist's mindfulness meditation on therapeutic presence* [Unpublished master's thesis]. Smith College. https://scholarworks.smith.edu/theses/660

Gayner, B. (2019). Emotion-focused mindfulness therapy. *Person-Centered and Experiential Psychotherapies, 18*(1), 98–120. https://doi.org/10.1080/14779757.2019.1572026

Gazzola, N., & Theriault, A. (2007). Super- (and not-so-super-) vision of counsellorsin-training: Supervisee perspectives on broadening and narrowing process. *British Journal of Guidance & Counselling, 35*(2), 189–204. https://doi.org/10.1080/03069880701256601

Geller, S. M. (2001). *Therapeutic presence: The development of a model and a measure* [Unpublished doctoral dissertation]. York University.

Geller, S. M. (2003). Becoming whole: A collaboration between experiential psychotherapies and mindfulness meditation. *Person-Centered and Experiential Psychotherapies, 2*(4), 258–273. https://doi.org/10.1080/14779757.2003.9688319

Geller, S. M. (2006). *The power of drumming: Healing through sound and rhythm*. Wellspring. https://www.researchgate.net/publication/335057780_The_Power_of_Drumming_Healing_through_Sound_and_Rhythm

Geller, S. M. (2009). Cultivation of therapeutic presence: Therapeutic drumming and mindfulness practices. *Tijdschrift Clientgerichte Psychotherapie, 47*(4), 273–287. https://www.researchgate.net/publication/313037432_Cultivation_of_therapeutic_presence_Therapeutic_drumming_and_mindfulness_practices

Geller, S. M. (2010). *Clearing the path of therapeutic presence to emerge: Therapeutic rhythm and mindfulness practices* [Unpublished manuscript]. York University.

Geller, S. M. (2015). *Presence in psychotherapy* [Video]. American Psychological Association. https://www.apa.org/pubs/videos/4310927

Geller, S. M. (2017). *A practical guide to cultivating therapeutic presence*. American Psychological Association. https://doi.org/10.1037/0000025-000

Geller, S. M. (2018). Therapeutic presence and polyvagal theory: Principles and practices for cultivating effective therapeutic relationships. In S. W. Porges & D. Dana (Eds.), *Clinical applications of the polyvagal theory: The emergence of polyvagal-informed therapies* (pp. 106–126). W.W. Norton & Company.

Geller, S. M. (2019). Therapeutic presence: The foundation for effective emotionfocused therapy. In L. S. Greenberg & R. N. Goldman (Eds.), *Clinical handbook of emotion-focused therapy* (pp. 129–145). American Psychological Association. https://doi.org/10.1037/0000112-006

Geller, S. M. (2020). Cultivating online therapeutic presence: Strengthening therapeutic relationships in teletherapy sessions. *Counselling Psychology Quarterly*. Advance online publication. https://doi.org/10.1080/09515070.2020.1787348

Geller, S. M., & Dias Martins, C. (in press). *Being with grief and loss: The foundational role of therapeutic presence*. In D. L. Harris & A. H. Y. Ho (Eds.), Compassionbased approaches in loss and grief. Routledge.

Geller, S. M., & Greenberg, L. S. (2002). Therapeutic presence: Therapists' experience of presence in the psychotherapeutic encounter. *Person-Centered and Experiential Psychotherapies, 1*, 71–

86. https://doi.org/10.1080/14779757.2002.9688279

Geller, S. M., & Greenberg, L. S. (2012). *Therapeutic presence: A mindful approach to effective therapy*. American Psychological Association. https://doi.org/10.1037/13485-000

Geller, S. M., Greenberg, L. S., & Watson, J. C. (2010). Therapist and client perceptions of therapeutic presence: The development of a measure. *Psychotherapy Research, 20*(5), 599-610. https://doi.org/10.1080/10503307.2010.495957

Geller, S. M., & Porges, S. W. (2014). Therapeutic presence: Neurophysiological mechanisms mediating feeling safe in therapeutic relationships. *Journal of Psychotherapy Integration, 24*(3), 178-192. https://doi.org/10.1037/a0037511

Geller, S. M., Pos, A. W., & Colosimo, K. (2012). Therapeutic presence: A common factor in the provision of effective psychotherapy. *Psychotherapy Bulletin, 47*, 6-13.

Gelso, C. J. (2011). *The real relationship in psychotherapy: The hidden foundation of change*. American Psychological Association. https://doi.org/10.1037/12349-000

Gelso, C. J., & Hayes, J. A. (2007). *Countertransference and the therapists inner experience: Perils and possibilities*. Lawrence Erlbaum Associates. https://doi.org/10.4324/9780203936979

Gendlin, E. T. (1978). *Focusing*. Everest House.

Gendlin, E. T. (1982). *Focusing* (2nd ed.). Bantam Books.

Gendlin, E. T. (1986). *Let your body interpret your dreams*. Chiron.

Gendlin, E. T. (1996). *Focusing oriented psychotherapy: A manual of the experiential method*. Guilford Press.

Germer, C. (2021). *Meditations*. https://chrisgermer.com/meditations/

Germer, C. (in press). Self-compassion in psychotherapy: Clinical integration, evidence base and mechanisms of change. In A. Finlay-Jones, K. Bluth, & K. Neff (Eds.), *Handbook of self-compassion*. Springer.

Germer, C., & Neff, K. (2019). *Teaching the mindful self-compassion program: A guide for professionals*. Guilford Press.

Germer, C. K. (2005). Mindfulness: What is it? What does it matter? In C. K. Germer, R. D. Siegel, & P. R. Fulton (Eds.), *Mindfulness and psychotherapy* (pp. 3-27). Guilford Press.

Germer, C. K. (2012). Cultivating compassion in psychotherapy. In C. K. Germer & R. D. Siegel (Eds.), *Wisdom and compassion in psychotherapy: Deepening mindfulness in clinical practice* (pp. 93-110). Guilford Press.

Germer, C. K., Siegel, R. D., & Fulton, P. R. (2005). *Mindfulness and psychotherapy*. Guilford Press.

Gilbert, P. (2005). Compassion and cruelty: A biopsychosocial approach. In P. Gilbert (Ed.), *Compassion: Conceptualisations, research and use in psychotherapy* (pp. 9–74). Routledge. https://doi.org/10.4324/9780203003459–6

Gilbert, P. (2009a). *The compassionate mind*. Constable.

Gilbert, P. (2009b). Introducing compassion–focused therapy. *Advances in Psychiatric Treatment, 15*(3), 199–208. http://www.doi.org/10.1192/apt.bp.107.005264.

Gilje, F. L. (1993). A phenomenological study of patients' experiences of the nurse's presence (UMI No. 9401784) [Doctoral dissertation, University of Colorado Health Sciences Center, 1993]. *Dissertation Abstracts International, 54*(8), 4078B.

Gladwell, M. (2008). *Outliers: The story of success*. Little, Brown & Company.

Glenberg, A. M. (2010). Embodiment as a unifying perspective for psychology. *Wiley Interdisciplinary Reviews: Cognitive Science, 1*(4), 586–596. https://doi.org/10.1002/wcs.55

Goldfried, M. R., & Davila, J. (2005). The role of relationship and technique in therapeutic change. *Psychotherapy: Theory, Research, & Practice, 42*(4), 421–430. https://doi.org/10.1037/0033–3204.42.4.421

Goldman, R., Greenberg, L. S., & Angus, L. (2006). The effects of adding emotion focused interventions to the therapeutic relationship in the treatment of depression. *Psychotherapy Research, 16*, 537–549. https://doi.org/10.1080/10503300600589456

Goldner, L. (2016). Therapists' self–perception, attachment, and relationship: The role of selfobject needs. *Psychoanalytic Psychology, 33*(4), 535–553. https://doi.org/10.1037/pap0000049

Goleman, D. (2003). *Destructive emotions: How can we overcome them? A scientific dialogue with the Dalai Lama*. Bantam Dell.

Goleman, D. J., & Schwartz, G. E. (1976). Meditation as an intervention in stress reactivity. *Journal of Consulting and Clinical Psychology, 44*(3), 456–466. https://doi.org/10.1037/0022–006X.44.3.456

Gormally, J., & Hill, C. E. (1974). Guidelines for research on Carkhuffs training model. *Journal of Counseling Psychology, 21*(6), 539–547. https://doi.org/10.1037/h0037271

Grafanaki, S. (2001). What counselling research has taught us about the concept of congruence: Main discoveries and unresolved issues. In G. Wyatt (Ed.), *Rogers' therapeutic conditions: Evolution, theory and practice: Vol. 1. Congruence* (pp. 18–35). PCCS Books.

Greenberg, L. S. (2002). *Emotion-focused therapy: Coaching clients to work through their feelings.* American Psychological Association. https://doi.org/10.1037/10447–000

Greenberg, L. S. (2007). Emotion in the therapeutic relationship in emotion focused therapies. In P.

Gilbert & R. L. Leahy (Eds.), *The therapeutic relationship in the Cognitive Behavioral Therapies* (pp. 43–62). Routledge.

Greenberg, L. S. (2010). *Emotion-focused therapy*. American Psychological Association.

Greenberg, L. S. (2015). *Emotion-focused therapy: Coaching clients to work through their feelings* (2nd ed.). American Psychological Association. https://doi.org/10.1037/14692-000

Greenberg, L. S. (2016). *Emotion-focused therapy* (Rev. ed.). American Psychological Association. https://doi.org/10.1037/15971-000

Greenberg, L. S. (2021). *Changing emotion with emotion: A practitioner's guide*. American Psychological Association. https://doi.org/10.1037/0000248-000

Greenberg, L. S., & Geller, S. M. (2001). Congruence and therapeutic presence. In G. Wyatt (Ed.), *Congruence* (pp. 148–166). PCCS Publications.

Greenberg, L. S., Malberg, N., & Tomkins, M. (2019). *Working with emotion in psychodynamic, cognitive behavior and emotion-focused therapy*. American Psychological Association.

Greenberg, L. S., & Paivio, S. C. (1997). *Working with emotions in psychotherapy*. Guilford Press.

Greenberg, L. S., Rice, L., & Elliott, R. (1993). *Facilitating emotional change: The moment-by-moment process*. Guilford Press.

Greenberg, L. S., & Watson, J. C. (2005). *Emotion-focused therapy for depression*. American Psychological Association.

Greenberg, L. S., Watson, J., & Lietaer, G. (Eds.). (1994). *Handbook of experiential therapy*. Guilford Press.

Grepmair, L., Mitterlehner, F., Loew, T., Bachler, E., Rother, W., & Nickel, M. (2007). Promoting mindfulness in psychotherapists in training influences the treatment results of their patients: A randomized, double-blind, controlled study. *Psychotherapy and Psychosomatics, 76*(6), 332–338. https://doi.org/10.1159/000107560

Gustin, L. W., & Wagner, L. (2013). The butterfly effect of caring–Clinical nursing teachers' understanding of self-compassion as a source to compassionate care. *Scandinavian Journal of Caring Sciences, 27*(1), 175–183.

Haddouk, L. (2015a). Presence at a distance. *Annual Review of Cybertherapy and Telemedicine, 219,* 208–212.

Haddouk, L. (2015b). Presence in telepsychotherapy: Towards a video-interview framework. *International Journal of Emergency Mental Health, 17*(4), 712–713. https://doi.org/10.4172/1522-4821.1000296

Hafermalz, E., & Riemer, K. (2016). Negotiating distance: "Presencing work" in a case of remote telenursing. *Proceedings from ICIS '16: The International Conference on Information Systems. AIS Electronic Library*. https://www.researchgate.net/publication/313794397_Negotiating_Distance_Presencing_Work_in_a_Case_of_Remote_Telenursing

Haley, M. R. (2014). *The quality of presence: An essential component of therapeutic work* [Unpublished thesis]. University of Arkansas. http://scholarworks.uark.edu/etd/2209

Halifax, J. (2009). *Being with dying: Cultivating compassion and fearlessness in the presence of death*. Shambhala Publications.

Halpern, B. L., & Lubar, K. (2003). *Leadership presence: Dramatic techniques to reach out, motivate, and inspire*. Gotham Books.

Hanh, T. N. (1976). *The miracle of mindfulness: A manual of meditation*. Beacon Press.

Hanh, T. N. (2000). *The path of emancipation: Talks from a 21-day mindfulness retreat*. Parallax Press.

Hanh, T. N. (2007). *Living Buddha*, living Christ. Penguin.

Hanh, T. N. (2008). *Mindful movements: Ten exercises for well-being*. Parallax Press.

Hanh, T. N. (2011). Mindfulness makes us happy. In B. Boyce (Ed.), *The mindfulness revolution* (pp. 65–67). Shambhala Publications.

Hanson, R., & Mendius, R. (2009). *Buddha's brain: The practical neuroscience of happiness, love, & wisdom*. New Harbinger.

Hanson, R., & Mendius, R. (2010). *Meditations to change your brain: Rewire your neural pathways to transform your life* [CD]. Sounds True.

Hariri, A. R., Bookheimer, S. Y., & Mazziotta, J. C. (2000). Modulating emotional responses: Effects of a neocortical network on the limbic system. *Neuroreport, 11*(1), 43–48. https://doi.org/10.1097/00001756-200001170-00009

Hart, T. (2004). Opening the contemplative mind in the classroom. *Journal of Transformative Education, 2*(1), 28–46. https://doi.org/10.1177/1541344603259311

Hayes, J., & Vinca, J. (2011). Therapist presence and its relationship to empathy, session, depth, and symptom reduction. Proceedings from SPR '11: *The 42nd Annual Meeting for Society for Psychotherapy Research*. Bern, Switzerland.

Hayes, J. A., & Vinca, M. (2017). Therapist presence, absence, and extraordinary presence. In L. G. Castonguay & C. E. Hill (Eds.), *How and why are some therapists better than others? Understanding therapist effects* (pp. 85–99). American Psychological Association. https://doi.org/10.1037/0000034-006

Hayes, S. C., Strosahl, K. D., & Wilson, K. G. (1999). *Acceptance and commitment therapy: An experiential approach to behaviour change*. Guilford Press.

Heard, W. G. (1993). *The healing between: A clinical guide to dialogic psychotherapy*. Jossey-Bass.

Hebb, D. O. (1949). *The organization of behavior*. Wiley.

Henry, W. P., Schacht, T. E., & Strupp, H. H. (1990). Patient and therapist introject, interpersonal process, and differential psychotherapy outcome. *Journal of Consulting and Clinical Psychology, 58*(6), 768–774. https://doi.org/10.1037/0022-006X.58.6.768

Hick, S. F. (2008). Cultivating therapeutic relationships: The role of mindfulness. In S. F. Hick & T. Bien (Eds.), *Mindfulness and the therapeutic relationship* (pp. 3–18). Guilford Press.

Hill, C. E. (2004). *Helping skills: Facilitating exploration, insight, and action* (2nd ed.). American Psychological Association. https://doi.org/10.1037/10624-000

Hill, C. E., & Knox, S. (2009). Processing the therapeutic relationship. *Psychotherapy Research, 19*(1), 13–29. https://doi.org/10.1080/10503300802621206

Hines, D. R. (1992). Presence: Discovering the artistry in relating. *Journal of Holistic Nursing, 10*(4), 294–305. https://doi.org/10.1177/089801019201000403

Hoffman, L. (2004–2005). *Jim Bugental tribute*. https://louis-hoffman-virtualclassroom.com/352-2/

Holtforth, M. G., & Castonguay, L. G. (2005). Relationship and technique in cognitive-behavioral therapy—A motivational approach. *Psychotherapy: Theory, Research, & Practice, 42*(4), 443–455. https://doi.org/10.1037/0033-3204.42.4.443

Hölzel, B. K., Carmody, J., Vangel, M., Congleton, C., Yerramsetti, S. M., Gard, T., & Lazar, S. W. (2011). Mindfulness practice leads to increases in regional brain gray matter density. *Psychiatry Research: Neuroimaging, 191*(1), 36–43. https://doi.org/10.1016/j.pscychresns.2010.08.006

Horvath, A. O. (1994). Empirical validation of Bordin's pantheoretical model of the alliance: The working alliance inventory perspective. In A. O. Horvath & L. S. Greenberg (Eds.), *The working alliance: Theory, research, and practice* (pp. 109–128). John Wiley & Sons.

Horvath, A. O., & Greenberg, L. (1986). The development of the Working Alliance Inventory. In L. S. Greenberg & W. M. Pinsof (Eds.), *The psychotherapeutic process: A research handbook* (pp. 529–556). Guilford Press.

Horvath, A. O., & Greenberg, L. (1989). Development and validation of the Working Alliance Inventory. *Journal of Counseling Psychology, 36*(2), 223–233. https://doi.org/10.1037/0022-0167.36.2.223

Horvath, A. O., & Greenberg, L. S. (1994). *The working alliance: Theory, research, and practice*.

Wiley.

Horvath, A. O., & Luborsky, L. (1993). The role of the therapeutic alliance in psychotherapy. *Journal of Consulting and Clinical Psychology, 61*(4), 561–573. https://doi.org/10.1037/0022-006X.61.4.561

Hunter, B. (2007). Comeditation & cross-breathing: Healing applications in hospice, grief, and trauma. *Ministry, 14*(1), 13–16.

Hycner, R. (1993). *Between person and person: Toward a dialogical psychotherapy*. Gestalt Journal Press.

Hycner, R., & Jacobs, L. (1995). *The healing relationship in gestalt therapy: A dialogical/self psychology approach*. Gestalt Journal Press.

Imel, Z. E., Barco, J. S., Brown, H. J., Baucom, B. R., Baer, J. S., Kircher, J. C., & Atkins, D. C. (2014). The association of therapist empathy and synchrony in vocally encoded arousal. *Journal of Counseling Psychology, 61*(1), 146–153. https://doi.org/10.1037/a0034943

Jacobson, L. (2007). *Journey into now: Clear guidance on the path of spiritual awakening*. Conscious Living.

Jerome, L. W., & Zaylor, C. (2000). Cyberspace: Creating a therapeutic environment for telehealth applications. *Professional Psychology, Research and Practice, 31*(5), 478–483. https://doi.org/10.1037/0735-7028.31.5.478

Jha, A. P., Krompinger, J., & Baime, M. J. (2007). Mindfulness training modifies subsystems of attention. *Cognitive, Affective & Behavioral Neuroscience, 7*(2), 109–119. https://doi.org/10.3758/CABN.7.2.109

Jordan, S. (2008). *Practicing presence: Focusing, Buddhist understanding and core process psychotherapy*. British Focusing Association.

Juhan, A. (2003). *Open floor: dance, therapy, and transformation through the 5Rhythms*. http://www.openfloor.org/

Jung, C. (1959). *Archetypes and the collective unconscious*. Princeton University Press.

Kabat-Zinn, J. (1990). *Full catastrophe living: Using the wisdom of your body and mind to face stress, pain, and illness*. Dell.

Kabat-Zinn, J. (1994). *Wherever you go, there you are*. Hyperion.

Kabat-Zinn, J. (2005). *Coming to our senses: Healing ourselves and the world through mindfulness*. Hyperion.

Kabat-Zinn, J. (2015). Mindfulness. *Mindfulness, 6*(6), 1481–1483. https://doi.org/10.1007/s12671-015-0456-x

Kahili King, S. (n.d.). *Serge Kahili King quotes*. Goodreads. https://www.goodreads.com/author/quotes/45378.Serge_Kahili_King

Kahn, W. A. (1992). To be fully there: Psychological presence at work. *Human Relations, 45*(4), 321–349. https://doi.org/10.1177/001872679204500402

Kanter, J. W., Rusch, L. C., Landes, S. J., Holman, G. I., Whiteside, U., & Sedivy, S. K. (2009). The use and nature of present–focused interventions in cognitive and behavioral therapies for depression. *Psychotherapy: Theory, Research, & Practice, 46*(2), 220–232. https://doi.org/10.1037/a0016083

Keefe, T. (1975). Meditation and the psychotherapist. *American Journal of Orthopsychiatry, 45*(3), 484–489. https://doi.org/10.1111/j.1939–0025.1975.tb02560.x

Keller, H. (n.d.). *Quote by Helen Keller*. Goodreads. https://www.goodreads.com/quotes/4900–the–best–and–most–beautiful–things–in–the–world–cannot

Kempler, W. (1970). The therapist's merchandise. *Voices: The Art & Science of Psychotherapy, 5*, 57–60.

Kessler, S. (1991). The teaching presence. *Holistic Education Review, 4*, 4–15.

Killackey, N. A. (1998). *Mindfulness meditation: Getting to the heart of psychotherapy [Unpublished doctoral dissertation]*. Widener University.

Klinger, R. S., Ladany, N., & Kulp, L. E. (2012). It's too late to apologize: Therapist embarrassment and shame. *The Counseling Psychologist, 40*(4), 554–574. https://doi.org/10.1177/0011000011416372

Kocsis, B. J., & Yellowlees, P. (2018). Telepsychotherapy and the therapeutic relationship: Principles, advantages, and case examples. *Telemedicine Journal and e-Health, 24*(5), 329–334. https://doi.org/10.1089/tmj.2017.0088

Kohut, H. (1977). *The restoration of the self*. University of Chicago Press.

Korb, M. P. (1988). The numinous ground: I–Thou in gestalt work. *The Gestalt Journal, XI*, 97–106.

Kramer, G. (2007). *Insight dialogue: The interpersonal path to freedom*. Shambhala Publications.

Kramer, G., Meleo–Meyer, F., & Turner, M. L. (2008). Cultivating mindfulness in relationship: Insight dialogue and the interpersonal mindfulness program. In S. F. Hick & T. Bien (Eds.), *Mindfulness and the therapeutic relationship* (pp. 195–214). Guilford Press.

Krogh, E., Langer, Á., & Schmidt, C. (2019). Therapeutic presence: Its contribution to the doctor–patient encounter. *The Journal of Continuing Education in the Health Professions, 39*(1), 49–53. https://doi.org/10.1097/CEH.0000000000000232

Krug, O. T. (2009). James Bugental and Irvin Yalom: Two masters of existential therapy cultivate presence in the therapeutic encounter. *Journal of Humanistic Psychology, 49*(3), 329–354. https://doi.org/10.1177/0022167809334001

Kvale, S. (1996). *InterViews: An introduction to qualitative research interviewing*. Sage Publications.

La Torre, M. A. (2002). Enhancing therapeutic presence. *Perspectives in Psychiatric Care, 38*(1), 34–36. https://doi.org/10.1111/j.1744-6163.2002.tb00654.x

Lambert, M. J., & Bergin, A. E. (1994). The effectiveness of psychotherapy. In A. E. Bergin & S. L. Garfield (Eds.), *Handbook of psychotherapy and behavior change* (4th ed., pp. 143–189). Wiley.

Lambert, M. J., Hansen, N. B., Umphress, V., Lunnen, K., Okiishi, J., Burlingame, G. M., & Reisinger, C. W. (1996). *Administration and scoring manual for the Outcome Questionnaire* (OQ–45.2). American Professional Credentialing Services.

Lambert, M. J., & Simon, W. (2008). The therapeutic relationship: Central and essential in psychotherapy outcome. In S. F. Hick & T. Bien (Eds.), *Mindfulness and the therapeutic relationship* (pp. 19–33). Guilford Press.

Lanyado, M. (2004). *The presence of the therapist: Treating childhood trauma*. Brunner–Routledge. https://doi.org/10.4324/9780203507520

Lazar, S. W. (2005). Mindfulness research. In C. K. Germer, R. D. Siegel, & P. R. Fulton (Eds.), *Mindfulness and psychotherapy* (pp. 220–238). Guilford Press.

Lazar, S. W., Bush, G., Gollub, R. L., Fricchione, G. L., Khalsa, G., & Benson, H. (2000). Functional brain mapping of the relaxation response and meditation. *Neuroreport, 11*(7), 1581–1585. https://doi.org/10.1097/00001756-200005150-00042

Lazar, S. W., Kerr, C. E., Wasserman, R. H., Gray, J. R., Greve, D. N., Treadway, M. T., McGarvey, M., Quinn, B. T., Dusek, J. A., Benson, H., Rauch, S. L., Moore, C. I., & Fischl, B. (2005). Meditation experience is associated with increased cortical thickness. *Neuroreport, 16*(17), 1893–1897. https://doi.org/10.1097/01.wnr.0000186598.66243.19

Leahy, R. L. (2003). *Cognitive therapy techniques: A practitioner's guide*. Guilford Press.

Leary, M. R., Tate, E. B., Adams, C. E., Allen, A. B., & Hancock, J. (2007). Selfcompassion and reactions to unpleasant self–relevant events: The implications of treating oneself kindly. *Journal of Personality and Social Psychology, 92*(5), 887–904. https://doi.org/10.1037/0022-3514.92.5.887

LeDoux, J. E. (1996). *The emotional brain: The mysterious underpinnings of emotional life*. Simon

& Schuster.

Leiberg, S., Klimecki, O., & Singer, T. (2011). Short-term compassion training increases prosocial behavior in a newly developed prosocial game. *PLOS ONE, 6*(3), e17798. https://doi.org/10.1371/journal.pone.0017798

Leijssen, M. (1990). On focusing and the necessary conditions of therapeutic personality change. In G. Leitaer, J. Rombauts, & R. Van Balen (Eds.), *Client-centered and experiential psychotherapy in the nineties* (pp. 225-250). Leuven University Press.

Lejuez, C. W., Hopko, D. R., Levine, S., Gholkar, R., & Collins, L. M. (2005). The therapeutic alliance in behavior therapy. *Psychotherapy: Theory, Research, & Practice, 42*(4), 456-468. https://doi.org/10.1037/0033-3204.42.4.456

Leszcz, M. (2018). The evidence-based group psychotherapist. *Psychoanalytic Inquiry, 38*(4), 285-298. https://doi.org/10.1080/07351690.2018.1444853

Leszcz, M., Pain, C., Hunter, J., Maunder, R., & Ravitz, P. (2015). *Achieving psychotherapy effectiveness*. W. W. Norton & Company.

Levinas, E. (1985). *Ethics and infinity, conversations with Philippe Nemo* (R. A. Cohen, Trans.). Duquesne University Press.

Levitin, D. J. (2008). *The world in six songs: How the musical brain created human nature*. Dutton/Penguin Books.

Lewin, K. (1951). *Field theory in social science: Selected theoretical papers* (D. Cartwright, Ed.). Harper & Row.

Liehr, P. R. (1989). The core of true presence: A loving center. *Nursing Science Quarterly, 2*(1), 7-8. https://doi.org/10.1177/089431848900200105

Lietaer, G. (1993). Authenticity, congruence, and transparency. In D. Brazier (Ed.), *Beyond Carl Rogers* (pp. 17-46). Constable.

Lindenberger, U., Li, S. C., Gruber, W., & Müller, V. (2009). Brains swinging in concert: Cortical phase synchronization while playing guitar. *BMC Neuroscience, 10*(22), 22. https://doi.org/10.1186/1471-2202-10-22

Linehan, M. M. (1993a). *Cognitive behavioural treatment for borderline personality disorder*. Guilford Press.

Linehan, M. M. (1993b). *Skills training manual for treating borderline personality disorder*. Guilford Press.

Linehan, M. M. (2009, April). *Mindfulness skills and dialectical behavior therapy* (DBT) [Symposium]. Faces Conference, San Diego, CA, United States.

Linehan, M. M., & Schmidt, H., III. (1995). The dialectics of effective treatment of borderline personality disorder. In W. T. O'Donohue & L. Krasner (Eds.), *Theories of behavior therapy: Exploring behavior change* (pp. 553–584). American Psychological Association. https://doi.org/10.1037/10169-020

Lipton, B. (2020, Summer). The being is the doing: The foundational place of therapeutic presence in AEDP. *Transformance: The AEDP Journal, 10*.

Llobera, J., Charbonnier, C., Chagué, S., Preissmann, D., Antonietti, J. P., Ansermet, F., & Magistretti, P. J. (2016). The subjective sensation of synchrony: An experimental study. *PLOS ONE, 11*(2), e0147008. https://doi.org/10.1371/journal.pone.0147008

López-Pérez, B., Ambrona, T., Wilson, E. L., & Khalil, M. (2016). The effect of enclothed cognition on empathic responses and helping behavior. *Social Psychology, 47*(4), 223–231. https://doi.org/10.1027/1864-9335/a000273

Lutz, A., Dunne, J. D., & Davidson, R. J. (2007). Meditation and the neuroscience of consciousness. In P. D. Zelazo, M. Moscovitch, & E. Thompson (Eds.), *The Cambridge handbook of consciousness* (pp. 499–551). Cambridge University Press. https://doi.org/10.1017/CBO9780511816789.020

Lutz, A., Greischar, L. L., Rawlings, N. B., Ricard, M., & Davidson, R. J. (2004). Long-term meditators self-induce high-amplitude gamma synchrony during mental practice. *Proceedings of the National Academy of Sciences of the United States of America, 101*(46), 16369–16373. https://doi.org/10.1073/pnas.0407401101

Mace, C. (2008). *Mindfulness and mental health: Therapy, theory and science*. Routledge.

Mander, J., Blanck, P., Neubauer, A. B., Kröger, P., Flückiger, C., Lutz, W., Barnow, S., Bents, H., & Heidenreich, T. (2019). Mindfulness and progressive muscle relaxation as standardized session-introduction in individual therapy: A randomized controlled trial. *Journal of Clinical Psychology, 75*(1), 21–45. https://doi.org/10.1002/jclp.22695

Mander, J., Kröger, P., Heidenreich, T., Flückiger, C., Lutz, W., Bents, H., & Barnow, S. (2015). The Process-Outcome Mindfulness Effects in Trainees (PrOMET) study: Protocol of a pragmatic randomized controlled trial. *BMC Psychology, 3*(1), 25. https://doi.org/10.1186/s40359-015-0082-3

Marci, C. D., Ham, J., Moran, E., & Orr, S. P. (2007). Physiologic correlates of perceived therapist empathy and social-emotional process during psychotherapy. *The Journal of Nervous and Mental Disease, 195*(2), 103–111. https://doi.org/10.1097/01.nmd.0000253731.71025.fc

Marci, C. D., & Orr, S. P. (2006). The effect of emotional distance on psychophysiologic concordance and perceived empathy between patient and interviewer. *Applied Psychophysiology and Biofeedback, 31*(2), 115–128. https://doi.org/10.1007/s10484-006-9008-4

Markowitz, J. C., Milrod, B., Heckman, T. G., Bergman, M., Amsalem, D., Zalman, H., Ballas, T., & Neria, Y. (2021). Psychotherapy at a distance. *The American Journal of Psychiatry, 178*(3), 240–246. https://doi.org/10.1176/appi.ajp.2020.20050557

Marlatt, G. A., Bowen, S., Chawla, N., & Witkiewitz, K. (2008). Mindfulness-based relapse prevention for substance abuse: Therapist training and therapeutic relationships. In S. F. Hick & T. Bien (Eds.), *Mindfulness and the therapeutic relationship* (pp. 107–121). Guilford Press.

Marlatt, G. A., & Kristeller, J. L. (1999). Mindfulness and meditation. In W. R. Miller (Ed.), *Integrating spirituality into treatment* (pp. 67–84). American Psychological Association.

Martin, D. J., Garske, J. P., & Davis, M. K. (2000). Relation of the therapeutic alliance with outcome and other variables: A meta-analytic review. *Journal of Counseling and Clinical Psychology, 68*(3), 438–450. https://doi.org/10.1037/0022-006X.68.3.438

Maschi, T., & Bradley, C. (2010). Recreational drumming: A creative arts intervention strategy for social work teaching and practice. *The Journal of Baccalaureate Social Work, 15*(1), 53–66. https://doi.org/10.18084/basw.15.1.57743r4647823mw0

May, R. (1958). Contributions to existential therapy. In R. May, E. Angel, & H. Ellenberger (Eds.), *Existence: A new dimension in psychiatry and psychology* (pp. 37–91). Basic Books. https://doi.org/10.1037/11321-002

May, R. (1994). *The discovery of being: Writings in existential psychology*. W. W. Norton & Company.

May, R., & Yalom, I. (2005). Existential psychotherapy. In R. J. Corsini & D. Wedding (Eds.), *Current psychotherapies* (7th ed., pp. 269–298). Brooks/Cole.

May, S., & O'Donovan, A. (2007). The advantages of the mindful therapist. *Psychotherapy in Australia, 13*, 46–53.

Mayring, P. (2002). *Qualitative content analysis-research instrument or mode of interpretation*. https://www.researchgate.net/publication/240200951_Qualitative_content_analysis-research_instrument_or_mode_of_interpretation

McCollum, E. E., & Gehart, D. R. (2010). Using mindfulness meditation to teach beginning therapists therapeutic presence: A qualitative study. *Journal of Marital and Family Therapy, 36*(3), 347–360. https://doi.org/10.1111/j.1752-0606.2010.00214.x

McCullough, J. P. (2000). *Treatment for chronic depression: Cognitive behavioral analysis system of psychotherapy* (CBASP). Guilford Press.

McDonough-Means, S. I., Kreitzer, M. J., & Bell, I. R. (2004). Fostering a healing presence and investigating its mediators. *Journal of Alternative and Complementary Medicine, 10*(Suppl. 1), S25-S41. https://doi.org/10.1089/acm.2004.10.S-25

McKay, M., Brantley, J., & Wood, J. (2007). *The dialectical behavior therapy skills workbook: Practical DBT exercises for learning mindfulness, interpersonal effectiveness, emotion regulation, and distress tolerance*. New Harbinger.

McKivergin, M. J., & Daubenmire, M. J. (1994). The healing process of presence. *Journal of Holistic Nursing, 12*(1), 65-81. https://doi.org/10.1177/089801019401200111

McMahon, M. A., & Christopher, K. A. (2011). Toward a mid-range theory of nursing presence. *Nursing Forum, 46*(2), 71-82. https://doi.org/10.1111/j.1744-6198.2011.00215.x

McNiff, S. (1998). *Trust the process: An artist's guide to letting go*. Shambhala Publications.

Meijer, P. C., Korthagen, F. A. J., & Vasalos, A. (2009). Supporting presence in teacher education: The connection between the personal and professional aspects of teaching. *Teaching and Teacher Education, 25*(2), 297-308. https://doi.org/10.1016/j.tate.2008.09.013

Melville, K. (2008). *This is your brain on jazz*. Science a Go Go. http://www.scienceagogo.com/news/20080127203614data_trunc_sys.shtml

Messer, S. B., & Warren, C. S. (1995). *Models of brief psychodynamic therapy: A comparative approach*. Guilford Press.

Miller, J. J. (1993). The unveiling of traumatic memories and emotions through mindfulness and concentration meditation: Clinical implications and three case reports. *Journal of Transpersonal Psychology, 25*, 169-180.

Miller, J. M. (2018). *Development of therapeutic presence in mental health counselors* [Unpublished doctoral dissertation]. University of Phoenix. https://www.researchgate.net/publication/322602766_Dissertation_DEVELOPMENT_OF_THERAPEUTIC_PRESENCE_IN_MENTAL_HEALTH_COUNSELORS

Miller, J. P. (2005). Enhancing teaching presence through mindfulness. *The Holistic Educator, 16*, 1-4.

Miller, S. D., Hubble, M. A., & Chow, D. (2020). *Better results: Using deliberate practice to improve therapeutic effectiveness*. American Psychological Association. https://doi.org/10.1037/0000191-000

Milton, N. (2015). *Mindful presence. A thematic analysis of the effects of mindfulness practice on therapeutic presence* [Unpublished thesis]. Dublin Business School. https://esource.dbs.ie/handle/10788/2924

Missirlian, T., Toukmanian, S., Warwar, S., & Greenberg, L. (2005). Emotional arousal, client perceptual processing, and the working alliance in experiential psychotherapy for depression. *Journal of Consulting & Clinical Psychology, 73*(5), 861–871.

Mitchell, S. (2003). *Relationality: From attachment to intersubjectivity*. The Analytic Press.

Moore, A., & Malinowski, P. (2009). Meditation, mindfulness and cognitive flexibility. *Consciousness and Cognition, 18*(1), 176–186. https://doi.org/10.1016/j.concog.2008.12.008

Morgan, W. D., & Morgan, S. T. (2005). Cultivating attention and empathy. In C. K. Germer, R. D. Siegel, & P. R. Fulton (Eds.), *Mindfulness and psychotherapy* (pp. 73–90). Guilford Press.

Morgan, W. D., Morgan, S. T., & Germer, C. K. (2013). Cultivating attention and compassion. In C. K. Germer, R. D. Siegel, & P. R. Fulton (Eds.), *Mindfulness and psychotherapy* (2nd ed., pp. 76–93). Guilford Press.

Moustakas, C. (1969). *Personal growth*. Howard A. Doyle.

Moustakas, C. (1985). *A conceptual-methodological model of existential Dasein analytical psychotherapy* [Unpublished manuscript].

Mutschler, I., Reinbold, C., Wankerl, J., Seifritz, E., & Ball, T. (2013). Structural basis of empathy and the domain general region in the anterior insular cortex. *Frontiers in Human Neuroscience, 7*(177), 177. https://doi.org/10.3389/fnhum.2013.00177

Neff, K. (2011). *Self-compassion: The proven power of being kind to yourself*. HarperCollins.

Neff, K., & Germer, C. (2019). *The mindful self-compassion workbook: A proven way to accept yourself, build inner strength, and thrive*. Guilford Press.

Neff, K. D., & Pommier, E. (2013). The relationship between self–compassion and other–focused concern among college undergraduates, community adults, and practicing meditators. *Self and Identity, 12*(2), 160–176. https://doi.org/10.1080/15298868.2011.649546

Neff, K. D., Rude, S. S., & Kirkpatrick, D. (2007). An examination of self–compassion in relation to positive psychological functioning and personality traits. *Journal of Research in Personality, 41*(4), 908–916. https://doi.org/10.1016/j.jrp.2006.08.002

Neff, K. D., & Vonk, R. (2009). Self–compassion versus global self–esteem: Two different ways of relating to oneself. *Journal of Personality, 77*(1), 23–50. https://doi.org/10.1111/j.1467-6494.2008.00537.x

Nerurkar, A., Bitton, A., Davis, R. B., Phillips, R. S., & Yeh, G. (2013). When physicians counsel about stress: Results of a national study. *JAMA Internal Medicine, 173*(1), 76–77. https://doi.org/10.1001/2013.jamainternmed.480

Nichols, J. (2007). Clinical supervision in mental health nursing. In D. Wepa (Ed.), *Clinical supervision in Aotearoa/New Zealand, a health perspective* (pp. 62–71). Pearson.

Niedenthal, P. M. (2007). Embodying emotion. *Science, 316*(5827), 1002–1005. https://doi.org/10.1126/science.1136930

Norcross, J. C. (2002). *Psychotherapy relationships that work: Therapists' contributions and responsiveness to patients*. Oxford University Press.

Norcross, J. C. (2011). *Psychotherapy relationships that work: Evidence based responsiveness* (2nd ed.). Oxford University Press. https://doi.org/10.1093/acprof:oso/9780199737208.001.0001

Norcross, J. C., & Lambert, M. J. (2011). Psychotherapy relationships that work II. *Psychotherapy, 48*(1), 4–8. https://doi.org/10.1037/a0022180

Norcross, J. C., & Lambert, M. J. (Eds.). (2019). *Psychotherapy relationships that work: Vol. 1. Evidence-based therapist contributions*. Oxford University Press.

Nouwen, H. J. M. (2004). Out of solitude: Three meditations on the Christian life. Ave Maria Press.

Ochsner, K. N., Bunge, S. A., Gross, J. J., & Gabrieli, J. D. E. (2002). Rethinking feelings: An FMRI study of the cognitive regulation of emotion. *Journal of Cognitive Neuroscience, 14*(8), 1215–1229. https://doi.org/10.1162/089892902760807212

Ogden, P. (2018). Polyvagal theory and sensorimotor psychotherapy. In S. Porges & D. Dana (Eds.), *Clinical applications of the polyvagal theory: The emergence of polyvagal-informed therapies* (pp. 34–49). W. W. Norton & Company.

Ogden, P. (2021). *The pocket guide to sensorimotor psychotherapy in context*. W. W. Norton & Company.

Ogden, P., & Goldstein, B. (2019). Sensorimotor psychotherapy from a distance: Engaging the body, creating presence, and building relationship in videoconferencing. In H. Weinberg & A. Rolnick (Eds.), *Theory and practice of online therapy* (pp. 47–65). Routledge. https://doi.org/10.4324/9781315545530-5

Oghene, J. E., Pos, A. E., & Geller, S. M. (2010). *Therapist presence, empathy and the alliance in experiential treatment for depression* [Unpublished honors thesis]. York University.

Oh, B., Bae, K., Lamoury, G., Eade, T., Boyle, F., Corless, B., Clarke, S., Yeung, A., Rosenthal, D., Schapira, L., & Back, M. (2020). The effects of tai chi and qigong on immune responses: A systematic review and meta-analysis. *Medicines, 7*(7), 39. https://doi.org/10.3390/medicines7070039

Okamoto, A., Dattilio, F. M., Dobson, K. S., & Kazantzis, N. (2019). The therapeutic relationship in cognitive–behavioral therapy: Essential features and common challenges. *Practice Innovations, 4*(2), 112–123. https://doi.org/10.1037/pri0000088

O'Leary, A. (1990). Stress, emotion, and human immune function. *Psychological Bulletin, 108*(3), 363–382. https://doi.org/10.1037/0033-2909.108.3.363

Orlinsky, D. E., & Ronnestad, M. H. (2005). *How psychotherapists develop: A study of therapeutic work and personal growth*. American Psychological Association. https://doi.org/10.1037/11157-000

Oshni Alvandi, A. (2019). Cybertherapogy: A conceptual architecting of presence for counselling via technology. *International Journal of Psychology and Educational Studies, 6*(1), 30–45. https://doi.org/10.17220/ijpes.2019.01.004

Ostaseski, F. (n.d.). *The five precepts*. http://www.peacemaker.ch/pdf/FivePrecepts.pdf

Ostaseski, F., & Stephens, A. (2010, August). *Cultivating presence: Six-day training in compassionate end-of-life care* [Training session]. Metta Institute Conference, San Rafael, CA.

Osterman, P., & Schwartz-Barcott, D. (1996). Presence: Four ways of being there. *Nursing Forum, 31*(2), 23–30. https://doi.org/10.1111/j.1744-6198.1996.tb00490.x

Pagnoni, G., & Cekic, M. (2007). Age effects on gray matter volume and attentional performance in Zen meditation. *Neurobiology of Aging, 28*(10), 1623–1627. https://doi.org/10.1016/j.neurobiolaging.2007.06.008

Patsiopoulos, A. T., & Buchanan, M. J. (2011). The practice of self-compassion in counseling: A narrative inquiry. *Professional Psychology, Research and Practice, 42*(4), 301–307. https://doi.org/10.1037/a0024482

Pemberton, B. (1977). *The presence of the therapist* [Unpublished doctoral dissertation]. School of Education, Georgia State University.

Perls, F. S. (1969). *Gestalt therapy verbatim*. Real People Press.

Perls, F. S. (1970). Four lectures. In J. Fagan & I. L. Shepherd (Eds.), *Gestalt therapy now: Theory, techniques, and applications* (pp. 14–38). Harper Colophon Books.

Petriglieri, G. (2020). Musings on Zoom fatigue. *Psychoanalytic Dialogues, 30*(5), 641. https://doi.org/10.1080/10481885.2020.1797413

Phelon, C. (2001). *Healing presence: An intuitive inquiry into the presence of the psychotherapist* (UMI No. 3011298) [Doctoral dissertation, Institute of Transpersonal Psychology]. *Dissertation Abstracts International, 62*(04), 2074B.

Phelon, C. (2004). Healing presence in the psychotherapist. *The Humanistic Psychologist, 32*(4), 342–356. https://doi.org/10.1080/08873267.2004.9961759

Pierce, B. S., Perrin, P. B., & McDonald, S. D. (2020). Demographic, organizational, and clinical practice predictors of U.S. psychologists' use of telepsychology. *Professional Psychology,*

Research and Practice, 51(2), 184–193. https://doi.org/10.1037/pro0000267

Polster, E., & Polster, M. (1999). *From the radical center: The heart of gestalt therapy*. GIC Press.

Porges, S. W. (1995). Orienting in a defensive world: Mammalian modifications of our evolutionary heritage. A polyvagal theory. *Psychophysiology, 32*(4), 301–318. https://doi.org/10.1111/j.1469-8986.1995.tb01213.x

Porges, S. W. (1998). Love: An emergent property of the mammalian autonomic nervous system. *Psychoneuroendocrinology, 23*(8), 837–861. https://doi.org/10.1016/S0306-4530(98)00057-2

Porges, S. W. (2003). Social engagement and attachment: A phylogenetic perspective. *Annals of the New York Academy of Sciences, 1008*(1), 31–47. https://doi.org/10.1196/annals.1301.004

Porges, S. W. (2009). Reciprocal influences between body and brain in the perception and expression of affect: A polyvagal perspective. In D. Fosha, D. J. Siegel, & M. Solomon (Eds.), *The healing power of emotion: Affective neuroscience, development and clinical practice* (pp. 27–54). W. W. Norton & Company.

Porges, S. W. (2011). *The polyvagal theory: Neurophysiological foundations of emotions, attachment, communication, and self-regulation*. W. W. Norton & Company.

Pos, A., Geller, S., & Oghene, J. (2011, July). Therapist presence, empathy, and the working alliance in experiential treatment for depression. Proceedings from SPR '11: *The 42nd Annual Meeting for Society for Psychotherapy Research*. Bern, Switzerland.

Pos, A. E., Greenberg, L. S., Goldman, R. N., & Korman, L. M. (2003). Emotional processing during experiential treatment of depression. *Journal of Consulting and Clinical Psychology, 71*(6), 1007–1016.

Prenn, N., & Halliday, K. (2020). See me, feel me: An AEDP toolbox for creating therapeutic presence online. *Transformance: The AEDP Journal, 20*(1). https://aedpinstitute.org/transformance-volume-10-therapeutic-presence-hallidayprenn/

Préville, M., Boyer, R., Potvin, L., Perrault, C., & Légaré, G. (1992). *La détresse psychologique: Détermination de la fiabilité et de la validité de la mesure utilisée dans l'enquête Santé Québec* [Psychological distress: Determining the reliability and validity of the measure used in the Santé Québec survey; Research report]. Sante Quebec.

Purcell-Lee, C. R. (1999, June). *Some implications of the work of Martin Buber for psychotherapy* [Paper presentation]. 30th International Annual Meeting of the Society for Psychotherapy Research, Braga, Portugal.

Quillman, T. (2012). Neuroscience and therapist self-disclosure: Deepening right brain to right brain communication between therapist and patient. *Clinical Social Work Journal, 40*(1), 1–9.

https://doi.org/10.1007/s10615-011-0315-8

Raab, K. (2014). Mindfulness, self-compassion, and empathy among health care professionals: A review of the literature. *Journal of Health Care Chaplaincy, 20*(3), 95-108. https://doi.org/10.1080/08854726.2014.913876

Radner, G. (n.d.). *Gilda Radner quotes*. Goodreads. https://www.goodreads.com/quotes/1420-i-wanted-a-perfect-ending-now-i-ve-learned-the-hard

Raes, F., Pommier, E., Neff, K. D., & Van Gucht, D. (2011). Construction and factorial validation of a short form of the Self-Compassion Scale. *Clinical Psychology & Psychotherapy, 18*(3), 250-255. https://doi.org/10.1002/cpp.702

Rakel, D. (2018). *The compassionate connection: The healing power of empathy and mindful listening*. W. W. Norton & Company.

Rakel, D. P., Hoeft, T. J., Barrett, B. P., Chewning, B. A., Craig, B. M., & Niu, M. (2009). Practitioner empathy and the duration of the common cold. *Family Medicine, 41*(7), 494-501.

Ramseyer, F., & Tschacher, W. (2011). Nonverbal synchrony in psychotherapy: Coordinated body movement reflects relationship quality and outcome. *Journal of Consulting and Clinical Psychology, 79*(3), 284-295. https://doi.org/10.1037/a0023419

Ramseyer, F., & Tschacher, W. (2014). Nonverbal synchrony of head- and bodymovement in psychotherapy: Different signals have different associations with outcome. *Frontiers in Psychology, 5*, 979. https://doi.org/10.3389/fpsyg.2014.00979

Rathenau, S., Sousa, D., Vaz, A., & Geller, S. (2021). The effect of attitudes towards online therapy and difficulties perceived in the online therapeutic presence. *Journal of Psychotherapy Integration*. Advance online publication. https://doi.org/10.1037/int0000266

Rees, C. S., & Stone, S. (2005). Therapeutic alliance in face-to-face versus videoconferenced psychotherapy. *Professional Psychology: Research and Practice, 36*(6), 649-653. https://doi.org/10.1037/0735-7028.36.6.649

Reich, A. (1951). On counter-transference. *The International Journal of Psychoanalysis, 32*, 25-31.

Reik, T. (1948). *Listening with the third ear*. Farrar Straus.

Remen, R. N. (2001). *My grandfather's blessings: Stories of strength, refuge, and belonging*. Riverhead Books.

Reynolds, D. A. J., Jr., Stiles, W. B., & Grohol, J. M. (2006). An investigation of session impact and alliance in internet-based psychotherapy: Preliminary results. *Counselling & Psychotherapy Research, 6*(3), 164-168. https://doi.org/10.1080/14733140600853617

Robbins, A. (Ed.). (1998). *Therapeutic presence: Bridging expression and form*. Jessica Kingsley.

Robbins, S. B., & Jolkovski, M. P. (1987). Managing countertransference feelings: An interactional model using awareness of feelings and theoretical framework. *Journal of Counseling Psychology, 34*(3), 276–282. https://doi.org/10.1037/0022-0167.34.3.276

Rodgers, C. R., & Raider-Roth, M. B. (2006). Presence in teaching. *Teachers and Teaching: Theory and Practice, 12*(3), 265–287. https://doi.org/10.1080/13450600500467548

Roemer, L., & Orsillo, S. M. (2009). *Mindfulness-and acceptance-based behavioral therapies in practice*. Guilford Press.

Rogers, C. R. (1951). *Client-centered therapy: Its current practice, implications, and theory*. Houghton Mifflin.

Rogers, C. R. (1957). The necessary and sufficient conditions of therapeutic personality change. *Journal of Consulting Psychology, 21*(2), 95–103. https://doi.org/10.1037/h0045357

Rogers, C. R. (1979). The foundations of the person-centered approach. *Education, 100*, 96–107.

Rogers, C. R. (1980). *A way of being*. Houghton Mifflin.

Rogers, C. R. (1986). Client-centered therapy. In I. L. Kutash & A. Wolf (Eds.), *Psychotherapist's casebook: Theory and technique in the practice of modern therapies* (pp. 197–208). Jossey-Bass.

Rogers, C. R., & Truax, C. B. (1976). The therapeutic conditions antecedent to change: A theoretical view. In C. R. Rogers, E. T. Gendlin, D. J. Kiesler, & C. B. Truax (Eds.), *The therapeutic relationship and its impact: A study of psychotherapy with schizophrenics* (pp. 97–108). Grennwork.

Romanelli, A. (2017). *I'mprovisation: Training in theater improvisation skills and its effects on clinicians' attitudes and psychosocial practices* [Unpublished manuscript]. Hebrew University of Jerusalem.

Romanelli, A., Moran, G. S., & Tishby, O. (2019). I'mprovisation—Therapists' subjective experience during improvisational moments in the clinical encounter. *Psychoanalytic Dialogues, 29*(3), 284–305. https://doi.org/10.1080/10481885.2019.1614836

Romanelli, A., & Tishby, O. (2019). "Just what is there now, that is what there is"—The effects of theater improvisation training on clinical social workers' perceptions and interventions. *Social Work Education, 38*(6), 797–814. https://doi.org/10.1080/02615479.2019.1566450

Romanelli, A., Tishby, O., & Moran, G. (2015). *"Coming home to myself": A qualitative analysis of therapists' reports on changes in Therapeutic Presence following training in theatrical improvisation skills* [Unpublished manuscript].

Romanelli, A., Tishby, O., & Moran, G. S. (2017). "Coming home to myself": A qualitative analysis of therapists' experience and interventions following training in theater improvisation skills.

The Arts in Psychotherapy, 53, 12–22. https://doi.org/10.1016/j.aip.2017.01.005

Rosenberg, L. (1998). *Breath by breath: The liberating practice of insight meditation*. Shambhala Publications.

Rotenstreich, N. (1967). The philosophy of Martin Buber. In P. A. Schlipp & M. S. Friedman (Eds.), *The library of living philosophers* (Vol. XXII, pp. 97–132). Open Court.

Roth, G. (1989). *Maps to ecstasy*. Nataraj.

Roth, G. (1997). *Sweat your prayers*. Jeremy P. Tarcher/Penguin.

Roth, G. (2004). *Connections*. Jeremy P. Tarcher/Penguin.

Rousmaniere, T. (2016). *Deliberate practice for psychotherapists: A guide to improving clinical effectiveness*. Routledge/Taylor & Francis Group. https://doi.org/10.4324/9781315472256

Rozière, C. (2016). *L'état de présence des praticiens dans la consultation ostéopathique: Analyse clinique* [The therapeutic presence during an osteopathic treatment; Unpublished manuscript]. École Supérieure d'Ostéopathie à Paris.

Rubin, J. B. (1996). Meditation and psychoanalytic l istening. In G. Stricker (Ed.), *Psychotherapy and Buddhism* (pp. 115–127). Plenum Press. https://doi.org/10.1007/978-1-4899-7280-4_7

Rueda, M. R., Posner, M. I., & Rothbart, M. K. (2005). The development of executive attention: Contributions to the emergence of self-regulation. *Developmental Neuropsychology, 28*(2), 573–594. https://doi.org/10.1207/s15326942dn2802_2

Ryan, A., Safran, J. D., Doran, J. M., & Muran, J. C. (2012). Therapist mindfulness, alliance and treatment outcome. *Psychotherapy Research, 22*(3), 289–297. https://doi.org/10.1080/10503307.2011.650653

Sabini, M. (2002). *The earth has a soul: Nature writings of C. G. Jung*. North Atlantic Books.

Safran, J. D. (2003). *Psychoanalysis and Buddhism*. Wisdom.

Safran, J. D., Crocker, P., McMain, S., & Murray, P. (1990, June). *The therapeutic alliance rupture resolution and nonresolution events* [Paper presentation]. 21st International Annual Meeting of the Society for Psychotherapy Research, Berkeley, CA, United States.

Safran, J. D., & Muran, J. C. (1996). The resolution of ruptures in the therapeutic alliance. *Journal of Consulting and Clinical Psychology, 64*(3), 447–458. https://doi.org/10.1037/0022-006X.64.3.447

Safran, J. D., Muran, J. C., & Eubanks-Carter, C. (2011). Repairing alliance ruptures. *Psychotherapy: Theory, Research, & Practice, 48*(1), 80–87. https://doi.org/10.1037/a0022140

Safran, J. D., Muran, J. C., Samstag, L. W., & Stevens, C. (2002). Repairing alliance ruptures. In J. C. Norcross (Ed.), *Psychotherapy relationships that work* (pp. 235–254). Oxford University

Press.

Safran, J. D., & Reading, R. (2008). Mindfulness, metacommunication, and affect regulation in psychoanalytic treatment. In S. Hick & T. Bien (Eds.), *Mindfulness and the therapeutic relationship* (pp. 122–140). Guilford Press.

Salzberg, S. (1999). *A heart as wide as the world: Stories on the path of lovingkindness*. Shambhala Publications.

Samstag, L. W., & Muran, J. C. (2019). Ruptures, repairs, and reflections: Contributions of Jeremy Safran. *Research in Psychotherapy, 22*(1), 376. https://doi.org/10.4081/ripppo.2019.376

Sänger, J., Müller, V., & Lindenberger, U. (2012). Intra– and interbrain synchronization and network properties when playing guitar in duets. *Frontiers in Human Neuroscience, 6*, 312. https://doi.org/10.3389/fnhum.2012.00312

Santorelli, S. (1999). *Heal thyself: Lessons on mindfulness in medicine*. Bell Tower.

Scharmer, C. O. (2006). *Presence in action: An introduction to theory U* [DVD]. Society for Organizational Living.

Scharmer, C. O. (2009). *Theory U: Leading from the future as it emerges*. The social technology of presencing. Berrett–Koehler.

Schell, F. J., Allolio, B., & Schonecke, O. W. (1994). Physiological and psychological effects of Hatha–Yoga exercise in healthy women. *International Journal of Psychosomatics, 41*(1–4), 46–52.

Schmid, P. F. (1998). "Face to face": The art of encounter. In B. Thorne & E. Lambers (Eds.), *Person–centered therapy: A European perspective* (pp. 74–90). Sage Publications.

Schmid, P. F. (2002). Presence–Im–media–te co–experiencing and co–responding. Phenomenological, dialogical and ethical perspectives on contact and perception in person–centred therapy and beyond. In G. Wyatt & P. Sanders (Eds.), *Contact and perception* (pp. 182–203). PCCS Books.

Schneider, K., & Krug, O. T. (2010). *Existential–humanistic therapy*. American Psychological Association. https://doi.org/10.1037/12050–000

Schneider, K. J., & May, R. (1995). *The psychology of existence. An integrative, clinical perspective*. McGraw–Hill.

Schoenenberg, K., Raake, A., & Koeppe, J. (2014). Why are you so slow? Misattribution of transmission delay to attributes of the conversation partner at the far–end. *International Journal of Human–Computer Studies, 72*(5), 477–487. https://doi.org/10.1016/j.ijhcs.2014.02.004

Schore, A. N. (2003). *Affect dysregulation and disorders of the self*. W. W. Norton & Company.

Schore, A. N. (2009). Right–brain affect regulation: An essential mechanism of development, trauma, dissociation, and psychotherapy. In D. Fosha, D. Siegel, & M. Solomon (Eds.), *The healing power of emotion: Affective neuroscience, development & clinical practice* (pp. 112–144). W. W. Norton & Company.

Schore, A. N. (2012). *The science and art of psychotherapy*. W. W. Norton & Company.

Schultze, U. (2010). Embodiment and presence in virtual worlds: A review. *Journal of Information Technology, 25*(4), 434–449. https://doi.org/10.1057/jit.2009.25

Schure, M. B., Christopher, J., & Christopher, S. (2008). Mind–body medicine and the art of self–care: Teaching mindfulness to counseling students through yoga, meditation, and qigong. *Journal of Counseling and Development, 86*(1), 47–56. https://doi.org/10.1002/j.1556–6678.2008.tb00625.x

Schwaber, E. A. (1981). Empathy: A mode of analytic listening. *Psychoanalytic Inquiry, 1*(3), 357–392. https://doi.org/10.1080/07351698109533410

Schwaber, E. A. (1983). Psychoanalytic listening and psychic reality. *The International Journal of Psycho–Analysis, 10*, 379–392.

Schwartz, R. C. (1995). *Internal family systems therapy*. Guilford Press.

Schwarz, N., Snir, S., & Regev, D. (2018). The therapeutic presence of the art therapist. *Art Therapy: Journal of the American Art Therapy Association, 35*(1), 11–18. https://doi.org/10.1080/07421656.2018.1459115

Scurlock–Durana, S. (2007). The gift of therapeutic presence. *Massage Today, 7*(1), 1–3. http://www.massagetoday.com/mpacms/mt/article.php?id=13546&no_paginate=true&no_b=true

Scurlock–Durana, S. (2010). *Full body presence: Learning to listen to your body's wisdom*. Nataraj.

Segal, Z. V., Williams, J. M. G., & Teasdale, J. D. (2002). *Mindfulness–based cognitive therapy for depression: A new approach to preventing relapse*. Guilford Press.

Segal, Z. V., Williams, J. M. G., & Teasdale, J. D. (2012). *Mindfulness–based cognitive therapy for depression* (2nd ed.). Guilford Press.

Segrera, A. (2000, June). *Necessary and sufficient conditions* [Paper presentation]. ICCEP Conference, Chicago, IL, United States.

Sejnowski, T. J., & Tesauro, G. (1989). The Hebb rule for synaptic plasticity: Algorithms and implementations. In J. O. Byrne & W. O. Berry (Eds.), *Neural models of plasticity* (pp. 94–103). Academic Press. https://doi.org/10.1016/B978–0–12–148955–7.50010–2

Senge, P. (2008). *The power of presence: Shifting your awareness to transform your business, your life, and our future* [CD]. Sounds True.

Senge, P., Scharmer, C. O., Jaworski, J., & Flowers, B. S. (2004). *Presence: Human purpose and the field of the future*. Doubleday.

Shapiro, S. L., Brown, K. W., & Biegel, G. M. (2007). Teaching self-care to caregivers: Effects of mindfulness-based stress reduction on the mental health of therapists in training. *Training and Education in Professional Psychology, 1*(2), 105-115. https://doi.org/10.1037/1931-3918.1.2.105

Shapiro, S. L., & Carlson, L. E. (2009). *The art and science of mindfulness: Integrating mindfulness into psychology and the helping professions*. American Psychological Association. https://doi.org/10.1037/11885-000

Shapiro, S. L., & Izett, C. (2008). Meditation: A universal tool for cultivating empathy. In D. Hick & T. Bien (Eds.), *Mindfulness and the therapeutic relationship* (pp. 161-175). Guilford Press.

Shepherd, I., Brown, E., & Greaves, G. (1972). Three-on-oneness (presence). *Voices, 8*, 70-77.

Shklarski, L., Abrams, A., & Bakst, E. (2021). Navigating changes in the physical and psychological spaces of psychotherapists during Covid-19: When home becomes the office. *Practice Innovations, 6*(1), 55-66. https://doi.org/10.1037/pri0000138

Siegel, D. J. (2007). *The mindful brain: Reflection and attunement in the cultivation of well-being*. W. W. Norton & Company.

Siegel, D. J. (2010). *The mindful therapist: A clinician's guide to mindsight and neural integration*. W. W. Norton & Company.

Siegel, D. J. (2011). *Mindsight: The new science of personal transformation*. Bantam Books.

Silsbee, D. (2008). *Presence-based coaching: Cultivating self-generative leaders through mind, body, and heart*. Jossey-Bass.

Silsbee, D. K. (2004). *The mindful coach: Seven roles for helping people grow*. Ivy Press.

Simionato, G. K., & Simpson, S. (2018). Personal risk factors associated with burnout among psychotherapists: A systematic review of the literature. *Journal of Clinical Psychology, 74*(9), 1431-1456.

Simpson, S., Richardson, L., Pietrabissa, G., Castelnuovo, G., & Reid, C. (2021). Videotherapy and therapeutic alliance in the age of COVID-19. *Clinical Psychology & Psychotherapy, 28*(2), 409-421. https://doi.org/10.1002/cpp.2521

Simpson, S. G., & Reid, C. L. (2014). Therapeutic alliance in videoconferencing psychotherapy: A review. *The Australian Journal of Rural Health, 22*(6), 280-299. https://doi.org/10.1111/ajr.12149

Sjöström, J., & Alfonsson, S. (2012). Supporting the therapist in online therapy. Proceedings from ECIS '12: *The 20th European Conference on Information Systems*. AIS Electronic Library.

Smythe, E., MacCulloch, T., & Charmley, R. (2009). Professional supervision: Trusting the wisdom that comes. *British Journal of Guidance & Counselling, 37*(1), 17–25. https://doi.org/10.1080/03069880802535903

Sogyal Rinpoche. (2012). *The Tibetan book of living and dying* (25th Anniv. ed.). Ebury.

Sonneman, U. (1954). *Existence and therapy: An introduction to phenomenological psychology and existential analysis*. Grune & Stratton. https://doi.org/10.1037/10634-000

Stellar, J. E., Cohen, A., Oveis, C., & Keltner, D. (2015). Affective and physiological responses to the suffering of others: Compassion and vagal activity. *Journal of Personality and Social Psychology, 108*(4), 572–585. https://doi.org/10.1037/pspi0000010

Stern, D. (1985). *The interpersonal world of the infant*. Basic Books.

Stern, D. (2004). *The present moment in psychotherapy and everyday life*. W. W. Norton & Company.

Stevens, J. O. (1971). *Awareness: Exploring, experimenting and experiencing*. American West.

Stevens, J. O. (1977). Hypnosis, intention, wakefulness. In J. O. Stevens (Ed.), *Gestalt is* (pp. 258–269). Bantam Books.

Stiles, W. B., & Snow, J. S. (1984). Counseling session impact as viewed by novice counselors and their clients. *Journal of Counseling Psychology, 31*(1), 3–12. https://doi.org/10.1037/0022-0167.31.1.3

Storolow, R. D., Atwood, G. E., & Brandchaft, B. (Eds.). (1994). *The intersubjective perspective*. Jason Aronson.

Stolorow, R. D., Brandchaft, B., & Atwood, G. E. (1987). *Psychoanalytic treatment: An inter-subjective approach*. Analytic Press.

Stuckey, M. (2001). *An heuristic investigation of presence* [Unpublished dissertation]. California Institute of Integral Studies.

Surrey, J. L. (2005). Relational psychotherapy, relational mindfulness. In C. K. Germer, R. D. Siegel, & P. R. Fulton (Eds.), *Mindfulness and psychotherapy* (pp. 91–110). Guilford Press.

Suzuki, S. (2006). *Zen mind, beginner's mind*. Shambhala Publications.

Sweet, M., & Johnson, C. (1990). Enhancing empathy: The interpersonal implications of a Buddhist Meditation Technique. *Psychotherapy: Theory, Research, & Practice, 27*(1), 19–29. https://doi.org/10.1037/0033-3204.27.1.19

Sze, J. A., Gyurak, A., Yuan, J. W., & Levenson, R. W. (2010). Coherence between emotional experience and physiology: Does body awareness training have an impact? *Emotion, 10*(6), 803–814. https://doi.org/10.1037/a0020146

Tang, Y. Y., Hölzel, B. K., & Posner, M. I. (2015). The neuroscience of mindfulness meditation. *Nature Reviews Neuroscience, 16*(4), 213–225. https://doi.org/10.1038/nrn3916

Tannen, T., & Daniels, M. (2010). Counsellor presence: Bridging the gap between wisdom and new knowledge. *British Journal of Guidance & Counselling, 38*(1), 1–15. https://doi.org/10.1080/03069880903408661

Tannen, T., Daniels, M., & Koro, M. (2019). Choosing to be present with clients: An evidence-based model for building trainees' counselling competence. *British Journal of Guidance & Counselling, 47*(4), 405–419. https://doi.org/10.1080/03069885.2017.1370694

Tasca, G. A., Sylvestre, J., Balfour, L., Chyurlia, L., Evans, J., Fortin–Langelier, B., Francis, K., Gandhi, J., Huehn, L., Hunsley, J., Joyce, A. S., Kinley, J., Koszycki, D., Leszcz, M., Lybanon–Daigle, V., Mercer, D., Ogrodniczuk, J. S., Presniak, M., Ravitz, P., . . . Wilson, B. (2015). What clinicians want: Findings from a psychotherapy practice research network survey. *Psychotherapy, 52*(1), 1–11. https://doi.org/10.1037/a0038252

Thera, N. (1973). *The heart of Buddhist meditation*. Samuel Weiser.

Thompson, W. F., & Schlaug, G. (2015). The healing power of music. *Scientific American, 26*(2), 32–39. https://doi.org/10.1038/scientificamericanmind0315–32

Thomson, R. F. (2000). Zazen and psychotherapeutic presence. *American Journal of Psychotherapy, 54*(4), 531–548. https://doi.org/10.1176/appi.psychotherapy. 2000.54.4.531

Thorne, B. (1992). *Carl Rogers*. Sage Publications.

Thorne, B. (1996). Person–centered therapy: The path to holiness. In R. Hutterer, G. Pawlowsky, P. F. Schmid, & R. Stipsits (Eds.), *Client-centered and experiential psychotherapy: A paradigm in motion* (pp. 107–116). Peter Lang.

Tolbert, M. A. R., & Hanafin, J. (2006). Use of self in OD consulting: What matters is presence. In B. B. Jones & M. Brazzel (Eds.), *The NTL handbook of organization development and change: Principles, practic es and perspectives* (pp. 69–82). Pfeiffer.

Tremlow, S. W. (2001). Training psychotherapists in attributes of "mind" from Zen and psychoanalytic perspectives, Part I: Core principles, emptiness, impermanence, and paradox. *American Journal of Psychotherapy, 55*(1), 1–21. https://doi.org/10.1176/appi.psychotherapy.2001.55.1.1

Tremmel, R. (1993). Zen and true art of reflective practice in teacher education. *Harvard Educational Review, 63*(4), 434–458. https://doi.org/10.17763/haer.63.4.m42704n778561176

Trop, J. L., & Stolorow, R. D. (1997). Therapeutic empathy: An intersubjective perspective. In A.

Bohart & L. Greenberg (Eds.), *Empathy reconsidered: New directions in psychotherapy* (pp. 279–291). American Psychological Association. https://doi.org/10.1037/10226-012

Trungpa, C. (1984). *Shambhala: The sacred path of the warrior*. Bantam Books.

Tsang, H. W. H., Cheung, L., & Lak, D. C. C. (2002). Qigong as a psychosocial intervention for depressed elderly with chronic physical illnesses. *International Journal of Geriatric Psychiatry, 17*(12), 1146–1154. https://doi.org/10.1002/gps.739

Tschacher, W., & Bergomi, C. (2011). *The implications of embodiment: Cognition and communication*. Imprint Academic.

Tuxbury, J. S. (2013). The experience of presence among telehealth nurses. *The Journal of Nursing Research, 21*(3), 155–161. https://doi.org/10.1097/jnr.0b013e3182a0b028

Valente, V., & Marotta, A. (2005). The impact of yoga on the professional and personal life of the psychotherapist. *Contemporary Family Therapy, 27*(1), 65–80. https://doi.org/10.1007/s10591-004-1971-4

Valentine, E., & Sweet, P. (1999). Meditation and attention: A comparison of the effects of concentrative and mindfulness meditation on sustained attention. *Mental Health, Religion & Culture, 2*(1), 59–70. https://doi.org/10.1080/13674679908406332

Van der Kolk, B. (2014). *The body keeps the score: Brain, mind, and body in the healing of trauma*. Penguin Group.

van Dernoot Lipsky, L., & Burk, C. (2009). *Trauma stewardship: An everyday guide to caring for self while caring for others*. Berrett-Koehler Publishers.

van Gogh, V. (n.d.). *Quote by Vincent van Gogh*. Goodreads. https://www.goodreads.com/quotes/447459-let-s-not-forget-that-the-little-emotions-are-the-great

Van Wagoner, S. L., Gelso, C. J., Hayes, J. A., & Diemer, R. A. (1991). Countertransference and the reputedly excellent therapists. *Psychotherapy: Theory, Research, & Practice, 28*(3), 411–421. https://doi.org/10.1037/0033-3204.28.3.411

Vanaerschot, G. (1993). Empathy as releasing several microprocesses in the client. In D. Brazier (Ed.), *Beyond Carl Rogers* (pp. 47–71). Constable.

Varker, T., Brand, R. M., Ward, J., Terhaag, S., & Phelps, A. (2019). Efficacy of synchronous telepsychology interventions for people with anxiety, depression, posttraumatic stress disorder, and adjustment disorder: A rapid evidence assessment. *Psychological Services, 16*(4), 621–635. https://doi.org/10.1037/ser0000239

Vaughan, F. (1978). *Awakening intuition*. Doubleday.

Vaughan, F. (2002). What is spiritual intelligence? *Journal of Humanistic Psychology, 42*(2), 16–

33. https://doi.org/10.1177/0022167802422003

Vaughan, F. (2010, August). *Dimensions of self* [Symposium]. Metta Institute Conference, San Rafael, CA, United States.

Viederman, M. (1999). Presence and enactment as a vehicle of psychotherapeutic change. *The Journal of Psychotherapy Practice and Research, 8*(4), 274–283.

Vinca, M., & Hayes, J. (2007, June). *Therapist mindfulness as predictive of empathy, presence and session depth* [Paper presentation]. 38th International Annual Meeting of the Society for Psychotherapy Research, Madison, WI, United States.

Vinca, M. A. (2009). *Mindfulness and psychotherapy: A mixed methods investigation* (Publication No. 3381027). ProQuest Dissertations & Theses Global.

Vivino, B. L., Thompson, B. J., Hill, C. E., & Ladany, N. (2009). Compassion in psychotherapy: The perspective of therapists nominated as compassionate. *Psychotherapy Research, 19*(2), 157–171. https://doi.org/10.1080/10503300802430681

Waddington, L. (2002). The therapy relationship in cognitive therapy: A review. *Behavioural and Cognitive Psychotherapy, 30*(2), 179–192. https://doi.org/10.1017/S1352465802002059

Wallace, R. K., Benson, H., & Wilson, A. F. (1971). A wakeful hypometabolic physiologic state. *The American Journal of Physiology, 221*(3), 795–799. https://doi.org/10.1152/ajplegacy.1971.221.3.795

Wallner Samstag, L., Muran, C., Zindel, V., Segal, Z., & Schuman, C. (1992, June). *Patient pretreatment interpersonal problems and therapeutic alliance in short-term cognitive therapy* [Paper presentation]. 23rd International Annual Meeting of the Society for Psychotherapy Research, Berkeley, CA, United States.

Wampold, B. E., & Brown, G. S. (J.). (2005). Estimating variability in outcomes attributable to therapists: A naturalistic study of outcomes in managed care. *Journal of Consulting and Clinical Psychology, 73*(5), 914–923. https://doi.org/10.1037/0022-006X.73.5.914

Watson, J., Wiseman, H., Eubanks, C., Sergi, J., Muran, C., & Hatcher, R. (2021). The challenge of responsiveness for research and practice. Proceedings from SPR '21: *International Meeting of the Society for Psychotherapy Research*. Online.

Watson, J. C., & Geller, S. M. (2005). The relation among the relationship conditions, working alliance, and outcome in both process-experiential and cognitivebehavioral psychotherapy. *Psychotherapy Research, 15*(1–2), 25–33. https://doi.org/10.1080/10503300512331327010

Watson, J. C., Gordon, L. B., Stermac, L., Kalogerakos, F., & Steckley, P. (2003). Comparing the effectiveness of process-experiential with cognitive-behavioral psychotherapy in the treatment of depression. *Journal of Consulting and Clinical Psychology, 71*(4), 773–781. https://doi.org/10.1037/0022-006X.71.4.773

Watson, J. C., Greenberg, L. S., & Lietaer, G. (1998). *The experiential paradigm unfolding: Relationship and experiencing in therapy*. In L. S. Greenberg, J. C. Watson, & G. Lietaer (Eds.), Handbook of experiential psychotherapy (pp. 3–27). Guilford Press.

Watson, J. C., Shein, J., & McMullen, E. (2010). An examination of clients' in-session changes and their relationship to the working alliance and outcome. *Psychotherapy Research, 20*(2), 224–233.

Watson, J. C., & Wiseman, H. (Eds.). (2021). *The responsive psychotherapist: Attuning to clients in the moment*. American Psychological Association. https://doi.org/10.1037/0000240-000

Webster, M. (1998). Blue suede shoes: The therapist's presence. *Australian and New Zealand Journal of Family Therapy, 19*(4), 184–189. https://doi.org/10.1002/j.1467-8438.1998.tb00336.x

Weil, G. M. (2003). Qigong as a portal to presence: Cultivating the inner energy body. *Oriental Medicine Journal, 2*(2), 1–8.

Weinberg, H. (2020). Online group psychotherapy: Challenges and possibilities during COVID-19–A practice review. *Group Dynamics, 24*(3), 201–211. https://doi.org/10.1037/gdn0000140

Weinberg, H., & Rolnick, A. (2019). Introduction. In H. Weinberg & A. Rolnick (Eds.), *Theory and practice of online therapy* (pp. 1–10). Routledge. https://doi.org/10.4324/9781315545530-1

Welwood, J. (1992). The healing power of unconditional presence. In J. Welwood (Ed.), *Ordinary magic: Everyday life as spiritual path* (pp. 159–170). Shambhala Publications.

Welwood, J. (1996). Reflection and presence: The dialectic of self-knowledge. *Journal of Transpersonal Psychology, 28*, 107–128.

Welwood, J. (2000). *Toward a psychology of awakening: Buddhism, psychotherapy, and the path of personal and spiritual transformation*. Shambhala Publications.

Wiens, S. (2005). Interoception in emotional experience. *Current Opinion in Neurology, 18*(4), 442–447. https://doi.org/10.1097/01.wco.0000168079.92106.99

Wilson, K. G., & DuFrene, T. (2008). *Mindfulness for two*. New Harbinger.

Witkiewitz, K., & Marlatt, G. A. (2007). *Therapist's guide to evidence-based relapse prevention*. Elsevier.

Witkiewitz, K., Marlatt, G. A., & Walker, D. D. (2005). Mindfulness-based relapse prevention for alcohol use disorders: The meditative tortoise wins the race. *Journal of Cognitive Psychotherapy, 19*, 221–228. https://doi.org/10.1891/jcop.2005.19.3.211

Wood, C. (1993). Mood change and perceptions of vitality: A comparison of the effects of relaxation, visualization and yoga. *Journal of the Royal Society of Medicine, 86*(5), 254–258.

Wray, B. T., & Rees, C. S. (2003). Is there a role for videoconferencing in cognitive–behavioural therapy. Proceedings from AACBT '03: *The 11th Australian Association for Cognitive and Behaviour Therapy State Conference*. Perth, Australia.

Wyatt, G. (2000, June). *Presence: Bringing together the core conditions* [Paper presentation]. ICCEP Conference, Chicago, IL, United States.

Yalom, I. (2008). *Staring at the sun: Overcoming the terror of death*. Jossey–Bass.

Yalom, I., & Leszcz, M. (2005). *The theory and practice of group psychotherapy* (5th ed.). Basic Books.

Yang, C., Barrós–Loscertales, A., Pinazo, D., Ventura–Campos, N., Borchardt, V., Bustamante, J.–C., Rodríguez–Pujadas, A., Fuentes–Claramonte, P., Balaguer, R., Ávila, C., & Walter, M. (2016). *State and training effects of mindfulness meditation on brain networks reflect neuronal mechanisms of its antidepressant effect*. Neural Plasticity, 2016(9504642). https://doi.org/10.1155/2016/9504642

Yeung, D., & Zhang, L. (2020). *The inner power awakens: Contemplative presence and AEDP as a way of life*. Transformance: The AEDP Journal, 10(1).

Yontef, G. (1998). Dialogic gestalt therapy. In L. S. Greenberg, J. C. Watson, & G. Lietaer (Eds.), *Handbook of experiential psychotherapy* (pp. 82–102). Guilford Press.

Yontef, G. (2005). Gestalt therapy theory of change. In A. L. Woldt & S. M. Toman (Eds.), *Gestalt therapy: History, theory, and practice* (pp. 81–100). Sage Publications. https://doi.org/10.4135/9781452225661.n5

Zoppi, K., & Epstein, R. M. (2002). Is communication a skill? Communication behaviors and being in relation. *Family Medicine, 34*(5), 319–324.

찾아보기

인명

내용

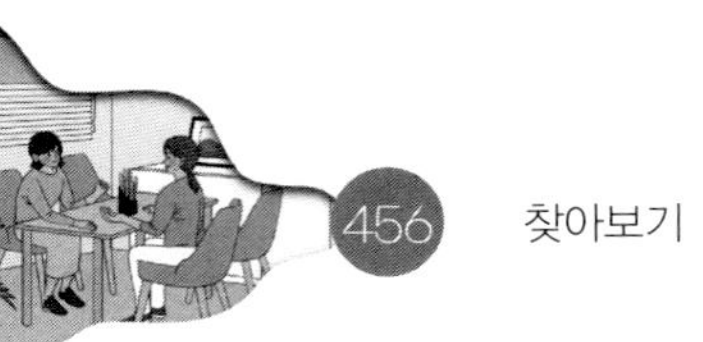

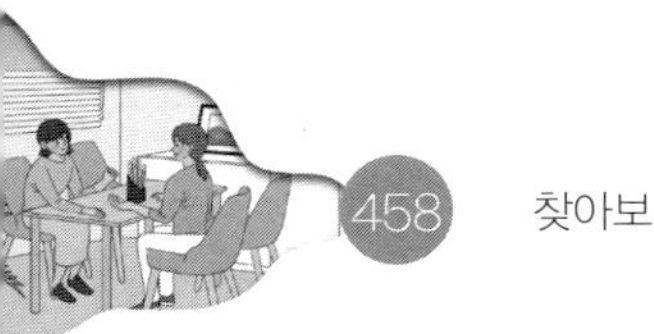

ㅈ

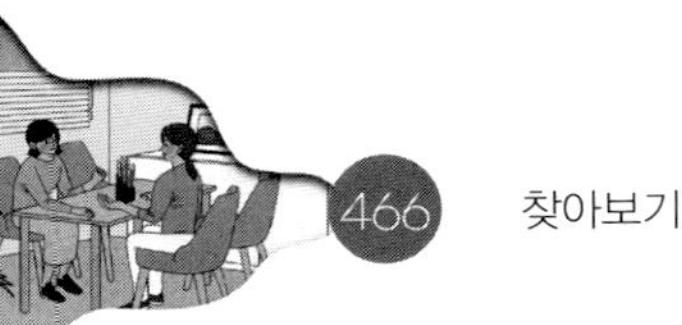

저자 소개

Shari M. Geller, PhD

작가, 임상심리학자, 마음챙김 자기연민(Mindful Self-Compassion: MSC) 교사이다. 그녀는 치료적 현존이 심리치료 접근법의 기초 훈련이 되도록 하는 장기적인 비전의 일환으로, 치료적 현존에 관한 교육 모듈을 국제적으로 제공하고 있다.

30년 이상 심리학과 마음챙김을 결합한 경험을 쌓아 온 Shari는 Leslie S. Greenberg 박사와 함께 『치료적 현존: 효과적인 치료적 관계를 위한 마음챙김 접근법(Therapeutic Presence: A Mindful Approach to Effective Therapy)』(2012)을 공동 집필했다. Shari의 최근 저서인 『치료적 현존을 함양하기 위한 실용 지침(A Practical Guide for Cultivating Therapeutic Presence)』(2017)은 기초적인 접근법으로서 치료적 현존을 함양하고 강화하기 위한 실용적인 지침을 제공한다. Shari는 안녕감과 현존을 강화하기 위해 마음청김, 리듬 연습, 정서중심 알아차림을 통합한 집단 방식인 치료적 리듬 및 마음챙김 프로그램(Therapeutic Rhythm and Mindfulness Program: TRM)을 만들었다.

그녀는 요크대학교에서 건강 심리학 강의교수로 재직 중이며, 음악 및 건강 연구 협력 단체와 연계하여 토론토대학교 음악 학부의 겸임교수로 활동하고 있다. 그녀는 심리치료에서 자기연민 인증 프로그램의 운영 위원회 위원이며 핵심 교수진 중 한 명이다. Shari는 토론토에 있는 마음과 몸 건강 센터의 공동 책임자로서, 개인과 커플을 대상으로 정서중심치료 및 MSC 방식에 대한 교육, 슈퍼비전, 치료를 제공하고 있다.

Shari Geller 박사 홈페이지: https://www.sharigeller.ca

마음과 몸 건강 센터 웹사이트: https://www.cmbh.space

Leslie S. Greenberg, PhD

토론토 요크대학교의 심리학 명예 연구 교수이며, 정서중심치료의 주요 개발자이다.

그는 『심리치료에서의 정서(Emotion in Psychotherapy)』(1986)와 『부부를 위한 정서중심치료(Emotionally Focused Therapy for Couples』(1988)를 집필했다. 최근 저서로는 『정서중심 부부치료: 정서, 사랑, 그리고 힘의 역동(Emotion-Focused Couples Therapy: The Dynamics of Emotion, Love, and Power)』(2008), 『치료적 현존: 효과적인 치료적 관계를 위한 마음챙김 접근법(Therapeutic Presence: A Mindful Approach to Effective Therapy)』(2012), 『정서중심치료: 이론과 실제(Emotion-Focused Therapy: Theory and Practice)』(2015), 『정서중심치료의 사례공식화(Case Formulation in Emotion-Focused Therapy)』(2015), 『범불안장애의 정서중심치료(Emotion-Focused Therapy of Generalized Anxiety)』(2017), 『용서의 정서중심치료(Emotion-Focused Therapy of Forgiveness)』(2019), 『정서로 정서를 변화시키기(Changing Emotion With Emotion)』(2021) 등이 있다.

Leslie는 국제심리치료연구학회에서 우수 연구 경력상을, 미국심리학회에서 칼 로저스 상과 응용 연구 분야 공헌상을 수상했다. 또한 심리학 분야에서의 공헌을 인정받아 캐나다심리학회 전문가 상을 수상했다. 그는 심리치료연구학회의 전 회장이기도 하다. Leslie는 현재 전 세계에서 정서중심 접근법을 교육하고 있다.

역자 소개

김영근(Kim, Youngkeun) PhD

김영근 박사는 충북대학교 심리학과 상담심리학 전공으로 석사학위를, 서울대학교 교육학과 교육상담 전공으로 박사학위를 취득하여 현재 인제대학교 상담심리치료학과에서 부교수로 재직하면서 학부생, 일반대학원생 및 교육대학원생들을 지도하고 있다.

그는 박사과정 재학시절 교육과학기술부로부터 'Global PhD Fellowship'에 선정되어 3년간 장학금을 전폭적으로 지원받았으며, 서울대학교 BK21플러스미래교육디자인연구사업단장으로부터 연구 실적이 우수함을 인정받아 'Junior Scholar Fellowship'에 선정되기도 하였다.

그리고 (사)한국상담심리학회로부터 우수박사학위논문상에 이어 박사학위 취득 후 7년 이내의 학자로서 4년간의 실적을 인정받아 소장학자 학술상을 수상하기도 하였다. 또한 (사)한국상담학회로부터 두 차례에 걸쳐 학술상을 수상했고, 그가 재직하고 있는 인제대학교에서 인제학술상을, 교육부 장관으로부터 제41회 스승의 날 학술진흥 분야의 유공 교원으로서 표창장을 수여받았다.

그는 박사학위 논문을 준비하면서부터 지금까지 정서중심치료에 지대한 관심을 가지고 있다. 이를 출발로 Leslie Greenberg 박사의 제자인 Antonio Pascual-Leone 박사가 소속된 캐나다 윈저대학교 심리학과에서 연구년을 가진 이후 국제정서중심치료학회 및 한국정서중심치료연구회에 소속되어 국내외 정서중심치료 학자들과 교류하면서 관련 연구와 교육을 수행하고 있다. 또한 최근에 한국정서변화와성장연구소(Korean Institute for Emotional Transformation and Growth)를 설립하여 운영하고 있다.

현재 (사)한국상담학회 『상담학연구』 및 『상담학연구: 사례 및 실제』 학술지의 편집위원장, 한국심리치료상담학회의 감사와 함께 예이린 사회적협동조합 학계 대표를 맡고 있다.

치료적 현존

효과적인 치료적 관계를 위한 마음챙김 접근법

Therapeutic Presence:
A Mindful Approach to Effective Therapeutic Relationships, 2nd ed.

2026년 2월 10일 1판 1쇄 인쇄
2026년 2월 20일 1판 1쇄 발행

지은이 • Shari M. Geller & Leslie S. Greenberg
옮긴이 • 김영근
펴낸이 • 김진환
펴낸곳 • (주) 학지사
04031 서울특별시 마포구 양화로 15길 20 마인드월드빌딩
대표전화 • 02)330-5114 팩스 • 02)324-2345
등록번호 • 제313-2006-000265호

홈페이지 • http://www.hakjisa.co.kr
인스타그램 • https://www.instagram.com/hakjisabook

ISBN 978-89-997-3648-3 93180

정가 26,000원

역자와의 협약으로 인지는 생략합니다.
파본은 구입처에서 교환해 드립니다.